陕西师范大学历史文化学院　陕西历史博物馆
陕西师范大学人文社会科学高等研究院　编

JOURNAL OF THE SILK ROAD STUDIES
# 丝绸之路研究集刊

| 第四辑 |

2019年·北京

**图书在版编目(CIP)数据**

丝绸之路研究集刊.第4辑/陕西师范大学历史文化学院，陕西历史博物馆，陕西师范大学人文社会科学高等研究院编.—北京：商务印书馆，2019
ISBN 978-7-100-17563-0

Ⅰ.①丝… Ⅱ.①陕…②陕…③陕… Ⅲ.①丝绸之路—丛刊 Ⅳ.①K928.6-55

中国版本图书馆CIP数据核字（2019）第113319号

**权利保留，侵权必究。**

### 丝绸之路研究集刊
### 第四辑

陕西师范大学历史文化学院　陕西历史博物馆
陕西师范大学人文社会科学高等研究院　编

商　务　印　书　馆　出　版
（北京王府井大街36号　邮政编码100710）
商　务　印　书　馆　发　行
北京富诚彩色印刷有限公司印刷
ISBN 978-7-100-17563-0

2019年11月第1版　　开本880×1230 1/16
2019年11月北京第1次印刷　印张25 1/2
定价：148.00元

# 《丝绸之路研究集刊》编委会

**主办单位：** 陕西师范大学历史文化学院
　　　　　　陕西历史博物馆
　　　　　　陕西师范大学人文社会科学高等研究院

**主　　编：** 沙武田　陕西师范大学丝绸之路历史文化研究中心

**编　　委：**（以姓氏字母排序）
　　　　　　Daniel Waugh　美国华盛顿大学西雅图分校 The Silk Road 杂志编辑部
　　　　　　肥田路美　早稻田大学文学学术院
　　　　　　葛承雍　中国文化遗产研究院
　　　　　　何志龙　陕西师范大学历史文化学院
　　　　　　霍　巍　四川大学历史文化学院
　　　　　　李继凯　陕西师范大学人文社会科学高等研究院
　　　　　　刘进宝　浙江大学历史系
　　　　　　罗　丰　宁夏文物考古研究所
　　　　　　Matteo Compareti（康马泰）　陕西师范大学历史文化学院
　　　　　　ПАВЕЛ ЛУРЬЕ（Pavel Lurje）　俄罗斯冬宫博物馆东方馆中亚与高加索部
　　　　　　荣新江　北京大学中古史研究中心
　　　　　　沙武田　陕西师范大学丝绸之路历史文化研究中心
　　　　　　松井太　日本大阪大学大学院文学研究科
　　　　　　谭前学　陕西历史博物馆
　　　　　　王炜林　陕西历史博物馆
　　　　　　王　辉　甘肃省文物考古研究所
　　　　　　王建新　西北大学文化遗产学院
　　　　　　王子今　中国人民大学国学院
　　　　　　伊林娜·波波娃　俄罗斯科学院东方文献研究所　陕西师范大学
　　　　　　于志勇　新疆维吾尔自治区博物馆
　　　　　　翟战胜　陕西历史博物馆
　　　　　　张建林　陕西省考古研究院
　　　　　　张先堂　敦煌研究院
　　　　　　张德芳　甘肃简牍博物馆
　　　　　　郑炳林　兰州大学敦煌学研究所
　　　　　　周伟洲　陕西师范大学中国西部边疆研究院

**编辑成员：** 杨冰华　袁　頔　赵沈亭　沙琛乔　石建刚　房子超　李志军
　　　　　　李晓凤　郭子睿　丁　恬　杨效俊　翟战胜

**本期执行编辑：** 石建刚

# 目 录

昆仑山新考 ································································································ 宋亦箫　1

《西域边国朝之禁地由从》整理与分析 ································································ 王茂华　20

唐粟特后裔郑延昌墓志线刻胡人乐舞图像研究 ······················································ 沙武田　33

两件中国新见非正规出土入华粟特人葬具：国家博物馆藏石堂和安备墓围屏石榻

································································ Matteo Compareti　著　李思飞　译　67

唐诗中"葡萄长带"与宗教及相关问题探讨 ····························································· 陈习刚　79

洛阳唐代文化遗址中出土的若干西域美术题材 ························································ 张乃翥　104

宗教的驯化：犍陀罗艺术中的半人马形象 ·············· Ulf Jäger　著　宋焰朋　译　136

阿塞拜疆境内所见中国瓷器及中国——阿塞拜疆文化交流

································································ Akhundova Nargiz　著　侯艾君　译　145

简析齐家文化随葬白石现象 ··············································································· 孟庆旭　155

小儿锦拼写法的两套系统研究
——以《中阿双解字典》为例 ··········································································· 高田友纪　162

**The Research of Chinese Loanwords in Han Dynasty**

································································ Lê Minh Thanh　TrầnTrương Huỳnh Lê　170

中国鞑靼与和阗纪要 ·························· W. H. Wathen　著　聂红萍　赵丽　译　175

汉代敦煌郡驿置及道路交通考述 ·········································································· 贾小军　184

历史时期河西会稽置废迁移再探 ··································· 范英杰　王晶波　200

| 经丝绸之路河南道至建康僧人弘法事迹考 | 曹中俊　李顺庆 | 224 |
|---|---|---|
| 元代汪古赵氏家族的文化认同 | 李晓凤 | 239 |
| 巴米扬佛教美术研究<br>——以年代论为中心的研究史和现状 | 宫治昭　著　顾虹　译 | 251 |
| 印度早期佛教出家僧人与舍利崇拜关系考辨 | 郑燕燕 | 267 |
| 敦煌西夏水月观音变"僧人与猴行者"身份新释 | 汪正一 | 283 |
| 莫高窟回鹘时期比丘形象初探 | 殷　博 | 300 |
| 莫高窟行脚僧壁画主题思想与绘制原因探析 | 袁　頔 | 317 |
| 从长安到敦煌：唐代濮州铁弥勒瑞像探析 | 杨冰华　宋若谷 | 328 |
| 陕西耀州太子寺石窟的壁画与岩画 | 陈晓捷　任筱虎 | 339 |
| 宋金两朝沿边德靖寨汉蕃军民的精神家园（一）<br>——陕西志丹城台第2窟造像与碑刻题记内容调查 | 石建刚　范建国 | 356 |
| 英文摘要 | | 384 |
| 英文目录 | | 395 |
| 《丝绸之路研究集刊》征稿启事 | | 397 |
| 《丝绸之路研究集刊》稿件格式规范 | | 398 |

# 昆仑山新考

宋亦箫

（华中师范大学历史文化学院楚学研究所）

昆仑问题困扰了学术界很久，历代学者也不遗余力地予以探求。归纳起来，研究的成果主要集中在三个方面，一是昆仑的地望，二是昆仑的源头，三是昆仑的语义。这些研究虽多至汗牛充栋，但仍有不少值得修正和补充的地方，笔者在广泛汲取前人研究成果的基础上，提出一些个人浅见，认为"昆仑"首先是一个神话概念，它包含了源自域外的文化因素，昆仑山是昆仑神话中的神山，在神话昆仑的影响下，出现了实际上的昆仑山和人工的也名为"昆仑"的坛庙建筑。昆仑神话最先进入古代中国的陕甘交界和山东两地，它是与同期其他外来文化如彩陶、冶铜术、绵羊、山羊、黄牛和小麦等伴随而来的。昆仑神话传播到的地方，除了多有人工的昆仑之丘和昆仑之虚外，还有被指定的高山——昆仑山。因此，古代中国有多处昆仑山。昆仑文化影响了古代中国许多的文化现象，例如丘虚文化、封禅文化、明堂文化、其他亚形造型，等等。下面就以上拙见分四个部分，做一些阐述，就教于方家。

## 一　昆仑山是世界昆仑神话中的神山

中国学者在讨论昆仑问题时，虽容易将神话昆仑与实际昆仑搞混，但一直有着将昆仑山看作是昆仑神话中的神山的正确传统。例如中国神话学开创者之一茅盾先生，便认为可堪与希腊的神山奥林匹斯山比拟的，就是昆仑。[1] 关于此神山的神话源头，中国学者要么不予关注，要么意见不一。只有少数学者认为昆仑神话包含着域外文化因素，如苏雪林、凌纯声、丁山、杨希枚等。笔者大致认同他们的观点，仍在此辟专节讨论，一为此观点是后文展开的前提，二为此观点在学界不彰，大有申述的必要。因此，笔者从中外昆仑神话主要情节的雷同和"昆仑"二字的外来词性质两方面重新展开论证。

先看域外的昆仑山神话情节。苏雪林考西亚神话，说有一仙山名叫 Khursag Kurkura，意为"世界山"，或"大地唯一之山"，是诸神聚居之处，也是诸神的诞生地。而希腊的奥林匹斯神山情节更细致，此山最高处有天帝宙斯宫殿，其他诸神各有山头，宙斯宫殿云母所造，殿中宝座，黄金白银所成，群神会议常在此处召集，此山之高，直通于天，因此它也是登天的阶梯。印度的苏迷卢山，是天地之中心，众神（常译作"诸天"）住在山顶，城池宫殿，毗琉璃珠，壁为真金，门户亦是。山上树出众香，

---

\* 本文系2018年度中央高校基本科研业务费自由探索项目"早期外来文化与中华文明起源研究"（项目编号：CCNU18ZYTS12）阶段性成果之一。

1　茅盾：《神话研究》，百花文艺出版社，1981年，第167页。

香遍山林，一切禽兽，身皆金色，等等。[1]

昆仑山的神迹散见于《山海经》、《淮南子》等典籍，归纳起来有这些特点，它是"天地之中"[2]，是天柱，它有三层，从第三层悬圃再上，就上天了[3]，因此它也是登天的阶梯，山上是"百神之所在"[4]，当然更是大神黄帝和西王母所居之地，又称"帝之下都"[5]。山上物产丰富，多玉，又称玉山，有各种珍禽、奇兽、嘉禾和珠树，例如扶桑、若木、寿木、不死树，等等，山上照例有黄帝之宫、西王母宫等宫殿。

将域内外的这些神山一比较，便可见出它们的诸多重合情节。我们再从"昆仑"二字的语义来源一窥二者的关系。

"昆仑"二字字面无甚高义，符合音译外来词的特点，几位前辈学者也确实找到了两个可能的外族语言原词，一是前文提到的西亚仙山之"Kurkura"，苏雪林认为它音近"昆仑"，而当是"大山"、"高山"之意[6]。凌纯声和杨希枚则都认为昆仑当译自两河流域的"Ziggurat"（Zikkurat）之第二、三音节，后者是西亚的多层庙塔[7]，乃仿自仙山"Kurkura"。我们比照二者的音读，是相当可信的。此外，林梅村先生也曾从语词上讨论过"祁连"和"昆仑"的含义，他认为二者都是外来词，同译自吐火罗语"kilyom"，后者是"圣天"之意，汉代译作"祁连"，唐代译作"祁罗漫"、"析罗漫"，而"昆仑"却是该词最早的汉语译词。[8]今天的新疆天山，在唐代被称作"析（初、折）罗漫山"，而今天的祁连山，古代则有"祁连天山"的联称，可见"祁连"和"昆仑"，均有"天"之意，这正是昆仑山所具有的通天之山的名实相符之表现。

综上，昆仑山的神山性质及它受到域外神山的影响已十分明显。昆仑山当与印度的苏迷卢山、希腊的奥林匹斯山有同源关系，它们均应源自两河流域的 Khursag Kurkura 山。

## 二　昆仑神话最先进入陕甘交界地区和山东地区

昆仑神话既然传自域外，那它最先进入东亚大陆的地域在何处？经综合判断，笔者以为它率先分头传到了陕甘交界的陇山地区和山东的泰山地区，且分别将陇山和泰山当作这一神话中的通天之山——昆仑山。至于为何将陇山和泰山认作昆仑山，笔者将在下一节做解析，这里我们先以陇山和泰山神话以及这两地出现的其他外来文化因素为依据，考察昆仑神话进入这两地的可能状况。

昆仑山神话中讲到此神山是"百神之所在"，其中提及最多的是西王母和黄帝，还有称昆仑山"为

---

[1] 苏雪林：《昆仑之谜》，《屈赋论丛》，武汉大学出版社，2007年，第511—514页。
[2] 袁珂译注：《山海经全译》，贵州人民出版社，1991年，第247页注释28。
[3] （西汉）刘安等著，许匡一译注：《淮南子全译》卷四"地形"篇，贵州人民出版社，1990年，第233页。
[4] 袁珂译注：《山海经全译》，第244页。
[5] 袁珂译注：《山海经全译》，第244页。
[6] 苏雪林：《昆仑之谜》，第512页。
[7] 凌纯声：《昆仑丘与西王母》，《"中央研究院"民族学研究所集刊》1966年第二十二期，第219页；杨希枚：《论殷周时代高层建筑之"京"、昆仑与西亚之Zikkurat》，氏著：《先秦文化综论》，广西师范大学出版社，2008年，第80页。
[8] 林梅村：《祁连与昆仑》，氏著：《汉唐西域与中国文明》，文物出版社，1998年，第64—69页。

图1-1 甘肃泾川王母宫山西王母宫（采自张怀群《台湾—泾川：西王母朝圣之旅20年》，九州出版社，2011年，第14页）

天地心，神仙所居，五帝所理"[1]。这都不出三皇五帝的范围，尽管今天还有不少学者将三皇五帝当作历史人物，但笔者只将他们看作神话人物，且主要神话情节也源自域外[2]，后代史籍将他们混同于真实历史记载，不过是神话历史化的结果。

陇山及其周围，集中存在大量三皇五帝神话传说。如言黄帝生于天水轩辕谷[3]，或称生于上邽（今甘肃天水）寿丘[4]，西王母的"遗迹"也不少，酒泉南山（今祁连山）有西王母石室，王母堂，珠玑镂饰，焕若神宫云云[5]，甘肃泾川有王母宫山，也称回中山，乃纪念周穆王临别西王母回望流连之意，山上宫观寺庙多处，王母宫是中心建筑之一（图1）。明陕西巡抚薛纲过回中山王母宫，曾吟诗一首"晓骑骢马过回中，上有西池阿母宫。瑶草变成芳草绿，蟠桃让与野桃红"。可见明代回中山的西王母信仰依然正盛。[6]其他三皇五帝传说也有许多。如伏羲生

---

1 （宋）洪兴祖：《楚辞补注》，中华书局，2015年，第33页。
2 详见拙稿：《三皇五帝新解》，待刊。
3 （北魏）郦道元著，陈桥驿等译注：《水经注全译》卷十七"渭水"条，贵州人民出版社，1996年，第619页。
4 范三畏：《旷古逸史——陇右神话与古史传说》，甘肃教育出版社，1999年，第138页。
5 （西汉）司马迁：《史记·司马相如列传》，中华书局，1959年，第3061页。
6 西北师范大学古籍整理研究所：《甘肃古迹名胜辞典》，甘肃教育出版社，1992年，第107页。

昆仑山新考 | 3

图1-2 甘肃泾川王母宫山西王母下降处石刻（采自张怀群《台湾—泾川：西王母朝圣之旅20年》，第4页）

于甘肃成纪[1]，其妹女娲生地自不必说，女娲葬地有多说，其中三处指向陕、晋、豫三省交界的黄河大转弯处的风陵渡的风陵[2]。炎帝的诞生地，经范三畏先生考证，当在天水附近的西汉水上游，也即漾水（姜水）。[3]其他如秦安伏羲庙、女娲祠（图2）、娲皇庙、圣母庙，甘谷羲皇故里石碑，天水羲皇故里伏羲庙（图3），成纪女娲洞，清水轩辕溪、轩辕窑、三皇沟，平凉崆峒山[4]，等等。还值得一提的是"冀"，此地名曾用在先秦的甘肃甘谷，如"（秦）武公十年，伐邽、冀戎，初县之"[5]，这冀戎所在地正是今天的甘谷县，在这初设的冀县区域，还有冀川、冀水和冀谷[6]。至于"冀"字的本义及山东也存在的冀、齐，下文再予以讨论。

泰山附近的三皇五帝神话传说也非常集中。"黄帝生于寿丘，在鲁城东门之北"[7]，此"寿丘"和"鲁"有两解，除上文所说在上邽（今甘肃天水）外，

---

1 罗泌：《路史·后纪一》卷十，钦定四库全书本，第2页；（北魏）郦道元著，陈桥驿等译注：《水经注全译》卷十七"渭水"条，第615页；范三畏：《旷古逸史——陇右神话与古史传说》，第1、2页。
2 范三畏：《旷古逸史——陇右神话与古史传说》，第74页。
3 范三畏：《旷古逸史——陇右神话与古史传说》，第116页。
4 李润强：《旷古逸史——关于伏羲、女娲、黄帝和西王母的传说》，《中国典籍与文化》1994年第4期。
5 （西汉）司马迁：《史记·秦本纪》，第182页。
6 （北魏）郦道元著，陈桥驿等译注：《水经注全译》卷十七"渭水"条，第613—614页。
7 （晋）皇甫谧：《帝王世纪》，齐鲁书社，2010年，第9页。

图 2　甘肃秦安陇城女娲祠（采自霍想有主编《伏羲文化》，中国社会出版社，1994 年，彩页 1）

图 3　甘肃天水伏羲庙先天殿

还有一说是在山东曲阜东北。黄帝战蚩尤传说中，说到"蚩尤幻变多方，征风召雨，吹烟喷雾，黄帝师众大迷。帝归息太（泰）山之阿，昏然忧寝，王母遣使者被玄狐之裘。以符授帝，……。佩符既毕，王母乃命一妇人，人首鸟身，谓帝曰：'我九天玄女也。'授帝以三官五意阴阳之略，太乙遁甲六壬步斗之术，阴符之机，灵宝五符五胜之文。遂克蚩尤于中冀"[1]。这里指出黄帝的归息地是太（泰）山，也提到了"中冀"。有人论证西王母是早期的泰山女神[2]，上面引证的黄帝战蚩尤传说中的王母，正是西王母。温玉春等论证黄帝、颛顼、帝喾、尧、舜等五帝氏族，均原居今山东[3]，他们的论证依据，正是历代保留下来的三皇五帝传说记载。

不管是论证包含昆仑神话在内的三皇五帝事迹在陕甘交界的陇山周围的学者，还是想论证它们在山东泰山周围的学者，他们看到这些歧见，不是想尽力证否一处，就是想通过"合理解释"来弥合分歧。例如何光岳认为"山东曲阜之寿丘，乃黄帝族以后东迁到曲阜而带去的地名。最早的寿丘，应从姬、姜二水和轩辕谷附近去找"[4]。学者们之所以要曲意弥合分歧，是因为他们相信三皇五帝都是信史，既是历史人物，当然不存在既生于甲地，又生于乙地的说法，这不合逻辑。但若我们知道三皇五帝不过是神话，而且还是糅合了大量域外文化因子的混合式神话，就不必斤斤计较于一地了。因为神话会在传播的过程中与当地人事和环境结合，变成本地族群的创世或族群起源神话，更何况从域外传来的昆仑神话和三皇五帝神话，如果它们最先分头进入的是陕甘交界的陇山地区和山东的泰山地区，完全可以各自在当地扎下根来，因为有共同来源，故有重合重复之处。这是笔者对昆仑神话和三皇五帝神话分别集中于这两地的解释。

我们还想做更具体解释的是"寿丘"和"冀"。"寿丘"乃黄帝出生地，作为昆仑神话和三皇五帝神话的主角，他完全可以分头进入陇山地区和泰山地区，因此留下相同的"寿丘"地名。根据苏雪林的研究，黄帝是域外五星神话中的土星神，同于《九歌》中的湘君。土星神所对应的土星，在五星中公转周期最长，绕太阳公转一周大约29年，故西亚人称它为"不动者"和"永久者"，希腊人称土星神克洛诺斯（Cronus，宙斯之父）为时间之神，是时间老人[5]，这"永久者"、"时间老人"之谓，不正符合"寿丘"之"寿"么？因此这"寿丘"当也不是胡乱取的，应是与黄帝神话一并传到陕甘和山东地区的。两地的"寿丘"，对应于各自的黄帝诞生神话，并不冲突，可以和平共处。

关于"冀"，苏雪林引高诱注《淮南子》："冀州，大也，四方之主"，郭璞注《尔雅》："两河之间为冀州"，因而推断"冀"也为外来概念，最先当指西亚两河之间的美索不达米亚平原，引到东亚，冀州实指国之中者，即"中国"，而非九州中的一州。而道家书中，又多用"齐州"表中国，冀、齐当系一音

---

1 （明）董斯张：《广博物志》，上海古籍出版社，1992年，第112页。
2 吕继祥：《泰山娘娘信仰》，学苑出版社，1994年，第16页。
3 温玉春：《黄帝氏族起于山东考》，《山东大学学报》1997年第1期；温玉春、曲惠敏：《少昊、高阳、高辛、陶唐、有虞诸氏族原居今山东考》，《管子学刊》1997年第4期。
4 何光岳：《炎黄源流史》，江西教育出版社，1992年，第509页。
5 苏雪林：《屈原与〈九歌〉》，武汉大学出版社，2007年，第239、244页。

之转。[1]山东有古齐地、齐国，冀之名，仍用于山东的近邻河北之简称。这"齐"和"冀"，怕也是域外神话一并传来时的遗痕。无独有偶，甘肃甘谷先秦有冀戎，后设冀县，当也是域外神话传到陕甘地区的遗留。这便是我们对两地的"冀"所做的解释。

若两地仅有神话的相重和所谓"史迹"的重复缠绕，还不能肯定就是外来同源神话分头进入两地所造成之现象，但若结合这两地史前的其他外来文化，特别是考古学上之证据，恐怕就要坐实我们的观点。下面略述这些考古学上之外来文化证据。

笔者曾以彩陶、冶铜术、绵羊、山羊、黄牛、小麦等为例，探讨了外来文化进入中国的时间和传入地，时间可以早到新石器时代，其后续有往来，新石器时代中晚期和青铜时代，成为中外接触最持久和活跃的时期，地点则集中于两地，即陕甘交界地区和山东地区。[2]在另一篇文章中，笔者考证出外来小麦在仰韶时代末期和龙山时代，以大致同时的时间分头进入这同样的两地，排除了两地经过河南为中介的小麦传播可能性。[3]这两个地域，恰是昆仑神话和三皇五帝神话流传最为集中的地方。我们认为这不是巧合，当是带来彩陶、冶铜术，或是驯化绵羊、山羊、黄牛，或是栽培小麦的外来人群，也同时带来了他们的昆仑神话和五星神话（三皇五帝神话是五星神话的中国化），他们在这两个地方融入当地族群，让彩陶、冶铜术、绵羊、山羊、黄牛、小麦，还有神话在当地扎下了根，并向四周传播开来，这些外来的物质文化和神话，逐渐融入华夏文明并成为华夏文明的源头之一。

## 三　中国境内有多处昆仑山

昆仑神话既属外来，它最先传入之地——陕甘交界的陇山地区和山东的泰山地区——当是昆仑神话的最早落地生根处，陇山和泰山也正是最早的昆仑山。随着昆仑神话向四处传播，形成了有昆仑神话处便有"昆仑山"的局面。因此中国境内有多处"昆仑山"。需要说明的是，这些"昆仑山"均是当地族群对昆仑神话中的昆仑神山在当地的指代，故尽管多不以"昆仑"名之，但均可解析出与"昆仑"千丝万缕的联系。下面选取若干予以分析。

### 1. 泰山

言泰山就是昆仑山者，有苏雪林、何幼琦和何新，他们均言之成理，因此我在这里主要是归纳他们的观点。

苏雪林说，泰就是太、大，泰山者就是大山也，取的是西亚的"世界大山"之义。泰山古名"天中"，言其居天下之中，也称它处在大地的脐上。天门在泰山之顶，幽都在泰山脚下，这都跟世界大山的条件无一不合（图4）。[4]

何幼琦通过对《山海经》中的《海经》的新探，发现《海经》所说的疆域，就是泰山周围的山东中部地区，其中心大山名昆仑虚，经对其周边七条河川的分析，与泰山周围的水系无一不合，相反以之去衡量其他各处昆仑，则一个都不具备。因此这中

---

[1] 苏雪林：《屈赋论丛》，武汉大学出版社，2007年，第541—551页。
[2] 宋亦箫：《中国与世界的早期接触：以彩陶、冶铜术和家培动植物为例》，《吐鲁番学研究》2015年第2期。
[3] 宋亦箫：《小麦最先入华的两地点考论》，《华夏考古》2016年第2期。
[4] 苏雪林：《屈赋论丛》，第545、565、567页。

图4-1 泰山天柱峰（玉皇顶）（采自王佳编著《中国名山》，黄山书社，2012年，第44页）

图4-2 泰山南天门下十八盘（采自宋本蓉编著《名山之谜》，哈尔滨出版社，2009年，第178页）

心大山昆仑虚就是泰山。[1]

何新在认同何幼琦结论的基础上，补充论证了"流沙"和"弱水"，指出"流沙"也就是"沙河"，泰山地区有季节性异常洪水和异常枯水的极端现象，每逢夏秋暴雨，山洪挟带泥沙砾石汹涌向前，但历时很短，水位迅速下落，沙砾纷纷停积下来，形成所谓流沙，平时则只剩下涓涓细流，这大面积的沙砾和涓涓细流，应是古书里所说的"流沙"和"弱水"。此外，何新又从名称上做了进一步论证，因泰山古称太山，太、大、天三字古代通用，而昆仑也有"天"之意，二者从名称上便相通了。他还从轩辕的古音为Kuang lun，其对音是昆仑，而昆仑山在《吕氏春秋·古乐篇》中记作"阮隃"山，从而引证昆仑—阮隃—轩辕是一声之转。另今山东有隃隃山、昆嵛山，疑皆"昆仑"一词的变名。[2]

除了以上论证，从泰山神话传说与黄帝、西王母的密切关系，也能看出泰山与昆仑山的等同性来。

---

[1] 何幼琦：《〈海经〉新探》，《历史研究》1985年第2期。
[2] 何新：《诸神的起源》，时事出版社，2002年，第123—142页。

## 2. 陇山

陇山之"陇",同"垄"。吕微通过蛙和蟾蜍别名苦蠪,论证陇山得名,当由昆仑而来。[1] 闻一多首先论证过蛙和蟾蜍得名苦蠪是因它们腹圆[2],吕微认为,苦蠪、窟窿、葫芦,都是昆仑的音转,其相同的内涵是它们都表示"圆"。因此,"陇"当也含有"圆"之意,陇山也是昆仑山。这是从语音语义上对陇山与昆仑山的勾连。

此外,回中山即王母宫山,属陇山北段,其上曾有王母宫建筑,还有北魏开凿保存至今的王母宫石窟及其他西王母遗迹,这又从西王母与昆仑山的关系上强化了陇山也是昆仑山的结论。

## 3. 祁连山

持祁连山是昆仑山观点的学者最多,有顾颉刚[3]、黄文弼[4]、蒙文通[5]、唐兰[6]、孙作云[7]、杨宽[8]、赵逵夫[9]、朱芳圃[10]、萧兵[11]等人,他们多从祁连山符合《山海经》中所载山水位置、祁连山上有西王母石室等遗迹、"祁连"义同"昆仑"都为"天"等方面考订,这都颇有见地。但他们的出发点都是实定出唯一的昆仑山,而要否定其他,这是笔者不能同意的。原因在于他们还没有认识到昆仑神话来自域外,这神话昆仑传入中土后,每到一处是会将当地最有名、最接近神话昆仑的神话地理的高山定作昆仑山的。

## 4. 贺兰山

"贺兰"当为音译词。汤惠生论证过贺兰可能译自匈奴语"天",祁连、昆仑、赫连、贺兰都是古代匈奴语"天"的称谓。[12] 关于"赫连",这是十六国中的胡夏国建立者赫连勃勃给自己取的姓,《晋书·赫连勃勃载记》称"帝王者,系天为子,是为徽赫,实与天连",这"赫连"当然是取"天"之义,进一步印证了与"赫连"音近的"贺兰",确为外来语"天"之音译。贺兰山既是天山,自然有昆仑山之意。此外,汤惠生从贺兰山拥有中国最多、最集中的人面像岩画出发,认为这体现了贺兰山的宇宙山、世界山地位,而昆仑山正是信奉昆仑神话的族群的宇宙山或世界山。

## 5. 嵩山

嵩山可比昆仑山之处,一在它的名称,嵩山又称嵩高,还称崇高[13],含有高山、大山之意,昆仑

---

1  吕微:《"昆仑"语义释源》,《民间文学论坛》1987年第5期。
2  闻一多:《诗经研究》,巴蜀书社,2002年,第29—32页。
3  顾颉刚:《昆仑传说与羌戎文化》,氏著:《古史辨自序》,河北教育出版社,2000年,第867—879页。
4  黄文弼:《西北史地论丛·河西古地新证》,上海人民出版社,1981年,第99页。
5  蒙文通:《周秦少数民族研究》,龙门联合书局,1961年,第27页。
6  唐兰:《昆仑所在考》,《国学季刊》第6卷第2期,1935年。
7  孙作云:《敦煌画中的神怪画》,《考古》1960年第6期。
8  杨宽:《〈穆天子传〉真实来历的探讨》,《中华文史论丛》第55辑,第200页。
9  赵逵夫:《昆仑考》,氏著:《屈骚探幽》,巴蜀书社,2004年,第362—365页。
10 朱芳圃:《中国古代神话与史实》,中州书画社,1982年,第149页。
11 萧兵:《神话昆仑及其原型》,《楚辞与神话》,江苏古籍出版社,1986年,第501—505页。
12 汤惠生:《昆仑山神话与萨满教宇宙观》,氏著:《青藏高原古代文明》,三秦出版社,2003年,第424—426页。
13 顾颉刚:《论巴蜀与中原的关系》,四川人民出版社,1981年,第46页。

山作为世界山、宇宙山，也有高山、大山之意，昆仑所译自的"Zikkurat"，也有高、大之意。二在嵩山的形状，它有"外方山"之称，见于《尚书·禹贡》[1]和《汉书·地理志》。《汉书》中直称："崇高，武帝置，以奉太室山，是为中岳，有太室、少室山庙。古文以崇高为外方山也。"[2]而昆仑山呈"方形"则在《山海经》里有多处见载。三在嵩山的主峰山脉太室山名称上，清代阮元讨论金文中的亚形外廓，他发现金文中每有此形，其铭便有"王格太室"几字，而这亚形，就是明堂之形。则太室也就是明堂。[3]后文中我们还将论证明堂是昆仑的异名或遗形，则这太室山也可等同于昆仑山了。

最重要的是第四点，嵩山周围有众多的三皇五帝神话。[4]如盘古开辟神话，分布在黄河北岸、豫西和嵩山周围，其中盘古肢体化生情节，堪比西亚创世神话中的原始女怪肢体被创造神马杜克肢解化生神话。三皇功业在嵩山更是有着密集的分布，少室山上有三皇寨，寨里有三皇庙，嵩山余脉密县天爷洞上有三皇殿，伏羲画卦被认为在嵩山北麓的"洛汭"，涉县的娲皇宫、西华的女娲城、泌阳的女娲山、嵩山北麓的"阴阳石"，等等，都是女娲神话遗迹。

嵩山上还有黄帝和西王母神迹。如黄帝出生和建都在嵩山余脉风后岭附近的轩辕丘；黄帝及其后裔帝喾、颛顼、尧、舜、禹，都在嵩山周围留下了活动遗迹（图5），并留下活态传说。嵩山上还留下了西王母与黄帝饮美酒、赐后羿不死药等传说。嵩山如此多的神话传说，难怪被神话学家张振犁先生誉为东方的奥林匹斯圣山。鉴于与昆仑山关系密切的黄帝和西王母神话嵩山皆有，加上以上四证，我们认为嵩山也曾被先民当作昆仑山。

## 6. 阴山

阴山是今内蒙古中部黄河以北的一座高山。"敕勒川，阴山下"的北朝民歌使其声名大振。但在辽金时期，阴山也称连山、祁连山或天山[5]，可见北方族群也是将它当作昆仑山的。丁山也认为，阴山或许可指《山海经·海内北经》中的昆仑虚。[6]

## 7. 陆浑山（三涂山）

陆浑山在河南嵩县，得名于陆浑之戎迁居于此。三涂山见于《逸周书》[7]、《左传》[8]和《水经注》[9]，《左传》杜注言其位于今嵩县西南伊水之北，俗名崖口。丁山论证陆浑即昆仑，而三涂即须弥（Sumeruo，又译苏迷卢），三涂山，就是今天的陆浑山。[10]比较音读，似乎三涂比须弥更接近Sumeruo。今天的陆浑山周围，其西南有王母涧，涧北山有王母祠，而陆

---

1　屈万里注译：《尚书今注今译》，新世界出版社，2011年，第31页。
2　施丁主编：《汉书新注》，三秦出版社，1994年，第1131页。
3　刘宗迪：《失落的天书——〈山海经〉与古代华夏世界观》，商务印书馆，2016年，第506页。
4　张振犁：《东方奥林匹斯圣山——嵩山神话探秘》，《中原神话研究》，上海社会科学院出版社，2009年，第315—325页。
5　萧兵：《神话昆仑及其原型》，氏著：《楚辞与神话》，江苏古籍出版社，1986年，第507页。
6　丁山：《论炎帝太岳与昆仑山》，氏著：《古代神话与民族》，商务印书馆，2005年，第412页。
7　黄怀信等撰：《逸周书汇校集注》（上册），卷五"度邑解"，上海古籍出版社，2007年，第481页。
8　杨伯峻编著：《春秋左传注》"昭公四年、十七年"，中华书局，2009年，第1246、1389页。
9　（北魏）郦道元著，陈桥驿等译注：《水经注全译》卷十五"洛水"条，第540页。
10　丁山：《论炎帝太岳与昆仑山》，第420页。

浑山的主峰女几山南麓，有西王母祠，附近的伏流岭上有昆仑祠[1]，女几山南麓现存有汉代的石刻三皇庙，等等。这些遗迹印证和强化了陆浑山（三涂山）曾担当过昆仑山的神山使命。

## 8. 涂山

涂山有两处，一在安徽怀远县，一在浙江绍兴市，二者都有着禹娶涂山氏和禹会诸侯于涂山的神话。怀远涂山有涂山氏祖庙，而绍兴涂山则曾建大禹庙，可见涂山是一座富含大禹神话的神山。顾颉刚、杨宽和闻一多等诸位先生都认为涂山就是三涂山的简称[2]，顾颉刚还认为禹与涂山之神话都应产生于今嵩县的三涂山，而这两地的禹神话，应是"秦汉以后装点出来的"[3]。笔者由此推测这二处山名及禹神话可能是文化迁延的结果。但也因此将三涂山的昆仑山性质继承了过来。还值得一提的是大禹所娶的涂山氏。闻一多先生比较了她和高唐神女，发现二者在天帝之女的身份、所遇合的帝王对象、都是极主动的奔女三方面高度雷同。[4]其实这是世界性的大母神神话在古代中国的衍化，她们也同于西王母，甚至远同于西亚的大母神伊南娜和易士塔儿。[5]如此，则涂山氏神话更强化了涂山的昆仑山地位。

## 9. 会稽山

会稽山是否有昆仑山之内涵，尚没有人提出。笔者比较《山海经·南山经》对会稽山的描述，如

图 5-1　河南登封嵩山三皇寨和三皇庙（由登封李欢欢提供）

图 5-2　河南登封嵩山启母石（由登封李欢欢提供）

图 5-3　河南登封嵩山"天地之中"历史建筑群之观星台
（采自王佳编著《中国名山》，第57页）

---

1　（北魏）郦道元著，陈桥驿等译注：《水经注全译》卷十五"洛水"条，第539—540页。
2　顾颉刚：《论巴蜀与中原的关系》，第47页；闻一多：《天问疏证》，生活·读书·新知三联书店，1980年，第30页。
3　顾颉刚：《论巴蜀与中原的关系》，第47页。
4　闻一多：《高唐神女传说之分析》，氏著：《神话与诗》，天津古籍出版社，2008年，第133—134页。
5　宋亦箫：《西王母的原型及其在世界古文明区的传衍》，《民族艺术》2017年第2期。

"会稽之山，四方，其上多金玉，其下多砆石"[1]，认为它在外形、物产上符合昆仑山之特征。此外，会稽山有大禹神话，虽缺三皇五帝神话，但或许是昆仑神话传播过程中的文化衰减和变异现象。"会稽"二字之音读，恐也似外来语译词，其与"昆仑"或许有同源关系。

## 10. 岷山

岷山延伸于甘南川北，其主峰雪宝顶位于四川松潘县境内。蒙文通曾根据《山海经》的山水形胜认定"河水出（昆仑）东北隅，以行其北"的"昆仑"，"舍岷山莫属"。[2] 邓少琴也认为："岷即昆仑也，古代地名人名有复音，有单音，昆仑一辞由复音变为单音，而为岷。"[3] 贾雯鹤还补充岷山就是蜀山、汶山，且岷山之得名，当取自"岷山，……，其上多金、玉，其下多白珉"[4]之"珉"，这"珉"正是美玉，因此岷山也即是玉山，而昆仑山也因盛产美玉而称玉山或群玉之山。因此他认为岷山是昆仑的原型。[5] 三位学者只是站在实勘的角度论证地理上的昆仑山就是岷山，没有意识到昆仑山首先是神话中的神山，且有着渺远的域外源头。因此看不到岷山其实也只是人间众多的昆仑山之一，且昆仑才是原型，是源；岷山只是昆仑神山的人间镜像，是流。

## 11. 天柱山

天柱山在安徽潜山县，又名潜山、皖山，秦汉时称"霍山"，汉武帝曾登山礼拜，封为"南岳"。隋代诏改南岳为衡山。天柱山则被称为"古南岳"。目前尚无人考证其与昆仑山的关系，也缺乏相关神话传说。唯一可联系起来的是它的山名——天柱。昆仑山作为天柱，多有记载。如《山海经图赞》："昆仑……絫然中峙，号曰天柱"[6]，《神异经》："昆仑之山，有铜柱焉，其高入天，所谓天柱也，围三千里，周圆如削"[7]，《海内十洲记》：昆仑山"上通璇玑，……鼎于五方，镇地理也，号天柱于珉城，象纲辅也"[8]，等等。这"天柱"正代表了昆仑山上通于天，作为登天的阶梯的特性。天柱山的得名，是否有昆仑神话影响的因素，目前还没发现十足的证据，暂列在此，以待将来考证吧。

## 12. 天山

横断新疆的"天山"，是直到清代才成为固定的叫法，之前有很多异称，如北山、白山、凌山、绫山、三弥山等[9]，但唐代它已有"天山"之称，如李白诗"明月出天山，苍茫云海间"可证，当时的胡人也称之为"析罗漫山"[10]，林梅村论证过此胡名与汉人所称的"祁连山"都是吐火罗语"kilyom"（圣

---

1 袁珂译注：《山海经全译》，第8页。
2 蒙文通：《巴蜀古史论述》，四川人民出版社，1981年，第161页。
3 邓少琴：《巴蜀史迹探索》，四川人民出版社，1983年，第119页。
4 袁珂译注：《山海经全译》，第159页。
5 贾雯鹤：《神话的文化解读》，重庆大学出版社，2010年，第217—226页。
6 （晋）郭璞：《山海经图赞译注》，岳麓书社，2016年，第52页。
7 （西汉）东方朔：《神异经》，《汉魏六朝笔记小说大观》，上海古籍出版社，1999年，第57页。
8 （西汉）东方朔：《海内十洲记》，《汉魏六朝笔记小说大观》，上海古籍出版社，1999年，第70页。
9 成一等：《丝绸之路漫记》，新华出版社，1981年，第81页。
10 林梅村：《吐火罗人与龙部落》，氏著：《汉唐西域与中国文明》，文物出版社，1998年，第72页。

天）的音译词，而汉代的"祁连山"，也被林梅村和杨建新证明指的正是今天的东天山，而不是今祁连山。[1]如此，天山自汉代就有了与昆仑等义的名称，自然具有了昆仑山的某些属性了。

支持天山也曾作为昆仑神话中的神山的证据，还有它上面的西王母传说及遗迹。例如西王母祖庙、王母脚盆、天池（图6）及其传说等。东天山的最高峰博格达峰，已被林梅村证明当是最早所指的"敦煌"，而后者在吐火罗语中是"高山"之意[2]，这就跟同有"高山"之意的"昆仑"产生了联系。也有人认为《禹本纪》中所言"昆仑"，就是指博格达峰。

## 13. 昆仑山

昆仑山（图7）是指今日新疆和西藏的界山，它本称于阗南山。得名"昆仑山"是汉武帝根据张骞的介绍和按古图书《山海经》的记载而御定。[3]既有皇帝亲定，历代便也多将其当作昆仑神山看待，黄帝、西王母纪念建筑及祭祀活动也铺张开来。道教徒更尊其为仙山，明末道教混元派在昆仑山设道场，号称昆仑派。至今海内外道教信徒经常千里迢迢朝拜昆仑山，寻祖访道。[4]

## 14. 西宁"青海南山"

青海西宁在汉代属金城郡临羌县。《汉书·地理志》记载："金城郡临羌，西北至塞外，有西王母石室、仙海、盐池，……西有须抵池，有弱水、昆仑山祠。"[5]这昆仑山祠，当建在当时的昆仑山上，由仙海（即今青海湖）、盐池等与西王母石室近，且西边还有须抵池、弱水、昆仑山祠等推断，这昆仑山或许为今西宁市以西、青海湖西南隅的青海南山。

## 15. 敦煌、三危山

敦煌在今甘肃西境，因境内莫高窟而驰名。前已引林梅村释"敦煌"乃吐火罗语"高山"之意，且最先指的是东天山的博格达峰。则今敦煌之名可能为"其不能去者，保南山羌"的小月氏人所带来，且一并将本指东天山的祁连山名也带到了酒泉南山，久之异名为祁连山。"敦煌"的"高山"本义将其与昆仑山联系起来。此外，《汉书·地理志》"敦煌郡"条下记载："敦煌……广至，宜禾都尉治昆仑障。"[6]这昆仑障是防御工事，当建在有险可恃的山陵之上，由其名"昆仑"，可推应即是昆仑山上。

三危山首现于《尚书·舜典》，言舜"窜三苗于三危"[7]，不少人以史实观之，但笔者以为还是将其看作神话且"三危"也是神话中的神山为好。再见于《山海经·西山经》之"西次三经"，言"三危之山，三青鸟居之"[8]。因此，《山海经》中的三危山是西王母和三青鸟居住的地方。三危山在现实地

---

1　林梅村：《吐火罗人与龙部落》，第71—73页；王建新：《中国西北草原地区古代游牧民族文化研究的新进展——古代月氏文化的考古学探索》，《周秦汉唐文化研究》第三辑，三秦出版社，2004年，第240—243页。
2　林梅村：《吐火罗人与龙部落》，第77页。
3　苏雪林：《屈赋论丛》，第488—489页。
4　曲六乙：《青海昆仑文化是金色文化》，《昆仑文化论集》，青海人民出版社，2002年，第3页。
5　施丁主编：《汉书新注》（二）"地理志第八下"，三秦出版社，1994年，第1178页。
6　施丁主编：《汉书新注》（二）"地理志第八下"，第1182页。引文中的"广至"，县名，在今甘肃安西县南破城子。
7　江灝等译注：《今古文尚书全译》，贵州人民出版社，1990年，第27页。
8　袁珂译注：《山海经全译》，第39页。

理中位于敦煌莫高窟附近。宋代，在三危山顶修建了王母宫。以后历朝又修建了不少庙宇，几经沧桑，几度兴衰。现在，保存下来的仍有王母宫、观音井、南天门、老君堂等建筑和遗迹（图8）。三危山就是昆仑山，已被邓少琴[1]和贾雯鹤[2]等讨论过，我们再补充一些分析。先分析"三危"二字，"危"释"高"，这就近于昆仑山所谓的高山、大山了，而昆仑山，被描述为三个层级——昆仑、凉风和悬圃[3]，这正合三危山的"三"，因此我们认为三危山也是昆仑山。此外，"三青鸟"本是为西王母取食的伴鸟，见于昆仑山，在汉画像中，我们也常见到居中坐在龙虎座上的西王母，旁边有三青鸟相伴，因此这居于三危山的三青鸟，再次将三危山与昆仑山归并到了一起。

敦煌、昆仑障、三危山三名在今甘肃西境汇合一处，当然不是偶然巧合，它们都指向了昆仑神话中的神山——昆仑山。

## 四 昆仑的内涵及影响

笔者还想从语义上对昆仑的内涵做一番梳理，弥补前文在这方面探讨的不足。昆仑神话传衍到古代中国，不仅出现了多处实地昆仑山，还对中国古代文化产生了多方面的影响，下面也集中做一些讨论。

### 1. 昆仑的语义

昆仑属外来词，殆无疑义。数位学者已对昆仑的外来语原词做过勘同工作。如上文提到的苏雪林认为是西亚之仙山"Kurkura"之音译，义为大

图6 天山天池（西王母瑶池）（采自宋本蓉编著《名山之谜》，第7页）

图7-1 俯瞰昆仑山（采自宋本蓉编著《名山之谜》，第24页）

图7-2 昆仑山黄帝故里祠区（采自宋本蓉编著《名山之谜》，第26页）

---

1　邓少琴：《邓少琴西南民族史地论集》，巴蜀书社，2001年，第498页。
2　贾雯鹤：《神话的文化解读》，重庆大学出版社，2010年，第221—223页。
3　（西汉）刘安等著，许匡一译注：《淮南子全译》，第233页。

山、高山。凌纯声、杨希枚认为是译自两河流域的"Ziggurat"（Zikkurat）之第二、三音节，义为崇高。[1] 杨希枚还认为殷周的甲金文"京"、"高"，均表示人工高层建筑，且二者无甚区别，而"京"字当也译自Ziggurat，它和昆仑，可看成是同音异译。[2] 林梅村则另辟蹊径，找到了表示"圣天"之意的吐火罗语词"kilyom"，认为在汉代以前，昆仑是对该词的音译，汉代以后则译作"祁连"。[3] 这几种看法，看似不一，其实不矛盾，且能互补。苏雪林与凌纯声、杨希枚所定的外来语词实为一致，只不过苏所定乃指高大的神山，而凌、杨所定是以前者为依据所拟造的多重庙塔，这样"昆仑"所指则涵盖二者，一方面指神话中的世界大山，另一方面则是指按照这世界大山而造出的人工高塔。《山海经》中的昆仑丘、昆仑虚，呈四方形，正是模拟神话中的昆仑山而造出的多重人工建筑。林梅村则挖掘出昆仑所含有的"天"之意。如此，则昆仑的本义，由神话中的世界大山，到模拟它的人工高塔，从而引出"高"、"天"之意，且均包含着崇高、神圣的宗教意蕴。

吕微曾专文讨论过"昆仑"语义[4]，笔者虽不完全赞同，但也多有可取之处，下面结合吕微的部分观点，继续考察"昆仑"概念的更多引申义。

昆仑有"圆"义。笔者以为这是因昆仑表"天"，而天是圆的，从而得义。因此衍生出混沦、浑沌、葫芦、窟窿等表圆形的语词，包括上面提到的蟾蜍别名苦蕾，也因它的腹大而圆。

由"圆"义，又引申出整个、完全的意思，如

图8-1　远眺三危山（敦煌研究院张小刚、宋利良提供）

图8-2　三危山南天门（敦煌研究院张小刚、宋利良提供）

图8-3　三危山顶王母宫（敦煌研究院张小刚、宋利良提供）

---

[1] 凌纯声：《昆仑丘与西王母》，第219页。
[2] 杨希枚：《论殷周时代高层建筑之"京"、昆仑与西亚之Zikkurat》，第80页。
[3] 林梅村：《祁连与昆仑》，第64—69页。
[4] 吕微：《"昆仑"语义释源》，《民间文学论坛》1987年第5期。

"囫囵吞枣"；再引申出"不可分离"之义，如浑沌神神话，他无面目、孔窍，被凿开七窍后却死了。这则庄子寓言想说明"圆"、"浑沌"在本质上不可分离，由此引申出"不可分离"之意，再引申出"不开通"、"不开明"、"不谙事理"，又由"不开明"引申出"黑"义，唐宋两代的昆仑奴，就是黑人奴隶。

## 2. 昆仑的影响

昆仑神话传入中国后，除了各神话的传播地将本地高山认作昆仑山并赋予它"百神之所在"的神山地位外，昆仑神话还影响到古代社会的很多方面，例如丘虚文化、封禅文化、明堂文化乃至其他亚形造型，等等。

先看丘虚文化。"丘"本指天然的小土山，龙山时代，先民开始从自然高丘向较为宽广的平原发展，为了避免潮湿和水患，他们往往将聚落基址用土垫高，形成一种人工加筑的聚落形式，仍以"丘"名之，这就是人工之丘。而"虚"则指"大丘也"[1]。由于人工丘虚的普及，它们也成了先秦时期的基层地域组织，自然也是人类活动的中心场所，一如凌纯声先生所言："丘之功用，为一社群的宗教、政治和丧葬的中心。大至一国，小至一村，莫不有丘，盖丘即社之所在。"[2] 这里提到的"社"，是指丘虚之居民进行祭祀神鬼的场所。形成了有丘即有社的局面，因此王增永先生又称丘虚文化为"社丘文化"[3]。

而这祭祀神鬼的场所——社，经凌纯声先生研究，它是西亚庙塔建筑Ziggurat的首音节音译，当然还包括"祖"（古音读姐）、"畤"、"臺"（古音读持）[4]、"京"、"高"[5]等字，而"昆仑"译自该词第二、三音节，这几个汉语词都是同词异译而已。可见昆仑文化对丘虚文化的影响，首先在丘虚中必有的社祀上。其次，作为人工建筑的Ziggurat，传入中国后，还称为昆仑丘或昆仑虚，当是与丘虚文化结合的结果。此外，社坛的形制有圆有方、社坛层级三重、社木社树等等方面，都应该是对昆仑的模仿。

再看封禅文化。狭义的封禅仅指中国古代帝王在太平盛世或天降祥瑞之时的祭祀天地的大型典礼。且封禅之地皆在泰山及附近小山上。而广义的封禅，当指所有以"坛墠"设祭的活动。因为"中国古代祭祀神鬼之所在，曰坛曰墠，封土曰坛，除地曰墠；又筑土曰封，除地曰墠。故凡言封禅，亦即是坛墠而已"[6]。关于"坛"、"墠"二字，凌纯声认为这"坛"当是"昆仑"的中国语又一叫法，而"墠"则可能是Saqăru（Ziggurat同词异写）的首音节节译。故这"坛墠"文化，就是封禅文化，也是昆仑文化。若此说不误，则上文已提及的"祖"、"社"、"畤"、"臺"、"京"、"高"、"坛"、"墠"、"昆仑"，均来自西亚的Ziggurat。

三看明堂。明堂是古代中国天子的太庙，据蔡

---

1 （东汉）许慎撰，（清）段玉裁注：《说文解字注》，中州古籍出版社，2006年，第386页。
2 凌纯声：《美国东南与中国华东的丘墩文化》，"中央研究院"民族学研究所专刊之十五，1968年，第45页。
3 王增永：《社丘为昆仑原型考》，中国社会科学出版社，2005年，第213页。
4 凌纯声：《中国的封禅与两河流域的昆仑文化》，《"中央研究院"民族学研究所集刊》1965年第十九期，第1页。
5 杨希枚：《论殷周时代高层建筑之"京"、昆仑与西亚之Zikkurat》，第72—80页。
6 凌纯声：《中国古代社之源流》，《中国边疆民族与环太平洋文化》，台湾联经出版事业公司，1979年，第1430页。

邕考证，这种"宗嗣其祖以配上帝"的建筑，在夏代称"世室"，在商代称"重屋"，周人称"明堂"[1]（图9），后代沿用周人的叫法。总结明堂的功用，有"为祭天祀神之祭坛，为行政布令之宫殿，为施教兴学之渊府，为朝见聚会之庭堂，国之大事皆行于明堂"[2]。关于明堂与昆仑的关系，凌纯声先生考证为"明堂即坛，坛即昆仑"、"明堂为昆仑"[3]；刘宗迪先生也讨论过二者的关系，他认为明堂是昆仑的原型，并举十一例以证二者之同。[4]笔者认为这是未弄清昆仑的来源而造成的误判，正确的说法是昆仑是明堂的原型，明堂也就是昆仑，只不过它属昆仑中的人工建筑那一部分，而非神山。至于刘宗迪先生总结的十一同点，放在笔者的观点上同样适用。例如二者都是观象授时之所、昆仑"八隅之岩"与明堂的亚形结构、昆仑丘三成与明堂"土阶三等"[5]、昆仑神木与明堂测影圭表、昆仑弱水环绕与明堂四面环水之辟雍，等等，这些相似之处，正是明堂按照昆仑丘或昆仑虚来构造的明证。

四看其他亚形造型。明堂的平面布局呈亚形，同于昆仑之丘的"八隅之岩"，即平面有八个方角的结构，这已经被刘宗迪先生揭示过[6]。这种模拟昆仑亚形造型的结构还体现在很多古代器物和建筑构型中。笔者曾撰文对夏商时期的亚形造型做过分析，将这些亚形造型归纳为三类，一是青铜器、陶器上的亚形镂孔或镶嵌纹，二是金文、玺印上的亚形符号或"边饰"，三是商代墓葬里的亚形墓圹或墓室（图10）。笔者认为这种亚形造型源自域外，最早的源头是西亚两河流域的新石器时代同类符号。且认为亚形造型是对龟板外形的模拟，而后者又出于西亚创世神话马杜克劈开原始女怪龟形躯体以其下半部的龟板造大地的龟板之模拟，因龟板两侧正中为连接龟背而有突出甲片，与龟板头尾部稍突出甲片合看，正呈十字形也即亚形（图11）。因大地乃龟板所造，它便成为大地的象征。而亚形符号的中心，便也象征着世界中心，是沟通天人的中介，是促进人类再生和新生的"生殖崇拜"观念的符号表达。[7]该文中笔者尚未点出这亚形结构模拟的也是具有"八隅之岩"的昆仑，现在这里补上。

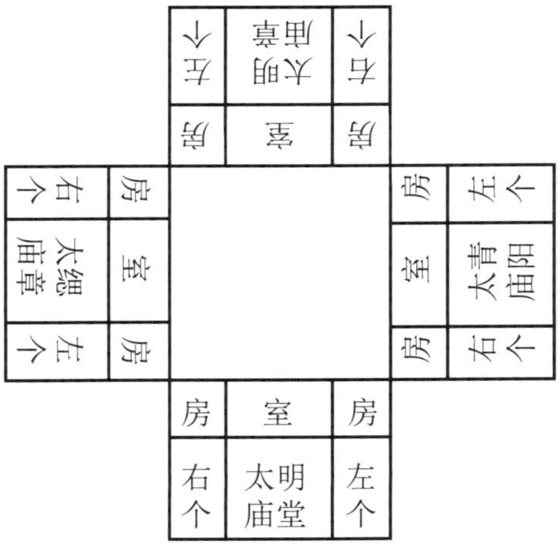

图9 王国维考订的明堂图（采自王国维《王国维论学集》，云南人民出版社，2008年，第90页）

---

1 蔡邕：《明堂月令论》，《蔡中郎集》，扫叶山房藏版，第13页。
2 刘宗迪：《失落的天书——〈山海经〉与古代华夏世界观》，第495页。
3 凌纯声：《昆仑丘与西王母》，第237、238页。
4 刘宗迪：《失落的天书——〈山海经〉与古代华夏世界观》，第495—523页。
5 （战国）吕不韦等：《吕氏春秋全译》"恃君览第八"之"召类"篇，贵州人民出版社，1997年，第763页。
6 刘宗迪：《失落的天书——〈山海经〉与古代华夏世界观》，第499页。
7 宋亦箫：《夏商考古遗存中的亚形造型起源及其内涵探索》，中国首届考古学大会夏商组宣读论文，2016年，郑州。

图 10-1 江西新干大洋洲青铜罍（采自江西省文物考古研究所等《新干商代大墓》，文物出版社，1997年，彩版一九）

图 10-2 江西新干大洋洲陶豆（采自江西省文物考古研究所等《新干商代大墓》，图版78-4）

图 10-3 铜器亚形符号（采自王心怡《商周图形文字编》，文物出版社，2007年，第595页）

图 10-4 殷墟青铜钵（采自于省吾《双剑誃古器物图录》，中华书局，2009年，第130页）

上面说到亚形结构是对龟形原始女怪的龟板外形的模拟，而亚形也可说模拟自具"八隅之岩"的昆仑，因此昆仑也与龟形原始女怪建立了联系。这能用来很好地解释为什么昆仑一说为圆，一说为方，它上通于天，又下通于地。笔者推测，因昆仑也是模拟自用来造大地的龟形原始女怪，或许先以浑圆的龟背（以造天）模拟之，故昆仑为圆，以指天，后又以呈亚形的方正龟板（以造地）模拟之，故昆仑又为方，以指地。

## 五 结论

昆仑山是昆仑神话中的神山，也称世界山和宇宙山，昆仑山的"昆仑"二字，是外来词，它译自西亚多重庙塔Ziggurat，或是吐火罗语圣天kilyom，因此它有"崇高"、"圣天"之意。昆仑山神话堪比西亚、印度、希腊等地的世界山或宇宙山神话。因此我们认为，昆仑神话包含有浓厚的域外文化因素，它的最古源头，当在西亚神话中。

昆仑神话这一外来神话，进入古代中国的方式，既不是进入一地再四处扩散，也不是多地并进，而是分头且以大致同时的方式进入两地，这两地是以泰山为中心的山东地区和以陇山为中心的陕甘交界地区。这是山东地区和陕甘交界地区各自出现昆仑神话和三皇五帝神话特别集中的原因所在，考古学上的彩陶、冶铜术、绵羊、山羊、黄牛和小麦遗存，其始源也集中于这两地，而这些遗存均属外来文化，由此强化了外来昆仑神话分头进入山东和陕甘交界地区的结论。

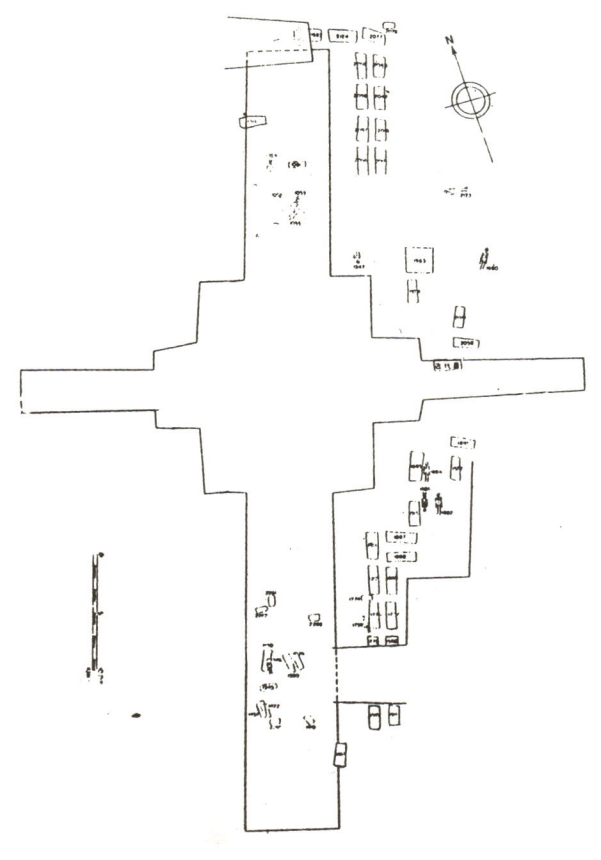

图 10-5 殷墟侯家庄 1001 号大墓亚形结构平面图（采自梁思永等《侯家庄 1001 号大墓》，"中央研究院"历史语言研究所，1962 年，插图 8）

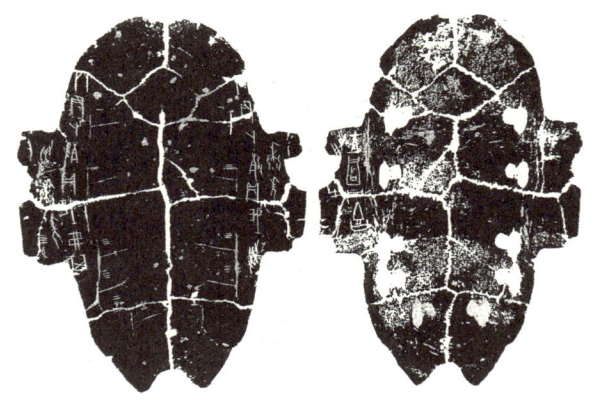

图 11 殷墟契刻甲文的龟甲（采自〔美〕艾兰《早期中国历史、思想与文化》，商务印书馆，2011 年，第 133 页）

昆仑神话在中国境内各族群中传播开来，形成了有昆仑神话处便出现地理神山——昆仑山的局面，经过分析，我们认为古代中国境内有十多处"昆仑山"，它们是泰山、陇山、祁连山、贺兰山、嵩山、阴山、陆浑山（三涂山）、涂山、会稽山、岷山、天柱山、天山、昆仑山、青海南山、敦煌和三危山，等等，此外，源自域外的模拟自昆仑山的 Ziggurat 也传入中国，《山海经》中称之为昆仑丘和昆仑虚。

昆仑的原始语义当有高山、神山、圣天之意，还引申出圆、完全、不可分离、不开明、黑等义项，成为汉语中一个较大的词族。

昆仑文化对古代中国的影响，除了传播昆仑神话的各地出现了地理神山——昆仑山外，还深刻地影响着古代文化的很多方面，例如丘虚文化及其中的社祀、封禅文化、明堂文化以及很多其他亚形造型，等等。《山海经》记载的昆仑丘和昆仑虚，是西亚人工建筑的多重庙塔（Ziggurat）传来中国后的译名，除了这两词和昆仑外，还有"祖"、"社"、"畤"、"臺"、"京"、"高"、"坛"、"墠"，等等，均来自西亚的 Ziggurat。

昆仑山新考 | 19

# 《西域边国朝之禁地由从》整理与分析[*]

王茂华

(河北大学宋史研究中心暨历史学院)

新疆地处中国西陲，与俄罗斯、印度、中亚相交接。汉时为西域，唐时一度为突厥所占。清朝康熙年间列为藩属，光绪年间设置行省，该地回、汉、满、蒙古、哈萨克等民族杂处，间有俄罗斯人、犹太人、印度人、阿富汗人、土耳其人以及中亚、西亚等其他诸族人。而明清晋商游走于新疆境内，并远涉俄罗斯、日本和朝鲜半岛等。学界曾发现《行程日记》、《甘新驿道里程抄本》，也有晋商与新疆的丝绸与茶叶贸易的专门研究。[1]本文整理与分析新发现《西域边国朝之禁地由从》，以助益于学界对晋商、西北史地等的细化研究。

## 一 路程本其文

光绪三十二年（1906），一位至迪化贸易的晋商获得《西域边国朝之禁地由从》，为自晋入疆路程本，今由国家社科基金重大项目"山西民间契约文书搜集整理与研究"课题组搜集而得。路程本（图1、图2）为抄本，封面钤有"日新顺藏"印，除封面与封底外，共计40页，每页9行，间有加注字数不等的两行小字。除开列自忻州至喀叶噶尔、哈密至迪化、迪化至伊犁路程外，篇首有毛、绫、绅、布、缎、纱、绉等的税例，路程本后还附数目、颜色和茶叶的汉与回语（汉字谐音）对照，以及《西江月·烟洋论》、进士孙嘉淦撰《"爪子"之论》、顺治隐居诗一则、文官服色、武官服色、时令集勺、贺州县端阳记、问候州县一札和贺左二并适候启等。兹将路程本整理如下：

试验幼学经书，每多反而自愧。窃思昔日堂上，反恶今日馆下之踌。余自幼游方以来，未识路程。今丙午冬月迪化贸易，觅得路程一卷，名曰《西域边国朝之禁地由从》。忻至哈叶[2]、南台，又至迪，沿途

---

[*] 本文为2014年度国家社科基金重大项目"山西民间契约文书搜集整理与研究"（项目编号：14ZDB036）阶段性成果之一。本研究得到浙江大学人文高等研究院鼎力支持，谨致谢忱。

[1] 陶德臣：《晋商与西北茶叶贸易》，《安徽史学》1997年第3期，第40—44页；林永匡、王熹：《清代山西与新疆的丝绸贸易》，《晋商史料研究》，山西人民出版社，2001年，第149—157页；杨清华口述，杨立仁搜集整理：《祁县商人在新疆》，《晋商史料研究》，山西人民出版社，2001年，第528—534页；程丽君：《甘新驿道里程抄本考》，《中国历史文物》2007年第1期，第22—26页；朱玉麒：《〈行程日记〉作者及相关人事考》，《文献》2008年第4期，第142—149页；葛雅莉：《从〈清代甘新驿道旅程抄本〉看古代驿站的功能》，《丝绸之路》2012年第8期，第34—35页；陶德臣：《晋商与清代新疆茶叶贸易——新疆茶叶贸易史研究之二》，《中国社会经济史研究》2015年第4期，第55—65页。

[2] 即喀什，后文也作"喀叶"、"哈什"。

远站、各处材水广缺、台卡验票、有国家安各城设税例、诸杂货物抽税轻重，各有等项，分明用之。书必须苦读，深知其味，真地理图策也。异日携于家属，如子孙有商者，遂付梓之，一睹便知真乃传家丕宝藏焉。开列于后：

忻州至太原府，共路一百四十里。太原府至汾州府，共路二百二十里。汾州府至宁条梁，共路八百一十里。[1]宁条梁至中卫县，共路六百七十里。[2]中卫县至凉州府，共路六百四十里。凉州府至肃州城，共路八百七十里。肃州城至哈噼[3]城，共路一千五百九十五里。哈噼城至朣墩[4]，共路二百九十里。[5]朣墩至吐噜番，共路一千二百四十里。[6]吐噜番至哈喇沙[7]，共路八百五十里。哈喇沙至库车城，共路九百四十里。[8]库车城（至）[9]阿克苏，共路六百八十里。阿克苏至哈叶噶尔[10]，共路一千四百六十里。哈叶噶尔[11]城至迪化州，共路一千五百八十里。[12]迪化城至伊犁城，共路一千五百零五里。

忻州城至哈叶噶尔路程开列于后：忻州至黄土寨八十里，黄土寨至太原府六十里，太原府至晋祠五十里，晋祠至清（原）〔源〕[13]县三十里，清（原）〔源〕县至交城县四十里，交城县至文水县四十里，文水县至汾州府六十里，汾州府至吾城九十里，汾州府走宁条梁，不能行车，要顾高脚，吾城（主）〔住〕店要小心。吾城至永宁州八十里，永宁州走薛村，过三十二道青龙河。永宁州至薛村八十里，又过青龙、柳林镇，要小心。薛村至虎见鄢八十里，薛村出去三十里，有军铺河，此处过去，河东山西，河（西）陕西，水浪大，要小心。虎见鄢走绥得州，路过新店，出至一无定河，河东新店，河西绥得州。虎见鄢至绥得州八十里，绥得州至苗家坪五十里，绥得州走苗家坪，要过七十二变小里河，切计夏天不可走河，怕发大水。苗家坪至周家崄八十里，周家崄至孙家石湾九十里，孙家石湾至丘家坪九十里，丘家坪走出有杜家大台，有税厅，要上税。丘家坪至镇境九十里，丘家坪开一□单，到镇境交切。计未到镇境，有一小河，名曰红柳河，上有板桥。夏未定，若无桥，万不可走。此处起身要小心。镇境至宁条梁九十里，宁条梁至安边七十里，安边至砖井六十里，砖井至红庄七十里，红庄至红柳沟三十里，红柳沟至大水坑六十里，大水坑至惠安堡六十里，[14]惠安堡至水头儿七十里，水头儿至大河子水八十里，大河子水至宁安堡七十里，宁安堡至中卫

---

[1] 下文该段路程合计九百里。
[2] 下文该段路程合计六百八十里。
[3] 即哈密。
[4] 即瞭墩。
[5] 下文该段路程合计二百八十里。
[6] 与下文该段路程合计有些许偏差。
[7] 即喀喇沙尔。
[8] 下文该段路程合计八百九十里。
[9] 似少"至"字。
[10] 即喀什噶尔。
[11] 据下文当为哈密。
[12] 里程似误。
[13] 据《（乾隆）山西志辑要》（清乾隆四十五年刻本）卷一，乾隆二十九年，清源县并入徐沟县，改为清源乡。
[14] 原文作"安边至砖井陆十里，宁条梁至安边七十里，红庄至红柳沟三十里，砖井至红庄七十里，大水坑至惠安堡六十里，红柳沟至大水坑陆十里"，据实际方位调整。

县一百一十里，宁安堡走中卫县有两条路，一条走黄杨湾过黄河，一条走仙人桥五白湖过黄河，水平至中卫县一百一十里，此处宁夏管到。中卫住大店，或雇车，或雇脚，出去有一沙山，卅里远近。靠黄河山处，有一饭馆。打街遇大风，万不可走。中卫县至长流水七十里，长流水至甘摊子[1]八十里，甘摊子至营盘水六十里，营盘水至白墽子六十里，白墽子至羖卜岭[2]九十里，出去有九沟十八坡。羖卜岭至大靖七十里，大靖至土门子九十里，土门子至大河驿九十里，大河驿至凉州三十里，东关外有税厅，要上税钱、进城栈房钱。凉州税[3]至怀安驿五十里，怀安驿至柔远驿四十里，柔远驿至永昌县七十里，永昌县至水泉堡六十里[4]，水泉堡至峡口驿五十里，此处有税厅，要上税，票到山丹县交税厅，在西关。峡口驿至新河驿四十里，新河驿至山丹县四十里，山丹县至东乐堡四十里[5]，东乐堡至仁寿驿三十里，仁寿驿至甘州府四十里，甘州府至沙井驿五十里，沙井驿至沙河驿二十里[6]，沙河驿至抚彝驿四十里，抚彝驿至高台县四十里[7]，高台县至黑泉驿五十里[8]，黑泉驿至深沟驿五十里，深沟驿至盐池三十里，盐池至双井子四十里，双井子至临水五十里，临水至肃州城四十里，肃州城至嘉峪关七十里，如有引茶，开捆搭叩，每封茶出银二分，系此处官店家各一分。此处出入车马路票，自己出钱七十个，店家出票，每张出钱一百七十文，外带有茶一封。大老爷验看路票，验明放出关。要计年月日期，后日好回关。每人出关出钱四文。嘉峪关至双井子四十里，双井子至惠回堡[9]五十里，惠回堡[10]至火烧沟三十里，堡外塔票至火烧沟四十里，有九沟十八坡。火烧沟至赤金湖四十里，赤金湖至赤（金）卫三十里[11]，赤金卫至赤金峡三十里[12]，有小卫，水好，过去三十里井子，有三家店，代有饭馆，店水好。赤金峡至高见滩四十里，高见滩至金玉门县五十里，到与店家验票，每人出钱八文，此处好。玉门县至三道沟五十里，三道沟至八道沟五十里，八道沟至普隆吉[13]四十里，普隆吉至双塔堡三十里[14]，双塔堡至小湾子六十里[15]，小湾子至安西州西边有一大河，名苏枪河。[16]七十里，西安州至地窝铺十五里[17]，地窝铺至石窖子四十里[18]，石窖子至白墩

---

1 据上下文地名和《（乾隆）宁夏府志》（清嘉庆刊本）卷十一记载有甘塘、子塘，两者似为一地。
2 据《甘肃新通志》（清宣统元年刻本）卷之四十一记载，乾隆三十年，改河坝营为俄卜岭营。与羖卜岭似为一地，且据路程本可推测大体方位。
3 "税"似为衍字或错字。
4 （清）祁韵士《万里行程记》（丛书集成新编本，第94册，下同）作七十里。
5 （清）林则徐《荷戈纪程》（古今游记丛钞本，下同）作二十五里。
6 《（乾隆）甘州府志》（清乾隆四十四年刊本）卷五作四十里。《荷戈纪程》作二十里。
7 《万里行程记》作五十里。
8 《荷戈纪程》作六十里。
9 原作"回惠堡"误，据《（乾隆）甘肃通志》卷二十九和《（乾隆）重修肃州新志》赤金全册等改。
10 原作"回惠堡"误，据《（乾隆）甘肃通志》卷二十九和《（乾隆）重修肃州新志》赤金全册等改。
11 《万里行程记》作二十里。
12 《荷戈纪程》记载，"又十五里赤金湖"，"二十里干店子，有营汛，牌坊曰'赤金营'。闻有赤金堡"，"又二十里赤金峡"。《万里行程记》作二十里。
13 也作"布隆吉"。《荷戈纪程》作四十五里。
14 《荷戈纪程》、《万里行程记》均作四十里。
15 《荷戈纪程》、《万里行程记》均作五十里。
16 《荷戈纪程》作"疏勒河"，《新疆志稿》卷三（民国十九年铅印本，下同，以下所引均出自该卷）作"苏赖河"。
17 《荷戈纪程》约二十五里。
18 《荷戈纪程》作三十五里。

子三十里[1]，白墩子至红柳园[2]七十里，红柳园至小泉六十里[3]，小泉至大泉三十里，大泉至马莲井七十里，马莲井至星星峡八十里，星星峡至（小）红柳园[4]五十里，前行有一大石板，相去十余里，白天走，要小心。（小）红柳园[5]至沙泉子四十里，沙泉子至圪塔井四十里[6]，圪塔井前行有腰站，无水，自带。至苦水井四十里[7]，苦水井至红山井八十里，红山井至格子烟墩六十里，格子烟墩至长流水七十里，长流水至黄芦岗七十里[8]，黄芦岗至哈嘧城七十里[9]，哈嘧城至头堡七十里，有引茶，每斤封出钱四文，旧票验明换新票。往南走吐嘈番，往北走巴里坤。有"缠头"城、汉城、小回王，系南八城总营，有印。头堡至二堡三十里[10]，二堡至三堡三十里[11]，三堡至沙枣园[12]五十里，沙枣园至鸭子泉三十里[13]，鸭子泉好水，至此前行有台卡验票，合伙送礼即行。至柳树园三十里，柳树园至臁墩四十里。[14]有水草，有台卡，验票前行，岔路西南走十三间房，有大风万不可走。臁墩至走西南路白茨水九十里，从此走迪化，有一小南路，此是私路，亦可踰。走至一碗泉八十里，一碗泉至车谷碌泉[15]五十里，车谷（碌泉至）七个井八十里[16]，此三站路，有贼，要小心。单人单马万不可走。口粮须要自带，色有人家，一站一户，有水无店。惟有七（个井），有一老爷庙。井子（至）白山子八十里[17]，通为大路。白山子至色皮口[18]三十里，色皮口至色皮哨十里，色皮哨至小石头十五里，小石头至大石头十五里，石头太难走，若遇大风不可走。白茨水至十三间一百廿里，十三间至苦水井八十里，苦水井至七克胜[19]六十里。臁墩走北路至芨芨槽一百一十里，芨芨槽至七盖井[20]七十里，好水草，有巴里坤台卡一座，此至险票，每人出钱四文。七盖井至梧桐窝八十里，梧桐窝至灰井[21]四十里，灰井至盐池塘七十

---

[1] 《万里行程记》自安西州至白墩九十里。
[2] 原作"红柳园隔"，"隔"似为衍字或错字，《荷戈纪程》作"红柳园"，《新疆志稿》作"红柳园驿"，故删除"隔"。
[3] 《荷戈纪程》、《万里行程记》均作五十里。
[4] 据《荷戈纪程》、《西行纪程》等，当作"小红柳园"。
[5] 据《荷戈纪程》、《西行纪程》等，当作"小红柳园"。
[6] 《荷戈纪程》、《万里行程记》均作三十里。
[7] 《荷戈纪程》、《万里行程记》均作五十里。
[8] 《万里行程记》作八十里。
[9] 《万里行程记》作八十里。
[10] 《荷戈纪程》作二十里。
[11] 《荷戈纪程》作四十里。
[12] 亦作沙泉、沙枣泉。
[13] 《荷戈纪程》作二十里。《万里行程记》三堡至鸭子泉作七十里。
[14] 《（道光）哈密志》卷之六（民国二十六年铅印本）记载："柳树泉又行三十里至沙枣泉，又行二十里至鸭子泉，又行四十里至梯子泉，又四十里至瞭墩，转北七十里至磴槽沟。"《荷戈纪程》为鸭子泉至瞭墩也作八十里。
[15] 也作"车箍轳泉"。《荷戈纪程》作"车毂泉"，路程为五十五里。《（光绪）新疆四道志》镇西图说（清光绪钞本）记载："车箍轳泉驿距一碗泉驿九十里。"
[16] 《荷戈纪程》作七十里。
[17] 《荷戈纪程》作九十里。
[18] 也作"色壁口"、"色必口"。
[19] 也作"齐克胜"。
[20] 《新疆志稿》作"七角井"。
[21] 《新疆志稿》作"惠井子"。

里，此处有台卡验票，多少送些礼即好行。前有腰站，无水，要自带水。盐池塘至七克胜一百八十里，有台卡验票，送些礼即行。七克胜至辟展城九十里，此处水好，有城，内坐一厅官验票，要钱。辟展城至狸木心[1]七十里，有台卡。狸木心至森金口[2]九十里，森金口至吐噜番九十里，有引茶验票，每人出钱四文，验明换新票。此处甚热，系回国，有"缠头土子"。吐噜番至独岗台九十里，此处有台卡验票，送些礼即行。处处台卡，多少送些礼即行。独岗台至托克逊六十里，此至有清钱，即换红钱，前走通使红钱，清钱无用。托克逊至苏把什台八十里，要白天走，苏把什台沟若大雨，怕发大水难避，要小心。苏把什台至呵喇布拉台七十里，呵喇布拉台此处怕下大雨，要小心。至马安桥三十里，马安桥至桑树园三十里，此处打尖，无水，要住南房，山后走十里，有一大泉，清水，好水。桑树园至苦迷什[3]七十里，此处有泉水，往前走要从此带水。苦迷什至榆树沟[4]九十里，此处往南走十五里，有白石头沟，有水，出去走七十里，有牌房，要打尖。榆树沟至乌什塔拉一百五十里，此处好水草。乌什塔拉至曲惠四十里，曲惠至清水泉五十里，此处往前是达子地，要小心。清水泉至哈喇沙尔[5]九十里，此处是达子地方，有女王子，要小心，验票，去旧换新票，出去有一大河，内有大鱼，名开都河，船（度）〔渡〕两岸，有台卡。哈喇沙尔至哈尔哈墁台一百里，哈喇沙尔出去，路过子女泉打尖，此地无达子，有"缠头"，前行有水汗大板，不可坐车，要小心，此处验票。哈尔哈墁[6]台至库尔勒三十里，验票，此地要相夜，最要小心，有贼，"缠头"多。库尔勒至苇子墙七十里，验票，此地要相夜，夜晚行走，不可坐车，不必远行，有鬼。苇子墙至（车）〔库〕尔楚[7]一百里，此路大约有一百廿里，前行有一大腰站，名叫野人沟，打尖，有老虎，要小心。（车）〔库〕尔楚至车大雅[8]一百六十里，车大雅至阳萨尔[9]七十里，阳萨尔至布古尔一百里，此处验票，东西有桥一座，均廿里。布古尔至阿尔巴（时）〔特〕[10]一百里，阿尔巴（时）〔特〕至讫和奈[11]一百里，讫和奈至库车城六十里，库车城至盐池沟三十里，此处换新票，沟口有"缠头"小卡一座。盐池沟至河些尔[12]一百一十里，此处出去约五十余里有大板，到此下车，有鬼。河些尔至赛里木四十里，赛里木至拜城八十里，拜城至下铜厂此处有城，大人验票前。四十里，下铜厂至上铜厂八十里，上铜厂至哈喇渔滚[13]一百五十里，至拥门七十里，哈喇渔滚至阿克苏（一百五十里）[14]，离城五十里有河，船渡，横巴什台出去有十里，有一河叫小河，船渡，离河廿里有腰站，叫河口尔。阿克苏至横巴什[15]台九十里，横巴什台至养阿利克[16]八十里，养

---

1 《万里行程记》、《新疆志稿》作"连木沁"。《万里行程记》作六十里。
2 《万里行程记》、《新疆志稿》作"胜金口"。《万里行程记》作九十里。
3 （清）倭仁《莎车行记》（古今游记丛钞本，下同）作"库木什"。《新疆志稿》作"库什木"。
4 即喀喇和色尔或喀喇河色尔。
5 即喀喇沙尔。
6 即哈尔阿满，亦作哈尔哈拉满。
7 据《新疆志稿》改。
8 也作"策达雅"、"策达雅尔"、"策特尔"。
9 也作"羊萨尔"、"洋萨尔"。
10 据《莎车行记》、《新疆志稿》改。
11 也作"托和奈"。
12 也作"赫色尔"、"河色尔"、"和色尔"。
13 也作"哈拉玉尔滚"、"哈拉玉尔衮"、"哈喇裕勒衮"、"哈拉裕尔滚"。
14 此处无里程，据前文总里程及起止里程计算得出。《行程日记》、《莎车行记》均作一百四十里。
15 也作"浑巴什"。
16 也作"洋阿里克"。

阿利克至都齐[1]台一百七十里，至此前行有二站，一地是四十里捆杆，一地是阿克苏台卡都齐，以上即是叶尔羌台卡。都齐台至十三台[2]八十里，此地前行，来到十二里台，有软桥二坐，到此下车步行，要小心，此桥伤人无数。十三台至十二台五十里，十二台至十一台[3]六十里，十一台至十台[4]此处吃的是红水。九十里，十台至九台[5]九十里，九台至三岔桥五十里，至此多箱买草料，往前行无人烟，从此出去分路，西南走叶尔羌正路，正南走哈叶噶尔，至此无台卡。三岔桥至毛栏把什七十里，至此入上大树林，广有老虎，有河，昼夜行路，最要小心，打林不可远行。毛兰把什至沙胡尔五十里，沙胡尔至大车敞三十里，大车敞至马尾把七十里，马尾把至小天拥四十里，小天拥至大天拥五十里，大天拥至沙枣园四十里，沙枣园至大河拐三十里，从毛兰把什起至此，尽是树林，并无一家人家，居住林内，广有老虎，行路要掌兵器，小心，此处"缠头"人，名有八抱。大河拐至银娃娃台六十里，银娃娃台至排坝七十里，排坝至大河堰七十里，此处有大河船渡。大河堰至阿娃台九十里，阿娃台至喀叶噶尔三十里。太原府城至喀叶噶尔城，共路一万零八十五里。

又哈嘧走迪化路程开列于后：哈嘧至南山口九十里，南山口至松树滩七十里，南山口走松树滩，过巴里坤大板，此处冬夏下雪，即雪山也，上有雪莲。若遇冬天下雪，大小不定，雪大七八尺，雪小二三尺，此冷结可怕。松树滩至魁树[6]九十里，魁树至巴里坤九十里，巴里坤至股拐泉[7]七十里，股拐泉至力巴泉[8]八十里，力巴泉至勿秃水[9]七十里，勿秃水至芨芨槽七十里，芨芨槽至白山子五十里，白山子至（光）〔色〕毕头[10]九十里，（光）〔色〕毕头至三个泉八十里，三个泉[11]至木垒河九十里，巴里坤至木垒河，沿路俱有饭馆、腰站。木垒河至迪化州，即为富八站，民地甚多，树林、村庄众多，到处皆有酒（甫）〔铺〕、饭馆，五花之地，比中原更甚十分。木垒河至奇台县九十里，奇台县至古城子九十里，古城子至济木萨九十里，古城子安设税例，诸茶各有章程。济木萨至三台七十里，三台至紫泥泉[12]八十里，紫泥泉至阜康县九十里，阜康县至黑沟七十里，黑沟至迪化州六十里。哈嘧至迪化州，共路一千五百八十里。

迪化州走伊犁路程开列于后：迪化州至昌吉县九十里，昌吉县至呼图壁八十里[13]，呼图壁至吐葫芦[14]六十里，吐葫芦至马纳期[15]八十里，马纳期至乌兰乌素八十里，乌兰乌素至安济海[16]九十里，安

---

1　也作"都奇特"。
2　《新疆志稿》记载："色瓦特驿，即伊勒都改名。旧为叶尔羌第十三台，阿克苏、叶尔羌于此分界。"
3　《新疆志稿》记载："雅尔库图克，即乌图斯克满改名，旧为叶尔羌第十一台。"
4　《新疆志稿》记载："车底库勒，即恒阿喇克改名，《图志》作'汗河里克'，旧为叶尔羌第十台。"
5　《新疆志稿》记载："图木舒克，即库库车勒改名，《图志》作'库克辙尔'，旧为叶尔羌第九台。"
6　多作"奎素"。
7　多作"骨拐"。
8　多作"肋巴"。
9　也作"乌兔"。
10　据《西行纪程》、《新疆志稿》等改，色必驿，即色毕沟地，也作"色壁口"、"色必口"、"色必特"、"色毕头"等。
11　据《新疆志稿》，阿克他斯驿俗呼三个泉，又名三泉驿。
12　多作"滋泥泉"。《荷戈纪程》称："又四十里为滋泥泉，名白杨河。"《新疆志稿》称，柏杨驿即滋泥泉，亦名柳树沟，又名时和堡。
13　《荷戈纪程》称："虽云九十里，实有一百里长。"《万里行程记》作九十里。
14　《荷戈纪程》和《新疆志稿》记载，图古里克，俗名土葫芦，吐葫芦当为另一译音词。
15　多作"玛纳斯"。《荷戈纪程》、《新疆志稿》路程作七十五里。《万里行程记》作八十里。
16　也作"安集海"。

济（桥）〔海〕至魁屯[1]九十里，奎屯至哈喇乌素[2]六十里，哈喇乌素至布尔哈齐[3]七十里，布尔哈齐至敦木达六十里[4]，敦木达至古尔图[5]五十里，古尔图至沙泉子四十里，沙泉子至沙窝头五十里，沙窝头至精河[6]三十里，清河至牌坊子七十里，牌坊子至大河盐[7]五十里，大河盐至五台[8]四十里，五台至四台[9]九十里，四台至三台[10]八十里，三台至松树头四十里，松树头至二台[11]二十里，此处过大板[12]，艰难行走，就是果子沟。二台至头台[13]四十里，头台至芦草沟六十里，芦草沟至绥定六十里，绥定至伊犁大城三十里。迪化州至伊犁大城，共路一千五百一十五里。[14]

伊犁大城外周八城，开列于后：巴燕岱[15]，即是满营，月月关钱粮银。此处出得好蜡羊，回城市好风光。城盘子[16]，即是汉营，有城市，甚不好，离城七十里。金顶寺[17]，此处中原地尽头，地方有"缠头土子"，系回回。"缠头"之在外，皆是外国，不能过去。出的好毡袜，市好风光，离城九十里。以上三处，俱在正东。绥定城，此处出的鲜菜早、各样果木早，即为汉营，有城市。塔尔济[18]，此处出的好水草，即为羊厂，亦是汉营。霍尔古寺[19]，此处有城市，即为外八旗，出的好嗦哈[20]烟，又有红藿芦。近去走四站，有汉张骞教化西城石碑。清水河[21]，此处好水草，即为羊厂。芦草沟[22]，此处亦为汉营。以上五处俱在正西。惠远城，贸易人全大清一统及外伊等处俱来贸易，再将各处开列于后：五路司、安集延、塔什干[23]、

---

1 即奎屯，文献也作"魁墩"。
2 多作"喀喇乌苏"、"库尔喀喇乌苏"。
3 多作"布尔噶齐"。
4 《万里行程记》作八十里。
5 也作"固尔图"。
6 也作"晶河"。
7 《新疆志稿》作"大河沿"，即托里驿。《荷戈纪程》也作"大河沿"，但非托里驿。
8 《荷戈纪程》指为"托霍木图军台"，路程三十里。据《新疆志稿》，托霍穆图，今名五台。
9 据《新疆志稿》，瑚索图布拉克，今名四台。《荷戈纪程》路程为八十里。
10 据《新疆志稿》，鄂勒著依图博木，今名三台，俗呼海子。并称："循海子行四十里至松树头，两山壁立，万松攒挺，即塔勒奇山也，下山后，峰回路转，俗名果子沟。"
11 据《新疆志稿》，鄂博勒齐尔，今名二台。
12 《荷戈纪程》作"过达般"。
13 据《新疆志稿》，沙喇布拉克驿，今名头台，亦称芦草沟。
14 以上计26站，合计一千五百一十里，与前文、此处均不一致。
15 即惠宁城（巴燕岱）。
16 即熙春城（哈拉布拉克）。
17 即宁远城（固勒扎）。
18 即塔勒奇。
19 即拱宸城（霍尔果斯）。
20 即索伦。
21 即瞻德城（察罕乌苏）。
22 即广仁城（乌克博尔博罗素克）。
23 也作"塔什罕"。

和汉[1]、补化尔[2]、哈萨克斯坦、"红毛国"、饶盖易、银定、南路"缠头"、不路啼、纳忙干、忙圪兰、黑水国。

## 二　路程本撰写时间与新疆商路变迁

路程本作者实难考证，就传抄收藏它的晋商，则是一位"幼学经书"、"自幼游方"、"迪化贸易"，受过教育，自幼在外经商者。就"日新顺"，目前查无所踪。

路程本具体撰写时间难以判断，但可推测其大致时间段。对照嘉庆四年（1799）洪亮吉《伊犁日记》日程起止地名多有出入。对照道光二十二年（1842）《荷戈纪程》，路程本大河驿至七个井、迪化至伊犁部分，与林则徐所经路线、驿站名称基本吻合，仅存在个别地名音译差异，里程不同之处有十余条。对照咸丰元年（1851）倭仁《莎车行记》自大河驿至赤金湖路段路线、驿站名称和里程高度吻合，自赤金峡，经安西州、哈密、辟展、吐鲁番、库尔勒至阿克苏路段，路线吻合，地名音译不同，里程有数处出入。此外，对照同年的杨炳堃《西行纪程》情况也类似。对照同治三年（1864）景廉《行程日记》，自九台至十一台三段起止与路程均不同，库车至叶尔羌路程相差四十里。对照同治四年（1865）祁韵士《万里行程记》大河驿至吐鲁番路段路线和驿站名称基本吻合，但有五处起止路程有差异。故可推测路程本撰写时间距道光二十二年和同治四年均不会太远。对照光绪十七年（1891）陶保廉所撰《辛卯侍行记》自凉州府至哈密路段记载，路程本所及红柳园、圪塔井、红山井、柳树园等多处驿站已废置，故路程本形成时间必在光绪十七年之前，且距离不会太近。

因路程本多处提及运茶遇卡换票验引上税细节，结合新疆茶务如下事实，即自嘉庆年间，"户部则例，古城即有应征茶税，此为新疆经理茶务、茶统税征之始"，此后"南商川、湖、陕、晋，皆得行茶"，"北商奉、直、晋至张家口，皆称晋商，故并其所运之茶，亦名晋茶"，"晋茶本有晋商，行经山后蒙古草地，不由内地，非久于西域"；至同治年间新疆乱起，"总之皆有引票，始行茶。当时意在招商，凡领新疆之票，皆准行茶"。[3] 乱后，官方基本持取缔晋茶入疆之遏制态度。故路程本较大可能产生于晋商经营新疆茶叶贸易的兴盛期，即道光年间至1864年新疆乱起之前。

清朝新疆有四条主要商路。"迪化不居要冲，惟古城绾毂其口，处四塞之地，其东自嘉峪关趋哈密为一路，秦、陇、湘、鄂、豫、蜀商人多出焉；其东北自归化趋蒙古为一路，燕、晋商人多出焉；自古城分道西北，往科布多为通前后营路，即康熙间用兵之北路，外蒙古人每岁一至，秋籴麦谷并输氄裘、皮革易缯帛以归；又循天山而北为北路，取道绥来以达伊犁、塔城。循天山而南为南路，取道吐鲁番以达疏勒和阗"，"是以燕、晋商人多联结驼队"。[4] 此路程本是一条经嘉峪关进疆的路线，由忻州出发，经太原府、汾州府、永宁州，西渡黄河，

---

1　即霍罕。
2　即布哈尔。
3　（清）罗迪楚：《新疆政见》之《新疆茶务利弊原委说略》，清代边疆史料稿本汇编本，第21册，第455—456页。
4　钟广生：《新疆志稿》卷二，民国十九年铅印本。

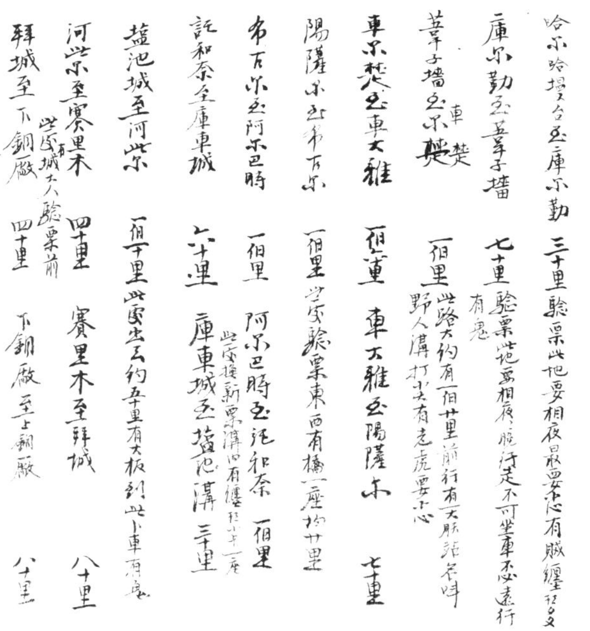

图1 路程本局部一（国家社科基金重大项目"山西民间契约文书搜集整理与研究"课题组收藏。下同）

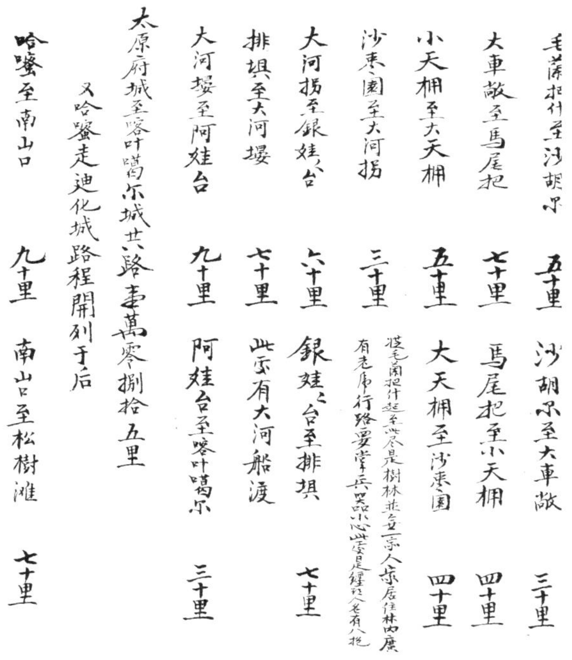

图2 路程本局部二

再沿长城南侧蜿蜒西行，经嘉峪关进疆。是顺口溜里晋商"爬山梁，串草滩"，"住沙窝，吃风沙"，"西出嘉峪关"，"向前看，金沙滩；向后看，鬼门关"，"穷八站，富八站，不穷不富又八站"进疆的印证。所涉新疆内的路线有哈密经辟展、吐鲁番、库尔勒、库车、拜城、阿克苏至喀什噶尔一线，哈密经巴里坤、木垒河、奇台、古城、济木萨、阜康至迪化一线，迪化经昌吉、呼图壁、玛纳斯、奎屯、精河（晶河）、绥定至伊犁一线。毋庸讳言，其地名多用俗名，且存在译音地名与官方差异较多，个别路段总里程与分段纪程之和不符等事实。但标注的驿站、军台、营塘等的名称、里程、路况、水源与水质、植被、桥梁、税厅、台卡、腰站、店房、饭馆、酒铺和治安状况等，细化了新疆区域内交通路线、走向和地理特征。个别地名及里程，与地理书、舆图和游记等相关记载有出入，有参互对照价值，反映

出清朝新疆邮传制度，由军塘改为驿站，由驿站改为邮政的变迁兴废的细节。

自山西忻州、太原府至喀什噶尔一线，路程本以第一路线列出，这是与其他文献最大不同之处。而自三岔桥至喀什噶尔路段，为其他文献所无。其注文称该路段实为一条丛林密布、野兽出没、人烟稀少、路途艰险的路线，"至此多箱买草料，往前行无人烟，从此出去分路，西南走叶尔羌正路，正南走哈叶噶尔，至此无台卡"，"至此入上大树林，广有老虎，有河，昼夜行路，最要小心"。对伊犁九城俗名、军事、政治、经济、风光、特产、碑刻等的精炼记载，特别是谈及内外贸易所涉内地、南路、外部与国家等，可补充以往所记。

路程本指出瞭墩至吐鲁番路线，有西南路与北路。在列出哈密经巴里坤至迪化路程外，还提及不经巴里坤的"小南路"，而杨炳堃《西行纪程》也

曾说,"无营汛,无客店,人烟绝少,若到乌垣,应露宿四日夜,且有贼盗可虞,向为贸易装载货物来往之所,可免走巴里坤","因商贾行旅皆走小南路,此间(指巴里坤)买卖绝少,各客店均欠收拾,颇为陋劣","近日来往官商,皆走小南路。今年以来,从无走巴里坤者。自巴里坤以西,客店大半闲歇","买卖萧条"。[1] 这些均反映出新疆商路的局部调整及影响,基此似可将路程本撰写时间推断为道光年间。

由路程本可了解内地客商进疆,需自嘉峪关办理出入车马路票,沿途多处设卡验票和换票的情节。这是"看守关口官员于出口人等按名验票,查对年貌、籍贯,注册放行","商民起票出境,由城守营查验放行,其由各处至本城贸易者,亦按票查验其所持路票,由城守营具报印房查销"等路票制度的具体执行[2],并真实地透露出"处处台卡,多少送些礼即行"的社会现实。

## 三　晋商与新疆

山西民众特别是商人,在新疆的迁徙与贸易历史悠久。辽保大四年(1124),耶律大石建西辽。伊犁为其辖境,大量契丹、汉族民众迁入。[3] 元朝时,阿里麻里城"回纥与汉民杂居,其俗渐染,颇似中国",赤木儿城"居民多并、汾人"。[4] 至明清,"因为山西境内农田不足,如一家之中有弟兄数人,必有出外营商者,始时维持其生活。所以南则江、汉、桂、粤,北则内外蒙、莫斯科,东则京、津、鲁、豫,西则宁夏、青海,莫不有晋商足迹"[5]。至清,据记载:"山西人多商于外,十余岁辄从人学贸易,俟蓄积有资,始归纳妇。纳妇后,仍出营利,率二三年一归省,其常例也。或命途蹇剥,或事故萦牵,一二十载不得归,甚或金尽裘敝,耻还乡里,萍飘蓬转,不通音问者,亦往往有之。"[6] 在忻州便有"凡有鸡叫狗咬的地方,就有忻州人"[7] 的说法。晋商来至新疆贸易者,也不乏其人,且多有数年不归乃止客死异乡之事。在祁县就有"三不回家一回家"的流行语,即"没钱不回家"、"富了不回家"、"不穷不富也不回家",有一个回家就是"白骨归里"。[8] 这也屡见于方志中,如光绪《忻州志》卷三三记载,孝子石家庄杨生荣之"父万亿携弟,随祖父至新疆贸易,徙居无常,音问罕通。万亿出门时,荣方孕六月","年十四,母卒。依继祖母季父","咸丰十年,跪启祖母,愿寻父祖归,时有中表刘姓曾商乌鲁木齐,悉父所在,约与偕往,见父泣不成声,父亦悲喜交集,见者为之垂泪,询知祖父殁于喀什噶尔,仲父淹留叶尔羌,相隔又

---

[1] 古籍珍本游记丛刊本,第21册,第6315、6324、6330页。
[2] (清)昆冈等修,(清)吴树梅等纂:《钦定大清会典》卷四九,续修四库全书本,第794册,第473页;(清)和宁纂:《(嘉庆)回疆通志》卷七《事宜》,民国十四年铅印本。
[3] 赖洪波:《伊犁历代移民开发与世居民族的形成》,《新疆大学学报(哲学社会科学版)》2000年第1期,第29—38页。
[4] (元)刘郁:《(常德)西使记》,影印文渊阁四库全书本,第460册,第925页。
[5] 高叔康:《山西票号的起源及其成立的年代》,《食货》第6卷第1期,第35页。
[6] (清)纪昀:《阅微草堂笔记》卷二三《滦阳续录五》,清嘉庆五年北平盛氏望益书屋刻本。
[7] 《晋商史料全览》编辑委员会编:《晋商史料全览·忻州卷》,山西人民出版社,2006年,第571页。
[8] 杨清华口述,杨立仁搜集整理:《祁县商人在新疆》,《晋商史料研究》,山西人民出版社,2001年,第530页。

四五千里"。[1]同治《稷山县志》卷六记载,"（吕清）自为卖药人,以寻父焉,历吐鲁番、迪化州、昌吉县、哈喇沙尔等地,皆不遇"[2]。咸丰《续宁武府志》人物记载,"民之冯连祖虻源,三十年不知所之,及闻在西域","（连）徒步至迪化州,不获","遂由阿克苏至叶尔羌","至义塚,视墓碣而得之,舆榇以归"。[3]民国《虞乡县新志·士女传》记载:"陈氏,张怀珠之妻,年二十九岁生一子,夫商新疆,数十年无音信。"[4]

经过顽强与勤奋的经营,早在乾隆年间,在繁华富庶甲于关外的乌鲁木齐等地,晋商已站稳脚跟且日趋强大。嘉庆《三州辑略》则称"迪化之富庶,甲于西域,故四方商贾云集而鬻至者日益众,大抵山右之客为尤多"[5]。古城（奇台县）有"小山西"之称,伊宁城东南的圩子被称为"小祁县"。而在叶尔羌,"中国商贾山、陕、江、浙之人,不辞险远,贷贩其地"[6]。仅就设立的会馆,也可见其实力雄厚。乾隆四十四年和道光十二年（1832）,分别在迪化城旧城西门外和巴里坤汉城东街建山西会馆。其中巴里坤山西会馆为关帝庙形式,规模宏大,工艺精巧。而在古城奇台,晋籍人甚多,修建的山西会馆规模比迪化更宏伟,其三层高的春秋楼可俯瞰全城风景。[7]清朝驱逐阿古柏军之后,在新疆的内地商人主要有燕、晋、湘、鄂、豫、蜀、秦、陇等商帮,晋商仍举足轻重。"晋商,富贾也,工会计利,析毫芒营,业资本率至十数万,握圜府之轻重,官中协饷不继,犹时时资以挹注。"[8]

运销新疆的内地商品丰富繁多,"岁运腹地诸省工产及东西洋商品,值逾二三百万,大率自秦陇输入者什之三四,自归绥输入者什之六七,而私运偷漏不在此数"[9]。而晋商除投身内地与新疆之间茶叶、丝绸、铁器、烟酒、玻璃、钟表、皮毛、玉石、矿石、药材、建材、牲畜等贩运外,还涉足饮食业、采矿业、建材业和农牧业,开设酒房、榨油坊、豆腐房、饭店、工厂等,设立银号等提供汇兑等业务。清朝内地与新疆的丝绸贸易始自平定准格尔乱后,自乾隆二十二年（1757）至嘉庆年间,内地为新疆织办丝绸最少时有2750匹,最多时有11650匹。其中以浙江等省绸缎为绝对大宗,而产自晋省凤台与高平双丝泽绸虽仅有100至230匹,最多时的嘉庆五年为330匹,但一直稳定供应。指定的贸易地点有伊犁、塔城、科布多、乌鲁木齐,先后又调整和增加乌什、叶尔羌、喀什噶尔、塔尔巴哈台、喀喇沙尔等。而路程本文首即有毛、绫、䌷、布、缎、纱、绉的税例（图3）,合计税钱等。路程本后依次附有茶叶、颜色、金属、绸缎与皮货等回、汉语对照,

---

1 （清）方茂昌修,（清）方渊如纂,清光绪六年刻本。
2 （清）沈凤翔纂修,（清）邓嘉绅纂,清同治四年石印本。
3 （清）常文遴、阿克达春纂修,清咸丰七年刻本。
4 周振声修,李无逸等编,民国九年石印本。
5 （清）和宁撰:《（嘉庆）三州辑略》卷之七《重修庙宇碑文》,清嘉庆十年修旧钞本。
6 （清）七十一:《西域闻见录》卷二,宽政十三年刻本。
7 刘德贺:《新疆近代的寺庙、会馆、义园》,《新疆文史资料选辑》第14辑,新疆人民出版社,1984年,第119页。
8 钟广生撰:《新疆志稿》卷二,民国十九年铅印本。
9 钟广生撰:《新疆志稿》卷二,民国十九年铅印本。

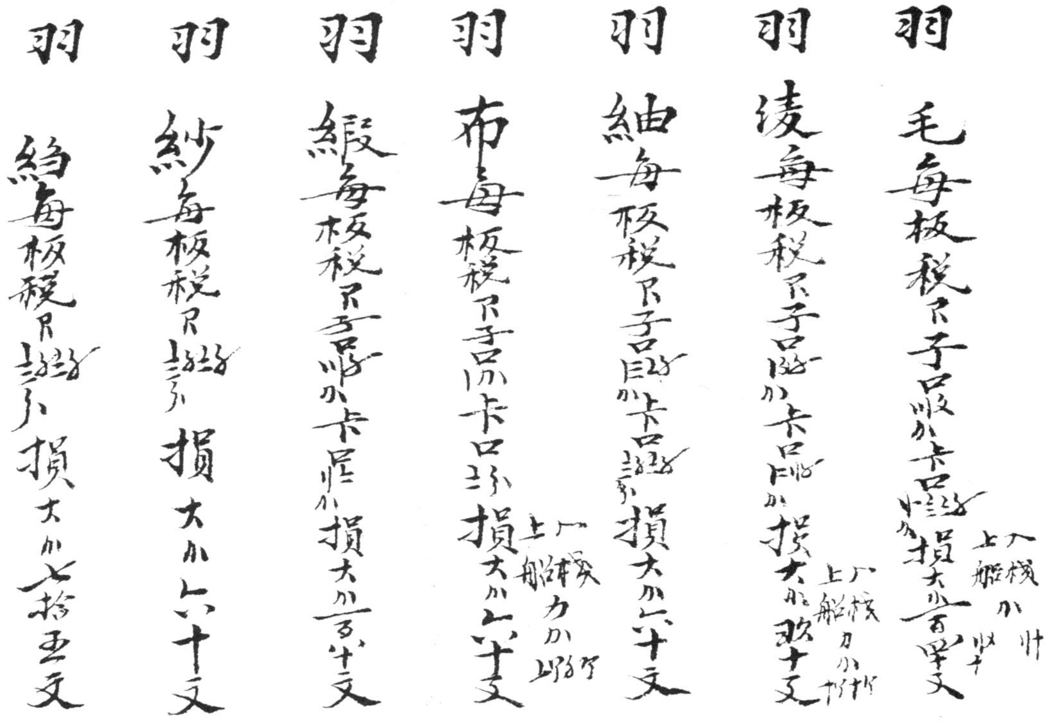

图3 路程本篇首所列诸货税例

涉及的颜色有大红、桃红、酡红、桂红、官绿、宝蓝、京酱、雪白、三蓝、石蓝、元青、鹅黄、灰色、湖色、洋红、黑酱、泥金、红酱、佛青、驼色、深宝蓝；涉及的绸缎与皮货有贡缎、累缎、花录、素的、小花录、大花录、绿绸、䌷子、绫子、宫绸、湖绸、府绸、丝布、丝被面、绵花、黄花、香牛皮等。

以肉食为主的新疆，不产茶但对其需求较大，故与内地的茶叶贸易颇具规模。据《清实录》记载，"新疆岁需官茶二万七百余封，应陆续运贮，令官兵领买，稍加运费，较之买自商人，尚属减省"，"回疆各城，向准商民贸易，以茶易粮，历久称便"。[1] 有研究指出，清前期运销西北的茶叶，主要由三部分组成：一是主要由陕甘东、西柜商帮贩运的易马官茶；二是主要由陕西和四川商人贩运的川西边茶；三是向户部请领茶引，以照票贸易形式，主要由山西商人贩运的民用商茶。[2] 故文献称在同治乱起之前，"昔承平之时，官茶引课，咸属诸晋商，谓之晋茶"[3]。乱后，左宗棠整理新疆茶务，实行"以票代引"，在兰州添设南柜，将新疆并入湖南引地内。湘人"遂专其（茶）利，擅商务大宗"[4]。自此，

---

[1] 《清实录》之《高宗实录》卷六六八，中华书局，1987年，第17册，第471页；《清实录》之《宣宗实录》卷五六，第33册，第997页。
[2] 樊如森：清代民国西北茶叶运营体系的时空变迁，《人文杂志》2016年第8期，第76—77页。
[3] 钟广生撰：《新疆志稿》卷二，民国十九年铅印本。
[4] 钟广生撰：《新疆志稿》卷二，民国十九年铅印本。

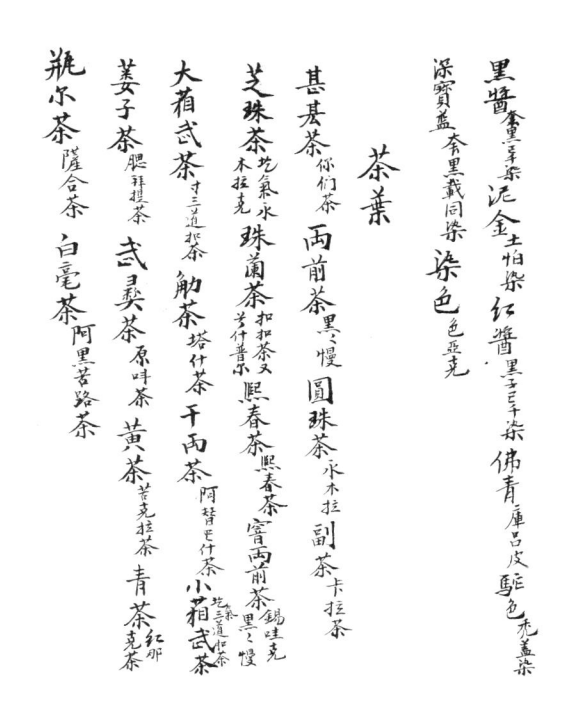

图4 路程本篇末所附茶叶名称

晋商在新疆官方茶贸市场上的份额被不断挤压和分割，但私销并未绝迹。甚至在光绪年间出现近三十年的"私茶专利时代"，晋茶不但在"北路诸边无所不至"，"凡近伊塔纵横俄地数千里，皆食晋茶"；还"浸浸至于南路"，以至"由哈什正西出俄，又由南出北印度"。[1] 路程本所附茶叶名称有雨前茶、圆珠茶、副茶、芝珠茶、珠兰茶、熙春茶、窨雨前茶、大箱武茶、舢茶、千两茶、小箱武茶、武彝茶、黄茶、青茶、瓶尔茶、白毫茶等（图4），可见在新疆流通的茶类十分丰富，规格各异。而路程本文内所涉主要商品即为茶叶，也呈现出清朝茶政在流通环节遇卡验引的细节。更重要的是呈现晋茶入疆路线多种可能，即除以往自张家口或归化转科布多进疆，或自采购地由甘肃经哈密入疆之外，还有自忻州沿长城至新疆路线。而至喀什噶尔路程记载，则是晋茶不断浸淫于南路的佐证。

另外，路程本附录还涉及到金属及货币，有金子、银子、红铜、铅铁、铁、金钱、铜钱、红铜钱等。清朝新疆钱法较杂，"由藩库中发行一种一两纸币，该币可易该处通行红钱四百文。另外有天津庄家八家，亦发行纸币。此八家系连环互保，一家倒帐八家赔款，故人甚信用。此外间有发纸币者，不甚流行。亦有银元，最通用者为半两一种，铜元一枚，足值红钱十文，市价不甚更动"[2]。而路程本指出仅流通红钱的起始地，即托克逊，"此至有清钱，即换红钱，前走通使钱，清钱无用"。这是嘉庆《三州辑略》卷九所记，普尔钱"阿克苏有上铜厂、下铜厂，两处鼓铸普儿钱，各回城行使至托克逊止"的佐证。[3]

综上，《西域边国朝之禁地由从》是出自晋商之手、转抄于晋商之间的路程本，是晋商迁徙贸易的具体路径展现，也是丝绸之路非官方却最直接的证据。而其沿长城南侧西行出嘉峪关路段，与以往通常经潼关、西安、兰州出嘉峪关不同。所记阿克苏九台至喀什噶尔路程、伊犁九城风物等为以往文献所罕见，故具珍贵的文献价值。本文不揣浅陋，对之加以整理与初步解析，以就教方家，以期抛砖引玉。

---

1 （清）罗迪楚：《新疆政见》之《新疆茶务利弊原委说略》，清代边疆史料稿本汇编本，第21册，第461页。
2 《新疆风土志》（亦称《伦敦泰晤士报访员日记》），《滑稽时报》1915年第2期，第116页。
3 清嘉庆十年修旧钞本。

# 唐粟特后裔郑延昌墓志线刻胡人乐舞图像研究*

沙武田

（陕西师范大学历史文化学院）

洛阳龙门博物馆新入藏一方唐懿宗咸通十五年（874）郑延昌墓志（图1），志石长50.5、宽50.5、厚13.5厘米；盖长47.5、宽49、厚11厘米；志盖为盝顶形，文3行，满行3字，线刻篆书"大唐故郑府君墓志铭"。志文23行，行字26至27不等，楷书。首题"唐故昭仪军衙前主□□□□□府君（郑延昌）墓志铭并序"。志文显示墓主人郑延昌入葬时间是"咸通十五年七月十一日"。志文内容（详细文字参见附录墓志录文）简单，程式化，颇少新意。志盖和志石线刻图案图像独特，特别是志石四边侧面线刻壸门胡人伎乐图像极为少见[1]，有较高的历史和学术研究价值。对该墓志的真伪问题，收藏单位事先已有专业鉴定，确认其为真品，故有研究的必要。承蒙洛阳师范学院河洛文化研究中心赵振华教授和收藏单位洛阳龙门博物馆好意，寄我墓志拓片，命我写些文字。本人能力有限，挂一漏万，草成此文，以为复命，并求教于方家，希不吝赐教。

图1 唐郑延昌墓志拓片（赵振华教授及洛阳龙门博物馆提供）

## 一 胡人伎乐图像志

郑延昌墓志一合，为盝顶形志盖，盖文平面中心外刻各类纹样，内周刻绘花草纹一圈，中周一圈

---

\* 基金项目：高等学校学科创新引智基地计划（Supported by the Project 111）"长安与丝路文化传播学科创新引智基地"（B18032）；陕西师范大学丝绸之路历史文化研究中心课题"丝绸之路上的敦煌与长安"阶段性成果。

1 据墓志研究专家洛阳师范学院毛阳光教授告知，同一地区另出土一方唐代四边线刻伎乐墓志，私人所藏，未见发表。承毛教授好意，发来图版多张，伎乐人物为唐代仕女形象，其上伎乐人物形式与此墓志一致，但人物形象区别较大，一汉一胡，一男一女。

图2 唐郑延昌墓志盖拓片（赵振华教授及洛阳龙门博物馆提供）

饰六角形龟背纹，在每幅龟背纹中间空白处刻一字，形成五绝"哀歌"一首："玉剑匣口[1]春，哀歌踏路尘；名镌秋石上，夜月照孤坟。"外周饰连续几何回形纹图案，每面中间与四角刻八卦符号。四斜杀线刻牡丹纹（图2）。

志石上下左右四侧面线刻壸门伎乐图像，每侧面并排2壸门内伎乐各1人，每面2人，共计8人；伎乐人物形象均为胡人乐舞特征，或手持不同乐器演奏，多作舞蹈状；每位伎乐人物均有长长的帛带绕身一周，帛带作左右或前后飘浮状，占据整个壸门，部分又有头部或肩部后面二侧伸出的小帛带，颇具动感，形成具有神秘宗教色彩的伎乐形象，象征天国乐舞特征；每位伎乐人物的胡人面貌和胡人服饰特征明显，服饰均为上身圆领紧身小袖袍，束腰，下摆，下着紧身裤，脚蹬长筒软锦靴（或皮靴），头戴各式尖顶高帽，或竖条纹装饰小圆帽，额头正中有一宝石状饰品（此类头饰的具体形式不好肯定，或仅沿额头用带子扎一圈，在额头正中用宝石类装饰，头发从头顶一缕缕下垂）。详细图像如下。

## （一）志石上边侧面（图3）

1. 左侧伎乐胡人：左右腿一前跨一后展，作向前奔腾状，扭头后视，衣摆在身后飘举；左胳膊抱一颇大的双面羯鼓，右手前举，五指张开，作欲击鼓状；头戴弯柱形尖顶高帽；高鼻深目，虬髯浓髭。一条长帛带绕身并作前后飘动状。

2. 右侧伎乐胡人：臀部后摆，上身前倾，面部向前视，双腿向前一实一虚，右手紧握并作向前上举状，右手向后，左手衣袖长出胳膊，多余的部分作软巾舞动，整体身姿作舞蹈状，衣摆在身后飘举；头戴竖条纹装饰小圆帽，帽沿一圈清晰，眉心位置一宝石状饰物；面部胡人特征明显，高鼻深目，虬髯浓髭。一条长帛带绕身并作前后飘动状。

## （二）志石下边侧面（图4）

1. 左侧伎乐胡人：席地而坐（无坐具），身体作右侧状，前视；左腿略前伸，右腿盘屈；怀抱曲颈琵琶，左右手作弹琵琶状；头戴竖条纹装饰小圆

---

[1] 此残损缺字可据西安碑林博物馆藏开元二十三年（735）《李神及妻郭氏墓志》志盖上的挽歌五言绝句补全，为"晴"字，参见陈忠凯、张婷：《西安碑林新藏唐—宋墓志盖上的挽歌》，《出土文献研究》第8辑，上海古籍出版社，2007年，第292—302页。

帽，帽沿一圈清晰，眉心位置一宝石状饰物；大眼睛，无髭须，面目颇似清秀；除环绕身体一周的大帛带外，另在身后左右两侧出现飘动的小帛带。

2. 右侧伎乐胡人：人物身体前倾，整体作向前奔腾状，右腿向前弯曲着地，左腿向后抬起；双手持一筚篥，口含哨嘴，手指有伸有摁，正在吹奏；面貌、帽式同左侧。一条长帛带绕身并作前后飘动状，身后左右两侧又出现一飘动的小帛带。

## （三）志石左边侧面（图5）

1. 左侧伎乐胡人：身体向右，双腿跪姿（无毯具），双手持一排箫，作吹箫状；头戴椎形尖顶高帽；面目清秀，浓眉大眼，无胡须。一条长帛带绕身并作前后飘动状，身后左右两侧出现飘动的小帛带。

2. 右侧伎乐胡人：身体正向面，胸前腰间挂一腰鼓，双手张开，作拍击鼓状；右腿屈前，搭于左腿上，左腿弯曲着地支撑；头戴与前几身一样的竖条纹形小圆帽；面目清秀，大眼睛，无胡须。一条长帛带绕身并作左右飘动状，身后左右两侧又出现飘动的小帛带。

## （四）志石右边侧面（图6）

1. 左侧伎乐胡人：身体略向右侧，似交脚坐姿

图3 唐郑延昌墓志石上边侧面线刻胡人伎乐图像（赵振华教授及洛阳龙门博物馆提供）

图4 唐郑延昌墓志石下边侧面线刻胡人伎乐图像（赵振华教授及洛阳龙门博物馆提供）

图5 唐郑延昌墓志石左边侧面线刻胡人伎乐图像（赵振华教授及洛阳龙门博物馆提供）

图 6　唐郑延昌墓志石右边侧面线刻胡人伎乐图像（赵振华教授及洛阳龙门博物馆提供）

（无坐具），双手持拍板演奏状；头戴与前几身一样的条形饰贴发帽；面目清秀，无胡须；一条长帛带绕身并作左右飘动状，身后左右又现飘动的小帛带。

2. 右侧伎乐胡人：身体弯曲，上身前倾，下身双腿前伸，衣摆在身后飘举；双手持一横笛作演奏状。人物面貌特征同左侧。一条长帛带绕身并作右飘动状，身后左右两侧又出现飘动的小帛带。

图像志描述的结果显示该组胡人伎乐基本特征如下：

8身伎乐胡人形象，全是男性特征；8身中只有上边侧面一身未持乐器，作舞蹈状，似胡腾舞姿，另7身分别持羯鼓、曲颈琵琶、笙箫、拍板、横笛、排箫、腰鼓，其中有2身是坐姿，1身是跪姿，4身作不同的舞蹈姿态；整体形成一组颇具异域色彩的胡人乐舞场面。8身胡人，从面貌上看，只有2身是高鼻深目、虬髯浓髭的老胡人形象，其他6人全是大眼睛、面目清秀的青年胡人特征。所着服饰是典型的胡人乐舞装扮，此类形象，在北朝隋唐其他各类文物胡人乐舞图像中颇为常见，特征明显。

## 二　胡人伎乐属墓志稀见图样

郑延昌墓志志石四侧面线刻壸门胡人伎乐图像，就目前所知，属中古墓志纹样中的稀见图像，因而有必要做些梳理。

丰富的历代墓志纹饰，成为古代各类艺术中的重要门类之一。对于墓志纹样的研究，学术界已有丰硕的成果可供参考，其中又以唐代墓志纹样研究为多。唐代是墓志发展定型的时期，这一时期墓志纹饰精美、种类多样。唐代墓志集中在长安和洛阳两京地区，同样就墓志纹样而言，也以两京地区为集中地，样式复杂多变，具有代表性，其他地区总体上则不出两京地区之样式，但有个案现象。

早年，徐殿魁就洛阳地区出土唐代墓志纹样做了深入的研究，据其统计，在洛阳地区唐代墓志中出现过的各类纹样，主要有花卉纹、缠枝纹、仙人鸾兽纹、云气纹、几何纹等几大类。具体再分，其中花卉纹包括宝相花、石榴花、莲花、茶花、牡丹花、折枝花、变形牡丹、变形莲花8种；缠枝纹包括缠枝忍冬纹、缠枝蔓草纹、蔓草纹、缠枝宝相花、变形蔓草纹5种；仙人鸾兽纹包括仙人、瑞兽、四神、十二生肖、鸿雁、蝴蝶6种；云气纹难分类别，但变化万千，形状多样；几何纹包括四方连续几何纹、网状几何纹、麦穗状几何纹、云雷状几何纹、水涡纹5种。若再结合出现较为广泛的壸门，总纹样多达25种。其代表墓志有唐中宗景龙三年（708）偃师李延祯墓志（图7）、唐玄宗开元二十六年（738）偃师李景由墓志等。作为比较，他同时对西安地区出土唐代墓志纹样也做了简单讨论，其纹样种类大致相同。[1]

对于长安地区唐代墓志的研究，以唐太宗昭陵陪葬墓出土墓志最具代表性，墓志级别高、数量多，墓志纹样种类丰富多样，雕刻工艺精美。李浪涛对昭陵墓志纹饰有专题研究[2]，据其统计，其中志盖主要有几何纹，以各类回形纹为主，也有联珠纹，花卉纹则包括忍冬蔓草、卷枝花叶纹、卷枝花卉纹、缠枝葡萄纹、独枝花卉纹、三点式团花纹、蔓草与方形团花结合纹等，志盖斜杀纹饰则有四神、蔓草忍冬花卉、云纹、徽章式图案、瑞兽、猛兽捕猎6类，志盖侧立面纹饰主要有各类花卉纹、云纹、三角形几何纹等简单的纹样；墓志底纹样主要是十二生肖、瑞兽、忍冬蔓草纹、云纹、花卉纹5大类，其实还应包括壸门、山岳树木风景画等。其总样式也多达20余种。代表墓志有特进观国公杨温墓志、幽州都督邢国公王君㮾墓志、右武卫大将军李思摩墓志（图8）、左武卫大将军琅琊开国公牛秀墓志、邳国夫人段蕑璧墓志等。

另据周晓濛研究，唐玄宗开元年间（713—741）是墓志纹样极为发达的一个时期，且已自成体系。

图7 唐中宗景龙三年偃师李延祯墓志纹样线图（采自徐殿魁文）

统计全国各地出土的墓志纹样，在这一时期主要流行的墓志纹样有各类花卉纹，包括蔓草纹、宝相花纹、四神、十二生肖、云纹、作为附属纹饰的铺首、壸门、水波纹。[3]

对于以四神、十二生肖为代表的唐代墓志纹样研究，学界已有丰富的研究成果，对其基本的图像渊源、图像传承关系、文化含义、墓葬思想、信仰观念等问题的研究也已有成熟答案可供参考。[4]

结合数量丰富的各地出土墓志，总体来看，以墓志最为丰富的唐代而言，墓志雕刻纹样主要是各类花枝花卉纹、各式几何纹（包括联珠纹）、四神、各种形式的十二生肖、云气纹、山岳树木风景画，还有铺首、壸门、水波纹等搭配纹样，另外八卦符

---

[1] 徐殿魁：《洛阳地区唐代墓志花纹的内涵与分期》，荣新江主编：《唐研究》（第四卷），北京大学出版社，1988年，第415—460页。
[2] 昭陵博物馆编著：《昭陵墓志纹饰图案》，文物出版社，2015年。
[3] 周晓濛：《唐开元年间墓志纹饰图案初探》，吕建中、胡戟主编：《大唐西市博物馆藏墓志研究（续一）》，陕西师范大学出版总社有限公司，2013年，第229—234页。
[4] 贺梓城、张鸿修：《唐墓志刻饰》，《文博》1987年第5期，第55—60页。赵超：《古代墓志通论》，紫禁城出版社，2003年。张蕴：《西安地区附唐墓志中的十二生肖图案》，荣新江主编：《唐研究》（第八卷），北京大学出版社，1998年，第395—432页。董淑燕：《唐墓志四神十二辰纹论述》，西安碑林博物馆：《碑林集刊》第十二辑，陕西人民美术出版社，2006年，第93—109页。刘大琪：《略论隋唐十二生肖墓志的起源与装饰风格》，《美苑》2009年第2期，第84—86页。韩颖：《关中地区唐代墓志生肖纹饰图像的考察》，陕西师范大学硕士学位论文，2012年。雷婧：《唐代墓志四神图像纹饰论析——以陕西关中地区为例》，陕西师范大学硕士学位论文，2012年。吴晓璇：《关中地区唐代墓志纹饰及相关问题探讨——以大唐西市博物馆藏墓志为例》，西北大学硕士学位论文，2013年。

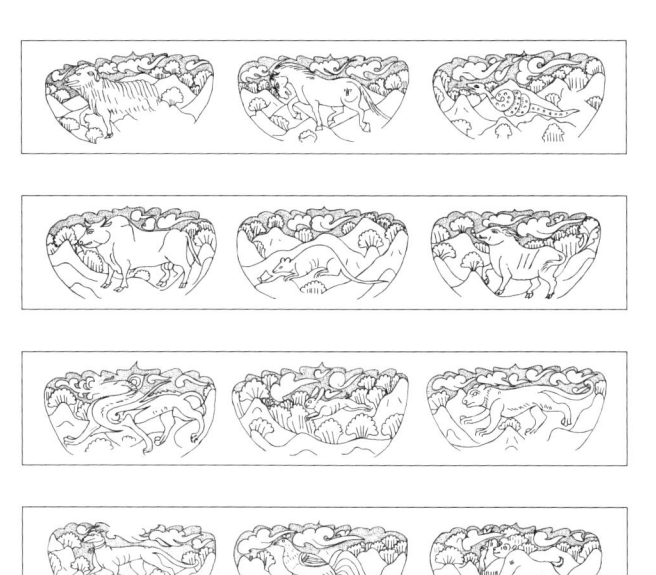

图8-1　李思摩墓志四边纹样

图8-2　唐昭陵陪葬墓右武卫大将军李思摩墓志（采自昭陵博物馆编著《昭陵墓志纹饰图案》）

号刻纹和二十八宿星象图也是一类独特的纹样，还有配合挽歌文字的龟形纹。以上这些纹样构成唐代墓志基本的装饰图案和特征。

需要说明的是，墓志上出现的各式纹样，都是以组合的形式出现的，至少会有两三种以上纹样出现在墓志的志盖和志石上，多则五六种不等，或有更多样式组合的情况。像昭陵李勣妻英国夫人志盖纹样多达6种（图9），又像恒山愍王李承乾墓志纹样多达8种（图10）。

墓志纹样如同墓志形制一样，在其历史演变过程中，有较为清晰的时代轨迹，北朝墓志纹样主要是表达祥瑞、厌胜、驱邪、宇宙模式的云纹、穿璧云纹、畏兽、人面鸟、翼兽、四神、十二生肖、莲花纹、忍冬纹、蔓草纹、流云纹、水焰宝珠纹、树木等纹样。[1] 其中十二生肖不多见，北朝墓志十二生肖纹样，目前最早的实物资料是出土于咸阳的北周宣政元年（578）独孤藏墓志。[2] 到了隋代，除延续北朝的主体纹样之外，也出现一些独特的纹样，周晓薇、王菁对隋代墓志稀见纹样做过介绍和考释，主要包括连珠纹样、壸门类纹样、碑形墓志的碑首纹样（莲花、仙鹤、龙、螭首等）、特形与浮雕圆雕纹样（兔子纹、龟纹、龙纹）、其他纹样（日月纹样、羽人纹样、飞轮纹样、八卦符号与文字纹样）。[3] 这些隋代墓志中的稀见纹样，到了唐代多已流行，只有像日月纹、羽人纹、飞轮纹之类未再流行。之前稀见的墓志纹样，之所以到了唐代不再出现，其实

---

[1] 孙兰青：《北朝墓志形制及纹饰研究》，《大众文艺》2014年第19期，第131—132页。

[2] 负安志编：《中国北周珍贵文物》，陕西人民美术出版社，1993年，第89页。另见罗新、叶炜：《新出魏晋南北朝墓志疏证》，中华书局，2005年。

[3] 周晓薇、王菁：《隋墓志刻饰图案中的稀见纹样——以〈隋代墓志铭汇考〉为基本案例》，《考古与文物》2009年第1期，第74—83页。

图 9-1 昭陵李勣妻英国夫人志盖纹样

图 9-2 昭陵李勣妻英国夫人志盖纹样线图（采自昭陵博物馆编著《昭陵墓志纹饰图案》）

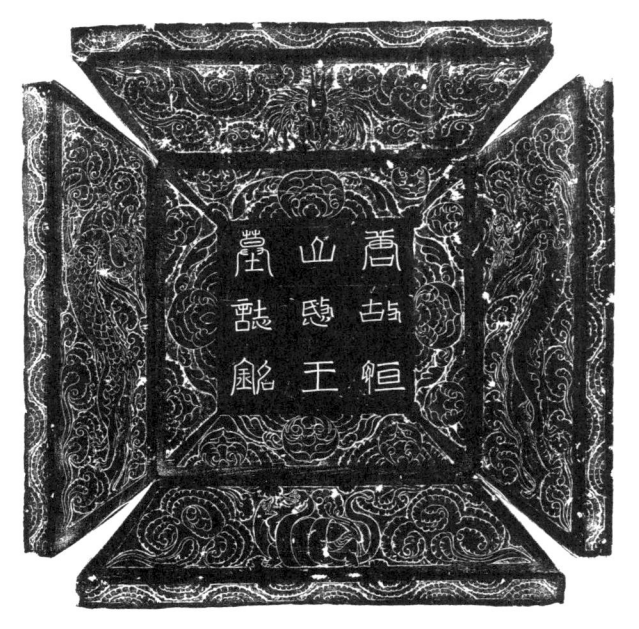

图 10-1 恒山愍王李承乾墓志盖和志石拓片（采自昭陵博物馆编著《昭陵墓志纹饰图案》）

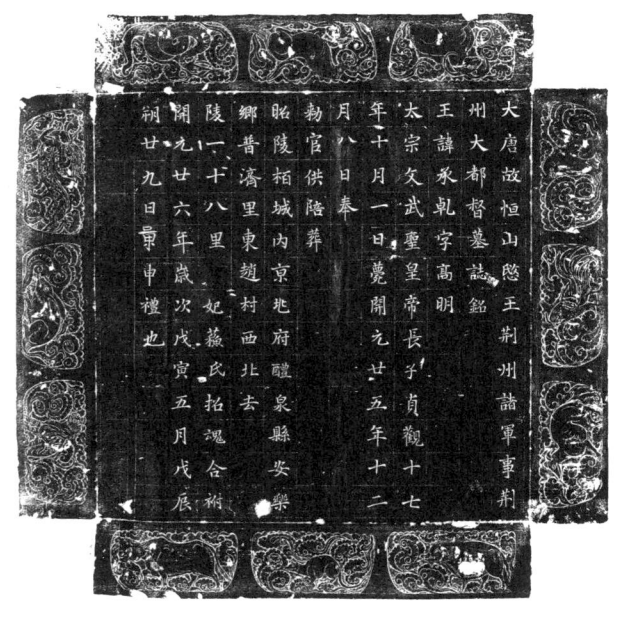

图 10-2 恒山愍王李承乾墓志盖和志石拓片（采自昭陵博物馆编著《昭陵墓志纹饰图案》）

图11-1 西安碑林博物馆藏唐中和三年张兔墓志盖及志石拓片（采自《西安碑林博物馆新藏墓志》）

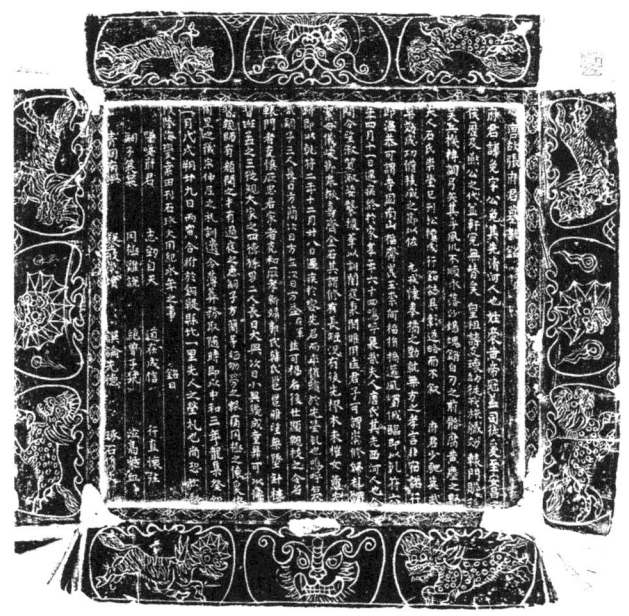

图11-2 西安碑林博物馆藏唐中和三年张兔墓志盖及志石拓片（采自《西安碑林博物馆新藏墓志》）

很大程度上也与唐代墓志形制基本上统一为盝顶方形的形制有密切关联。

从郑延昌墓志志文内容可知，墓主系上党郑氏，唐代属潞州，因此郑延昌墓地应在今天晋东南地区的长治、晋中一带，这一地区目前已出土的墓志特色明显，共有18方之多，其基本的特点是志盖上刻有八卦符号，还有四神、十二生肖、二十八宿、挽歌、牡丹等花草纹，时间以唐代为主，也有2方宋代墓志。[1] 据学者们的研究，这一批墓志地方风格浓郁，其最大的特点是志盖上刻有挽歌文字，另必有八卦符号，再

配合其他纹样，其中以唐僖宗中和三年（883）《张兔墓志》为代表（图11）[2]，志盖中间为"哀歌"文字；四周边框内蔓草纹，四角书"张君之志"四字；外周边框内几何纹，四边中间和四角八卦符号；再外周刻二十宿星象图；最外周为四神和十二辰，四角为花草纹。志石志铭文字四边刻花枝花草纹一圈，四边侧面刻壶门内十二瑞兽，形象独特，有似十二精魅形象。[3] 学者们之前多关注这一批地方性墓志上的挽歌，让我们看到其独特的地方风格。[4] 郑延昌墓志中挽歌的出现，为此地区该类墓志挽歌再添一例。而有意思的

---

[1] 参见张希舜：《隋唐五代墓志汇编》（山西卷），天津古籍出版社，1991年；常福江主编：《长治金石萃编》，山西春秋电子音像出版社，2006年；西安碑林博物馆编：《西安碑林博物馆新藏墓志汇编》，线装书局，2007年。

[2] 常福江主编：《长治金石萃编》，山西春秋电子音像出版社，2006年，第196页。

[3] 参考黄清连：《享鬼与祀神：纸钱和唐人的信仰》，蒲慕州编：《鬼魅神魔——中国通俗文化侧写》，麦田出版，2005年。陈怀宇：《从十二时兽到十二精魅：南北朝隋唐佛教文献中的十二生肖》，《唐研究》第十三辑，北京大学出版社，2007年。

[4] 陈忠凯、张婷：《西安碑林新辑唐—宋墓志盖上的挽歌》，第292—302页。胡可先：《墓志新辑唐代挽歌考论》，《浙江大学学报（哲学社会科学版）》2009年第3期，第175—183页。殷宪：《从〈赵睿宗墓志〉看唐末五代下层墓志的民间化和写实性》，《碑林集刊》第十五辑，三秦出版社，2009年，第155—171页。王庆卫、王煊：《生死之间——唐代墓志中新见挽歌研究》，《碑林集刊》第十六辑，三秦出版社，2010年，第82—107页。刘天琪：《挽歌、铺首、八卦符号与墓志盖题铭——以新发现的晋东南地区唐代墓志纹饰为研究重点》，《美术学报》2011年第5期，第58—67页。

图12　大唐西市博物馆藏唐永徽二年师晖墓志拓片（采自《大唐西市博物馆藏墓志》）

是，早在唐玄宗开元二十三年（735）的《李神及妻郭氏墓志》志盖上的挽歌五言绝句，应是郑延昌志盖挽歌的文字原版，其为"玉剑匣晴春，哀歌踏路尘。名镌秋石上，夜月照孤坟"。[1]据此可以补全郑延昌志盖上的挽歌中残损的"晴"字，而且说明此首挽歌在该地区，从盛唐到晚唐一直在流行使用着。而其上的胡人伎乐图像，又是该地区同类墓志中未见的图样，更显其珍贵。

郑延昌墓志之外，完全不合墓志纹样传统的事例也有零星发现。西安大唐西市博物馆藏一方唐高宗永徽二年（651）师晖墓志，为一长方形墓志，文字左右分别为线刻一镇墓天王形象，上下两边线刻神兽祥瑞形象多身（图12）。[2]其中的天王形象非墓志传统和流行纹样，当为特例。第二例同是大唐西市博物馆藏唐王玄德及夫人郜氏合璧墓志一方（图13），墓志为夫妇二人合志，首题为"唐故处士王君夫人郜氏墓志铭"，故知墓志刻于郜氏卒时，即唐玄宗开元十一年（723）。志石四侧线刻场面复杂而宏大的情景画，上侧刻"乐舞图"，下侧刻"打马球图"，右侧刻"出行图"，左侧刻"婚嫁图"。[3]其中的"乐舞图"周伟洲有研究，认为此图很有可能是唐开元天宝年间（713—756）流行的"歌舞戏"，载歌载舞，同时指出其与韩休墓乐舞图有很大的相似性。[4]正中一方毯，上有相对而舞的男女两人，左女

---

[1] 陈思凯、张婷：《西安碑林新藏唐—宋墓志盖上的挽歌》，第292—302页。
[2] 胡戟、荣新江主编：《大唐西市博物馆藏墓志》上册，北京大学出版社，2012年，第100、101页。
[3] 胡戟、荣新江主编：《大唐西市博物馆藏墓志》上、中册，志石图上册第281页，志文中册第482页。
[4] 周伟洲：《唐韩休墓"乐舞图"探析》，《考古与文物》2015年第6期，第73—79页。

图13　大唐西市博物馆藏唐王玄德及夫人郜氏墓志
（采自《大唐西市博物馆藏墓志》）

舞伎着盛唐妇女长袖衫、倭堕髻，右男舞伎着圆领长衫，束带，头戴幞头。左女伎后方毯上跪坐九名女乐伎，服饰与歌伎同，所执乐器有曲项琵琶、筝、箜篌（前排），铜钹（？）、五弦琵琶、横笛（后排），最后一站立女伎（可能系伴唱者），方毯左方为山石、树。男舞伎右方毯上坐八男乐伎，服饰与男舞伎同，所执乐器可见有横笛、笙（前排），排箫、筚篥、琵琶（后排），后有一名站立者，似伴唱者。毯右方也为山石、树。但据墓志可知墓主王玄德，太原人，一生未仕，其卒葬地在左辅乡（今陕西大荔），仅为一富有的世家。因此周先生也觉得其出现如此豪华的生活图像，似不大可能反映王玄德本人生前之事。考虑到墓志石四边线刻画面与墓主关联性不大，又无法和常见墓志纹样题材做功能上的联系，加上其出现在夫妻合志上，线刻场面过于宏大复杂，特别是其中出现八人抬一檐子的画面，在同时期还没有发现可佐证的图例，敦煌壁画中也看不到类似的图像，很难和作为处士的王玄德夫妇联系在一起。因此对该墓志精彩的四组画面的研究仍须做更详细的考察后方可进行。[1]若此墓志为真品[2]，则其当为现今所见中古墓志纹样内容生活化色彩最浓的一例，无疑也属中古稀见墓志纹样。

总之，根据已经公布出版的各地墓志材料，结

---

1　对此墓志，笔者曾请教过经手该墓志的并整理研究过的胡戟教授，他觉得此墓志作假的可能性不大，但需要做进一步研究。至于其上完全不合墓主人身份的画面，胡老师觉得唐人墓志中不按规制、超出传统的例证并不鲜见，因此不能过于拘泥于传统与规制的要求。

2　对大唐西市博物馆所藏王玄德墓志的真伪问题，笔者也曾请教亲眼查看过该墓志的著名唐史和考古专家葛承雍教授、张建林研究员，他们一致认为该墓志为真品，十分珍贵。另外承蒙胡戟教授好意，笔者也对该墓志做了详细的观摩，其上刻人物特征及组合关系、图像风格等均系典型的唐人手笔，应为一真品无疑。

合学术界的研究,就笔者所见,还没有发现像本文所论唐郑延昌墓志志石四边侧面所刻壶门胡人伎乐图像的他例,即使考虑到笔者所见资料的局限性和包括未公布资料的情况,可以确定的是,此类图像当属唐代墓志甚至可以认为是历代墓志中稀有的纹样,其重要性和学术价值不言而喻。

## 三 胡人伎乐作为墓志纹样出现的寓意

郑延昌墓志中出现的胡人伎乐图像,虽然属中古墓志稀见图样,但其出现在墓葬中的墓志上,其基本的图像含意、图像象征意义、图像寓意是什么?仍然属于墓志传统纹样思想功能的表达,还是别出心裁,标新立异?需要做些讨论。

墓志最基本的功能是标识墓主,但是墓志在具体的使用过程中,作为处于墓葬中所有明器和随葬品核心地位的墓志,和丧葬礼仪与灵魂观念发生关联,渐渐地被赋予浓厚的中古传统丧葬思想,把墓葬中所要表达的"事死如事生"、"象天地"、"通神明"、"天人合一"、天地宇宙、成仙、升天、护佑、驱邪、厌胜、繁衍子孙等思想和观念均吸纳进来,成为"墓中之墓"。[1]而这些重要而复杂的思想在墓志中的体现,则是通过其形制和雕刻在上面的纹样来进行表达的,其中象征天地宇宙的覆斗形墓志的形成,使这一思想被巧妙地固定了下来。

覆斗形志盖和方形志石,共同构成一合完整的墓志,这种形制的墓志也是墓志规范化的产物,南北朝时期人们经过探索,同时期使用过碑形墓志、长方形墓志、方形墓志、龟形墓志[2],到了隋代仍有一些独特形制的墓志在延续使用,但以盝顶方形墓志为主,到了唐初盝顶方形墓志成为主流形制。为什么把志石刻成方形,志盖刻成覆斗形,而不刻成其他形状呢?这其实是受古人天地观念的左右,"志石方而表示地,志盖覆斗形表示天,'在天成象,在地成形','天尊地卑,乾坤定矣'",而其又和墓葬本身的形制相结合,"汉至唐宋时期的大型砖(石)室墓,下为方形或弧方形墓室,顶为穹窿顶或覆斗形顶,顶上绘日月星辰象征天体……墓志标题刻在覆斗形盖的中间,志文刻在志石上面,亡者的功名可与天同辉,与地共存"。[3]"覆斗形墓志的整体,恰似一件放大了的式,又像一个缩小的穹窿顶墓室。它的志盖,从形状与纹饰上来看,其设计思想正是用它象征天穹,与式的天盘、穹窿顶墓室的顶部意义相同。"[4]

不仅如此,古人为了更加形象地表达覆斗形墓志所赋予的天地宇宙观念,在志盖顶部平面、志盖四斜杀、志盖四边和志石文字周围、志石四侧面雕刻(线刻)各种纹样,这些纹样所赋予的核心思想仍然是墓志形制本身所具有的法象天地观念。其中最具代表性的是李星明归纳的那些"宇宙神瑞图像",以唐代墓志最具代表性,包括四大部分题材:四神图像和十二生肖图像,墓志盖9字题额布列形式与九宫图关系,八卦和天干地支、二十八宿名称,神瑞图像。这些图像组合表达的宇宙神瑞思想,李文有

---

1 〔美〕巫鸿著,梅枚、肖铁、施杰等译:《时空中的美术——巫鸿中国美术史文编二集》,生活·读书·新知三联书店,2009年,第183页。
2 刘凤君:《南北朝石刻墓志形制探源》,《中原文物》1988年第2期,第74—82页。
3 刘凤君:《南北朝石刻墓志形制探源》,第80页。
4 赵超:《式、穹窿顶墓室与覆斗形墓志——兼谈古代墓葬中"象天地"的思想》,《文物》1999年第5期,第75页。

深入的分析。[1]除此之外，包括四神、十二生肖、神兽在内的纹样出现在墓志上，其本身作为墓葬陈设主要物品，基本的驱邪镇鬼、厌除不祥、保佑墓主、代表墓主沟通天地的功能也是存在的。而其他像各类花卉纹、云气纹则具有象征繁衍子孙、吉祥、祥瑞、墓主人升天成仙等中古墓葬基本的生死观。

郑延昌墓志上的纹样虽然没有唐代最常见的四神和十二辰，但在志盖外周刻八卦符号，再结合志盖中心题额文字3×3布列形成的"九宫图"，表达明确的"九宫图设计意图"，形成一幅完整的"九宫后天八卦图"[2]，只是缺少十二辰配合，总体上不影响其核心所要表达的天地宇宙空间和时间观念。若再结合志盖上的花草纹、牡丹纹、龟背纹、连续几何回形纹，总体上是唐代墓志纹样的基本样式与组合关系，那么该墓志纹样所要表达的墓葬基本的丧葬思想也没有变化。至于其中出现"哀歌"文字，则是生者对死者哀思的表达，同样是墓葬基本的思想体现。[3]

那么，志盖如此，志石四边侧面壸门胡人伎乐图像也应表达相似的寓意。

壸门是隋唐墓志中配合十二生肖、瑞兽纹常见的纹样，在郑延昌墓志中出现传统的壸门纹样则属于墓志图样的延续而已。

郑延昌墓志志石四边侧面以胡人伎乐图像代替唐代墓志志石四边侧面最常见的十二辰、各类花枝花卉纹和各类神兽纹，显然在这里把这8身胡人伎乐的图像所体现出来的墓葬观念、思想、功能，与那些唐代墓志常见的表达天地宇宙、祥瑞、避邪、厌胜、吉祥等传统观念的十二辰、花枝花卉、神兽所表达的墓葬观念、思想、功能很难统一，应该有明显的区别。

在墓葬中安放和乐舞有关的陪葬明器，如乐器、各类乐舞俑，或者雕刻、绘画和乐舞有关的图像，这是汉晋以来墓葬常见的现象，像汉画像石、画像砖墓中常见的百戏乐舞图像，长安地区汉墓中的乐舞俑、戏弄俑；到了魏晋墓中，以河西地区为代表，不仅有壁画乐舞图像，也有画像砖上的乐舞图，以酒泉丁家闸5号墓壁画和高台地埂坡胡人乐舞为代表；南北朝时期墓葬中的乐舞图也并不少见，代表如娄睿墓、徐显秀墓壁画中的乐人图像；到了隋唐时期，壁画乐舞图像与各类乐舞俑更是广泛出现在墓葬中，而且往往是墓葬出土文物中最吸引人眼球的部分，代表如学界熟知的苏思勖墓、韩休墓、李道坚墓、李宪墓等胡汉乐舞图像；到了五代宋金辽墓葬中，砖墓或壁画墓中常可见到乐舞图像，代表如五代冯晖墓乐舞及大量宋金辽墓中的乐舞。乐舞作为历史时期人们日常生活中不可缺少的礼制和娱乐需求，在墓葬中出现各类乐舞器物或图像，其最基本的动机是古人"事死如事生"观念主导下关注死者在另一个世界生活娱乐所需，把生前所享受的美好生活再搬进阴间世界。到了唐代，据《唐六典》《通典》《唐会要》等的记载可知，墓葬中规

---

[1] 李星明：《北朝唐代壁画墓与墓志的形制和宇宙图像之比较》，《美术观察》2003年第6期，第79—84页。另见氏著：《唐代墓室壁画研究》，陕西人民美术出版社，2005年，第191—220页。

[2] 李星明：《唐代墓室壁画研究》，第202页。

[3] 刘天琪：《挽歌、铺首、八卦符号与墓志盖题铭——以新发现的晋东南地区唐代墓志纹饰为研究重点》，《美术学报》2011年第5期，第58—67页。

定可以陪葬一定数量和尺寸的"音乐卤簿"、"音声乐队"、"音声仆从"俑，这一点也可以得到唐墓大量出土各类乐舞俑的印证[1]，代表如唐金乡县主精彩而丰富的乐舞俑（图14）[2]，而那些精彩的唐墓乐舞壁画[3]，代表如唐昭陵韦贵妃墓乐舞壁画（图15）[4]，也有相同的意义和功能。

那么，可以认为郑延昌墓志志石四边侧边线刻壶门胡人伎乐图像，在某种意义上也可归入广泛的墓葬乐舞图，与那些历代墓葬中出现的乐舞明器和各类绘画图像所表达的供墓主人在另一个世界娱乐的乐舞图的性质是一致的，只不过把本应该画入壁画或以俑的形式呈现的乐舞图像[5]，变换了其本来的位置和出现的方式，以简单线刻的方式出现在墓志当中，可以认为是墓志图样发展变化的一个特例，也可以说是传统的墓志体现天地宇宙观念向墓葬反映墓主人生前死后生活的转变，最终成为墓志功能延伸的重要例证。

图14 唐金乡县主墓舞蹈俑（采自《唐金乡县主墓》彩版106）

## 四 胡人伎乐图像选择的原因和意义

图15 唐昭陵韦贵妃墓乐舞壁画（采自《唐昭陵韦贵妃墓》图版三四）

根据志文可知，郑延昌一族出自荥阳郑氏，"天下郑氏出荥阳"。关于郑氏的姓氏来源和郡望，《元和姓纂》有详细记载，此不赘述。[6] 荥阳郑氏，是北朝隋唐时期的北方著名士族，北朝隋唐时期，与博陵崔氏、陇西李氏、赵郡李氏、范阳卢氏、清河崔氏、太原王氏并称为"五姓七家"。郑延昌夫人西

---

1 程义：《关中地区唐代墓葬研究》，文物出版社，2012年，第146—165。
2 王自力、孙福喜编著：《唐金乡县主墓》，文物出版社，2002年，彩版106—116。
3 李星明：《唐代墓室壁画研究》，第167—170页。
4 陕西省考古研究院、昭陵博物馆编著：《唐昭陵韦贵妃墓》，科学出版社，2017年，图版三四。
5 该墓详细信息完全不得而知，但从墓志所反映的墓主人简单而平凡的生平来看，似乎不大可能有乐舞俑或乐舞壁画出现在墓葬中。
6 （唐）林宝撰，岑仲勉校，郁贤皓、陶敏整理：《元和姓纂》卷九《郑氏》，中华书局，1994年，第1346—1347页。

河郡任氏，为一般士族家庭出身。在唐代潞州上党荥阳郑氏墓中出现胡人伎乐图像，墓主人为汉人世族，且夫妇均为汉人，其墓志上的图样一反常规，和该地区即晋东南一带出土同时代其他墓志有较大的出入，在志石四边侧面刻胡人伎乐图像，不仅成为目前所见到的晋东南地区唐代墓志纹样之新样，也是唐代墓志稀见纹样，甚至是中古墓志纹样中的珍品。既然如此特殊，其图像选择的原因和意义是什么？需要做些探讨。

胡人伎乐图像出现在墓志上，若墓主人族属为胡人，则极好理解，但郑延昌夫妇均为汉人；或墓主人有事胡经历，不得而知；或墓主人与胡人有某种关联。由墓志文字可知，郑延昌二女分别出适陈氏、李氏，三子分别娶马氏、刘氏、张氏，从联姻姓氏来看，都属于汉族姓氏。但仔细检索墓志，可以发现一些疑点。

首先，郑延昌的孙男四人：神奴、小神、大宜、惠郎，应是乳名，其中"神奴"、"小神"二名有信奉祆教的粟特胡人取名的特点，"神奴"一名在胡人世界中颇为常见，如开元九年"六胡州之乱"的起事头目之一"伪将军石神奴"[1]。至于以"神某"字样命名带有浓厚祆教特色的现象，更为常见，学界熟知的P.2657、P.3018、P.3559《天宝十载（751）敦煌县差科簿》中就有三位可资比较的人名出现，即石神功、何神祇、何神祚，池田温将其归入"汉式人名"特征[2]。另有一件较晚的敦煌写本，S.2174《天复九年（909）神沙乡百姓董加盈兄弟三人分家契》，篇尾的三个见证人画押，第一位"见人阿舅 石神神（押）"。[3]以上五位粟特人名使用"神某"，其中三位属石姓，两位属何姓，显然是粟特人取名的喜好。这些粟特人名中的神奴、神功、神祇、神祚、神神，明显带有宗教色彩，这也是敦煌人取名的特点之一。[4]此现象也可得到莫高窟吐蕃期粟特石姓家族功德窟第359窟中"石神主"供养像题名的印证。[5]

以上流寓汉地的粟特人的取名，反映着九姓胡人本土祆神信仰影响的影子。而粟特人名中尾字为"奴"的，就更多了，在吐鲁番文书人名中，康、史等姓粟特人名后常有"奴"字出现。[6]带有"神"和"奴"字的粟特人名，正是粟特人传统以其信仰的琐罗亚斯德教神名命名并后加奴仆字样的方式，即是某某神的奴仆，像固原南郊粟特人家族墓中的史射勿墓，墓志铭记载"公讳射勿，字槃陀"[7]，"射勿槃陀"据粟特文专家对相关文字的解读，其意思即

---

1 《旧唐书》卷八《玄宗纪》。
2 参见〔日〕池田温：《8世纪中叶における敦煌のソダド人聚落》，《ユーラツア文化研究》1965年第1号；池田温：《8世纪中叶敦煌的粟特人聚落》，氏著：《唐研究论集》，中国社会科学出版社，1999年，第22页。
3 唐耕耦、陆宏基：《敦煌社会经济文献真迹释录》第2辑，全国图书馆文献缩微复制中心，1990年，第148、149页。敦煌研究院编《敦煌遗书总目索引新编》定名"天复九年（944）己巳岁闰八月十二月神沙乡百姓董如盈兄弟三人分家契"（中华书局，2000年，第67页）。
4 高启安：《唐宋时期敦煌人名探析》，《敦煌研究》1997年第4期，第121—128页。
5 沙武田：《莫高窟吐蕃期洞窟第359窟供养人画像研究——兼谈粟特九姓胡人对吐蕃统治敦煌的态度》，《敦煌研究》2010年第5期，第12—24页。
6 参见李方、王素编：《吐鲁番出土文书人名地名索引》，文物出版社，1996年。
7 罗丰编著：《固原南郊隋唐墓地》，文物出版社，1996年，第17页。

是"祖尔万神的奴仆"[1]。因此，郑延昌的孙男四人中有二人使用了唐代粟特人取名的习惯和传统，若是汉人如此取名实难理解。

其次，作为处在唐代粟特人交流要地的潞州上党郑氏汉人世家的郑延昌一族，若果有受粟特胡人祆教信仰的成分，则是历史时期入华祆教对汉人影响的反常事例。因为检索史料可知，祆教入华之后基本上仍在胡人内部流行，很少影响到汉人社会，晚唐五代敦煌地区流行的"赛祆"活动[2]，虽然从文书记载看似乎是属于包括汉人在内敦煌普通老百姓的一项集体性活动，但是仔细研究发现，该"赛祆"活动往往包括燃灯、供奉神食及酒、歌舞、幻术表演、零祭等内容，还是有深厚的胡人祆教的特色[3]。加上安史之乱后唐人社会对胡人的厌恶和排斥心理[4]，使得胡人及其宗教大受影响。因此郑延昌若是汉人郑氏出身，在其墓志中出现胡人伎乐，当是晚唐时期胡人影响的重要而有趣的事例，但是其可能性不大，在历史中找不到共同的例证。

第三，墓志在追溯郑延昌祖辈时，"皇祖讳"三字后面只是敬空而没有其他文字。此现象完全不合常理，郑延昌及其子孙后代居然不知道自己三五代祖宗的名讳，这在中国古代是不可理解的，更何况在墓志中自以为是汉人大姓荥阳郑氏，更不应该。若根据志文中出现上述郑延昌孙男的取名胡人现象，则似乎说明此郑氏是粟特人攀附了中原汉人大姓，大概"皇祖"一代是其第一代中亚移民，其姓名完全是胡姓胡名，为了掩盖其粟特胡人民族特性，在这里不能出现，故未刻进墓志当中，可见其用心良苦。

据墓志可知，郑延昌死亡的时间为唐懿宗咸通十四年（873）十月一日，"享年六十有九"，那么其生于唐德宗贞元二十一年（805）。按这个时间计算，其家族第一代入华者"皇祖"应是安史之乱之前生人，并在安史之乱前来到汉地，安史之乱后其家族顺应历史潮流，改换汉人大姓，并通过和汉人通婚方式积极汉化。

这种胡人到汉地后攀附中原大姓的事例颇为常见，学界已揭示出很多例证[5]，不一而足，此现象也可以说是中古胡人汉化的一个主流方向和手段。其中以敦煌归义军曹氏颇具代表意义。[6]同为来自中亚的粟特胡人，在历史不同时期皆有通过改中原大姓而进入汉人高层社会的事例，同为中亚胡人，同改

---

1 参见林梅村：《汉唐西域与中国文明》，文物出版社，1998年，第158—159页。
2 解梅：《唐五代敦煌地区赛祆仪式考》，《敦煌学辑刊》2005年第2期，第144—149页。
3 李永平：《从考古发现看胡腾舞与祆教仪式》，《碑林集刊》第九辑，三秦出版社，2003年，第133—142页。
4 荣新江：《安史之乱后粟特胡人的动向》，氏著：《中古中国与粟特文明》，生活·读书·新知三联书店，2014年，第79—113页。
5 参见马驰：《唐代蕃将》，三秦出版社，2011年，第167—192页。陈海涛：《来自文明十字路口的民族——唐代入华粟特人研究》，商务印书馆，2006年，第377—425页。
6 荣新江：《敦煌归义军曹氏统治者为粟特后裔说》，冯培红：《敦煌曹氏族属与曹氏归义军政权》，俱载《历史研究》2001年第1期。二文又分别载荣新江：《中古中国与外来文明》，生活·读书·新知三联书店，2001年，第258—274页；郑炳林主编：《敦煌归义军史专题研究续编》，兰州大学出版社，2003年，第163—189页。也有不同意见者，参见李并成、解梅：《敦煌归义军曹氏统治者果为粟特后裔吗——与荣新江、冯培红先生商榷》，《敦煌研究》2006年第6期，第109—115页。笔者也有相关讨论，参见沙武田：《敦煌石窟归义军曹氏供养像与其族属之判别》，《西部考古》第7辑，三秦出版社，2012年，第204—234页；另见中央文史馆、敦煌研究院、香港大学饶宗颐学术馆编：《庆贺饶宗颐先生95华诞敦煌学国际学术研讨会论文集》，中华书局，2012年，第142—167页。

汉人大姓荥阳郑氏的另一例，即是赵振华揭示出来的唐少府监郑岩一族[1]。

第四，在志文中未记载和"皇祖"对应的"皇祖母（妣）"，和"祖讳朝"对应的祖母，也没有郑延昌父母辈的任何文字。虽然墓志志文中不一定要对墓主父祖辈均一一著录，但鉴于前面提到的郑延昌一族冒充汉人大姓的情况，也提示我们此类现象很有可能暗含隐情，或许是充分地考虑到相应人物胡人身份关系的结果。因为据学者们研究，入华的胡人社会通行族内通婚[2]，显然郑延昌的祖父辈中应有来自其他粟特胡人家族的女性。毕竟安史之乱之后的唐人社会，粟特人的地位大不如前，他们在各方面尽力洗白其胡人历史，积极地融入到汉人社会中来。

由以上四点，基本可以推断郑延昌家族当为有唐一代流寓汉地的粟特胡人，和其他众多的粟特胡人一样，随着时间的推移，在唐人社会中慢慢地汉化；另一方面，因为安史之乱后受唐人社会对胡人排斥影响，粟特后裔们纷纷改名换姓，托附中原姓氏，堂而皇之地以汉人望族自居，像郑延昌一族即改为汉人著姓"荥阳郑氏"。若此推测合理，原本即是粟特胡人出身的郑延昌，在其墓志中出现胡人伎乐图像，显然有强烈的文化和族属背景。

检索唐代人名，唐昭宗景福元年（892）有任户部尚书、中书侍郎、同中书门下平章事的郑延昌（《新唐书》卷一一《纪十》），此人《新唐书》卷一八二《列传》一百七有传："郑延昌字光远，咸通末，得进士第，迁监察御史。郑畋镇凤翔，表在其府。黄巢乱京师，畋倚延昌调兵食，且谕慰诸军。畋再秉政，擢司勋员外郎、翰林学士。进累兵部侍郎，兼京兆尹，判度支。拜户部尚书，以中书侍郎同中书门下平章事，兼刑部尚书。无它功，以病罢，拜尚书左仆射，卒。"显然是本文所论墓志主人郑延昌之后的另一人，一胡一汉。从墓志志文可知，该郑延昌似未曾有显赫的仕宦经历，仅有"昭义军衙前主……"，应有从军的经历，但史书未见其事迹。郑延昌儿子们"并守军门"，父子俱效力于唐朝军队，胡人入职行武，也是其流寓汉地后主要的职业特点[3]，此一点也印证了郑延昌粟特胡人出身的民族背景。

另外，唐代潞州、上党一带，是否受胡人影响，则是要讨论的另一个问题。山西自北魏、北齐以来，胡风大兴，太原地区一直是北朝隋唐时期粟特胡人入华的重要聚居地[4]，虞弘、龙润等胡人萨保墓葬的发现是认识并州地区胡人聚落的重要证据[5]。太原作为李唐王朝起家的地方，曾经有一批粟特胡人追随直事，功成名就后归隐并州。以太原金胜村粟特人家族墓为代表的一批墓葬，出现了诸多反映粟特人生活习俗的壁画（图16），以及带有祆教因素的葬俗，是对这一现象的历史记载。对此沈睿文有精辟

---

1　赵振华：《唐代少府监郑岩及其粟特人祖先》，《中国国家博物馆馆刊》2012年第5期，第69—76页。

2　卢兆荫：《何文哲墓志考释——兼谈隋唐时期在中国的中亚人》，《考古》1986年第9期，第844—845页。程越：《从石刻史料看入华粟特人的汉化》，《史学月刊》1994年第1期，第24—25页。蔡鸿生：《唐代九姓胡与突厥文化》，中华书局，1998年，第22—23页。荣新江：《北朝隋唐粟特聚落的内部形态》，氏著：《中古中国与外来文明》，第132—135页。

3　参见乾陵博物馆编：《丝路胡人外来风：唐代胡俑展》孙机"序"，文物出版社，2008年，第8—11页。

4　荣新江：《北朝隋唐粟特人之迁徙及其聚落》，氏著：《中古中国与外来文明》，第95—97页。

5　荣新江：《隋及唐初并州的萨保府与粟特聚落》，《文物》2001年第4期，第84—89页。

图16-1　太原焦化厂唐代粟特人墓葬壁画（采自《新中国出土墓葬壁画》）

图16-2　太原焦化厂唐代粟特人墓葬壁画（采自《新中国出土墓葬壁画》）

的研究。[1] 唐代入华胡人大姓武威安氏后裔代表人物安重璋（后改名李抱玉）在安史之乱后随李光弼抗击叛军有功，曾任泽潞节度使、潞州大都督府长史（《旧唐书》卷一三二《李抱玉传》），想必在其任职潞州之时，会有一批胡人追随，也因此形成胡人聚落。另在介州（今汾阳）有粟特人曹怡墓的发现[2]，介休有姜伯勤提出的祆庙[3]，若再考虑到潞州是连接两个重要粟特人聚居地并州太原和洛阳的重要环节，晚唐时期的潞州又和胡人集中的河北地区接壤（图17），因此可以想象粟特人对该地区的影响不会太小，加上前文揭示出来的篡改汉人姓氏后出现的胡人家族，郑延昌墓志的出现，也提示我们上党一带有胡人家族墓地的可能性。

有学者认为唐代潞州、上党等地是粟特裔的一个聚居地。[4] 又据赵振华介绍，洛阳龙门博物馆另藏有三方葬于唐代上党的粟特裔墓志，分别为：《唐行密云郡白檀府左果毅安建墓志》（天宝二年，743）记载志主在上党郡奉诚府任职，开元二十九年在潞州去世，妻南阳张氏；《唐试太子宾客李弼墓志》（贞元五年，789）记载李弼的祖上是武威（凉州）的粟特胡人安氏，他的堂叔安重璋由唐肃宗赐国姓，改名李抱玉，于是举宗改姓李，李弼为武人，久镇朔方，婚当地汉族张氏；《唐安嵩墓志》（贞元十七年，801）记载志主落籍于上党县，婚清河张氏，早已汉化。[5] 这些出自唐代上党地区的粟特胡人墓志，是该地区作为粟特胡人聚居地的有力证据。

---

1　沈睿文：《太原金胜村唐墓研究》，沙武田主编：《丝绸之路研究集刊》第二辑，商务印书馆，2018年，第1—20页。
2　山西考古研究所、汾阳市博物馆：《山西汾阳唐曹怡墓发掘简报》，《文物》2014年第11期，第28—32页。
3　姜伯勤：《中国祆教艺术史》，生活·读书·新知三联书店，2004年，第285—294页。
4　毛阳光等：《唐宋时期黄河流域的外来文明》，科学出版社，2010年，第24页。
5　此三方墓志信息系赵振华教授提供。

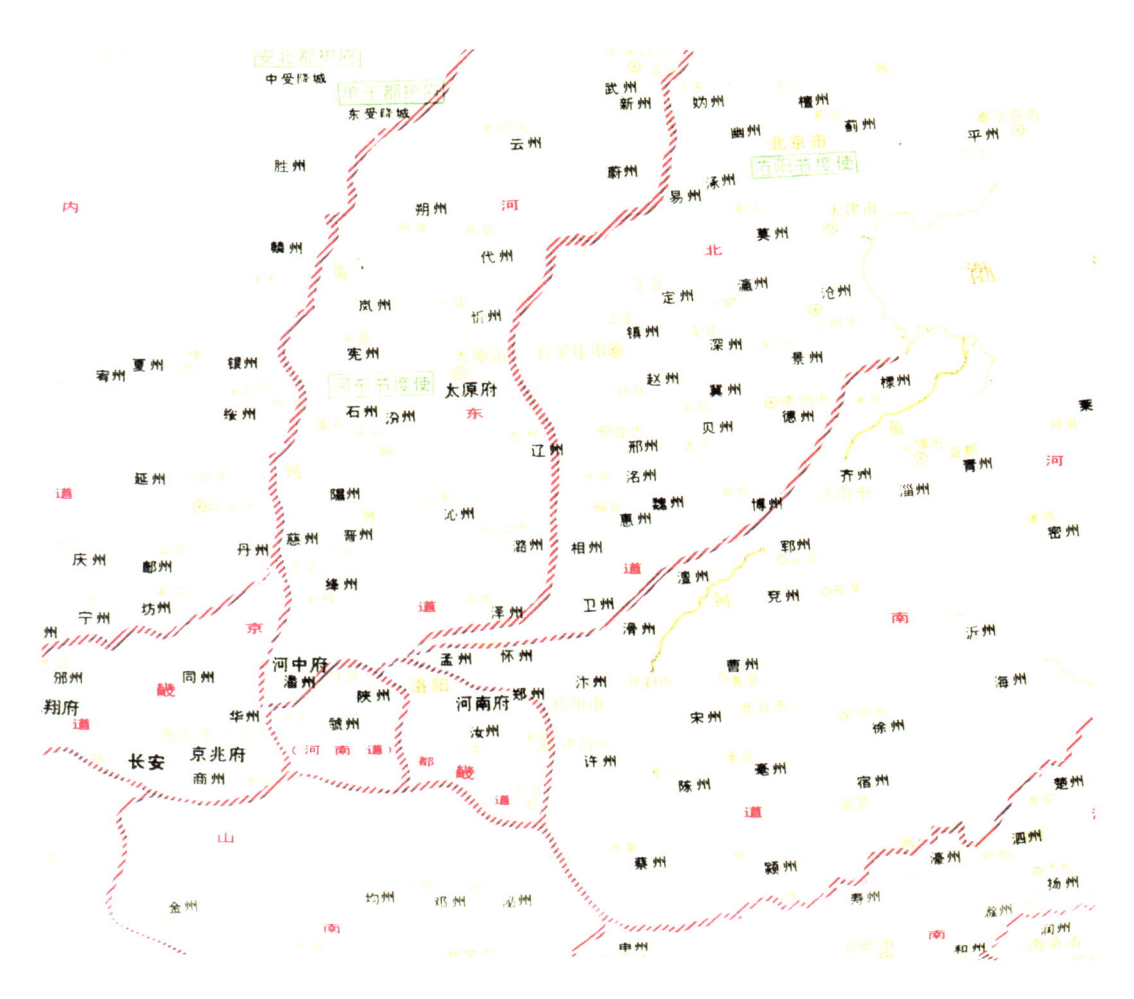

图17 唐代潞州周边地图

基于以上的推论，基本可以确定郑延昌浓厚的粟特胡人背景，印证了其志文开篇"盖府君之先"用词的推测成分，原来确有隐情。因此其墓志虽然整体上是唐人社会墓志的主流形式与纹样特点，但由于个人强烈的文化与族属的影响，一反唐代墓志常规，在志石四边壸门内线刻一组精彩的胡人乐舞，实是其家族传承有自的胡人文化与生活的体现。出自粟特胡人的郑延昌墓以这种极为特殊而巧妙的方式把本民族的舞蹈带入唐人传统的墓葬中，实是墓主人固有的深厚民族习俗对丧葬文化影响的结果。不仅胡人如此，汉人也有受到影响的事例。陕西靖边统万城南发现的唐玄宗天宝十三载（754）武令璋墓石椁上，刻有胡人表演的胡腾舞图像。[1] 虽然墓志显示武令璋为汉人武氏家族，但是由于其个人有平定"六胡州"之乱的经历，且长期作为唐代武将驻守银川，死后又葬于夏州，这些地方均是粟特胡人流寓汉地后的重要聚居地，经过长期的熏染，粟特胡人文化也影响了其生活，因此在其墓葬石椁的线刻中特意出现胡腾舞画面。唐夏州胡人聚居地武令璋石椁胡腾舞画面的出现，也加强了我们对郑延昌墓志胡人乐舞图像出现的理解和信心。

---

1 王勇刚、白保荣、宿平：《新发现的唐武令璋石椁和墓志》，《考古与文物》2010年第2期，第20—29页。

## 五　墓志胡人伎乐的乐舞属性考

在大致厘清郑延昌墓志胡人伎乐出现的原因和其表达的独特意义之后，有必要回归图像本身，对该组胡人乐舞图像的属性及其组合关系做些梳理，或有所启示。

为了便于更加直观理解和说明，我们对志石四边的8身胡人伎乐图像的基本信息和特征图示如下（图18）：

在前述胡人伎乐图像志描述时，已就其基本特征做了简单总结，为了研究需要，结合该示意图，对该组胡人伎乐之图像特征做进一步归纳，具体如下：

1. 伎乐人物全在壸门内，此系唐代墓志图式的延续。

2. 8身胡人伎乐全是男性形象，其中只有上边侧面2身为虬髯浓髭、高鼻深目的中老年胡人形象，其他6身均为大眼睛、圆脸的青年胡人形象。

3. 8身胡人伎乐所着服饰完全一样，只是头饰有区别。其中仅上边侧面抱羯鼓者和左边侧面持排箫者头戴高毡帽，其他6身全是竖条纹装饰小圆帽，沿额头以带子扎一圈，头发从头顶一缕缕下垂仅在额头束一圈，或是头发一缕缕披于四周。8身服饰均为上身圆领紧身小袖袍，束腰，下摆，下着紧身裤，脚蹬长筒软锦靴（或皮靴）。

4. 8身伎乐人物中只有上边1身无乐器，其他7身均有演奏各式乐器。

5. 8身伎乐人物或为舞蹈姿，或为坐姿、跪姿，其中只有上边2身全是舞蹈姿，其他四边各2身均为

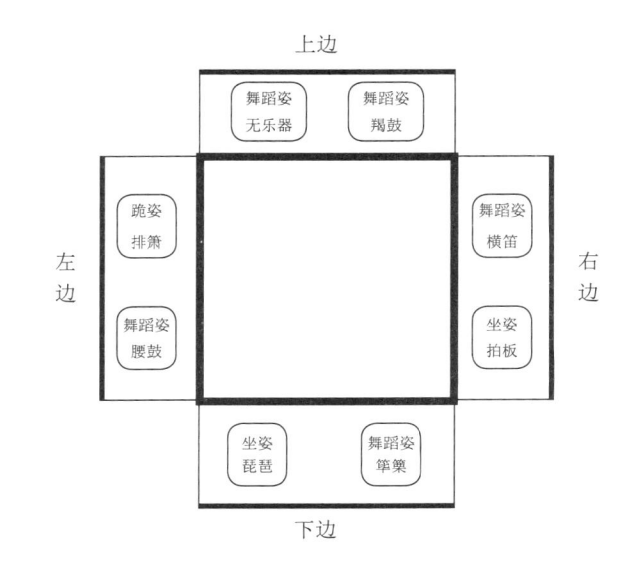

图18　郑延昌墓志石四边胡人伎乐图像基本信息示意图（沙武田绘）

舞蹈姿配合坐姿或跪姿。

6. 8身伎乐人物均有一长长的帛带环绕身体，同时在各自身后还有一小帛带，似从头后伸出来。此大小二帛带，一大一小，烘托伎乐人物的乐舞动作与气氛。

7. 8身伎乐人物全没有坐具或舞具类图像诸如常见的舞筵类物品。当属志石制作者雕刻时的疏忽或省略的结果。

胡人乐舞，在有唐一代，确系开放的唐人社会胡风影响下的重要文化艺术现象，其中以胡旋舞、胡腾舞、拓枝舞、泼胡乞寒四类闻名于世。[1]最流行者则是胡旋舞和胡腾舞，二者属唐人"健舞"，拓枝舞和泼胡乞寒相对较少流行，且其形式和场合独特，与前二者有较大的区别。[2]

结合墓志图像的诸多特征，可以对其乐舞属性做

---

1 陈海涛：《胡旋舞、胡腾舞与柘枝舞——对安伽墓与虞弘墓中舞蹈归属的浅析》，《考古与文物》2003年第3期，第56—60、91页。
2 向达：《唐代长安与西域文明》，生活·读书·新知三联书店，1957年，第65—78页。

图19-1 莫高窟第220窟北壁药师经变乐舞图（敦煌研究院提供）

初步的判断。我们认为该组胡人乐舞形象的基本属性是一组在唐代（特别是唐前期）曾风靡一时的胡腾舞场景。其中胡腾舞蹈者即是志石上边侧面未持乐器、高鼻深目、虬髯的那身胡人，双手一前一后，一前高举一后长袖甩动，身体上半身前倾，后半身后拉，衣摆在身后飘动，双脚向前一左一右腾踏，大小二帛带在身体周围舞动。其他7身均有相应乐器，应属该胡腾舞之乐队，其中虽然多有舞蹈姿者，应属随乐起舞、配合该胡人男子胡腾舞蹈的情形。

我们之所以认为其为胡腾舞而非胡旋舞，因为胡旋舞最大的特点是左右旋转，《通典》卷一四六《乐六》记"四方乐"、"康国乐"云：

舞急转如风，俗谓之胡旋。

《新唐书·礼乐志》载：

胡旋舞，舞者立毯（毬）上，旋转如风。

段安节《乐府杂录》"俳优"条载：

舞有骨鹿舞、胡旋舞，俱于一小圆毯（毬）子上舞，纵横腾踏，两足终不离于毯（毬）子上，其妙如此也。

大家熟知的白居易《胡旋女》诗云：

胡旋女，胡旋女，心应弦，手应鼓。
弦鼓一声双袖举，回雪飘飘转蓬舞。
左旋右旋不知疲，千匝万周无已时。
人间物类无可比，奔车轮缓旋风迟。

诗中通过精彩而准确的文字强调了胡旋舞之"左旋右旋"的特征。

另有岑参《田使君美人舞如莲花北鋋歌》记载：

美人舞如莲花旋，世人有眼应未见。
高堂满地红氍毹，试舞一曲天下无。
此曲胡人传入汉，诸客见之惊且叹。
慢脸娇娥纤复秾，轻罗金缕花葱茏。
回裾转袖若飞雪，左鋋右鋋生旋风。
琵琶横笛和未匝，花门山头黄云合。
忽作出塞入塞声，白草胡沙寒飒飒。
翻身入破如有神，前见后见回回新。
始知诸曲不可比，采莲落梅徒聒耳。

世人学舞只是舞，恣态岂能得如此。

同样重在一个"旋"字。

对于胡旋舞，学术界研究颇多。较早石田幹之助[1]、向达[2]等学者就有研究，后来柴剑虹[3]有相关考论，罗丰则结合考古文物资料对胡旋舞做过深入的研究[4]。在历史文献资料、学者们的研究基础上，结合已有的考古文物资料，目前可以看到的胡旋舞最精彩的图像资料，当属莫高窟初唐第220窟药师经变和阿陀经变乐舞图中的三组大型豪华阵容的胡旋舞图（图19）[5]，以及敦煌唐代其他洞窟如莫高窟第

---

1 〔日〕石田幹之助：《"胡旋舞"小考》，《长安之春》，创元社，昭和十六年四月，第37—38页；另见《清华周刊》第三十七卷第十二期，第1367—1373页。
2 向达：《唐代长安与西域文明》，第70—72页。
3 柴剑虹：《胡旋舞散论》，氏著：《丝绸之路与敦煌学》，浙江大学出版社，2015年，第75—84页。
4 罗丰：《隋唐间中亚流传中国之胡旋舞》，氏著：《胡汉之间——"丝绸之路"与西北历史考古》，文物出版社，2004年，第280—298页。
5 沙武田：《唐韵胡风——敦煌莫高窟第220窟舞蹈图与唐长安风气》，《陕西历史博物馆馆刊》第20辑，三秦出版社，2013年，第189—205页。

图19-2 莫高窟第220窟北壁药师经变乐舞图（敦煌研究院提供）

图20 宁夏盐池苏步井乡窨子梁粟特何氏家族墓志中的6号墓石墓门（采自《丝绸之路大西北遗珍》图版137，文物出版社，2010年）

341、215、197等窟中的几幅胡旋舞蹈画面；其次有宁夏盐池苏步井乡窨子梁粟特何氏家族墓志中的6号墓石墓门上雕刻的二胡人男子跳胡旋舞画面（图20）[1]；再次是西安碑林藏原立于长安兴福寺的唐玄宗开元九年（721）的著名的《兴福寺残碑》（今称《半截碑》）的边饰中，在花枝花朵上有二胡人男子跳胡旋舞（图21）。

因此结合史料文献，再细观被学术界揭示出来的几组胡旋舞图像，发现郑延昌墓志中作舞蹈姿的男子，身体没有任何"旋"的韵味，从其手势、身姿、臀位、腿姿、脚步的结合来看，显然无旋意而有腾踏之势，因此应属胡腾舞。

胡旋、胡腾属唐人段安节《乐府杂录》中列入的六种"健舞"之二种[2]，其区别应该是明确的。张

图21 西安碑林《半截碑》边饰中的胡旋舞（采自罗丰《胡汉之间》）

庆捷指出二种舞蹈细分的差异为："一种以男子为主，一种以女子为主；一种以双腿踢蹬腾跳为主，

---

[1] 宁夏回族自治区博物馆：《宁夏盐池唐墓发掘简报》，《文物》1989年第9期，第43—56页。详细研究见罗丰：《隋唐间中亚流传中国之胡旋舞》，氏著：《胡汉之间——"丝绸之路"与西北历史考古》，第280—298页。
[2] 段安节：《乐府杂录》，丛书集成初编，中华书局，1959年，第1659册，第19—20页。

一种以身体急速旋转为主。"[1]这也正是该墓志舞蹈的基本特征。

胡腾舞主要依据的是唐人诗词，其中以刘言史《王中丞宅夜观舞胡腾》和李端《胡腾儿》为主要史料。为了便于理解，并方便描述，移录如下。

刘言史《王中丞宅夜观舞胡腾》：

石国胡儿人见少，蹲舞尊前急如鸟。
织成蕃帽虚顶尖，细氎胡衫双袖小。
手中抛下蒲萄盏，西顾忽思乡路远。
跳身转毂宝带鸣，弄脚缤纷锦靴软。
四座无言皆瞪目，横笛琵琶遍头促。
乱腾新毯雪朱毛，傍拂轻花下红烛。
酒阑舞罢丝管绝，木槿花西见残月。

李端《胡腾儿》：

胡腾身是凉州儿，肌肤如玉鼻如锥。
桐布轻衫前后卷，葡萄长带一边垂。
帐前跪作本音语，拾襟搅袖为君舞。
安西旧牧收泪看，洛下词人抄曲与。
扬眉动目踏花毡，红汗交流珠帽偏。
醉却东倾又西倒，双靴柔弱满灯前。
环行急蹴皆应节，反手叉腰如却月。
丝桐忽奏一曲终，呜呜画角城头发。
胡腾儿，胡腾儿，故乡路断知不知。

结合刘言史和李端的描述，除了学者们注意到的以"石国胡儿"为舞者的"腾"、"踏"、"蹬"、"跳"等主要动作之外，还可以看到胡腾舞的几个关键形象：

1. 帽子："虚顶"的"尖"、"蕃帽"，或"珠帽"。
2. 服装："双袖小"的"胡衫"，或"前后卷"的"轻衫"。
3. 靴子："软"的"锦靴"。
4. 舞具："宝带"，或"葡萄长带"。
5. 乐器："横笛"与"琵琶"，其他弦乐器（"丝桐"）。
6. 踏具："新毯"，或"花毡"。

胡腾舞以上特征，恰好在郑延昌墓志胡人伎乐组合图像中得到体现：

1. 帽子：包括舞者在内的该组胡人伎乐中，其中6身头戴额头束一带子的圆顶帽，额头正中有一纽状饰品，应系诗中描述的"珠帽"。对此"珠帽"向达有精辟解释："帽缀以珠，以便舞时闪烁生光，故云珠帽。"[2]

2. 服装：包括舞者在内的该组胡人全上着圆领紧身小袖袍，束腰，下摆，下着紧身裤，符合诗中描述的小袖的"胡衫"，且有下摆，应系"前后卷"的"轻衫"，显然是属于特制跳胡腾舞的服装。

3. 靴子：包括舞者在内的该组胡人均着柔软的"锦靴"。

4. 舞具：包括舞者在内的该组胡人均有一长长的帛带环绕身体左右，另有一小的帛带在身后左右，应是头部束额一周带子在脑后系结后长出的部分，符合诗中对带子的描述，即"跳身转毂宝带鸣"、"葡萄长带一边垂"是之谓也。

5. 乐器：该组乐舞中出现了包括横笛、琵琶在内的7种乐器，其中琵琶、筚篥、横笛、羯鼓、腰

---

1 张庆捷：《北朝唐代粟特的"胡腾舞"》，氏著：《民族汇聚与文明互动——北朝社会的考古学观察》，商务印书馆，2010年，第372页。
2 向达：《唐代长安与西域文明》，第66页。

鼓，属典型的胡人音乐。

6. 踏具：该组胡人伎乐全没有出现坐具、跪具和踏具，应属墓志雕刻者统一省略的结果。

至此，基本上可以确认郑延昌墓志胡人伎乐为胡腾舞。

对于胡腾舞，张庆捷做了专题研究[1]，对该胡舞基本的特征有深入的分析，同时也对相关的文物图像做了精辟的解读，可以说使学术界对胡腾舞的认识前进了一大步。若把以上特征和张文中揭示出来的胡腾舞图像做一对比，也大体上是相符的。其中目前所见属于胡腾舞的代表图像主要出现在北朝隋唐粟特胡人墓葬图像中。在太原隋虞弘墓石椁、西安北周安伽墓围屏石榻、西安北周史君墓石椁、日本Miho博物馆藏北朝石榻、美国波士顿美术馆藏安阳北齐石床榻、法国吉美博物馆藏天水石床榻上均有出现。另一常见的器物是在北朝隋唐墓葬中出土的扁壶上的胡人乐舞，其他又如玉带上的胡腾舞、长沙窑瓶上的胡腾舞、安阳修定寺唐塔上的胡腾舞、山丹藏青铜胡腾舞者像。墓葬壁画上的胡腾舞则以著名的唐苏思勖墓胡腾舞壁画最具代表性。较晚的胡腾舞是出现在五代后周冯晖墓砖雕中。[2]因此其流行时间从北朝一直到隋唐五代。

胡腾舞出现在唐人的墓志纹样中，实是胡腾舞考古的重要而有意义的发现，为唐人社会胡腾舞的流行再添浓墨重彩的一笔。

## 六  墓志胡人伎乐组合形式推测

目前考古提示出来的胡腾舞图像，有两大类。一类是完整的乐舞组合形式，有舞者有乐队，代表如虞弘墓石椁上表现墓主人进入天国世界时的乐舞、日本Miho博物馆藏粟特人石榻屏风上的乐舞、西安苏思勖墓乐舞、五代后周冯晖墓乐舞及颇为常见的各类扁壶上的乐舞图；另一类是单个舞人形象者，没有看到乐队，其代表为山丹藏铜胡腾舞人形象。

郑延昌墓志胡人胡腾舞则属前者：有舞人有乐队，一共8人组合，1人舞蹈，7人演奏乐器。现根据墓志石四边的排列关系，结合敦煌壁画经变画、唐墓壁画中唐代乐舞常见的排列方式，尝试对郑延昌墓志胡人乐舞组合方式做新的排列组合。

唐代乐舞图主要有两种排列组合关系。第一种是舞人居中，乐队排列两边，此类以大量的敦煌经变画乐舞为例，基本上全是此排列组合形式（图22）[3]，另在唐墓壁画中也有发现，如苏思勖墓乐舞图[4]、韩休墓乐舞图[5]（图23）；第二种是乐人居前，乐队在一边，另一边为观众的形式，代表如唐李宪墓乐舞图[6]（图24）、李道坚墓乐舞图[7]等。

---

1 张庆捷：《北朝唐代粟特的"胡腾舞"》，《粟特人在中国——历史、考古、语言的新探索》，《法国汉学》第十辑，中华书局，2005年，第390—401页；另见氏著：《民族汇聚与文明互动——北朝社会的考古学观察》，商务印书馆，2010年，第389—398页。
2 参见咸阳市文物考古研究所编著：《五代冯晖墓》，重庆出版社，2001年。相关研究参见罗丰：《后周冯晖墓彩绘乐舞砖雕》，载氏著：《胡汉之间——"丝绸之路"与西北历史考古》，第299—325页。张庆捷《北朝唐代粟特的"胡腾舞"》一文中即其为胡腾舞。
3 王克芬主编：《敦煌石窟全集——舞蹈画卷》，香港商务印书馆，2001年。
4 陕西考古所唐墓工作组：《西安东郊唐苏思勖墓清理简报》，《考古》1960年第1期，第30—36页。
5 程旭：《长安地区新发现的唐墓壁画》，《文物》2014年第12期，第64—80页。周伟洲：《唐韩休墓"乐舞图"探析》，第73—79页。
6 陕西考古研究所编：《唐李宪墓发掘报告》，科学出版社，2005年。
7 井增利、王小蒙：《富平县新发现的唐墓壁画》，《考古与文物》1997年第4期，第8—11页。

图22-1 敦煌壁画经变画乐舞图排列关系图（采自《敦煌石窟全集——舞蹈画卷》）

图22-2 敦煌壁画经变画乐舞图排列关系图（采自《敦煌石窟全集——舞蹈画卷》）

图23　唐韩休墓壁画乐舞图（陕西历史博物馆提供）

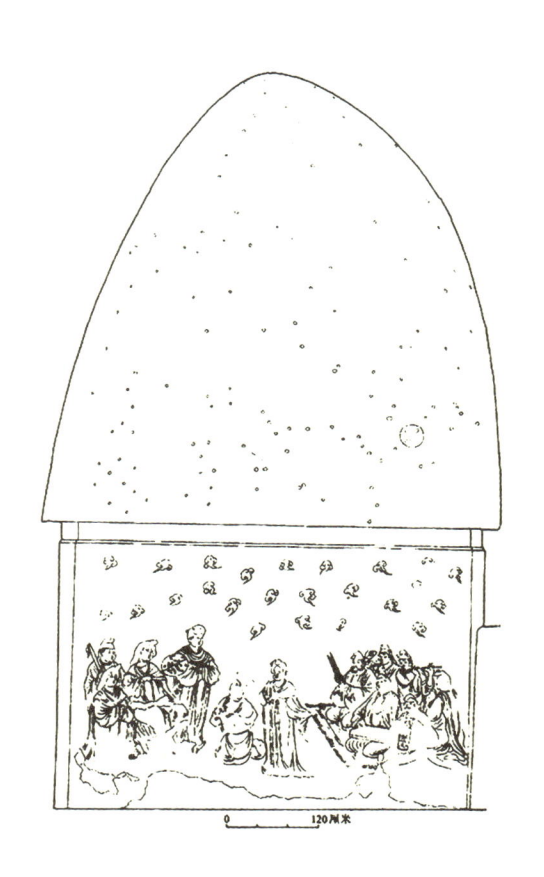

图24　唐李宪墓壁画乐舞图（采自《唐李宪墓发掘报告》）

根据传统的样式，可以对郑延昌墓志胡腾舞图尝试性排列组合：

第一种可能的排列组合关系：胡腾舞者居前，一边为7人乐队，其中前面3身坐姿或跪姿乐人，考虑到拍板在乐队有指挥性质，故可以把其放在首位，后排是跪姿吹排箫者和坐姿弹琵琶者二人并列；后边4人为作各种舞蹈姿势的乐人，可以前后二排二二对称，又因羯鼓在乐队中往往比较突出，同样属领队音乐，故应排在前面较醒目的位置。此组合关系可以尝试示意如图25。

第二种可能的排列组合关系：胡腾舞者居中，左右分别为二乐队。二乐队分别为坐姿跪姿的3乐人一组，采取1人在前2人在后的形式，其中坐姿拍板者居前；舞蹈姿的4乐人一组，采取二二相对式，其中持羯鼓者居前排上位。具体如图26。

以上，根据已有的唐代壁画乐舞组合关系做了大致的推断。但是郑延昌墓志胡人乐舞组合中，最独特之处即是演奏的乐人中有4身作舞蹈姿,似是一边演奏乐器,一边和舞者一道起舞。此现象在现实的舞蹈中并不难理解,但就唐代的坐部伎和立部伎基本的乐制而言,显然不太合常规,更何况我们在现已发现的唐代墓葬乐舞中没有看到第二例[1]。

虽然敦煌壁画中有持乐器跳舞的图例,如著名的"反弹琵琶"图,以莫高窟中唐第112窟为代表(图27),即是舞者一边跳舞一边演奏乐器的代表事例,这样的图例在敦煌较为常见。另在敦煌壁画中也可看到有拍击腰鼓跳舞的场景,如莫高窟第108、360窟,榆林窟第25窟经变画中的乐舞图(图28)。还有持乐器对舞的画面,常见二舞者分别持腰鼓与琵琶,代表如莫高窟晚唐第108窟南壁、第156窟南壁、第196窟南壁相应经变画中的乐舞图(图29)。但这些画面中舞者和乐队的区别是明确的,乐队中并没有看到有边演奏边跳舞的图例,倒是可以看到其中有唱歌者,以莫高窟初唐第220窟胡旋舞画面中的乐队二歌唱者为代表[2],同苏思勖墓二边二身站立歌唱指挥者一样。

因此,郑延昌墓志胡腾舞胡人伎乐组合,实有其独特的组合暗含其中,文献中也很难看到有和该

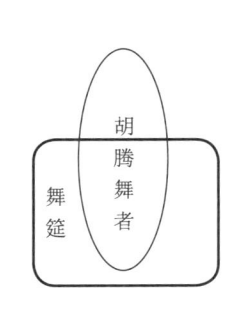

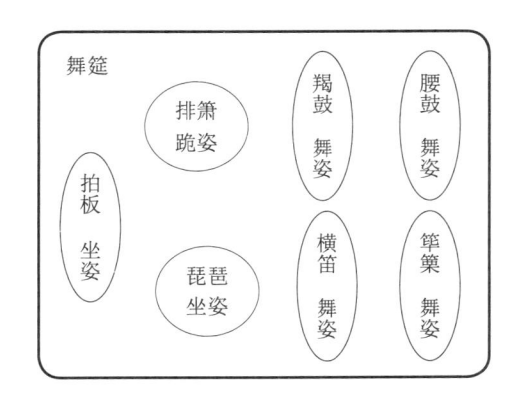

图25　郑延昌墓志胡人伎乐排列组合关系图示之一(沙武田绘)

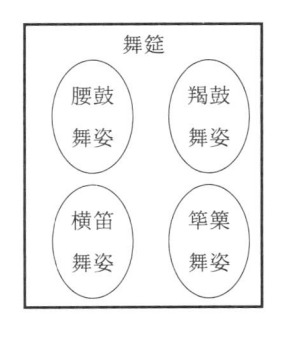

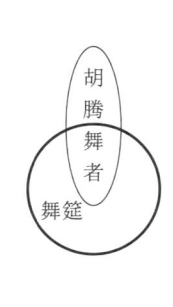

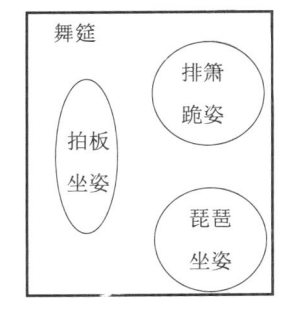

图26　郑延昌墓志胡人伎乐排列组合关系图示之二(沙武田绘)

组伎乐组合关联的记载,因此限于资料,需做进一步研究。

## 七　墓志图像功能的一点思考

若深入考察郑延昌墓志志石上出现的胡人伎乐图像,还有一点需要说明,即墓志图样可能包含着以胡人乐舞的形式引导死者亡灵升天的意义。

墓志中胡腾舞的出现似同宁夏盐池粟特何姓墓主墓门上的胡旋舞一样,其在墓葬中的功能应该考

---

[1] 前引大唐西市博物馆藏王玄德夫妇合志上的乐舞图,前边舞蹈的2人周伟洲认为是"载歌载舞"的形式,二人没有持乐器,因此和郑延昌墓志乐舞有区别。
[2] 沙武田:《唐韵胡风——敦煌莫高窟第220窟舞蹈图与唐长安风气》,第189—205页。

图27 莫高窟中唐第112窟药师经变舞蹈图（敦煌研究院提供）

图28 榆林窟第25窟西方净土经变画中的乐舞图（敦煌研究院提供） 　　图29 莫高窟晚唐第196窟经变画中的舞蹈图（敦煌研究院提供）

虑到以乐舞的形式引导墓主人升天，或表达墓主人进入天国世界的美好景象。因为盐池墓门的二身男子胡旋者周围上下左右全是大大小小飘浮的云朵，二人又有环绕身体的长长的帛带（图30），考虑到是墓葬中的图像，很容易和墓葬最基本的功能即表达墓主人升天成仙思想结合起来。墓门是灵魂出入的通道，在河西魏晋墓，墓门的地方往往是高大的照墙，其上是复杂的各类祥瑞动物、禽鸟及神兽形象，到了北朝隋唐时期也往往是各类神兽或祥瑞图像（图31）。学者们研究指出该照墙上的这些祥瑞动物、禽鸟及神兽是引导墓主人升天的神圣图像。[1] 到了北朝隋唐，长长的墓道两边往往出现以青龙白虎为首的图像，或在墓门上部有畏兽或其他祥瑞神兽形象（图32），均有引导墓主人灵魂升天成仙的寓意设计。[2]

盐池唐墓是粟特何姓的墓葬，因此在墓门上使用了胡旋舞来引导墓主人升天成仙，这大概也与胡

图30 宁夏盐池唐墓墓门胡旋舞线图（采自罗丰《胡汉之间》）

---

1　郑岩：《魏晋南北朝壁画墓研究》，文物出版社，2002年，第44—60页。孙彦：《河西魏晋十六国壁画墓研究》，文物出版社，2011年。
2　此类研究广泛见于有关北朝隋唐墓考古简报、报告和研究的文章中，综合研究参见〔美〕巫鸿著，施杰译：《黄泉下的美术——宏观中国古代墓葬》，生活·读书·新知三联书店，2001年。

图31 敦煌佛爷庙湾魏晋墓门照墙（采自《敦煌佛爷庙湾》）

图32 北齐徐显秀墓石门额（沙武田摄）

舞在祆教丧葬礼仪中的使用有关联。这一点或许可以从已知前述多具粟特胡人墓葬石棺床、围屏石榻、石椁图像中出现的颇为丰富的胡人舞蹈中得到体现，尤其是以史君墓石椁上的故事画为代表。按照沈睿文的解读，其反映的画面内容情节实是胡人祆教经典《阿维斯陀》、《班达希申》反映琐罗亚斯德教和阿胡拉马兹达信仰内容的图像表达。[1] 这个研究则加深了我们对盐池石墓门上环绕在云朵间、带有长帛带的二胡旋舞人出现的独特寓意的认识。同样，郑延昌同为胡人后裔，在墓葬中也使用胡人舞蹈来表达相似的丧葬观念，当是其民族传统。

再回到郑延昌墓志中的胡人伎乐图像，无论是舞蹈者还是乐器的演奏者，一律有长长的帛带环绕周身，则似乎有天国乐舞的象征意味。因为我们梳理前述张庆捷揭示出来的北朝隋唐一直到五代的胡腾舞图像，并不是所有的舞蹈者都像诗中所描述的那样出现环绕身体的长帛带，至于配合舞蹈的乐队演奏者除了虞弘墓（图33）之外，其他均未见帛带存在。而就虞弘墓而言，他细观察虞弘墓胡腾舞场景，在乐队中4身是有头光的，显然在这里强调的是这些乐舞组合的神性特征，非普通的人间乐舞，因此在这里不仅表达墓主人夜宴的场景[2]，按毕波的研究，其更重要的是表现虞弘进入美好天国的写照，其另一侧头戴宝冠的女性形象即是天界的一位女神，即Daena女神[3]。按

---

[1] 沈睿文：《北周史君石堂W1、N5的图像内容》，陕西历史博物馆编：《陕西历史博物馆馆刊》第22辑，三秦出版社，2015年，第5—31页。

[2] 沈睿文：《天水石马坪石棺床墓的几个问题》，荣新江、罗丰主编：《粟特人在中国：考古发现与出土文献的新印证》，科学出版社，2016年，第466—500页。

[3] 毕波：《虞弘墓所谓"夫妇宴饮图"辨析》，《故宫博物院院刊》2006年第1期，第66—83页。

此理解，作为天国美好景象的乐舞，在这里也扮演了引导墓主人灵魂进入天国的作用。

若结合敦煌经变画中大量表现佛国世界乐舞的乐舞图，显然画家们在表现时考虑到其为佛国世界的乐舞，有个别在舞者和乐人头部会出现头光。另就环绕身体的帛带而言，无论是乐队中间的舞者还是两侧演奏乐器的乐人，均有长长的装饰性极强的帛带出现，此现象几乎是敦煌唐五代经变画乐舞图的标配（图34）。[1] 因此画家充分考虑到作为佛国世界乐舞的神性特点，并通过该帛带具体体现出来，到了现实人间的乐舞，如苏思勖墓壁画、韩休墓壁画、李道坚墓壁画等乐舞图就没有此现象。

壶门中出现伎乐图像，在敦煌中唐洞窟中开始流行，到了晚唐五代宋、回鹘、西夏时期洞窟中大量出现，多见于洞窟马蹄形龛佛坛、中心佛坛底层的装饰，也有洞窟四壁底层，或佛座下部[2]，更早的则在唐代初期的金铜佛等造像像座底部也常可见到。洞窟中出现的壶门内以天人伎乐、各类供器、火焰宝珠纹等最为流行。其中天人伎乐图像，天人均有与郑延昌墓志胡人伎乐图中完全一致的环绕周身的帛带（图35）。洞窟中的壶门作为佛国世界建筑空间的装饰，表达的是佛国理想世界的美好景象，其寓意同样延伸到郑延昌墓志当中。

唐人墓葬墓志石四边出现壶门，是极为常见的

图33-1　太原隋虞弘墓石椁浮雕墓主人天国乐舞图（采自《太原隋虞弘墓》）

图33-2　太原隋虞弘墓石椁浮雕墓主人天国乐舞线描图（采自《太原隋虞弘墓》）

---

1　郑汝中：《敦煌壁画乐舞研究》，甘肃教育出版社，2002年。
2　萧默：《敦煌建筑研究》，文物出版社，1989年。

唐粟特后裔郑延昌墓志线刻胡人乐舞图像研究 | 63

图 34　莫高窟中唐第 197 窟经变画舞蹈图（敦煌研究院提供）

图 35　莫高窟石窟建筑中的壸门（敦煌研究院提供）

图样。壸门内主要的纹样有各种形式的十二辰，另有大量的神兽纹、飞鸟纹，还有花草纹、云气纹等，也有配合十二辰、神兽的花草纹、山树风景画等，也可见到一定数量的完全是空白的壸门纹样，这在各地发现的唐人墓志均有数量不等的实物（图36）。完全是空白内容的壸门出现在表现宇宙天地的墓志上，显然非简单的纹样而已，实是同其内线刻丰富的十二辰、神兽、飞鸟、花草、云气、山树等一样，表达着相同的墓葬墓志纹样所象征的天国景象。因此郑延昌墓志中在壸门中加入现实生活中的胡人乐舞图像，也应做相同的功能理解。

因此郑延昌墓志中清一色以帛带装饰舞蹈者和乐队人物，其实是象征性地表示该组人物全是天国乐舞人物。既然是天国乐舞，其实暗示墓主人升天成仙理想的实现。至此，墓志石四边出现稀见的胡人乐舞图像，虽然内容上替代了墓志石常见的十二辰、神兽、花枝、蔓草等纹样，实际上仍是盝顶方形墓志天地宇宙观念的延续，因壸门和帛带的出现仍然象征的是天国世界。

## 结　语

以上，通过对洛阳龙门博物馆藏唐郑延昌墓志石四边胡人伎乐图像粗略的考察，因受墓主人粟特胡人族属背景的深刻影响，该墓志一反传统的唐人墓志纹样，在志石四边雕刻深刻反映墓主人本民族生活特色景象的胡腾舞，不仅丰富了中古胡腾舞资料，使我们对该种胡舞在汉地的传播和流行产生新的认识，也看到了晚唐时期经过安史之乱冲击的粟特胡人后裔，在融入汉人社会时对本民族乐舞的延续——以墓志纹样的方式巧妙地完成了一种对民族传统和文化的延续。同时，墓志纹样中出现胡人生活中的乐舞场景，属于独特历史背景下粟特胡人后裔在墓葬文化上的创新，丰富了唐代墓志纹样。而其作为有独特寓意的图样出现在表现天地宇宙观的墓葬墓志边饰中，不仅让我们看到了墓志图样的多变特性，更为有趣的是，墓志纹样设计者匠心独具，在刻画的过程中巧妙地使用了唐人观念中表达天国等独特空间的壸门与帛带，而使得此种新的墓志纹样完成了功能与思想的完美转变，墓志体现传统生死观念的思想得到延续。因此，从这个意义上讲，作为粟特胡人后裔墓志中的胡人伎乐图像，实是中古史图像文献的奇葩，对我们认识晚唐时期的胡人心理与文化、唐代的胡乐、唐代的墓葬墓志纹样等问题均有重要的参考意义，值得重视。

图36　大唐西市博物馆藏唐王叔平墓志（采自《大唐西市博物馆藏墓志》）

附记：该墓志录文系洛阳师范学院河洛文化研究中心赵振华教授依据墓志原石抄录并校对，本文使用墓志拓片系赵教授委托收藏单位洛阳龙门博物馆寄送，在此一并致谢！

## 附录：

唐故昭義軍衙前主□□□□□（鄭）府君（延昌）墓誌銘

〔蓋文〕

大唐故∟鄭府君∟墓誌銘

〔誌文〕

唐故昭義軍衙前主□□□□□府君墓誌銘并序∟

盖府君之先，鄭州榮陽郡人也。□□□文王之苗裔，承顓頊之胤敘，因官∟命族，源流方派，宗葉垂茂，遠祖遷陽，遂爲上黨人焉。　∟皇祖諱，祖諱朝，府君諱延昌。　府君累伐傳門，志同一體，謙∟恭謹節，賢和行美。播芳名於九族，颺仁風於遐迩，孝習王祥，義無分鄐。∟奈何夜臺將速，逝波忽騰，疹疾彌留，早淹泉壑。壽保享年，六十有九，∟去咸通十四年十月一日終於私第。　賢夫人任氏，西河郡人也。彩含珪∟璧，秀稟香蘭，家傳四德之風，無失如賓之敬。歎逝夫之蒼卒，棄生涯於∟九泉，梧桐既摧，鸞雛何託。　嗣子四人：長曰元質，次曰元會，次元用、∟元益等，並守軍門，效騶時晙。思慈父之嚴訓，想寶劍兮忽沉，肝膽俱∟墟〔一〕，昊天泣血。　長女十一娘，適陳氏之門。　次女十二娘，適李氏之門。並以∟六姻和穆，九族傳榮，哀禮含悲，孝斯外備。　長新婦馬氏，次劉氏，∟次張氏等，哀哀堂院，視箕帚之無蹤，髻髮慘容，崇辦殯儀，婦道∟之禮。　孫男四人：神奴、小神、大宜、惠郎等，幼知禮教，未習仁風，∟想魚笋之思，未展昫勞之意，對儀仗而慘切，思翁翁之號叫。　∟嗣子元質等，奉先王之制，家傳孝悌，盡孝敬之禮。剋得咸通十五年甲∟午歲七月丁亥朔十一日丁酉，殯于府城東南二里。卜期宅兆，龜筮合∟從，揀擇崗源，修期塋域平源，禮也。其勢望也，∟左連高望峻嶺，右接紫盖之城，前瞻神龍之勢，後望香林森聳。∟時恐桑田改變，凌〔二〕谷轉移，今故刊石標名，以爲後記。乃爲詞曰：∟

玉劍匣兮沉逝川，嗣子泣兮慘秋天；親戚感兮淚霑憶，∟軍伴歎兮情慘然。千年松柏兮栽記，刻貞石兮安九泉；∟想憶尊兮腸欲斷，孤墳照兮千万年。

〔簡注〕

〔一〕"墟"爲"摧"之誤。

〔二〕"凌"爲"陵"之誤。

# 两件中国新见非正规出土入华粟特人葬具：国家博物馆藏石堂和安备墓围屏石榻

Matteo Compareti 著
（陕西师范大学历史文化学院）

李思飞 译
（陕西师范大学历史文化学院）

在汉代以后迁徙并寓居中国的伊朗系胡人中，粟特人绝对构成了人数最为众多且最有影响力的一个群体。汉语文献保存了有关粟特移民的重要信息。事实上，来华的粟特聚落须遵守当地法规，但他们直接听命于一位粟特首领，其身份有时在汉文史料中被称作"萨保"。这个词的原始含义是"商队首领"，这无疑解释了主要由商人组成的入华粟特人聚落的性质。[1]

21世纪初，中国考古学者在中国不同地区特别是西安周边发现了数座属于粟特权贵的墓葬。[2]西安地区胡人墓葬群的发现，代表了当代中国最重要的考古成果之一。该墓葬群包括石室/石堂和围屏石榻，专家们通常将它们归属为"入华粟特人艺术"。[3]对入华粟特墓葬艺术的研究，也允许我们将那些未经正规考古发掘、当前由私人藏家或世界各地博物馆收藏的石葬具纳入这一范畴。

本文将对一件墓葬围屏石榻的部分构件及一整套石堂进行分析解读，两者很可能发现于中国中原地区，应被纳入入华粟特人葬具之列。

## 一　粟特人在中国

自汉代之后，来到天朝上国的粟特人数量显著增加。粟特人以自己国家的汉字名称为姓，即中国历史文献中的"昭武九姓"或"九姓胡"，并开始入仕中国的军政机构，担任重要职位（图1）。根据文献记载，来自撒马尔罕（Samarkand）的粟特人取中国康姓，来自布哈拉（Bukhara）的取安姓，来自伕沙（Kish）的成为史姓，来自弭秣贺（Maymurgh）的对应的是米姓，来自屈霜你迦（Kushanya）的对应于何姓，来自苏对沙那（Ustrushana）的为曹姓，从塔什干或赭时（Chach）来的姓石，从裴肯特（Paykand）来的姓毕。[4]尽管汉语编年史中称其为"九

---

1　N. Sims-Williams，The Sogdian Merchants in China and India，in：*Cina e Iran. Da Alessandro Magno alla Dinastia Tang*，eds. A. Cadonna，L. Lanciotti，Firenze，1996：45-68；É. de La Vaissière，*Sogdian Traders: A History*，Leiden-Boston，2005.

2　P. Wertmann，*Sogdians in China. Archaeological and Art Historical Analyses of Tombs and Texts from the 3rd to the 10th Century AD*，Darmstadt，2015. 本文采用的粟特人石葬具的定名及分类参考：Shing Müller，Funerary Beds and Houses of the Northern Dynasties，in：*Early Medience North China: Archaeological and Textual Evidence*，ed. S. Müller，T. O. Höllmann，S. Filip，Wiesbaden，2019：383-474.

3　J. A. Lerner，Aspects of Assimilation: The Funerary Practices and Furnishings of Central Asians in China，*Sino-Platonic Papers*，168，2005.

4　É. de La Vaissière，*Sogdian Traders: A History*，Leiden-Boston，2005：120；Y. Yoshida，On the Origin of the Sogdian Surname Zhaowu and Related Problems，*Journal Asiatique*，291，1-2，2003：35-67.

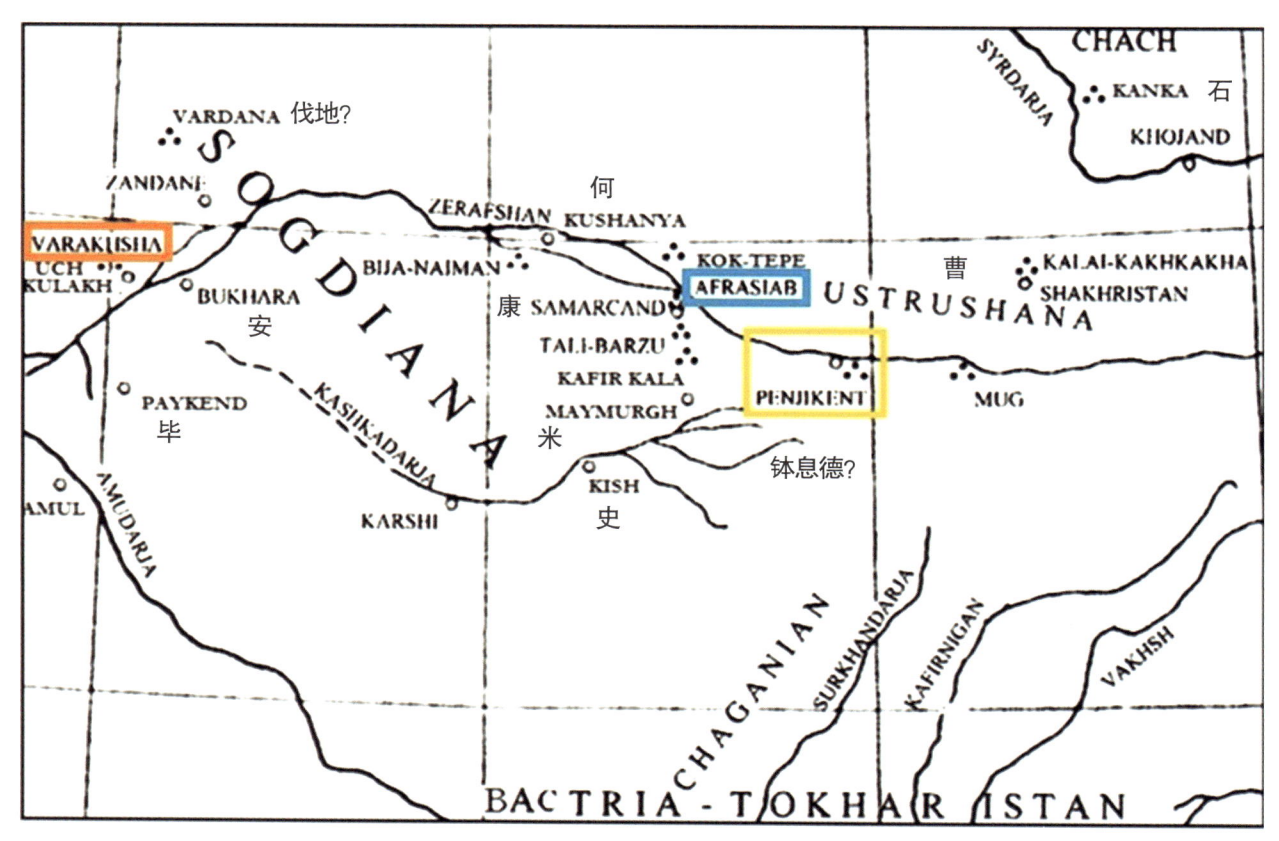

图1 粟特主要遗址图（采自 M. Compareti, *Sogdiana. Iranian Culture in Central Asia*）

姓胡"，但实际上并非确切对应于粟特的九个城邦国家。这或许只是中国人用以描述粟特人的一种方式，无关确数。

粟特萨保担任官府公职，控制粟特移民聚落并管理其在华活动及其他诸如宗教信仰等事务。不排除萨保的职责也关乎其他伊朗系移民的可能性，尤其是巴克特里亚人、花剌子模人，以及那些在萨珊王朝遭阿拉伯人毁灭后流亡唐廷的波斯人。萨珊末代君主伊嗣俟三世（Yazdegard III，632—651）之子为重新征服故国波斯，曾得到中国皇帝唐高宗（650—683）的军事援助，后不幸败北，作为一名将军在长安度过了他最后的岁月。[1]

据汉语文献记述，不仅在唐朝，在南北朝（420—589）和隋朝（581—618）时期，粟特移民在中国宫廷的重要性已明显提高。大部分中国出土入华粟特人葬具的年代都属于这一时期，根据其汉文和不太常见的粟特文墓志，它们是属于萨保或其家族成员的。这些于6世纪在中土去世的粟特贵族的葬具，大概由中国当地艺术家建造完成。然而，这些葬具所描绘的场面和主题却明确植根于粟特文化

---

[1] M. Compareti, CHINESE - IRANIAN RELATIONS xv. The Last Sasanians in China, in: *Encyclopaedia Iranica. Online version*, ed. E. Yarshater: http://www.iranicaonline.com（20 July 2009）; D. Agostini, S. Stark, Zāwulistān, Kāwulistān and the Land Bosi 波斯 – On the Question of a Sasanian Court-in-Exile in the Southern Hindukush, *Studia Iranica*, 45, 2016: 17-38.

与信仰。关于粟特人的信仰，在学者中间仍是颇具争议的一个问题，但显而易见，它并不与其他伊朗族群所信奉的宗教完全一致。值得注意的是，汉文史料称粟特人信奉的是"祆教"，如此一来，就将其与波斯人信仰的通常被称为"琐罗亚斯德教"或"玛兹达教"（Mazdeism）的宗教区别开来。[1]在片治肯特的粟特壁画上绘制的诸多神祇证实了汉语文献的记载。

在汉语编年史中有时可以找到粟特显贵的世系生平。据《隋书》记载，605年皇帝命一个粟特裔名叫何稠的人负责监管蜀郡的一些织造中心，这些织造中心专门生产"波斯锦"。何稠也是一位生产用于装饰建筑表面的琉璃瓦方面的专家。值得注意的是，尽管他出身于粟特，隋朝皇帝依然命他生产波斯纺织品。[2]这一点可有助于理解中国与粟特移民的关系，后者很可能向中国人传递了虚假信息，他们为了谋取更多利益而把自己的粟特产品说成是波斯货。自隋至唐的中国艺术，对饰有波斯——或者更有可能是中亚——传输过来的图案的纺织品之使用的遗痕可谓凤毛麟角。众所周知的通常被称为"联珠纹"的图案，一度流行于拜占庭帝国、中亚、吐蕃、蒙古乃至朝鲜和日本，但此纹样并未出现在中国高级官员的服装上。中国宫廷很有可能只是把这种织物用作馈赠与长安互派使节的异邦王国的外交礼品。[3]

联珠纹图案在前伊斯兰时期的波斯艺术中并不那么常见。内有野猪头和其他图案的联珠纹曾装饰在西部伊朗和距巴格达不远的首都泰西封的重要建筑上。然而，若要为这些被视为萨珊朝后期或原始伊斯兰式的建筑拟定一份精确的年表是相当困难的。联珠纹很可能并不是波斯纹样，而是中亚图案。大概是粟特的纺织工最初创制了这样的图案，并开始向欧亚大陆的四面八方输出饰有联珠纹的纺织品。[4]中亚的纺织工艺在拜占庭和中国宫廷备受青睐且需求很大。在这一时期，粟特的艺术品味熏染到了中国艺术的各个领域。不仅在文献中，来自中亚的画家享有盛名，而且在中国唐代的金属制品上，异域元素也有迹可循。

一位来自粟特的将军安禄山（他的名字与"rokhsh"即"光明"一词有关，与亚历山大大帝的中亚妻子罗克珊娜［Roxane］的名字同源）发动的叛乱（755—756），几乎使唐王朝分崩离析，这场叛乱恶化了粟特人在中国宫廷的地位。但此时中土王朝已然受到吐蕃的威胁，不得不请求回鹘突厥人（744—840）的支援。粟特人能够维持他们在中国的特权得益于回鹘可汗的保护，而且在后者的宫廷中粟特人的势力也得到壮大。那时的粟特人和波斯人，享有唐朝廷的资金支持，直到787年名臣李泌（722—789）任宰相时才否决了他

---

1  P. Riboud，Réflexions sur les pratiques religieuses désignées sous le nom de *xian* 祆，in: *Les Sogdiens en Chine*，eds. É. de la Vaissière，É. Trombert，Paris，2005: 73-91.

2  M. Compareti，Un sogdiano alla corte cinese: qualche osservazione sulla biografia di He Chou，in: *Il concetto di uomo nelle società del Vicino Oriente e dell'Asia Meridionale. Studi in onore di Mario Nordio*，ed. G. G. Filippi，Venezia，2011: 227-237.

3  M. Compareti，The Role of the Sogdian Colonies in the Diffusion of the Pearl Roundel Design，in: *Ērān ud Anērān. Studies Presented to Boris Il'ič Maršak on the Occasion of His 70th Birthday*，eds. M. Compareti，P. Raffetta，G. Scarcia，Venezia，2006: 149-174.

4  M. Compareti，The Sasanian and the Sogdian "Pearl Roundel" Design: Remarks on an Iranian Decorative Pattern，*The Study of Art History*，6，2004: 259-272.

们的这项特权。这是中国大臣为压制伊朗人在朝廷的势力、解除他们对那些与中国货竞争激烈的商品生产控制权而采取的措施之一。[1]

在8—9世纪期间，粟特人在中国的活动不可避免地减少了。他们沿陆上与海上贸易之路仍勉力存续了一段时间，但终究在13世纪蒙古人来临之际完全消失。维吾尔族现今习惯使用改写自阿拉伯字母系统的维吾尔文，而维吾尔人的先祖回鹘人，起初是采用了来源于古叙利亚文的粟特文字母拼写的回鹘文，只是因为受到中古汉字书写习惯的影响而竖向书写。回鹘人将这套字母系统传给了蒙古人，如今在中国内蒙古自治区仍在使用回鹘式蒙古文。后来，乃至清朝（1644—1911）的满族建立者也借用了同样的字母系统来拼写满文，只是做了一些改进。[2]

从最近在韩国与日本的考古发现，特别是发掘的奢华艺术品中，也可以看到粟特人活动的遗痕。[3]在日本奈良时代的皇家宝库正仓院，发现了大量贵重器物（丝绸、金属制品、玻璃器及乐器），这些器物起先被视为波斯与中国艺术交汇的结果。其实它们很可能是在由粟特人管理的中国手工作坊里，抑或是在粟特艺术影响巨大的地方生产的。[4]

## 二　入华粟特人葬具

粟特人在其本土采用不同的葬俗：他们通常将死者尸体暴露于野外，任野兽啃食，然后收集其骸骨放进专门的陶制纳骨器（astodan）中。有时，这些纳骨器也装饰着当地神祇和丧葬场面的图像（图2）。

在沙赫里萨布兹（Shahrisabz，古称"佉沙"[Kish]，汉籍称"史国"）地区发现的一组粟特纳骨器，呈现出一个复杂且可分为两部分的场景。[5]在上部，居中的一位神祇手举一杆天平，称量死者亡灵，亡灵象征性地用一小型裸体人像表示（图3）。在琐罗亚斯德教传统中，应由雷斯纽（Rashnu）神象征性地用天平评判死者灵魂，因此那些沙赫里萨布兹的粟特纳骨器上很可能是他的图像。描绘在冥界一位神祇的监督下称量亡灵的场面也经常可以在更古老的埃及艺术中见到：这种做法一般被希腊语称为"*psychostasy*"。琐罗亚斯德教文本提到密特拉（Mithra）神和索拉沙（Sraosha）神与雷斯纽神一起等待亡灵接受审判。然而，虽然在琐罗亚斯德教经书中，密特拉实际上与马相关联，正如沙赫里萨布兹纳骨器上表现的那样，而同样的经文又将索拉沙与公鸡联系在一起。在沙赫里萨布兹纳骨器左上角

---

[1] M. Compareti, Introduction to the History of Sogdiana, in: *The Turks. Vol. 1. Early Ages*, eds. H. C. Güzel, C. C. Oğuz, O. Karatay, Ankara, 2002: 373-381.

[2] V. A. Livshits, *Corpus Inscriptionum Iranicarum. Part II. Inscriptions of the Seleucid and Parthian Periods and of Eastern Iran and Central Asia. Vol. III: Sogdian. Sogdian Epigraphy of Central Asia and Semirech'e*, London, 2015: 269.

[3] H. Kim, An Analysis of the Early Unified Silla Bas-Relief of Pearl Roundel, Tree of Life, Peacocks, and Lion from the Gyeongju National Museum, Korea, *The Silk Road*, 15, 2017: 116-133.

[4] M. Compareti, The Role of the Sogdian Colonies in the Diffusion of the Pearl Roundel Design, in: *Ērān ud Anērān. Studies Presented to Boris Il'ič Maršak on the Occasion of His 70th Birthday*, eds. M. Compareti, P. Raffetta, G. Scarcia, Venezia, 2006: 149-174.

[5] A. E. Berdimuradov, G. Bogomolov, M. Daeppen, N. Khushvaktov, A New Discovery of Stamped Ossuaries near Shahr-i Sabz (Uzbekistan), *Bulletin of the Asia Institute*, 22, 2008: 137-142.

的神祇坐在公羊承托的宝座之上。因为粟特艺术仍有许多神秘莫测之处，尚无法确切比定这位神的身份。在纳骨器下部，表现了一位跪姿人物与一位戴着专用口罩"帕丹姆"（padam）以防呼吸污染圣火的琐罗亚斯德教祭司，他们正在进行某种仪式。目前无法确定这位跪姿人物的身份，但不排除她是死者妻子的可能性。

逝于中国的粟特人很可能为了尽可能看起来汉化而采用了当地汉式葬俗。他们的石室和墓葬围屏石榻，如上文所述，开始作为入华粟特人葬具而为专家所知晓。在这些葬具的石屏装饰上，仅保留了粟特人自己宗教（祆教）的某些特征。

在中国最有趣的入华粟特人葬具中，史君石堂尤为引人注目。该石堂现陈列于西安博物院，不仅以其浮雕装饰，而且因其汉文与粟特文的双语墓志而颇显重要（图4）。在组成石堂的一些石屏上，可以观察到不同场景和粟特神祇。学者们赋予琐罗亚斯德教经书提及的死者亡灵进入冥界的一个必经过程——过钦瓦特桥（Chinvat Bridge）个性化的意义。[1] 如果死者生前多行善举，那么桥会变得宽敞舒适以引领亡灵升入天堂。反之，如果死者行为不端，那么桥就会变得如利刃般锋利，把亡灵引向地狱，在那里受到野兽的折磨与吞噬。

在史君石堂上，可在一面侧边的石屏上看到钦瓦特桥。一列商旅驼队正在过桥，两位戴着"帕丹姆"口罩的祭司，手举为庆祝

图2　塔吉克斯坦国家古代博物馆藏Istaravshan粟特纳骨器（7世纪）（康马泰摄）

图3　沙赫里萨布兹新发现的纳骨器（7世纪？）（康马泰摄）

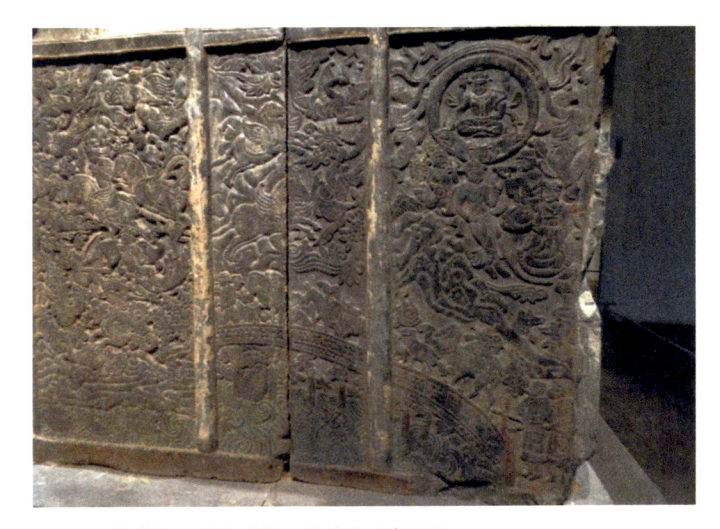

图4　西安博物院藏史君墓石堂（康马泰摄）

---

1　F. Grenet, P. Riboud, Yang Junkai, Zoroastrian Scenes on a Newly Discovered Sogdian Tomb in Xi'an, Northern China, *Studia Iranica*, 33, 2, 2004: 273-284.

图5 艾尔米塔什博物馆藏片治肯特的维什帕尔卡图像（康马泰摄）

琐罗亚斯德教仪式特制的木棒（barsom）与两只狗立于右侧。在下方的波浪之间，可观察到琐罗亚斯德教经书所描述的各种怪兽。在画面上部，一位神祇正在督导着灵魂的通行。他被表现为印度神湿婆的形象，手执三叉戟，坐在坐骑公牛南迪（Nandi）上，南迪重复出现了三次。根据在敦煌发现的罕见粟特文书，这位神可被比定为粟特风神维什帕尔卡（Weshparkar）。在片治肯特的一幅8世纪壁画上也识别出了他的形象，因为在人物的腿上有"Weshparkar"字样的题记。维什帕尔卡很明确使用了印度神湿婆的图像学程式（图5）。出于一些尚未完全明了的原因，粟特人至少自6世纪起便开始采纳印度教神祇图像来描绘粟特当地神祇。[1]

经过正规发掘的其他6世纪入华粟特人葬具包括：天水墓围屏石榻、虞弘墓石室、安伽墓围屏石榻、康业墓围屏石榻和安备墓围屏石榻。对这些葬具的研究也将其他未经科学发掘的葬具纳入进来，因为其装饰风格使它们被视为属于入华粟特人葬具之列。该类葬具有着相仿的年代，可以想见6世纪下半叶应是最有可能制造它们的时期。这批未经正规发掘的葬具包含了更多围屏石榻和石室：Vahid Kooros、安阳、Miho 博物馆、益都、维多利亚和阿尔伯特博物馆收藏的石床底座，以及两件纽约 Shelby White 和 Leon Levy 收藏的石床底座（表1）。

## 三 中国国家博物馆藏石堂

一座最后被归入入华粟特人葬具行列的石堂，最近入藏北京的中国国家博物馆。[2] 它非法出土于中国北方某地并在古董市场上出售，辗转到达日本。

---

1 M. Compareti, The Indian Iconography of the Sogdian Divinities and the Role of Buddhism and Hinduism in Its Transmission, *Annali dell'Istituto Orientale di Napoli*, 69/1-4, 2009: 175-210; F. Grenet, Iranian Gods in Hindu Garb: The Zoroastrian Pantheon of the Bactrians and Sogdians, Second-Eighth Centuries, *Bulletin of the Asia Institute*, 20, 2010: 87-99.

2 葛承雍：《北朝粟特人大会中祆教色彩的新图像——中国国家博物馆藏北朝石堂解析》，《文物》2016年第1期，第71—84页。孙博：《国博石堂的年代、匠作传统和归属》，《古代墓葬美术研究》第四辑，湖南美术出版社，2017年，第135—154页。

### 表1 考古发掘及非法出土入华粟特人葬具一览表

| 名称 | 入葬年代 | 考古情况 | 功用 | 现藏地点 |
| --- | --- | --- | --- | --- |
| 康业 | 约571年（北周） | 考古发掘 | 围屏石榻 | 西安博物院 |
| 益都 | 573年（北齐） | 非正规出土 | 石室 | 青州市博物馆 |
| 史君 | 580年正月二十三日（北周） | 考古发掘 | 石堂 | 西安博物院 |
| 安伽 | 580年十月（北周） | 考古发掘 | 围屏石榻 | 陕西历史博物馆 |
| 安阳 | 北齐年间（550—577年） | 非正规出土 | 围屏石榻（石基座） | 波士顿美术馆（波士顿），吉美博物馆（巴黎），东亚艺术博物馆（科隆）；弗利尔美术馆（华盛顿） |
| Miho美术馆 | 北周年间（557—581年） | 非正规出土 | 围屏石榻（石基座） | Miho美术馆（日本信乐）；Shelby White-Leon Levy私人收藏（纽约） |
| 安备 | 589年十月二十四日（隋） | 非正规出土 | 不完整石基座 | 私人收藏 |
| 虞弘 | 592年十一月十八日（隋） | 考古发掘 | 汉白玉石室 | 山西博物院 |
| 国家博物馆馆藏石堂 | 北朝 | 非正规出土 | 石堂 | 中国国家博物馆（北京） |
| Victoria与Albert博物馆 | 北朝 | 非正规出土 | 石基座 | Victoria与Albert博物馆（伦敦） |
| Shelby White-Leon Levy收藏 | 北朝—隋代 | 非正规出土 | 石基座 | Shelby White-Leon Levy私人收藏（纽约） |
| Vahid Kooros收藏 | 北朝—隋代 | 非正规出土 | 围屏石榻 | 吉美博物馆（巴黎） |
| 天水 | 北朝晚期或隋代 | 考古发掘 | 围屏石榻 | 天水市博物馆（甘肃） |

图6 中国国家博物馆藏入华粟特人石堂（6世纪下半叶至7世纪早期）（李思飞摄）

多亏日本收藏家崛内纪良先生购得，并于2012年将其捐赠给中国国家博物馆，目前这座石堂正在国博展出（图6）。虽然很遗憾墓志已佚失，但该墓葬的主人显然不是中国人。在朝南面的门两侧有两位不同寻常的侍卫，令人想到粟特武士，左侧侍卫身着传统服装，右侧侍卫手执一杆长矛，上身赤裸，只披一件胸前打结的斗篷。他的卷发及裸露胸膛的细节使人联想起赫拉克勒斯（图7）。这座石堂的外部石屏上复制的所有男性人物，均卷发、高鼻、蓄有须髯或八字胡。石堂还表现了他们跳舞的场面，与中国艺术描绘的典型粟特人的姿态十分相符。

墓主人可被比定为在众多侍从中蓄有长须、头戴萨保虚帽且反复出现在数个场景中的人物。在上文提到的南面石屏上，他坐在右侧华盖下的卧榻上。在西面的石屏上，他骑着一匹马，随从们擎举华盖护卫着他。看上去在这一场景中，每一个人物或骑马或步行，都朝着出行首领前进的方向行进，后者手举貌似香炉或祭坛的物品。主要人物头戴一顶精致的王冠，王冠上堆叠有新月和圆形状物，很可能是太阳的象征（图8）。这种类型的王冠，看上去很像时常出现在片治肯特壁画上的粟特王冠。[1]

国家博物馆藏石堂的每一面石屏都对应精确的对称布局。在另一边较短（东面）的石屏上，有一众女性人物和随从陪伴墓主夫人出行的队伍，我们无法看到这位夫人，因为她正坐在由牛牵拉的车子里（图9）。牛车上部的两扇窗户可以作为想象墓主夫人的存在并需要新鲜空气的有力证据。在Vahid Kooros收藏的围屏石榻也可观察到类似图像：在牛车敞开

---

[1] A. Naymark, Clothing.vi.Of the Sogdians, in: *Encyclopaedia Iranica*, V, ed. E. Yarshater, Costa Mesa（CA），1992: pl. LXXXIII, 39.

图7 中国国家博物馆藏入华粟特人石堂南面石屏（采自葛承雍《北朝粟特人大会中祆教色彩的新图像
——中国国家博物馆藏北朝石堂解析》，图3、8，康马泰制图）

图8 中国国家博物馆藏入华粟特人石堂西面石屏（采自葛承雍《北朝粟特人大会中祆教色彩的新图像——中国国家博物馆藏北朝石堂解析》，图9）

图9 中国国家博物馆藏入华粟特人石堂东面石屏（采自葛承雍《北朝粟特人大会中祆教色彩的新图像——中国国家博物馆藏北朝石堂解析》，图10）

的一扇窗户里、窗帘后面也出现了女性的脸庞。[1]在另一长边（北面）石屏，有一对重要夫妇位于中心，大概正在庆祝他们的婚礼，女性和男性侍从分立两侧，没有混合在一起（图10）。在男性侍从起点的位置有一些难以理解的管状物。在两组侍从的末端有两个可能指向墓主人及其夫人葬礼的场景。右侧在华盖下一组无人骑乘的马，可被视为运载一位男性人物进入冥界的工具。该图像五匹马的出现相当罕见，因为正常情况下只会有墓主人的一匹马。因此，可将其余的马视为属于墓主儿子的，或者可能

---

1　P. Riboud，Description du monument，in: *Lit de pierre，sommeil barbare*，Paris，2004: 15-31.

图 10　中国国家博物馆藏入华粟特人石堂北面石屏（采自葛承雍《北朝粟特人大会中祆教色彩的新图像——中国国家博物馆藏北朝石堂解析》，图11、14）

性较小的推测是，属于其他家庭成员甚至是侍从的马。在左边，另一辆牛车或许暗示了相关女性进入冥界的旅行。在此情形下，牛车没有敞开的窗户，很可能意欲表明这位女性已去世。

正如葛承雍先生已正确地观察到的，在西面石屏上跟随手托祭坛之人的行进队列中，至少有两位骑手配有马镫。[1]这一重要细节可为断代提出依据，这座石堂的年代极有可能是6世纪下半叶甚或7世纪早期。

## 四　安备墓围屏石榻

据报道，安备墓偶然出土于河南登封，仅有墓志、少量明器、围屏石榻底座的一部分和四块石榻屏风在对墓葬遗址的洗劫中幸存下来。一位私人藏家购得了这四块屏风，所幸他愿意公开屏风的图像。其他出土器物现收藏在西安大唐西市博物馆。[2]根据其墓志记载，安备出身于一个官阶较高的显贵家庭，于589年在洛阳去世。[3]

安备墓围屏石榻的四块屏风，在风格和主题上与Miho美术馆藏围屏石榻十分接近。事实上，诸如内有卷草纹的联珠边沿，对树木和骆驼的表现，皆可明确地使人联想起Miho美术馆的入华粟特人葬具。[4]两块屏风表现了户外出行场面。其中一块肯定是一队由胡人（可能是粟特人）、两头托运货物的骆驼和一头驴组成的商队（图11）。奇怪的是，几乎每一个人物头部后面都有头光、精致的王冠和飘拂着的飘带，甚至是为画面中可被比定为墓主人的主要人物手举华盖并护卫的侍从，也有这样的装饰（图12）。

另外两块屏风描绘着有一些奇特差异的宴饮场

---

1　葛承雍：《北朝粟特人大会中祆教色彩的新图像——中国国家博物馆藏北朝石堂解析》，第75页。
2　Y. Li, Study of Tombs of Hu People in Late 6th Century Northern China, *Newsletter di Archeologia CISA*, 7, 2016: 101.
3　P. Riboud, Bird Priests in Central Asian Tombs of 6th-Century China and Their Significance in the Funerary Realm, *Bulletin of the Asia Institute*, 21, 2007: 2.
4　B. Marshak, La thématique sogdienne dans l'art de la Chine de la seconde moitié du VIe siècle, *Comptes Rendus de l'Académie des Inscriptions et Belles-Lettres*, I, 2001: 234-244.

图11 安备墓围屏石榻商旅图（采自 Y. Li, Study of Tombs of Hu People in Late 6th Century Northern China, fig. 21）

图12 安备墓围屏石榻出行图（采自 Y. Li, Study of Tombs of Hu People in Late 6th Century Northern China, fig. 21）

景。其中一块屏风上的画面相当写实：这是在庭院亭台的欢宴场面，有独自坐在凉亭里举杯饮酒的重要人物，还有正卖力取悦主人的男女仆从、伎乐舞者（图13）。重要人物是画面中唯一比其他人尺寸更大的形象。终于，在几棵树荫和一把大伞下出现了饮酒场景。有两位身形更大的重要人物，袒露着大肚腩正各自从酒杯和来通（rhyton）里饮酒，周围的侍从呈上食物，并运来更多装在罐子里的葡萄酒（图14）。

他们的身份尚不明了，但与出现在Vahid Kooros收藏的围屏石榻两块屏风上的人物神态相似。[1] 若要提出这些画面是用印度图像特征来表现神灵的可能性解读也并非易事，尽管这在粟特宗教艺术中并不鲜见。[2]

## 结 论

每一件入华粟特人葬具均体现出非常清晰的独特元素，很可能反映了墓主人的个人品味。虽然有

---

1 P. Riboud, Description du monument, in: *Lit de pierre, sommeil barbare*, Paris, 2004: 20, 26.
2 F. Grenet, Iranian Gods in Hindu Garb: The Zoroastrian Pantheon of the Bactrians and Sogdians, Second-Eighth Centuries, *Bulletin of the Asia Institute*, 20, 2010: 87-99.

图13 安备墓围屏石榻仪式（？）节庆图（采自 Y. Li, Study of Tombs of Hu People in Late 6th Century Northern China, fig. 21）

图14 安备墓围屏石榻饮酒图（采自 Y. Li, Study of Tombs of Hu People in Late 6th Century Northern China, fig. 21）

其明显的独特性，但这些葬具又一致符合并巩固了植根于当地传统的流行图案，这些图案大概是由已经入居中国一段时间的胡人社群发展起来的。诸如婚礼图、时常包含狩猎和葬礼的户外出行图，皆相当准确地对应着正规发掘或非法获得并被出售在古董市场上的每一件入华粟特人葬具或多或少所依循的图像模板。这样的系列场景也可在梅尔夫（Merv）彩绘花瓶上看到，这件花瓶极可能最初是一个纳骨器。[1]那么如此场景理应被视为属于更广义的琐罗亚斯德教背景的入华粟特人葬具的主人。入华粟特人葬具上包含行旅和宴饮的其他场面或许暗指宗教庆典，正如安备墓围屏石榻上表现的那样。尽管在本文讨论的两件葬具图像上没能比定出粟特神祇，但显而易见的是，国家博物馆藏石堂和安备墓围屏石榻应当被纳入入华粟特人葬具行列。

---

[1] M. Compareti, The Painted Vase of Merv in the Context of Central Asian Pre-Islamic Funerary Tradition, *The Silk Road*, 9, 2011: 26-41.

# 唐诗中"葡萄长带"与宗教及相关问题探讨*

陈习刚

(河南省社会科学院历史与考古所)

"葡萄长带"一词出现于中唐诗人李端《胡腾儿》诗中，该诗云：

> 胡腾身是凉州儿，肌肤如玉鼻如锥。
> 桐布轻衫前后卷，葡萄长带一边垂。
> 帐前跪作本音语，拾襟搅袖为君舞。
> 安西旧牧收泪看，洛下词人抄曲与。
> 扬眉动目踏花毡，红汗交流珠帽偏。
> 醉却东倾又西倒，双靴柔弱满灯前。
> 环行急蹴皆应节，反手叉腰如却月。
> 丝桐忽奏一曲终，呜呜画角城头发。
> 胡腾儿，胡腾儿，故乡路断知不知。[1]

从诗中看，"葡萄长带"是胡腾舞者的一种服饰装扮，但对其确切的含义，有不同看法。这里在前贤今彦研究的基础上，拟对"葡萄长带"的含义、源流及与宗教间的关系、葡萄盏等略做探讨，不当之处，祈请方家批评指正！

## 一 关于"葡萄长带"的解释

### (一)"葡萄长带"的几种观点

对李端《胡腾儿》诗中"葡萄长带"的解释，大致有四种不同观点：一是指上绘有葡萄图案的长带。如向达指出："胡腾舞则舞衣前后上卷，束以上绘葡萄之长带，带之一端下垂，大约使舞时可以飘扬生姿。"[2]这里的"绘"，一般认为是"画"的意思。实际上，这葡萄图案到底是画上去的还是织绣上去的，值得进一步分析（详后）。韩顺发指出：遗憾的是"葡萄长带一边垂"没能在图像上反映出来，"按诗句分析，可能是在长带上织绣或绘画出葡萄形状的图案，也许缀有假葡萄的装饰"。[3]据高建新对"桐布轻衫前后卷，葡萄长带一边垂"诗句的解释，他也持这种观点："舞者身着棉布轻衫，前后卷起，腰扎的葡萄锦飘带垂向一边。"[4]杨名认为是"胡腾儿腰系织有葡萄花纹的锦制长带，结向一边"。[5]温建

---

\* 基金项目：国家社会科学基金项目"丝路葡萄文书研究"（批准号：19BZS147）阶段性成果。
1 （清）彭定求等编：《全唐诗》卷二八四，中华书局，1960年，第9册，第3238页。
2 向达：《唐代长安与西域文明》，《唐代长安与西域文明》，生活·读书·新知三联书店，1957年，第65页。
3 韩顺发：《北齐黄釉瓷扁壶乐舞图像的初步分析》，《文物》1980年第7期，第39—41页。
4 高建新：《唐诗中的西域"三大乐舞"——〈胡旋舞〉〈胡腾舞〉〈柘枝舞〉》，《民族文学研究》2012年第6期，第128—137页。
5 杨名：《唐代舞蹈诗研究》，南京师范大学博士学位论文，2014年，第159页。

辉指出，"对于'葡萄长带'，今人普遍解读为绣有葡萄图案的长带"，认为一般人的解读是葡萄图案不是画上去的而是刺绣上去的；他认为这第一种观点应该是后来发展衍生出的一种观点："当然，后来逐渐演变为以葡萄为图案的长带也是可能的。"[1]

二是指带端为葡萄叶形状的软腰带。张庆捷对"上绘葡萄之长带"的观点提出质疑，认为："葡萄之长带，恐非'上绘葡萄之长带'，而是带端为葡萄叶形状的软腰带。在虞弘墓石椁三幅'胡腾舞'图像中，舞蹈者全系着带端为葡萄叶形状的软腰带。"[2]"三幅'胡腾舞'图像"这种提法，他有时又提为两幅[3]。刘晓伟[4]、温建辉[5]等也认同这种观点。

三是指带端为葡萄形状的藤蔓式长带。这种观点是温建辉说的："从出土的椁壁图案上看，'葡萄长带'应指带端为葡萄形状的藤蔓式长带。"[6]"葡萄长带"，前面认同带端为葡萄叶形状的软腰带，这里则说指带端为葡萄形状的藤蔓式长带。他似乎理解为同一种意思。但从字面上说，葡萄叶形状与葡萄形状不是一回事，应该不是同一含义，观点前后矛盾。不过，这其实应该是他真正的观点。

四是缀有假葡萄装饰的长带。这种观点是韩顺发的一种推测。[7]

## （二）葡萄图案的"葡萄带"

"葡萄长带"真正的含义指什么呢？

初唐上官仪《八咏应制二首》之一略云："风随少女至，虹共美人归。罗荐已擘鸳鸯被，绮衣复有蒲萄带。"[8]"罗荐"与"绮衣"对举，"鸳鸯被"与"蒲萄带"对举，可知"蒲萄带"是上有"葡萄"图案的带子，与有鸳鸯图案的被子恰好对举。又如，初唐阎德隐《薛王花烛行（第三句缺六字）》略云："楚王宫里能服饰，顾盼倾城复倾国。合欢锦带蒲萄花，连理香裙石榴色。"[9]"合欢锦带蒲萄花，连理香裙石榴色"，不是说锦带有葡萄的花纹，香裙为石榴的颜色，而是说合欢锦带、连理香裙的花色分别是葡萄、石榴图案。中唐诗人白居易《和梦游春诗一百韵并序》略云："裙腰银线压，梳掌金筐蹙。带襭紫蒲萄，袴花红石竹。"[10]诗中裙子、梳子、带子、袴子，描绘的都是少女衣着与装扮用品形象。"带襭紫蒲萄，袴花红石竹"，襭，用衣襟兜东西，"带襭紫蒲萄"当然不是指兜有紫葡萄的衣带子；"袴花红石

---

[1] 温建辉：《虞弘墓浮雕图案中的葡萄酒文化》，《晋中学院学报》2016年第1期，第66—71页。
[2] 张庆捷：《北朝隋唐粟特的"胡腾舞"》，《法国汉学》丛书编辑委员会编：《粟特人在中国——历史、考古、语音的新探索》（《法国汉学》第十辑），中华书局，2005年，第392页。该文初发表于伦敦大学《中亚艺术》；2004年又在北京"粟特人在中国"国际会议上交流；2005年同时刊出法文版；2010年，又收入氏著：《胡商 胡腾舞与入华中亚人——解读虞弘墓》，改写作第五章"北朝唐代胡腾舞漫谈"，北岳文艺出版社，2010年，第133—158页。
[3] 张庆捷：《胡商 胡腾舞与入华中亚人——解读虞弘墓》，第133、139页。
[4] 刘晓伟：《〈胡商 胡腾舞与如华中亚人——解读虞弘墓〉对音乐图像的诠释艺术》，《黄河之声》2011年第23期，第120—121页。
[5] 温建辉：《虞弘墓浮雕图案中的葡萄酒文化》，第66—71页。
[6] 温建辉：《虞弘墓浮雕图案中的葡萄酒文化》，第66—71页。
[7] 韩顺发：《北齐黄釉瓷扁壶乐舞图像的初步分析》，第39—41页。
[8] 《全唐诗》卷四〇，第1册，第506页。
[9] 《全唐诗》卷七七三，第22册，第8765页。
[10] 《全唐诗》卷四三七，第13册，第4856—4858页。

竹",指有石竹花纹的红色袴子。联系"袴花红石竹"的含义,"带襈紫蒲萄"应该指有葡萄图案纹饰的紫色带子。

就上面诗歌所描绘的葡萄带,显然都不是带端为葡萄叶形状的带子或带端为葡萄实串形状的带子,而都是指一种有葡萄实串图案花纹的带子。这从元稹《奉和浙西大夫李德裕述梦四十韵大夫本题赠于梦中诗赋以寄一二友故今所和者亦止述翰苑次本韵旧游而已次本韵(第十七句缺一字)》诗也得佐证,该诗略云:"阿阁偏随凤(大夫与稹偏多同直),方壶共跨鳌。借骑银杏叶(学士初入,例借飞龙马),横赐锦垂萄。冰井分珍果,金瓶贮御醪。"[1]"借骑银杏叶"中的杏叶是一种马具,这里借指一种名马。"横赐锦垂萄"中的垂萄锦,显然不是获赐或垂挂有葡萄实串的丝锦,或锦端为葡萄叶形状的丝锦,或锦端为葡萄实串形状的丝锦,而只是指一种有葡萄图案的丝锦。岑参《胡歌》[2]中"葡萄宫锦醉缠头"中的葡萄宫锦亦作如此解。由上可知,唐诗中的葡萄带一般指有葡萄图案的带子,是织绣在丝锦上的。

### (三)葡萄造型的葡萄带

除了葡萄图案的葡萄长带,另一种就是上述第

图1 隋虞弘墓椁座浮雕上栏右起第4幅图像(采自李爱国《发现虞弘墓》)

二、三、四种观点,无论是葡萄叶造型还是葡萄实串造型、所缀假葡萄造型,如果确实存在的话,那就是一种葡萄造型的葡萄带。

葡萄叶形或葡萄形的葡萄长带等观点的证据,都来自隋虞弘墓汉白玉石榻图像,是对同一图像的不同解读。关于隋虞弘墓汉白玉石榻长带图像,张庆捷主笔的虞弘墓发掘简报里,提及长带的三种形状[3]:

第一种是火焰形,在描述椁座浮雕上栏右起第4幅图像(图1)时提及左右二人红白二色火焰形长帔,在描述雕绘于椁座前壁下排左起第1个壸门内图像右一人时也提及红白二色火焰形长帔图(图2),还有在描述椁座前壁下排正中图像时提及两个人首鹰身人火焰形长帔和火焰形腰带(图3)。[4]据图,实际上人首鹰身人的长帔与腰带的带端形状是不同的,长帔带端近似一种倒梯形,或者说是自然

---

1 《全唐诗》卷四二三,第12册,第4646—4647页。
2 《全唐诗》卷二〇一,第6册,第2106页。
3 张庆捷、畅红霞、张兴民等:《太原隋代虞弘墓清理简报》,《文物》2001年第1期,第27—52页,封二,封底。
4 施安昌也认同了这种观点。施安昌:《圣火祆神图像考》,《故宫博物院院刊》2002年第1期,第65—71页。

图2 隋虞弘墓椁座前壁下排左起第1个壸门内图像（采自张庆捷等《太原隋代虞弘墓清理简报》，图三七）

图4 隋虞弘墓椁座后壁上排左起第3个壁龛内舞蹈图（采自张庆捷等《太原隋代虞弘墓清理简报》，图三八）

图3 隋虞弘墓椁座前壁下排正中图像摹图（采自张庆捷等《太原隋代虞弘墓清理简报》，图三一）

图5 隋虞弘墓椁底座前壁上排右起第3个壁龛内乐舞图（采自张庆捷《胡商 胡腾舞与入华中亚人——解读虞弘墓》，第100页图64）

的直线几何形，图像中人物帽子后的飘带多是这种形状。

第二种是尖头状，第三种是长圆头状。这两种见于椁座后壁上排左起第3个壁龛内舞蹈图（图4）的描述，舞蹈男子有尖头状长帔、长圆头软腰带。后来，张庆捷在《胡商 胡腾舞与入华中亚人——解读虞弘墓》一书里也提及底座前壁上排右数第3个壁龛内乐舞图舞蹈男子红白二色尖头长帔（图5）。据该书，插图中舞蹈男子的长帔实际上是两种形状，

另一种是前面所说的火焰形。

第四种是葡萄叶形。如前所述，张庆捷《胡商 胡腾舞与入华中亚人——解读虞弘墓》又提出了第四种观点，就是葡萄叶形的长带，以两幅胡腾舞图为证：一幅为石堂后部中间，或者说石堂背面的胡腾舞浮雕图像（图6）；另一幅就是石堂左边，画面朝外，墨绘图。[1] 但据张庆捷对石堂西部南侧行旅休憩图案的解释，他实际上是把前面所说的"火焰形"又当作"葡萄叶形"了（图7）。[2]

---

1　张庆捷：《胡商 胡腾舞与入华中亚人——解读虞弘墓》，第95—96、133—134、139页，第77页图51、第87页图56、第134—135页图97。
2　张庆捷：《胡商 胡腾舞与入华中亚人——解读虞弘墓》，第92页，第93页图59。

图6 隋虞弘墓椁壁浮雕之五摹本（采自张庆捷等《太原隋代虞弘墓清理简报》，图一九）

这样，张庆捷关于隋虞弘墓汉白玉石椁图像中长带的形状有尖头状、长圆头状和葡萄叶状（火焰形）三种。

温建辉将张庆捷的三种长带带端形归纳为两种，将尖头形作为火焰形，将长圆头状和葡萄叶状（火焰形）作为葡萄形。[1] 实际上，我们认为隋虞弘墓汉白玉石椁图像中长带的形状只有两种：一是火焰形；二是近似一种倒梯形，或者说是自然的直线几何形。

温建辉所谓长带带端的葡萄形，与同一石床椁上葡萄图案明显不一致，所谓葡萄形状带端似是圆形的线条盘旋构成的；而真正的葡萄形是葡萄串形，是一粒粒葡萄组成的。就是说，所谓长带带端的葡萄形实际上不是"葡萄形"。张庆捷所看作的葡萄叶形带端，似有三种证据：一种是图案看起来像葡萄

---

[1] 温建辉：《虞弘墓浮雕图案中的葡萄酒文化》，第66—71页。

唐诗中"葡萄长带"与宗教及相关问题探讨 | 83

图7 隋虞弘墓椁壁浮雕之八（采自张庆捷等《太原隋代虞弘墓清理简报》，图四〇）

图8 日本Miho博物馆藏北齐石棺床舞蹈图像（采自陈继春《萨珊波斯与中国美术交流——中国美术中的琐罗亚斯德教因素》，图6）

叶。但细看隋虞弘墓汉白玉石椁图像中的葡萄叶图案，明显有别。图中的葡萄叶与葡萄串，与温建辉所谓长带带端的葡萄形及与张庆捷所谓长带带端的葡萄叶形都不一致。又如日本Miho博物馆藏北齐石棺床上舞蹈图中，伎乐者身上的长带乍看起来像葡萄串形（图8），实际上是长带的自然波动皱褶所形成的。再如法国国立图书馆藏P.4518（24）号白画中Daēnā（义人灵魂的化身）身上的长带带端，看起来也像所谓的葡萄叶形象（图9），实际上也是长带的自然波动所呈现出来的样子。

而前述张庆捷所认为的三幅胡腾舞图案中的两幅上，也根本不能确定是葡萄叶形状。要说是葡萄叶，那也可以说是万寿果树叶了（图10）。对比张庆捷《胡商 胡腾舞与入华中亚人——解读虞弘墓》中图97胡腾舞图，此图左上角的万寿果树叶与张庆捷所说的所谓葡萄叶形可以说是一样的。

图9 唐末五代（？）P.4518（24）号敦煌白画（采自毕波《虞弘墓所谓"夫妇宴饮图"辨析》，图十四）

图10 隋虞弘墓椁壁浮雕第1幅（采自李爱国《发现虞弘墓》）

张庆捷判断葡萄叶形的第二种证据，就是前述三幅胡腾舞图像中的两幅图像，但据研究，张庆捷《胡商 胡腾舞与入华中亚人——解读虞弘墓》中图97的"胡腾舞图"其实不是胡腾舞图，而是胡旋舞图。陈海涛指出："从发掘简报所提供图片看，其单足立于小圆毯上，一脚腾起，扬臂挥帛，翩翩起舞。从身后长巾飞扬的状态来看，具有鲜明的旋转动作，动感极强，舞姿与上述胡旋舞形象大多相合，特别是同宁夏盐池何姓墓所发现右扇石门上的舞者形象几乎完全一样。因此这一舞者所表演的，并不是胡腾舞，而是胡旋舞。"[1]细审张庆捷上书中图51墨绘胡腾舞图，也不是胡腾舞，而是胡旋舞。[2]张庆捷所谓的第3幅胡腾舞图，即虞弘墓椁座后壁上排左起第3个壁龛内舞蹈图，也不是胡腾舞，而是柘枝舞。[3]不是胡腾舞，那原与胡腾舞相联系的葡萄长带也就无法肯定了。由此也不能说为胡旋舞者的葡萄长带了，如前所述，这所谓的葡萄叶形带端只是张庆捷对火焰形带端的误认。

张庆捷判断葡萄叶形的第三种证据，就是与葡萄长带相联系的胡腾舞。但据迄今所知的近70余幅（件）（其中包括有争议的附属9件）出土和传世胡腾舞实物图像中，没有一件能确切佐证存在着这种葡萄形长带（详后）。

因此，隋虞弘墓汉白玉石椁图像中根本不存在葡萄形或葡萄叶形长带，所谓的葡萄形或葡萄叶形，实际上都是一种火焰形，是祆教信仰的一种表现形式。虞弘墓画像石的图像风格可能源于波斯岩雕和银盘常

---

1. 陈海涛：《胡旋舞、胡腾舞与柘枝舞——对安伽墓与虞弘墓中舞蹈归属的浅析》，《考古与文物》2003年第3期，第56—60、91页。
2. 张庆捷：《胡商 胡腾舞与入华中亚人——解读虞弘墓》，第76、95—96、133、139页，第76—77页图51。
3. 陈海涛：《胡旋舞、胡腾舞与柘枝舞——对安伽墓与虞弘墓中舞蹈归属的浅析》。

图11 西安大唐西市博物馆藏安备墓石榻台座"赛祆"仪式图像（采自葛承雍《祆教圣火艺术的新发现——隋代安备墓文物初探》，图版1）

见的布局，可称之为"仿波斯风格"。[1]图3就是一幅典型的祆教圣火坛和祭司的组合画面，"祆教最崇拜火，提倡供奉火，到处有火庙或火祠，公共祭祀场所和家里都供奉着火坛"。[2]这当然包括其中的火焰形带端长带。又如隋开皇九年（589）安备墓石榻台座"赛祆"仪式中火焰形带端长带（图11）。

而胡腾舞或胡旋舞等胡舞也是祆教活动中的一种常见活动内容。李永平认为："在北朝和隋时期，胡腾舞图像与祆教中的某种仪式是同时出现的，如安伽墓和虞弘墓中的胡腾舞图像。……但是，在唐代胡腾舞的图像是单独出现的。"[3]北朝祆教中胡舞图像如图12。其实，唐代仍然存在。

唐五代敦煌地区认同"能出云为风雨者，皆曰神"的观点，将"祆神"作为求雨对象，如莫高窟盛唐第23窟北壁西侧"法华经变"，该铺壁画左上角"雨中耕作图"（图13）中就有以"胡腾（胡旋）舞"作为"雩舞"（祈雨舞蹈）的。[4]就是说，唐代胡腾舞也在"赛祆"仪式中出现。这种祆教文化特征鲜明场景中舞者的长带带端，与其说是所谓的葡萄叶或葡萄串形，不如说是火焰形更符合事实。

## 二 "葡萄长带"的使用范围

从李端《胡腾儿》诗知道，胡腾舞蹈者有葡萄带装扮，那胡腾舞图像资料上是不是真的如此呢？那葡萄带仅仅胡腾舞者使用吗？

为便于讨论，兹就唐诗中所涉胡腾舞和葡萄带等诗约依初唐（618—712）、盛唐（713—765）、中唐（766—835）、晚唐（836—907）等时期做一简表（表1）。

---

1 山西省考古研究所、太原市文物考古研究所、太原市晋源区文物旅游局：《太原虞弘墓》，文物出版社，2005年，第162页。
2 张庆捷：《胡商 胡腾舞与入华中亚人——解读虞弘墓》，第105页。
3 李永平：《从考古发现看胡腾舞与祆教仪式》，《碑林集刊》（九），2003年，第133—142页。
4 赵玉平：《敦煌壁画"雨中耕作图"与唐五代赛祆祈雨活动》，《新疆艺术学院学报》2009年第3期，第9—13页。

**表1 《全唐诗》胡腾舞、葡萄带等诗简表**

| 序号 | 诗名 | 时代、作者 | 内容 |
| --- | --- | --- | --- |
| 1 | 《八咏应制二首》之一 | （初唐）上官仪（607？—664） | 罗荐已擘鸳鸯被，绮衣复有蒲萄带。 |
| 2 | 《薛王花烛行》 | （初唐）阎德隐（生卒年不详，开元间［713—741］在世） | 合欢锦带蒲萄花，连理香裙石榴色。 |
| 3 | 《胡歌》 | （盛唐）岑参（715？—770） | 黑姓蕃王貂鼠裘，葡萄宫锦醉缠头。关西老将能苦战，七十行兵仍未休。 |
| 4 | 《胡腾儿》 | （中唐）李端（？—786？） | 桐布轻衫前后卷，葡萄长带一边垂。 |
| 5 | 《王中丞宅夜观舞胡腾（王中丞武俊也）》 | （中唐）刘言史（？—812） | 手中抛下蒲萄盏，西顾忽思乡路远。 |
| 6 | 《和李校书新题乐府十二首·西凉伎》 | （中唐）元稹（779—831） | 前头百戏竞撩乱，丸剑跳踯霜雪浮。狮子摇光毛彩竖，胡腾醉舞筋骨柔。 |
| 7 | 《奉和浙西大夫李德裕述梦四十韵大夫本题赠于梦中诗赋以寄一二友故今所和者亦止述翰苑次本韵旧游而已次本韵》（第十七句缺一字） | 元稹 | 阿阁偏随凤（大夫与稹偏多同直），方壶共跨鳌。借骑银杏叶（学士初入，例借飞龙马），横赐锦垂萄。冰井分珍果，金瓶贮御醪。 |
| 8 | 《和梦游春诗一百韵并序》 | （中唐）白居易（772—846） | 带襭紫蒲萄，袴花红石竹。 |
| 9 | 《奉和汴州令狐相公二十二韵》 | 白居易 | 平展丝头毯，高褰锦额帘。雷槌柘枝鼓，雪摆胡腾衫。发滑歌钗坠，妆光舞汗沾。回灯花簇簇，过酒玉纤纤。 |

注：1.表格中作者生卒年或生卒年不详作者所属时期依据周祖譔主编《中国文学家大辞典·唐五代卷》（中华书局，1992年）的断代；
2.表格中的唐诗均出自（清）彭定求等编《全唐诗》。

图12 北周史君墓石堂北壁浮雕N2（采自西安市文物保护考古所《西安北周凉州萨保史君墓发掘简报》，图三八）

图13 莫高窟盛唐第23窟北壁弥勒经变中的胡腾舞图（?）（采自赵玉平《敦煌壁画"雨中耕作图"与唐五代赛祓祈雨活动》，图1）

## （一）女性衣装组成部分的葡萄带

由唐人诗歌所知，葡萄带在初唐已是女性或者说少女衣装的组成部分。上官仪《八咏应制二首》（表1：1）之一云：

启重帷，重帷照文杏。
翡翠藻轻花，流苏媚浮影。
瑶笙燕始归，金堂露初晞。
风随少女至，虹共美人归。
罗荐已擘鸳鸯被，绮衣复有蒲萄带。
残红艳粉映帘中，戏蝶流莺聚窗外。
洛滨春雪回，巫峡暮云来。
雪花飘玉辇，云光上璧台。
共待新妆出，清歌送落梅。

据此诗所述，"风随少女至，虹共美人归"，"罗荐已擘鸳鸯被，绮衣复有蒲萄带"，葡萄带是女性或者说少女装束的一部分，是所穿绮衣上的带子。这从阎德隐《薛王花烛行》（第三句缺六字）（表1：2）所述也可以证明，该诗略云：

王子仙车下凤台，紫缨金勒驭龙媒。
□□□□□□出，环佩锵锵天上来。
鸧鹒楼前云半卷，鸳鸯殿上月妆回。
玉盘错落银灯照，珠帐玲珑宝扇开。
盈盈二八谁家子，红粉新妆胜桃李。
从来六行比齐姜，自许千门奉楚王。
楚王宫里能服饰，顾盼倾城复倾国。
合欢锦带蒲萄花，连理香裙石榴色。
金炉半夜起氤氲，翡翠被重苏合熏。

不学曹王遇神女，莫言罗敷邀使君。
同心婉娩若琴瑟，更笑天河有灵匹。
一朝福履盛王门，百代光辉增帝室。
富贵荣华实可怜，路傍观者谓神仙。
只应早得淮南术，会见双飞入紫烟。

"盈盈二八谁家子，红粉新妆胜桃李"，"合欢锦带蒲萄花，连理香裙石榴色"，葡萄锦带也是少女装束的一部分。

中唐时，亦是如此。白居易《和梦游春诗一百韵并序》（表1：8）略云：

渐闻玉珮响，始辨珠履躅。
遥见窗下人，婷婷十五六。
霞光抱明月，莲艳开初旭。
缥缈云雨仙，氤氲兰麝馥。
风流薄梳洗，时世宽妆束。
袖软异文绫，裙轻单丝縠。
裙腰银线压，梳掌金筐蹙。
带襭紫蒲萄，袴花红石竹。
凝情都未语，付意微相瞩。
眉敛远山青，鬟低片云绿。
帐牵翡翠带，被解鸳鸯褥。
秀色似堪餐，秾华如可掬。
半卷锦头席，斜铺绣腰褥。
朱唇素指匀，粉汗红绵扑。

诗中详细、生动地描述了少女的穿着打扮及睡觉所用席褥等，其中包括"带襭紫蒲萄，袴花红石竹"中的葡萄带。

图14 明嘉靖青花胡腾舞瓷片（采自赵峰生《瓷上大唐乐舞诗中的胡腾舞》，图4）

## （二）胡腾舞者衣装组成部分的葡萄带

从上引李端《胡腾儿》诗句"桐布轻衫前后卷，葡萄长带一边垂"可知，葡萄长带也可作为胡腾舞者舞服的组成部分。葡萄长带与胡腾舞者关系密切。胡腾舞大约在北朝后期已传入中原[1]，唐代盛行，五代时胡腾舞仍然流行，两宋以后还存在。《宋史》卷一四二《乐志十七》"教坊"条载："队舞之制，其名各十。小儿队凡七十二人：……四曰醉胡腾队，衣红锦襦，系银鈷鞢，戴毡帽。"[2] 据粗略统计，出土和传世的胡腾舞形象图像共约67幅（件），其中包括涉胡腾、胡旋、柘枝等舞种争议的附属图像9幅（件）。在没有争议的58幅（件）中，北朝31、唐16、五代两宋9、明2（图14）；附属9幅（件）中，北周1、隋唐6、五代2。这些胡腾舞图像出现于石窟雕刻、

---

1 赵文润：《隋唐时期西域乐舞在中原的传播》，《陕西师范大学学报（哲学社会科学版）》1997年第1期，第105—112、176页。
2 （元）脱脱等：《宋史》，第10册，中华书局，1985年，第3350页。

图15 宁夏盐池唐代胡人墓右墓门线刻胡人胡腾舞图
（采自冷焱《再议〈胡旋〉与〈胡腾〉》，第43页）

是否都是反映胡腾舞形象图像，也存在着一定争议。毕竟胡腾舞形象的雕刻、雕塑或绘画没有统一的标准。如彬县底店乡二桥村五代后周中书令、卫王冯晖（893—952）墓东西甬道彩绘砖浮雕图像中，王玉芳认为有4位胡腾舞者[1]；张庆捷认为有6位跳胡腾舞的形象，该墓出土的一块线刻砖图案上也有1位跳胡腾舞者，墓西侧室中部还出土了1位跳胡腾舞者的鎏金铜像[2]。张庆捷所认为的6位胡腾舞者中，王玉芳认为其中有2位是巫师、女巫舞者。罗丰认为其中2位是所谓的"乐队指挥"，确切地说应该是"致辞者"，即宋代所俗称的"竹竿子"；但据其文后面的叙述，这"致辞者"是6位舞者中的"幞头舞者"；另外4位舞者中，2位"花冠舞者"、2位"胡人舞者"，"花冠舞者"亦即王玉芳所谓的巫舞者。[3] 由此可知，张庆捷"但是仍有一个不清楚的问题是，在唐代长沙窑出土瓷器上的胡腾舞形象，有的舞蹈者手中持着一根长长的不知名的物件"[4]之疑问中，胡腾舞者又兼是"致辞者"身份。

据胡腾舞图像资料所见，胡腾舞者一般有腰带，或还有"帔帛"（图15），但能明确看出身着葡萄带的胡腾舞者舞服很少见，甚至可以说无法确定。67幅（件）胡腾舞形象图像中，仅附属隋汉白玉石堂正壁浮雕彩绘宴饮图像胡旋舞图（？）[5]、隋汉白玉石堂外壁墨绘胡旋舞图（？）[6]中舞蹈者身上有长带，张庆捷认为是葡萄长带[7]。但如前所述，张庆捷所谓的隋

石榻、石砚、石碑、画像石、线刻石、画像玉石、瓷扁壶、瓷罐、瓷器印模、银杯、琵琶、玉带、玉器、塔雕、砖雕、铜俑、鎏金铜像、陶俑、壁画、石造像画等载体上。不过，这58幅（件）胡腾舞实物图像

---

[1] 王玉芳：《彬县五代彩绘浮雕砖研究》，《西北美术》1996年第1期，第34—39页。
[2] 张庆捷：《北朝隋唐粟特的"胡腾舞"》，第397页。
[3] 罗丰：《五代后周冯晖墓出土彩绘乐舞砖雕考》，《考古与文物》1998年第6期，第66—81页。
[4] 张庆捷：《北朝隋唐粟特的"胡腾舞"》，第395页。
[5] 陈海涛：《胡旋舞、胡腾舞与柘枝舞——对安伽墓与虞弘墓中舞蹈归属的浅析》，第56—60、91页。
[6] 张庆捷：《胡商 胡腾舞与入华中亚人——解读虞弘墓》，第76、95—96、133、139页，第76—77页图51。
[7] 张庆捷：《胡商 胡腾舞与入华中亚人——解读虞弘墓》，第139页。

汉白玉石堂上胡腾舞实际上为胡旋舞和柘枝舞,张庆捷所谓的葡萄长带实际上是反映祆教信仰的火焰形长带。就是说,现有胡腾舞图像资料中还没有发现葡萄带的胡腾舞形象。虽然如此,但祆教文化特征外的胡腾舞者着葡萄纹腰带或帔帛的形象肯定存在不少。

这种情况的出现,到底是什么原因?是唐人记载有误还是其他原因?若不是唐人记载之误,那是不是表明葡萄长带并非胡腾舞者服饰的显著特征?因为胡旋舞、柘枝舞等胡舞者服饰上都可能用葡萄长带(详下)。由此说明,时人在胡腾舞形象的雕刻、雕塑、绘制上就没有刻意描绘出葡萄图案。

## (三)胡旋、柘枝等舞者衣装组成部分的葡萄带

如前所述,胡腾舞与胡旋舞、柘枝舞等关系密切,都曾在祆教仪式中出现过,因舞蹈动作、服饰等相近,以致后人明确辨别出来不易。胡腾舞者穿葡萄长带服饰是有明确记载的,那胡旋、柘枝等胡舞舞者是否穿类似衣物?事实上,胡旋舞、柘枝舞等舞者也是腰束长带,或身着"帔帛"。如隋开皇九年(589)安备墓石榻台座右边最显著的是一个丰腴健美的舞蹈伎人(图16),"后有飘带,脖下为桃领开口服装,脖颈披挂宝珠缨珞覆盖前胸,上身蓝色飘带缠臂而下,右手持三叉戟杖直至上顶,左手戴有手镯反弓握拳,腰部系有打结下垂长带,下身穿红色裙帔帛裤,赤脚踩在双环形圆毯上。整个伎乐人体态飘逸自然,风采圆润,动感极强,造型婀娜"[1]。据胡旋舞特征,这位舞伎应该在跳胡旋舞。[2]

唐人元稹《和李校书新题乐府十二首·胡旋女》云:

天宝欲末胡欲乱,胡人献女能胡旋。
旋得明王不觉迷,妖胡奋到长生殿。
胡旋之义世莫知,胡旋之容我能传。
蓬断霜根羊角疾,竿戴朱盘火轮炫。
骊珠迸珥逐飞星,虹晕轻巾掣流电。
潜鲸暗吸筼波海,回风乱舞当空霰。
万过其谁辨终始,四座安能分背面。
才人观者相为言,承奉君恩在圆变。
是非好恶随君口,南北东西逐君眄。
柔软依身著佩带,裴回绕指同环钏。
佞臣闻此心计回,荧惑君心君眼眩。
君言似曲屈为钩,君言好直舒为箭。
巧随清影触处行,妙学春莺百般啭。
倾天侧地用君力,抑塞周遮恐君见。

图16 隋开皇九年安备墓石榻台座胡旋舞图?(采自葛承雍《祆教圣火艺术的新发现——隋代安备墓文物初探》,第91页图版3)

---

1 葛承雍:《祆教圣火艺术的新发现——隋代安备墓文物初探》,《美术研究》2009年第3期,第14—18页,第90—91页图版。
2 陈海涛:《胡旋舞、胡腾舞与柘枝舞——对安伽墓与虞弘墓中舞蹈归属的浅析》,第56—60、91页。

图17　宁夏盐池唐代胡人墓左墓门线刻胡人胡旋舞图（采自冷焱《再议〈胡旋〉与〈胡腾〉》）

图18　莫高窟215窟盛唐胡旋舞图（采自陈海涛《胡旋舞、胡腾舞与柘枝舞——对安伽墓与虞弘墓中舞蹈归属的浅析》，图一〈4〉）

图19　西安碑林博物馆藏唐开元九年兴福寺残碑柘枝舞石刻图（采自陈海涛《胡旋舞、胡腾舞与柘枝舞——对安伽墓与虞弘墓中舞蹈归属的浅析》，图三右）

翠华南幸万里桥，玄宗始悟坤维转。

寄言旋目与旋心，有国有家当共谴。[1]

诗句"骊珠进珥逐飞星，虹晕轻巾掣流电""柔软依身著佩带，裴回绕指同环钏"，都表明胡旋舞者有舞服巾带（图17）。敦煌莫高窟中也有不少胡旋舞图，其中也均有舞服巾带，如敦煌莫高窟盛唐第215窟（图18）、中唐第197窟，等等。[2]

张祜对柘枝舞者的着装服饰有描述，他的《周员外席上观柘枝》（一作《周员外出双舞柘枝妓》）诗云：

画鼓拖环锦臂攘，小娥双换舞衣裳。

金丝蹙雾红衫薄，银蔓垂花紫带长。

鸾影乍回头并举，凤声初歇翅齐张。

一时欹腕招残拍，斜敛轻身拜玉郎。[3]

诗中"金丝蹙雾红衫薄，银蔓垂花紫带长"，是说柘枝舞人身穿以金丝织绣的轻薄红色罗衫，腰束绣有银白色蔓草花朵的紫色丝带（图19）。可见唐代舞者腰系织花丝带应该较为常见。

胡腾舞者身有葡萄图案的长带，那胡旋、柘枝舞者也应该存在着这种舞服装饰。特别是柘枝舞者，身上、舞衣带等装饰有金钿、环佩等，如白居易《柘枝妓》"带垂钿胯花腰重，帽转金铃雪面回"[4]，张祜《感王将军柘枝妓殁》"鸳鸯钿带抛何处，孔雀罗衫付阿谁"[5]，许浑《赠萧炼师》"红珠络绣帽，

---

[1] 《全唐诗》卷四一九，第13册，第4618—4619页。
[2] 陈海涛：《胡旋舞、胡腾舞与柘枝舞——对安伽墓与虞弘墓中舞蹈归属的浅析》，第56—60、91页。
[3] 《全唐诗》卷五一一，第15册，第5827页。
[4] 《全唐诗》卷四四六，第13册，第5006页。
[5] 《全唐诗》卷五一一，第15册，第5827页。

翠钿束罗襟"[1]，章孝标《柘枝》"柘枝初出鼓声招，花钿罗衫耸细腰"[2]等诗句都是明证。这种螺钿装饰的腰带中，可能存在一种葡萄钿带。就是说，柘枝舞者不仅可能束有一种葡萄纹饰的丝带，还可能束有一种葡萄叶实图案螺钿带。这种葡萄叶实图案螺钿带在一定程度上说就是一种葡萄造型的带子。当然，这只是一种可能性推测，还有待出土实物资料的证实。

## 三 葡萄带的质地

由表1可见，葡萄带毫无疑问主要是丝织品，如葡萄锦带（表1：2、7）。高建新对"桐布轻衫前后卷，葡萄长带一边垂"诗句的解释，认为："舞者身着棉布轻衫，前后卷起，腰扎的葡萄锦飘带垂向一边。"[3]杨名也认为，从"葡萄长带一边垂"中也可见胡腾儿腰系织有葡萄花纹的锦制长带，结向一边，而且从"跳身转毂宝带鸣"来看，这种锦带上还缀有珠宝饰物，随着胡腾儿的跳跃清脆有声。[4]这是将胡腾舞者身上的长带当作锦带。是不是丝锦质地，当然值得商榷。据上引上官仪《八咏应制二首》，葡萄带可能有丝绮；据上引白居易《和梦游春诗一百韵并序》，紫葡萄带可能有丝绫。丝质葡萄带肯定是存在的，唐代有葡萄纹饰绢、罗出土（图20）。据上述胡腾、胡旋、柘枝等舞蹈特点，这种丝质葡萄带更可能适宜在胡旋舞、柘枝舞舞者身上使用（图21）。

杨名所说诗句，实际上是两首诗里的句子，显示出两种不同质地的长带。杨名说锦带上还缀有珠宝饰物，对于胡腾舞者似乎更不适宜，轻薄的丝质长带似乎经受不起所缀珠宝饰物的重力、跳跃腾闪的冲击力（详后）。

除丝织品外，葡萄长带应该还有棉、毛等质地。据上引李端《胡腾儿》（一作歌）所云"胡腾身是凉州儿，肌肤如玉鼻如锥。桐布轻衫前后卷，葡萄长带一边垂"，从衣装搭配上的协调性看，葡萄长带质地可能也是一种桐布，以与胡腾儿装扮协调一致。桐布就是一种棉布。这从刘言史《王中丞宅夜观舞胡腾（王中丞武俊也）》（表1：5）所描述胡腾舞者的装扮上也可以看出，该诗云：

石国胡儿人见少，蹲舞尊前急如鸟。
织成蕃帽虚顶尖，细氎胡衫双袖小。
手中抛下蒲萄盏，西顾忽思乡路远。
跳身转毂宝带鸣，弄脚缤纷锦靴软。

诗中胡腾舞者所穿"细氎胡衫"，氎就是一种棉布，胡腾舞者穿的是一种棉布衫。"跳身转毂宝带鸣，弄脚缤纷锦靴软"，说明胡腾舞者身上系有带子。胡腾舞的特点是跳跃、腾闪、踢蹬、扭转等强烈节奏性动作舞蹈，既然"宝带鸣"，或带子上挂有发出声响的装饰品，或带子本身有一定的重量感、厚实感，若是轻柔薄透的丝织品，是发不出声响的。如1971年河南安阳范粹墓出土北齐黄釉乐舞图瓷扁壶上胡腾舞者"衣襟掖在腰间，腰系郭洛

---

1 《全唐诗》卷五三七，第16册，第6128—6129页。
2 《全唐诗》卷五〇六，第15册，第5755页。
3 高建新：《唐诗中的西域"三大乐舞"——〈胡旋舞〉〈胡腾舞〉〈柘枝舞〉》，第128—137页。
4 杨名：《唐代舞蹈诗研究》，第159页。

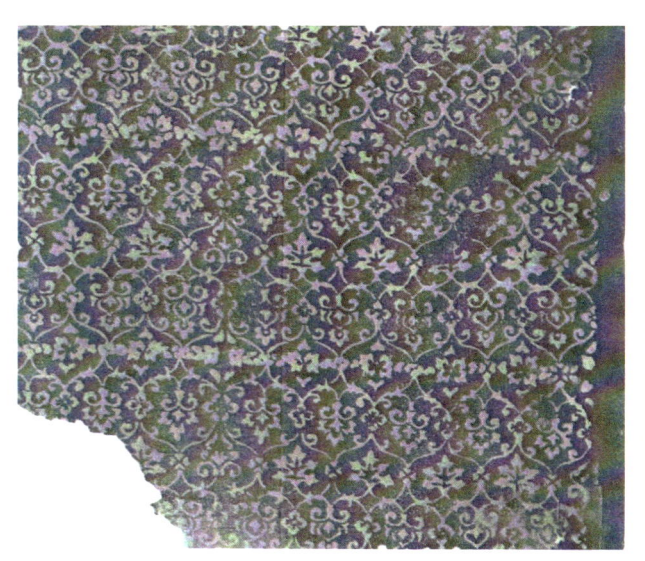

图20 阿斯塔那出土唐褐地葡萄叶纹印花绢（局部）（采自新疆维吾尔自治区博物馆编《新疆出土文物》，图一五二）

图21 敦煌莫高窟197窟中唐经变画胡旋舞图（采自陈海涛《胡旋舞、胡腾舞与柘枝舞——对安伽墓与虞弘墓中舞蹈归属的浅析》，图一〈5〉）

图22 五代冯晖墓甬道东壁彩绘浮雕胡人舞蹈俑（采自咸阳市文物考古研究所《五代冯晖墓》，第12页）

带"[1]，郭洛带是一种革带。又如五代冯晖墓甬道东壁彩绘浮雕胡人胡腾舞俑所束黑带，显然不是丝带（图22）。[2]因此，"桐布轻衫前后卷，葡萄长带一边垂"的葡萄长带，最可能是棉布带。

葡萄长带还有可能是毛、麻质地。如上，胡腾舞者有束革带，不过这种郭洛带不是那种打结下垂的长带。不过毛、麻质地的带子有可能存在。粟特祆教徒满15岁就束腰带，所束腰带不用革鞓的，以羊毛或麻编织而成。西安西郊硫酸厂工地的一座北朝时期小墓，曾出土铐具数枚，在鞢韘带铊尾等装具的夹层中，发现有以羊毛或麻捻成截面为1.24—2.1毫米的绳索，横向排列共16根，然后编织成的腰带，上面还缀有铃具，正是粟特胡人带具的反映。[3]东汉时已有葡萄纹罽，罽就是一种毛织品。如新疆尉犁县营盘墓地15号墓就出土有丰富的汉晋时期丝、毛、麻织物，纹饰精美。[4]

这也说明至少有两种葡萄长带存在：一种是女性或者说少女的衣装带子，或者是胡旋舞、柘枝舞舞者的衣装带子，是丝织品；另一种则是动作震撼的胡腾舞者的装扮带子，是较为厚实的布质带子，或是毛、麻质地带子。柘枝舞者甚至可能还束有一种缀有葡萄叶实图案螺钿带。从图20唐褐地葡萄叶纹印花绢看，

---

1 赵峰生：《瓷上大唐乐舞诗中的胡腾舞》。
2 咸阳市文物考古研究所：《五代冯晖墓》，重庆出版社，2001年，第12页图。转引自黄剑波：《五代十国壁画研究——以墓室壁画为观察中心》，上海大学博士学位论文，2015年，第277页。
3 韩伟：《北周安伽墓围屏石榻之相关问题浅见》，《文物》2001年第1期，第90—101页，封二（2）。按："1.24—2.1毫米"似误，应该为1.24×2.1平方毫米。
4 新疆文物考古研究所：《新疆尉犁县营盘墓地15号墓发掘简报》，《文物》1999年第1期，第4—16页，图版捌页。

图23 安徽子木园博物馆藏北魏多臂观音造像

图24 新疆尼雅遗址出土东汉人兽葡萄纹罽（采自新疆维吾尔自治区博物馆编《新疆历史文物》，图8）

葡萄长带除织绣之外，还有印花工艺品。

## 四 葡萄带的出现与祆教

一般来说，葡萄带的出现得有两个条件：一是长帔、腰带（束带）的使用，二是葡萄图案在服饰上的运用。综上所述，葡萄带在初唐已经有明确记载，就是说在唐代葡萄图案与长带已有完美的结合，这种结合体现在胡腾舞者的服饰上。

据胡腾舞传入的时间来说，北朝时期可能就有葡萄长带了。北魏时，胡腾舞传入；北周时，胡旋舞传入。若就长带、帔帛等出现时间来说，则又早得多。魏晋时期妇女服饰襦裙飞襳垂髾，有上衣的长飘带，腰间还有束带。北魏时已见帔帛（图23），隋代很流行。祆教经典说祆教徒年满15岁就得束腰带和穿圣衫[1]，而一般认为，公元3世纪末4世纪初，琐罗亚斯德教经丝绸之路由西域逐渐传入中国，4世纪中叶传入了中原[2]。琐罗亚斯德教即祆教。西汉时期就有葡萄锦，若使用葡萄锦剪裁帔帛之类的带子，

---

1 张广达：《唐代祆教图像再考——敦煌汉文写卷伯希和编号P.4518之附件24表现的形象是否祆教神祇厄娜（Daêna）和妲厄娲（Daêva）》，荣新江主编：《唐研究》第三卷，北京大学出版社，1997年，第1—17页。
2 胡啸：《祆教"中国化"在地呈现——南响堂山石窟乐舞图像考释》，《中国音乐》2018年第2期，第55—63、82页。

不就是葡萄长带了吗？新疆民丰县已见东汉时葡萄图案织物人兽葡萄纹罽（图24）的出土。如此，早至3世纪初的魏晋时期有长带的使用，也有葡萄图案的衣料，两者的结合就会有葡萄长带的产生。

那魏晋至唐代四百多年间为什么不见葡萄长带的记载呢？胡舞中，所见记载为什么又单单与胡腾舞联系在一起呢？

我们从前所述可知几点：一是《全唐诗》中葡萄长带为葡萄图案的长带。

二是祆教仪式中的火焰形长带不仅仅在胡腾舞者身上体现，还在胡旋、柘枝等胡舞者身上体现，甚至后者还是主要的体现者、使用者。

三是把祆教火焰形长带看作或描述为葡萄长带，是一种误认，因为两者间外形特征的确有相似性。不然，为什么出土和传世的这么多胡腾舞图像资料中未曾见到真正的葡萄叶实形态的长带？

四是葡萄长带可能是一种演化结果，是由祆教火焰形造型长带这种形式的使用转变为具有葡萄图案的长带的使用，尤其是丝、棉、毛、麻等质地葡萄长带。如果存在柘枝舞者葡萄造型图案的钿带，那可能是直接渊源于祆教火焰形造型长带。

五是胡腾、胡旋、柘枝等胡舞者由火焰形造型长带朝葡萄图案带的这种变化，可能也是胡人祆教徒祆教信仰的一种保留和影响，同时也是祆教本土化的一种微妙变化的反映。原来主要是"赛祆"（祆教祭祀活动）中的乐舞，到唐时已经成为内地一种较为流行的广受欢迎的乐舞，并渗入较多中原色彩了。

唐代丝绸之路繁荣发达，胡人乐舞盛行，葡萄等西域色彩浓厚的工艺品、衣料流行（图25），这

图25 吐鲁番阿斯塔那出土唐白地葡萄纹印花罗（采自新疆维吾尔自治区博物馆编《新疆出土文物》，第112页图一五八）

种环境下，我们是不是可以说葡萄长带的出现、使用，更多得益于原胡人祆教仪式中火焰形长带的传播与影响呢？起码可以说，两者有一定的关系。

## 五 "葡萄盏"的解读

"葡萄盏"最早出现于上引刘言史《王中丞宅夜观舞胡腾（王中丞武俊也）》一诗中："手中抛下蒲萄盏，西顾忽思乡路远。"一般都认为胡腾舞与酒联系紧密。李淼认为刘诗中"手中抛下蒲萄盏"是"将手中酒杯抛出，今日新疆地区少数民族依然有起舞之前摔碎酒杯的习惯以显豪放之情，另一重含义也是吸引观众的注意力，与说书人的'醒木'有异曲同工之妙。这一动作应当在舞者饮酒的座位上完成，若待舞者行至表演场地中央再摔杯则已经失去其意义"。[1]但对葡萄盏则没有具体、明确的解释，只是说葡萄盏为酒杯。"蒲萄盏"，是指用来喝葡萄酒的酒盏还是指上有葡萄图案的酒盏呢？

### （一）用来饮用葡萄酒的盏

元稹《和李校书新题乐府十二首·西凉伎》（表

---

[1] 李淼：《唐代胡腾舞形态考》，《北京舞蹈学院学报》2018年第4期，第46—51页。

图26　安徽省古陶瓷博物馆藏唐五代宋时期越窑蝴蝶盏

1：6）有云：

> 吾闻昔日西凉州，人烟扑地桑柘稠。
> 蒲萄酒熟恣行乐，红艳青旗朱粉楼。
> 楼下当垆称卓女，楼头伴客名莫愁。
> 乡人不识离别苦，更卒多为沉滞游。
> 哥舒开府设高宴，八珍九酝当前头。
> 前头百戏竞撩乱，丸剑跳踯霜雪浮。
> 狮子摇光毛彩竖，胡腾醉舞筋骨柔。
> 大宛来献赤汗马，赞普亦奉翠茸裘。
> 一朝燕贼乱中国，河湟没尽空遗丘。
> 开远门前万里堠，今来羹到行原州。
> 去京五百而近何其逼，天子县内半没为荒陬，
> 　　　西凉之道尔阻修。
> 连城边将但高会，每听此曲能不羞。

就诗歌所述，流行饮用葡萄酒的凉州，胡腾舞者表演前所饮用的酒应该有葡萄酒。而唐代也有酒盏瓷器。

安徽泗县刘圩汴河故道遗址Ⅰ区出土唐宋遗物中有盏的出土：唐代遗物以瓷器碎片为主，其窑口有长沙窑、宜兴窑、越窑、寿州窑、巩县窑等，釉色有青黄釉、黄釉、酱釉、青釉、白釉等，器形有碗、钵、盏等；宋代遗物则以瓷器为主，其窑口有磁州窑、龙泉窑、景德镇窑、吉州窑等，釉色有乳白釉、青釉、青白釉、酱釉、酱黑釉等，器形有碗、盏、罐、盘及玩具等（图26）。[1]

以葡萄酒伴舞在当时并非少见。如唐代的民间小调《轮台》舞曲，先后传入中原和日本，《大日本史礼乐志》中载有六言四句《轮台曲》："燕支山里食散，莫贺盐声平回。共酌葡萄美酒，相抱聚蹈《轮台》。"[2]一起喝葡萄酒，踏歌跳舞。据研究，《轮台》这种踏歌舞曲就是源于莫贺地方的民间歌舞，约流行于唐代玄宗时期。[3]

胡腾舞者舞前喝葡萄酒还是舞中喝葡萄酒？前揭李淼认为胡腾舞者在舞前喝葡萄酒并摔碎酒盏。杨名则认为，从"手中抛下蒲萄盏"来看，"舞者在舞蹈中亦有祝酒、饮酒的动作，是以胡腾舞的表演

---

[1] 安徽省文物考古研究所、安徽省淮北市博物馆：《淮北柳孜：运河遗址发掘报告》，科学出版社，2002年，第167页。
[2] 任半塘：《唐声诗》（下），上海古籍出版社，2006年，第310页。
[3] 任半塘：《唐声诗》（下），第311页。

主要是模拟醉态"[1]，就是说胡腾舞者饮酒行为发生在舞蹈期间。应该说李淼的说法较为合情合理，一曲舞蹈应是前后连贯，一气呵成，不能说中途停下来去喝酒；对腾挪跳跃的胡腾舞者来说，边舞边喝酒也是不可行的。当然，"醉却东倾又西倒，双靴柔弱满灯前"，也并非说胡腾舞者喝得醉醺醺地摔盏跳舞，那样是很危险的。"舞蹈者有时是喝醉，在一种迷幻状态下跳舞的"说法[2]，值得商榷，模拟醉态的胡腾舞表演较为符合事实。

### （二）有葡萄图案的酒盏

唐代，葡萄图案广泛使用，衣饰、金银器、雕塑绘画等方面，都有葡萄图案的运用。如蔚为大观的瑞兽葡萄镜，有葡萄图案的金杯银盘，宗教石窟、寺观等建筑中大量葡萄图案的雕刻绘制，葡萄木、砖雕，等等。至于上有葡萄图案的水、酒盏，特别是陶瓷器，则少见记载。

1986年新疆和静县察吾沟口四号墓地出土的约

图27 葡萄纹彩陶罐实拍描图（采自王月月《新疆出土彩陶纹饰探析》，第186页图1）

图28 新疆和静县察吾乎沟口四号墓地出土西周至春秋早期葡萄纹彩陶罐（采自新疆文物考古研究所《新疆和静县察吾乎沟口四号墓地一九八六年发掘简报》，图版一〈3〉）

公元前8世纪—前5世纪（西周至春秋早期）的（葡萄纹）彩陶罐（图27、图28）[3]，可能是我国第1件有葡萄图案的陶瓷器[4]。陈继春指出，唐代陶瓷图案中的联珠纹、卷草纹、葡萄藤蔓、武士骑射禽鸟踏枝、联珠镶宝石等内容和排列方法都在公元1至5世纪的波斯工艺品上找到相似的东西。[5] 也就是说，唐代存在葡萄图案的瓷器。但直到唐宋时期，陶瓷器

---

1. 杨名：《唐代舞蹈诗研究》，第159页。
2. 李永平：《从考古发现看胡腾舞与祆教仪式》，第139页。
3. 新疆文物考古研究所：《新疆和静县察吾乎沟口四号墓地一九八六年发掘简报》，《新疆文物》1987年第1期，第1—9页，图五（2）、图版一（3）。关于此陶罐的时代，也有推测是新石器晚期临界青铜器时代（武润生：《新疆古陶：东西交融的质朴文明》，天山网http://www.travel.ts.cn/content/2010—01/05/content4688728.htm，2010-01-05）。如此，则在公元前2000年左右。
4. 关于此罐上纹饰名称，存有争议：考古发掘学者认为彩陶罐上纹饰是倒挂树叶纹和以不规则纵横方格及圆点示意的田地纹（新疆文物考古研究所：《新疆和静县察吾乎沟口四号墓地一九八六年发掘简报》）；武润生《新疆古陶：东西交融的质朴文明》与凤凰网大风号中国古美术所发布文章《一周一馆——新疆维吾尔自治区博物馆》（搜狐网http://www.sohu.com/a/211879143_100013415，中国古美术，2017-12-20）等认为彩陶罐上的纹饰为果实挂藤的葡萄纹和宽垄密植的田地图案；王月月认为陶罐有葡萄纹和葡萄藤蔓纹，陶罐纹样"是新疆地区十分少见的写实风格的纹样类型，在口沿下方有几条间隔相等的不规则黄色条状图形，形状圆润流畅，色陶衣与所绘的纹饰虚实对比；填有葡萄纹的条状纹饰与绘有葡萄藤蔓纹样的条状纹饰相间，葡萄的平面绘法和葡萄藤蔓的卷曲曼妙，整个彩陶的这种写实的画风显得生动活泼，稚拙有趣，这个彩陶是新疆地区十分特殊的一例彩陶"，陶器上"饰有葡萄纹，是笔者所能搜集到的唯一一款葡萄纹陶器。从正面看从口沿处向下过颈部到上腹部的位置，延伸有三条未填彩的部分；中间一个内绘有葡萄藤蔓的卷曲纹样，向左右两边卷曲，十分有趣；在左右两边的未填彩部分内绘有葡萄的形象，不过并不是圆的葡萄，看起来像是不规则的格子内填有一个小点，拙朴有趣，显示出该地区原始先民的艺术认知"（王月月：《新疆出土彩陶纹饰探析》，新疆师范大学硕士学位论文，2016年，第186、139页；又参见第81页，第186页图1〈表3-130〉，第139页CC4—2〈表3-76〉）。
5. 陈继春：《萨珊波斯与中国美术交流——中国美术中的琐罗亚斯德教因素》，《内蒙古大学艺术学院学报》2007年第1期，第39—44、90页。

图29 故宫博物院藏河南汲县附近出土唐代青釉凤首龙柄壶（采自陈继春《萨珊波斯与中国美术交流——中国美术中的琐罗亚斯德教因素》图12）

图30 河北井陉北防口壁画墓出土北宋中晚期白釉盏（采自河北省文物研究所等《河北井陉北防口壁画墓发掘简报》，图二二）

图31 杭州博物馆藏北宋建窑黑釉兔毫纹瓷盏

图32 南宋（？）吉州永和窑月影葡萄盏

图33 南宋（？）吉州永和窑葡萄盏

上的葡萄纹饰很少见。

故宫博物院藏有一个壶身有葡萄纹的青釉凤首龙柄壶，出土于河南汲县附近，"壶灰白色胎，通体施青釉，釉色淡青微黄透明度高"。[1] 显然，这青釉凤首龙柄壶上葡萄纹属点缀的附属纹饰，算不上真正的葡萄图案瓷器（图29）。

如前所述，唐宋时期，瓷盏的烧造是很普遍的。如见有北宋白釉盏出土。河北井陉县北防口壁画墓出土白釉盏（图30）1件（16JBFM1∶5），口径13.3厘米、足径5.7厘米、高5.1厘米，"敞口微侈，圆唇，上腹斜直，下腹内折使内底有一平台，窄圈足。外壁满饰细仰莲纹，……黄砂胎泛灰，胎厚坚致。……釉色泛青灰，木光"。据发掘者，该墓年代为北宋中晚期（约11世纪60年代至11世纪末）。[2] 碗盏也是博物馆中常见展品，如宋代的建窑盏、吉州窑盏都很有名（图31）。

唐五代宋时期大量水、酒、茶等盏类的烧造，表明葡萄图案盏的烧造是可能的。宋代似乎也有葡萄盏的出现。华夏收藏网上，2015年上传有1件葡萄盏，介绍文章说为正宗早期吉州永和窑印花茶盏，又称为月影葡萄盏（图32）。[3] 从图上看，似乎有葡萄图案。据该网2011年所传1件类似盏，该葡萄盏可能为南宋时期。网页上说2011年所传盏为吉州永和窑所出南宋吉州葡萄盏（图33），编号

---

1 陈继春：《萨珊波斯与中国美术交流——中国美术中的琐罗亚斯德教因素》，第42页。
2 河北省文物研究所、石家庄市文物保护研究所、井陉县文物保护管理所：《河北井陉北防口壁画墓发掘简报》，《文物》2018年第1期，第47—57页。
3 《正宗早期吉州永和（月影葡萄盏）》，华夏收藏网，http://jd.cang.com/1548194.html，2015/06/05。

图34　宿州市塘上嘉院遗址出土宋代吉州窑黑釉盏（采自张辉、宫希成《隋唐大运河通济渠（汴河）唐宋沉船与沿岸古文化遗存》，图版七）

图37　赫舍里氏墓出土明成化斗彩葡萄纹杯（首都博物馆藏）

图36　南宋泉州磁灶窑绿釉印花（葡萄纹）葵口瓷碟

图35　北宋（？）高丽青瓷童子葡萄纹斗笠盏

图38　杭州西湖钱王祠藏明高仕图酒盏

JY1816736，介绍文字说该盏有一点点小修，没有脱釉，葡萄发色好，窑变效果好，声音依然很好，直径12.8厘米左右，属民间瓷。[1]但看图，葡萄图案不清晰；是不是属南宋时期，也无法确定。这些"葡萄盏"与安徽省宿州市塘上嘉院遗址出土的宋代吉州窑黑釉盏还有些相似（图34）。但是，即使这些吉州永和窑葡萄盏是真品，也不能说是真正的葡萄盏，只是一种窑变形成的所谓"葡萄盏"，是类似的而不是真实的。

盛世收藏网论坛上见有金玉珍玩，2015年12月4日上传1件高丽青瓷童子葡萄纹斗笠盏（图35）[2]，据实物图，倒有些名副其实，花色是事先做好的，如若属实，应该是北宋所产出口高丽瓷器品。但我们无法确认是否为北宋瓷器。宋代已见葡萄纹瓷器（图36），《海峡都市报》（闽南版）2016年6月14日A06版所载《海丝路上的"抢手货"》一文中就有南宋泉州磁灶窑绿釉印花（葡萄纹）葵口瓷碟。若上述网上葡萄盏属实的话，宋代葡萄盏实物就是葡萄盏在历史上存在的明证。胡腾舞与葡萄长带、葡萄盏、葡萄酒密切相关，从现有胡腾舞形象图像出土、收藏情况可以看出唐宋及以后胡腾舞的存在与流传，也表明与胡腾舞相关的葡萄盏的存在延续的可能。

真正的葡萄盏实物见于明代，北京海淀区小西天赫舍里氏墓出土有明成化（1465—1487）斗彩葡萄纹杯（图37），实际上可以说就是一种葡萄盏，与杭州西湖钱王祠藏明高仕图酒盏（图38）形制很类似。

---

1　《吉州葡萄盏（永和窑）漂亮的葡萄》，华夏收藏网，http://www.cang.com/Trade/show-1816736-2.html，2011-05-22。
2　《12世纪高丽青瓷童子葡萄纹斗笠盏》，盛世收藏网·论坛，https://bbs.sssc.cn/thread-6076040-1-88.htm/。

图39 安陆市博物馆藏唐铜双耳葡萄壶

唐代未曾见到葡萄盏出土实物，但上引刘言史《王中丞宅夜观舞胡腾（王中丞武俊也）》一诗中载有"蒲萄盏"，此是历史上有关葡萄盏的最早记载，也表明唐代可能是葡萄盏出现的最早时代。

### （三）葡萄盏的质地

葡萄盏的质地，除陶瓷之外，应该还有金银。据上引刘言史《王中丞宅夜观舞胡腾（王中丞武俊也）》一诗中"手中抛下蒲萄盏"的描述来看，这葡萄盏质地硬实，起码抛下去不会轻易破碎损毁，其质地也有可能为金银。

唐代有金盏、银盏，但不知是否有金、银葡萄盏。初唐诗人王勃（650—676？）[1]《春思赋并序》

图40 浙江省博物馆武林馆区藏杭州西湖出土五代吴越莲瓣式银盏托

略云："杏叶装金辔，蒲萄镂玉鞍。"[2] 杏叶，如前所述为马具，"蒲萄镂玉鞍"当为镂刻葡萄纹饰的玉马鞍。说明初唐葡萄纹饰的使用还是很广泛的（图39），在金、银、陶瓷器等酒盏上有使用的可能。皇族或上层官宦家族使用金银器，包括金银葡萄盏，是可能的。金银盏有见于出土（图40）。达官贵族王中丞宅中观赏胡腾舞表演，提供胡腾舞者金银葡萄盏以饮用水或葡萄酒，都是有可能的。当然，一般胡腾舞表演者或自娱自乐胡腾舞者，使用一般的陶瓷葡萄盏，应该也是正常的事。

需要特别指出的是，葡萄酒的饮用、葡萄盏的使用，不仅仅限于胡腾舞的场合，在胡旋舞、柘枝舞、《轮台》踏歌舞等酒伴歌舞场合，都是适宜的。

### 结　语

"葡萄长带"一词见于中唐诗人李端《胡腾儿》诗中，实际上葡萄带早在初唐诗人作品中就已出现。

---

1　周祖譔主编：《中国文学家大辞典·唐五代卷》，第40页。
2　（清）董诰等编：《全唐文》（第二册）卷一七七，中华书局，1983年，第1799页。

关于"葡萄长带"的含义，学术界有四种观点：一是指绘有葡萄图案的长带，二是指带端为葡萄叶形状的软腰带，三是指带端为葡萄形状的藤蔓式长带，四是缀有假葡萄装饰的长带。这四种观点可以归结为两类：前一种是葡萄图案的葡萄带，后三种是葡萄造型的葡萄带。《全唐诗》中葡萄长带为葡萄图案的长带。认定葡萄造型的葡萄带证据，都来自祆教色彩浓厚的隋虞弘墓汉白玉石榻图像，是对同一图像的不同解读。把祆教火焰形长带看作或描述为葡萄长带，实际上是一种误认，因为两者间外形特征的确有相似性。祆教仪式中的火焰形长带不仅仅在胡腾舞者身上体现，还在胡旋、柘枝等胡舞者身上体现，甚至后者还是主要的体现者、使用者。这种误认，一定程度上从出土和传世的近70幅（件）胡腾舞等图像资料中未曾见到真正的葡萄叶实形态长带上也得到佐证。

葡萄长带在女性与胡舞舞者身上使用较为流行。葡萄长带一是女性或者说少女衣装组成部分，二是胡腾舞者衣装的组成部分，三可能也是胡旋舞、柘枝舞等舞者衣装的组成部分。葡萄长带并非胡腾舞者服饰的显著特征，因为胡旋舞、柘枝舞等胡舞者服饰上都可能用葡萄长带。由此，时人在胡腾舞形象的雕刻、雕塑、绘制上就没有刻意描绘出葡萄图案。现有胡腾舞图像资料中虽没有发现葡萄带的胡腾舞形象，但祆教文化特征外的胡腾舞者着葡萄纹腰带或帔帛的形象肯定不少。柘枝舞者不仅可能束有一种葡萄纹饰的丝带，还可能束有一种葡萄叶实图案螺钿带。这种葡萄叶实图案螺钿带一定程度上就是一种葡萄造型的带子了。葡萄长带有丝、棉、毛、麻等质地。女性及胡旋舞、柘枝舞舞者的衣装带子，多为丝织品；胡腾舞者的衣装带子，是棉、毛、麻质地。

葡萄长带可能是一种演化结果，是由祆教火焰形造型长带这种形式的使用转变为具有葡萄图案的长带的使用，尤其是丝、棉、毛、麻等质地葡萄长带。如果存在柘枝舞者葡萄造型图案的钿带，那可能是直接渊源于祆教火焰形造型长带。

胡腾、胡旋、柘枝等胡舞者由火焰形造型长带朝葡萄图案带的使用这种变化，可能也是胡人祆教徒一种祆教信仰的保留和影响，同时也是祆教一种本土化方向上的反映。原来主要是"赛祆"中的乐舞，到唐时已经成为内地一种较为流行的广受欢迎的乐舞，并渗入了较多的中原色彩。葡萄长带的出现、使用，可能更多得益于原胡人祆教仪式中火焰形长带的传播与影响，可以说，两者有一定的因果关系。

与胡腾舞、葡萄长带、葡萄酒密切相关的还有"葡萄盏"。葡萄盏最早出现于中唐刘言史《王中丞宅夜观舞胡腾（王中丞武俊也）》一诗中，一是指用来喝葡萄酒的酒盏，二是指上有葡萄图案的酒盏。葡萄盏除陶瓷盏外，还有金、银等质地。从胡腾舞形象图像出土、收藏情况来看，唐宋至明代与胡腾舞相关的葡萄盏存在延续的可能。唐宋以来，未曾见到葡萄盏出土实物，但可能存在着宋代葡萄盏传世品，真正的葡萄盏实物见于明代。葡萄酒的饮用、葡萄盏的使用，不仅仅限于胡腾舞的场合，在胡旋舞、柘枝舞、《轮台》踏歌舞等酒伴歌舞场合，都有使用。

概括起来，我们的结论如下：

（一）《全唐诗》中葡萄长带指上有葡萄图案的长带，由织绣或印花而成，有丝、棉、毛、麻等质地。

（二）把祆教火焰形长带看作或描述为葡萄长

带,实际上是一种误认;袄教仪式中的火焰形长带在胡腾、胡旋、柘枝等胡舞者身上均有使用。

(三)葡萄长带在女性与胡腾、胡旋、柘枝等胡舞舞者身上使用较为流行,女性及胡旋舞、柘枝舞者的衣装带子多为丝织品,胡腾舞者的衣装带子是棉、毛、麻质地,柘枝舞者还可能束有一种葡萄叶实造型图案螺钿带;由于葡萄长带并非胡腾舞者服饰的显著特征,因此在胡腾舞形象的雕刻、雕塑、绘制上就没有刻意塑造出葡萄图案,迄今所见近60幅(件)胡腾舞图像资料中也未曾发现葡萄带的胡腾舞形象。

(四)葡萄长带的出现、使用,可能是由袄教火焰形造型长带这种形式的使用转变为具有葡萄图案的长带的使用,是胡人袄教徒一种袄教信仰的保留和影响,也是袄教一种本土化方向上的反映。

(五)与胡腾舞、葡萄长带、葡萄酒相关的"葡萄盏",包括用来喝葡萄酒的酒盏和上有葡萄图案的酒盏,有陶瓷、金、银等质地;陶瓷、铜、金银等器上葡萄图案虽远溯至西周至春秋时期,但真正的葡萄盏实物出土于明代;葡萄酒的饮用、葡萄盏的使用,在胡旋舞、柘枝舞、《轮台》踏歌舞等酒伴歌舞场合都有体现。

附记:该文首次发表于2018年5月5—9日由敦煌研究院、中国社会科学院世界宗教研究所、中国宗教学会在敦煌莫高窟举行的"敦煌与丝绸之路多元宗教"学术研讨会上,这里做了修改、补充与完善。

# 洛阳唐代文化遗址中出土的若干西域美术题材

张乃翥

（龙门石窟研究院）

自两汉开通西域，以洛阳为辐辏的中原一带与葱西地区出现了广泛的人文交流。尤其隋唐以降，随着丝绸之路的日益畅通，中外互动不仅体现在物质领域，即在意识形态层面的精神领域中，中原地区的文化遗产亦有光彩四溢的显露，从而在非物质视域为人们认识古代东西方社会往来，提供了极富审美意义的认识元素。

## 一 洛阳文物遗存中所见的西域"格里芬"（Griffen）美术造型

有唐一代域外文明影响中原社会时尚的情况，洛阳近年出土文物中亦有美术迹象可资参考。如邙山出土神龙三年（907）的辅简墓志，志石四周线刻图画中，有一头部刻画成鹰喙、身躯为哺乳动物的怪异野兽形象（图1）。而龙门地区出土开元二十年（732）的张说墓志，志石四刹线刻图画中，除了见有一例鹰喙异兽外（图2），还有一躯动感强烈的"翼马"（图3）。

以往的考古发现表明，在我国鄂尔多斯及其邻近地区战国以来的古代遗存中，多有金、银、青铜等质地的装饰牌饰的出现。这类牌饰中，多见有一类鹰喙怪兽形象的艺术题材（图4）。学者们认为，

图1 洛阳出土唐神龙三年辅简墓志所见异兽浮雕

图2 洛阳出土唐开元二十年张说墓志所见神异形象

这类造型艺术明显受到西方斯基泰—阿尔泰装饰艺术的影响。[1]而带翼动物的艺术渊源，则可上溯到两河流域巴比伦文化的传移。这类出土文物实例表明，三代以降的黄河流域，通过草原丝绸之路与西域保持着源远流长的社会联系。

至于我国石刻文物中所见的带翼哺乳类动物形象，汉晋以降内地田野遗迹中不乏实例的出现。如南京、丹阳一带六朝陵墓的建筑中，即遗存有数量不少的具有西域风格的棱形石柱和翼兽石刻。学者们认为，这些历史遗迹，应"为希腊式之石柱及美索不达米亚（Mesopotamia）地方亚述（Assyria）式之有翼石兽。……此种作风，当自小亚西亚美索不达米亚传来"[2]。可见中原神异美术题材的文化渊源，可以上溯到遥远的西域文明的风式。

这类美术题材在西域地区常被称为"格里芬"（Griffen），是中古时代大量流入中国的一种美术题材。

或曰，此种有翼动物形象，亦即祆教《阿维斯陀》经典中的Senmurv神话动物的摹刻——1971年山东青州傅家发现的北齐线刻画像石上，即有此类艺术形象的刻画。"此图可视为中国画像石中较早出现的一幅正式赋有祆教意味的Senmurv图像。"[3]

至于辅简、张说墓志石刻中所见的鹰喙怪异神兽，从内地出土祆教石刻文物中，确实可以找到形态相近的实例。如西安北周安伽墓石棺床榻板正面及左右侧面的异兽刻画中，即有大约五幅同类的艺

---

1 图版引自乌恩岳斯图：《北方草原考古学文化研究》，科学出版社，2007年，彩色图版页7。
2 朱偰：《建康、兰陵六朝陵墓图考》，中华书局，2006年，第4页。
3 参见姜伯勤：《青州傅家北齐画像石祆教图像的象征意义》，氏著：《中国祆教艺术史研究》，生活·读书·新知三联书店，2004年，第64页。

图3 洛阳出土唐开元二十年张说墓志所见翼马形象

图4 陕西神木县出土的金冠饰上具有斯基泰艺术风格的鹰喙神兽

术题材的出现[1],这在一定意义上说明洛阳唐代石刻绘画的确受到东来祆教艺术的影响。

史籍记载,开元十年(722)八月,张说率师平定六胡州粟特康待宾余部康愿子部落的叛乱,继之遣散降胡五万余口于许、汝、唐、邓、仙、豫等州,致空河南、朔方千里之地。[2] 饶有趣味的是,张说死后祔葬的墓志石刻,竟出现摹刻粟特传统宗教的艺术题材。此或张说节度朔方期间谙悉胡人文化风尚欤?——东西方人文生态中的这种两相悖反的场态现实,无疑从微观生活的层面折射出唐代中原社会宏观文化时态的鲜活与斑斓。

总而言之,这类具有异域情调的格里芬美术样本在洛阳盛唐文物遗迹中的出现,足以从一个侧面

---

1 图版参见姜伯勤:《西安北周萨宝安伽墓图像研究》,氏著:《中国祆教艺术史研究》,第107页。
2 (宋)司马光:《资治通鉴》卷二一二《唐纪二八》,中华书局,1956年,第6752页。

图5 1991年洛阳偃师北窑乡
　　出土初唐武士俑

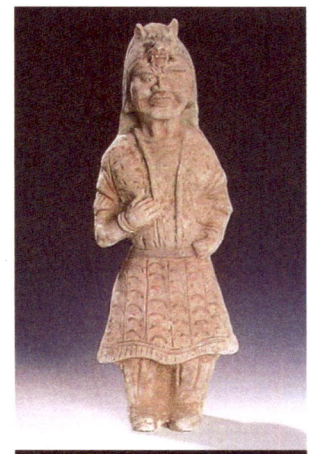

图6 2001年洛阳偃师前杜楼村
　　出土初唐武士俑

的文化遗存中，不断见有一种头戴狮、虎形头盔的武士艺术形象。如1991年洛阳偃师县北窑乡出土的一件初唐时期的彩绘武士俑，通高42.8厘米。其个体造型特征，为头顶披挂一件尖耳状的狮头帽盔，帽盔正面，狮子眼睛深凹，炯炯有神；鼻梁高兀，颇具立体感；吻颌张弛，犬齿锐利，传达出这类猛兽动物的特有气质。狮头的口颌下端，有前爪一对，伏着于陶俑的眉际。帽盔下段，以皮质护脖连缀于狮头造型的末端（图5）。又如2001年偃师县前杜楼村初唐墓葬出土的一件白釉武士俑（图6）。[1]这类艺术形象在洛阳中古文化遗迹中的出现，从构图元素和文化渊源上考察，显然含有西域希腊—罗马文化圈传统艺术题材"赫拉克利斯"美术造型的遗质。

根据以往学者们的研究，我们知道西域美术世界中的赫拉克利斯形象，来源于希腊、罗马神话故事同一题材的传说——他是一位拯救人类苦厄的英雄人物，据说他曾为此完成了十二件艰巨的任务。而其中第一项任务就是与一头刀枪不入的狮子搏斗，最终成功将狮子勒死，并将狮子皮剥下，披在自己身上，而狮头则成了他的头盔。因此自公元前6世纪中期以来，头戴狮子形帽盔的艺术定格，构成了"赫拉克利斯"美术形象的标识性特征，从而出现在数以千计的希腊、罗马陶瓶、壁画、钱币、铜、石雕像乃至相关装饰物品上（图7）。[2]

这位传说中的希腊神话英雄人物，至公元前4

反映了当时中外文化交流的持续存在。

## 二　洛阳文物遗存中所见的西域"赫拉克利斯"（Heracles）美术造型

此外，由考古发现得知，在中原地区中古时代

---

1　以上两件陶器造型，参见洛阳市文物局编：《洛阳陶俑》，北京图书馆出版社，2005年，第216、286页。
2　关于西方赫拉克利斯美术造型的演递情况，参见Frank Brommer，*Heracles: The Twelve Labors of The Hero in Ancient Art and Literature*（N. Y.: Aristide D. Caratzas，1986），pp.65-67; Mark W. Padilla，*The Myth of Heracles in Ancient Greece*（Lanham，New York，and Oxford: University Press of America，1998），pp.3-6。根据F. Brommer的搜罗，仅是和赫拉克利斯故事相关的希腊陶瓶即达8000件，以他和狮子搏斗为题材的陶瓶最多，有数百件。参Mark W. Padilla，op.cit.，p.42。转引自邢义田：《赫拉克利斯（Heracles）在东方》，荣新江、李孝聪主编：《中外关系史：新史料与新问题》，科学出版社，2004年，第17页。

图7　西方早期的赫拉克利斯造像 　　　　　　　　　　图8　罗马帝国时期的赫拉克利斯石刻造型

世纪时，受到亚历山大大帝的极力崇拜。亚历山大及其家族深信他们是赫拉克利斯和另一位英雄人物阿奇利斯（Achilles）的后代。所以亚历山大在东征中亚时代，在其所造的钱币和雕刻中，多将自己的形象刻画成赫拉克利斯的模样。这种崇拜赫拉克利斯的行为，又得到后来几位罗马大帝的效仿，以至中亚、印度一带希腊化时期的诸多文物中，出现了数量极多的赫拉克利斯形象（图8）。

随着中外文化交流的开展，流行于西域地区的赫拉克利斯艺术母题遂又越过葱岭渐浸于东方。史载："疏勒国，在姑默西、白山南百余里，汉时旧国也。……其王戴金狮子冠。"[1] 以是可知，中古时代这种西方装束曾经影响到丝路沿线相关部落的人文生活。

而在中国石窟寺造像系统中，随着西方文化对佛教艺术的濡染，这类美术题材亦开始出现在同期的装饰母题中。据考，大约创建于3—5世纪之际的中国龟兹石窟造像遗迹中，已见有模仿西方赫拉克利斯装束的护法神王的形象。

在地处陇东的麦积山石窟，北周第4窟前廊正壁"天龙八部"造像中，亦有形象类同的艺术个例的塑造。及至后来，这种头戴狮或虎皮护盔的武士形象，则又随着佛教艺术在中国内地的传播及其宗教艺术世俗化的进程，扩散于甘肃、河南、四川、河北等地的石窟寺艺术和墓葬明器陶俑中。[2]

---

[1] （北齐）魏收：《魏书》卷一〇二《西域传》，中华书局，1974年，第2268页。
[2] 有关赫拉克利斯美术遗迹在东方文化史上的形态沿革，详见邢义田：《赫拉克利斯（Heracles）在东方》，第15—48页。

值得注意的是，就洛阳地区相关文物的时代序列而言，唐代墓葬明器中"赫拉克利斯"美术遗迹出现的前期，当地佛教石窟寺艺术系统中——如巩县石窟寺第4窟北魏晚期一组"十神王"造像中——亦有一身头戴狮形帽盔的类型个体的出现。考虑到中原一带这类美术遗迹与葱岭以东石窟寺系统中同类艺术题材的衔接关联，我们认为东方文化遗迹中"赫拉克利斯"美术产品的传延，应该与佛教造型艺术的引纳、阐扬有密切的关系。中原墓葬文物中"赫拉克利斯"美术遗迹的产生，实际与佛教及其艺术日渐世俗化的进程，有着内在联系。

学者们的研究已经表明，这类艺术形象在东方佛教美术造像和世俗明器文物中的流行，总体上反映了东西方文化交流与传播实际历程的情采与魅力。由此看来，唐代洛阳文物系统中这种带有浓郁西方文化色彩的美术样本及其承载的人文背景，无疑折射出中原地区繁荣一代的文化艺术，有传习西方古代文明踪迹的历史遗韵包含在其中。

## 三 洛阳文物遗存中所见的西域"赫瓦雷纳"（Hvarenah）美术造型

文物考察显示，当丝绸之路文化交流的繁盛时期，久享西域波斯故国的一种祆教美术题材赫瓦雷纳——一种口中衔有绶带或颈部系有绶带的鸟类艺术形象，亦在北魏以降流播于丝路沿线的装饰美术作品中。这更从文化史角度显示出西域文明东渐华夏的势态。

据萨珊波斯时代流行中亚的祆教经典及其世俗社会的解经传说，这类颈部系扎绶带的动物形象，其实原本赋有祆教神祇的含意。阿扎佩（Guitty Azarpay）认为，这种颈部结扎绶带的鸟类美术形象，实乃描绘伊朗故地传统流行的"赫瓦雷纳"的美术概念。它"表达运气、好运的概念。……伊朗的Hvarenah的概念，在表达好运的场合，据波斯作家的资料，总是与兽身鸟、光线、头光、光焰等表现形式联系在一起"[1]。"Hvarenah"亦被解释为"生命中的吉祥"，转义为幸运，使好运得以实现的幸运事业，与光明的性质相联系的好运，最后是关于王家无上光荣的思想，等等。[2]"在波斯的语境中，与动物形式相联系的Hvarenah，意味着一种盛大的好运随之而来。"[3]人们称它们为"波斯式吉祥鸟图像"[4]。

对于这一盛行于西域一带的美术题材而言，有西方学者在其著作中使用"ring-bearing bird"一词，意谓"垂着绶带的鸟"（戴环鸟）[5]，显然是依据它们的视觉形象给出的直解。其实，就目前业已收集到的图像数据来看，这种颈部系扎有织物绶带的美术题材在西方应该称之为"ribbon-bearing bird"更

---

1  Guitty Azarpay,"Some Lranian Lconographic Formulae in Sogdian Painting", *Iranica Antiqua* XI. 转引自姜伯勤：《中国祆教艺术史研究》，生活·读书·新知三联书店，2004年，第67—69页。
2  参见Guitty Azarpay,"Some Lranian Lconographic Formulae in Sogdian Painting", *Iranica Antiqua* XI, 论文注23。据贝利（H. W. Bailey）：《九世纪典籍中的琐罗亚斯德教问题》，牛津，1943年。转引自姜伯勤：《中国祆教艺术史研究》，第69页。
3  Guitty Azarpay,"Some Lranian Lconographic Formulae in Sogdian Painting", *Iranica Antiqua* XI. 转引自姜伯勤：《中国祆教艺术史研究》，第48页。
4  姜伯勤：《中国祆教艺术史研究》，第47页。
5  Guitty Azarpay,"Some Lranian Lconographic Formulae in Sogdian Painting", *Iranica Antiqua* XI, pp.168-177.

为合适。

这种鸟在粟特佛典资料中曾被称作farn（prn）。因而我们相信画像石中频频出现的这些有头光的瑞鸟，就是上述称为Hvarenah的吉祥鸟。有的吉祥鸟颈部有中国传统称为"戴胜"的饰物。这使我们联想起学者们曾经说过的"在安息艺术中，戴环鸟（ring-bearing bird）是表达一种Hvarenah式的繁盛或好运的概念……伊朗Hvarenah的概念，在波斯史料中与好运相关联的场合，有好几种现象，包括有翼兽、有翼羊和有翼的'光'"。诚如姜伯勤先生论述有翼"异兽"图像时已经指出的那样，Hvarenah的另一种化身曾见于Senmurv的艺术母题。[1]

萨珊波斯艺术中亦有类似凤凰的神鸟，波斯人所谓之"森穆夫"（Sermuv），是波斯火祆教十大保护神之一。萨珊金银器和建筑构件上常见森穆夫图案，主要为有翼神犬、有翼骆驼形象，只是尾部经常采用孔雀尾巴的造型，显得冗缀飘逸、气息浪漫。

这类系绶动物的美术形象，在波斯故地有着源远流长的历史传统。这从出土遗迹的文化实例中可以得到印证。如德黑兰国立考古美术馆藏伊朗马赞德兰省出土的一件6—7世纪舞蹈纹银碗上錾刻的含绶鸟形象（图9），耶鲁大学所藏一件西亚出土的6—8世纪萨珊系绶羊纹织锦（图10）[2]，俄罗斯圣彼得堡艾尔米塔什博物馆藏8世纪粟特山羊纹银杯上的系绶动物形象。粟特美术遗迹中题材类同的典型实例，可以从圣彼得堡艾尔米塔什博物馆藏藏品中窥见一斑。

有学者认为，作为视觉崇拜的对象，具有火祆

图9　德黑兰国立考古美术馆藏伊朗马赞德兰省出土6—7世纪舞蹈纹银碗所见含绶鸟形象

教寓意的含绶鸟来源甚古，它象征着王权，是帝国权威的象征。为了说明这一问题，不能不提到伊朗庇斯托的大流士（前522—前486）平定四海的纪念碑。该碑虽残，但却保留了希腊化时期的希腊文以及具有浓厚希腊风格的有翼天使岩刻。天使手中捧着象征王权的王冠，反映了波斯人王权神授的观念。这种神授王冠的图案在帕提亚（安息）以后频繁出现，图案中的有翼天使也逐步演变成有翼的鸟类。

鸟与王冠的结合表现出以下特点：一是含绶鸟颈后的绶带与王冠绶带相同。在安息诸王的货币上，均出现国王戴冠的肖像，冠后都毫无例外地具有这种绶带。萨珊朝完全继承了这种传统，冠绶带不仅见于货币，在银器和岩刻肖像上也屡见不鲜。例如在塔夸·夷·布斯坦的波斯王阿尔达希尔二世（379—383）叙任图岩刻中，密特拉神、奥马兹德神

---

1　参见姜伯勤：《中国祆教艺术史研究》，第48页。
2　图版引自罗世平、齐东方：《波斯和伊斯兰美术》，中国人民大学出版社，2004年，第100页。

图10 耶鲁大学藏西亚出土6—8世纪萨珊系绶羊纹织锦

和阿尔达希尔二世所戴王冠以及腰间，都具有这种绶带，甚至作为授权象征的环下，也垂有这种绶带。二是含绶鸟嘴中所衔的项链，与王者颈部所佩戴的项链近似。这种饰以连珠纹的项链，多见于安息和萨珊银币；在前述塔夸·夷·布斯坦叙任图，以及那克希·夷·鲁斯塔姆的沙晋尔一世骑马战胜图，也都可以为证。三是含绶鸟身上和图案环中常见的连珠带，在王冠上也被大量应用，这一点可从安息和萨珊银币图像中得到明证。四是将象征性的鸟翼安置在王冠上。巴拉姆二世、奥尔马兹德二世、巴拉姆六世、库斯老二世、布伦以及伊嗣俟三世时期的银币上，均有此类图像。

与佛教结合后的含绶鸟形象，还象征再生或永生，在犍陀罗佛教浮雕中被反复描绘。一般认为是死者灵魂的象征，即鹅鸟是灵魂的住处，鸟是灵魂的搬运者。

综上所述，含绶鸟图案，象征着帝王的神格化、王权神授，或者说帝王作为神再生不死的观念，反映了一种祖灵崇拜的宗教现象。所谓祖灵，相当于琐罗亚斯德教的守护力。因此，这类图像不仅象征着帝王的荣光和幸运，对于庶民来说，自然也应当具有吉祥、繁荣昌盛等极广泛的含义。[1]

如1931年2月，洛阳邙山半坡出土北魏孝昌三年（527）宁懋石室一座，石室内壁即有这种颈部系有绶带的禽鸟形象（图11）。[2]值得注意的是，宁懋石室的这一铺石刻线画中，与含绶鸟图像毗邻的还有象征"化生"的佛教美术图样，这恰恰从信息源角度反映出这一文化遗存受到多重西域文化影响的情势。

继此之后，洛阳地区的石刻文物中，这种含绶鸟图像急剧增多，几至形成当地上层社会一道亮丽的人文风景线。仅以出土唐代石刻为例，近年洛阳地区至少面世了15铺含绶鸟线刻艺术作品。[3]在这些含绶鸟美术遗迹中，最重要的文物实例如下。

1. 2004年8月，洛阳邙山出土垂拱四年（688）博州刺史韦师墓志一合。志石长72.5、宽72.5、厚17厘米；志盖长72.5、宽72.5、厚14厘米，盖芯篆书"大唐故博/州刺史京/兆韦府君/墓志之铭"。志

---

[1] 许新国：《由含绶鸟纹织锦说开》，《青海日报》2003年4月25日第2版。
[2] 石藏美国波士顿博物馆，图版引自黄明兰编著：《洛阳北魏世俗石刻线画集》，人民美术出版社，1987年，第101页。
[3] 参见张乃翥：《洛阳历史文物中含绶鸟美术遗迹的文化学考察》，《形象史学研究》第5辑，人民出版社，2015年，第107—143页。

图 11　洛阳邙山出土宁懋石室线画中所见含绶鸟形象

盖盝顶四刹的下侧和右侧，刊有绶带自身下飘于尾后的含绶鸟各一躯（图12）。[1]

2. 1981年，葬于景龙三年（709）的唐陆胡州大首领安菩萨墓葬文物于洛阳龙门东山北麓出土。其中石刻墓门一套，通高173、宽129.4厘米，门洞高92、宽82厘米，是近代洛阳首次经考古发掘出土的一组珍贵的粟特人文物。在其拱形门楣的正面，有含绶鸟线刻画一铺，从而由美术史料角度透露出唐代入附中原的胡人部落中，富有浓郁的西域文明的内涵（图13）。[2]

3. 2004年10月，洛阳龙门东山北麓出土开元六年（718）饶州刺史来景晖墓志一合。志石长75、宽75.5、厚14厘米；志盖拓本长51、宽50.5厘米，其四刹装饰图案纹样中，亦有含绶鸟线刻一例（图14）。[3]

4. 2004年春，洛阳偃师县首阳山南麓出土开元十八年（730）许景先墓志一合，志石长88、宽88、厚15厘米，其四周装饰纹样中见有含绶鸟线刻两例

---

[1] 图版引自张乃翥：《龙门区系石刻文萃》，国家图书馆出版社，2011年，第77页。
[2] 图版引自洛阳市文物工作队：《洛阳龙门唐安菩夫妇墓》，《中原文物》1982年第3期，第21—26页，图版8。
[3] 石刻拓本，系作者购藏于洛阳古旧市场。

图12 韦师墓志盖线画中所见的含绶鸟形象

图14 龙门地区出土唐来景晖墓志盖所见的含绶鸟造型

图13 洛阳龙门出土景龙三年安菩萨墓门石刻所见含绶鸟造像

（图15）。[1] 许景先，《唐书》有传。此亦唐史传记人物历史遗物涉及含绶鸟美术题材的实例。

5. 近年龙门东山南麓出土开元十九年（731）卢正容墓葬石刻一套，墓门通高180、宽116厘米，石刻后为河南博物院收藏。其墓门门楣亦有含绶鸟线刻一铺（图16）。[2]

6. 2005年春，龙门西山出土开元二十七年（739）比丘尼悟因墓门石刻一套，墓门立面通高172、宽118厘米。门楣底宽97、楣拱高37厘米，其装饰刻画中亦见含绶鸟线刻一铺。[3]

7. 1992年龙门西山北麓发掘出土开元二十八年（740）唐睿宗故贵妃豆卢氏墓志一合。志石长77、宽77、厚20厘米；志盖长75.5、宽75.5、厚18.5厘米，盖芯篆书"唐故贵/妃豆卢/氏志铭"。志盖四

---

1 图版引自张乃翥：《龙门区系石刻文萃》，第492页。
2 图版引自张乃翥：《龙门区系石刻文萃》，第155页。
3 图版参见张乃翥：《龙门区系石刻文萃》，第186页。

洛阳唐代文化遗址中出土的若干西域美术题材 | 113

刹四神装饰图案中，有系绶朱雀及系绶翼龙、系绶翼虎、系绶玄武的图像。[1] 同墓出土石刻墓门一套，其圆拱形门楣底宽122、拱高57、厚11厘米，内有含绶鸟线刻一铺（图17）。[2] 墓门门楣中这种呈对称刻画的含绶鸟美术图案，洛阳以外的唐墓中亦有发现。如山西万荣县发掘出土开元九年（721）薛儆墓石椁门楣中的含绶鸟线刻造型，即为一处著名的文物遗迹。[3]

另在敦煌石窟的隋代壁画中，亦曾见有足下踩踏莲花的含绶鸟形象（图18）。

从文化形态学（Cultural Morphology）角度考察，上述石刻中所见的这类所谓的"含绶鸟"美术造型，典型特征是其颈部系有抑或口中含有向后飘拂的绶带，由此形成中古美术史上一种具有标识性形象特征的视觉样本。尤其是连续刻画于石刻墓门门楣之间的那种身下踩踏莲花图案且呈现相向对称形态的美术造型，以颇具情节表演寓意的画面内容，更为高端社会阶层所热衷。

洛阳出土的为数众多的唐代铜镜，其镜背装饰图案中每有足下踩踏莲花的含绶鸟刻画。著名的实例如偃师杏园村唐开元十年（722）卢氏墓出土含绶鸟纹铜镜（M1137：35），即以构图对称而意境优美的画面造型，给人们留下深刻的印象。[4]

在墓葬器物中，源自含绶母题的图案亦不绝如缕。兹略举一二实例如下。

---

1　图版参见张乃翥：《龙门区系石刻文萃》，第191页。
2　图版拓本，系作者自藏。
3　图版见山西省考古研究所编著：《唐代薛儆墓发掘报告》，科学出版社，2000年，图版一四。
4　参见谢虎军、张剑编著：《洛阳纪年墓研究》，大象出版社，2013年，第312页。

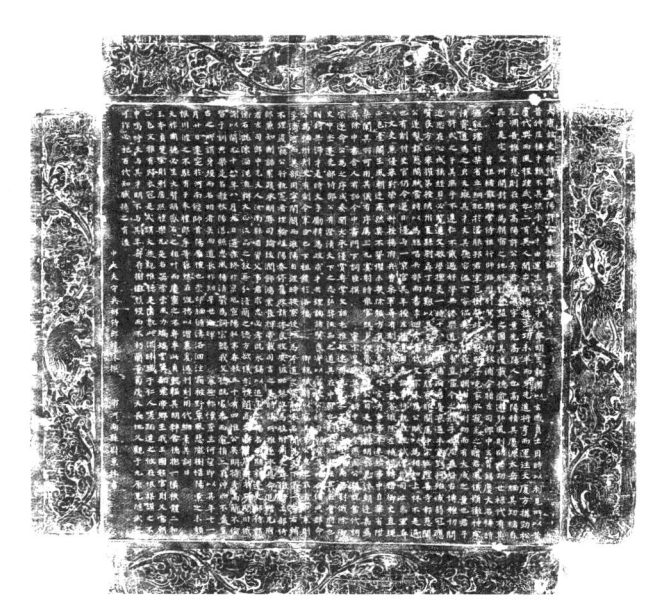

图15　洛阳偃师县首阳山出土开元十八年（730）许景先墓志四周所见含绶鸟线刻

图16　龙门地区出土唐卢正容墓门所见含绶鸟造型

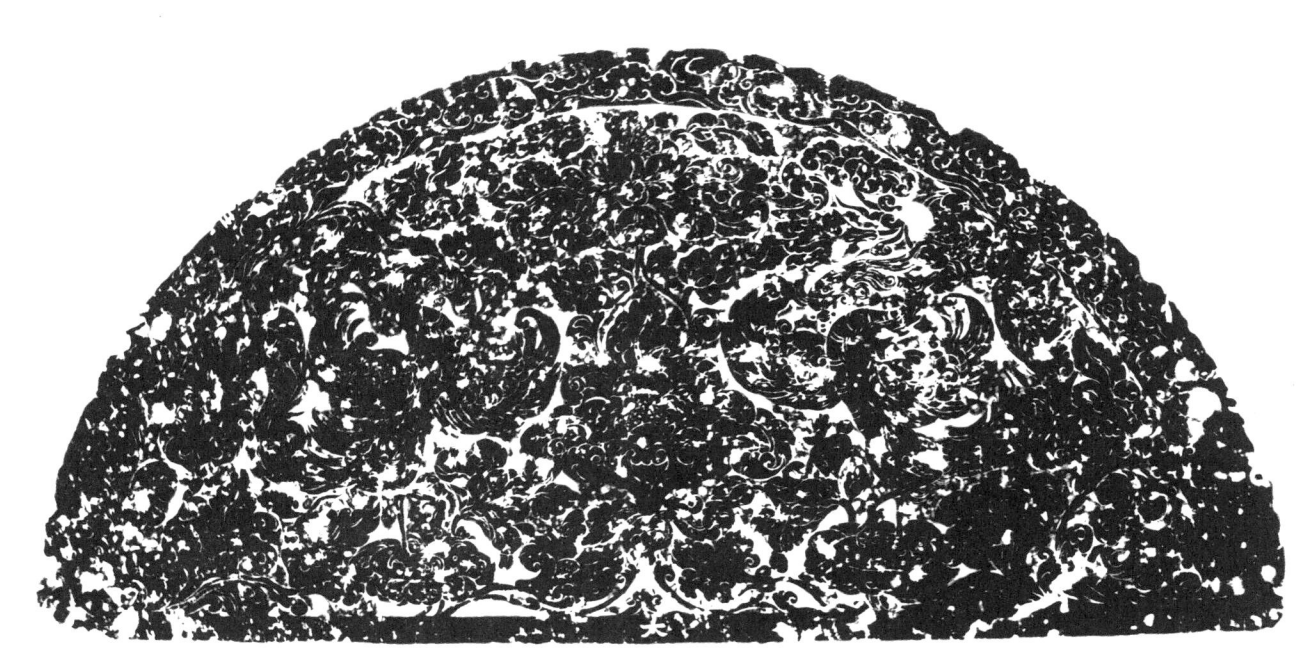

图17 龙门出土豆卢氏墓门门楣所见含绶鸟造像

图18 隋代敦煌壁画上的凤鸟衔花图案

1997年，洛阳北郊唐颍川陈氏墓M937出土一件漆盒，器盖外局部、盖内局部都带凤鸟衔绶带图案，凤呈站立状，翅膀展开，口衔花草。[1]

2000年，洛阳市东明小区唐墓（C5M1542）出土一件鎏金三足银盒，口径5.2、通高2.8厘米。器身为圆形，侈口，浅弧腹，圜底，三蹄形足。盖捉手内饰花瓣纹，盖周以鱼子纹满铺地，錾刻凤鸟衔花草。盒面纹饰以鱼子纹为地，腹部錾刻三组凤鸟衔草纹，足上部錾刻叶纹。[2]

有关含绶鸟艺术形象在中古时期汉地上层社会中的文化影响，唐人诗歌作品曾有脍炙人口的讴歌。一代文豪张说《十五日夜御前口号踏歌词二首》诗曰：

花萼楼前雨露新，长安城里太平人；
龙衔火树千重焰，鸡踏莲花万岁春。
帝宫三五戏春台，行雨流风莫妒来；

---

[1] 洛阳市文物工作队：《洛阳北郊唐颍川陈氏墓发掘简报》，《文物》1999年第2期，第45—46页。
[2] 图见洛阳市文物工作队：《洛阳市东明小区C5M1542唐墓》，《文物》2004年第7期，第55—66页。

西域灯轮千影合，东华金阙万重开。[1]

诗中"火树"、"灯轮"之遣词，作者已经直接指明为"西域"之所出，实际即为西方东来景教信徒"圣诞节"里每每装饰的"圣诞树"之类吉祥物。由此可见有唐一代西域文明湮染华夏的氤氲。

至于诗中所谓"鸡踏莲花"之描述，结合以上美术遗迹的探讨，无疑则是对魏唐时代洛阳石刻中时常见到的"含绶鸟"美术题材的俗称，其文化背景又来源于西域祆教美术传统的湮染。

从比较美术学（Comparative Arts）视域对上述文化遗迹进行相互整合的考察，我们显然可以从不同民族间美术题材的比对研究中，感受到美术与人类其他领域内活动事态的关联。由此我们能够理解，由于北魏以来这一美术题材时常以一种身下雕刻莲花的禽鸟来表现，以致被世人习称为"鸡踏莲花"而成为当时社会风俗的一种。上述文化遗产的系统研究已经表明，这一美术题材盛唐前后曾经流行于洛阳地区上层社会的文化遗迹中，从中折射出西域宗教文化对东方视觉艺术和审美需要的影响。

史载神龙元年（705）八月三十日中宗"御洛城南门观斗象"[2]。十一月十三日，"御洛城南门楼观泼寒胡戏"[3]。

景龙三年（709）十二月"乙酉，令诸司长官向醴泉坊看泼胡王乞寒戏"[4]。

先天二年（713）"上元日夜，上皇御安福门观灯，出内人联袂踏歌，纵百僚观之，一夜方罢"[5]。同年二月"有僧婆陁请夜开门燃灯千百炬，三日三夜。皇帝御延喜门观灯纵乐，凡三日夜"[6]。

帝庭如此之取法异邦民俗，难怪当世名辈张说能有生花妙笔传神于篇章——封建国家对西域胡风的热衷，正是一代朱紫学士意识形态潜移默化、风从跟进的基本动因，这无疑为我们的这种学理观念提供了文化动力学（Cultural Dynamics）的语境印证。

至此我们可以明了，洛阳唐宫遗址中出土的那些刻画有连珠纹和"双凤"纹的铺地方砖，其美术创作渊源，原本来自西域文明对华夏故土的浸染——"双凤"图案的原本语源，更准确地应该称之为"含绶鸟"，它是当年中西文化交互影响、审美需要跨地域补偿的硕果。

## 四 武则天"转轮王"政教遗址中的西域"摩羯鱼"美术遗迹

天竺佛教既然如此浸染交融于初唐上层社会，则中原国家必有意识形态领域的深层措意贯穿于其间，这由武周时代另一神都遗事可以醒阅于人目。唐史记载：

（垂拱四年）春二月，毁（洛京）乾元殿，就其地造明堂。……夏四月，魏王武承嗣伪造瑞石，文云"圣母临人，永昌帝业"，令雍州人唐同泰表称获之洛水。皇太后大悦，号其石为"宝图"，擢授同泰游击将军。五月，皇太后加尊号曰"圣母神皇"。秋七月，

---

1 《全唐诗》卷八九，中华书局，1960年，第982页。
2 （后晋）刘昫：《旧唐书》卷七《中宗纪》，中华书局，1975年，第140页。
3 《旧唐书》卷七《中宗纪》，第141页。
4 《旧唐书》卷七《中宗纪》，第149页。
5 《旧唐书》卷七《睿宗纪》，第161页。
6 《旧唐书》卷七《睿宗纪》，第161页。

大赦天下，改"宝图"曰"天授圣图"，封洛水神为显圣，加位特进并立庙。就水侧置永昌县，天下大酺五日。……十二月己酉，神皇拜洛水，受"天授圣图"，是日还宫，明堂成。[1]

"天授圣图"一事，长期以来因其实物阙如致使人们疑其有无。人们从这一简略史记的字里行间，绝难想象神皇洛水受图与当天明堂落成之间会有任何的内在联系。否则，武周东都史上一桩彰显中外文化互动的政教公案，以及武氏独运机杼之政治智慧与难以遮掩的个人魅力，竟因文物不彰而湮闻。

20世纪70年代，洛阳考古工作者在发掘隋唐东都宫城遗址的过程中，清理出了一件雕饰瑰异的石刻艺术作品。这件艺术石刻残长89、高52、宽48厘米，系一青灰色石灰岩质地的立体圆雕。在艺术形态刻画定型上，其整体面貌为一张口弹舌、悠游搏击的水生动物形象。该头像双目炯炯，熠熠生辉；犬牙交错，令人生畏。其上颌冗肥，前端卷起，从生理器质上看，颇类大象之长鼻。其下颌宽阔浑厚，遍缀卷须；口内长舌翻转，吮一鱼类（图19）。

从审美学角度考察，这件宫廷雕刻题材新颖，造型别致，刀法娴熟，技艺精湛，在隋唐东都遗址以往出土的所有石刻文物中，属于一件极具传神魅力的唐代艺术杰作。美中不足的是，由于世事沧桑、历史迁革的原因，这件石刻出土之际业已残缺其后身，令人难以窥见其全貌。[2]30多年来，这一石刻文物一向被视为一件普通的宫廷建筑构件"石魖首"而被长期闲置于文物部门的庭院、库房中，任凭其昔日峥嵘的神

图19　洛阳唐宫遗址出土摩羯鱼

光风采及扣人心弦的人文背景遭遇冷落。

当我们善于把眼光留意于西域文明渐浸东方时，我们自然有可能对中外交通繁荣时代的内地历史资料给予视角独特的建构——中国传统史料领域迄今鲜见的文化题材，其历史渊源大抵与域外文明有着千丝万缕的联系。洛阳考古实践中这一不期之至的发现，启发我们把研究视野投向遥远的西方世界。

考洛阳唐宫遗址出土的这件石刻艺术作品，按之文物单元的形态类比和历史文献的相关解释，应为源于古代印度佛教神话故事中的"摩羯鱼"造像。

以往的考古研究表明，远在公元前2世纪至公元1世纪前后的中印度桑奇佛塔（Great Stupa at Sanchi）石雕栏楯装饰图案中，即有这类动物形象的出现（图20）。另在南印度时代与此接近的阿马拉瓦提佛塔（Great Stupa at Amaravati）栏楯雕刻和阿旃陀石窟（Ajanta Caves）中，也有摩羯鱼艺术形象的刻画（图21）。[3]

摩羯鱼在印度梵语中称为"摩伽罗"（Makara），意即鲸鱼、巨鳌，亦"谓鱼之王也"。

---

1　《旧唐书》卷六《则天皇后纪》，第118—119页。
2　洛阳市文物考古研究院编著：《隋唐洛阳城天堂遗址发掘报告》第四章"出土遗物"，科学出版社，2016年，第68页。
3　图版系作者2015年春拍摄于印度金奈的马德拉斯博物馆（Madras Museum）及阿旃陀石窟（Ajanta Caves）。

洛阳唐代文化遗址中出土的若干西域美术题材　｜　117

图20　中印度桑奇佛塔牌楼上的摩羯鱼

关于摩羯鱼在佛教演替历史上的相关传说，东晋时代游历我国的罽宾三藏瞿昙僧伽提婆所译《中阿含经》卷三四《商人求财经》中曾有如下的情节：

往昔时阎浮洲中诸商人等，皆共集会在贾客堂而作是念：我等宁可乘海装船入大海中取财宝来以供家用……我等宁可各各备办浮海之具，谓殺羊皮囊大瓠押侠筏……便入大海，彼在海中为摩竭鱼王破坏其船。[1]

与这类海中遭遇摩羯鱼危难故事相仿佛，玄奘在其《大唐西域记》中对摩揭陀国相关文物遗迹中的因缘故事另有精彩的记叙：

菩提树垣西北不远，有窣堵坡，谓郁金香，高四十余尺，漕矩吒国商主之所建也。昔漕矩吒国有大商主，宗事天神，祠求福利，轻蔑佛法，不信因果。其后将诸商侣，贸迁有无，泛舟南海，遭风失路，波涛飘浪。时经三岁，资粮罄竭，糊口不充。同舟之人朝不谋夕，戮力同志，念所事天，心虑已劳，冥功不济。俄见大山，崇崖峻岭，两日联晖，重明照朗。时诸商侣更相慰曰："我曹有福，遇此大山，宜于中止，得自安乐。"商主曰："非山也，乃摩竭鱼耳。崇崖峻岭，须鬣也。两日联晖，眼光也。"言声未静，舟帆飘凑。于是商主告诸侣曰："我闻观自在菩萨于诸危厄，能施安乐。宜各至诚，称其名字。"随即同声归命称念。崇山既隐，两日亦没。俄见沙门威仪庠序，杖锡凌虚而来拯溺，不逾时而至本国矣。因即信心贞固，求福不回，建窣堵坡，式修供养，以郁金香泥而周涂上下。[2]

北印度地区亦有与摩羯鱼故事相关的文物古迹。对此，6世纪中叶北魏使人宋云西域行记曾有简略记载："（云等）至辛头大河，河西岸有如来作摩羯大鱼从河而出。十二年中以肉济人处起塔为记，石上犹有鱼鳞纹。"[3]

古代印度佛教史迹中诸如此类的摩羯鱼掌故，反映出次大陆佛教社会对摩羯鱼在信仰教化思想引导中的形意价值有着普遍的认识。循此而推绎，我们不难发现，洛阳唐宫遗址中出土的这件摩羯鱼刻

---

1　《中阿含经》卷三四《商人求财经》，《频伽精舍校刊大藏经》，昃帙第六册，第67页。
2　（唐）玄奘、辩机原著，季羡林等校注：《大唐西域记校注》卷八《摩揭陀国上》，中华书局，2000年，第681—682页。
3　（北魏）杨衒之：《洛阳伽蓝记》卷五"城北"条，上海古籍出版社，1982年，第326页。

图21　印度阿旃陀石窟第26窟龛楣中的摩羯鱼造型

石，从文物实例角度反映出明堂建筑与佛教传统文化之间存在某种观念形态的联系。

不仅如此，从这一摩羯鱼艺术作品口中衔有鱼类的造型细节，显然可以看出设计者有展示其为水生动物的创作意图。以此之故，我们终于豁然开朗，明堂遗址中出土的这件形态瑰异的动物刻石，恰是当年武则天伪称"获之洛水"并以"天授圣图"献于明堂开光之际的那件刊有"圣母临人，永昌帝业"的"瑞石"！令人惋惜的是，由于这件石刻作品残缺后半，以致无从端详其八字刻辞之神韵。

唐人张鷟《朝野佥载》于此"摩羯鱼"事态揭示有谓："唐同泰于洛水得白石紫文，云'圣母临水，永昌帝业'，进之，授五品果毅，置永昌县。乃是白石凿作字以紫石末和药嵌之。后并州文水县于谷中得一石还如此，有'武兴'字，改文水为武兴县。自是往往作之。后知其伪，不复采用，乃止。"[1]

摩羯鱼刻石于明堂遗址的出土，揭示了明堂与武则天利用佛教神学构建武周皇权这一政治运筹之间的内在联系。隋唐东都考古史上的这一重大的收获，无疑将推动我们对明堂礼制意义的重新认识。一座东方历史上传统用于"方堂布政"的建筑场所，汲取域外文明事象之后将有可能发生功能内涵的偏转。当然，这要结合事件当年的多重历史资料来说明。

按武则天利用佛教神学事态频仍，史书不绝。其中显示明堂特殊礼制性质的相关史料，则尤为耐人寻味，遗韵无穷：

---

1　（唐）张鷟：《朝野佥载》卷三，中华书局，1979年，第72页。

永昌元年（689）"春正月，神皇亲享明堂，大赦天下，改元，大酺七日"[1]。

载初元年（689）"春正月（永昌元年十一月），神皇亲享明堂，大赦天下，……大酺三日。神皇自以'曌'字为名。……秋七月，……有沙门十人伪撰《大云经》表上之，盛言神皇受命之事，制颁于天下，令诸州各置大云寺，总度僧千人。……九月九日壬午，革唐命，改国号为周，改元为天授，大赦天下，赐酺七日。乙酉，加尊号曰'圣神皇帝'"[2]。

长寿二年（693）"春一月，亲享明堂。……秋九月，上加'金轮圣神皇帝'号，大赦天下，大酺七日"[3]。

长寿三年（694）"五月，上加尊号为'越古金轮圣神皇帝'，大赦天下，改元为延载，大酺七日"[4]。

证圣元年（695）"春一月，上加尊号曰'慈氏（弥勒）越古金轮圣神皇帝'，大赦天下，改元，大酺七日。……春二月，上去慈氏越古尊号。秋九月，亲祀南郊，加尊号天册金轮圣神皇帝，大赦天下，改元为天册万岁，……大酺九日"[5]。

圣历元年（698）"正月，亲享明堂，大赦天下，改元，大酺九日"[6]。

历史文献围绕着武氏"加号"与"亲享明堂"的"赐酺"记事，内中其实透露出武则天借诸这一礼制建筑推行转轮王功德的政治用心。

据佛教典籍记载，西域史上第一位以转轮王名义建造转轮王佛寺的人物，即贵霜王朝第一代君主丘就却大王。依照新加坡大学古正美教授的研究，可知这位开辟了转轮王大寺的贵霜君主，正是佛教史上那位建立了众多弘法圣柱的阿育王。[7]佛教内典涉及阿育王于转轮王大寺中设置无遮大会的叙事，以《善见律毗婆沙》卷一的记载最富情节：

（其时）统臣入白王（阿育王）言："八万四千国起八万四千寺塔皆悉已成。"王答言："善哉！"王语一大臣："可打鼓宣令，寺塔已成，七日之后当大供布施，国中一切内外人民悉受八戒，身心清净。"过七日已，庄严拟赴王命，如天帝释诸王围绕，阿育王国土亦复如是庄严。人民游观，无有厌足，人民悉入寺舍。[8]

如此看来，以"金轮"、"慈氏（弥勒）"叠加尊号的武则天，其在明堂之内不绝如缕之"赐酺"，实有效法印度往史以无遮大会宣示转轮王功德的预谋。这由《通鉴》垂拱四年（688）十二月"辛亥，明堂成，……号曰'万象神宫'，宴赐群臣，大赦天下，纵民入观……"[9]，及"明堂既成，……每作无

---

[1] 《旧唐书》卷六《则天皇后纪》，第119页。
[2] 《旧唐书》卷六《则天皇后纪》，第120—121页。
[3] 《旧唐书》卷六《则天皇后纪》，第123页。
[4] 《旧唐书》卷六《则天皇后纪》，第123页。
[5] 《旧唐书》卷六《则天皇后纪》，第124页。
[6] 《旧唐书》卷六《则天皇后纪》，第127页。
[7] 参见古正美：《贵霜佛教政治传统与大乘佛教》，《允晨丛刊》40，台北允晨文化实业股份有限公司，1993年。
[8] （萧齐）僧伽跋陀罗译：《善见律毗婆沙》卷一，《频伽精舍校刊大藏经》，寒帙第八册，第6—7页。
[9] （北宋）司马光：《资治通鉴》卷二〇四《唐纪二〇》，第6454—6455页。

遮会，用钱万缗，士女云集，又散钱十车，使之争拾，相蹈践有死者"、"（证圣元年/695年正月）乙未，作无遮会于明堂，凿地为坑，深五丈，结彩为宫殿，佛像皆于坑中引出之"[1]等记事，可以窥见当年明堂行事与佛教关系之一斑。

无独有偶的是，远在河西走廊西端的敦煌，其遗存至今的唐人写卷中亦有披露武周明堂与佛教襟连因会的资料。如意大利学者富安敦（Antonino Forte）先生《七世纪末叶中国的政治宣传和意识形态》（*Political Propaganda and Ideology in China at the End of the Seventh Century. Inquiry into the Nature, Authors and Function of the Tunhuang Document S.6502, Followed by an Annotated Translation*, Napoli: Istituto, Universitario Otientale，1976）一书中公布的S.6502号《大云经疏》写卷复印件，其中即有：

（佛即先赞）净光惭愧之美，次彰天女授记之征。即以女身当王国土者，所谓圣母神皇是也。……谨按弥勒者，即神皇应也。……又王在神都，即是水东也。化城者，明堂也。……召我诸法子，一时入化城者，此乃万国朝宗会于明堂也。

敦煌遗书S.2658号经疏又有：

谨按弥勒者，即神皇应也。……伏以创制明堂，配享三圣，故召诸岳牧、藩屏、懿亲，俱集神都，同观大礼……

出土文物与历史文献的上述记载，一再显示了明堂与武周佛教业绩的直接联系。这种以宫廷礼制建筑结缘佛法的政治传统，甚至影响到武周之后李唐王朝的思想行为。据唐宫遗址考古发掘报道披露，与这件摩羯鱼石刻同期出土的文化遗物中，另有一件为中宗皇帝发愿造像的石刻，其题记乃云："维大唐神龙元年（705）岁次乙巳四月庚戌朔八日丁巳，奉为皇帝、皇后敬造释迦牟尼佛一铺，用此功德，滋助皇帝、皇后圣化无穷，永究供养"[2]。

史载景龙四年（710）正月乙卯（三日），中宗又于长安城内"化度寺门设无遮大斋"。[3]

这显然折射出武氏于明堂攀缘佛法影响之深远。

摩羯鱼刻石的出土，不仅从文化内涵上揭示了武周皇权极备宗教色彩的政治特征，同时也在文物品类上更加丰富地显示出盛唐时代中西文化交流光彩夺目的风景。如果善于透过一些寂寥无声的文化遗物去审视7世纪末叶中原地区这些业经沉睡的历史信息，则不难发现，武周女性皇权的建立，一方面得力于东都社会诸多人文内因的推挽与促成，另一方面不应该忽略，武周女权能够走向历史顶峰，其社会舞台的背后原本包含着一个尤为广阔的国际背景。

武则天锐意效法西域故事，实施明堂转轮王法会的政治行为，在当时的朝野内外曾引起广泛的吟咏，这在洛阳历史文物中是另有例证的。2000年6月，洛阳隋唐故城南郊出土的"归义可汗"阿史那感德墓志，序文略云：

垂拱三年（687）岁次丁亥二月乙未朔十一日乙

---

[1] 《资治通鉴》卷二〇五《唐纪二一》，第6498页。
[2] 造像记录文见方孝廉：《四十年来洛阳隋唐以降的考古发现与研究》，《洛阳考古四十年》，科学出版社，1996年，第41页。
[3] 《旧唐书》卷七《中宗纪》，第149页。

巳，皇太后若曰："……咨尔故左威卫大将军颉利可汗、赠归义王阿史那咄苾曾孙感德，惟尔遐僻，阻绝风猋。我国家括地受图，补天立极，咸怀不二，吊伐无私。用在尔先，自贻剿覆。代经三叶，颇昧椹而知恩；年深五纪，将处麻而就直。是用命尔为归义可汗，嗣守蕃叶……"永昌元年（689）九月，授右豹韬卫将军，黄枢警卫，紫掖严更，天子知其重臣，其僚推为国器。圣神皇帝，坐明堂而朝海内，登泰阶而有天下。坤作成物，河出图而洛出书；干知太始，星重光而月重曜。……重开奖授之荣，再下优矜之制。天授元年（690）九月廿九日制曰："……属大周开历，宝运惟新，宜敷天授之恩，俱沐迁荣之曲，可冠军大将军，行右鹰扬卫大将军。"[1]

正是武周皇帝对这类内附外酋持以"奖授"、"优矜"的姿态，因而这种"明堂崇拜"的朝廷用心遂易赢得这一突厥王族的倾心与注目。这在一定程度上透露出当年武则天蓄意借诸域外蕃族张扬武周女权的策略。[2]

实际上，借诸摩羯鱼的佛经寓意颂扬佛教转轮王信仰的政治理念，不仅为武则天王廷所宣扬，武周之后的中宗皇帝，亦有亦步亦趋的跟进势态。

同一宫殿遗址4号加固柱洞口部填土中，曾出土一件残缺的鎏金黄铜"造像题记"牌饰（图22），牌饰长方形，"正面头部有二龙盘绕为冠，下部残。背面中间有一方形钮，中间有穿孔。正面竖行刻写'维大唐神龙元年岁次乙巳四月庚戌朔八日丁巳，奉为皇帝、皇后敬造释迦牟尼佛一铺。用此功德，滋助皇

图 22　洛阳唐宫遗址出土的神龙元年摩羯鱼牌饰

帝、皇后圣化无穷，永充供养'"[3]。洛阳唐代宫殿天堂遗址中出土的这一鎏金牌饰，显然可以看出其顶部的"二龙"造型，殆与同一遗址上述摩羯鱼的形象构成保持着统一的动物学特征。故其形象含义亦应为摩羯鱼盖无疑问。考虑到同一遗址内二者铸造时间极其接近，是以我们感到此必为武则天、唐中宗母子两代共同享有转轮王信仰的文物确证。

由此可见，洛阳唐宫之中的天堂圣殿，的确含有浓郁的佛教教化的政治功能。西域文明之感染中夏，洛阳摩羯鱼遗迹的一再出土，为我们认识这一

---

1　阿史那感德墓志，石存洛阳古代艺术馆，图版及录文承友人赵振华先生见示，谨此致谢。
2　有关武周政权与域外文明的关系，参见张乃翥：《从洛阳出土文物看武周政治的国际文化情采》，《唐研究》第八卷，北京大学出版社，2002年，第205—224页。
3　洛阳市文物考古研究院编著：《隋唐洛阳城天堂遗址发掘报告》第四章"出土遗物"，第106页，图版六〇。

图23　洛阳博物馆藏洛阳唐墓出土的
　　　负载执壶胡人俑

图25　西域出土的一件粟特宴饮纹银盘（线描图）

时期中外文明的互动，提供了珍贵无比的文化样板。

## 五　洛阳唐代墓葬中所见的西域胡瓶（Flask）等饮具美术题材

洛阳博物馆藏近代洛阳唐墓出土一尊高达23.5厘米的负载行走胡人俑（图23）。胡人高鼻深目，胡须络腮，背负行囊，行色匆匆。这一人物刻画中最具视觉凸显意义的是其左手执一长颈、鼓腹、圈足、曲柄的胡瓶。显然，这一美术作品以鲜明的行人载途的主题，展示了当年丝绸之路胡人络绎跋涉的往昔岁月。美术题材与此相仿佛，该馆另藏一件早年洛阳出土的手持胡瓶的黄釉男胡俑（图24）。

丝绸之路文化遗迹显示，这种长颈、鼓腹、曲柄的胡瓶，至迟在萨珊时代已经流行于西亚、中亚的胡人部落中。如发现于西域的一件錾刻有胡人宴饮图案的萨珊朝银碗和一件粟特宴饮纹银盘上（图25），均有胡瓶这种生活器具的出现。[1] 这为洛阳出土的这些与胡人形象同集一身的人文逻辑提供了良好的事物语境。

此外，1992年夏，洛阳龙门西山武家沟附近一座盛唐墓葬中出土了一套石椁构件，在一件石椁立柱上，线刻仕女图一幅。仕

图24　洛阳博物馆藏洛阳出土的手持胡瓶的
　　　黄釉男胡俑

---

[1]　图版引自齐东方：《唐代金银器研究》，中国社会科学出版社，1999年，第426页。

洛阳唐代文化遗址中出土的若干西域美术题材 | 123

图26 1992年夏龙门西山武家沟出土石椁立柱所见执壶仕女图

图27 固原北周李贤墓出土萨珊波斯鎏金银壶

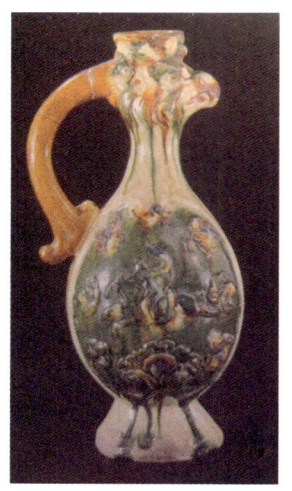

图28 1965年洛阳东郊塔湾村唐墓出土的一件三彩鹰首瓶

女右手端口沿刻画联珠纹的碗钵，左手执弧腹、细颈、长柄、喇叭状底座、麋鹿型瓶盖的胡瓶一尊。这件胡瓶的肩部、腹部和座底，分别见有一周大小不等而源于波斯传统的联珠纹（图26），加之器物整体的造型特征与固原北周李贤墓出土的波斯胡瓶（图27）风格接近，显示出这类生活用品源出西域的文化风尚。

与这件金属形态的长颈胡瓶文化类型相仿佛，洛阳唐代墓葬中尚有众多依照西域同类器物而仿造的唐三彩胡瓶的出土。如1965年，洛阳东郊塔湾村唐墓中出土了一件曲柄、鹰首三彩胡瓶（图28）。1981年，洛阳北郊葛家岭村唐墓中出土了一件曲柄、兽首三彩胡瓶。[1] 显而易见，从这类器具的文物形制上考察，这类三彩制品明显含有模仿西域同类银器制品的风尚。

西域胡瓶流播东方的实例，扶桑本土奈良正仓院尚有一件银平脱工艺的同类器物（图29）。这件漆质胡瓶口沿饰以鹰首，长颈，鼓腹，圈足，单柄，与汉地以上两件胡瓶有着相似的结构特征，显然传达着西域同类生活器物的文化风尚。该器物在日本天平朝胜宝八年（756）的《东大寺献物账》上，被称为"漆胡瓶一口"，要之应为传自唐土的舶来品。

古代西域社会中之所以流行这类长颈、曲柄、敛口的生活用瓶，与当时胡人部落普遍的马上迁徙生态传统有着内在的联系：从物理学上说，只有这种重心偏下而便于悬挂的"随遇平衡"（Neutral equilibrium）型器物，才能适应颠簸游荡的驼、马征程的饮品承载的需要。——生活形态的选择与取舍，是任何一种实用工具的存在前提！正是由于两京一带胡人部落的丛仍，东来胡人遂以丝路传承播植乡

---

[1] 图版引自洛阳文物工作队：《洛阳出土文物集粹》，朝华出版社，1990年，第101—102页。

图29 奈良正仓院藏唐代银平脱工艺的胡瓶

图30 洛阳博物馆藏洛阳出土的载有胡瓶的三彩驼

风于中原。此类生活用具及其仿制产品在汉地的流播，折射出此类域外器物实已引起华夏旧邦的赏怡。

大抵由于这类西域风物造型优美、实用性强，符合汉地生活审美的需要，以致初盛唐时期京都一带的上层社会亦有珍视其物的时尚演绎。如唐史记载，贞观元年（627）太宗赐书李大亮有曰："今赐卿胡瓶一枚，虽无千镒之重，是朕自用之物。"[1] 又开元十七年（729）吐蕃赞普上表请和，称："谨奉金胡瓶一、金盘一、金碗一、玛瑙杯一、羚羊衫段一，谨充微国之礼。"[2]

史籍如此郑重之记事，可见当时颇有域外胡瓶流布中原而为上层社会所重视的事实。而两京地区频频出土的模仿西域风尚的三彩胡瓶制品，则透露出中原当地匠作行业对域外传入器物形态风尚的熟稔，这也从一个侧面反映出异俗东擅、胡风独大的汉地时态。

不仅如此，随着当年丝路畅化、胡汉浸合人间世相的演绎，以致一般士人阶层亦有接受这类域外器物的人文事实。对此王昌龄歌颂胡瓶之诗有谓："胡瓶落膊紫薄汗，碎叶城西秋月团；明敕星驰封宝剑，辞君一夜取楼兰。"[3] 顾况有诗又曰："驰凤阙，拜鸾殿，天子一日一回见。王侯将相立马迎，巧声一日一回变。实可重，不惜千金买一弄。银器胡瓶马上驮，瑞锦轻罗满车送。"[4] 诗歌告诉我们，这种唐人视为珍宝的"胡瓶"，实乃沿着碎叶、楼兰等西域绿洲与诸胡音乐一起经由马驮转载于内地。这由中原一带唐墓出土的相关三彩驼、马负载胡瓶的造型可以获得真切的视像印证（图30）。

文物考察告诉我们，这种曲柄长颈胡瓶，长安一带的唐代贵族墓葬壁画中亦不乏其例。如陕西富平县咸亨四年（674）房陵大长公主墓前室东壁南侧及后室北壁，皆有手持这类胡瓶的仕女形象的刻画。值得留意的是，该墓后室北壁的这一持瓶仕女的左手，尚且持一形象优美的高脚酒杯，从而在意象视

---

[1] 《旧唐书》卷六二《李大亮传》，第2388页。《资治通鉴》卷一九三《唐纪九》，记事在贞观三年（629），第6066页。
[2] 《旧唐书》卷一九六《吐蕃传》，第5231页。
[3] 王昌龄：《从军行七首》之六，《全唐诗》卷一四三，中华书局，1960年，第1443—1444页。
[4] 顾况：《李供奉弹箜篌歌》，《全唐诗》卷二六五，第2947页。

域为判断这类胡瓶实乃饮酒用具提供了图像学依据。此外，礼泉县昭陵麟德二年（665）李震墓第三过洞东壁[1]、富平县上元二年（675）李凤墓甬道东壁[2]、乾县神龙二年（706）章怀太子李贤墓前甬道西壁[3]，均有手持胡瓶的仕女形象的图画。由此可见李唐上层社会对这类长颈胡瓶的热爱及其当年流行之普遍。

与这类长颈胡瓶用途联袂的域外产品，洛阳唐墓中尚有另一类被称为"叵罗"（粟特语patrōδ）的高足酒杯和一种被称为"来通"（rhyton）的希腊式角杯的出土。

近代以来，洛阳地区相继出土了一些带有浓郁西域风格的饮食用具，如金属、陶瓷之类的"银杯"、"鸭形杯"、"龙首杯"，而实乃西域称之为"叵罗"的一种日常器物，从中折射出中外生活习俗的交融。如1981年，洛阳市伊川县水寨村出土了一件口径6、底径3.1、通高4厘米的小型高脚银杯。从器物周身遍布以密集的联珠纹来审查，这一饮具即具有明显的伊朗系金属工艺的特色。1984年，洛阳宜阳县张坞乡唐墓出土一件口径5.9、高4.1厘米，重57.6克的八棱银杯。又洛阳博物馆收藏一件当地出土的口径7.3、高5.7厘米的唐代花瓣形高足银杯（图31）。这三件银杯的腹部遍布密集的鱼子纹及各式繁缛的植物纹样，其工艺风格带有明显的西域文化的特征，反映出中古时期西域饮酒风俗随着丝绸之路的畅通在内地的盛行，这由古诗叙事的委婉音

图31　洛阳博物馆藏洛阳出土的高5.7厘米的银杯

声可以窥见其一斑。

晋人刘琨《胡姬年十五》诗曰："虹梁照晓日，渌水泛香莲；如何十五少，含笑酒垆前；花将面自许，人共影相怜；回头堪百万，价重为时年。"[4]描绘出了少年胡姬垆前售酒引人回眸的特写画面。

唐人鲍防《杂感》诗有谓："汉家海内承平久，万国戎王皆稽首，天马常衔苜蓿草，胡人岁献葡萄酒。五月荔枝初破颜，朝离象郡夕函关；雁飞不到桂阳岭，马走先过林邑山；甘泉御果垂仙阁，日暮无人香自落。远物皆重近皆轻，鸡虽有德不如鹤。"[5]此已生动道出当年域外风物流播中原的盛况。

盛唐边塞诗人岑参《酒泉太守席上醉后作》诗曰："琵琶长笛曲相和，羌儿胡雏齐唱歌。浑炙犊牛烹野驼，交河美酒金叵罗。三更醉后军中寝，无奈秦山归梦何。"[6]

李白《对酒》诗曰："蒲萄酒，金叵罗，吴姬

---

1　参见陈志谦：《昭陵唐墓壁画》，《陕西博物馆馆刊》第一辑，三秦出版社，1994年，第114—119页。
2　参见富平县文化馆、陕西省博物馆、陕西省文物管理委员会：《唐李凤墓发掘简报》，《考古》1977年第5期，第313—326页。
3　陕西省博物馆等：《唐李贤墓壁画》，文物出版社，1974年，图版37。
4　此诗始见于《玉台新咏》，存郭茂倩编：《乐府诗集》卷六三《杂曲歌辞》，第2页。
5　《全唐诗》卷三〇七，第十册，第3485页。
6　《全唐诗》卷一九九，第六册，第2055页。
7　《全唐诗》卷一八四，第六册，第1881页。

图32　西安何家村唐代窖藏出土的金杯

图33　西安何家村唐代窖藏出土的胡风角杯

图34　洛阳唐墓出土的三彩角杯

图35　1962年洛阳孟津县周寨出土的唐三彩角杯造型

十五细马驮；青黛画眉红锦靴，道字不正娇唱歌；玳瑁筵中怀里醉，芙蓉帐底奈君何。"[7]

凡此唐人诗歌里的胡姬当垆、叵罗美酒的音声，实乃唐初以降西域酒风嬗化内地的采风摹写。

按中古汉译无定字，"叵"、"颇"乃一音之转借，据粟特学家研究，"叵罗"一词源出伊朗语padrōd，意指"碗"、"杯"之类盛饮器。以往出土有一件杯状银碗，上镌粟特文patrōδ，是为语证之一。在西方的希腊语中，其转写形式为φάλη，即"碗"、"杯"之意；东方的突厥语称此物为пилà或фиалà；汉语"叵（破、颇）罗"即其音译。[2]

中原地区流行胡人酒家的事例，两京一带出土文物中亦有迹象显示。往者西安何家村窖藏遗址中出土有胡风饮酒器数种（图32、图33），洛阳亦有明显带有域外风格的三彩饮器的出土。如洛阳博物馆收藏的一件唐三彩角杯，杯身塑造成一个口吐化生莲花的摩羯鱼。摩羯鱼的后部，外表以鳞纹装饰一周，并向上方斜向扩张，形成杯身的口沿（图34）。这种器形的构图模式，在龙门石窟北魏小型佛龛的龛楣装饰刻画中时常见到，从中可以明显看出其中包含的西域文化的因素。值得关注的还有在洛阳唐代墓葬明器出土物中，尚且见有胡人手捧角杯的美术造型（图35）。而

---

1　里夫什茨为薛爱华（Edward H. Shafer）：《康国金桃》俄译本（Э. Шефр, Золотые персики Самарканда, М., 1981），第459—460页注释。转引自蔡鸿生：《唐代九姓胡与突厥文化》，中华书局，1998年，第17页。

图36　北齐石棺床所见"角杯之饮"的胡人形象

早年出土的北齐石刻造像碑中，更有角杯之饮的胡人形象的描摹（图36）。考洛阳文物实例中所见的这种生活用器，实即西域胡国行之久远的"来通"。这种人文场景在洛阳唐代文物系统中的出现，反映了当年域外胡人风习在洛阳等地的流行。

无独有偶，这类使用角杯的美术形象，在丝绸之路沿线亦有发现。1982年，天水地区发现了一座隋唐之际的屏风石棺床墓。屏风间刻画有内容丰富的事祆风俗画面。画屏编号1，考古报告中称："屏风1，……塔内一挺胸凸腹、身着紧身衣的男子坐在束腰圆凳上，手执牛角杯正在饮酒，脚下跪一小侍（图37）。"[1] 研究者 D. Shepherd 认为，这一图像中的绘事情节，表达的正是祆教世界"正在演礼"的场景。[2] 可见美术作品中同类器物之意象，传达的正是西域胡人演绎故国风俗的瞬间定格。

由此可见，所有这些杯具美术题材的出现，无不从实际生活用器的侧面透露了汉地胡风酒文化的意象情景。

图37　1982年天水地区发现的一座隋唐之际的屏风石棺床所见胡人使用角杯的石刻图案

---

1　天水市博物馆：《天水市发现隋唐屏风石棺床墓》，《考古》1992年第1期，第46—54页。
2　参见姜伯勤：《中国祆教艺术史研究》第九章"隋天水'酒如绳'祆祭画像石图像研究"，第163页。

图38　洛阳出土唐大秦景教宣元至本经经幢

## 六　唐代东都故城东郊胡人聚落遗址中出土的景教经幢

2006年5月，洛阳隋唐故城东郊出土了一件珍贵的唐代景教经幢石刻，这是继天启五年（1625）陕西出土《大秦景教流行中国碑》及近代敦煌石窟、吐鲁番古城遗址等出土景教经典写卷以来，国内又一宗教文物的重大发现，对研究中外文化交流史有着里程碑的意义。

洛阳出土的这件景教遗物，在文物形制上系一模仿佛教陀罗尼经幢的同类石刻。其整体为一面宽14厘米的八面体石灰岩棱柱，残高84厘米，水平截面外接圆直径40厘米。经幢之中段，为一明显受到激烈撞击的断面。

这一石刻经幢顶端的立面上，分别影雕着两组极富装饰效果的十字架符号及其左右配置的"天神"形象。而其幢身之中段，则每面刊刻汉文楷书文字2至6行。

第一面至第五面第一行，刻祝文与《大秦景教宣元至本经》一部。第五面第二行至第八面，刻《大秦景教宣元至本经幢记》一篇。

现依行文次第，移录石刻全文如下（图38）：

祝曰：/

清净阿罗诃，清净大威力，清净……/

大秦景教宣元至本经/

时景通法王在大秦国那萨罗城和明宫宝法云座将与二见，了决真源，……/

王，无量觉众及三百六十五种异见中民。如是族类，无边无极，自嗟空□……/

念，上观空皇，告诸众曰：善来法众，至至无来，今可通常，启生灭死，各圆……/

常旨···无元无□，无道无缘，妙有非有，湛寂常然。吾闻大阿罗诃……/

置因缘机轴，自然着为象本，因缘配为感乘。剖判参罗，三生七低，浇……/

作，以为应旨，顺成不待，而变合无成，有破有成，无诸所造化，靡不依……/

嗣，虔仰造化，迷本匠王。未晓阿罗诃，功无所衔，施无所仁，包浩□……/

悉见见，故无界非听悉听听，故无界无力尽持力，故无界响无……/

临，物象咸揩，唯灵感异，积昧亡途。是故以善教之，以平治之，……/

化终迁，唯匠帝，不亏不盈，不浊不清，保任真空，常存不易，……/

弥施词，应大庆原灵。故慧圆悟之空，有不空无于空，不滞……/

卢诃那体究竟真凝，常乐生命。是知匠帝为无境，逐不法……/

数晓，人大晓了，皆成益□民滞识，是见将违。盖灵本浑……/

且容焉，了己终亡焉。听为主故，通灵伏识，不遂识迁，□……/

下备八境，开生三常，灭死八境之度，长省深悔，警慎……/

景通法王说至既已，普观众晤于其会中，诠以慧……/

诸界。但有人受持读诵，信解勤行，当知其人，德超……/

如海溢坳，平日升暗，灭各证太，寂晓自在，常喜涤□……/

大秦景教宣元至本经幢记/

夫至圣应现，利洽无方。我无元真主匠帝□……/

海而畜众类，日月辉照，五星运行，即□……/

散，有终亡者，通灵伏识，子会无遗，咸超净□……/

海，窅窅冥冥。道不名，子不语，世莫得而也。善□……/

无始未来之境，则我匠帝阿罗诃也。……/

有能讽持者，皆获景福，况书写于幢铭□……/

承家嗣嫡。恨未展孝诚，奄违庭训。高堂□□……/

森沉感因，卑情蓬心，建兹幢记，镌经刻石，用□……/

慰·亡妣安国安氏太夫人神道及·亡师伯和□……/

愿景日长悬，朗明闇府，真姓不迷，即景性也。夫求□……/

幽魂见在，支属亦愿无诸障难，命等松筠，长幼□……/

次叙立茔买兆之由，所管即洛阳县感德乡柏仁（里）……/

之始，即元和九年十二月八日，于崔行本处买，保人……/

戚，岁时奠酹，天地志同。买南山之石，磨龚莹

澈，刻勒书经，……/

于陵文翼，自惭猥拙，抽毫述文，将来君子，无见哂焉。时……/

敕东都右羽林军押衙陪戎校尉守左威卫汝州梁川府……/

中外亲族，题字如后：··弟景僧清素，·从兄少诚，舅安少连……/

义叔上都左龙武军散将兼押衙宁远将军守左武卫大将军置同政（正）员……/

大秦寺·寺主法和玄应，俗姓米；·威仪大德玄庆，俗姓米；·九阶大德志通，俗姓康；……/

检校茔及庄家人昌儿。·故题记之。/

其大和三年二月十六日壬寅迁举大事/。[1]

在世界宗教史的研究中，东来景教的历史踪迹，由于史料的匮乏，向称渺漠朦胧、难为裁制。据此前历史文物提供的有限信息，我们知道景教远于贞观九年（635）传至长安。贞观十二年（638）长安义宁坊所建之"大秦寺"，即为东来景教寺院之滥觞。而20世纪初叶吐鲁番地区哈拉和卓古城遗址出土的部分胡书景教残卷，据考亦属6世纪中叶之写本。从景教东渐我国的整个历程看，这些都是其早期的文化遗迹。

唐高宗时代，唐廷敕准于管内诸州建立景教寺院，以为东土弘教之根基。盛唐以降，景教信仰随国家政治波动流布中原以外，以致地处河西的敦煌地区于8世纪前后亦有景教写经的传播。

洛阳这件景教经幢刊刻的《大秦景教宣元至本经》，日本京都大学羽田亨纪念馆藏李盛铎旧存敦煌遗书中即有同经之写卷。因经幢残毁过半，石刻经文无从观察其全貌，所以笔者借助李氏旧藏的复印件，与此石刻经文进行了校勘，从而得知两件经文只有极个别文字略有出入。

今由洛阳出土的《大秦景教宣元至本经》刻本与李氏旧藏敦煌遗书《大秦景教宣元本经》所存26行经文的比勘，可知敦煌遗书本该经之题目，确系抄经书手脱失一"至"字。而洛阳刻本中所见的脱误现象，如其第6行"上观空皇"下，脱"亲承印旨"四字；第11行末"响无"二字，顺序误倒，等等，亦一再说明往昔经文抄、刊中，会有文字致误的情况。由此回溯，可见敦煌本《尊经》中罗列的景教经典名录之一《宣元至本经》确实不误。进而可以明了，1923年抗父先生提及这件敦煌"宣元至本经"时，并非简单地在经名中有意衍入一"至"字。

此外，通过对洛阳景教石刻与敦煌遗书《大秦景教宣元本经》残存文字的拼接比勘，我们可以看出，这一景教典籍汉文完本的文字数量，当在887字左右。如是可知，洛阳经本文字存量约占完本的48%，敦煌经本约占完本的55%。

从文物实例方面考察，中国之有石刻经幢，初期应与佛典《佛顶尊胜陀罗尼经》的翻译、传播有着直接的关联。自唐仪凤四年（679）鸿胪寺典客令杜行顗与宁远将军度婆等奉诏译进《佛顶尊胜陀罗尼经》起，汉地继有永淳二年（683）后罽宾沙门佛陀波利《佛顶尊胜陀罗尼经》和义净三藏《佛说佛顶尊胜陀罗尼经》的译出。嗣后中原遂有据此刊刻佛教石幢的习俗。

考我国发现年代最早的一尊依照《佛顶尊胜陀

---

[1] 有关这件景教文物的出土与发现，首见张乃翥：《跋洛阳新出土的一件唐代景教石刻》，《西域研究》2007年第1期，第65—73页。英译本刊《景教遗珍——洛阳新出唐代景教经幢研究》，文物出版社，2009年，第17—33页。

罗尼经》刊刻的经幢，系原藏陕西富平莲湖小学内的造于永昌元年（689）八月的"佛顶尊胜陀罗尼幢"。河北获鹿本愿寺的"神龙幢"及山东莱芜景龙三年（709）"中州宁陵县令贾思玄造尊胜陀罗尼幢"，亦是我国早期石刻经幢的著名实例。此后我国利用石幢形式表达其他文化信息的，则有如"金刚般若经"、"弥勒上生经"、"父母恩重经"、"大佛顶首楞严经"者及其各式灯幢，等等。另外，河北邢台唐明皇注、苏灵芝丹书的《道德经》幢，则是道家利用佛教文物形式宣扬本教经典的突出例证，从中可以看出唐代宗教文化之间相互浸润的事实。

至于这一经幢的题记内容，从中外文化交流史角度考察，无疑具有异常珍贵的价值。依据题记残存的文字，我们大致可以概括出这一幢主群体的一些人文行事要点。

1. 景僧清素弟兄与从兄少诚、舅氏安少连及义叔上都左龙武军散将某某等人，元和九年（814）十二月八日在"保人"某某参与下，于洛阳县感德乡柏仁里地主崔行本名下买地一所，为其亡妣"安国安氏太夫人"及"亡师伯"某修建茔墓。与此同时，又于墓所神道旁侧，效仿当地佛教信徒的传统树此幢石，刊刻《大秦景教宣元至本经》一部并以"幢记"行文记叙其缘由始末。

仅以乡土文化史料为参照，人们业已发现洛阳中古遗存中多有佛门信徒于先亡、所亲墓所建树经幢的事例。如：

龙门出土《大唐东都弘圣寺故临坛大德真坚幢铭》，载："大德法号真坚，河南府王屋人也。……自小不茹荤血，十三即自愿出家。……初，准敕住天宫寺，后奉敕移住弘圣寺。……兴元元年（784）五月十二日，忽示现生灭，终于弘圣寺本院，……其月十五日于东都龙门西天竺寺南堀面阳安厝，仪也。出家姊安国寺主真心、俗弟卢州长史栈、弟子弘圣寺僧□兴等，敬造尊胜陀罗尼善幢，以记迁谢。"[1]

1994年龙门西山出土陀罗尼经幢一躯，幢身第四面、第七面题记文云："贞元九年（793）二月十五日安二娘为亡夫董瞻敬造。""河南府河南县龙门乡南王村买茔地一所。住南市北店马行北头北。东至陈家茔，西至赵家茔，南至宋家茔，北至雷家茔。壁上从西第二宅。大中六年（852）十一月二十八日建立石幢，妻雷氏奉为亡夫卫府君建立。孤子郎哥、弟坚郎、看茔人杨万庆。"[2]

龙门奉先寺遗址出土贞元十八年（802）沙门文皎书幢，内中提及某位高僧"……名遂身退，功成不居……吾师上亡日，宝德与最上人……造一石幢……不几日月，镌勒斯毕，树于龙门奉先寺之塔院……于时贞元十八年（802）十一月三十日癸未建"。[3]

大和九年（835）东都圣善寺钵塔院主智如，"具涅槃仪移窆于龙门祖师塔院"。开成元年（836）"用阇维法迁祔于奉先寺祖师塔西而建幢"。[4]

龙门西山出土僧怀则尊胜经幢题记有云："唐东都圣善寺志行僧怀则于龙门废天竺寺东北原创先修茔

---

1. 图版参见张乃翥：《龙门区系石刻文萃》，国家图书馆出版社，2011年，图版287《大唐东都弘圣寺故临坛大德真坚幢铭并序》。
2. 图版参见张乃翥：《龙门区系石刻文萃》，图版351《雷氏为亡夫卫府君买茔地刊幢记》。参见氏著：《跋龙门石窟近藏长安三年、大中六年之幢塔刻石》，《敦煌研究》1998年第1期，第24—29页。
3. 张乃翥：《龙门藏幢续跋两题》，《洛阳工学院学报》1999年第2期，第21—25页。
4. 白居易：《白氏长庆集》卷六九《东都十律大德长圣善寺钵塔院主智如和尚茶毗幢记》，文学古籍刊行社，1955年，第1721—1723页。

一所敬造尊胜幢塔并记,当寺比丘义川撰。……有则上人,先修茔内,立尊胜幢并镌陀罗尼。利济幽冥,益沾法界。……南临禹阙,伊水灌其前;北望鼎郊,凤苑镇其后。岗连古寺,目饱烟霞,雕琢胜幢,万祀不朽。时大中四年(850)龙集庚午夏五月中旬十一日戊子建。门人比丘绍明。"[1]

由此可以看出,景僧清素弟兄等以"经幢"方式为所亲追荐于墓所,明显含有效仿当地佛教风俗的意义。从当地另一出土文物可知,就连当时的道家,对佛教文化传统亦有浸融的行为。如早年龙门出土一尊咸通七年(866)的石刻经幢,幢记有云:"女弟子黄氏,号顺义。为亡女炼师廿二娘于茔所建造尊胜陀罗尼幢壹躯。意者伏愿承此影沾功德,离苦下脱,不堕三途,往生净土。其茔,河南县龙门乡午桥村。……咸通七年(866年)岁次丙戌六月一日甲戌朔十八日立。"[2]

其次,洛阳当地出土的另外一件盛唐石刻——"庞坞和尚"李元珪"纪德幢"[3],亦从文物角度反映出佛教内部对传统经幢石刻的移植、改造和利用。

凡此地方文物之史踪,正从文化遗产领域折射出唐代东都地区各种异质文化相互借鉴、渗透的史实。

2. 主持并参与、见证此事的景教神职人员,有"大秦寺寺主法和玄应——俗姓米"氏、"威仪大德玄庆——俗姓米"氏、"九阶大德志通——俗姓康"氏与"检校茔及庄家人昌儿",等等。

题记中"大秦寺寺主"的出现,显然透露出唐代洛阳地区正有景教寺院的存在,这在一定层面上印证了关中《大秦景教流行中国碑》"法流十道……寺满百城"之夸饰并非恣意之虚谈,也为研究景教弘法中原提供了直接的考古学证据。

而墓主"安国安氏"一家与其他神职人员粟特人之出身,突出地反映了当时洛阳景教信士与祆教信众一样,多有西域东来粟特部落的成员,这有古代其他文物遗迹可以互证。

20世纪初,在克什米尔地区拉达克一带,曾发现一条与基督教有关的粟特铭文,据德国语言学家缪勒(F. W. K. Müller)研究,其意为"我于210年(公元844/845年)从内地来此,(基督)奴仆康国人诺斯·法恩将觐见吐蕃可汗"[4]。这一题记的侧旁,刻画有一个十字架,从而传达出浓郁的基督文化色彩。而题记以粟特文告知的"康国人诺斯·法恩"的民族身份,再次透露出当时基督教群中着实有粟特教民的存在。

其次,1905年6月,德国勒考克探险队的巴塔思(T. Bartus),在吐鲁番北部一处景教遗址中发现了4片景教祈祷文残页。后经研究,知其中3页为叙利亚文作品,第4页为用叙利亚文拼写的粟特语残篇,其年代大致在晚唐、五代之际(约当9世纪末至10世纪初)。[5]

上述中亚一带的文物信息,一再传达出粟特人

---

1 张乃翥:《龙门藏幢读跋两题》,《敦煌研究》1989年第2期,第28页。
2 陆增祥:《八琼室金石补正》卷四八,文物出版社,1985年,第328页。
3 李元珪纪德幢石存龙门石窟研究院,文字报道参见张乃翥:《从出土文物看中古时期龙门地区的区系文化聚落》,《龙门石窟一千五百周年国际学术讨论会论文集》,文物出版社,1996年,第94—109页。
4 转引自林梅村:《西域文明——考古、民族、语言和宗教新论》,东方出版社,1995年,第457—458页。
5 M. Schwartz, Studies in the Texts of the Sogdian Christians, unpublished dissertation, University of California, Berkley, 1967, pp.53-81. 转引自林梅村:《西域文明——考古、民族、语言和宗教新论》,第457页。

与景教信仰的交葛。

此外，1955年西安出土的米继芬墓志，谓米氏家资有曰："公讳继芬，字继芬，其先西域米国人也。……公有二男，长曰国进，任右神威军散将，守京兆府崇仁府折冲都尉同正。幼曰僧思圆，住大秦寺。"[1]学者们以此推断，米氏墓志之记事，为中原粟特家族信仰景教的一个突出的例证。

洛阳此件幢记关于"大秦寺寺主"的记载，尤可印证韦述《两京新记》、元《河南志》卷一有关唐时洛阳修善坊有景教"波斯胡寺"记载的可靠。这对两京城坊人文聚落的复原研究——尤其是对于中外文化交流史态的认知，无疑有着弥足宝贵的学术价值。

此外，西安景教碑叙利亚文地名中有Sarag一词，前贤学者如俞耳（Yule）、卜铁（Pauthier）、伯希和（Paul Pelliot）、冯承钧等比较前史文献，"以为所指者，即是洛阳"。[2]这至少说明，建中年间（780—783）东来景教已将洛阳视为布教的地区之一。至于《唐会要》记唐廷敕准两京景教寺院中谓："天宝四载（745）九月诏曰：'波斯经教，出自大秦，传习而来，久行中国。爰初建寺，因以为名。将欲示人，必修其本。其两京波斯寺，宜改为大秦寺。天下诸府郡置者，亦准此。'"[3]则显然揭示至少天宝四年洛阳与长安等地一样，已有景教寺院的存在。

3. 树幢刊经15年之后的大和三年（829）二月十六日，这一景教群体又于当地举行称为"迁举大事"的仪式，从文化史角度反映出晚唐时期东来景教社团法事活动的绵延。

4. 另由经幢下段残毁之迹象，结合晚唐社会史迹的考察，我们推断这一宗教文物的破坏，应与会昌五年（845）"武宗毁法"有着直接的关系。

洛阳此件幢记的出土，不但印证唐人韦述《两京新记》及元《河南志》有关唐代洛阳已有景教寺院记载的可靠，而且说明当时洛阳的景教寺院中，昭武九姓的粟特人尚且居于教门领袖的地位，这或许与当时粟特人在中原景教中占据信众优势有密切关系。结合对这一景教文物出土地点的考察，本文作者认为唐代东都的东城区内外，曾是一个包括粟特人在内的西域胡人聚居的重要地带。

其次，考察本件石刻经幢的文物学形态，我们认为中晚唐时代的中原景教信众，在意识形态领域明显吸收了内地佛教文化的一些文物时尚，这与当时佛教在中原地区源远流长的文化地位有关——原本信仰祆教的粟特胡人东迁中原后见有众多的佛教信徒，也是这一历史现实的一个典型的写照。

## 结　语

通过对洛阳地区以上美术遗迹的考察，我们可以通过视觉内在的力量看到有唐一代的中原，不仅在物质领域与西域地区有着广泛的交流，即如蕴涵于人们意识形态领域的艺术元素，亦以资源赋存和生活审美的方式，为东方情感世界所接纳并热衷。凡此光华流溢、耐人寻味的美学事象，足以拓展我们对既往时代人类跨地域交流的进取意识有别开生面的思考。这对于我们从精神视域理解丝绸之路的整体意义，无疑有着潜信息意义的认识价值。

---

[1] 阎文儒：《唐米继芬墓志考释》，《西北民族研究》1989年第2期，第154页。
[2] 冯承钧：《迦腻色迦时代之汉质子》，《西域南海史地考证论著汇辑》，中华书局，1957年，第101页。
[3] 王溥：《唐会要》卷四九"大秦寺"条，上海古籍出版社，1991年，第1120页。

进入21世纪，普遍珍视历史文化遗产赋予我们的资源价值已经成为时代共识。所以，面对一次次看似偶然的古代文物的出土，每一个具有当代人文意识的理性受众，自然不该以畛域之见漠视这些历史遗产超越时空的全新价值。

　　因此，透过洛阳出土的这类珍贵的历史文物的事象分析，有唐一代中国世俗社会中如此斑斓多彩的人文史迹，无疑促使我们认识到中古时代的东方，各拥其能的诸多社会阶层之间，在文化生活中确实存在着相互吸收、相互融汇的历史现象。尤其在中外各族人民熔融聚会的中原地区，其博大精深、海纳百川的文化氛围，无疑给各种异质文化的交流融合提供了十分广阔的互动平台。凡此渊源有序、继往开来的文明传统，正是今天人类社会走向多元兼容、和谐与共所亟待开发的历史借鉴。

　　现今，中国与中亚各友好国家正以连袂共轭的协作姿态，积极发起并依托"一带一路"这一人类的优化互动模型，进而通过互惠互利的"共赢"机制，提升相关国家和人民的社会生活水平。这种以人类共同遗产构架为参照系的文化行为，无疑唤起了我们追思历史传统、借鉴人类既有文明成果的责任感。

　　如此看来，以上对洛阳地区文化遗产中出现的西域美术题材的寻踪，实际上已从文化资源互动历程的角度，为我们提示了一种中外历史资源生态互动的景貌。这对于今天的文物研究和社会发展，都有其文化史踪的参考价值。

# 宗教的驯化：犍陀罗艺术中的半人马形象

Ulf Jäger 著　　宋焰朋 译
（德国威斯特法伦）　（敦煌研究院）

南亚及中亚的佛教艺术学者以及研究贵霜时期佛教艺术的学者一直认为古代犍陀罗地区的艺术家通过将地中海希腊罗马艺术与印度艺术、佛教信仰融合创作了佛教人物形象。这种艺术的发展首先出现在大夏希腊文化中，其文化也深受亚历山大及其后继者统治的希腊—大夏王国时期影响。之后，贵霜帝国通过海陆贸易与罗马帝国进行商贸往来，同时也带来了希腊罗马晚期的艺术。这些创作犍陀罗艺术的艺术家有可能来自西方。

犍陀罗艺术很有可能最先将佛陀形象以"人"的面貌展现。东西方文化联姻以何种方式进行仍在争论之中。[1]希腊罗马艺术与波斯、印度宗教信仰相融合，来自地中海西部的众神祇形象也出现在犍陀罗地区[2]，这些相类似的形象经常被学者们所讨论。然而，半人马形象却很少提及，拉迪斯拉夫·斯坦科（Ladislav Stančo）在他2012年出版的著作中对此做出了杰出贡献。[3]

斯坦科在2014年参观旧金山亚洲艺术博物馆时，发现一身弥勒菩萨立像，胸前项饰清晰可见，项饰尾端存两身相对的半人马形象手持圣物匣的两柄（图1）。[4]依笔者所见，此塑像应为页岩雕刻，年代很有可能是2—3世纪，但半人马形象为何出现于此？其在犍陀罗艺术以及中亚伊斯兰早期艺术中的意义是什么？这些都能引起笔者浓厚的兴趣。

这尊弥勒菩萨立像以暗灰色页岩为材质雕刻，风格独特，最初

图1　弥勒菩萨像，犍陀罗，2—3世纪。旧金山亚洲艺术博物馆，艾弗里·布伦戴奇（Avery Brundage）收藏品，B60 S597

---

1　Christian Luczantis et al., eds. Gandhara. *Das buddhistische Erbe Pakistans. Legenden, Klöster und Paradiese*. Mainz: von Zabern, 2008.
2　Ladislav Stančo. Greek Gods in the East. *Hellenistic Iconographic Schemes in Central Asia*. Prague: Karolinum, 2012.
3　Ladislav Stančo. Greek Gods in the East. *Hellenistic Iconographic Schemes in Central Asia*. Prague: Karolinum, 2012: 82-83.
4　Asian Art Museum, San Francisco. Catalogue: Selected Works. San Francisco, 1994.

图2 犍陀罗菩萨项饰不同细节。a）旧金山亚洲艺术博物馆弥勒菩萨；b）洛杉矶国家艺术博物馆，Nasli，Alice Heeramaneck收藏品 M.83.105.1；c）韩国国家博物馆，首尔，jng7013；d）巴黎吉美博物馆，AO2907，来自巴基斯坦沙泊斯伽梨（Shahbazgarhi）寺庙；e）西雅图亚洲艺术博物馆，尤金·富勒（Eugene Fuller）收藏，44.63

有可能位于一佛教寺庙某间佛堂中。因其复杂的工艺技法，尽管脚部残缺，这一件作品仍可称同类作品的上乘之作。通常，菩萨皆饰璎珞，此尊手持净瓶，项饰风格独特（图2）。一般情况下，犍陀罗艺术中的菩萨项饰尾端可见怪兽、龙或摩伽罗的头部，并持有珠宝或圣物匣。[1] 此处所见的两身半人马形象作蹲伏状，男性，蓄卷发，手持圣物匣手柄，手臂上端均戴手镯。

我们需要了解两身半人马形象出现在此的宗教意义：为什么是它而不是其他怪兽呢？在讨论这一问题之前，有必要提前了解半人马的形象和神话传说。其形象最早见于希腊罗马传统神话中[2]，后在大犍陀罗地区和其他伊斯兰早期的地区也被发现[3]。

希腊罗马神话中，半人马的宗教概念起源由来已久并充满争议。相传，他是由宙斯所创造，居住在位于希腊中东部屏达思山和爱琴海之间叫作塞萨利的地方。上半身是人的躯干，下半身则是马身。生性凶残，野蛮好战，嗜酒好色。通常出现在与人类争斗的画面中，其中广为传播的故事即是半人马在婚宴上与拉庇泰人的搏斗，这一事件形象地被菲狄亚斯雕刻在帕台农神庙墙面中楣处，成为希腊雕塑的象征，现存

---

1 Francine Tissot. "Jewelry in Gandharan Art: images and reality." In: Michael Alram and Deborah E. Klimburg-Salter eds, *Coins, Art, and Chronology. Essays on the pre-Islamic History of the Indo-Iranian Borderlands*. österreichische Akademie der Wissenschaften, Philosophisch - Historische Klasse Denkschriften, Bd. 280. Wien: Verlag der österreichischen Akademie der Wissenschaften, 1999: 399-413.

2 Birgitt Schiffler. *Die Typologie der Kentauren in der antiken Kunst*. Frankfurt am Main: Lang, 1976.

3 Erich Bethe. "Kentauren." In: Paulys Realencyclopädie der Classischen Altertums-wissenschaften (RE), Vol XI. 1. Stuttgart, 1921: Sp.172. Georges Dumézil. *Les problème des Centaures: Etudes de mythologie comparée indo-européenne*. Paris: Geuthner, 1929. Elard H. Meyer. *Indogermanische Mythen*. 2 vols. Berlin Dümmler 1883-1887. Reprint: Hamburg: Severus, 2011. J. Michael Padgett. "Horse Men: Centaurs and Satyrs in Early Greek Art." In: Idem et al. eds, *The Centaur's Smile. The Human Animal in Early Greek Art*. Princeton, NJ: Princeton Univ. Art Museum: New Haven and London: Yale Univ. Pr, 2003: 3-27.

图3 半人马与拉庇泰人的搏斗。大理石墙面（南XXXI），帕台农神庙。大英博物馆，编号1816, 0610.15

图4 喀戎正在教导年轻的阿基里斯。赫库兰尼姆城一处壁画，1世纪。那不勒斯考古博物馆，Inv.no.9109

于大英博物馆（图3）。[1]值得强调的是，此处半人马展现的是其野蛮兽性的一面，以与人类搏斗为乐。[2]

庞贝古城和赫库兰尼姆城遗址地保存的罗马时期的绘画则表现半人马的另一种形象，可能最有名的就是喀戎。他不像其他的半人马般凶残野蛮，而以其和善及智慧著称，他是多位希腊英雄的导师，其中包括赫拉克勒斯、阿基里斯、阿斯克雷比亚、伊阿宋。赫库兰尼姆的一幅壁画将喀戎描绘为充满智慧、父爱般的导师，图中他正在教导年轻的阿基里斯（图4）。[3]半人马的平和形象同样见于庞贝古城阿多尼斯住所的壁画上（1世纪），表现的是一身半人马位于阿波罗和阿斯克雷比亚之中（图5）。[4]据传说，喀戎是医药之父，画面中他将其医药知识传授给阿斯克雷比亚（阿波罗之子）。

鉴于半人马嗜酒好色的本性，希腊化时期半人马同样又是酒神狄奥尼索斯的情人就不足为奇了。一件罗马复合式柱头（230—280年）上雕刻了狄奥尼索斯和两身半人马的形象，现藏于波士顿伊莎贝拉·斯图尔特·加德纳博物馆（图6）。[5]

半人马也可能会表现为女性形象并伴有家眷。

---

1 Ian Jenkins. *Greek Architecture and Its Sculpture*. Cambridge, MA: Harvard Univ. Pr., 2006: 146.

2 Heinz Kähler. *Das griechische Metopenbild*, München: Münchner/F. Bruckmann, 1949: 87. Jan N. Bremmer. "Greek Demons of the Wilderness: the Case of the Centaurs." In: Laura Feldt, ed., *Wilderness in Mythology and Religion: Approaching Religious Spatialities, Cosmologies, and Ideas of Wild Nature*. Berlin-New York: de Gruyter, 2012: 25-53.

3 Francis W. Kelsey. "Codrus's Chiron and a Painting from Herculaneum." *American Journal of Archaeology* 12/1（1908）: 30-38.

4 Wladimiro Dorigo. *Late Roman Art. A Study of Pictorial Records. 30 BC-AD 500*. London: J. M. Dent, 1971, Fig.3.（originally published as *Pittura tardoromana*, Milano: Feltrinelli, 1966）

5 Cornelius C. Vermeule. *Greek and Roman Sculpture in America. Masterpieces in Public Collections of the United States and Canada*. Malibu, CA: J. Paul Getty Museum; Berkeley: Univ. of California Pr., 1981, p.235, Fig.196.

图5 半人马位于阿波罗和阿斯克雷比亚之中。1世纪壁画,庞贝古城阿多尼斯住所(Ⅵ.7.18)。现藏于那不勒斯考古博物馆,Inv.no.8846

图7 胜利女神骑在两身半人马拉的战车上的场景。饮酒杯(Gnathian Kratar)细节。现藏于大英博物馆,检索号1856.1226.15

图6 一件罗马复合式柱头上雕刻的狄奥尼索斯和两身半人马的形象。意大利出土。现藏于波士顿伊莎贝拉·斯图尔特·加德纳博物馆,检索号S10s6

图8 博斯小镇(Berthouxville)发现的银杯细节。现藏于法国国家图书馆

在早期的例证中,希腊化艺术鼎盛时期(公元前3世纪晚期至公元前2世纪早期)的饮酒杯(Gnathian Kratar)上也描绘了胜利女神骑在两身半人马拉的战车上的场景(图7)。[1]

希腊化罗马时期大量绘有装饰图案的银质器皿上也可见半人马形象,主要表现的是欢庆的场面。如:在法国博斯小镇(Berthouxville)出土的公元1世纪的杯子上就有一身男性半人马和两身女性半人马形象,他们被爱神厄洛斯所环绕(图8)。[2] 古罗马诗人奥维德(公元前43年—公元17/18年)的《变形记》(Metamorphoses)中最早谈及半人马以女性形象出现并伴有家眷。突尼斯埃尔·杰姆出土的1—2世纪的马赛克上凸显了两身半人马女性形象手托宝冠,一裸体女性立于宝冠下的场景(图9)。[3]

---

1 Thomas B. L. Webster. *Hellenismus*. Baden-Baden: Holle,1966,Frontispiece and p.24.(Tr. from *The Art of Greece: The Age of Hellenism*)
2 Kenneth D. S. Lapatin,ed. *The Berthouville Silver Treasure and Roman Luxury*. Los Angeles: The J. Paul Getty Museum,2014,pp. 46-54,Figs. 26,27.
3 Milida Vilimkova and Hed Wimmer. *Roman Art in Africa*. London: Hamlyn,1963,Fig.49.

图9 女性半人马。马赛克，突尼斯埃尔·杰姆出土。现藏于突尼斯巴尔多博物馆

图10 巴焦尔发现的银质高脚杯细节，半人马绑架一妇女。巴基斯坦

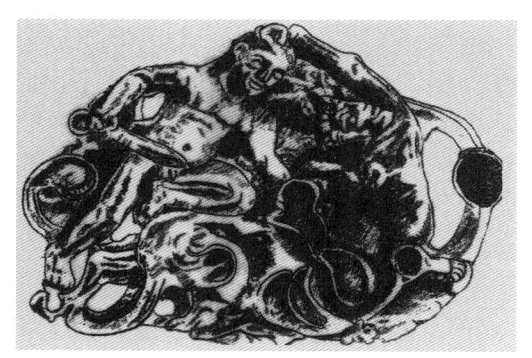

图11 半人马内萨斯与赫拉克勒斯搏斗。镀金银质带扣，据说发现于乌兹别克斯坦撒马尔罕附近。现藏于塔什干美术博物馆

很明显，希腊时期到罗马时期有关半人马的信仰有很大不同。一方面，他们是野蛮和未开化的象征；另一方面，他们又表现出平和、智慧的一面。然而，两方面转化的具体时间很难确定。有兴趣的读者可以查阅格奥尔格·莫拉维茨的论文[1]，论文中对以上两方面的转化有较详细的论述。

有关半人马形象的转变应该出现在亚历山大东征之后，并受希腊、中亚和印度的相互影响。遗憾的是，我们未能找到先于贵霜时期有关中亚希腊化影响的半人马的描述。在巴基斯坦西北部巴焦尔区帕提亚时期出土的物品上可见相关的线索。[2]在众多银质器皿中，有一高酒杯上描绘了半人马形象，这与在法国博斯小镇出土的杯子风格上很接近，年代有可能为公元前1世纪。有所不同的是，高酒杯上描绘的是男性半人马绑架拉庇泰女性的场面（图10），制作地点不能确定，但毫无疑问应是来自于西方。

乌兹别克斯坦撒马尔罕出土的镀金银饰上描绘了半人马内萨斯与一位英雄搏斗的场面，经卡齐姆·阿卜杜拉耶夫[3]证实，画面中的英雄应是赫拉克勒斯（图11）。画面中强调了半人马的野蛮兽性，具体时间很难断定，因其并非官方发掘，有可能是公元前3世纪至公元前2世纪。

更为大家熟知的是尼萨来通杯，发现于土库曼斯坦古城尼萨。尼萨来通杯，用象牙雕刻而成，其年代有可能为公元前2世纪的希腊—大夏王国时期，此推断仍需商榷。此类来通杯其中之一可见兽头，身形同半人马形象，卷曲的翅膀有可能是后期所添加。[4]来通杯上的装饰图案丰富，这类图案均可

---

1 Georg Morawitz. *Der gezähmte Kentaur: Bedeutungsveränderungen der Kentaurenbilder in der Antike.* München: Biering&Brinkmann，2001.

2 Francois Baratte. *East and West. A Central Asian Hoard from the Parthian Era.*. London: Melisande，2002.（Revised translation of "Orient et Occident: le témoignage d'une trouvaille d'argenterie dépoque parthe en Asie central"，Journal des savants[Paris]，juillet-décembre 2001）（on-lineat<http://www.persee.fr/doc/jds_0021-8103_2001_num_2_1_1645>，last accessed 12 January 2018）

3 Kazim A. Abdullaev. "A Bactrian Gold Buckle with a Contest Scene between a Hero and a Centaur（Herakles and Nessos?）,*Parthica* 10（2008）：135-150.（on-line at <https://www.academia.edu/6865013/A_BACTRIAN_GOLD_BUCKLE_WITH_THE_CONTEST_BETWEEN_A_HERO_AND_A_CENTAUR_HERAKLES_AND_NESSOS_2008_PISA_ROMA>，last accessed 10 January 2010）

4 Mikhail E. Masson and Galina A. Pugachenkova. *The Parthian Rhytons of Nisa.* Firenze: Sansoni，1982.

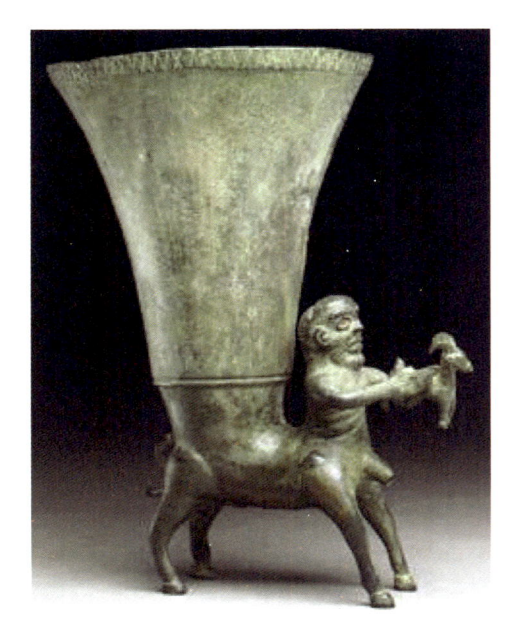

图12 铜质来通杯，站立的半人马手握山羊。发现于今巴基斯坦北部阿什库曼。现藏于阿什莫林博物馆，牛津，EA1963.28

图13 吹奏喇叭的半人马形象以及一名武士。墓室1，墓地1，山普拉墓地，新疆，Inv.no.84LSIM01:C162

在欧亚不同文化中找到。其二是斯坦因在阿什库曼（Ishkuman，位于今巴基斯坦罕萨西部）发现的铜质来通杯（图12），图中可见站立的半人马手握山羊的形象，这种来通杯可能制作于希腊—大夏时期的工坊。阿什莫林博物馆将其年代定为公元前3世纪至公元前2世纪。[1]

半人马的形象在中亚丝路沿线发现的织物上也有出现。最有名的则是在山普拉墓地（今新疆塔里木盆地西南部，临近和田）出土的一件织物（图13），图案中清晰可见吹喇叭的半人马形象，此物件起初应是墙上挂物。中国的学者仅提供了墓室大致的年代：公元前2世纪至公元2世纪。[2] 图案中还可见站立的持矛的武士，有可能是早期的贵霜武士（？）。这件原始挂物较确信的年代应是公元前1世纪末至公元1世纪早期，如此论断正确，吹奏喇叭的半人马形象应绘制于希腊—大夏晚期，并在大夏北部的工坊中完成，如乌兹别克斯坦南部或阿富汗北部。半人马吹奏乐器的场景让我们联想到希腊的酒神与狂欢之神狄奥尼索斯。

这种联系也帮助我们理解印度人在展现希腊半人马形象的有趣一面，他们将半人马与乾闼婆联系在一起。乾闼婆是印度教和佛教的香音神，类似于半人马，嗜酒好色。在大部分情况下，印度的乾闼婆被认为是半人半鸟的形象，有一些也被认为是半

---

1. Elizabeth Errington et al., eds. *The Crossroads of Asia. Transformation in Image and Symbol in the Art of Ancient Afghanistan and Pakistan.* Cambridge: The Ancient India and Iran Trust, 1992, No.95.
2. Alfried Wieczorek and Christoph Lind, eds. *Ursprünge der Seidenstraße, Sensationelle Neufunde aus Xinjiang, China* Mannheim: Reiss-Engelhorn - Museen; Stuttgart: Theiss, 2007: 213-214.

图14 菩萨塑像细节，犍陀罗。巴基斯坦沙泊斯伽梨（Shahbazgarhi）寺庙，1—3世纪。现藏于巴黎吉美博物馆，AO2907

图15 页岩雕刻的女性半人马残件。现藏于印度昌迪加尔博物馆

图16 页岩雕刻的半人马残件。现藏于巴基斯坦拉合尔博物馆

人半马。[1]重要的是，吉美博物馆藏的犍陀罗弥勒菩萨身上的项饰（图2-d）以及图14中都可见两身乾闼婆手托类似珠宝的圣物匣。

犍陀罗半人马雕塑中也存在一些例外。现存印度昌迪加尔的一身女性半人马（残，页岩雕刻）年代为2—3世纪[2]（图15），身着希顿古装，面带微笑。因为我们对原先塑像所存放的佛塔知之甚少，所以我们对创作者想要通过塑像表达的思想就不得而知了。另有一身男性半人马，身残未见头部，同样是佛塔中的一部分（图16）。[3]

栗田[4]刊布了两身男性半人马残像。一身为欧洲私人收藏，半人马作击鼓状，裹棕叶形腰带；另一身同样裹腰带，手持圣火坛或香炉，上方可见火焰，前两脚处现极小的翅膀。两身都是由犍陀罗地区典型的灰页岩雕刻而成，年代为2—3世纪。半人马形象平和，一身击鼓，一身贡香，俨然是虔诚的佛教徒。

除了以上所列的半人马形象，在很多印章上也

---

1 Albert Canoy, "Le concept mythologique du gandharva et du centaur." *MuSeon* 49（1936）: 99-113. Georges Dumézil. Les problème des Centaures: Etudes de my thologie comparée indo-européenne. Paris: Geuthner, 1929. John Garrett, *A Classical Dictionary of India. Illustrative of the Mythology Philosophy Literature, Antiquities, Arts, Manners, Customs &c. of the Hindus.* 2 vols. Madras: Higginbotham & Co., Madras, 1871, pp. 218-219.（Reprint: Akademische Druck, - und Ver lagsanstalt, Graz: Akademische Druck, -und Verlagsanstalt, 1971）K. Krishna Murthy. *Mythical Animals in Indian Art.* New Delhi: Abhinav, 1985. Elard H. Meyer. *Indogermanische Mythen.* 2 vols. Berlin Dümmler 1883-1887.（Reprint: Hamburg: Severus, 2011）Devdutt Pattanaik. *Indian Mythology: Tales, Symbols, and Rituals from the Heart of the Subcontinent.* Rochester, VT: Inner Traditions, 2003. Nigro Sansonese. *The Body of Myth: Mythology, Shamanic Trance, and the Sacred Geography of the Body.* Rochester, VT: Inner Traditions, 1994.

2 Saifur Rahman Dar. "The Sikri Sculptures: Prolegomena on an Exceptional, but Unstudied, Collection of Gandhāran art in the Lahore Museum." *Silk Road Art and Archaeology* 6（1999/2000）: 35. John Boardman. *The Greeks in Asia.* London: Thames &Hudson, 2015: 123.

3 Harald Ingholt and Islay Lyons. *Gandharan Art in Pakistan.* New York: Pantheon, 1957, p.156, and Fig.391.

4 Kurita Isao, Gandārabijutsu=Gandhāran Art. 2vols. Tokyo: Nigensha, 1998-2000, Vol.2, pp.235-236, Nos.705s, 706.

图17 一枚印章上的半人马形象。1—2世纪，阿曼乌尔拉赫曼（Aman ur Rahman）藏品，阿联酋

图18 两身相对的半人马形象（头部已损），另有一人立于中间。犍陀罗，2—3世纪（？），之前藏于柏林民族志博物馆

有描绘半人马的画面，年代推测为贵霜时期（1—3世纪）。阿曼乌尔拉赫曼（Aman ur Rahman）藏品中有六枚印章，刻绘的是半人马行走并手持长矛/树枝的形象（图17）。[1]

这些印章反映的是半人马形象的世俗生活，但文前所提的旧金山亚洲艺术博物馆藏的弥勒菩萨身上的项饰则反映的是其宗教思想的一面。第二次世界大战之前，柏林民族志博物馆的藏品中有一件破损的犍陀罗页岩雕刻的石板，现有可能藏于亚洲艺术博物馆或在二战中完全损毁，我们对此的了解仅来自于勒科克的出版物[2]。石板上的浮雕可见两身相对的男性半人马形象，一人手持圣物匣立于他们之中（图18）。

再一次回到弥勒菩萨身上的项饰，为什么艺术家没有将常见的摩伽罗头像作为装饰，而是选择了两身半人马手持圣物匣的形象？当然，这些塑造者或是供养者一定有其考虑的因素，或是这些犍陀罗的艺术家知晓半人马本性上的转变（野蛮兽性转变为平和友善）？之所以做出如此大胆推测，是因为这两身半人马形象由于受到大乘佛教的影响，从原先的野蛮兽性、好战好色变成如今的平和友善。

实际上，就目前我们所知，没有一件犍陀罗地区发现的半人马形象表现的是其野蛮好战的本性，这也说明在佛教的影响下，半人马被赋予了新的形象。这种改变源于希腊的统治，那时人们将半人马与对狄奥尼索斯的崇拜相联系。犍陀罗的佛教产生了重要作用，半人马成为佛陀的虔诚追随者。从西方到东方，半人马在思想上和形象上的转变也是希腊文化影响中亚和印度文化的例证之一。贝格拉姆宝藏发现于20世纪30年代，其物品也于近代在全世界展出。[3] 贝格拉姆宝藏从贵霜帝国时期文化和财富的角度提供了内在新的审视视角。物品中除了有名的表现希腊银器的石膏模

---

1 Aman ur Rahman and Harry Falk. *Seals，Sealing and Tokens of Gandhara*. Monographien zur Indischen Archäologie，Kunst und Philologie Vol. 21，Studies in the Aman ur Rahman Collection，Vol. 1. Wiesbaden: Reichert，2011: 93-94.

2 Albert von Le Coq. *Die Buddhistische Spätantike in Mittelasien*. 7 vols. Berlin: Reimer，1922-1933，Vol.1，p.20，p. 117b. Caren Dreyer et. al，eds. *Dokumentation der Verluste. Bd. 3 Museum für Indische Kunst*. Berlin: Staatliche Museen zu Berlin，2002.

3 Pierre Cambon. "Begram: Alexandreia of the Caucasus, Capital of the Kushan Empire." In: Fredrik Hiebert and Pierre Cambon（eds.）*Afghanistan Hidden Treasures from the National Museum*，Kabul，Washington，D.C.: National Geographic，2008: 145-161.

型[1]，还有罗马的铜器，这些应来自于帝国的东部省份，极有可能来自埃及的亚历山大港。巴基斯坦北部巴焦尔发现的物品现已不见于私人收藏，但弗朗索瓦·巴莱特[2]（罗马金属器皿研究的专家）对这些内容有很好的研究，其中就有强调一银质的酒杯，上面绘有半人马形象。因此有理由认为犍陀罗佛教艺术的创造者在塑造半人马形象时可能吸收了不同地域广泛的素材。

旧金山亚洲艺术博物馆所藏的弥勒菩萨塑像上的项饰为我们打开了连接亚洲的思路，引起了很多关于半人马形象转变的假设和思考。阿富汗以及巴基斯坦北部新的学术考古发现证实了笔者的推论，即半人马受犍陀罗佛教思想所驯化。最后，希望本文能推动学者后期的进一步研究。

---

1　Michael Menninger. *Untersuchungen zu den Gläsern und Gipsabgüssen aus dem Fund von Begram*（*Afghanistan*）. Würzburg: Ergon，1996.

2　Francois Baratte. *East and West. A Central Asian Hoard from the Parthian Era.*. London: Melisande，2002.（Revised translation of "Orient et Occident: le témoignage d'une trouvaille d'argenterie dépoque parthe en Asie central"，*Journal des savants*[Paris]，juillet-décembre 2001）（on-lineat<http://www.persee.fr/doc/jds_0021-8103_2001_num_2_1_1645>，last accessed 12 January 2018）

# 阿塞拜疆境内所见中国瓷器及中国—阿塞拜疆文化交流

Akhundova Nargiz 著
（阿塞拜疆国家科学院历史所）

侯艾君 译
（中国社会科学院世界历史研究所）

在论述中世纪中国与阿塞拜疆境内诸国的商贸关系时，史料提及：中国对萨菲王朝大量提供各种生姜、樟脑、何首乌的同时，还输入各种瓷器，大小不等，品质形制各异。每年至少上百吨。[1]当然，中国产品，如丝绸面料、各种药物、异国水果、香料等，自古以来就在阿塞拜疆很受欢迎。不过在输入阿塞拜疆各大城市市场上的各种丝绸产品和中国商品中，贵重瓷器始终占据重要地位。因此，对于这种出色物品在装饰艺术史上的作用，应该进行特别探讨。

## 一 13世纪末到17世纪初中国瓷器在阿塞拜疆境内的流布——依据考古调研资料

首先应该指出的是：在对希尔万汗国留下的中世纪古城——诸如卡巴拉、奥伦卡雷（拜拉康）、巴库等——遗址进行的大量考古发掘表明，中国瓷器在当地的商业和文化生活中非常受欢迎。[2]其中引起人们特殊兴趣的是中国的青花瓷器，这些青花瓷由瓷质材料制成，表面涂着绿色暗影的瓷釉。在穆斯林地区，这样的瓷器非常贵重，因为他们能够检测毒物，被称为马尔塔巴尼（мартабани）。考古人员在舍马哈等地区（拜拉康、古丽斯坦、卡拉—比古尔德等地）发现了一些青花瓷残片，这些残片多半属于13世纪。[3]许多中国青花瓷残片是在发掘位于巴库的希尔万汗国的谢赫宫殿时发现的。[4]这是由于，贵重的中国瓷器在希尔万汗国有巨大需求，尤其被封建贵族上层所享用。中国瓷器的装饰艺术对阿塞拜疆当地的陶器产生了巨大影响。从13世纪开始，希尔万汗国如同整个中东地区一样，精制陶器非常受欢迎，这些陶器用植物做装饰，以"秦尼"（чини，也即中国之意）而知名。在皮尔萨加特河（也叫阿拉斯河）上的皮尔·侯赛因墓葬（12世纪）的墙砖上，还发现了中国式图案。[5]用这种瓷器做成的瓷

---

[1] *The Cambridge History of Iran*. Vol.VI. Cambridge University Press，1986，p.449.（《剑桥伊朗史》卷6，剑桥大学出版社，1986，第449页。）

[2] 《剑桥伊朗史》卷6，第190页。

[3] Абилова, *О находках селадона в Азербайджане. Тр. Музея истории Азербайджана*，Т.1，Баку，1956，С.57-59.（阿比洛娃：《论阿塞拜疆发现的青瓷：阿塞拜疆国家历史博物馆》第一卷，巴库，1956年，第57—59页。）

[4] 希尔万谢赫宫殿包括以前希尔万谢赫们居住的寝宫，在阿塞拜疆首都巴库，是联合国教科文组织认定的文化遗产。

[5] С. Ашурбейли, *Государство Ширваншахов*，Баку，1983，С.190.（С.阿舒尔贝利：《希尔万谢赫之国》，巴库，1983年，第190页。）

砖多数都保存在艾尔米塔什博物馆。一只仙鹤，周边围绕着中国祥云的图像，与唐代花瓶的绘画相似。[1]

这里需要注意的是，尽管许多外国学者断言，15世纪之前在阿塞拜疆境内已经出现本地产的中式餐具，但却无视这样一个事实，在蒙古帝国时代的希尔万谢赫宫殿发现的瓷器物品中，除了输入的中国瓷器，就只有一种当地生产的餐具是仿制中国的。[2] 无疑，从13世纪开始，中国商品在阿塞拜疆市场上影响加强并且传播扩大，原因是旭烈兀的国家（伊尔汗国，中心在阿塞拜疆）和元朝中国事实上处在统一的蒙古帝国境内。这就确保了两国之间的古老的陆上商路、海上通道都能够迅速复兴。中国瓷器在阿塞拜疆境内的影响无疑是非常大的——无论是在旭烈兀时期还是之后的时期。例如，明初期广泛运用了高度的青花瓷成分[3]，而且，在15世纪里，能够发现高度的"腌"[4]。1400年到1430年间著名航海家郑和及其助手马欢下西洋之后[5]（需要指出的是：郑和下西洋始终具有和平性质，对萨菲王朝宫廷的品味产生了持续影响）[6]，中世纪的阿塞拜疆巩固、发展了自己的古老传统，仿照中国样式发展出色的技术，同时也在这种工艺中涌现出来一批勇于创新的匠人[7]。

这种早期瓷器输入阿塞拜疆一直延续到15世纪末，当时中国景德镇已经开始运用烧造技术，因而对这种瓷器进行高精度仿制在中东非常有利可图。当时，除了15世纪的少数烧造瓷器的窑炉之外，其中1473—1474年间的一些炉窑保存在俄罗斯圣彼得堡艾尔米塔什博物馆。[8] 关于15世纪末中国瓷器在阿塞拜疆境内的生产情况人们所知甚少。不过，这种

---

[1] В. А. Крачковская, *Изразцы мавзолея Пир Хусейна*. Тбилиси, 1946, табл.XIV-XV.（В. А.克拉奇科夫斯卡娅：《皮尔·侯赛因陵墓的瓷砖》，第比利斯，1946年，图表14-15。）

[2] С. Ашурбейли, *ГосударствоШирваншахов*. Издательство: ПолиграфическийДом, 《Абилов, Зейналов и сыновья》. Баку, 2006, С.251.（С.阿舒尔贝利：《希尔万谢赫之国》；《阿比洛夫、泽纳洛夫及其儿子们》，巴库，2006年，第251页。）

[3] 2016年在卡巴拉地区和2011年在阿格苏地区进行的考古发掘发现了明朝陶器和青花瓷器，这能够证明当年中国瓷器在今日阿塞拜疆境内非常受欢迎。

[4] Ma Huan, *Ying-yai Sheng-lan. The Overall Survey of the Ocean's Shores*（1433），ed. and transl. by J. V. G. Mills, Cambridge, 1970, p.178.（马欢：《瀛涯胜览》，J. V. G. 米尔斯译，剑桥出版社，1970年，第178页。）

[5] Mahmudov Y. M., Səyyahlar, kəşflər və Azərbaycan., Baki: Təhsil, 2012, s. 139-140.（马赫穆多夫：《阿塞拜疆的旅行与发现》，巴库，教育出版社，2012年，第139—140页。）

[6] 众所周知，丝绸贸易的发展促进了许多民族之间的文化和贸易联系。然而，外国对中国的考察（马可波罗、柏朗嘉宾等）并不是单方面的。从1403年到1433年间，中国旅行家郑和（1371—1435）曾经七次到西洋大规模考察。对于大多数中国人来说，郑和是一个民族英雄。尽管说郑和的著作没能流传下来，但是马欢的记述中保留了不少相关文字。马欢（1380—1460），精通阿拉伯语，是一位太监（顺便要说明的是：中国与奥斯曼土耳其类似，宦官始终是帝国的一支重要的政治力量），接受了伊斯兰教。马欢的《瀛涯胜览》记述了第四次、第五次、第六次和第七次下西洋的经过，船队一度抵达霍尔木兹。马欢证实，霍尔木兹当时与全世界通商，是来自大不里士（好几百年里，都是旭烈兀国家、黑羊王朝、白羊王朝的首都）的商队的终点（Y. M.马赫穆多夫：《阿塞拜疆的旅行与发现》，第135—136页）。

[7] W. Reinhard, *Empires and Encounters*（1350-1750），London, 2015, p.383.（W.雷恩哈特：《帝国及其遭遇（1350—1750）》，伦敦，2015年，第383页。）

[8] А. А. Иванов, "Фаянсовое блюдо XV века в Мешхеде," *Сообщения Государственного Эрмитажа* 45, 1980, С.64-66.（А. А.伊万诺夫：《15世纪马什哈德陶瓷餐具》，《国立艾尔米塔什博物馆信息》45，1980年，第64—66页。）

图1 阿塞拜疆发现的中国瓷器（阿塞拜疆国家历史博物馆藏）

图2 阿塞拜疆发现的中国"大明宣德年制"瓷盘

图3 阿塞拜疆发现的明代"永保长春"瓷器（阿塞拜疆国家历史博物馆藏）

产品已经如此深刻地在蒙古帝国的边疆地区得到巩固，以至于尽管说这些产品质量并不很好，但是却排除了其他选择。[1]

反过来，16世纪的陶器大师延续了帖木儿时期的传统。在希尔万汗国的中世纪防御工事中发现了很多中国青花餐具和普通瓷器餐具，这就能够证明中国产品输入阿塞拜疆的情况以及15至16世纪里阿塞拜疆—中国的贸易和文化联系。

近年来，在阿塞拜疆共和国境内的诸古城（2011年在阿格苏[2]；2015—2016年间在卡巴拉[3]）进行的考古发掘过程中发现的大量餐具制品能够证明，中国瓷器在中世纪（15到16世纪）阿塞拜疆境内非常受欢迎。这些瓷器餐具颜色各异，风格多样，其成分也非常丰富。例如，卡巴拉发掘现场发现的白色瓷盘上书6个汉字"大明宣德年制"（1398—1435），现存于阿塞拜疆国家历史博物馆，藏品59，"丝绸之路"8。阿格苏的考古发掘发现的多数是青花瓷制品，其中最引人注意的是一只带有花卉装饰的彩陶碗[4]，另一只碗则绘有中国青花色调的壮丽景观图案[5]。一些餐具制品绘有一些单独的植物，其他的餐具（例如蓝色陶盘）上，有密集叠加的植物图案分布在几何分区内。[6]还发现了一些餐具，例如一块彩陶板，刻有阿拉伯字母ش（读如"诗"），这就产生了一个问题：这些商品是本地生产的，还是在中国生产后输入穆斯林国家的？

卡巴拉发现的餐具品质细腻，其中有15—16世纪的瓷盘，饰有匠心独运的植物图案，以及鲜艳绿松石颜色的釉面青瓷制品和远东风格的黑色几何

---

1　Г. А. Пугаченкова, *Глазурованная керамика Нисы XV-XVI вв..Труды Южно-Туркменистанской археологической комплексной экспедиции* (ЮТАКЭ) 1, 1949, C.400-417.（Г. А.普加琴科娃：《15到16世纪尼萨的带釉陶器：土库曼斯坦南部考古综合考察著作集》第一卷，1949年，第400—417页。）

2　Ağsu şəhəri orta əsrlərdə. Tarixi-arxeoloji araşdırma. III buraxılış. *Ağsu arxeoloji ekspedisiyasının 2011-ci il tədgigatları*.（《中世纪的阿格苏：历史考古研究》，《2011年Agsu考古探险》第三版。）

3　Qəbələ arxeoloji ekspedisiyası: hesabatlar, tapıntılar（2015-2016）. Bakı, 2017.（《卡巴拉考古发掘：报告，调查结果（2015—2016）》，巴库，2017年。）

4　《中世纪的阿格苏：历史考古研究》，《2011年Agsu考古探险》第三版，第171页。

5　《中世纪的阿格苏：历史考古研究》，第174页。

6　《中世纪的阿格苏：历史考古研究》，第175页。

图4 阿塞拜疆发现的明代"永保长春"瓷器（阿塞拜疆国家历史博物馆藏）

图5 阿塞拜疆发现的"戊申年制"中国瓷器残片

图6 阿塞拜疆发现的中国瓷器残片（推断为16世纪）

图7 阿塞拜疆发现的中国瓷器残片

图案。[1]顺便说一下，绿松石的颜色并非中国彩陶制品的典型特征，显然有异域文化成分，确切地说，多半是出口东方国家的产品中所特有的。生产于16世纪的产品还以青花瓷器碎片（例如，优雅的青花手柄）和带有黑色纹案的绿松石釉面器具为代表。[2]在阿格苏发现的一个题有四个汉字"戊申年制"的青花瓷碗，生产于16世纪后期。[3]

餐具中，一只饰有造型精美的男子头像的盘子引起人们注意。该男子脸孔显然是亚洲人，但并非典型的中国人脸型。[4]瓷盘估计产生于16至17世纪，带有厚实而细腻的画像；还有一只瓷碗的残片，底部有汉字底款"永保长春"。[5]但是，由于残片缺损，只剩下3个汉字。这些符号的形象是中国餐具最常见的元素之一。最初，这种象征主义的应用多见于民间艺术产品，而不是工业生产，并且更频繁地应用于盘子的背面。

考察还发现了17世纪晚期的一些制品。其中有一些饰有花鸟图案的青花瓷器，以及一些琉璃盘残片。[6]

仿佛为了证实萨菲王朝时期中国器皿上的流行图案（以我们在阿赫苏和加巴拉的考察结果为例），英国学者利哈德（V. Reyhard）以萨菲王朝时期的中国产品为例，提及17世纪中国瓷器的一些奇怪信息和描述。众所周知，从郑和下西洋开始，通过贸易，该时期中国餐具开始大量输入阿塞拜疆（这些餐具接近专门为欧洲生产的所谓"克拉克瓷器"。例如，作者指出，在青花瓷盘上发现了站立的男性人物形象）。17世纪上半叶，这种克拉克瓷器首次由丹麦的西印度公司舶来此地。作者称，产品卖掉后立即被谢赫的朝臣复制。该时期已经广泛使用饰有花鸟风光的中国图案的餐具——卡巴拉发现的餐具也能够证明这一点。

---

1 《卡巴拉考古发掘：报告，调查结果（2015—2016）》，第286页。
2 《卡巴拉考古发掘：报告，调查结果（2015—2016）》，第287页。
3 有可能是1668年，或者按照60年周期，推断为1728年。
4 《卡巴拉考古发掘：报告，调查结果（2015—2016）》，第289页。
5 《卡巴拉考古发掘：报告，调查结果（2015—2016）》，第293页。
6 《卡巴拉考古发掘：报告，调查结果（2015—2016）》，第294页。

这些瓷器的产地也许待定。因为，据罗杰斯说[1]，萨菲王朝在制造中国瓷器方面有着丰富的经验[2]。例如，在阿巴斯一世统治时期，萨菲王朝发生了一桩令人惊奇的事件。17世纪初，丹麦出口委员会通过波斯湾港口从中国运送瓷器，1603年首次抵达阿姆斯特丹。[3] 欧洲对此供不应求，由于中国内乱而导致瓷器出口衰减。因此丹麦人企图垄断萨菲王朝精心生产的青花瓷器——实质上是中国青花瓷的仿制品。法国作家皮埃尔·拉斐尔·杜芒（1613—1696）以对萨菲王朝宫廷的生动描述而闻名，他曾举出证据，证明威尼斯使馆方面的愤怒之情：威尼斯官方对阿巴斯谢赫声明，拒绝接受从伊斯法罕发出的青花瓷，因为这些瓷器并不是中国瓷器，而是萨菲王朝的工厂生产的。威尼斯使馆还建议谢赫提高产品质量——尽管阿巴斯谢赫本人与此无关。[4] 确实，萨菲王朝的瓷器打着中国瓷器的幌子渗入欧洲这一事实，多半是丹麦人做手脚所致，而与萨菲王朝陶瓷工无关。这一点从其在该时期丹麦家庭的广泛使用中可以清楚地看出。

## 二 中国瓷器在萨菲国家传播的经济特征

16世纪初，中世纪东方的一个标志性事件是阿塞拜疆的萨菲王朝的崛起。萨菲王朝是本地区最强大的国家之一。但在萨菲王朝时代（1501—1736），阿塞拜疆与中国的关系具有间接性。例如，在东呼罗珊，乌兹别克人及其后继者通过美索不达米亚占领了中国西北部的土地。用于商业目的的大部分海路都掌握在欧洲人手中：起初是葡萄牙人，后来则是丹麦人和英国人垄断了航运。从17世纪初开始，他们利用班德拉阿巴斯港口作为从印度到北欧贸易的中转站。阿巴斯一世（1588—1629）的外贸被西欧封锁，他试图另辟蹊径，通过提供更有利的丝绸之路，通过穿越大不里士、厄尔泽鲁姆，穿越海湾的陆路，使欧洲摆脱对奥斯曼帝国的依赖，因为通过这条路可以直接将丝绸出口到欧洲。不过，与中国的一定程度的间接交往（例如在中国青花瓷贸易方面）引发了萨菲王朝的巨大兴趣——特别是在17世纪。鉴于此，就有必要了解萨菲王朝的城市贸易发展和整个城市本身的发展。

按照西欧旅行家的资料，在萨菲王朝时期，大不里士、阿尔达比勒、舍马哈、马拉格、霍伊（Хой）、巴库、占贾、杰尔宾特、舍基、巴尔达等阿塞拜疆城市是16世纪的艺术和贸易中心。直到17世纪都是如此。A. 欧莱里乌斯（A. Olearius）说，

---

1　J. M. Rogers, *Chinese-Iranian Relations IV. The Safavid Period*, 1501-1732, London, 1991, Vol.V, Fasc.4, pp. 436-438.（J. M. 罗杰斯：《中国—伊朗关系四：萨菲王朝时期（1501—1732年）》，伦敦，1991年，第5卷，第436—438页。）

2　Н. Ф. Ахундова, *О распространении китайского фарфора в сефевидском государстве. Труды Института Истории НАНА*, т. 59, 2016, С.42-44; Ахундова Н. Ф., Знаменитая усыпальница шейха Сефи ад-дина в Ардебиле как колыбель государства Сефевидов и великолепный памятник архитектуры. Кавказ в отражении мировой истории. *Сборник научных статей. Ставрополь*, 2017, С. 50-54. （Н. Ф. 阿洪多娃：《论中国瓷器在萨菲国家的传播》，《阿塞拜疆科学院历史所著作集》卷59，2016年，第42—44页；Н. Ф. 阿洪多娃：《萨菲—哀丁在阿尔达比勒的著名陵寝是萨菲国家的摇篮以及辉煌的建筑文物》，《世界历史映射中的高加索：论文集》，斯塔夫罗波尔，2017年，第50—54页。）

3　T. Volker, *Porcelain and the Dutch East India Company. A Record of the Dutch Registers between 1602 and 1682*, Leiden, 1954, C.113-116.（T. 沃克：《瓷器与东印度公司：1602年到1682年间荷兰人的记录》，莱顿，1954年，第113—116页。）

4　J. M. 罗杰斯：《中国—伊朗关系四：萨菲王朝时期（1501—1732年）》，第436—438页。

萨菲王朝时代的伊斯法罕是东方贸易中心之一，来自世界各地——印度、花拉子模、中国、布哈拉到英格兰、法国、西班牙和意大利的商人云集于此。沙尔登（J. Sharden）描述17世纪70年代雄伟的大不里士：在他所见过的所有城市广场中，最令他印象深刻的是大不里士的椭圆形地区，面积甚至超过伊斯法罕地区，尽管后者的人口更多。[1]

艾维利亚·切列比（Evliya Çelebi）指出，大不里士有超过47个美丽的花园和公园。谈到巴库时，他指出这是一个港口城市，来自中国、卡尔梅克人国家和莫斯科的使节和商队不断到来此地，并且带来了各种商品，切列比还提及有关在巴库老城、占贾和其他城市发现大量中国餐具的信息。这证实了阿塞拜疆与中国紧密的商贸关系。[2]至于阿尔达比勒，这个城市在萨菲王朝一直占有特殊地位。A. 欧莱里乌斯指出，阿尔达比勒有很多市场，商队露营处和商业区。例如，在主广场附近有一座叫作"盖伊萨莱"（Geysariye）的四角形建筑，出售很多金银制品、优质丝绸和其他贵重物品。它看起来像一个室内市场。作者称，这里的商队店铺具有贸易所的性质。他讲述了两位销售中国餐具的中国商人的情况。通过他们的衣服，人们可以立即猜出他们是外国商人。[3]也许应该指出，阿尔达比勒的特殊地位很大程度上由于阿尔达比勒谢赫（Sefi ad-Din，1252—1334）的墓地在此地被发现，萨菲帝国各地的臣民都会到此朝拜（关于墓地将在下面讨论）。

萨菲王朝出现了对中国瓷器的仿制品主要是在嘉靖年间（1521—1566）。[4]这类仿制瓷器在哪里生产，至今只有一些推论。但是很明显，不可能有大量的这类工厂，而多半只有一类这种工厂存在。已经发现了单独的一批凯尔曼制品（其中包含了萨菲王朝和16世纪中国的题材，频繁使用红色和橄榄绿色调的混合物）。

后来由于地缘政治形势的变化，中国瓷器出口中断，影响了萨菲王朝在当地仿制瓷器，这些阿塞拜疆的仿制品开始成功传播。西印度公司1610年的报告指出其在萨菲王朝南部港口收购陶瓷的事实，目的是将其销往印度，当时印度并未生产类似陶瓷。[5]装饰精美的萨菲王朝的瓷器质量低劣，但是也能够与中国出口产品竞争，其市场价格较低。无论如何，这些仿制品进入了国外市场，很快落入丹麦人的手中，这对萨菲王朝瓷器的命运产生了深远影响。

所以，从1652年到1682年，丹麦向东方输出大批萨菲王朝的瓷器作为样品，并在日本进行生产。1659年和1682年（丹麦）都曾落实大批订单，大量的日本瓷器经由摩卡和班德拉阿巴斯出口欧洲。这种

---

1 Z. Həsənəliyev, *XVII əsrdə səfəvi dövlətinin beynəlxalq əlaqələri*. Baki: Nurlar NPM，2007，C.177，178，193.（Z.哈桑阿利耶夫：《17世纪萨菲王朝的国际关系》，巴库，2007年，第177、178、193页。）

2 Övliya Çələbi，*Seyyahetname*. İstanbul，1314，II c, s.780.（A.欧莱里乌斯：《旅行记》，伊斯坦布尔，1935年出版，第二版，第780页。）

3 《1633年、1636年、1639年荷兰使团赴莫斯科大公国和波斯旅行详述》（*Подробное описание путешествия гольштинского посольства в Московию и Персию в 1633, 1636, 1639 гг.*），由使馆秘书A. 欧莱里乌斯编订。俄文全译本（译自德文），莫斯科，1870年，第584页。

4 A. Lane, *Later Islamic Pottery*，London, 1957; repr. London, 1971, pp.88-91.（A.雷恩：《晚期伊斯兰陶器》，伦敦，1957年出版，1971年再版，第88—91页。）

5 J. M. Rogers, *Islamic Art and Design 1500-1700*，London, 1983, p.125.（J. M. 罗杰斯：《1500年到1700年间的伊斯兰艺术与设计》，伦敦，1983年，第125页。）

彩陶技术可能还没有被高超地运用，但仍然与中国出口产品的惊人数量相当，自从1683年中国采用了景德镇的陶瓷烧制技术及其最终产品后，出口量大幅增加，每年出口量在4万件至10万件。可惜这种贸易彻底打击了萨菲王朝的瓷器，面对丹麦的海上垄断，萨菲王朝显得无能为力。曾几何时供不应求的欧洲市场，现在被打折销售的中国和日本瓷器以及代尔夫特（荷兰皇家工厂所在的城市）的青花瓷产品淹没。

尽管萨菲王朝的市场没有纯粹的青花瓷产品，但是，塞尔柱人白色元素的瓷器制品上，优质、精细的嵌入图案取代了中国青花瓷原件的直接样品，并在18世纪中期继续以中国瓷器的名义在欧洲传播。书面证据尽管未能保留下来，但是从各方面推断，马什赫特生产的青花瓷制品被萨菲王朝宫廷订购的数量非常巨大，这些青花瓷制品也被莫卧儿人享用。而且，无论是萨菲王朝还是莫卧儿宫廷，都竭力比晚明样式的瓷器更应用广泛。

制造商添加了一些新的色调：海蓝色、单色、半透明的白色雕饰和景泰蓝（景泰蓝珐琅），有时甚至有惊人的闪闪发光，甚至彩色钻石的颜色。它很可能是在伊斯法罕周边生产的。这种情况持续多久还不得而知，但到了1700年，这种青花瓷最终停产了。

这些颇具异国情调的宫殿产品的图案是按照萨菲王朝末代国王的品味设计的，也与莫卧儿王朝的几位末代皇帝的口味一致；几乎没有证据表明这是中国输出的产品。用来为宫廷仿制瓷器的原件据认为是作为外交礼品。据称，明代正德年间（1506—1521）出现了这样的中国瓷器，举例来说，香烛或中式笔筒上有中国人不熟悉的波斯或阿拉伯文题字（有时是《古兰经》句子，更多的是祈祷文或谚语）。但这种藏品也被举出用于证明是中国出口的，是专门为穆斯林地区提供的。在阿尔达比勒的藏品中发现了2件这样的制品，尽管说这只是寻常的餐具。[1]

然而，在中国青铜器作品中，中国样式的优越性在许多方面表现出来，表明它们是为在中国宫廷效力的穆斯林制造的。[2] 与此同时，有史料称，至少自莫卧儿时期以来，萨菲王朝就曾试图打开中国市场。因此，东印度公司的全权代表W.W.霍金斯于1613年离开印度，他讲述了一位莫卧儿谢赫贾汉吉尔（1605—1627年在位）的衣帽官的故事：他不幸打破一件贵重瓷器，可能是皇室收藏的明朝初期的瓷器。被勒令前往中国，重新弄到同样的产品。但他花了两年时间都没有找到任何堪与之相比的藏品，其职位岌岌可危，最终却因为一次幸运的意外而得救：萨菲王朝阿巴斯一世宫廷在伊斯法罕的制造厂能够仿制赝品。[3]

至少有一件重要的晚明产品能够说明：明代中国了解萨菲王朝的瓷器。大英博物馆收藏了一件明代官窑瓷器（藏品编号为1965-7-211），青瓷被涂上特殊釉色，由蓝色和灰绿色向奶油色、淡黄色、浅棕色过渡。这种青瓷的特征是有很多裂纹，就如纵

---

1　J. A. Pope, *Chinese Porcelains from the Ardebil Shrine*, Washington, D.C., 1956, pp.121-124.（J. A. 波普：《阿尔达比勒陵寝中的中国瓷器》，华盛顿，1956年，第121—124页。）

2　Laufer B., "Chinese Muhammedan Bronzes," *Ars Islamica* 1, 1934, pp.133-146; Carswell J., *Blue and White. Chinese Porcelain and Its Impact on the Western World*, Chicago, 1985, pp.36-40.（B. 劳费尔：《中国的穆罕默德青铜器》，《伊斯兰艺术》1，1934年，第133—146页；J. 卡斯维尔：《青花：中国瓷器及其对西方世界的影响》，芝加哥，1985年，第36—40页。）

3　W. Foster, *Early Travels in India 1583-1619*, Oxford, 1921, pp.109-110.（W. 福斯特：《印度早期旅行记：1583—1619》，牛津大学出版社，1921年，第109—110页。）

横交错的冰面裂纹。该青瓷是官窑所出，产于1600年，当时在克尔曼和马什哈德的产品上使用的图案，其上有一条加宽的景观地带，刻画了一名穿着萨菲王朝衣服的射手，是从加兹温学派的画作中复制的。[1] 尚不清楚是否出自景德镇匠人的手笔，但是，显然这件官窑作品是合成或服务的一部分，可能是接受专门订货完成的。因此，我们有充分理由相信，萨菲王朝和中国在彩瓷领域的关系绝不是单向的。但是，在阿巴斯谢赫在位期间，萨菲王朝还发生了中国瓷器在萨菲王朝传播史上的一件重大事件，下一节将详述。

## 三 著名的阿尔达比勒墓葬中的秦尼罕（Chinikhan）

迄今为止，在中国以外，中国古典瓷器（Chinikhan）总共只有两件最重要的藏品保留下来。其中之一在世界史学界广为人知，且被大量参观：土耳其伊斯坦布尔的托普卡皮萨莱博物馆的藏品，被奥斯曼苏丹收藏了500多年。第二件是在阿尔达比勒（现在在伊朗境内），参观者相对较少，同时也是一个宏伟的建筑杰作。而阿尔达比勒墓葬本身是一个完整的建筑结构，是一个宏伟的文化遗址。另一方面，它对研究阿塞拜疆国史具有特殊的历史价值，因为它包含了关于萨菲王朝诞生历史的大量信息。由于历史环境，且是在伊朗（一个较封闭的国家）境内发现的墓葬[2]，因此较少被学界关注。该墓葬最初是苏菲派教团奠基人谢赫萨菲·哀丁伊斯哈克·阿尔达比勒的儿子萨德尔·哀丁（1334—1392）为其父建造的。

按照14世纪的德尔维希塔瓦库勒·伊本·巴扎兹编订的地理学著作 Сафват ус-сафа（《موفص افصل》）的记述，这位苏菲圣人被称为"突厥人圣人"（"皮里—突厥"пири-торк）或"突厥人长老"（یکرت ریپ）[3]，后来成为显赫的萨菲王朝的奠基人。随着时间的推移，王朝的其他人物（伊斯马因一世的祖父、谢赫朱耐德、哈姆扎王子、穆罕默德·胡达班迪的儿子、谢赫伊斯马因等人）也安葬于此处[4]，而且也建起了新的建筑和房舍。

阿尔达比勒的著名的谢赫萨菲墓是萨菲王朝的摇篮，也是一座宏伟建筑。如 A. 奥利维亚指出："这是一个完整的建筑综合体系列，因为在墓地旁还有一座珍贵的图书馆和清真寺……这里还有谢赫伊斯马因的坟墓，谢赫萨菲的妻子和萨菲王朝的其他人物。[5] 这座墓是由一块宏伟的大理石建成的，里面挂着几盏金色的灯，谢赫的坟墓上覆盖着一层红金面纱。"[6]

---

1 J. M. 罗杰斯：《1500年到1700年间的伊斯兰艺术与设计》。
2 由于俄罗斯—波斯关系在19世纪的第一个25年里加剧恶化，以及两次俄罗斯—波斯战争（1804—1813年和1826—1828年）、订立《古利斯坦条约》和《土库曼恰伊条约》，阿塞拜疆国土作为年代久远、历史形成的统一民族文化区和统一的地缘政治空间，在俄罗斯和波斯两大帝国之间划分。正是在这次分裂之后出现了"北阿塞拜疆"（现今阿塞拜疆共和国）和"南阿塞拜疆"（目前伊朗伊斯兰共和国北部地区）的概念。详见：Н. Р. Гёзалова, Место Азербайджана в восточной политике Великобритании. Баку, 2017, C.93, 228.（Н. Р. 格奥扎洛娃：《阿塞拜疆在大英帝国的东方政策中的地位》，巴库，2017年，第93、228页。）
3 Н. Ф. Ахундова, Развитие суфизма в Азербайджане: возвышение шейха Сефи ад-дина Исхака Ардебили в эпоху ильханата. Москва, 2018.（Н. Ф. 阿洪多娃：《阿塞拜疆苏菲派的发展：伊尔汗国时代塞菲·哀丁·伊斯哈克谢赫的陵寝的建造》，莫斯科，2018年。）
4 Н. Ф. 阿洪多娃：《萨菲·哀丁在阿尔达比勒的著名陵寝是萨菲国家的摇篮以及辉煌的建筑文物》，第50—54页。
5 《1633年、1636年、1639年荷兰使团赴莫斯科大公国和波斯旅行详述》，第588—591页。
6 Z. 哈桑阿利耶夫：《17世纪萨菲王朝的国际关系》，第196页。

非常有意思的是，阿塞拜疆著名学者、旅行家Ш.法尔扎里耶夫（Ш. Фарзалиев）曾经参观了谢赫萨菲的陵墓。2013年，他出版了《伊朗旅行记》（İran səfərnamələri），其中详细描述了他访问该国的情况。他去该国不多不少整整29次，因此就在该书中记述了其29次旅行。在叙述每次访问时，作者都提供了代表团人员、代表团目的、参观地点、对参观地的评论。[1]

对陵墓中的墓葬描述使人们理解，为什么这座墓葬最终变成了一座大型纪念建筑群，是一座令人惊叹的建筑文物。这座巨大建筑物的第一部分是一座塔楼，塔楼高出谢赫萨菲陵墓17米。然后就是墓葬的神圣地段，也正是从该地段开始，萨菲王朝的人士特别重视建筑综合体中艺术的发展。在谢赫塔赫玛希布时代（Тахмасиб，1549—1554）建造的甘迪尔汗墓（Гандилхане，1526—1527）特别引人注目，秦尼罕（Chinikhan）是阿巴斯谢赫时代（1587—1629）艺术非凡繁荣的见证，也是阿尔达比勒纪念性建筑物不可分割的部分（这座14世纪纪念性建筑物的建筑师是阿维兹·穆罕默德·奥格卢[Avez Muhammad Oglu]）。

据A. Д.普里图拉说，1611年，中国明朝皇帝向谢赫阿巴斯一世赠送1256件瓷器餐具，这些餐具具有独一无二的细腻品质，背面带有皇家印章。[2]谢赫阿巴斯一世命令将这批餐具存放在著名的阿尔达比勒所谓的秦尼罕（Chinikhan），专门为中国餐具而建的储藏室。[3]据一些资料说，谢赫下令，他的这些餐具可以向人民公开展示。[4]秦尼罕还保存着伊斯马因谢赫、塔赫玛希布谢赫、阿巴斯一世谢赫、苏莱曼谢赫捐赠的一些钱物，保存在玻璃盖下。[5]

图 8　阿巴斯一世墓所见两件中国瓷器

---

1 "在谢赫塞菲墓的四面，还安葬了这个家族的10名成员……在谢赫塞菲墓后边，我们参观了伊斯玛因王朝的圣地，那里有一块巨大的墓碑。在第二次世界大战期间，俄罗斯军队在阿尔达比勒时试图从坟墓中取出棺椁带走，但是无法从门口运出。然后士兵试图拆除墙壁，并将它们一起带走，但当地居民不让他们这样做。" Fazil Ş., İran səfərnamələri (Təkmilləşdərəlmiş ikinci nəşri). Elm və Təhsil. Bakı, 2013, s.165.（Ş.法齐尔：《伊朗旅行记》，修订版，巴库，科学与教育出版社，2013年，第165页。）

2 А. Д. Притула, Мусульманское искусство после монголов. Исторический контекст. Классическое искусство исламского мира IX-XIX вв.Девяносто девять имён Всевышнего, раздел 3. Москва: Государственный музей изобразительных искусств имени А. С. Пушкина, 2013.（А. Д. 普利图拉：《蒙古人之后的穆斯林艺术：历史背景，9到19世纪伊斯兰世界的经典艺术。全能者的99个名字》第三部，莫斯科国立普希金造型艺术博物馆，2013年。）; J. M. 罗杰斯：《中国—伊朗关系四：萨菲王朝时期（1501—1732年）》，第436—438页。

3 哈拉恰依及其后代曾在马什哈德担任省长，长期统治。W. Reinhard, *Empires and Encounters* (*1350-1750*). London, 2015, p.384.（W.雷恩哈特：《帝国及其遭遇（1350—1750）》，伦敦，2015年，第384页。）

4 W.雷恩哈特：《帝国及其遭遇（1350—1750）》，第384页。

5 Ş.法齐尔：《伊朗旅行记》，第165页。

需要补充说明的是：最早提及秦尼罕（14世纪初）时，它还是一个珍本图书库，而且，至今仍然是谢赫阿巴斯一世统治时期该建筑综合体中最引人注目的设施之一。

直到今天，人们仍可以在这里看到瓷砖墙体、马赛克艺术和钟乳石砌体、木雕、镶金、镶银图饰、装饰照明和各类书法作品。

室内由一幅圆形全景图组成，有极为丰富的镶嵌图饰，平面和曲面融合合成一个结构—装饰系统，木制框架上密布着雕饰，营造出多层花环的印象。餐具存放在壁龛中或附着在天花板上。而壁龛本身也是一件高超的镶嵌装饰艺术品。[1]

但是，正如英国学者J. M.罗杰斯所说，在阿巴斯一世谢赫向祖先陵墓慷慨馈赠的1000多件明朝嘉靖帝时期的瓷器中，只有350件保存下来。[2]

学者Ш.法尔扎里耶夫曾经记述了这样一个情节：第二次世界大战期间，苏军士兵试图毁掉伊斯马因一世陵墓的墓墙："愤怒的士兵们洗劫了邻近的秦尼罕，把数千件精心镶嵌的中国瓷器餐具运到圣彼得堡的埃尔米塔什博物馆。"[3]

当然，非常遗憾，这批餐具中的大部分都遭到破损，未能保存下来。但是，即使是那些少数幸存的物品（包括"350件瓷器制品"），也能够证明中国瓷器无与伦比的品质。

---

1 详细情况请参见：Р. Б. Амензаде, *Композиционные закономерности монументальных сооружений Азербайджана XI-XVII вв.* Баку: Елм, 2007, С. 152-153.（Р. Б. 阿明扎德：《11到17世纪阿塞拜疆纪念性建筑的组合规律》，巴库，科学出版社，2007年，第152—153页。）
2 J. M. 罗杰斯：《中国—伊朗关系四：萨菲王朝时期（1501—1732年）》，第436—438页。
3 Ş. 法齐尔：《伊朗旅行记》，第165页。

# 简析齐家文化随葬白石现象

孟庆旭

(吉林省文物考古研究所)

齐家文化自瑞典学者安特生提出"齐家期"遗存以来，一直受到海内外学者的关注和研究。同时，新的发掘资料也在不断涌现，资料的丰富使得更多的问题浮出水面，齐家文化部分墓葬随葬白石块的现象即是其中之一。本文梳理了各个遗址随葬白石块墓葬的资料，对这一现象进行简要的对比分析。部分墓葬中随葬的石块因质地问题呈绿色，也在本文探讨范围之内。

## 一 各遗址的随葬白石墓葬

最早发现随葬白石块的墓葬是甘肃武威皇娘娘台遗址[1]，其前三次发掘清理的仰身屈肢墓葬中，其中1座在人骨的肩部随葬有白色石料数块。报告中也提到葬于灰层中较晚的墓葬也有随葬白色和绿色石片，多见于上、下肢骨的内外侧。对皇娘娘台遗址的第四次发掘，"共发掘齐家文化墓葬六十二座"[2]。其中20座墓葬随葬有白色石块，本文仅就报告发表的21座墓葬制成表1。

表1 皇娘娘台遗址第四次发掘随葬白石块墓葬表

| 墓号 | 葬式 | 白石数（玉片） | 随葬陶器 | 其他 |
| --- | --- | --- | --- | --- |
| M27 | 仰身直肢与侧身屈肢 | 28 | 陶罐7壶1豆1 | 石璧1 |
| M32 | 仰身直肢 | 183（3） | 陶罐5 | 石璧6绿松石1石斧1 |
| M38 | 仰身直肢与侧身屈肢 | 53 | 陶罐5尊1豆1 | 玉璧3+2绿松石3+3 |
| M40 | 仰身直肢 | 55 | 陶罐5豆1 | 石璧1猪下颚2 |
| M46 | 仰身直肢与侧身屈肢 | 216 | 陶罐10尊1 | 石璧6猪下颚2 |
| M48 | 仰身直肢与侧身屈肢 | 304 | 陶罐7尊2豆1 | 石璧83玉璜1 |
| M51 | 仰身直肢 | 石片11 | 陶罐2 | 绿松石1猪下颚1 |
| M52 | 仰身直肢与侧身屈肢 | 186（4） | 陶罐7尊1豆1 | 石璧20猪下颚7 |

---

1 甘肃省博物馆:《甘肃武威皇娘娘台遗址发掘报告》,《考古学报》1960年第2期,第56页。
2 甘肃省博物馆:《武威皇娘娘台遗址第四次发掘》,《考古学报》1978年第4期,第421页。

续表

| 墓号 | 葬式 | 白石数（玉片） | 随葬陶器 | 其他 |
| --- | --- | --- | --- | --- |
| M53 | 仰身直肢 | 13 | | 石璧3猪下颚1 |
| M54 | 仰身直肢与侧身屈肢 | 5 | 陶罐10壶1碟1 | 绿松石6猪下颚1 |
| M59 | 侧身屈肢 | 62 | 陶罐5 | 石璧11猪下颚2 |
| M60 | 仰身直肢 | 55 | 陶罐3 | 猪下颚1 |
| M64 | 仰身直肢 | 15 | 陶罐2豆1器盖1 | |
| M65 | 侧身屈肢 | 84 | 陶罐5尊1杯1 | 石璧8 |
| M74 | 仰身直肢 | 43 | 陶罐3 | |
| M75 | 仰身直肢 | 13 | 陶罐1 | |
| M76 | 仰身直肢与侧身屈肢 | 64（4） | 陶罐7 | 石璧1+1 |
| M78 | 仰身直肢 | 11 | 陶罐6尊1豆1 | 石璧1 |
| M79 | 仰身直肢 | 3 | 绳纹陶片1 | 葬于H61内 |
| M82 | 仰身直肢 | 18 | 陶罐3 | |
| M83 | 仰身直肢 | 34 | 陶罐4 | 石璧6猪下颚1 |

除武威皇娘娘台遗址外，"1959—60年，黄河水库考古队甘肃分队在秦魏家遗址共做了两次发掘"[1]。共发掘墓葬138座，发表的报告甘肃永靖秦魏家齐家文化墓地[2]中有随葬白色石块的墓葬，共计22座，具体情况见表2。

同样清理出有白石块随葬的还有甘肃永靖大何庄遗址[3]，该遗址经前后两次发掘，共清理齐家墓葬82座，其中随葬有白色石块的墓葬5座，具体情况见表3。

2008—2009年，甘肃省考古研究所联合西北大学对临潭县磨沟墓地进行了发掘，其中2008年"共清理各时期墓葬351座，出土大量随葬陶器以及石器、骨器、铜器等。其中以齐家文化墓葬为主"[4]。2009年，"对磨沟墓地进行第三次发掘，共发掘齐家文化墓葬266座"[5]。磨沟墓地的齐家文化墓葬同样有随葬白石块的现象，该墓地发表资料不多，根据简报发表内容制成表4。

---

1 黄河水库考古队甘肃分队：《甘肃临夏秦魏家遗址第二次发掘的主要收获》，《考古》1964年第6期，第267页。
2 中国社科院考古研究所甘肃工作队：《甘肃永靖秦魏家齐家文化墓地》，《考古学报》1975年第2期，第63—68页。
3 中国科学院考古研究所甘肃工作队：《甘肃永靖大何庄遗址发掘报告》，《考古学报》1974年第2期，第38—42页。
4 甘肃省文物考古研究所、西北大学文化遗产与考古学研究中心：《甘肃临潭县磨沟齐家文化墓地》，《考古》2009年第7期，第10页。
5 甘肃省文物考古研究所、西北大学文化遗产与考古学研究中心：《甘肃临潭县磨沟齐家文化墓葬2009年发掘简报》，《文物》2014年第6期，第4页。

表2 临夏秦魏家遗址随葬白石墓葬表

| 墓号 | 葬式 | 白石数 | 随葬陶器 | 其他 |
| --- | --- | --- | --- | --- |
| M13 | 仰身直肢 | 8 | 陶罐3盆1 | 猪下颚2骨匕1骨针1 |
| M19 | 仰身直肢 | 35 | 陶罐2碗1 | 猪下颚4骨匕1铜饰1骨锥1 |
| M23 | 仰身直肢 | 40 | 陶罐3碗1 | 猪下颚2绿松石1卜骨1 |
| M27 | 仰身直肢 | 105 | 陶罐2豆1 | 猪下颚8骨针1石斧1 |
| M28 | 仰身直肢 | 18 |  | 猪下颚16 |
| M32 | 侧身屈肢 | 5 |  |  |
| M33 | 仰身直肢 | 40 | 陶罐2 | 猪下颚6骨针1 |
| M35 | 仰身直肢 | 62 | 陶罐3豆1 | 陶拍1 |
| M37 | 俯身屈肢与侧身屈肢 | 12 | 陶罐3豆1 | 猪下颚18骨针1 |
| M40 | 仰身直肢 | 36 | 陶罐3豆1 | 猪下颚4 |
| M42 | 仰身直肢 | 18 | 陶罐3碗1 | 猪下颚5绿松石2 |
| M50 | 侧身直肢与侧身屈肢 | 13 |  | 猪下颚34牙饰1 |
| M51 | 仰身直肢与侧身屈肢 | 3 | 陶罐3豆1 | 骨匕1骨锥1 |
| M52 | 俯身直肢与侧身屈肢 | 40 | 陶罐3豆1 | 猪下颚55 |
| M56 | 侧身屈肢 | 13 | 陶罐2碗1 | 骨针1 |
| M60 | 仰身直肢与侧身屈肢 | 10 | 陶罐3 | 猪下颚6骨针1 |
| M89 | 仰身直肢 | 11 | 陶罐4盆1 | 猪下颚4 |
| M124 | 仰身直肢与侧身屈肢 | 一堆 | 陶罐3碗1 |  |
| M127 | 仰身直肢 | 4 | 陶罐3碗1 |  |
| M130 | 仰身直肢 | 10 | 陶罐3盆1 | 骨针1 |
| M131 | 仰身直肢 | 9 | 陶罐2豆1 | 猪下颚4 |
| M138 | 仰身直肢与侧身屈肢 | 35 | 陶罐1 | 石凿1 |

## 二 齐家文化白石葬分析

从传统的分期角度来看，关于上述几个遗址的分期观点主要有两种。早期发掘者谢端琚认为，"齐家文化是马家窑文化的继续与发展"[1]，早期核心位于甘肃东部，时代上大何庄早于秦魏家，早于皇娘

---

[1] 谢端琚：《齐家文化是马家窑文化的继续和发展》，《考古》1976年第6期，第352—355页。

表3 永靖大何庄遗址随葬白石墓葬表

| 墓号 | 葬式 | 白石数 | 随葬陶器 | 其他 |
| --- | --- | --- | --- | --- |
| M27 | 仰身直肢 | 27 | 陶罐2豆1 | 羊下颚8骨凿1 |
| M34 | 仰身直肢 | 19 | 陶罐5豆1 | 猪下颚36 |
| M55 | 仰身直肢 | 9 | 陶罐5 | 猪下颚2 |
| M61 | 仰身直肢 | 48 | 陶罐3 | |
| M88 | 仰身直肢 | 16 | 陶罐4豆1 | 猪下颚8 |

表4 磨沟墓地随葬白石墓葬表

| 墓号 | 葬式 | 白石数 | 随葬陶器 | 其他 |
| --- | --- | --- | --- | --- |
| M84 | 多人 | 成堆 | | |
| M208 | 仰身直肢与侧身屈肢 | 成堆 | | |
| M290 | 二次扰乱 | 不详 | | |

娘台[1]。而张忠培[2]、水涛[3]、段天璟[4]、陈小三[5]等人则认为，齐家文化早期核心位于青海西部和甘肃西部，总体时代上皇娘娘台早于秦魏家与大何庄。

## （一）皇娘娘台遗址

从数量上看，皇娘娘台遗址（图1）随葬白石块的墓葬报告中提及21座，实际数量应多于此数，占墓葬总数62座的三分之一强。随葬白石块的墓葬随葬品总体多于未随葬白石块的墓葬。仅就出土的璧而言，皇娘娘台遗址共出土璧264件，其中随葬白石块的墓葬中出土153件，远高于随葬白石块墓葬对总墓葬数的占比。随葬猪下颚骨的墓葬共14座，其中9座随葬有白石块。从中可以看出，在皇娘娘台遗址内，随葬白石块的人群在遗址内人口数量上可能不占优势，但是在社会财富和社会地位上占有主导地位。

随葬白石块人群的这种主导地位并非绝对，在未随葬白石块的墓葬里也有拥有较多社会财富的人存在，如M37即随葬有陶罐10件，陶尊2件，陶杯1件和猪下颚2件，说明其墓主人在社会财富上与随葬白石块的人群差距并不悬殊。而随葬白石块的墓葬中，也有着明显的分化，基本上以随葬陶罐数量5为界，随葬陶罐5件以上的墓葬往往随葬有较多的

---

1 谢端琚：《试论齐家文化》，《考古与文物》1981年第3期，第76—79页。

2 张忠培：《齐家文化研究（上）》，《考古学报》1987年第1期，第1—18页；《齐家文化研究（下）》，《考古学报》1987年第2期，第153—176页。

3 水涛：《甘青地区青铜时代的文化结构和经济形态研究》，《中国西北地区青铜时代考古论集》，科学出版社，2001年，第147—153页。

4 段天璟：《关于齐家文化的三个问题》，《边疆考古研究》第2辑，科学出版社，2016年，第205—220页。

5 陈小三：《河西走廊及其邻近地区早期青铜时代遗存研究——以齐家、四坝文化为中心》，吉林大学博士学位论文，2012年，第46—111页。

璧和猪下颚。齐家文化的各类陶罐作为贮存和饮食器具，其数量代表着可供支配的基本生活用品在种类和数量上的丰富程度。那么在随葬白石块墓葬人群的内部，已经产生了不小的分化。

为了探讨白石块数量是否与墓主拥有的社会地位和财富相关，我们将皇娘娘台随葬白石的墓葬数据引入坐标系（见表5），以便直观观察。坐标系内由左至右墓葬中随葬白石数量逐渐增多。可以发现其他三项的走向与白石块数并不一致。只有在随葬白石数到达200左右，随葬的璧也相应增加，但这类墓葬只有3座，数据偏少，不能说明问题。也即说明随葬白石块数量的多少与其他随葬品数量并不相关。

皇娘娘台遗址随葬的白色石块，实际上是粗玉和大理石料，且多有截锯痕迹，是制作玉器剩余的边角料。墓葬中随葬的既有作为边角料的白色石块，

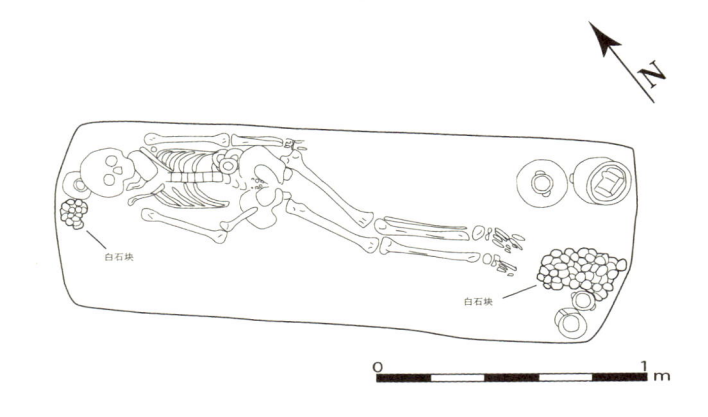

图1 皇娘娘台 M32 随葬白石图

也有璧的制成品，可以充分说明墓主人的身份，即是玉石器制作加工者。同时也说明了皇娘娘台遗址的性质，是以玉石器制作业为主导的齐家文化聚落。

## （二）秦魏家遗址与大何庄遗址

秦魏家遗址与大何庄遗址都位于永靖县大何庄村南的台地上，两者仅以苦水沟相隔。陈洪海认为"大何庄与秦魏家属于同一个聚落，大何庄为居住生

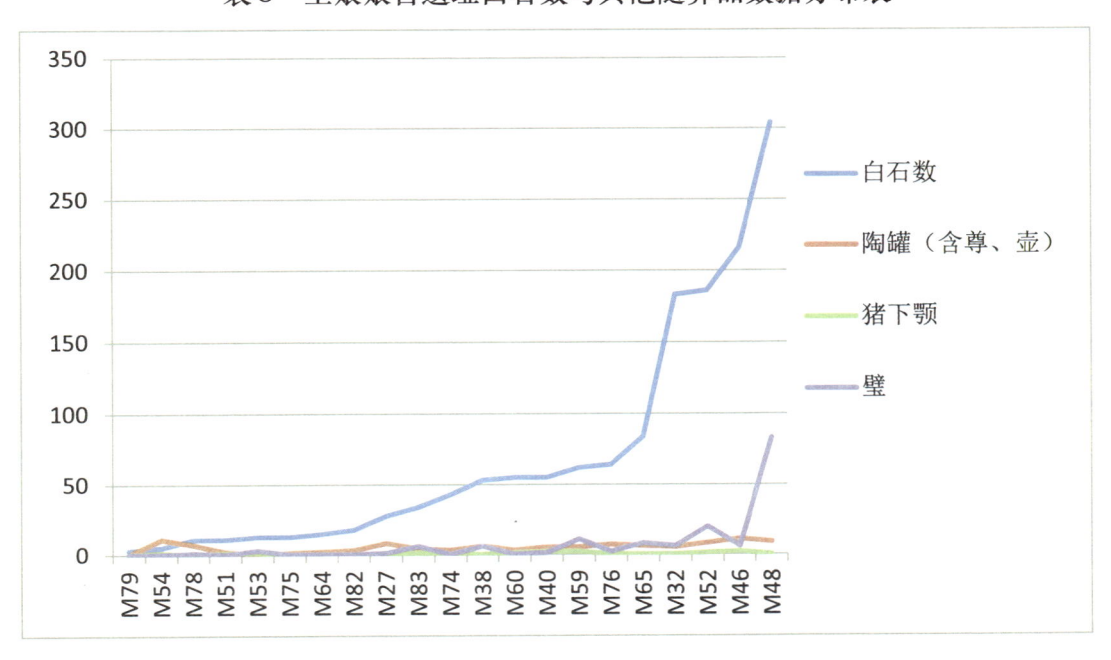

表5 皇娘娘台遗址白石数与其他随葬品数据分布表

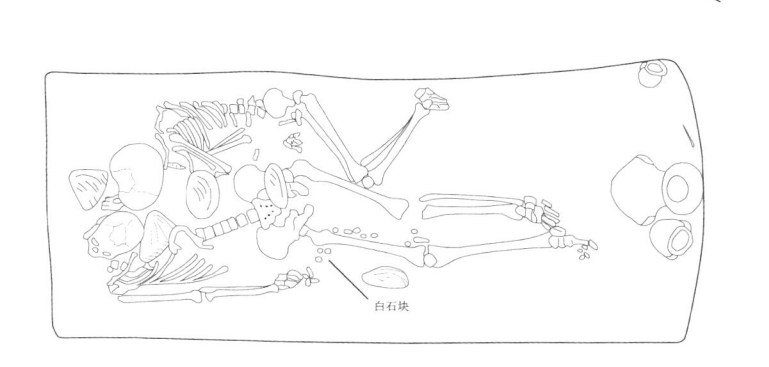

图2　秦魏家M60随葬白石图

活区，秦魏家为专用墓葬区"[1]。在秦魏家墓地（图2）中，随葬白石块的墓葬有22座，占总墓葬数138座的近六分之一。随葬白石块的墓葬中随葬品比较丰富，但并不占明显优势。秦魏家墓地共46座墓葬随葬猪下颚骨，共430块（含少量地层和窖穴出土），其中既随葬白石块又随葬猪下颚的墓葬共14座，占随葬猪下颚墓葬总数近三分之一；共出土猪下颚骨168件，占出土猪下颚总数近五分之二。随葬白石块墓占总墓葬数的近六分之一，说明随葬白石块人群在秦魏家墓地中在数量上处于弱势地位，但是在社会财富的占有上有着较大的优势。

秦魏家墓地中随葬白石块的墓葬从随葬陶器数量上看分化不明显，基本稳定在3陶罐1豆（碗）组合。而未随葬白石块的墓葬则有着明显的分化，随葬陶罐5件以上的墓葬占有一定的比例。说明在生活用品的种类和数量上，部分随葬白石块人群与未随葬白石块人群已经有了差距。随葬白石块的墓葬中不再随葬璧，而未随葬白石块的墓葬中则有璧出土，

如果依然把随葬白石块的人群看作是玉石器的制作者，那么对比皇娘娘台遗址，则看出这一族群的社会地位有所下降。

在永靖大何庄遗址，齐家文化墓葬共82座，其中随葬白石块的墓葬仅有5座，考虑到大何庄作为居住生活区，其墓葬多数为不能葬入公共墓地的儿童墓，计其数量为55座，除去儿童墓之后，在剩余的27座墓葬中，随葬白石块的墓葬占比约六分之一强，与秦魏家墓地接近。但是随葬品相较于未随葬白石块的墓葬来看还是较为丰富，在生活用品的种类和数量上与未随葬白石块墓的人群没有明显差距。大何庄遗址墓葬中共出土猪下颚126件，随葬白石块的墓葬中出土猪下颚46件，占总数比值也与秦魏家相近。

## （三）临潭磨沟墓地

临潭磨沟墓地发表的资料不多，无法进行具体的对比分析，但是以M84为代表的随葬白石块墓，带有左右双偏室且有多次下葬迹象。墓中分多次埋葬多人，且墓中出土的成堆白石块不止一处，如果该墓葬代表了一个当时的齐家文化大家庭，那么墓中出土的多处白石块堆可能代表了该家庭内部对于白石块所象征的玉石器制作者身份的传承。

## 三　对比分析

通过对比皇娘娘台与秦魏家和大何庄，我们可以看出，皇娘娘台遗址随葬白石块墓占总墓葬数比值更高，而且随葬白石块墓人群在整个聚落内占据

---

1　陈洪海：《简析齐家文化大何庄遗址和秦魏家墓地》，《考古学研究》第9辑，科学出版社，2012年，第660页。

主导地位，拥有更多的社会财富和更高的社会地位。其至在随葬白石块墓人群内部产生了基于社会财富上的阶层分化。而在秦魏家与大何庄，则不及之。但都可以说明，玉石器制作这一产业，在上述两地聚落中占有重要地位。

虽然在相对时期上皇娘娘台早于秦魏家与大何庄，但是并非绝对的早晚，两者在地域上相距较远，分期上有着较长一段时间的交集。因而，秦魏家与大何庄的玉器制作产业并非继承自皇娘娘台，应该是从其聚落内部生业分化中逐渐产生和发展的。因其发展的条件不同，故而与皇娘娘台有异。

除了磨沟墓地发表资料较少外，我们可以从皇娘娘台、秦魏家、大何庄三处看出随葬白石块的墓葬拥有较多的猪下颚。而猪的蓄养需要较多的剩余农作物。在当时的生产力条件下，随葬白石块墓人群不可能同时具有玉石器生产者、农作物生产者和猪的蓄养者这三重身份。

同时研究表明，在青海河谷地区的齐家文化中，只有"长宁遗址的家畜构成中，猪、牛数量较多"[1]，也仅占出土动物总数的10%。而皇娘娘台遗址"经济形态中畜牧—狩猎采集业占了很大比重，其蓄养的对象主要为羊、牛"[2]。由此可以看出，白石块墓中所随葬的猪下颚，尤其是在皇娘娘台遗址，更有可能是随葬白石块墓人群将其生产的玉石器作为产品通过交易而得来的。

在青海柳湾墓地[3]，共清理齐家文化墓葬366座，无白石块随葬墓葬，也未出土猪下颚，青海省文物考古队在青海互助土族自治县沙塘川公社总寨大队清理了一批墓葬[4]，其中有齐家文化墓葬10座，无白石块随葬墓葬，也未出土猪下颚。在青海贵南县尕马台墓地[5]，发现齐家文化墓葬44座，未见有白石块随葬墓葬，也未见有随葬猪下颚的墓葬。

通过以上迹象，我们可以看出：第一，拥有玉石制造产业的遗址往往拥有较多的猪下颚随葬，而没有玉石器制造产业的遗址，则罕见用猪下颚随葬的迹象。玉石器制作产业能带来更多的社会财富。第二，玉石器制造产业并非所有聚落都拥有，该产业有一定的门槛和条件限制，只在部分齐家文化聚落内产生。通过磨沟M84可以推测，玉石加工技术可能在家庭内部传承。

齐家文化中随葬白色石块的墓葬，是作为一个社会群体而存在，通过玉石器制作产业，掌握了大量社会财富，在各自的聚落中占据了一定的社会地位。其生产制作的齐家文化玉石器，不仅出土于以甘肃地区为中心的齐家文化分布区，在陕西、山西、内蒙古自治区境内也有出土，充分说明了史前时期以物质交易为载体的文化交流的广泛存在。

---

1 王倩倩：《青海河谷区齐家文化生业模式差异初步探讨》，《青海师范大学学报》2015年第5期，第67页。
2 张博：《齐家文化经济形态及相关问题研究——以石质生产工具分析为切入点》，吉林大学博士学位论文，2014年，第23页。
3 青海文物管理处考古队、中国社会科学院考古研究所：《青海柳湾》，文物出版社，1984年，第170—229页。
4 青海省文物考古队：《青海互助土族自治县总寨马厂、齐家、辛店文化墓葬》，《考古》1968年第4期，第309—315页。
5 青海省文物考古研究所、北京大学考古文博学院：《贵南尕马台》，科学出版社，2015年，第79—132页。

# 小儿锦拼写法的两套系统研究

## ——以《中阿双解字典》为例

高田友纪

（大阪大学）

小儿锦又称小经、消经等，是中国西北地区穆斯林利用阿拉伯、波斯字母拼写自己的语言所形成的一种汉语拼音文字[1]，与中国伊斯兰教有很大的关系，流行于16世纪以后。近代以来，随着汉字的普及，小儿锦使用人群逐渐变少，现在能看懂、使用的人已为数不多。小儿锦资料对近代方言音、中国伊斯兰教共同体之间的关系等众多领域的研究都有所帮助。而小儿锦之所以逐渐衰弱，最大的问题在于其拼写法缺乏统一标准，造成使用者彼此之间理解上的困难。而其原因有可能是不同使用者个人的拼写习惯不同，也可能是地区或方言差异。

## 凡 例

下表为小儿锦字母与符号类的转写方法，主要遵从 IJMES TRANSLITERATION SYSTEM，部分字母为了追求一对一对音，还参考远藤的成果（2016）[2]。关于

表1 同字母用法相异表

| 辅音 | | | | | | | | | |
|---|---|---|---|---|---|---|---|---|---|
| | 双唇 | 唇齿 | 齿间 | 齿 | 前腭 | 软腭 | 舌根 | | 喉 |
| 闭塞音 | پ p / ب b | | | ت t / ة t[3] / د d | | ک k / ك k̲ / گ g | | | ا, / ء ʔ[4] |
| 小舌音化 | | | | ط ṭ / ض ḍ | | ق q | | | |
| 擦音 | | ف f | ث θ / ذ ð | س s / ز z | ش š / ژ ž | | ح ḥ | ع ʿ | ه h |
| 小舌音 | | | | ظ ẓ | | | خ x | غ ġ | |
| 塞擦音 | | | | ض c / ذ̣ ĵ / خ̣ č / ذ̣ đ | ڭ ǵ | ݣ c̆ | چ j | | |
| 闪音 | | | | | ر r | | | | |
| 边音 | | | | | ل l | | | | |
| 近音 | و w | | | | ي y / ێ y̆ | | | | |
| 圆唇 | | | | | ۆ w̆ | | | | |
| 鼻音 | م m | | | | ن n | | ݣ ŋ | | |

---

1 也有些学者认为如东乡族、萨拉族等人使用阿拉伯字母拼写自己语言也是小儿锦的一种，关于这一问题还有争论。
2 远藤光晓：《元代音研究》，汲古书院（东京），2016年。
3 ة（t）是ت（t）的变体，音值都是[t]，虽然该字母并不在阿拉伯28个基本字母之列，但小儿锦则将其作为基本字母。
4 ء（ʔ）一般不认为是一个字母，可是在本文当中被视为一个字母。

表2 二书分别独有之字母表

| 符号类转写方式 | | | | | | | | | |
|---|---|---|---|---|---|---|---|---|---|
| ó | a | ۊ | i | ó | u | °ۊ | e | ó | Ø |
| ó | a_n | ۊ | i_n | ö | u_n | °ۊ | e_n | | |
| ó | ā | ۊي/ۊى | ī/ĭ | وُ | ū | °ۊي/°ۊى | ē/ĕ | | |
| ~ | aa | | | | | | | | |
| ó | â | ۊ | î | | | °° | ê | ó | #-# |

小儿锦独有的字母，由汉语拼音或国际音标等来决定。

# 一 资料介绍

《中阿双解字典》[1]，李殿君[2]阿訇编著，目的是为了便于学员背记阿拉伯语词汇。该书序文1955年作于江西九江，故成书应在此时。该中文—阿拉伯语词典耗时15年编成，共558页，据体例的不同可以分成前后两个部分，前半部371页，后半部187页。据自序"上卷能念，下卷能查"一句，可以猜测为阿拉伯语带元音符号的后半部是上卷，按阿拉伯、波斯字母的顺序排列的前半部是下卷。两个部分都为阿拉伯语词汇和汉语词汇对照，每个汉语词汇都有汉字和小儿锦的表记，然而小儿锦的拼写方式有所不同。

韩中义先生《民间文献〈中阿双解字典〉研究》曾指出，"在河州派小经（笔者注：小儿锦）拼写中隐含着陕西派小经拼写风格"[3]，但该文并未对该字典前后部分别进行详细探讨。笔者通过对该字典拼写系统研究后认为，是编者特意使用两个不同的方

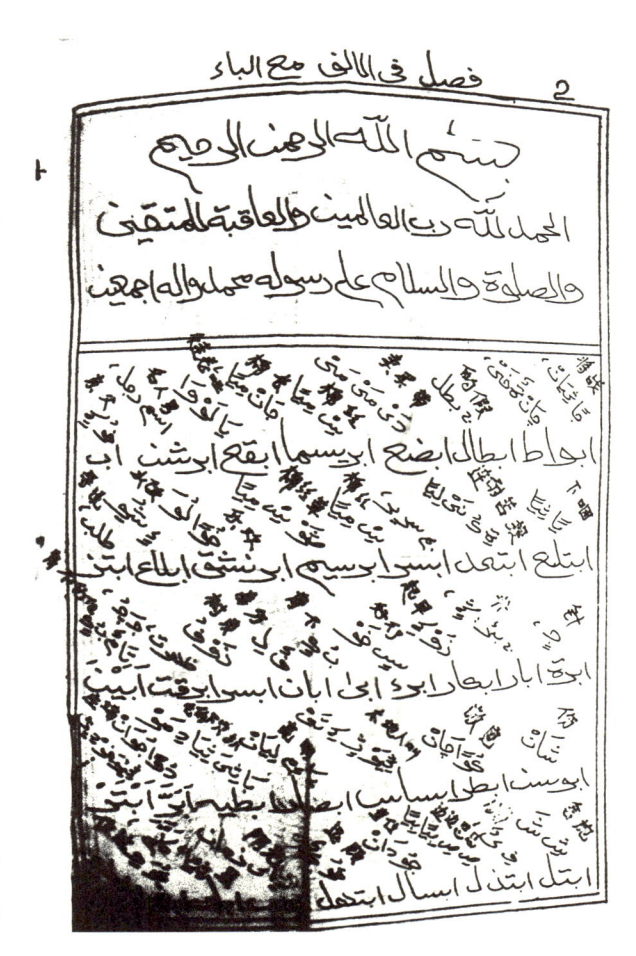

图1 前半部分书影

---

1 笔者2016年于南京大学刘迎胜教授处获赠该书电子资料，特此致谢。
2 李殿君（1917—2017），河南人，出生于一个虔诚的穆斯林家庭。自幼学习儒学，13岁开始学习伊斯兰教知识。17岁赴陕西，学5年之后再赴宁夏，在这两地都师从著名阿訇。后来在河南和陕西西安任阿訇，1955年前往江西九江清真寺开学并编写《中阿双解字典》，后定居西安。参见《百岁阿訇李殿君哈吉》，http://www.sohu.com/a/124021520_348959，2017年1月11日发表，2017年11月2日引用。优努斯·穆拥胜（李殿君阿訇学生）：《怀清守真——记一代经师李殿君阿訇》，http://www.sohu.com/a/159248302_336921，2017年7月22日发表，2017年11月2日引用。
3 韩中义：《民间文献〈中阿双解字典〉研究》，《西北民族论丛》2015年第2期，第206—211页。

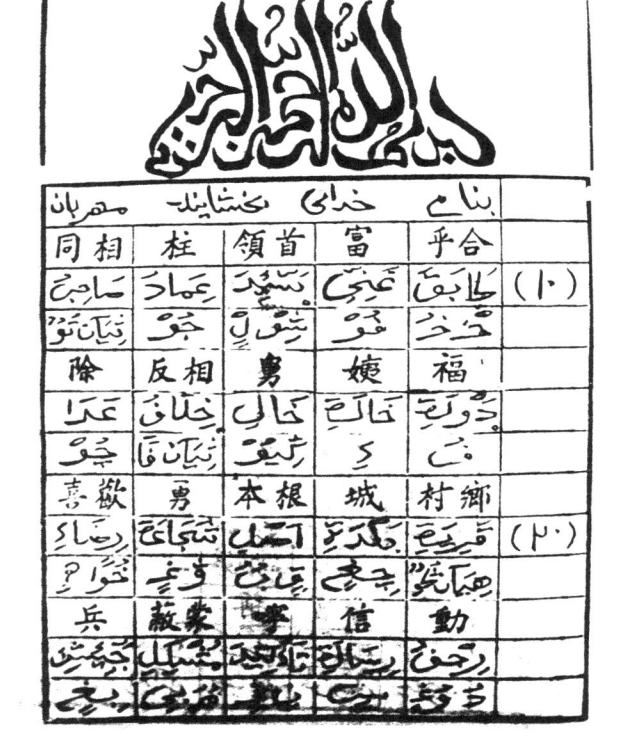

图 2　后半部分书影

式来编写这本词典，而并非"在河州派小经拼写中隐含着陕西派小经拼写风格"，两个部分应该分开讨论。有关于流派的说明详见后文，此不赘述。

## 二　本文语音系统研究方法及《中阿双解字典》拼写特征分析

首先把相当于汉语的一个音节，也就是说一个汉字的小儿锦分成两个部分，即头一个字母和之后的部分。以头一个字母为声母，以后面部分为韵母进行分析。为便于以后的研究，还是借鉴研究方言的办法，把每一个音节按照中古音的框架进行整理并分析。调查字数一项，则前半部共2583个汉字，后半部共1307个汉字。

《中阿双解字典》前半部和后半部的主要区别体现在三个方面。第一个是用字；第二个是声母、韵母拼写组合；第三个是阿拉伯、波斯语词汇训读现象。

### （一）用字

前半部使用34个字母，后半部则使用36个字母（拼阿拉伯、波斯语词汇的字母除外），其中，字母'、b、p、t、θ、j、č、x、d、ð、z、ž、s、š、ṣ、ṭ、ẓ、'、f、q、k、g、l、m、n、w、h、y/ÿ、ʔ、c、ẅ都会出现在前后半部，而字母r都不出现。表3中的三个字母在前后两个部分当中用法不同，表4表示只出现在一方的字母。表中"+"表示出现，"−"表示不出现。

前半部用字除了使用t字母当声母外，其他都较为常见。[1] 后半部则使用几个特殊字母，如ḍ、ż，这两个字母应该是李殿君阿訇自己编出来的，用于拼精、清、从母。这些声母在前半部用c拼，后半部也会用c字母，但很多情况下会用ḍ或ż，ḍ倾向于

表3

| 字母 | 转写 | 前半部 | 后半部 |
| --- | --- | --- | --- |
| ه | h | +（限于声母） | + |
| ع | ʔ | +（限于声母） | + |
| و | ẅ | +（带元音符号） | +（主要无元音符号） |

---

[1] 其他以马天民阿訇《伊斯兰教信仰问答》、虎嵩山阿訇《波斯之源》、马振武阿訇《古兰经（经堂语汉文、阿拉伯文、小儿锦对照本）》等小儿锦资料为参考。

表4

| 字母 | 转写 | 前半部 | 后半部 |
|---|---|---|---|
| ح | ḥ | − | + |
| غ | ġ | − | + |
| ة | t | + | − |
| غ | ŋ | +（限于"我"的声母） | − |
| ذ | ḏ | − | + |
| ظ | ż | − | + |
| 七 | 七 | − | + |

表5

| 字母 | 转写 | 前半部 | 后半部 |
|---|---|---|---|
| ص | ṣ | + | + |
| ض | ḍ | + | − |
| ط | ṭ | + | +（少数） |
| ظ | ẓ | + | +（少数） |

拼开口音，ż倾向于拼合口音。再看一下小舌音字母（ḍ、ẓ、ṭ、ṣ）的使用状况，如表5。

这些字母在前半部用于拼合口字声母，后半部的则不使用ḍ，合口字声母用和开口同样的字母来拼。小舌音字母ṭ和ẓ虽然也会使用，可是出现概率比前半部或其他小儿锦资料要少，合口字声母很多情况下会拼t和z。波斯语里小舌音字母的发音位置与更靠前相对应的字母相同[1]，原因可能在于后半部比前半部受到了更多的波斯语影响。然而只有s字母和ṣ字母的使用情况有很明确的区别，即s倾向于拼开口音，ṣ倾向于拼合口音，关于这点还有待进一步的研究。在后半部，直接使用汉字"七"来拼声母，这是一个很特别的现象，关于其特殊声母在（二）部分进行讨论。

## （二）声母、韵母拼写组合

声母：

关于声母的差异，相对易懂的已在（一）介绍，下面看一下部分拼写问题，请看表6。

在前半部，见母、群母仄声用g拼，溪母、群母平声用k拼，而在后半部则见、溪、群母都拼g。据《汉语方音字汇》，这些声母在全国各地，群母虽部分地方还留下浊音声母，见母和溪母也一般不会

---

[1] 波斯语里ḍ=ẓ=z=[z]、ṭ=t=[t]、ṣ=s=[s]，阿拉伯语里每个字母都有不同音值。

表6

| 声母<br>三、四等 | 前半部 | | 后半部 | |
|---|---|---|---|---|
| | 开 | 合 | 开 | 合 |
| 1. 见 | 深q, g, d, k<br>("脸"l, y, m) | 通止q, 遇臻山g<br>（止山一部k） | g, "脸"l | q, g, k |
| 2. 溪 | k（止一部g），<br>"吃"č，"隙"θ | k | g, "吃"č | k, g |
| 3. 群 | 平：k<br>仄：g（一部k, d） | 平：k 仄：q | 平：g 仄：g, q | |
| 20. 精 | g（一部k），<br>止z, ẓ, c | ẓ，"俊"g | z, g | z |
| 21. 清 | k（一部g），止c | c，遇k | 七，z | |
| 22. 从 | 平：k, 止c, "慈"c, z<br>仄：g（一部d, k），止z | 平：k<br>仄：g（一部k） | 平：七，đ 仄：z | 仄：g |

表7

| 后半部 | 声母一等 | | 声母二等 | |
|---|---|---|---|---|
| | 开 | 合 | 开 | 合 |
| 1. 见 | q | q, k | g, q | q |
| 2. 溪 | k | k | k | k |

合流，加上见母和溪母用同一个字母拼写的现象都出现在三、四等里，可以说是拼写腭化音的。在后半部一、二等声母的拼写方式如表7。

在一、二等里，非常有规则地见母拼g（二等的g表示腭化音）、溪母拼k（腭化音没有出现），前半部也呈现大致相同的面貌。然而，拼三、四等（部分二等）的腭化送气音时产生差异，应该是因为前半部和直音一样用k来表示是送气音，后半部则用g来强调是腭化音的结果。同样的现象也出现在精、清、从母。在后半部，因为精母和从母仄声拼z，清母和从母平声拼"七"，能简单理解为z表示不送气音，"七"表示送气音。但是实际上拼写汉字"七"时，它是用z来拼的，就与"七"表示送气音发生矛盾。这个现象与上述见、溪母腭化音拼同一字母的现象相同，无论送气还是不送气都使用z。由于"七"不出现在精母里，可以说"七"表示送气音，可是拼写"七"字本身时又不得不使用z从而产生这种矛盾。

除外，看三、四等的见母和精母，前半部都用g来拼，而后半部却很规则地见母拼g、精母拼z，可知后半部的音韵体系见、精明确分开。

韵母：

关于韵母，用字和符号类的用法也有所不同，前后鼻音的拼写方式是前半部和后半部差异较明显的部分。如表8、表9。[1]

我们可以知道，关于臻摄和曾摄，在前半部，韵尾部分两者没有很大的区别，但是在后半部，臻摄和前半部差不多，曾摄则出现ġ字母，这种拼写法应该是反映后鼻音的，也可以说至少后半部是拼写臻摄和曾摄有区别的语音系统。

再看山摄和宕摄，前半部和后半部的拼写法都有所不同，虽然符号的用法不一样，但还是山摄拼短元音，宕摄则拼长元音。可知前半部和后半部的基础方言里，山摄和宕摄是有区别的。后半部使用符号aa和-#，这两个符号前半部不使用。

总体来说，后半部的拼写方式更加复杂，使用符号的种类也比前半部多，然而除了前后鼻音（除主要元音a类）的拼写方式有明显的差异之外，很难说前后两个部分的基础方言有语音上的区别。

## （三）阿拉伯、波斯语词汇训读现象

后半部小儿锦的阿拉伯、波斯语包含率更高。比如说，"石头"拼成"ši[2] sar"，"脚"拼成"pāy[3]"，虽然写成"sar"或"pāye"，也直接念成"头"、"脚"。又如"皂角"的"角"也写成"pāy"，可知"pāy"反映<jiao>[4]的音。这个现象有点像日语汉字训读，

### 表8

|  | 前半部 | 后半部 |
|---|---|---|
| 臻一开<br>臻一合 | i_n（17），u_n（12），u（1）<br>u_n（26），iÿu_n（1） | u_n（2），i_n（2）<br>uwu_n（2），u_n（2），i_n（2） |
| 臻三开<br>臻三合 | i_n（102），a_n'（2），iya（1）<br>u_n（27），iÿu_n（3） | u_n（5），i w̆gi_n（1），ġi_n（1），i_n（1），uwu_n（1）<br>（无例字） |
| 曾一开 | e_n（16），i_n（8） | ø（2），a ġi_n（1），aġø ġi_n（1），ø ʔiġi_n（1） |
| 曾三开 | i_n（22），u_n（1） | i ġi_n（2），iġi_n（1），i_n（1），ʔiġi_n（1），w̆gi_n（1） |

### 表9

|  | 前半部 | 后半部 |
|---|---|---|
| 山一开<br>山一合 | a_n'（36），uwa_n'（3/唇音）<br>uwa_n'（26），a_n'（6/一半小舌音） | a_n'（3），-#a（2），a ġa_n（2），ana_n'（1），a' a_n（1），<br>øġa_n（1）<br>（无例字） |
| 宕一开<br>宕一合 | ān（25）<br>uwān（13） | a' aan（9），a 'aan（2），ø' aan（1），ø ÿa' aan（1）<br>uwa' aan（4） |

---

1 括号内数字表示出现次数。
2 ši是"石"的标音。
3 （波）脚。
4 为便行文，在此使用现代汉语拼音，表示现代汉语拼音加< >。

即写成"山"念成"yama"的现象，写"pāy"念成<jiao>（以下简称训读现象）。关于这个训读现象，刘迎胜先生曾有相关研究（2013）。[1] 该字典训读现象有下列三种：

i. 阿·波语词汇＝汉语词汇，如"pāy"＝"脚"

ii. 阿·波语词汇＝汉语词汇同音字，如"pāy"＝"角"（"角"与"脚"同音）

iii. 将阿·波语词汇当作拼音的一部分，如"靴"＝"hī w̌ māh"（māh＝月）

前半部中，ii和iii现象不会出现，关于i的现象，虽然有些词的小儿锦汉语位置上也会出现阿·波词汇，看起来似乎是出现i的现象，可也不一定训读，因为两个字以上的词之中不会出现一个字配汉语拼音，另一个字配阿·波语词汇的情况。而在后半部，i到iii的情况都会出现，于是训读现象的有无是分别前后部分的一个很大的差异。

如上所述，前后两个部分有前面（一）到（三）的区别，那么，应该怎么理解这些区别呢？特别是关于（三）阿拉伯、波斯语词汇训读现象，具有和小儿锦流派特征的共同点。以下介绍有关流派的先行研究。

## 三 关于小儿锦流派

2005年学者韩中义第一个提出小儿锦流派说[2]，他主张小儿锦拼写法有两个流派，即以甘肃临夏为中心的河州派和以西安为中心的陕西派，认为河州派通俗易懂，陕西派则需要更多专业知识。据韩中义先生的研究（2005），河州派有以下四个特点：

A. 文本基本按当地口音拼写，内中只有常用的波斯语词汇，几乎不使用波斯语动词和介词。

B. 相比之下，阿拉伯语词汇数量要比波斯语多，且不乏生僻的阿拉伯语词汇。

C. 构造时，阿拉伯语和小儿锦（汉语）词汇结合，且阿拉伯语词义遵从原意，不发生大的变化。

D. 语法基本遵从汉语的表达习惯，但受到阿拉伯语语法的影响。

在河州派小儿锦中阿拉伯语的影响要大于波斯语。

关于陕西派，有下列三个特点：

E. 文本中大量使用波斯语词汇，尤其波斯语介词、动词颇多。

F. 构词时，波斯语和小儿锦（汉语）合并，构成一个词。

G. 语法上喜用动词的过去词干或连词喜用波斯语，句法有汉语和波斯语混合的特点。

总体来看，在陕西派小儿锦中波斯语的影响要大于阿拉伯语。[3]

也就是说，汉语和阿拉伯、波斯语词汇的混合比例是判断小儿锦流派的一项指标。据韩中义的标

---

1 刘迎胜：《小儿锦研究（一）——历史、文字与文献》，余太山主编：《欧亚历史文化文库》，兰州大学出版社，2013年，第422—436页。
2 关于小儿锦的流派界定，日本东京外国语大学也有一个调查，其引述一位临夏回民（临夏穆斯林文化服务中心总经理）的说法，认为：小儿锦按照地方方言一共有四个流派，就是华北、陕西、临夏和东乡，但只说是方言差异和小儿锦的名称有区别，没有提到具体的标准。町田和彦、黑岩高、菅原纯编：《中国におけるアラビア文字文化の諸相》，东京外国语大学アジア·アフリカ言语文化研究所，2003年，第17页，附表2。
3 韩中义：《小经拼写法体系及其流派初探》，《北方民族大学学报》2005年第3期，第5—6页。

准，前半部的情况符合河州派 A 到 C 的特点，而后半部的 ii 或 iii 等训读现象符合陕西派的特点 F。因为该书是词典，所以不能判断有关语法的特点 D、E 和 F，然而从其他特征来看，也可以解释为前半部的拼写规则是河州派，后半部是陕西派。假如承认这些流派的存在，不仅是训读现象，使用字母或拼写方式的复杂性也可以成为辨别流派的一个指标。然而，依我之管见，只有韩氏主张小儿锦流派，尚非学界共识，所以目前还是保持以《中阿双解字典》前半部是河州派、后半部是陕西派的想法为假设的程度。

## 结　语

前半部的小儿锦，用字不太特殊，韵母结构更简单，不出现训读现象，而后半部则使用特殊字母（包括汉字"七"），韵母结构更复杂。每个部分之中，声母用字、韵母拼法、训读现象等情况大约一致，因此笔者认为李殿君阿訇特意使用两种不同的形式来编写该词典。这两种形式是否韩氏所主张的小儿锦流派尚不能断定，然而至少可以说分别使用两个系统的小儿锦有一定的原因。

# The Research of Chinese Loanwords in Han Dynasty

Lê Minh Thanh    TrầnTrương Huỳnh Lê

(Faculty of Chinese Linguistics and Literature, Ho Chi Minh City University of Social Sciences and Humanities, Viet Nam)

## 1. Introduction

The Silk Road consisted of several different routes and meanings. In this paper, The Silk Road means the ancient network of trade routes from China Chang'an to the western regions, it was also named steppe route. It was connecting Central Asia to the Mediterranean Sea. The Silk Road played an important role in exchanging and inspiring in culture and religion, especially in language. According to "The Silk Road a new history", the main traders included the Chinese, Arabs, Indian, Syrians, Jews, Persians, Greeks, Romans, Georgians, Armenians, Bactrian and Turkmens. Thousands of the languages had been spoken along the length of the Silk Roads, these languages were one of the major influences of exchanging of knowledge, beliefs, and customs between peoples alongside the historic Silk Road. In this progress, language contact occurred in a variety of phenomena, one of them was language borrowing.《汉语外来词词典》(A dictionary of loan words and hybrid words in Chinese) contained 10000 Chinese loanwords which borrowed from foreign languages. This paper only focuses on the synchronic loanwords which were adopted from other languages during Han Dynasty (including the Western Han Dynasty and the Eastern Han Dynasty). Since the Western Han Dynasty, the west area of Jade Gate (玉门关) and Sun Gate (阳关) had been known as the western region, including central and southern Asia, the Indian peninsula, eastern Europe and northern Africa. The Silk Road was opened up by Emperor Wu of Han Dynasty led to the cultural exchanges between Han and the western regions. The quantity of loanword in this period was small, mostly in terms of plants, animals, food, supplies, musical instruments, etc. They have named as non-Buddhist loanwords. Buddhism was introduced into China about 67 CE in the period of the Eastern Han Dynasty. It was one of the biggest events in the history of Chinese-foreign cultural exchanges. The Sanskrit words that had translated into Chinese lexical items named as Buddhist loanwords.

## 2. The non-Buddhist loanwords

《两汉非佛典外来词研究》(A study on the Non-Buddhist loanwords in Han Dynasty) had been done showing that the large number of 1400 non-Buddhist loanwords research based on the ancient Chinese versions about Han Dynasty. This paper discusses the study of loanwords of Han Dynasty collected from Han

Documents 《史记》[1] (Records of the Grand historian), 《汉书》[2] (The history of the former Han Dynasty).

A large number of non-Buddhist loanwords in Chinese have been used in almost every field of the social life. In this paper, we only utilize some examples found from Han documents "The history of the former Han Dynasty" and "Records of the Grand historian".

In modern Chinese 葡萄 (grape) was written 葡陶 in the Han period. According to "Records of the Grand historian", Dayuan located in the southwest of the Xiongnu, to the west of Han, about ten thousand miles away from Han. The main source of income came from agricultural activities such as rice farming, wheat farming, wine making.(《史记·大宛列传》："大宛在匈奴西南，在汉正西，去汉可万里。其俗土著，耕田，田稻麦。有蒲陶酒。"[3]) Based on "The history of the former Han Dynasty", we found the explanation of 葡陶："The Han envoys retrieved grapes and alfalfa seeds. The Emperor had a number of horses, the western region envoys planted many grapes and alfalfa beside the palace garden, a huge expanse of planting."(《汉书·西域传上》："汉使采蒲陶、目宿种归。天子以天马多，又外国使来众，益种蒲陶、目宿离宫馆旁，极望焉。"[4])

According to 《汉语外来词词典》(A dictionary of loan words and hybrid words in Chinese), in Bactrian language, the meaning of 葡陶 pútáo is grape, the pronunciation is bādaga. 葡陶 pútáo was a phonetic loan, 葡陶酒 pútáo jiǔ was added semantic maker 酒 (wine).[5]

The Fergana Valley was an important conduit on the Silk Road which connected the ancient Chinese of Xi'an to the west regions. The primitive residents of this place were Iranian. In ancient Chinese 大宛 Dayuan referred to the countries and residents who lived in the countries of Great Ionians near the Fergana Valley in central Asia. According to 《汉语外来词词典》(A dictionary of loan words and hybrid words in Chinese) 苜蓿 mùxu means alfalfa in Iranian, pronounced as buksuk, could be found in Chinese, this is another example of loanword[6]. This word had been translated into Chinese lexical item. According to "Records of the Grand historian", many countries around the country of DaYuan harvested grapes for wine making, rich people's collection of wine as much as ten thousand deciliter, the preservation time was around several decades. The local liked drinking wine, the horses liked to eat alfalfa. Han Dynasty envoys retrieved grapes and alfalfa seeds, since then they started planting

---

1 "The records of the Grand Historian" was written by Sima Qian, who was born in Xiayang (present-day Hancheng, Shanxi Province) in the Western Han Dynasty. This book is regarded as the most representative and outstanding of all history books in the Chinese tradition. In the form of a series of biographies, the book records the history of China from the Five Legendary Rulers Period (30 BCE-21 BCE) to around 100 CE.

2 "The history of the former Han Dynasty" was composed by BanGu, it was the first in this annals-biography form to cover a single dynasty.

3 (Han汉) Sima, Qian 司马迁. Shiji 《史记》(Recoreds of the Grand Historian). Beijing: Zhonghua Press, 1959, p.3160.

4 (Han汉) Ban, Gu 班固. Hanshu 《汉书》(The history of the former Han Dynasty). Beijing: Zhonghua Press, 1962, p.3895.

5 Gao, Ming-Kai et al 高名凯等人. Hanyu Wailaici Cidian 《汉语外来词词典》(A dictionary of loan words and hybrid word in Chinese). Shanghai: Shanghai Cishu Press, 1984, p.279.

6 Gao, Ming-Kai et al 高名凯等人. Hanyu Wailaici Cidian《汉语外来词词典》(A dictionary of loan words and hybrid word in Chinese), p.249.

grapes and alfalfa on fertile land. The Emperor had a number of horses, the western region envoys planted many grapes and alfalfa beside the palace garden, a huge expanse of planting. (《史记·大宛列传》:"宛左右以蒲陶为酒,富人藏酒至万余石,久者数十岁不败。俗嗜酒,马嗜苜蓿。汉使取其实来,于是天子始种苜蓿、蒲陶肥饶地。及天马多,外国使来众,则离宫别观旁尽种蒲萄、苜蓿极望。"[1])

On the ancient Silk Road, ancient Persia played a very important transit role, eastern and western goods were scattered through the Persian Empire. As early as the 2<sup>nd</sup> century BCE, the Chinese and Persian people had already established the commercial route (the Silk Road). According to《汉语外来词词典》(A dictionary of loan words and hybrid words in Chinese) 狮子 (it also has written 师子) shīzi which means lion, the phonetic borrowed from "shīr" of Persian language.[2] For example, in "The history of the former Han Dynasty", it said: "The weather is mainly dry, hot and sunny there, the vegetation, livestock, crops, fruits and vegetables, foods and drinks, buildings, markets, money, weapons, gold and jewels was the same as Kophen, and there had antelopes, lions, and rhinoceros." (《汉书·西域传上》:"乌弋地暑热莽平,其草木、畜产、五谷、果菜、食饮、宫室、市列、钱货、兵器、金珠之属皆与罽宾同,而有桃拔、师子、犀牛。"[3])

Along the Silk Road over many centuries facilitated the transmission not only just of goods but also culture and language. These unlikely events of cross-cultural contact allowed different cultures to adapt to each other as an alternative. In the northern steppe of China, the nomadic nation created a splendid culture. The Chinese adopted Xiongnu military techniques, music and dance, while the Xiongnu inspired by Chinese agricultural techniques, dress style. In that progress, the speakers of two languages interacted and influenced each other. The most common way that reflected the languages exchange was the borrowing of vocabulary.

Nowadays, in modern Chinese, the pronunciation of 骆驼 (橐他、橐驼) is "luòtuo", the meaning of this word is camel. According to《汉语外来词词典》(A dictionary of loan words and hybrid words in Chinese), it was a loanword which borrowed the pronunciation of "dsda" from Xiongnu language (Hun language)[4]. 橐他 tuótā is hybrid word (half – transliteration and half – translation). In Chinese, the meaning of 橐 is sack. Because the humps on its back like a sack, 橐 was used to translate a part of 橐他. "他" is phonetic loanword from "da" of Hun language. In the record of the Grand historian the chapter of Xiongnu Liezhuan recorded that: "we don't know what the emperor wants, so he sent a letter to the emperor, he offered a camel, two horses, and eight drive horses." (《史记·匈奴列传》:"未得皇帝之志也,故使郎中系雩浅奉书请,献橐他一匹,骑马二匹,驾二

---

1 (Han 汉) Sima, Qian 司马迁. Shiji《史记》(Recoreds of the Grand Historian), pp.3173-3174.
2 Gao, Ming-Kai et al 高名凯等人. Hanyu Wailaici Cidian《汉语外来词词典》(A dictionary of loan words and hybrid word in Chinese), p.315.
3 (Han 汉) Ban, Gu 班固. Hanshu《汉书》(The history of the former Han Dynasty), p.3889.
4 Gao, Ming-Kai et al 高名凯等人. Hanyu Wailaici Cidian《汉语外来词词典》(A dictionary of loan words and hybrid words in Chinese), p.219.

驼。"[1]) Chapter Zhang Qian Li Guang Li Liezhuan of the history of the former Han Dynasty recorded that: "One hundred thousand cattle, thirty thousand horse, ten thousand donkeys and camels to carry food and soldier crossbow."(《汉书·张骞李广利传》:"牛十万,马三万匹,驴、橐驼以万数赍粮,兵弩甚设。"[2])

箜篌(空侯,坎候) kōnghóu harp, an ancient plucked stringed instrument. According to《汉语外来词词典》(A dictionary of loan words and hybrid words in Chinese), both form and meaning of 箜篌 kōnghóu were loaned from "qobuz" of Tujue (Turkic language).[3] In "Records of the Grand historian" recorded the appearing of 箜篌 kōnghóu: "in outskirts sacrifice activities used harp and other stringed instrument to play suburb offered sacrifice songs.(《史记·孝武本纪》:"祷祠泰一、后土,始用乐舞,益召歌儿,作二十五弦及箜篌瑟自此起。"[4])

## 3. The Buddhist loanwords

There was also a Buddhist language to contribute to the prosperity of language on the Silk Road. Before Islam entered central Asia in the 9th century, the Silk Road had always been Buddhist incense, the ruling class built cave temples, sculpted Buddha statues, organized Buddhist activities. At that time, the most popular religion on the Silk Road was Buddhist, hence the Buddhist loanwords also unconsciously penetrated into ancient and modern Chinese. In 2 BCE, Yicun (Darouzhi envoy) dictated《浮屠经》(the Buddhist scriptures) to Emperor Ai of Western Han Dynasty. During Ming Emperor, in the period of the Eastern Han Dynasty (67 CE), two monks (Dharmaratna and Kasyapamatanga) from Tianzhu (India) translated the earliest Buddhist scripture. Their translation Buddhist scripture were《四十二章经》(Forty-Two Sections)、《十地断结经》(Ten stages Sutra)、《佛本生经》(Buddhist tales)、《佛本行经》(Buddha-Carita). A large number of Buddhist loanwords were utilized to translate Sanskrit Buddhist scriptures. In this paper, we focus on the study of Buddhist loanwords of Han Dynasty which were collected from the《后汉书》[5] (The book of the Later Han) and《四十二章经》[6] (Forty-Two Sections).

According to "The book of the Later Han"《后汉书》, the Emperor dreamed of a golden man, tall and big with a halo around the head, the Emperor looked for advice from all the ministers. The minister said: "The western has a god, named Buddha, its shape is six feet long and yellow gold color." The Emperor chased envoy to India and asked about Buddhist...., From Emperor Heng, people began to worship the Buddha, Laozi.(《后汉书·西域传》:"世传明帝梦见金人,长大,顶有光明,以问群臣。或曰:西方有神,名曰佛,其形长丈六尺而黄金色。帝于是遣使天

---

1　(Han汉) Sima, Qian 司马迁. Shiji《史记》(Recoreds of the Grand Historian), p.2896.
2　(Han汉) Ban, Gu 班固. Hanshu《汉书》(The history of the former Han Dynasty), p.2700.
3　Gao, Ming-Kai et al 高名凯等人. Hanyu Wailaici Cidian《汉语外来词词典》(A dictionary of loan words and hybrid word in Chinese), p.190.
4　(Han汉) Sima, Qian 司马迁. Shiji《史记》(Recoreds of the Grand Historian), p.472.
5　"The book of the Later Han" is a Chinese court document covering the history of the Han Dynasty from 6 to 189 CE. It was completed by Fan Ye in the 5th century. This book used a number of earlier histories and documents as sources.
6　Forty-Two Sections is a shortened name for Sutra in Forty-Two Sections. The Buddhist scriptures, which were translated by Dharmaratna and Kasyapamatanga, are believed to be the first Buddhist scriptures translation.

竺，问佛道法，……。后桓帝好神，数祀浮图、老子，百姓稍有奉者，后遂转盛。"[1] According to 《汉语外来词词典》(A dictionary of loan words and hybrid words in Chinese) 佛 fó（佛陀 fótuó，浮图 fútú）which was borrowed from the Sanskrit language means Buddha.[2] 佛陀 fótuó or 浮图 fútú are phonetic borrowing words.

"Forty-Two Sections" showed a large number of Buddhist loanwords like 沙门（Shramana），阿罗汉（Arhat）. Both of their forms and meanings borrowed from other languages. In the Chapter One, "The Buddha said: people who take leave of their families and go forth from the householder life, who know their mind and penetrate to its origin, and who understand the unconditioned Dharma are called Shramanas. They constantly observe the 250 precepts, and they value purity in all that they do. By practicing the four true paths, they can become Arhats". (《四十二章经·第一章》："佛言：辞亲出家为道，名曰沙门。常行二百五十戒，为四真道行，进志清净，成阿罗汉。"[3]) According to 《汉语外来词词典》(A dictionary of loan words and hybrid words in Chinese) 沙门（Shramana）and 阿罗汉（Arhat）borrowed from the Sanskrit language.[4]

A large quantity of Sanskrit Buddhist loanwords borrowed from Chinese, this paper just used some of them to exemplify the specific point of view. In addition, the Buddhism just entered China in the Later Han Dynasty periods. More Buddhist loanwords from Sanskrit appeared in Tang Dynasty.

## 4. In conclusion

The research of this paper aims to study the exchange of language on the Silk Road. It pointed out some of the Chinese loanwords that had inspired by other languages, including Iranian, Persian, Hun, Turkic, and Sanskrit. The Han ancient documents showed the appearing of borrowed words from other languages. Linguistic contact and linguistic borrowing between Chinese and other languages enriched Chinese vocabulary. One of the greatest values of the Silk Road was the influence of language along with the exchange commercial goods and the merchant trade among different countries.

The Silk Road, established during the Han Dynasty of China, was one of the famous ancient trade routes. The Han Dynasty expanded Central Asian sections of the trade routes around 114 BCE, largely through missions and explorations of the Chinese imperial envoy, Zhang Qian. Due to the length of the Silk Road which went through a number of countries, there were a number of languages used for communicating and trading on the Silk Road. The linguistic exchange between Chinese and other languages contributed to the development of Chinese vocabulary which borrowed some words or phonetics from the others. In this paper, we study the loanwords in the Chinese language during Han Dynasty (about 202 BCE to 220 CE) from other languages.

---

1 （Han 汉）Fan，Ye 范晔. Hou Hanshu 《后汉书》(The book of the Later Han). Beijing: Zhonghua Press, 1965, p.2922.
2 Gao，Ming-Kai et al 高名凯等人. Hanyu Wailaici Cidian 《汉语外来词词典》(A dictionary of loan words and hybrid word in Chinese), p.104.
3 《大正藏》第17册，第722页上。
4 Gao，Ming-Kai et al 高名凯等人. Hanyu Wailaici Cidian 《汉语外来词词典》(A dictionary of loan words and hybrid word in Chinese), p.307.

# 中国鞑靼与和阗纪要*

W. H. Wathen 著
（孟买政府波斯秘书）

聂红萍
（兰州大学历史文化学院）

赵丽 译
（甘肃省泾川县委组织部）

## 译者附言：

《中国鞑靼与和阗纪要》（Memoir on Chinese Tartary and Khoten）载于1835年12月的《孟加拉国亚洲学会杂志》第4卷第48号（Journal of the Asiatic Society of Bengal 4.48, Dec.1835），作者W. H.沃森（W. H. Wathen）为当时孟买政府波斯秘书。这是他有意收集中国新疆信息而撰写的报告。在19世纪30年代，极少西方人成功进入新疆，西方对新疆社会所知甚少，正如其报告开头写道："我唯一的目的是增加对与我们边境如此之近，并且我们目前所知甚少的地方的了解。"作者沃森没有亲自到过新疆，但他采访了不少前往麦加朝圣路过孟买的维吾尔人后撰成此文，对新疆的叶尔羌、喀什噶尔、阿克苏、伊犁、英吉沙尔、吐鲁番等各城气候、人口、物产、贸易、历史等方面进行了概述。19世纪六七十年代以后，大批西方考察家才进入新疆，撰写了不少关于新疆的考察报告。因此，《中国鞑靼与和阗纪要》具有弥补19世纪30年代新疆史料薄弱的意义。该文发表后，被西方学界经常引用，如《剑桥中国晚清史（上）》（费正清、刘京广编，中国社会科学院历史研究所编译室译，中国社会科学出版社，1993年，第72—96、400—417页）和《嘉峪关外：1759—1864年新疆的经济、民族和清帝国》（J.A.米尔沃德著，贾建飞译，张世明审校，国家清史编纂委员会编译组刊印，2001年，第77、122、123、146、178、180、192等页）。该文记载的信息与中国文献相互印证补充，可以更好地研究19世纪30年代的南疆社会。当然，其中有些说法也是错误的，如将维吾尔人称为乌兹别克人；认为"库车主要是卡尔梅克人"（这里的"库车"应是"喀喇沙尔"之误）；玉努斯被张格尔叛众杀死，文中却认为是被清朝杀死的；等等。另外，"中国鞑靼"一词也是当时西方国家所使用的一种特定称呼，并不具有通用性。这些都需要鉴别使用。

## 中国鞑靼与和阗纪要

【一封写给亚洲学会秘书信件的摘要，在第二次机构会议上朗读】

能与许多中国鞑靼（Chinese Tartary）当地人聊天真是难得的机会，这其中有几个人既聪明又见多识广。通过从他们那里获得的信息，我对这个地方有了大概描述。同时，此地自成吉思汗和他的继承

---

* W. H. Wathen, Memoir on Chinese Tartary and Khoten. *Journal of the Asiatic Society of Bengal*, 4.48（Dec.1835），pp.653-664.（W. H.沃森：《中国鞑靼与和阗纪要》，《孟加拉国亚洲学会杂志》第4卷第48号，1835年12月，第653—664页。）

者们的时代后鲜有人至，缺乏更为准确的资料。我将这些信息传递给你们，展示给亚洲学会，或许这些信息将被证明是有趣的。

我充分意识到需要非常谨慎地对待以这种方式获得的口述信息，我获得的描述既不是通过任何正式的询问，也不是给询问人任何先入为主的观点诱导出来的，而是通过日常的采访以及与他们友好交往，并且我所有的问题都是在东拉西扯过程中漫不经心地提出来的。

我至少与这群人中的10个关系良好，他们都是曾往麦加（Mecca）朝圣途中结识。当我对从某人获得信息的准确性有任何怀疑时，在不同场合我向另外的人主动谈论同一主题，这样为可能被错误叙述的任何事件提供了纠正的机会。

我唯一的目的是增加对与我们边境如此之近，并且我们目前所知甚少的地方的了解，尽管在某种程度上讲这微不足道。我相信我将被谅解，至少我是怀着谦卑的态度去模仿那些伟大的人物——洪保德（M. M. Humboldt）和克拉普罗特（Klaproth）的，他们正好用同样的方法从中国鞑靼当地人那里获得了信息，这些鞑靼人经常往来于奥伦堡（Orenburg）或奥尔斯克（Orsk）进行商业贸易。他们的成果最近在巴黎发表了。——W. H. 沃森。

**中国鞑靼（Chinese Tartary）**——目前中国鞑靼地区由相当大的九个城镇组成，即叶尔羌（Yarkand）、喀什噶尔（Kashgar）、阿克苏（Auksu）、伊犁（Eela）、英吉沙尔（Yengi Hissar）、乌什吐鲁番（Ooch Turfan）、火州吐鲁番（Koneh Turfan，这个地方有时也被称为哈密）、固玛（Gummi）和罗布泊（Lopp）。

**叶尔羌**——从人口程度上讲，这些城镇当中的叶尔羌，可以说是这个地区的首府，尽管从政治观点看，每个城镇的官员和中国居民行使独立的权力。叶尔羌被描述为一座经济繁荣、人口稠密的城市。它有两座堡垒：其中主要的一个堡垒规模较大，但其城墙是由泥土砌成，并且无人居住。另一个规模稍小，有四个城门，有人居住，石头与灰泥土筑成，在当地人看来还是非常坚固的，外围被一条壕沟环绕着。其郊区延伸有相当大的空间。叶尔羌的人口据说大约由30000户居民组成，中国政府的人口普查发现，每个家庭包含5到10口人。只有200户中国商人是常驻居民，许多中国商人会到这城市去，但短暂的停留之后便会离开。也有许多东干（Tungani）商人和一些中国工匠居住在此地。许多克什米尔（Kashmir）人也定居于叶尔羌，还有极少的印度人（Hindus）和什叶派教徒（Shiahs）——或者被人称为是阿里（Ali）的崇拜者。但是没有犹太人（Jews）或者诺盖鞑靼人（Nogai Tartars）。这里的房屋一般由很高的一层组成，由黏土砌成，因为这些地区极少降雨，这正好适合这种需要。另外叶尔羌夸耀有许多清真寺和学院。叶尔羌有两个宽阔的巴扎，一个在堡垒内，一个在郊区，除此之外其他一些小一点的巴扎星罗棋布在城市的各个地方。马肉在肉店出售，并且食用很普遍。这个地区的人们不认为这是不合法的食物，并且通常以和羊肉一样的价格出售。马奶酒（Kimmiz）并没有被镇上居民使用，但是被卡尔梅克（Kalmuks）和其他的游牧部落所用。穆斯林宗教的教义似乎并没有被中国鞑靼人严格地遵守，并且这些居民好像比浩罕（Kokan）及其他独立的鞑靼人更具有容忍性。

中国政府在叶尔羌驻扎有军队，声称约由7000名士兵组成，其中部分是汉人（Chinese），部分是满洲人（Mandshus）或蒙古人（Mongols）。其中一部分部队戍防着堡垒，其余的人驻扎在城镇外围，非常类似于在印度的英国部队。整个军队由一个拥有办事大臣（Umbaun）头衔的军官指挥。在中国鞑靼地区没有东干的士兵，因为他们是穆斯林，中国担心一旦发生叛乱，他们会由于同一宗教的缘故加入到乌兹别克（Usbeks）。东干人住在乡下，主要的城镇是撒拉（Salar）和Seiram。据说伟大的亚历山大（Alexander）曾远征至撒拉，并在当地留下了一群士兵，东干人就是这些人的后裔。他们从几个土耳其与波斯词汇中获得"东干"之名，以各种方式来表明"留下"以及"回头望"的意思。广泛的传说是，亚历山大征服了这片地区一直到达中国核心的边缘。办事大臣为中国居民，是行政、军事首脑，每一区域的权威。叶尔羌目前的统治者是阿布都尔满伯克王（Abdul Rehman Beg Waug），他是这个地区名义上的乌兹别克的统治者，但实际上他的所有意图都完全处于办事大臣的控制之下，办事大臣是驻扎此地中国常规军队的唯一权威。

有许多小镇和村庄依附于叶尔羌。据说环绕于叶尔羌整个区域的人口最稠密，而且密集地散布着村庄和小村。这地区也被描述得非常肥沃富饶，其中列举的农产品有小麦、大麦、大米、豆子、贾瓦里（jawari）、珍珠粟（bajri）以及各种榨油的种子，瓜类、葡萄、苹果及其他温带气候的水果也很丰富。然而，据说叶尔羌地区人们的大部分财富来自于成群的开司米山羊（shawl goat），他们称之为Akhchahs，几乎每个地主都拥有大量的开司米山羊。绵羊，或者肥尾羊也很普遍。有非常多栽有桑树的种植园，生产出大量的丝绸。

据说水利灌溉工程大范围开展，叶尔羌附近整个地区的土地被小河以及高山融水充分灌溉。

**喀什噶尔**——喀什噶尔城是这个省以往的首府，但自从张格尔和卓（Jehangir Khojeh）叛乱后，当地居民遭受了来自朋友和敌人双方的严重破坏，喀什噶尔急速衰落了。喀什噶尔是一个边境驻地，距叶尔羌有5天的路程，带着商队需要6天，但是加快行程4天便可到达。此城自身大约有居民16000人。许多城镇、村庄和城堡也依附于它，人口相当可观。喀什噶尔乌兹别克首领名叫台吉作霍尔顶伯克（Tahi'ruldi'n Beg），他没有"王"的头衔，除此外，他的统治机构与叶尔羌首领阿布都尔满伯克王的机构是有区别的，他的级别低于王。8000名中国常规军队驻扎在喀什噶尔以防范浩罕汗（Khan of Kokan）。

**英吉沙尔**——在叶尔羌与喀什噶尔中间坐落着英吉沙尔城，因舞女与音乐家而闻名，他们类似于印度穆斯林。

**阿克苏**——阿克苏位于叶尔羌的东北部，驾大篷车大约20天的车程。这城镇被描述成一个非常繁荣的地方，是中国和俄罗斯鞑靼人的一个非常大的商业贸易市场。该城是爱玛特（Ahmed）阿奇木（Hakim）的住处，他是伊萨克（Oozak）的儿子，他的权威形成不同于其他首领。他是乌兹别克人，级别低于叶尔羌王，同样从属于中国办事大臣。阿克苏的中国军队有2000名。目前全省通用的银币被称为腾格（Tankeh），就是在这里铸造的。

**伊犁或固勒扎（Gouldja）**——伊犁镇也称为固勒扎，位于阿克苏北部，相距有25天或30天的路程，但快速旅行20天也许也能抵达。从叶尔羌到伊犁的距离更远，通常需要40天的行程。这个地方如同伊塞克（Yessik）和库车一样，中国皇帝将重犯流放到这里3年、5年、7年甚至一辈子。由于周边乡村的丰饶，伊犁的水果和粮食都非常便宜。优良的马、羊和绵羊价格也许也非常公道。就是在这里及周围乡村，中国政府安置了大量卡尔梅克或者厄鲁特（Eleuth）游牧部落。据说这里的气候通常对外国人而言是致命的。

**库车**——库车位于阿克苏东北部，伊犁的南部，距离叶尔羌40天的路程，从俄国边界走到这里的话大约需要3个月。库车主要是卡尔梅克人。富裕人家居住在城市内，较为贫穷阶层则住在平原上的帐篷里。他们通常跟随牧场，拥有众多的牧群。

**乌什吐鲁番和火州吐鲁番**——有两个城镇称为吐鲁番，一个是乌什吐鲁番，距叶尔羌和阿克苏仅有两天的路程；另一个是火州吐鲁番，也称作哈密，距叶尔羌和阿克苏差不多两个月的路程。火州吐鲁番是一个非常古老的城市，以盛产优良的葡萄而闻名于世。

**罗布泊**——罗布泊距离叶尔羌很遥远，居民主要是中国人，也有极少的乌兹别克人住在那里。罗布泊因其附近的咸水湖而著称。

**固玛**——位于叶尔羌与额里齐（Eelchi，在和阗）之间的城镇是固玛。一段时间以来这里的首领被称为库尔班（Kurban）伯克，据说他拥有一种名叫"雨石"的石头。根据民间信仰，不管什么时候将这种石头放置在甜水里，便有能够产生降雨的超凡功效。

**和阗**——和阗这个地区包括哈喇哈什（Karakash）、额里齐（Eelchi）和克里雅（Kirrea）等城镇，除此之外还有许多规模小些的镇。额里齐古时被称为和阗，但现在已经不是一个城镇的名称了，而是对整个地区的称呼。哈喇哈什是这个地区的首府，距叶尔羌大约10或12天的路程。此地区由两位中国的办事大臣统治，居民服从于两位乌兹别克阿奇木，一个在额里齐，另一个在克里雅。和阗驻扎着2000名中国常规武装，这里纳贡的臣民总数估计为700000人。这里人口主要是乌兹别克人，也有大量卡尔梅克人和厄鲁特人散居在和阗各地。这里穆斯林远比佛教徒数量多。据说中国政府的政策是反对自己的任一臣民信仰伊斯兰教。

**额里齐**——额里齐距叶尔羌12天的路程，在这里以及和阗地区，有许多包特神职人员（Baudh priests）和寺庙。

**克里雅**——从额里齐到克里雅的路程骑马需要5天。该城镇有一个金矿，从这附近流过河流的沙滩也被发现包含有金子。金矿一般雇佣着200或300人，据说非常多产。这个金矿的产品由中国政府垄断。

**税收和贸易**——据说和阗的税收超过叶尔羌。商队从事着这些地方之间庞大的贸易，他们运送穆什鲁缎、蜡光纸、砂金、丝绸、葡萄、葡萄干和其他日用品到叶尔羌；从叶尔羌那里运回铜壶、皮革、靴子等到和阗。

**中国鞑靼的贸易**——叶尔羌不但与周围大城镇，而且与克什米尔、巴达克山、中国内地以及中华帝国西北边境的俄罗斯领土都进行着非常广泛的贸易往来。

克什米尔那个地区的当地人将围巾、kincubs、chikun、白色布匹、皮革从克什米尔带到叶尔羌，从叶尔羌带回阿姆卜（ambu）或纯银，开司米山羊绒，被称为提比特（tibbit），以及其他物品。

巴达克山首都法扎巴德（Fyzabad）的商人带给叶尔羌奴隶和宝石，带回银子和茶叶。商队每年来这里一次，通常40天的时间都在路上，但要是急行军的话，也许20天就能完成行程。

来自浩罕汗国安集延（Andejan）的布匹和其他商品经喀什噶尔带入，由此返回的贸易包括纯银、陶瓷器和成箱的砖茶，砖茶质量非常低下，仅由贫困阶层使用。这种贸易通过马匹、骡子和骆驼进行。

商队来自于俄国边境地区，途经伊犁、阿克苏和库车，带来宽布匹、锦缎、银子、金币达克特（ducats）、铜币、钢铁、毛皮，等等，带回茶叶、大黄根、卤砂，等等。

**与北京（Peking）的交流**——从叶尔羌到北京（当地人称为Pechin）乘坐大篷车需要4到6个月的行程，但是加快行进的话，也许3个月内就能完成旅程。到北京仅有一条路供商队与旅行者使用，虽然据说有另一条更近的道路，但被中国政府禁止使用。这条路有一段非常难以通过，在这里20个火绳枪手就可抗击整个军队。一部分乌兹别克人驻扎在此。每站都是中国的军台、台站（Ortung）或者邮寄点，由七八个汉人和大约20个乌兹别克人组成。从叶尔羌到中国内地，人们是不需要通行证的。只要他们愿意，他们也不会被拒绝停留在那里，因为这个行为不需要得到皇帝的许可。

中国和叶尔羌进行着广泛的贸易往来。大量的丝绸、大批的牲畜等被带到中国。中国生产的物品、瓷器尤其是茶叶作为回馈带回去。

**到西藏的道路**——从叶尔羌到名义上归属于中国的拉达克（Ladak，或小西藏），需要30到40天的路程。这条路上设有两处驿站，中国的台站在此相会，每站有5个汉人和20个乌兹别克人。但是在接下来的20天，经由这一地区的是一系列的平原和山脉，没有居民。台站里的人检查办事大臣发给的通行证，并且盖了他们的印章后交还。但保留在最后一个台站，当事人返程时会归还，上面必须说明缺席者。然而据说这些台站很容易避开。强行军的话，也许十七八天就可从叶尔羌抵达西藏（Tibet）。从那里到克什米尔一个商队需25天，但是加快步速的话15天便可到达。那里有充足的树木、水源和粮草。

**到阿克苏**——从叶尔羌到阿克苏乘坐大篷车需要20天。这一路有17个台站，大部分台站由7个汉人和13个乌兹别克人组成，但有一些人数更多。道路经过一个树木非常茂密的地区。

**河流**——叶尔羌附近有一条名叫泽普勒善（Zurufshan）的河流，通常冬季三个月份是结冰的，那时马、骆驼和人可以从上面经过。来自阿克苏部分地区的两条小河汇入泽普勒善河，一条从阿克苏流出的距离为5科斯（kos），另一条需要7天的路程。

**气候**——在夏天，当甜瓜成熟时，这些地区非常炎热，但整个冬季却极端寒冷。在这个季节，大量降雪落在距离叶尔羌20天路程的山脉上，但城市内却降雪极少。这里极少降雨，一年中仅有两三次，大约一小时，然后天气变得非常寒冷。

**火山**——卤砂。在距离阿克苏10天行程的地方，有两座很大的山脉，山脉之间有条峡谷，峡谷表面覆盖着相当厚的卤砂。这个地方热得可怕，热量来源于一座被当地人称为"上帝之火"的火山。在夏季，热气阻止他们靠近它。在喷发期，据说卤砂被抛洒出并降落在峡谷，像薄雾一般，方圆足有1科斯；在随后的冬天，卤砂会渐渐变硬，像冰一样结晶。人们会在那个季节去那里，将卤砂切成方便的小块运走。据附近的老人说，在火州吐鲁番也曾见过一座山脉的外面喷发着火焰。

**地震—霍乱**——当地人陈述，大约3年前，这个省发生了连续不断的地震；随之而来的霍乱给叶尔羌带来了巨大破坏。在巴达克山，地震毁灭了大量的房屋和生命。

**这个地区的历史**——大约80年前，整个地区是由卡尔梅克人或厄鲁特人统治的，在每个地区设有一个Turah或首领作为管理者。随后在乾隆统治时期，卡尔梅克人被清政府征服，在全省建立起了皇帝的权威。这一事件之后的很长一段时期，清政府都将这里作为属地控制着，没有发生任何要么卡尔梅克人想恢复他们失去的权威，要么当地人主张他们的独立的企图。然而，随后清政府开始压迫大众如此之重，以至于激起了许多不满以及对他们普遍的厌憎情绪。这种情况为艾和卓（Ai Khojeh）提供了有利形势，艾和卓是这个地区古代君主的后裔，也是贵族的赛义德（Syed），是卡尔梅克人和所有的穆罕默德信徒人口极需依附的人。他领导了反对清朝的叛乱，在和清朝对抗的一段时间里，取得了多方面的成功。但最终，在清政府优势面前被迫退却了。据说清政府残酷地利用了他们获得的优势，残杀每个地区的穆罕默德信徒，最小的抵抗也被镇压。

艾和卓以及他的追随者发现已经不可能继续在这里斗争了，便逃至巴达克山，但是那个国家的君主出卖了他，并将他交给了清政府，清政府处死了他。叶尔羌人民相信这个背叛会有报应的，巴达克山已经遭遇了已降临的灾难，成为昆都士（Kunduz）的穆罕默德莫拉德伯克（Muhammed Murad Beg）轻易捕获的猎物，他在多年前就侵略并征服了巴达克山。艾和卓就这样被交给清政府后，他的儿子和孙子张格尔和卓逃到了安集延。一些年后，艾和卓的儿子去世，留下了张格尔和卓，因为年轻，由浩罕汗照看。大概10或11年前，他观察到清政府变得不得人心后，拟定了一个恢复祖先领地的计划。他成功地使爱萨巴哈杜尔（Eesa Bahadur）改变了立场，爱萨巴哈杜尔是个在安集延很有影响力的人物，他带领大量的吉尔吉斯人（Khirgiz）加入到张格尔和卓旗下；同时，浩罕汗也支持他的尝试，送来大约由8000匹马组成的军队来帮助他。张格尔进入了中国鞑靼，攻击在喀什噶尔营地的清朝人。清朝人和那时的喀什噶尔乌兹别克阿奇木玉努斯王（Yunis Waug）在堡垒里避难；但清朝人担心这个首领以及穆罕默德信徒要投靠张格尔，于是把玉努斯王和许多居民处死了。然而这种残忍的行动，并没有达到目标，因为这没能阻止其余的穆斯林居民投向张格尔。张格尔因此强大了，攻击堡垒，暴风雨般获胜：清朝人被突袭，要么被逐出，要么被切成碎片。

张格尔和卓随后向叶尔羌进军，在这里同样深受居民欢迎。清朝人在几轮挫败之后放弃了这个地区。受成功的鼓舞，张格尔随后向和阗进发，将清朝人从那个地区驱逐出去。张格尔无论何时出现，逃跑或抵抗的清朝人都会被杀害。张格尔因此获得了整个地区的领地，他在此维持了五六个月的统治。但是，他滥用权力，对民众施行暴政及压迫他们。结果他变得不受欢迎，在和带着估计约有60000人的军队以及大量的卡尔梅克马匹重回此地的清朝人的对抗中没有得到居民的支持。因为无法阻止他们的进程，和卓退往山区。他的吉尔吉斯和安集延盟友退回了自己的国家，运走了巨额财产，这些财产是他们在清朝军队来临时从居民那里掠夺而来的。没过多久，喀什噶尔的伊萨克和卓（Ishak Khojeh）由于嫉妒张格尔，将他出卖给了在阿克苏的清朝将领之手。将领把张格尔送到北京，皇帝下令将他处死了。伊萨克因为这次的所作所为，从清政府那里得到官职和"王"的头衔，或称为喀什噶尔君主。张格尔和卓失败的真正原因在于中国鞑靼被分为两个部落，他归属的阿克塔克（Ak Tak）属于纳克什班迪宗派（Naqsh-bandi sect）；而库拉塔克（Kura Tak）属于哈迪里亚派（Kadaris），库拉塔克从未真诚地加入到另一派。伊萨克和卓是后者的首领，在他被任命为喀什噶尔管理者后的某个时候，他被叫到北京，此后再无消息。有人猜测，清政府因惧于他的影响力而将他毒死了。

**税收**——阿勒班（Albaum，或地税）——和关税。中国人获得税收，或者更准确地说，中国鞑靼的臣民上交财物，这被称为"阿勒班"。阿勒班由每人每月1卢布（rupee）的人头税和土地产量的十分之一组成。

根据成吉思汗制定的法律，赛伊德、毛拉、派尔扎德、托钵僧、士兵等可以免征阿勒班。以前，陆路关税是通过商品在当地运转过程中征收的；征收的税率为价值的百分之2.5（或如陈述者描述的"40中取1，换言之，40匹布中的1匹要拿走"）。但是，大约12年前，这种税收被中国皇帝完全废除，现在商品免税通行。

**人口和语言**——这个地区的本地人是乌孜别克人，正如以上所述，分为阿克塔克和库拉塔克两个不同的阶层。通常说的语言是察合台突厥语（Jaghatai Turki），卡尔梅克人也懂这种语言。这可能是突厥语的最为纯正的方言，与其他突厥语相比，它较少混杂阿拉伯语和波斯语。在这个回忆录的附录中可找到一些常用词汇，这将显示其与现在广泛流传的突厥语其他分支语言之间的密切关系。

**中国军队**——据说驻扎在这个地区的中国军事力量，总计在2万至3万人之间。

**政府的性质**——目前，清政府在这些地区非常不受欢迎。清政府的体系里似乎没有任何安抚的打算，也没有制定出任何有利于说服当地人臣服外来人的措施。由于强迫本地人承担修建堡垒、建筑有城墙城镇的繁重劳动，最近以来，对清朝人反感情绪大量增长。据曾经经过印度的本地人说，穆斯林王公、首领等占据的政治地位差不多一样，都低于中国居民或办事大臣们，正如他们认为印度的行政长官和王侯等的地位也低于英国政府的居民一样。清政府极少介入对人民的直接管理，将之留给了当地王公、政府和法律来管理。然而，税收完全缴纳给了清政府，王公等有大量土地的分配任务。

**印度的英国人**——在叶尔羌，印度被一个欧洲民族统治是众所周知的。据说中国人高度重视英国的势力，他们对英国势力的观察带着忧虑的情感，这与这个地区广为流传的一个观点相联系：这个地区注定要落入英国手中。

**欧洲的旅行者能够接触到中国鞑靼**——据说，假如一个人愿意像当地人那样穿着打扮，蓄长胡须，与从麦加返回的朝圣者们伴行，那么进入中国鞑靼并非难事；但是最简便的途径还是通过浩罕和喀什噶尔，商人们的大规模商队就是走的那条路。然而，想要进入中国鞑靼的人还必须要会说突厥语，因为这个地区的当地人仅有极少数懂波斯语；可是，在独立的鞑靼浩罕国，整个地区人口都不会说其他语言。甚至一个人单独去中国的北京也不难，唯一需要的是从管理者那里获得通行证，给中国官员少量腾格，宣称自己是出于贸易目的就可得到。我的一个受访者声称，若干年前，一个当地打扮的欧洲人出现在叶尔羌，不小心被发现了，被带到了地方长官面前。地方长官威胁他如果不坦白说出他是什么人就要拷打他；但保证如果他说出真相，会受到很好的对待。他承认了自己是欧洲人，然后被送出了这个地区。

上述详情是在不同时期从这个地区各种各样的当地人身上诱导出来的，他们去麦加朝圣途中，恰好来到孟买（Bombay）。这些人里面，其中有一个是这个地区的王公，另一个是派尔扎德，两人具有相当好的教育背景和丰富的信息，第一个是阿克苏本地人；第二个曾经到过巴达克山、喀拉提锦（Kurratigin）、达尔瓦斯（Dervaz）和浩罕；还有一个是和阗额里齐的居民。

在收集这些信息的时候，我没有见过伯恩斯上尉（Lieut Burnes）或者提姆奥斯基（Timkowsky）的作品，以及洪保德男爵（Baron Humboldt）和克拉普罗特先生（Monsieur Klaproth）在《亚细亚学报》（The Journal Asiatique）上的论文。

我获得的这些信息基本上印证了前面提到的著名学者的描述，除了一点：伯恩斯上尉的被调查者告诉他中国鞑靼的军队是东干人。而我的描述则不是。我的受访者给的理由似乎可以证明他们说的是真实的。这一点很值得注意，或许能增加我所提供的这些信息的价值。

## 附录：

### 叶尔羌突厥方言词汇集

| 英语 | 突厥方言 | 英语 | 突厥方言 | 英语 | 突厥方言 |
| --- | --- | --- | --- | --- | --- |
| Water | Su | Well | Kuduk / Kulduk | Light | Taghatteh |
| Fire | Ot | | | Far | Zirak |
| Smoke | Chakan | | | Near | Yakin |
| Steam | Ohak | Salt | Tus | High | Agis |
| Man | Ar Kisheh | Ghi | Siriluja | Mountain | Tagh |
| Woman | Mazlam Kisheh | Milk | Sut | Valley | Dawan |
| Girl | Kiz (billa) | Dog | It | | |
| Boy | Oghal (billa) | Cat | Mushshak | Pass | |
| Red | Kizzil | Horse | A't | Head | Bash |
| Black | Kara | Sheep | Koyi | Mouth | Yaghis |
| Green | yashil | | | Nose | Baxun |
| Yellow | Sarak | Dumba | | Hair | Tik |
| White | A'k | Cow | Galleh | Foot | Put |
| Good | Abdan | Ox | Oyi | Ear | Kullak |
| Bad | Yaman | Bull | Bokakeh | The goat producing the Kashmir wool | Akhcheh |
| Old | Aski | Camel | Togheh | | |
| New | Yengi | Ass | Ashakr | | |
| | | Mule | Khacha | | |
| | | Dark | Karango | | |

续表

| 英语 | 突厥方言 | 英语 | 突厥方言 | 英语 | 突厥方言 |
|---|---|---|---|---|---|
| Arm | *Kul* | Ice | *Muz* | Five | *Bash.* |
| Sun | *Kiun* | Snow | *Kar* | Six | *Alteh.* |
| Moon | *Ai* | Rain | *Yamghur* | Seven | *Yetteh.* |
| Night | *Kicheh* | Deer | *Kik* | Eight | *Sakis.* |
| Star | *Yelduz* | Road | *Yol* | Nine | *Tokus.* |
| Year | *Yel* | A Sheep | *Koi* | Ten | *On.* |
| Stone | *Tash* | The wool used for making Kashmir Shawls | *Tibbit.* | Twenty | *Yegirmi.* |
| Silver | *Gumish* | | | Thirty | *Otus.* |
| Gold | *Altur* | | | Forty | *Kerk.* |
| Iron | *Tumir* | | | Fifty | *Alek.* |
| Wool | *Yung* | | | Sixty | *Altmish.* |
| Fool | *Tukheh* | One | *Bir.* | Seventy | *Yetmish.* |
| Sister | *Saulin* | Two | *Iki.* | Eighty | *Saksen.* |
| Brother | *Yanim* | Three | *Uch.* | Ninety | *Toksan.* |
| Wind | *Shamal* | Four | *Tut.* | Hundred | *Yuz.* |
| | | | | Thousaud | *Ming.* |

## VERBS（动词）

| 英语 | 突厥方言 | 英语 | 突厥方言 |
|---|---|---|---|
| To give | *Birmak.* | To sell | *Satmak.* |
| To take | *Almak.* | To eat | *Kich kanch almak.* |
| To speak | *Dimak.* | To buy | *Satab almak.* |
| To strike | *Urmak.* | To drink | *Ichmak.* |
| To carry | *Makmak.* | | |

# 汉代敦煌郡驿置及道路交通考述*

贾小军

（河西学院河西史地与文化研究中心）

敦煌郡是汉代通往西域的门户，是东西交通线上最重要的交通枢纽之一，汉朝政府设置专门的邮驿机构进行管理，传世史籍、出土文献对此均有大量记载，尤其以悬泉汉简的记载最为全面、系统。[1] 本文立足于悬泉汉简对汉代敦煌郡驿置及道路交通的有关记载，并参考其他传世资料和前贤研究成果，对相关问题进行考述，以期对此项研究有抛砖引玉之功。

## 一 简牍所见汉代敦煌郡驿置

关于敦煌郡的驿置，悬泉简有较多的记载，但各处驿置之间的"道里"，尚未见到明确记载。

简1：甘露二年七月戊子朔壬寅，敦煌大守千秋、长史憙、丞破胡谓县：律曰：诸乘置，其传不为急及乘传者驿驾□令葆马三日。三日中死，负之。郡当西域空道，案厩置九所，传马员三百六十匹计，以来死者。（Ⅱ90DXT0115③：80）[2]

郝树声、张德芳先生指出："如果我们把悬泉置也理解为一处厩置或者说悬泉置包含了类似厩置的话，那么敦煌郡像这样的'置'从东到西共有九处，它们应该等距离地摆放在交通线上，发挥着同样的作用。这九处厩置，除上述所言鱼离置、悬泉置、遮要置外，还有渊泉置、广至置、效谷置、龙勒置。"[3] 出现上述驿置名称的简牍不少，兹举例如下：

简2：□效谷、遮要、县（悬）泉、鱼离、广至、冥安、渊泉写移书到……其课田案劾岁者，白太守府，毋忽。如律令。（Ⅱ90DXT0214③：154）[4]

《敦煌悬泉汉简释粹》注云：效谷、遮要、县泉、鱼离、广至、冥安、渊泉：此处七个地名，皆当为驿置名，而非县名。其中"效谷、广至、冥安、渊泉"，皆敦煌郡属县名，四置与县同名，在悬泉出土的其他简牍中有记载。此外，与县同名的驿置还有龙勒置。[5]

---

\* 基金项目：国家社科基金重点项目"河西走廊段丝绸之路地理信息系统"（2014AZD097），教育部人文社会科学研究青年基金项目"河西走廊汉代驿置道里资料整理研究"（18YJC770037）。

1 郝树声、张德芳：《悬泉汉简研究》，甘肃文化出版社，2009年。
2 郝树声、张德芳：《悬泉汉简研究》，第21页。
3 郝树声、张德芳：《悬泉汉简研究》，第22页。
4 甘肃省文物考古研究所：《敦煌悬泉汉简释文选》，《文物》2000年第5期；胡平生、张德芳编撰：《敦煌悬泉汉简释粹》，上海古籍出版社，2001年，第51页。
5 胡平生、张德芳：《敦煌悬泉汉简释粹》，第51页。

简3：甘露三年十月辛亥朔，渊泉丞贺移广至、鱼离、县（悬）泉、遮要、龙勒，厩啬夫昌持传马送公主以下过，廪穈麦各如牒，今写券墨移书到，受薄（簿）入，十一月报，毋令缪（谬），如律令。（Ⅰ0114③：522）[1]

简文所云"广至、鱼离、县（悬）泉、遮要、龙勒"等，皆为驿置名，其中鱼离、县（悬）泉、遮要三处为效谷县由东而西的三座驿置。[2]

与此简记录相似的还有如下简文：

简4：永光四年闰月丙子朔壬辰县（悬）泉厩啬夫奉光敢言之龙勒敦煌遮要鱼离置。（Ⅰ0116②：48）[3]

简5：建昭元年八月壬寅朔辛巳遮要厩啬夫鹿敢言之谨写移它县置遣吏御持传马送迎客往来过廪今券墨移唯廷移龙勒郡仓敦煌县（悬）泉鱼离置广至冥安渊泉令簿入八月报勿令缪敢言之。（ⅡT0214②：557）[4]

又有如下诸简，分别提及渊泉置、广至置、龙勒置、遮要置、效谷置、鱼离置、悬泉置：

简6：入钱五百廿三钱，以给辛作席入。神爵二年六月乙丑，县（悬）泉奴御方户李谭、安世受渊泉置啬夫☐。（Ⅱ90DXT0314③：83）[5]

简7：甘露元年七月甲午朔甲午，广至置称强友移县（悬）泉书曰：遣啬夫禹御笥☑福持传马送丞相史任卿所，送敝车过，廪穈麦小石七石六斗☑。啬夫禹。（Ⅰ90DXT0114③：25）[6]

简8：☑煌长史襄行大守事、库令王兼行丞事，谓龙勒民赍输敦煌侯奉驯，广至置丞毕书言。骑马二百。（Ⅴ92DXT1812③：10）[7]

简9：六尺函经百，龙勒置五十☑。（Ⅰ90DXT0112②：88）[8]

简10：监遮要置史张禹，罢。守属解敞今监遮要置。（Ⅱ90DXT0216②：241-242）[9]

简11：七月辛巳，徒复作廿一人，入六人受效谷置。其三人养，三人病，凡廿七人。定作廿一人积……（Ⅱ90DXT0113④：72）[10]

简12：鱼离置为长罗侯车吏士，置传一封辄☐。（Ⅰ0309③：309）[11]

简13：甘露二年二月庚申朔丙戌，鱼离置啬夫禹

---

1 胡平生、张德芳编撰：《敦煌悬泉汉简释粹》，第51页。
2 胡平生、张德芳编撰：《敦煌悬泉汉简释粹》，第142—143页。
3 胡平生、张德芳编撰：《敦煌悬泉汉简释粹》，第143页。
4 张俊民：《汉代敦煌郡县置名目考——以悬泉汉简资料为中心的考察》，梁安和、徐卫民主编：《秦汉研究》（第九辑），陕西人民出版社，2015年，第73—86页。
5 张俊民：《汉代敦煌郡县置名目考——以悬泉汉简资料为中心的考察》，第73—86页。
6 郝树声、张德芳：《悬泉汉简研究》，第22页。
7 郝树声、张德芳：《悬泉汉简研究》，第22页。
8 郝树声、张德芳：《悬泉汉简研究》，第22页。
9 郝树声、张德芳：《悬泉汉简研究》，第23页。
10 郝树声、张德芳：《悬泉汉简研究》，第22页。
11 胡平生、张德芳编撰：《敦煌悬泉汉简释粹》，第140页。

移县（悬）泉置，遣佐光持传马十匹，为冯夫人柱，廪穬麦小卅二石七斗，又荄廿五石二钧。今写券墨移到书，受薄（簿）入，三月报，毋令缪（谬），如律令。（Ⅰ0115③：96）[1]

随着研究的开展，学界对敦煌郡驿置的认识也逐渐深入。张德芳指出："进入敦煌以后，再没有具体里程的记载。但敦煌郡六县在汉代的县城遗址基本确定，再加上悬泉置遗址中出土的大量汉简，敦煌郡境内从东面的渊泉到最西面的广武隧，东西横跨300千米，汉简中有'郡当西域空道，案厩置九所，传马员三百六十匹'的记载。这九所厩置中，渊泉置、冥安置、广至置、龙勒置四置设在当时的县城。玉门置、鱼离置、悬泉置、遮要置是交通线上的驿站（还有一置尚不得而知）。进入敦煌后，通过这些县城和驿站专设的传舍邸店，行旅商客可以西南出阳关，西北出玉门。"[2] 初师宾认为，另外一置当在敦煌县城。[3] 张俊民也认为："在悬泉汉简中我们虽没有看到直观的'冥安置'或'敦煌置'的记录文字，但是此类众多的文书（指记录置与置之间粮食或饲料出入往来的文书。——引者），足以证明两置是存在的。""从地理位置分析交通路线的走向和道里距离，冥安和敦煌也都应该有'县置'的设置。""从现有数据分析来看，敦煌郡至少存在八个置，名目由东向西分别是渊泉、冥安、广至、鱼离置、悬泉置、遮要置、敦煌和龙勒。"[4] 据上文的讨论可知，这一判断符合地当大道的县城设有驿置的惯例，敦煌既是县治所在，亦为郡治所在，理当设有一处"置"，但需要进一步的考古资料证明。"冥安"则在前述驿置道里簿中出现，敦煌郡设有冥安置无疑。吴礽骧先生指出："除已知的渊泉县置、广至县置、冥安鱼离置、效谷悬泉置、遮要置、敦煌县置、龙勒县置等7置外，尚有2置不知设于何地。或许广至、敦煌两县，由于管辖驿路过长，亦如效谷县，一县设有2置。"[5]

争议较多的是玉门置和效谷置。在悬泉汉简中，找不到玉门置的相关记载，敦煌郡驿置中列入玉门置，是因1998年敦煌市博物馆在小方盘清理出土的一批汉简中有两条被部分学者认为是有"玉门置"或"玉置"记载的简文。[6] 李岩云认为："（这些简文）证实了玉门置的存在，补证了悬泉汉简中所记敦煌有九置而'总数缺一'之记录。"[7] 但张俊民认为，相关简文中所谓"玉置"很可能是人名"王置"之误读；"玉门置"则或为"土门还"三字的误释。而相关简文中的效谷指效谷县，悬泉汉简相关简文中连续出现的三个字"效谷置"均应该在"效谷"二字后句读，不能理解为"效谷置"，且不在

---

[1] 胡平生、张德芳编撰：《敦煌悬泉汉简释粹》，第141页。
[2] 张德芳：《西北汉简中的丝绸之路》，《中原文化研究》2014年第5期。
[3] 初师宾：《汉简长安至河西的驿道》，卜宪群、杨振红主编：《简帛研究·2005》，广西师范大学出版社，2008年，第88—112页。
[4] 张俊民：《汉代敦煌郡县置名目考——以悬泉汉简资料为中心的考察》，第73—86页。
[5] 吴礽骧：《河西汉代驿道与沿线古城小考》，李学勤、谢桂华主编：《简帛研究·2001》，广西师范大学出版社，2001年，第336—357页。
[6] 李正宇：《敦煌学导论》，甘肃人民出版社，2008年，第104页；李岩云：《1998年敦煌小方盘城出土的一批简牍涉及的相关问题》，《敦煌学辑刊》2009年第2期。
[7] 李岩云：《1998年敦煌小方盘城出土的一批简牍涉及的相关问题》，《敦煌学辑刊》2009年第2期。

东西大道之上。[1] 初师宾也认为"效谷县不在大道线上",因此敦煌郡没有效谷置[2]。张德芳在新近的研究中,也对敦煌郡驿置的认识有了调整,认为敦煌郡九置为渊泉置、冥安置、广至置、龙勒置、玉门置、鱼离置、悬泉置和遮要置,还有一置尚不得而知。[3] 以李岩云《1998年敦煌小方盘城出土的一批简牍涉及的相关问题》所录玉门置相关简牍图片核之,"玉门置"、"玉置"字迹较为清晰,张俊民"王置"、"土门还"的释读颇为牵强。笔者以为,在发现其他更有力的证据之前,"玉门置"、"玉置"的记载不宜轻易否定。关于"效谷置",论者多以效谷县不在大道之上而认为敦煌郡并未设"效谷置"。但据悬泉汉简的相关记载可知,悬泉置下设有悬泉厩、悬泉厨、悬泉传舍、悬泉驿和悬泉骑置等五种机构。[4] 同样,在悬泉简中,亦有悬泉置骑置、效谷甘井骑置、效谷遮要骑置、效谷平望骑置[5]等和敦煌厩、龙勒厩、广至厩、冥安厩、效谷厩、渊泉厩、悬泉厩、鱼离厩、遮要厩等的记载,厩是置的附属机构,但又有专门职守。[6] 而上述敦煌、龙勒、广至、冥安、效谷、渊泉、悬泉、鱼离、遮要诸厩,正合"厩置九所"之记载。若以骑置、效谷厩等"置"内设机构的设置判断,似亦不能轻易否定效谷置的存在。如此,如果承认效谷置和玉门置的存在,敦煌郡就存在十个置,这与前引简文敦煌郡"厩置九所"的记载相矛盾。若根据已发现的简文记载,敦煌郡九置应为渊泉置、冥安置、广至置、龙勒置、玉门置、鱼离置、悬泉置、遮要置、效谷置,与"厩置九所"记载相合;若"玉门置"简文释读有误,则上述九置中就少了玉门置而成八置之数;若因敦煌郡敦煌县地当大道、效谷不当大道而认为有敦煌置、无效谷置,目前并无直接证据证明。看来要解决这一问题,还需要进一步的考古发现。

## 二 汉代敦煌郡驿置道里考述

《汉书》卷二八下《地理志下》:"敦煌郡,县六:敦煌;冥安,南籍端水出南羌中,西北入其泽,溉民田;效谷;渊泉;广至;龙勒,有阳关、玉门关,皆都尉治。氐置水出南羌中,东北入泽,溉民田。"冥安县李贤注引应劭曰:"冥水出北,入其泽。"效谷县李贤注引师古曰:"本渔泽障也。桑钦说孝武元封六年济南崔不意为渔泽尉,教力田,以勤效得谷,因立为县名。"[7] 敦煌既为县治,亦为郡治,必当汉代东西大道,故在县城应设有驿置。《元和郡县图志》卷四〇《陇右道下》:"敦煌县,本汉旧县,属敦煌郡。周武帝改为鸣沙县,以界有鸣沙山,因以为名。隋大业二年,复为敦煌。""鸣沙山,一名神沙山,在县南七里。"[8] 唐一里合540米,七里约为3.8公里,可知敦煌故城在鸣沙山北七里今党河西

---

1 张俊民:《汉代敦煌郡县置名目考——以悬泉汉简资料为中心的考察》,第73—86页。
2 初师宾:《汉简长安至河西的驿道》,第88—112页。
3 张德芳:《西北汉简中的丝绸之路》,《中原文化研究》2014年第5期。
4 郝树声、张德芳:《悬泉汉简研究》,第22页。
5 郝树声、张德芳:《悬泉汉简研究》,第29—30页。
6 郝树声、张德芳:《悬泉汉简研究》,第28页。
7 (汉)班固:《汉书》卷二八下《地理志下》,中华书局,1962年,第1614—1615页。
8 (唐)李吉甫:《元和郡县图志》卷四〇《陇右道下》,中华书局,1983年,第1026页。

图1 悬泉置遗址全景图（杨林摄）

岸。《读史方舆纪要》卷六四《陕西十三》："敦煌废县，今卫治。汉县，为敦煌郡治，赵充国谓自敦煌至辽东万一千五百余里是也。……魏、晋仍为敦煌县，后为前、后凉及西凉所据。……后魏亦为瓜州治……后周改县为鸣沙县，隋大业中复曰敦煌。……唐亦为沙州治。"[1] 道光《敦煌县志》云："沙州旧城，即古敦煌郡治也，今在沙州之西，墙垣基址犹存。以党水北冲，城墙东圮，故今敦煌县城筑于旧城之东。"[2] 常钧《敦煌杂钞》卷上："沙州之西，本有故城，即汉敦煌郡治。经党水北冲，圮其东面，雍正三年（1725）于故城东另筑卫城。"[3]《嘉庆重修一统志》安西州"城池"有"敦煌县城"："州三里三分，东、西、南三门，濠深七尺。本朝雍正三年建，乾隆七年于东、南、北三面加筑外郭，周五里七分，东、南、北及西南共四门，三十一年重修。"[4] 所谓旧城、故城，即汉唐敦煌县城，新城即清雍正至今的敦煌城。李并成认为："汉敦煌郡城，唐立沙州、元置沙州路、明设沙州卫，其城址一脉相沿，未曾他迁。"[5] 可知汉唐敦煌县城治今党河西岸敦煌故城，南距鸣沙山七里。"敦煌故城今存南、北、西三面断续残垣。东垣已被水冲坍陷无余，仅部分基址可在党河河床西岸找到。据残垣遗迹推测，敦煌故城范围南北长1132m，东西宽718m，符合郡州城址规模的要求。就地取土，层层夯筑，夯层厚0.12m许。垣基宽6—8m，残高4m许。四角筑角墩，西北角墩特别高大，今仍高16m许，高出城墙一倍，下部夯筑，上部大土坯垒砌，此墩上尚可看出后代两次加固的痕迹。西墙正中残留门墩一座，该城当有西门无疑。"[6] 若有敦煌置，当在敦煌县城某处。

冥安，据前述驿置道里簿，"冥安二百一七"，则悬泉置在冥安西217汉里（合90公里）处。《元和郡县图志》卷四〇《陇右道下》："晋昌县，本汉冥

---

1 （清）顾祖禹：《读史方舆纪要》卷六四《陕西十三》，中华书局，2005年，第3030页。
2 转引自李并成：《河西走廊历史地理》，甘肃人民出版社，1995年，第107页。
3 转引自李并成：《河西走廊历史地理》，第107页。
4 《嘉庆重修一统志》卷二七九，上海涵芬楼影印清史馆藏进呈写本。
5 李并成：《河西走廊历史地理》，第107页。
6 李并成：《河西走廊历史地理》，第108页。

安县，属敦煌郡，因县界冥水为名也。"[1] 按，悬泉置遗址东去今瓜州县城60公里，西距今敦煌市区64公里[2]（图1、图2），按此里距，冥安县在今敦煌市区以东154公里处（合370汉里）。又，今敦煌市区据瓜州县布隆吉乡（汉渊泉县约当其地）约186公里（合447汉里），则冥安县至渊泉县32公里（约77汉里），与前述酒泉郡相邻驿置之间的平均距离69.4汉里（28.9公里）相近。以今瓜州县布隆吉乡所在为圆心、32公里（约77汉里）为半径寻找，布隆吉乡东南方向、位于今锁阳城镇南坝村东南8公里的"冥安县城遗址（旧城）"[3]恰当其地。该城"平面略呈长方形，东城墙长560米，残高2—2.8米，南城墙长525米，残高1.2—2.4米，西城墙长535米、残高1.2—1.6米，北城墙长550米，残高1.2—2.2米。墙基宽8.7米，顶宽6.5米。城四角有四个角墩，西北角角墩保存较好，呈四棱台体，底宽12米，顶宽4.5米，宽4米。门向西开，宽6.5米。西北角城外25米有直径4.5米、残高2.5米的夯土瞭望台。城西

图2　悬泉置水源，悬泉位置俯瞰图（杨林摄）

---

1　（唐）李吉甫：《元和郡县图志》卷四〇《陇右道下》，第1028页。
2　郝树声、张德芳：《悬泉汉简研究》，第9页。
3　国家文物局主编：《中国文物地图集·甘肃分册（上）》，测绘出版社，2011年，第200—201页。

汉代敦煌郡驿置及道路交通考述 | 189

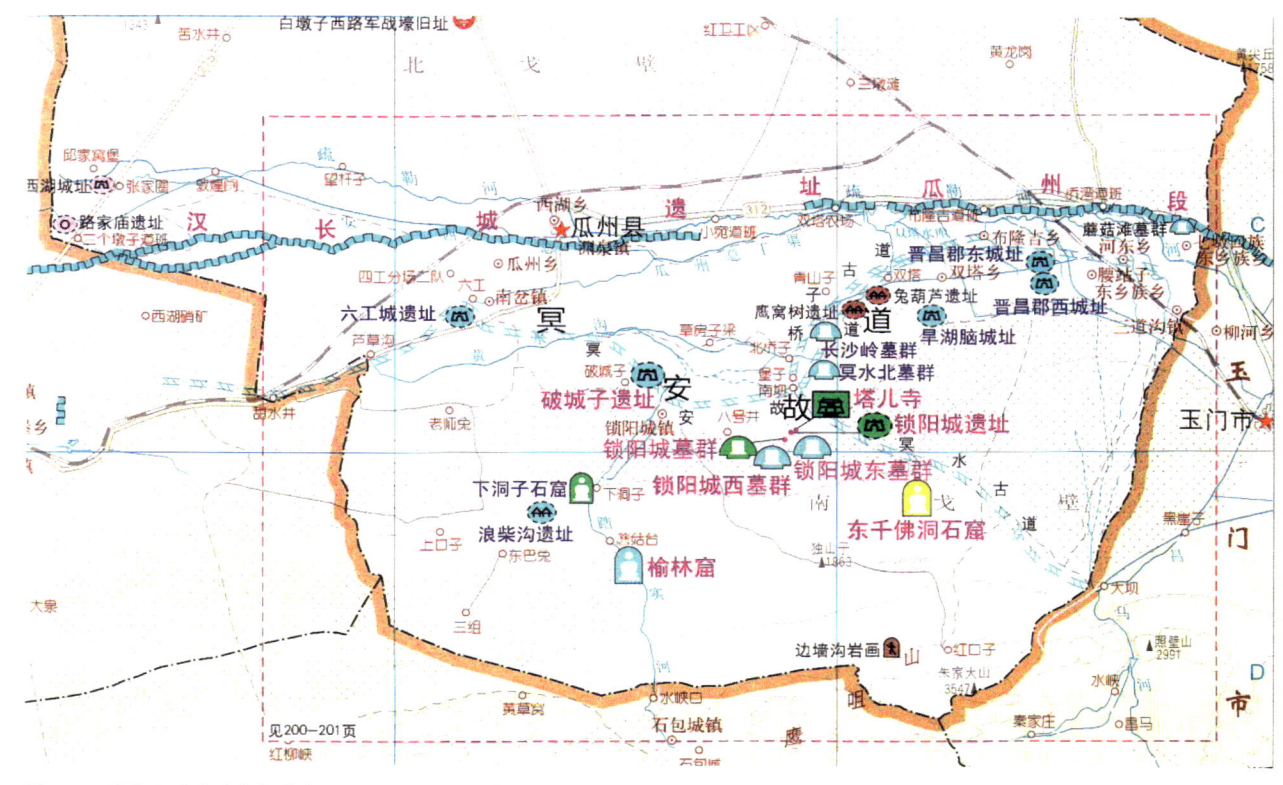

图3-1 冥安故道图（采自《中国文物地图集·甘肃分册（上）》，第199页）

北另有一座小城，平面长方形，南北长75米，东西宽60米，墙基宽8.5米，顶宽3.5米，残高2.5—4米。门东开，宽3.2米。地面有绳纹、水波纹、附加堆纹夹砂灰陶片，器形有缸、钵等，另有铜、铁器残片，采集有铜镞、五铢、开元通宝钱等"[1]。初师宾、刘光华即持此说。[2] 又，该故城北2公里风蚀台地上尚有汉、晋、唐时代的"冥安故道"（图3）："有两条道，一条西起冥安故城，东北至渊泉故城；另一条西南起冥安故城，至锁阳城折向北经大沙梁、踏实、汉代广至故城，出十工山口沿山北麓向西南经汉代宜禾故城、芦草沟、悬泉置到敦煌。冥安故城至渊泉故城的古道全长约102公里，宽2—3米、路槽深1.2—1.5米。故道沿途分布有许多烽燧，现可考者48座，其时代为汉、晋、唐。"[3] 102公里约为245汉里余，远远超出驿置道里簿中两处相邻驿置之间距离的平均数，可知《中国文物地图集·甘肃分册（下）》所谓冥安故城和渊泉故城中至少有一处是错误的。位于今锁阳城镇南坝村东南8公里的"冥安县城遗址（旧城）"四通八达，笔者以为将之定为汉代冥安县城是正确的，而渊泉县当在瓜州县布隆吉乡西侧潘家庄一带。李并成认为："汉冥安县、唐瓜州（晋昌郡）暨晋昌县的治所为今锁阳城。……锁

---

1 国家文物局主编：《中国文物地图集·甘肃分册（下）》，第297页。
2 初师宾认为冥安县约在安西桥子乡（后并入锁阳城镇）附近，即冥安县城遗址（旧城）所在的方位（初师宾：《汉简长安至河西的驿道》，第88—112页；甘肃省地方史志编纂委员会编纂：《甘肃省志·建制志》，甘肃人民出版社，2017年，第103页）。
3 国家文物局主编：《中国文物地图集·甘肃分册（下）》，第297页。

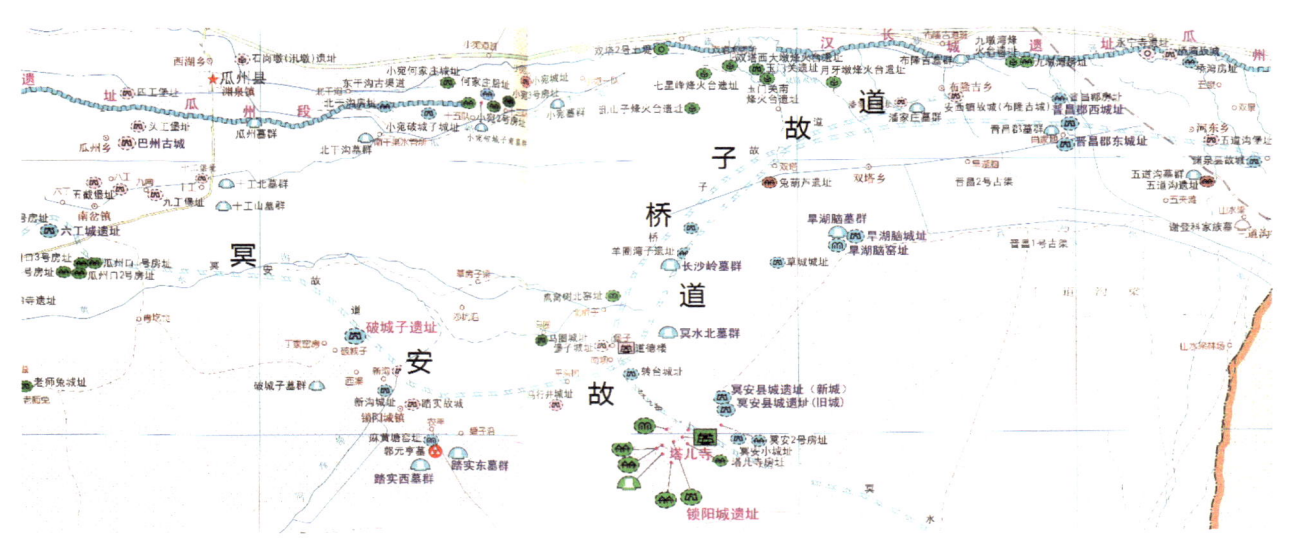

图3-2 冥安故道图（采自《中国文物地图集·甘肃分册（上）》，第200—201页）

阳城残垣尚存，全城分为东、西、北三部分……北城位于东西二城北部，破损甚残，东西长约870m，南北宽150—300m，残高1.5—2m，许多地段已成颓基，但尚可连贯，这似为一处较东西二城时代更早的故城址，东西二城的北垣即是利用这处故城址南垣的部分墙段修筑的。笔者认为汉冥安县城当为此故城址。"[1]

需要指出的是，今锁阳城遗址一带古城颇多，容易给研究者造成眼花缭乱的感觉。如刘光华所指"锁阳城故址"，实为前述"冥安县城遗址（旧城）"；李并成所说的汉冥安县治锁阳城北城，《中国文物地图集·甘肃分册（下）》则将时代断为唐至明代。[2] 据《中国文物地图集·甘肃分册（下）》"锁阳城遗址"条：

平面呈长方形，总面积81万平方米，分内外两城。内城东墙长493.6米、南墙长457.3米、西墙长516米、北墙长536米。周长约2000米，面积约28万平方米。城墙夯筑，基宽7.5米、顶宽4.6米、高10米，夯层厚0.1—0.14米。四角筑角墩，仅西北角墩保存完整，土坯砌筑，通高18米，角墩下开东西向拱券门。城四面有马面24个，东、西城墙各5个，南北墙各7个，顶部均筑有敌台，已倒塌。城墙上、下堆积大量擂石。四面墙共有5座城门，其中北墙两门，门外筑瓮城，瓮城宽12.6—32.4米、进深22.4—30.2米，厚10米。内城中有一墙为宋代增修，将城分为东、西两部分。西城内有圆形土台遗迹26座，围以土墙。外城称"罗城"，是两道较内城墙低的环墙，里墙基宽4.5米、顶宽2.8米、高3.2—4.5米，外墙周长5356.4米，基宽8—14米、顶宽3.2—4.5米、高4.5—6.5米，均夯筑。外墙东墙正中有城门和瓮城遗迹。周围采集有开元通宝钱、瓷片、围棋子、砖瓦等，以及宋、元、明、清瓷器、陶器残片。此城汉属冥安县，晋属晋昌郡，北周入凉兴郡，隋属常乐县，唐为瓜州晋昌郡治所，属河西道，建城。[3]

---

[1] 李并成：《河西走廊历史地理》，第108页。
[2] 国家文物局主编：《中国文物地图集·甘肃分册（下）》，第303页。
[3] 国家文物局主编：《中国文物地图集·甘肃分册（下）》，第303页。

"汉属冥安县",即此城并非冥安县治,当以此说为是。效谷,西汉敦煌郡属县。《读史方舆纪要》卷六四《陕西十三》云:"效谷城,在(沙州)卫东北。汉县,属敦煌郡。桑钦曰:'本渔泽障也。汉武元封六年济南崔不意为渔泽尉,教民力田以勤效得谷,因立为县。'魏、晋因之。隆安中,北凉李暠为效谷令,为众所推,据有敦煌是也。西魏时尝置效谷郡。后周并入敦煌县。"[1]与前引《汉书》卷二八《地理志》李贤注引颜师古的说法一致。敦煌文书《沙州都督府图经》(P.2005):"古效谷城,周回五百步。右在州东北卅里,是汉时效谷县……后秦苻坚(后汉献帝)建安廿一年,为酒泉郡人黄花(华)攻破,遂即废坏。今北面有颓基数十步。"[2]《沙州城土境》(P.2691):"效谷城,州东北四十里。"[3]两件文书所载效谷县与沙州里程有别,但方位一致(沙州东北)。据此我们可知文书书写时代的效谷城遗址在沙州城东北三四十里左右。又《沙州都督府图经》(P.2005)云:"古效谷城,周回五百步。"唐代五尺为步,唐量地亩测距离用大尺,一大尺合今30厘米,则每唐步合今1.5米,500步合今750米。[4]悬泉汉简92DXT1410②:2云效谷城"长二百步",则其周长约为800步[5],汉代六尺为一步,效谷城周长约4800尺。据梁方仲先生《中国历代度量衡变迁表》,汉代建武铜尺合0.72清营造尺,0.231米[6],则效谷城周长为1108.8米。两个数据有较大差距。已如前述,唐沙州城与汉敦煌郡城同在一处,即今党河西岸敦煌故城。由此东北去三四十里,是今敦煌市转渠口镇和郭家堡乡一带。李并成认为:"(郭家堡乡东北的城湾农场一带的)墩墩湾古城很可能为汉效谷县城。"[7]这一带还曾有一座每边长一二百米的方形城址,西南距沙州故城18公里许,惜今天地表已无任何遗迹可寻,未知是否为汉效谷县城,存疑。1960年《新敦煌县志》:"效谷县城,在今县城东北45华里的城湾农场一带,解放前老乡将此叫'城城子湾',遗址无存。"[8]李正宇认为:"汉效谷城,即今敦煌市转渠口乡东北三个锅桩以北古城遗址,附近散布有大量汉代砖瓦、陶片。1990年,于故城北建移民村,拖拉机垦地时翻出汉代铜印两方……此城西南距故沙州城四十五里。"[9]这一带残存的汉唐时代古城址较多,或规模太小,或城垣坍塌而形状不详,已难做准确判断。[10]又由于驿置道里簿中没有效谷县与其

---

1 (清)顾祖禹:《读史方舆纪要》卷六四《陕西十三》,第3030—3031页。
2 李正宇:《古本敦煌乡土志八种笺证》,甘肃人民出版社,2008年,第53—54页;郑炳林:《敦煌地理文书汇辑校注》夺"周回五百步"句,甘肃教育出版社,1989年,第15页。
3 郑炳林:《敦煌地理文书汇辑校注》,第40页;李正宇《古本敦煌乡土志八种笺证》将该文书命名为"沙州归义军图经略抄"(第251—287页)。
4 李并成:《河西走廊历史地理》,第124页。
5 吴礽骧:《河西汉代驿道与沿线古城小考》,李学勤、谢桂华主编:《简帛研究·2001》,广西师范大学出版社,2001年,第336—357页。
6 梁方仲:《中国历代户口、田地、田赋统计》,中华书局,2008年,第738页。
7 李并成:《河西走廊历史地理》,第125页。
8 据李并成:《河西走廊历史地理》,第125页。
9 李正宇:《古本敦煌乡土志八种笺证》,第114页。
10 参见国家文物局主编:《中国文物地图集·甘肃分册(上)》,第194—195页;《中国文物地图集·甘肃分册(下)》城湾3号城址(第253页)、城湾1号城址(第253页)、戴家墩城址(第253页)、城湾2号城址(第261页)、墩湾城址(又称五圣宫城址,第261页);李并成:《河西走廊历史地理》,第124—125页。

他交通站点的里程记录，以汉代里距确定效谷县治所在暂时亦无可能，且效谷置是否存在仍有争议，要真正解决效谷置是否存在和效谷县治的确切位置，仍有待新的考古发现。

渊泉，悬泉里程简90DXT0214①：130A[1]云："乾齐去渊泉五十八里。"据此里距及相关信息判断，笔者以为，乾齐县治当在今瓜州县河东乡一带。位于河东乡以东不远处的三道沟镇四道沟村北侧有"渊泉县故城"，"城平面呈长方形，南北长320米、东西宽240米。城墙夯筑，基宽4.2米、顶宽2.5米、残高2—3.5米，夯层厚0.13—0.15米。城内有灰层堆积，内含陶片。据考为汉代敦煌郡所属渊泉县城"。[2] "乾齐去渊泉五十八里"，渊泉在乾齐之西58汉里，故必不在此地。以此渊泉县故城规模、形制及里程而论，或即乾齐县城。渊泉为西汉敦煌郡属县。58汉里约今24公里。按此里距，从瓜州县河东乡出发向西24公里，到达今瓜州县布隆吉乡西侧潘家庄一带。这一带地当东西大道，适宜筑城，亦可安排驿置。据《中国文物地图集·甘肃分册（下）》，潘家庄村西侧2公里处有清代潘家庄城址："城平面呈长方形，东西长235米，南北宽185米。城墙坍塌严重，基宽3米，残高1.5—2米。四角有角楼。西墙有马面。东、西两墙中部开城门。城内中部及偏南部有土墩4座。不见任何遗物。"[3]此城为清代遗迹，未知与汉代渊泉县城有无关系。《汉书》卷二八下《地理志下》敦煌郡渊泉县李贤注引师古曰："阚骃云地多泉水，故以为名。"[4]李并成认为汉渊泉县城在三道沟镇四道沟村屯庄古城。[5]吴礽骧、《中国文物地图集》亦持此说。[6]据上所论，汉酒泉郡乾齐县治今瓜州县河东乡，已在三道沟镇西北，故渊泉县必不在三道沟镇，当从他处寻之。宁瑞栋认为，渊泉城即今瓜州县旱湖脑城址。[7]据《中国文物地图集·甘肃分册（下）》"旱湖脑城址"条，该城址位于布隆吉乡双塔村东南10公里旱湖脑，为汉代城址。"由相连的南北两城组成，南城东、西墙的北端与北城相接。两城平面均为长方形。南城东西长260米、南北宽170米，墙体坍塌不存。北城东西长220米、南北宽160米，城墙夯筑，基宽8.5米、残高3.5米，夯层厚0.14—0.16米，四角有角墩，门东开，宽4.85米，西南角墩外有4座夯筑四棱台体小方土墩，南北两排排列，边长2.5米、残高1.2—1.45米，夯层厚0.08—0.1米。城内外地表散见绳纹、弦纹、水波纹灰陶片。"[8]按此城规制，或即汉敦煌郡渊泉县城址。但刘光华指出："该城靠南，与'地多泉水'之说不合，

---

1 图片、释文见甘肃省文物考古研究所：《敦煌悬泉汉简释文选》，《文物》2000年第5期，第27—45页。
2 吴礽骧：《河西汉塞调查与研究》，第19页；国家文物局主编：《中国文物地图集·甘肃分册（下）》，第296页。
3 国家文物局主编：《中国文物地图集·甘肃分册（下）》，第306页。
4 《汉书》卷二八下《地理志下》，第1614—1615页。
5 李并成：《河西走廊历史地理》，第119—120页。
6 吴礽骧：《河西汉塞调查与研究》，第19页；国家文物局主编《中国文物地图集·甘肃分册（下）》"渊泉县故城"："城平面呈长方形，南北长320米、东西宽240米。城墙夯筑，基宽4.2米、顶宽2.5米、残高2—3.5米，夯层厚0.13—0.15米，城内有灰层堆积，内含陶片。据考为汉代敦煌郡所属渊泉县城。"（第296页）
7 宁瑞栋：《汉敦煌郡渊泉县城新考》，《阳关》2007年第2期。
8 国家文物局主编：《中国文物地图集·甘肃分册（下）》，第296页。

亦与汉简里程简不符。"[1]由于驿置道里簿具体里程记录到渊泉为止，渊泉以西线路缺少准确记录，故要准确定位汉渊泉县治所在，仍有待新的材料出现。

广至，《后汉书》卷五八《盖勋传》："盖勋字元固，敦煌广至人也。"李贤注云："广至，县名，故城在今瓜州常乐县东，今谓之悬泉堡是也。"[2]《元和郡县图志》卷四〇《陇右道下》："常乐县，中下。东至州一百一十五里。本汉广至县地，属敦煌郡。魏分广至置宜禾县，后魏明帝改置常乐郡。隋于此置常乐镇，武德五年置常乐县也。"[3]唐1里合540米，115里约为62公里，则常乐县治当在唐瓜州治西62公里处的南岔镇六工村六工城遗址。[4]《读史方舆纪要》卷六四《陕西十三》："广至城，在废瓜州西北。汉县，属敦煌郡，后汉及魏、晋因之。"[5]废瓜州即唐瓜州治，即锁阳城。[6]如此，则广至在常乐县治六工城遗址东、瓜州治所锁阳城西北。核之《中国文物地图集·甘肃分册（上）》，锁阳城遗址西北有"破城子遗址"，[7]该城位于锁阳城镇破城子村内，俗称破城子、常乐城，"平面呈长方形，南北长250.6米，东西宽144.7米。城墙夯筑，基宽4.5—6米，顶宽1.5—3.2米，残高4.8—7.5米，夯层厚0.12—0.14米，四角筑角墩，东、西二垣各设马面3座，每座间隔约70米，马面顶宽8米。门向北，门外筑瓮城。城内有文化层，上层厚0.76米，内含水波纹白陶、灰陶片、花纹砖及开元通宝钱等。下层厚0.9—1.2米，内含绳纹、水波纹灰陶片、夹砂红、褐陶片和烧骨。北墙外有南北长18米、东西宽15米的大型夯土台，俗称'望月台'。东墙外有汉代砖室墓，出土绳纹灰陶罐、瓮、灶、纺轮、铜镞、铁器等。此城系汉广至县城，魏晋及隋、唐置常乐县。"[8]（图4）李并成、初师宾、刘光华等先生均持此说。[9]广至置当在县城某处。

龙勒，《新唐书》卷四四《地理志》："寿昌。下。武德二年析敦煌置，永徽元年省，乾封二年复置，开元二十六年又省，后复置，治汉龙勒城。西有阳关，西北有玉门关。"[10]《元和郡县图志》卷四〇《陇右道下》："寿昌县，中下。东至州一百五里。本汉龙勒县，因山为名，属敦煌郡。周武帝省入鸣沙县。隋大业十一年，于城内置龙勒府，武德二年改置寿昌，因县南寿昌泽为名也。"[11]核之敦煌文书《沙州城土境》（P.2691）："寿昌县，西北去州

---

1 甘肃省地方史志编纂委员会编纂：《甘肃省志·建制志》，第104页。
2 （宋）范晔：《后汉书》卷五八《盖勋传》，中华书局，1965年，第1879页。
3 （唐）李吉甫：《元和郡县图志》卷四〇《陇右道下》，第1028页。
4 国家文物局主编：《中国文物地图集·甘肃分册（上）》，第200—201页；甘肃省地方史志编纂委员会编纂：《甘肃省志·建制志》，第104页。
5 （清）顾祖禹：《读史方舆纪要》卷六四《陕西十三》，第3032页。
6 李并成：《河西走廊历史地理》，第112—116页。
7 国家文物局主编：《中国文物地图集·甘肃分册（上）》，第200—201页。
8 国家文物局主编：《中国文物地图集·甘肃分册（下）》，第300页。
9 李并成：《河西走廊历史地理》，第127—131页；初师宾：《汉简长安至河西的驿道》，第88—112页；甘肃省地方史志编纂委员会编纂：《甘肃省志·建制志》，第104—105页。按，胡平生、张德芳《敦煌悬泉汉简释粹》认为，广至县故城在今甘肃安西截山子以北的雅丹地形中（上海古籍出版社，2001年，第143页）。
10《新唐书》卷四四《地理志》，中华书局，1975年，第1045页。
11《元和郡县图志》卷四〇《陇右道下》，第1026页。

图4 破城子全景图（杨林摄）

一百二十里。"[1]《寿昌县地境》："西北去州一百二十里。"[2]《沙州图经》（S.0788）："寿昌县，下。东北去州一百二十里。"[3] 则《元和郡县图志》之"五"当为"廿"之讹；《沙州城土境》、《寿昌县地境》之"西北"当为"东北"之讹。[4] 唐1里合540米，120里约为65公里，是龙勒县在敦煌郡（沙州）之西65公里处。按此里距，则在敦煌市西南阳关镇。今阳关镇北工村东1.5公里处有汉唐寿昌城遗址："城平面呈长方形，总面积约8.35万平方米。城墙大部分被黄沙壅埋，现仅存东、西、北三面残墙和西南角墩，北墙长300米，东、西二墙残长270米。墙体夯筑，基宽7米，顶宽2米，残高5米。北墙中段有一宽5米的豁口，疑为北门。南墙中段原亦有门，已毁不清。城内出土有汉代红、灰陶片、五铢钱等及唐代围棋子等遗物。"[5] "该城内原有石碑一块，上书'寿昌城'三字，并有碑文，后被打碎，被人拿

---

1 郑炳林：《敦煌地理文书汇辑校注》，第40页。
2 郑炳林：《敦煌地理文书汇辑校注》，第60页。
3 郑炳林：《敦煌地理文书汇辑校注》，第56页。
4 李并成：《河西走廊历史地理》，第131页。
5 国家文物局主编：《中国文物地图集·甘肃分册（下）》，第260页。

去做了磨刀石。"[1]（图5）根据规制及其与敦煌城里距等判断，此城当即汉龙勒县、唐寿昌县城。龙勒县西3公里处有汉阳关遗址，是汉通西域南道诸国的关隘，驻有阳关都尉；其北偏西68公里处的玉门关遗址，是汉通西域北道诸国的关隘，驻有玉门关都尉。[2]

如上所述，若从敦煌郡九所厩置为渊泉、冥安、广至、敦煌、龙勒、玉门、鱼离、悬泉、遮要之说，则渊泉、冥安、广至、敦煌、龙勒五置设在当时的县城，玉门置、鱼离置、悬泉置、遮要置是交通线上的驿站。具体的驿置道里情况，初师宾先生认为："据出土简，（悬泉置）东有鱼离置，在老斯兔附近，据悬泉30公里左右。西与敦煌60公里的中间，有遮要置，地当疙瘩井附近。因此，鱼离—悬泉—遮要—敦煌四地之间，皆为30公里左右，合汉里72里。……（悬泉置）至冥安217汉里，当是冥安—广至—鱼离—悬泉的里程，按平均值恰好每程为72汉里。依此类推，悬泉—遮要—敦煌三站二程距离亦72汉里左右。敦煌向龙勒（寿昌城址附近）65公里左右，合156汉里。约为二程，但不知中间有无驿置。"[3]如此，则敦煌郡驿置自东向西依次为渊泉、冥安、广至、鱼离置、悬泉置、遮要置、敦煌，由敦煌又分为南北两道：西南行至龙勒，出阳关可至西域南道，《新唐书》卷四八《地理志》云："又一路自沙州寿昌县西十里至阳关故城。"[4]敦煌文书《沙州地志》（P.5034）："阳关，东西廿步，南北廿七步。又在县西十里，今见毁坏，基址见存，西通石口（城）、于阗等南路。以在玉门关南，号曰阳关。"[5]据前述，唐代五尺为步，唐量地亩测距离用大尺，一大尺合今0.3米，每唐步合今1.5米，则阳关东西30米，南北40.5米，面积1215平方米。该文书云："今见毁坏，基址见存"，"五代时《寿昌县地境》及《沙州归义军图经略抄》只记玉门关不再记阳关，可能表明阳关在五代时已毁尽或全被沙埋。"[6]其大体位置，劳榦认为："古董滩应当是阳关所在。"[7]西北行至玉门置，出玉门关可与西域北道相通，今敦煌市区西北南泉至捷门墩子有汉晋丝路古道遗址："为敦煌通往玉门关的道路，全长约100多公里，仅南泉至捷门墩子一段保存较好，在长城之南与汉长城并行，长约7公里，宽3米，路基下陷约1.5米。路面车辙清晰。在路附近采集有绳纹灰陶片。"[8]《沙州地志》（P.5034）："玉门关，周回一百二十步，高三丈。"[9]据上述标准换算，"周回一百二十步"即周长180米；若依"周回一百卅步"计算，则周长为195米。今敦煌市区西北90公里处有汉晋小方盘城遗址（图6），被认为是汉玉门关："城平面呈长方形，东西长27米，南北宽24米。

---

[1] 李并成：《河西走廊历史地理》，第131—132页。
[2] 甘肃省地方史志编纂委员会编纂：《甘肃省志·建制志》，第105—106页。
[3] 初师宾：《汉简长安至河西的驿道》，第88—112页。
[4] （宋）欧阳修、宋祁：《新唐书》卷四八《地理志》，中华书局，1972年，第1151页。
[5] 郑炳林：《敦煌地理文书汇辑校注》，第45—46页；李正宇《古本敦煌乡土志八种笺证》称为"沙州图经第五"（第145—210页）。
[6] 李正宇：《古本敦煌乡土志八种笺证》，第188页。
[7] 劳榦：《两关遗址考》，《中央研究院历史语言研究所集刊》第11册，1943年，第287—296页；后收入纪忠元、纪永元主编：《敦煌阳关玉门关论文选粹》，甘肃人民出版社，2003年，第91—97页。
[8] 国家文物局主编：《中国文物地图集·甘肃分册（下）》，第260页。
[9] 郑炳林：《敦煌地理文书汇辑校注》，第46页；李正宇《古本敦煌乡土志八种笺证》作"周回一百卅步"（第150、162页）。

图5　寿昌城遗址（贾小军摄）

城墙黄土夯筑，基宽5米、顶宽3.8米、高10.04米。顶上有内外女墙，外女墙残高1.15米、厚1.5米，内女墙厚0.8米，走道宽1.3米。西、北两面开门，西门宽2.1米、高2.95米、进深4米，北门宽3米、高6.3米，下部用大土块封堵，残高1.1米。东南角有马道可登城顶。城址北70米处有一圆形燧基和房屋遗迹，曾出有多枚汉简，其中一木简墨书：'玉门都尉……'城东110米处有坞墙遗迹，残高0.6米。"[1] 该城周长102米，核以唐代步数，仅为"周回六十八步"，与《沙州地志》的记载差距较为悬殊。李正宇认为："周长悬殊，当别有他故。20世纪40年代初，劳榦先生来此考察，见此城之'东南北三面尚有一个外郭的遗迹，每面约为三十丈'。外郭遗迹至今尤可见其仿佛。以此言之，关址周回不少于'一百卅步'。元、明时代，蒙古族占有敦煌，始称此城为'跌烈半金'，意为'方城'，知明代此城之附城建筑已被毁，仅余方形内城。今以内城周垣长度与'一百卅步'相较，故难相等也。"[2]

## 小　结

根据以上的讨论，本文得出如下认识：

第一，汉代敦煌郡"郡当西域空道，案厩置九所"，据相关简文记载可知，敦煌、龙勒、广至、冥安、效谷、渊泉、悬泉、鱼离、遮要诸厩，正合"厩置九所"之记载，若以骑置、效谷厩等"置"内设机构的设置判断，不能轻易否定效谷置的存在。若承认有效谷置和玉门置，敦煌郡就存在十个置，这与敦煌郡"厩置九所"的记载相矛盾。若根据已发现的"某某置"简文记载，敦煌郡九置应为渊泉、冥安、广至、龙勒、玉门、鱼离、悬泉、遮要、效谷，亦与"厩置九所"记载相合；若"玉门置"简文释读有误，则上述九置中就少了玉门置而成八置之数；若因敦煌

---

1　国家文物局主编：《中国文物地图集·甘肃分册（下）》，第252页。
2　李正宇：《古本敦煌乡土志八种笺证》，第190页。

郡敦煌县地当大道、效谷不当大道而认为有敦煌置、无效谷置，目前并无直接证据证明。要解决这一问题，还需进一步的考古发现。

第二，敦煌既为县治，亦为郡治，必当汉代东西大道，故在县城应设有驿置。汉唐敦煌县城治今党河西岸敦煌故城，南距鸣沙山七里。若有敦煌置，当在敦煌县城某处。

第三，位于今锁阳城镇南坝村东南8公里的"冥安县城遗址（旧城）"当为汉代冥安县治所在，该故城北2公里风蚀台地上尚有汉、晋、唐时代的"冥安故道"。在敦煌郡诸置中，悬泉置是目前确知准确位置的一处，在冥安西217汉里（合90公里）处，已为考古发现所证明，当年的水源"悬泉"至今仍然存在，且一如汉代流淌。

第四，汉代效谷县位于今敦煌市转渠口镇和郭家堡乡一带。由于驿置道里簿中没有效谷县与其他交通站点的里程记录，以汉代里距确定效谷县治所在暂时亦无可能，且效谷置是否存在仍有争议，要真正解决效谷置是否存在和效谷县治的确切位置，仍有待新的考古发现。

图6　小方盘城遗址（贾小军摄）

第五，位于河东乡以东不远处的三道沟镇四道沟村北侧有"渊泉县故城"，以此城规模、形制及里程而论，或即乾齐县城。"乾齐去渊泉五十八里"，按此里距，则渊泉县位于今瓜州县布隆吉乡西侧潘家庄一带，这一带地当东西大道，适宜筑城，亦可安排驿置。根据瓜州县旱湖脑城址规制判断，或即汉敦煌郡渊泉县城址。

第六，位于瓜州县锁阳城镇破城子村的破城子遗址系汉广至县城，广至置当在县城某处。

第七，今敦煌市西南阳关镇北工村东 1.5 公里处有汉唐寿昌城遗址，根据规制及其与敦煌城里距等判断，此城当即汉龙勒县、唐寿昌县城。龙勒县西 3 公里处有汉阳关遗址，是汉通西域南道诸国的关隘；其北偏西 68 公里处的玉门关遗址，是汉通西域北道诸国的关隘。

第八，若从汉代敦煌郡九所厩置为渊泉、冥安、广至、敦煌、龙勒、玉门、鱼离、悬泉、遮要之说，自东向西依次为渊泉置、冥安置、广至置、鱼离置、悬泉置、遮要置、敦煌置、龙勒置、玉门置，由敦煌又分为南北两道：西南行至龙勒，出阳关可至西域南道，西北行至玉门置，出玉门关可与西域北道相通。

# 历史时期河西会稽置废迁移再探*

范英杰　王晶波

（兰州大学敦煌学研究所）

唐宋编修史籍记载了河西会稽自西晋元康五年（295）置县至隋开皇十年（590）废改的信息，其或为县或为郡，时置时废，存续近三个世纪。五代宋初瓜沙曹氏又有会稽镇的建制。清代志书基于传世史籍对晋隋之际河西会稽地理位置做了判定，为后世学者所沿用。而对整个历史时期河西会稽的研究主要集中在近四十年，新见迭出又聚讼纷纭。笔者不揣浅陋，拟在对前人研究进行回顾的基础上，结合传世史籍和敦煌文献对河西会稽的置废迁移再做考察，认为晋隋之际作为郡县的河西会稽应当在宜禾故城即今小宛破城附近，瓜沙曹氏中后期的会稽镇与晋隋之际作为郡县的会稽不同，当在今赤金堡附近，亦即清人志书中的"会稽城"。不当之处，尚祈方家指正！

## 一　晋隋之际河西会稽置废迁移研究概述

晋隋之际的河西会稽，较早见于唐宋时人编修史籍[1]，此外，在敦煌文献中亦有零星发现[2]。以上史料主要涵盖了河西会稽晋初置县，西凉、北魏侨置郡，北周省郡为县，以及隋初废改近三百年的大致沿革。但客观上来说，这些记载往往只言片语、散乱不一，以致难以窥其真容。虽自清季以来，学者多有措意，然疑点尚存。以下我们先对诸家观点以及其中分歧做一个简单的梳理和分析。

唐宋以后，最早提及河西会稽的是成书于明英宗天顺五年（1461）的《大明一统志》，认为西凉、北魏会稽郡在故瓜州西北界的宜禾故城。[3]对晋隋之

---

\* 基金项目：教育部人文社会科学重点研究基地重大项目"敦煌通史"（项目号：16JJD770024）、兰州大学中央高校基本科研业务费项目"敦煌与丝绸之路研究"（项目号：17LZUJBWTD003）阶段性研究成果。

1　参见（北齐）魏收：《魏书》卷五二《阚骃传》，中华书局，1974年，第1159页。（唐）房玄龄等：《晋书》卷一四《地理志上》，中华书局，1974年，第434页；卷八七《凉武昭王李玄盛传》，第2263页。（唐）魏徵、令狐德棻：《隋书》卷二九《地理志上》，中华书局，1982年，第816页。（唐）李延寿：《北史》卷三四《阚骃传》，中华书局，1974年，第1267页。（唐）杜佑撰，王文锦等点校：《通典》卷一七四《州郡典四》，中华书局，1988年，第4555页。（唐）李吉甫撰，贺次君点校：《元和郡县图志》卷四〇《陇右道下》，中华书局，1983年，第1024页。（宋）乐史撰，王文楚等点校：《太平寰宇记》卷一五三《陇右道四》，中华书局，2007年，第2959—2960页。

2　相关记载，一是见于P.2005《沙州都督府图经》及S.788《沙州图经》"阚塚"条，参见郑炳林：《敦煌地理文书汇辑校注》，甘肃教育出版社，1989年，第28、56页。二是见于现藏日本东京的敦煌文献北三井025-014-002《华严经卷第册六》写经尾题，参见〔日〕三井文库编：《敦煌写经：北三井家》，三井文库，2004年，第44页。

3　（明）李贤等：《大明一统志》卷三七《陕西行都指挥使司》，三秦出版社，1990年，第656页。

际河西会稽的更多探讨，则见于清人志书及行记等著述。顾祖禹认为西凉分置会稽、广夏二郡于玉门、敦煌两地。[1]《重修肃州新志》则认为北魏会稽郡、北周会稽县均在玉门县地。[2]洪亮吉《十六国疆域志》云西凉晋昌郡有会稽县，并引《五代志》言西凉会稽郡在汉玉门县界。[3]胡孔福也持类似说法。[4]《嘉庆重修一统志》在玉门县下对会稽沿革做了梳理。[5]舆图方面，《西域图志》将西晋会稽县标注于玉门县西南，北魏、北周会稽则标注于玉门县以北。[6]杨守敬将西晋惠帝所置会稽县标注于玉门相当的位置，将西凉北魏所置会稽郡标注在沙头正东面，即玉门地。[7]陶保廉和杨守敬又认为从西凉到北魏会稽郡有一个移治的过程。[8]清人所做简略判定，多认为晋隋之际的河西会稽位于玉门地。

此后，河西会稽长期鲜被关注。所见仅1958年法国学者哈密顿（James Hamilton）对《钢和泰藏卷》于阗文部分考述中的简单判定，他认为北魏置会稽郡于晋昌县西北的宜禾古堡遗址，北周将会稽名称迁用到了玉门县。[9]大陆地区最早对河西会稽有所关注的是谭其骧先生主编的《中国历史地图集》（以下简称"谭图"）对河西会稽的标注，有西晋会稽县和西凉会稽郡两处，笔者下面将其与近几十年来的地图绘注和历史地名辞典工具书的收录一并做讨论。

谭图于20世纪70年代内部出版，1982年公开发行，后虽有增版却无修订[10]，但仍是迄今水平最高的一部中国历史地图集。其中对河西会稽的标注，一是西晋会稽县。

河西会稽最早在西晋以县出现，谭图将之标在沙头县下方（图1），并非今赤金堡。《中国历史地名辞典》等认为在今玉门市西北玉门镇附近。[11]而据李并成先生的实地查访和考证，西晋会稽县当在今瓜州县城东的小宛破城是可信的。[12]《中国古今地名大词典》亦认为西晋会稽县治今瓜州县境。[13]因此，谭图标注及持赤金堡说的《辞典》不同且均误。笔者以为，相关辞典同样是依据了清人志书的判定。而谭图则是对《晋志》做了错误解读。就《晋志》

---

1 （清）顾祖禹撰，贺次君、施和金点校：《读史方舆纪要》卷六三《甘肃镇》，中华书局，2005年，第2983页。
2 （清）黄文炜撰，吴生贵、王世雄标注：《重修肃州新志校注》，中华书局，2008年，第569、572页。
3 （清）洪亮吉：《十六国疆域志》卷八《西凉》，二十五史刊行委员会编：《二十五史补编》第3册，中华书局，1955年，第4174—4175页。
4 （清）胡孔福：《南北朝侨置州郡考》，徐蜀编：《魏晋南北朝正史订补文献汇编》第3册，北京图书馆出版社，2004年，第1137页。
5 （清）穆彰阿等：《嘉庆重修一统志》卷二七九《安西州》，中华书局，1986年，第13594—13615页。
6 钟兴麒等校注：《西域图志校注》，新疆人民出版社，2002年，第109—111页。
7 （清）杨守敬编绘：《历代舆地沿革图》第4册，台北联经出版事业公司，1981年，第21页。
8 （清）陶保廉著，刘满点校：《辛卯侍行记》，甘肃人民出版社，2000年，第345页；杨守敬撰，施和金整理：《隋书地理志考证》，谢承仁主编：《杨守敬集》第2册，湖北人民出版社，1988年，第137页。
9 〔法〕哈密顿：《钢和泰藏卷杂考（述要）》，原载《通报》第46卷第1、2期，1958年；又收入郑炳林主编、耿昇译：《法国西域史学精粹》，甘肃人民出版社，2011年，第421页。
10 谭其骧：《长水集续编》，人民出版社，1994年，第366页。
11 复旦大学历史地理研究所、《中国历史地名辞典》编委会编：《中国历史地名辞典》，江西教育出版社，1986年，第323页；魏嵩山主编：《中国历史地名大辞典》，广东教育出版社，1995年，第419页；史为乐主编：《中国历史地名大辞典》，中国社会科学出版社，2005年，第1035页；周伟洲、丁景泰主编：《丝绸之路大辞典》，陕西人民出版社，2006年，第82页。
12 李并成：《归义军会稽镇考》，季羡林等主编：《敦煌吐鲁番研究》第3卷，北京大学出版社，1998年，第225—226页。
13 戴均良等主编：《中国古今地名大词典》，上海辞书出版社，2005年，第1208页。

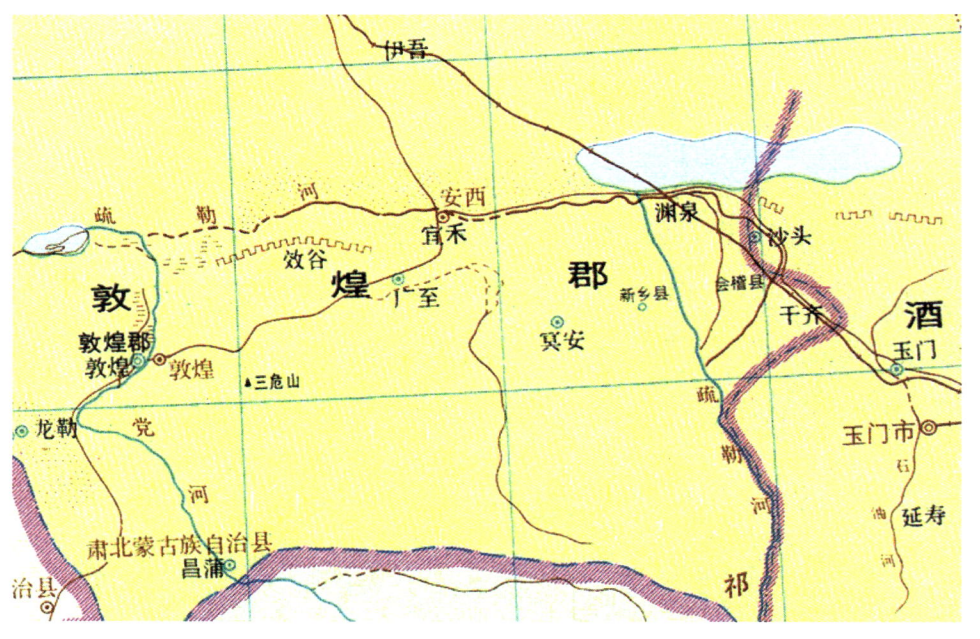

图1 谭图所标注西晋会稽县（采自谭其骧主编《中国历史地图集》第3册（西晋时期），第45—46页）

所载"惠帝分敦煌郡之宜禾、伊吾、冥安、深泉、广至等五县，分酒泉之沙头县，又别立会稽、新乡，凡八县为晋昌郡"[1]来看，"别立会稽"正是在"分酒泉之沙头县"之后，"别立"二字大概是谭图标注会稽县于原酒泉郡沙头县以南的缘由所在。

二是西凉会稽郡。五凉河西会稽建置除西凉为郡，其他前凉、后凉、北凉时期当均为县。阚骃之父阚玫（一作"玖"）约在前凉时为会稽令。[2]《丝绸之路大辞典》"会稽郡"条云"前凉置"当为"西凉"之误。[3]

谭图将西凉会稽郡标注在今瓜州县城附近，与广夏郡相邻（图2），《中国行政区划通史·十六国北朝卷》同。[4]而《中国史稿地图集》仅对西凉广夏郡做了标注，在汉广至县附近。[5]

《五凉史略》所附图对西凉会稽、广夏二郡的标注与谭图大致相同。[6]魏嵩山主编《中国历史地名大辞典》基本上持同样观点[7]，史为乐主编《中国历史地名大辞典》及《中国古今地名大词典》则认为在今玉门市西北玉门镇附近。[8]

北魏乃至北周到隋初的河西会稽，《中国历史地名大辞典》和《中国古今地名大词典》均认为北周会稽县治在今玉门市西北赤金堡稍东。[9]笔者既已认定其当位于今瓜州县至玉门市以西疏勒河中游及踏实河流域的范围（参见下文），或仍在小宛破城附近，而

---

1 《晋书》卷一四《地理志上》，第434页。
2 参见《魏书》卷五二《阚骃传》，第1159页；《北史》卷三四《阚骃传》，第1267页；郑炳林：《敦煌地理文书汇辑校注》，第14页。
3 周伟洲、丁景泰主编：《丝绸之路大辞典》，第82页。
4 周振鹤主编，牟发松等著：《中国行政区划通史·十六国北朝卷》（第二版），复旦大学出版社，2017年，第421页。兼参魏俊杰：《十六国疆域与政区研究》，复旦大学出版社，2018年，第418页。
5 郭沫若主编：《中国史稿地图集》（上），地图出版社，1979年，第60页。
6 齐陈骏、陆庆夫、郭锋：《五凉史略》，甘肃人民出版社，1988年，第79页。
7 魏嵩山主编：《中国历史地名大辞典》，第419页。
8 史为乐主编：《中国历史地名大辞典》，第1036页；戴均良等主编：《中国古今地名大词典》，第1208页。
9 魏嵩山主编：《中国历史地名大辞典》，第419页；史为乐主编：《中国历史地名大辞典》，第1035页；戴均良等主编：《中国古今地名大词典》，第1208页。

其地盘有向东扩张的过程，故不赞同此说。《中国行政区划通史·隋代卷》所附图将开皇三年（583）瓜州所领会稽县标注在瓜州境内[1]，《十六国北朝卷》则将北魏会稽郡标注在与常乐郡相当的位置[2]，应是不差的。

可见，地图集、辞典的标注和收录彼此之间存在着相异的观点。近四十年来，学界对晋隋之际的河西会稽研究较多（见表1），分歧亦大，大致有赤金堡附近说和宜禾故城（今小宛破城[3]）附近说两种观点，这些观点很少采纳因袭地图集和辞典的观点，甚至未予以提及。

此外，还有一些论著涉及对晋隋之际河西会稽的探讨，但有的仅罗列史料而无判定[4]；有的则虽有判定，但模棱两可，如新近出版的《中国行政区划通史·十六国北朝卷》诸凉晋昌郡下均有会稽县建置，又言西凉迁都后"分酒泉侨置会稽郡、广夏郡，分敦煌侨置武威、武兴、张掖三郡"，而所附图将会稽、广夏二郡标

图2 谭图所标注西凉会稽郡（采自谭其骧主编《中国历史地图集》第4册（十六国时期），第15—16页）

注于敦煌郡东北、晋昌郡西北方向，北魏会稽郡同[5]。

以上研究虽有对清人志书的承袭，但已有学者提出了不同的观点。然而大多又仅是简单的判定，进行深入考证的主要是王仲荦、李并成、冯培红三位先生的研究，其中有承继、有争鸣。王仲荦先生最早对北周会稽县地理位置做了辨析，认为当在今赤金堡附近。[6] 李并成先生《归义军会稽镇考》一文以史籍记载和实地调查相结合，对河西会稽地理位

---

1 周振鹤主编，施和金著：《中国行政区划通史·隋代卷》（第二版），第40页。
2 周振鹤主编，牟发松等著：《中国行政区划通史·十六国北朝卷》（第二版），第563页。
3 李并成先生将宜禾故城比定在小宛破城，参见李并成：《汉敦煌宜禾都尉府与曹魏敦煌郡宜禾县城考辨》，《敦煌学辑刊》1996年第2期，第92—96页；[日]宫宅洁著，李力译：《悬泉置及其周边——敦煌至安西间的历史地理》，卜宪群、杨振红主编：《简帛研究·2004》，广西师范大学出版社，2006年，第402—404页。
4 黄盛璋：《沙州曹氏二州六镇与八镇考》，敦煌文物研究所编：《1983年全国敦煌学术讨论会文集·文史遗书编》（上），甘肃人民出版社，1987年，第276页；黄盛璋：《于阗文〈使河西记〉的历史地理研究》，《敦煌学辑刊》1986年第2期，第13页；冯培红：《归义军镇制考》，季羡林、饶宗颐主编：《敦煌吐鲁番研究》第9卷，中华书局，2006年，第278—279页；白雪、冯培红：《敦煌本宋绍读经题记及相关问题考释》，《敦煌研究》2012年第1期，第75页；周振鹤主编，胡阿祥等著：《中国行政区划通史·三国两晋南朝卷》（第二版），复旦大学出版社，2017年，第655页。
5 周振鹤主编，牟发松等著：《中国行政区划通史·十六国北朝卷》（第二版），第420—421、563页。
6 王仲荦：《北周地理志》，中华书局，1980年，第229—230页。

历史时期河西会稽置废迁移再探 | 203

## 表1　近四十年来各家论述对晋隋之际河西会稽地理位置的判定

| 观点 | 代表人物 | 时期 |
| --- | --- | --- |
| 玉门（今赤金堡附近）说[1] | 王仲荦 | 北周至隋初 |
| | 陈国灿 | |
| | 李并成 | |
| | 土肥义和、薛仰敬 | 晋隋之际 |
| | 郑炳林 | 西晋、西凉 |
| | 刘满 | 西凉 |
| | 冯培红 | |
| | 尹波涛 | |
| | 李正宇 | 西晋 |
| | 冯盼盼 | 西凉、北周至隋初 |
| 宜禾故城（今小宛破城附近）说[2] | 齐陈骏 | 西凉、北魏 |
| | 赵向群 | |
| | 曹树基 | |
| | 杨晓霭 | |
| | 杨荣春 | |
| | 汪受宽 | 前凉 |
| | 李并成 | 西晋至北魏 |
| | 施和金 | 隋代 |
| | 荣新江 | 历史时期 |
| | 郑炳林 | 北魏至北周 |
| | 冯培红 | 西晋、北魏、北周 |
| | 冯盼盼 | 西晋、北魏 |
| 汉冥安县（南岔大坑古城）[3] | 宫宅洁 | 北魏 |

1 相关研究主要有王仲荦：《北周地理志》，第229—230页；陈国灿：《唐五代瓜沙归义军军镇的演变》，唐长孺主编：《敦煌吐鲁番文书初探二编》，武汉大学出版社，1990年，第567、572—573页；李并成：《归义军会稽镇考》，第225—226页；〔日〕土肥义和：《归义军（唐后期·五代·宋初）时代》，〔日〕榎一雄主编：《讲座敦煌》第2卷《敦煌の历史》V，大东出版社，1980年（此据李永宁汉译文《归义军时期（晚唐、五代、宋初）的敦煌（一）》，《敦煌研究》1986年第4期，第88页）；郑炳林：《敦煌地理文书汇辑校注》，第28页；郑炳林：《前凉行政地理区划初探（河州沙州）》，《敦煌学辑刊》1993年第2期，第75—76页；（清）陶保廉著，刘满点校：《辛卯侍行记》，第345页；冯培红：《河西走廊上的会稽与建康》，冻国栋、李天石主编：《"唐代江南社会"国际学术研讨会暨中国唐史学会第十一届年会第二次会议论文集》，江苏人民出版社，2015年，第264—279页；尹波涛：《粟特康氏会稽郡望考论》，《敦煌学辑刊》2017年第1期，第159页；李正宇：《古本敦煌乡土志八种笺证》，甘肃人民出版社，2008年，第111页；薛仰敬主编：《陇右名物大观·古今地名篇》"玉门县"、"会稽古县"、"晋昌郡"条，中国文史出版社，2013年，第245、482、483、918页；等等。此外，还包括《敦煌学大辞典》所收陈国灿先生撰写的相关词条，见季羡林主编：《敦煌学大辞典》，上海辞书出版社，1998年，第297、398页。

2 相关研究主要有齐陈骏：《敦煌沿革与人口（续）》，《敦煌学辑刊》1981年第1期，第68页；齐陈骏、陆庆夫、郭锋：《五凉史略》，第78—79页；齐陈骏主编：《西北通史》第2卷，兰州大学出版社，2005年，第212页；赵向群：《五凉史探》，甘肃人民出版社，1996年，第153—154页；葛剑雄主编，曹树基著：《中国移民史》第2卷《先秦至魏晋南北朝时期》，福建人民出版社，1997年，第428页；杨晓霭：《瀚海驼铃：丝绸之路的人物往来与文化交流》，甘肃教育出版社，1999年，第177页；汪受宽、李春楼：《关于〈十三州志〉的几个问题》，《敦煌学辑刊》1996年第2期，第85页；李并成：《汉敦煌郡宜禾都尉府与曹魏敦煌郡宜禾县城考辨》，第95页；李并成：《归义军会稽镇考》，第225—226页；周振鹤主编，施和金著：《中国行政区划通史·隋代卷》（第二版），第164页；荣新江：《唐人诗集的钞本形态与作者蠡测——敦煌写本S.6234+P.5007、P.2672综考》，《项楚先生欣开八秩颂寿文集》，中华书局，2012年，第156页；等等。此外，饶宗颐先生创作于1981年的画作《敦煌走兽人物》中临摹了一幅敦煌文献P.4060《白描观音像》，题记为"施主会稽镇遏使罗祐通一心供养"，下书"后魏正光间侨立会稽于此"，认为北魏会稽郡与曹氏会稽镇同址，参见饶宗颐：《澄心选萃——饶宗颐的艺术》，香港中国健康工程引发基金会，1999年，第40—41页。

3 〔日〕宫宅洁著，李力译：《悬泉置及其周边——敦煌至安西间的历史地理》，第397页。

置做了通盘考察，基本结论是：一是西晋至北魏的会稽均在今小宛破城附近；二是北周及以后则已东移至赤金堡附近。[1] 近年有冯培红先生大作《河西走廊上的会稽与建康》一文，别开新意，对以江南地名命名的会稽、建康二侨郡做了系统考察。[2] 冯氏针对王、李两位先生的研究提出了不同见解，分歧有二：一是西凉会稽郡治所在今赤金堡附近；二是北周及以后会稽县治在小宛破城。

综上所述，就以往研究而言，大的分歧主要围绕在对西凉和北周至隋初两个时期会稽地理位置的判定上，主要是以李并成先生为代表的西凉小宛破城说和北周至隋初赤金堡说以及以冯培红先生为代表的截然相反的观点。

## 二　对西凉会稽郡地理位置的再探讨

承上，李、冯二先生对西晋会稽县、北魏会稽郡位置的判定一致且令人信服，主要分歧在西凉会稽郡与北周会稽县的地理位置。以下拟从晋隋之际敦煌、酒泉政区变化及史书记载展开论述。

晋隋之际河西行政区划上承汉魏州郡县制，因社会动荡、人口流动和政权频繁更迭，行政区划也相应产生了很大变化。一是突破了一州模式，即凉州之外又有新设，郡县则更甚；二是多有侨置。因此，客观上存在着繁复杂乱、名实讹淆、迁徙不定、并合改隶、置废无常的情况。

冯氏质疑李氏西凉会稽郡小宛破城说的佐证之一，是李氏忽略了《晋志》所载"及玄盛东迁，皆徙之于酒泉"[3] 一句。然而值得注意的是，自西汉武帝开边析郡以来，酒泉、敦煌所辖范围往往存在交叉的情况。

从《晋志》所载西晋太康年（280—289）酒泉、敦煌二郡辖县情况看，酒泉郡沙头县与敦煌郡新乡、乾齐二县之间当是此时两郡的大致分界。[4] 需要指出的是，谭图标注乾齐在沙头东南（图1），为《中国行政区划通史》多卷附图所沿袭[5]，均误。悬泉汉简（编号：Ⅱ0214①：130）记载了汉代相关里数："玉门去沙头九十九里，沙头去乾齐八十五里，乾齐去渊泉五十八里。"[6] 沙头、乾齐到曹魏时仍为酒泉辖县。[7] 西晋将乾齐划归敦煌郡。简文与史籍互证，知沙头在东、乾齐在西。[8] 元康五年（295）所置晋昌郡大致范围在西起伊吾、东至沙头的敦煌北部。

---

[1] 李并成：《归义军会稽镇考》，第225—226页。

[2] 冯培红：《河西走廊上的会稽与建康》，第264—279页。

[3] 冯培红：《河西走廊上的会稽与建康》，第265页。崔一楠则认为此句"似有不妥"，但其所据者为谭图标注，亦不甚合理，参见崔一楠：《十六国时期北方政权政治模式研究》，南开大学博士学位论文，2012年，第136页。

[4] 《晋书》卷一四《地理志上》，第433—434页。

[5] 周振鹤主编，李晓杰等著：《中国行政区划通史·秦汉卷》（第二版），复旦大学出版社，2017年，第892页；周振鹤主编，胡阿祥等著：《中国行政区划通史·三国两晋南朝卷》（第二版），第412、651页。

[6] 胡平生、张德芳编撰：《敦煌悬泉汉简释粹》，上海古籍出版社，2001年，第56页。

[7] （晋）陈寿：《三国志》卷一八《阎温传》，中华书局，1964年，第551页。

[8] 相关研究亦可参见胡平生、张德芳编撰：《敦煌悬泉汉简释粹》，第59页；吴礽骧先生指出沙头在今玉门市玉门镇古城子一带，乾齐在今玉门市黄闸湾乡境内或今疏勒河支流——西黄花营河口的八家庄一带，与上述诸家认识相对位置一样，参见吴礽骧：《河西汉代驿道与沿线古城小考》，李学勤、谢桂华主编：《简帛研究·2001》（上），广西师范大学出版社，2001年，第349页；初世宾：《汉简长安至安西的驿道》，卜宪群、杨振红主编：《简帛研究·2005》，广西师范大学出版社，2008年，第105—106页；张俊民：《有关西汉渊泉县的几个问题》，杨振红、邬文玲主编：《简帛研究·2015·春夏卷》，广西师范大学出版社，2015年，第129页。

就玉门县的隶属情况而言,《隋志》载玉门县隶敦煌郡[1],《新唐志》所云"肃州酒泉郡,武德三年析甘州之福禄,瓜州之玉门"[2]同样说明玉门在唐武德三年(620)前隶瓜州。那么,原属甘州的福禄县的情况呢?《旧唐书》云"属燉煌郡"[3],《元和郡县图志》亦言福禄在北魏改县为戍隶敦煌镇[4]。可见,作为传统上隶属酒泉的福禄县在北魏及唐代都曾隶属敦煌。而事实上,北魏敦煌镇所辖大致相当于今甘肃敦煌、酒泉、张掖以及新疆哈密一带。孝明帝罢镇为州后,瓜州又辖敦煌、酒泉、玉门、常乐、会稽等五郡[5]。可见,无论是晋隋之际还是隋唐之际,敦煌、酒泉分界都存在着很大的不稳定性。

就河西会稽而言,从《晋志》所载看,晋初新立晋昌郡包括原敦煌、酒泉二郡所辖部分地域,主体部分在今瓜州县一带[6],出于特定背景下的置废无常,则这一带在习惯上视为隶属酒泉并非不可能。西凉迁都后,酒泉有没有一个扩张的情况呢?虽于史籍难考,但笔者仍倾向于这一猜想。西凉同时设会稽、广夏二郡,故而对会稽郡地理位置的探讨绕不开广夏郡,《十六国疆域志》西凉广夏郡所领广至县下引《图经》云"西凉置广夏郡于广至县"[7],谭图所注会稽郡亦在广至县附近似乎是合理的(图2)。前人亦多以为广夏郡在今瓜州一带。那么,西凉侨置会稽、广夏二郡在原敦煌郡或晋昌郡境内亦并非不可能。

以下再从史籍记载做一些考察。《读史方舆纪要》、《十六国疆域志》并引《五代志》云"会稽郡在汉玉门县界"。《五代志》即为《隋志》所载"玉门,后魏置会稽郡,后周废郡,并会稽、新乡、延兴为会稽县。开皇中改为玉门,并得后魏玉门郡地"[8]。应当指出的是,《隋志》仅在隋玉门县之下有所追溯,并未言及前代所置会稽郡在玉门地。因此,洪氏征引是片面且自以为是的说法。观《十六国疆域志》,这样取彼附此的情况并非少见,如将《晋志》梁州汉中郡所统八县录于前凉汉中郡下[9],又《南凉》卷竟附"敦煌郡"等[10]。而且,与会稽郡同置的广夏郡,顾氏云"广夏城,今见沙州卫"以及洪氏引《图经》云"西凉置广夏郡于广至县"更加令人心生疑窦。[11]

回到两位先生论说分歧的焦点,李先生据《通典》、《太平寰宇记》等记载认为西凉侨置会稽郡"设在原敦煌郡境内。……应是由西晋会稽县升格而来,置于会稽县原址,并与广夏郡一起分辖原西晋晋昌

---

[1] 《隋书》卷二九《地理志上》,第815—816页。
[2] (宋)欧阳修、宋祁:《新唐书》卷四〇《地理志四》,中华书局,1975年,第1045页。
[3] (后晋)刘昫等:《旧唐书》卷四〇《地理志三》,中华书局,1975年,第1642页。
[4] 《元和郡县图志》卷四〇《陇右道下》,第1024页。
[5] 郑炳林、李军:《敦煌历史地理》,第25页。
[6] 《晋书》卷一四《地理志上》,第434页。
[7] (清)洪亮吉:《十六国疆域志》卷八《西凉》,第4174—4175页;另见于(清)胡孔福:《南北朝侨置州郡考》,第1137页。
[8] 《隋书》卷二九《地理志上》,第816页。
[9] (清)洪亮吉:《十六国疆域志》卷七《前凉》,第4171页。
[10] (清)洪亮吉:《十六国疆域志》卷一一《南凉》,第4185页。
[11] 据出土敦煌汉简(编号:1683):"宜禾部鑫第广汉第一美稷第二昆仑第三鱼泽第四宜禾第五"(甘肃省文物考古研究所编:《敦煌汉简》,中华书局,1991年,第284页,图版壹肆陆),广汉在广至县辖区内,汉与夏均是华夏的代称,未知西凉之广夏是否与此广汉有关。

郡之城"[1]。《晋书·凉武昭王李玄盛传》载：

> 及玄盛东迁，皆徙之于酒泉，分南人五千户置会稽郡，中州人五千户置广夏郡，余万三千户分置武威、武兴、张掖三郡，筑城于敦煌南子亭，以威南虏。[2]

冯先生以"及玄盛东迁，皆徙之于酒泉"为由对李说提出质疑，同时认为西凉会稽郡"位于原酒泉郡的地盘上，而西晋以来的会稽县则隶属于晋昌郡，因此两者当非从属关系。然西凉设立会稽郡后，是否随即撤销晋昌郡之会稽县，或使之成为会稽郡中的县名，则不得而知"[3]。需要指出的是冯氏将句末"筑城于敦煌南子亭，以威南虏"省漏了。

李暠移都酒泉，除将苻坚强徙的江汉、中州人万户随迁侨置会稽、广夏二郡外，还将剩余侨人及西逃至敦煌、晋昌的武威、张掖以东人户另侨置武威、武兴、张掖三郡于"敦煌南子亭，以威南虏"。洪亮吉称"此时张掖属蒙逊，武威、武兴属僭檀，故暠于敦煌城外筑城，侨置三郡，无实土也"[4]，洪氏无非是说此类侨置的性质是失土寄寓，而说安置三千户"无实土"则不实。西凉子亭即唐五代紫亭镇，P.2005《沙州都督府图经》见载[5]，清乾隆年间城垣犹存[6]，向达、李正宇、李并成等先生亦曾实地考察，有党城、塞城遗址[7]。谭图十六国时期亦有标注（图2）。那么，这批人同样是随迁户，却被安置在了敦煌城南面，又作何解释呢？是否的确如《中国行政区划通史·十六国北朝卷》所说的西凉迁都后"分酒泉侨置会稽郡、广夏郡，分敦煌侨置武威、武兴、张掖三郡"呢？也不尽然。其所附图将会稽、广夏二郡标注于敦煌郡东北、晋昌郡西北方向更是矛盾。[8]笔者以为，李暠将侨人随迁应有一个再分配的过程。

五凉之中属西凉疆域最小，最广时东到张掖弱水一带。[9]实际控制区除党河、疏勒河流域外多为沙碛，不宜垦殖。就玉门地来讲，时人阚骃所撰《十三州志》云其"三百里石门，周匝山间，裁经二十里，众泉流入延兴"。[10]在今天的赤金—清泉绿洲一带，东面有黑山，南面为祁连山脉之照壁山，北面是宽滩山，西面则是照壁山之余脉赤金山，绿洲狭促，在赤金绿洲和清泉绿洲之间又有20公里的戈壁[11]，显然更适合像建康郡那样军屯，而不太可能容纳万户人口。据黄盛璋先生对敦煌文献S.383《西天路竟》的笺证，玉门县在肃州西北约二百里，

---

1 李并成：《归义军会稽镇考》，第224页。
2 《晋书》卷八七《凉武昭王李玄盛传》，第2263页。
3 冯培红：《河西走廊上的会稽与建康》，第265页。
4 （清）洪亮吉：《十六国疆域志》卷八《西凉》，第4175页。胡阿祥先生据洪氏所言认为西凉会稽、广夏、武威、武兴、张掖五郡在设置之初均为无实土侨置，参见胡阿祥：《东晋南朝侨州郡县与侨流人口研究》，江苏教育出版社，2008年，第491页。
5 郑炳林：《敦煌地理文书汇辑校注》，第21—22页。
6 （清）黄文炜撰，吴玉贵、王世雄校注：《重修肃州新志校注》，第441页。
7 参见向达：《唐代长安与西域文明》，生活·读书·新知三联书店，1987年，第353、434—435页；李正宇：《论敦煌古塞城》，《敦煌研究》1994年第1期，第30—43页；李并成：《河西走廊历史地理》第1卷，甘肃人民出版社，1995年，第234—237页。
8 周振鹤主编，牟发松等著：《中国行政区划通史·十六国北朝卷》（第二版），第420—421页。
9 《读史方舆纪要》卷三《历代州域形势三》，第126—142页。
10 （清）张澍辑，王晶波校点：《二酉堂丛书史地六种》，甘肃人民出版社，1992年，第10页。
11 吴礽骧：《河西汉代驿道与沿线古城小考》，第349页。

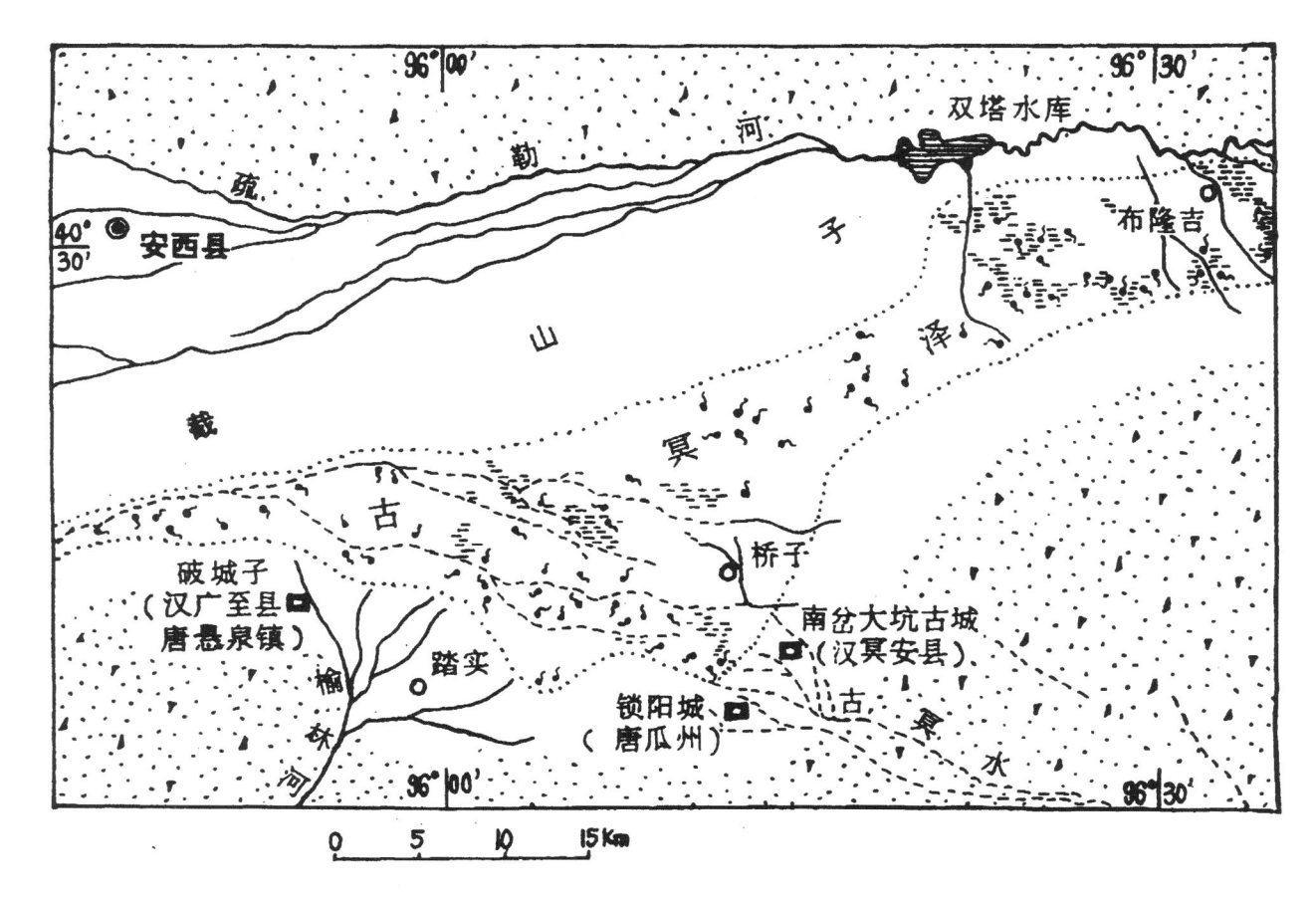

图3　李并成先生判定的冥泽位置（采自李并成《汉敦煌郡冥安县城再考》，《敦煌研究》1997年第2期，第44页）

据瓜州（苦峪城，亦即锁阳城，瓜州县桥子乡南8公里处）三百余里，瓜州又距沙州三百里。[1]《元和郡县图志》"晋昌县"条云"玉门关，在县东二十步"。玉门关当为玉门县、玉门军之讹，学者多以为步或为里之讹[2]，恐亦不确。唐晋昌县即汉冥安县，"因县界冥水为名"，而同条又云冥水"丰水草，宜畜牧"[3]，可见距此冥水中上游较近的赤金堡农业也当受限制。夏鼐先生亦言："从玉门以西的疏勒河在经济上的价值很低，但是在军事上的价值却是很大。"[4] 党河、疏勒河流域内分布着大大小小的绿洲，李并成先生判定的冥泽位置（图3）与谭图所注不同[5]，依李先生的推测，则截山子东南似乎亦非宜农之地。

---

1　黄盛璋：《〈西天路竟〉笺证》，《敦煌学辑刊》1984年第1期，第3页。
2　向达先生曾据《元和郡县图志》、《大慈恩寺三藏法师传》中的有关记载对隋唐玉门关位置进行考察，似以为《元和郡县图志》所言为是，然《法师传》为玄奘亲历，且出现两处，笔者以后者为是。阎文儒、李并成等先生认为唐玉门关在今双塔堡附近。参见向达：《唐代长安与西域文明》，第384—385页；阎文儒：《河西考古杂记（下）》，《社会科学战线》1987年第1期，第132页；李并成：《唐玉门关究竟在哪里》，《西北师大学报》2001年第4期，第20—25页；李并成：《玉门关历史变迁考》，中共嘉峪关市委宣传部、甘肃省历史学会编：《嘉峪关与丝绸之路历史文化研究》，甘肃教育出版社，2015年，第16—17页。
3　《元和郡县图志》卷四〇《陇右道下》，第1028页。
4　夏鼐：《敦煌考古漫记》，百花文艺出版社，2002年，第36页。
5　郑炳林等先生判定的冥泽位置亦在布隆吉以东的瓜州东部，参见郑炳林、曹红：《汉唐间瓜州冥水流域环境演变研究》，《敦煌学辑刊》2011年第1期，第1—16页。

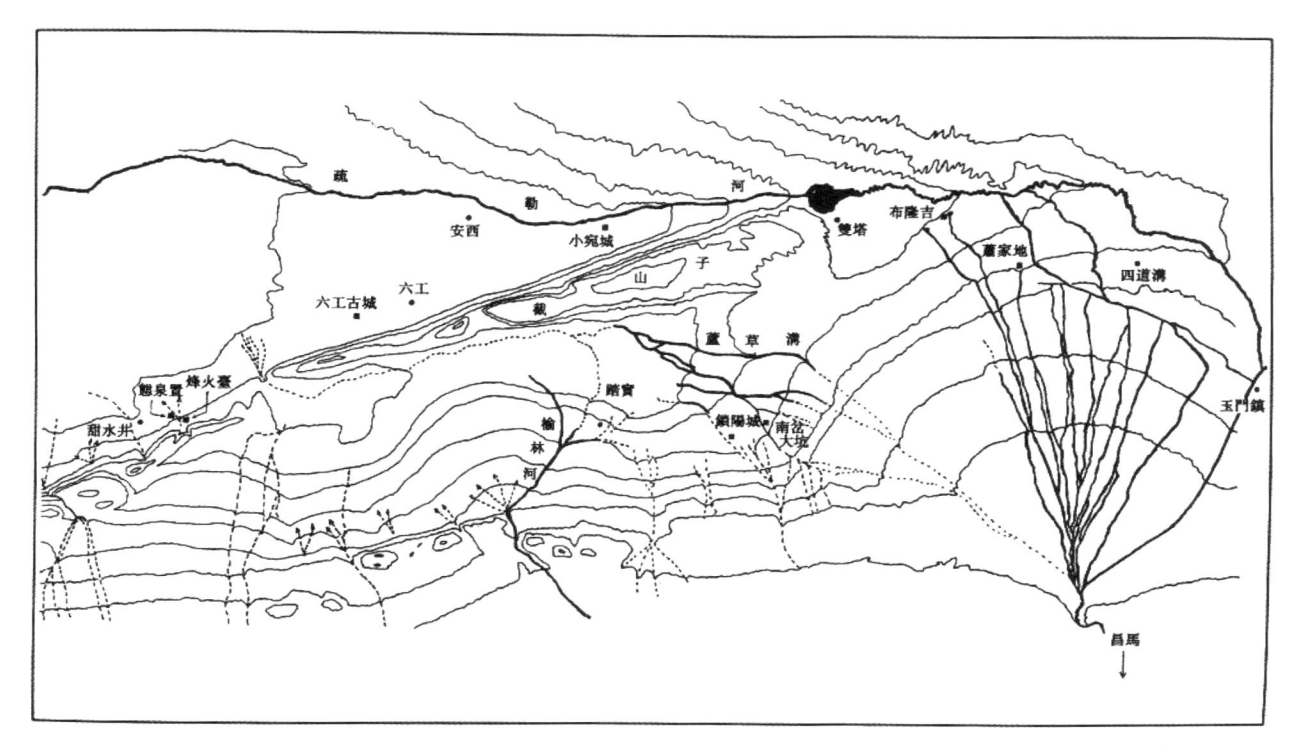

图4 敦煌境内地形、水系图（采自〔日〕宫宅洁著，李力译《悬泉置及其周边——敦煌至安西间的历史地理》，第418页）

故在玉门以西的疏勒河冲积平原及沿线绿洲[1]，尤其是双塔堡以东截山子北面的大片地势平坦、水源丰沛的绿洲（图4），是得以"辟田畴"的最理想地带，也是侨置会稽、广夏两郡的最佳位置。

史载李暠"既迁酒泉，乃敦劝稼穑。群僚以年谷频登，百姓乐业，请劝勒铭酒泉"[2]。可见，西凉迁都后敦煌、酒泉一带取得了农业丰收。这极有可能是依靠了擅长稼穑的侨人。敦煌文书S.113《西凉建初十二年（416）敦煌郡敦煌县西宕乡高昌里户籍残卷》详细记载了每户户主、家庭成员、性别、年龄等信息，证明西凉在敦煌地区曾实行过严密的户籍制度，这对农业的发展无疑起了积极作用。会稽、广夏二郡也当如此。陈垣先生指出此户籍中人口多为中州旧姓，并言"至李歆立，始以繇为广夏太守，是建初末年宋繇亦在敦煌"[3]，显然，陈先生亦认为西凉广夏郡在敦煌地盘上。但他后面又说："敦煌户口何以稀少？则以李暠东迁之际，曾徙二万户于酒泉。"[4]前后对照，或有相抵牾之处。《晋书》载沮渠蒙逊杀李歆入酒泉之际，李歆之弟酒泉太守李翻、新城太守李预等人西奔敦煌，后李翻与弟敦煌太守李恂弃敦煌、奔北山，"郡人宋承、张弘以恂在郡有惠政，密信招恂"[5]，此惠政亦足以说明敦煌在西凉

---

1 李并成：《河西走廊汉唐古绿洲沙漠化的调查研究》，《地理学报》1998年第2期，第110页。
2 《晋书》卷八七《凉武昭王李玄盛传》，第2264页。
3 参见陈垣：《跋西凉户籍残卷》，《北京师范大学学报》1963年第2期；收入氏著：《陈垣史学论著选》，上海人民出版社，1981年，第589页。
4 陈垣：《跋西凉户籍残卷》，第591页。
5 《晋书》卷八七《李士业传》，第2270—2271页。P.2005《沙州都督府图经》云宋承为"宋承义"，参见郑炳林：《敦煌地理文书汇辑校注》，第8页。

统治辖区的地位并未有多大改变。笔者以为之所以户籍残卷中会出现低龄、年老之人，需要考虑到它为"赵羽坞"以及兵户的一面，而不能以（西宕）乡（高昌）里间之一坞来考量敦煌户口而言之稀少。

对西凉而言，在狭窄的辖地内利用有限的耕地获得最大的产出，无疑成为其立国的重要经济保障。另外，酒泉地处北凉"每年侵寇不止"的前沿，西凉迁都亦是为了逼近"寇穴"。李暠实行以农养国的政策，如果把这样一大批人迁至酒泉，则作为"军国之本"的敦煌两河之地便空虚浪费了，故而应是不可能的。此外，李暠迁都后第二次给东晋的奉表中明确说以次子李让为敦煌太守"统摄崐裔，辑宁殊方"，其余诸子"皆在戎间，率先士伍"[1]，宋繇又曾担任敦煌护军、广夏太守，可见敦煌、酒泉在迁都后所承担的职能分明。

冯先生在论证西凉会稽郡所在时，还引用了《魏书》中一则梦谶，他说：

> 西凉亡国前夕，敦煌父老令狐炽梦见一位身穿袷衣葬服的白头翁说："南风动，吹长木。胡桐椎，不中毂"。桐椎是西凉后主李歆的小字，所谓长木、桐椎即指其人，而吹折长木的"南风"当喻指前秦时从江汉迁来的南人。这则梦谶虽然说是南人动摇了西凉政权的统治，但它出自于敦煌父老令狐炽之口，反映了敦煌大族与江汉南人之间存在着矛盾，以及前者对迁都酒泉的西凉李氏政权的不满。[2]

此前，冯氏已对这一梦谶有过探讨，其中对南风的解读与此近似。[3]笔者颇以为有过分解读之嫌。其实，这则寓言出自《十六国春秋·西凉录》，《魏书》、《晋书》李歆本传均有引，《魏书》失之过省，据《西凉录》及《晋书》李歆本传，首句有李歆"立四年而宋受禅……将谋东伐"[4]之语境。借敦煌老父之言作寓与北凉"老父投书"之谶无异，更可能是将自视与东晋"实如唇齿"[5]的西凉与前文刘宋取代东晋、李歆东征而不克相呼应的亡国征兆，南风或指的是刘宋取代东晋，与"南人"无关。而其所说"反映了敦煌大族与江汉南人之间存在着矛盾"也并不能构成江汉南人被迁至酒泉的事实依据，甚至矛盾。另外，冯先生以李暠迁都酒泉之前训诫文中所言敦煌"五百年乡党婚亲相连，至于公理，时有小小颇回，为当随宜斟酌"[6]而言李暠对敦煌大族存在"复杂交糅的心态"[7]，朱艳桐在对哈拉和卓91号墓出土《西凉建初四年（408）秀才对策文》（编号：75TKM91：11）进行解读时，于冯氏之说基础上，说酒泉马氏出现在策文中是李暠疏远敦煌大族而对酒泉本地大族的拉拢，均令人不解，以马鹭孤例来谈这个问题更是难以令人

---

1  《晋书》卷八七《凉武昭王李玄盛传》，第2261—2264页。
2  冯培红：《河西走廊上的会稽与建康》，第265页。
3  冯培红：《敦煌大族与西凉王国关系新探》，季羡林、饶宗颐主编：《敦煌吐鲁番研究》第13卷，上海古籍出版社，2013年，第156页。
4  （北魏）崔鸿撰，汤球辑补，王鲁一、王立华点校：《十六国春秋辑补》卷九四《西凉录三》，齐鲁书社，2000年，第643页；《晋书》卷八七《李士业传》，第2270页。
5  《晋书》卷八七《凉武昭王李玄盛传》，第2261页。
6  《晋书》卷八七《凉武昭王李玄盛传》，第2262页。
7  冯培红：《敦煌大族与西凉王国关系新探》，第154—155页。

信服。[1] 如笔者上面提到的，如果确是敦煌大族对迁都酒泉的西凉李氏政权有所不满的话，那么在酒泉太守李翻、敦煌太守李恂兄弟弃敦煌后，敦煌郡大姓宋承、张弘等也就不会"密信招恂"了，而后来宋承、张弘举城降沮渠蒙逊[2]，敦煌文书P.2005《沙州都督府图经》"一所故堤"条较正史载备更详：

> 蒙逊遣子德政率众一万攻恂，恂闭门不战。至五年春，蒙逊率众二万攻敦煌，遗恂书，谕以兴亡之运。恂不答。二月，三面起堤，以水灌城，恂使壮士千人，连板为桥，潜欲决堤，悉为蒙逊所擒，将佐等劝恂曰："今水弥盛，东军来者相继，虽有熊武之士，决战无所，宜遣使降，因以击之。"恂遣使请降，逊不许。左长史宋承义、武卫将军张弘等开门降逊，恂自杀。[3]

可见宋承、张弘投降是因为沮渠蒙逊对敦煌的连续强劲进攻下李恂防守不能故遣使假降而蒙逊不准之后的无奈之举。在李暠的上层班子里，敦煌大姓绝对不乏其数，凡是有才干、武力的在当时的情况下，必然也确实委以重任了。迁都在当时与敦煌的地位是不冲突反而起到保障作用的。另外，与此相类似的谶言还有刘昞《敦煌实录》所载一虎化为人谓李暠曰："敦煌空虚，不是福地。君之子孙，王于西凉，不如迁徙酒泉。"[4] 显然这则谶言更加不能令人信服。况且，史书很明确地记载了李暠迁都酒泉是为了"渐逼寇穴"的军事目的。

此外，就史籍记载的可靠程度来说，《晋书》、《隋书》、《通典》、《元和郡县图志》均为唐人编修，《太平寰宇记》为宋初编修。在西凉置会稽郡这一问题上，《晋书》与《通典》、《太平寰宇记》记载何以出入，而又自相抵牾？恐怕问题出在了《晋书》"不求笃实，由是颇为学者所讥"[5] 本身。有学者指出，唐修《晋书》文本之下蕴含着晋唐间史部文献曲折发展中的种种冲突：不同编纂体制、不同体裁、不同撰述对象的文献之间的交互影响，层叠地混杂其中。有时前后矛盾，失去照应。[6] 或许《晋书》西凉对江汉、中州以及西逃户安置的叙述就是一例。

《通典》、《太平寰宇记》均载北魏明帝正光年（520—524）侨立会稽郡于宜禾故城。《隋志》亦云"后魏置会稽郡"[7]。冯先生认为杨守敬所疑会稽郡"或后魏有迁徙，故志作'后魏置'欤"是由于"西凉会稽郡、北魏会稽郡的位置并不相同"[8] 之故。这并不能说杨守敬"迁徙说"就站得住脚。西凉在与北凉角逐中，北凉逼酒泉进敦煌，最终于421年灭国。北凉据有西凉国土，实行一套军事行政建制[9]，原先建制必有调整。到北魏正光年，已逾百年，其

---

1 朱艳桐：《酒泉马氏与五凉王国——以〈西凉建初四年（408）秀才对策文〉与辛氏墓志中"马鹥"为中心》，《敦煌研究》2017年第5期，第118—119页。
2 （梁）沈约：《宋书》卷九八《氐胡列传》，中华书局，1974年，第2414页。
3 郑炳林：《敦煌地理文书汇辑校注》，第8—9页。
4 （清）张澍辑，李鼎文校点：《续敦煌实录》，甘肃人民出版社，1985年，第5页。
5 《旧唐书》卷六六《房玄龄传》，第2463页。
6 参考聂溦萌：《晋唐间晋史的编纂——由唐修〈晋书〉的回溯》，《中华文史论丛》2016年第2期，第47—70页。
7 《隋书》卷二九《地理志上》，第816页。
8 冯培红：《河西走廊上的会稽与建康》，第266页。
9 （宋）司马光编著，（元）胡三省音注：《资治通鉴》卷一二三"宋文帝元嘉十三年九月"条，中华书局，1956年，第3875页。

于此时在原址置会稽郡，《隋志》既无对西晋、西凉会稽的书写，于此单列，有何可疑？又如前凉曾置广武郡，《隋志》同样有后魏"置广武郡"[1]之语，笔者以为杨氏乃多此一问。

综上所论，笔者赞同李先生的观点，即西凉会稽郡应在小宛破城，而非赤金堡，更不同意"会稽、广夏、武威、武兴、张掖诸郡当均为设置于酒泉郡境内的侨郡"[2]的说法。

## 三　北周至隋初会稽县地理位置辨析

再说第二个分歧，即北周至隋初的会稽县地理位置。王仲荦、陈国灿[3]、李并成等先生均持赤金堡说，冯培红先生则认为在小宛破城。笔者赞同后说。

涉及此问题的史料，无非是《隋志》敦煌郡"玉门县"条"后魏置会稽郡，后周废郡，并会稽、新乡、延兴为会稽县。开皇中改为玉门，并得后魏玉门郡地"及《元和郡县图志》肃州"玉门县"条"后魏孝明帝改为玉门郡，周武帝省入会川（稽）县，隋开皇十年改为玉门县。皇朝因之"[4]两种。

综合史籍记载并参诸说，北魏正光年于敦煌镇置会稽郡在宜禾故城，同时改玉门为郡；后周废会稽郡，并会稽、新乡、延兴为会稽县，后将玉门地划入会稽县；隋开皇中又将会稽县改为玉门县。可见，北魏时会稽、玉门二郡是相邻的。北周至隋初会稽县在北魏会稽郡基础上应有一个向东扩张的情况，由原北魏时的会稽、玉门相邻二郡，到北周会稽改县后将原玉门郡的属县不断吞并，在北周将玉门划入会稽县之前其治所应并没有太大的变化。[5]据《元和郡县图志》记载的隋唐玉门县至肃州二百二十里，则隋开皇十年后县治则迁到了赤金堡附近。

河西会稽从西晋初置到隋初被废，其演变脉络可谓是河西侨置的典型，其由县到郡再到县，时废时立，跨度近三百年，以十六国北朝为置郡期，经历了由初置到鼎盛再到衰落的过程。曹氏归义军仍设会稽镇，会稽的长期存在说明了汉人或南人在河西长期保持着较强的影响力。不可否认，前人研究整体上推进了对晋隋之际乃至归义军时期河西会稽地理位置的认识，但或囿于清人志书所载，或不辨唐宋史料，以致难有令人信服的结论。参考前人诸说，并根据本文的探讨，笔者对晋隋之际河西会稽的置废迁移情况判定如下：

（一）西晋元康五年置会稽县，隶晋昌郡，治今小宛破城附近。

（二）前凉分酒泉之玉门，晋昌之会稽、新乡，又别立延兴县，置延兴郡。北凉继之。[6]会稽县治未变。

（三）西凉置会稽郡，治今小宛破城附近。

---

1　《隋书》卷二九《地理志上》，第815页。
2　尹波涛：《粟特康氏会稽郡望考论》，第159页。同样，另一种偏离史籍记载的主观判定也不可取，如陈学伟《十六国北朝侨州郡县研究》将西凉会稽、广夏二郡的侨置地判定在"敦煌南子亭"（山西大学硕士学位论文，2011年，第51页）。
3　陈国灿：《唐五代瓜沙归义军军镇的演变》，第567、572—573页。
4　《隋书》卷二九《地理志上》，第816页；《元和郡县图志》卷四〇《陇右道下》，第1024页。
5　北朝废会稽郡为县，冯盼盼《北魏至隋唐时期玉门县的演变》（第489页）解读为："北周结束与北齐的战争之后，政权刚刚稳定，以'会稽'为名，是希望能取得与南朝相媲美的繁荣，以求得生存和发展。"笔者认为此说有夸大牵强之嫌，会稽由郡改县再到隋初的废弃，恰恰是侨置会稽在河西地区衰落趋势的反映。
6　郑炳林：《前凉行政地理区划初探（河州沙州）》，第75页。

（四）北魏正光年间复置会稽郡于今小宛破城附近，隶敦煌镇。

（五）北周废会稽郡改县，隶永兴郡。治所仍在原址或稍东移，县域则向东扩张。隋开皇中改会稽为玉门，县治或迁至今赤金堡附近。

## 四　瓜沙曹氏所置会稽镇地理位置再探

五代宋初瓜沙曹氏承张氏归义军、金山国之余绪，初期仅保有"二州六镇"的规模，曹元忠时期又增置会稽、新乡二镇，敦煌文书中有零散记载。前辈学者利用这些文书，并结合唐宋史籍对晋隋之际河西会稽的记载以及明清志书等的相关判定，对曹氏归义军的会稽镇地理位置做了考察，呈现出不同的观点。笔者拟以《钢和泰藏卷》背面的于阗文所记地名入手，在前人研究基础上重新对敦煌文书中的会稽镇地理位置予以考量，认为曹氏中后期的会稽镇与晋隋之际作为郡县的会稽不同，当在今赤金堡附近，亦即清人志书中的"会稽城"。

### （一）以往论点及《钢和泰藏卷》背面于阗文的价值

近四十年来，随着敦煌学的勃兴以及学界对归义军研究的深入，对曹氏归义军时期所置会稽镇的探讨也有了很大的进展。[1]河西会稽最早出现于唐宋编修史籍中，时代跨度在晋隋之际。显然与曹氏会稽镇有很大关系。同样，学界的相关研究也多是从这些史料着手的。曹氏会稽镇在传世史籍中不载，而是散见于敦煌文书之中，以往的研究同样多有利用。

总的来看，学界对会稽镇地理位置的判定主要有两种代表性观点，其一是陈国灿等先生据唐宋编修史籍认为归义军会稽镇在玉门即今赤金堡地说；二是后来李并成、冯培红等先生极力主张的在宜禾故城即今小宛破城说，几成定谳。李先生说：

> 会稽镇位居疏勒河中游绿洲北部，为归义军政权的北部屏障，并与其西南的悬泉镇、东南的瓜州城呈三足鼎立、相互策应之势，具有十分重要的军事地位。它的设置既可防范甘州回鹘政权沿疏勒河干流北岸，绕道瓜州北部而来的袭扰，又可东与新城镇、玉门镇连成东西一线，南与悬泉镇以至新乡镇连成南北一线，构成对瓜州腹地几个方向上的拱卫。[2]

敦煌所出《钢和泰藏卷》（以下简称《藏卷》）背面于阗文，因记载了于阗赴河西所经城镇名，故有学者定名为《使河西记》，对研究西北史地具有很大的价值。自20世纪20年代开始，不断有学者对其中的地名等方面进行研究，多有局限。[3]对《藏卷》所涉于阗文地名有集大成研究成果的是法国学者哈密顿于

---

1　有关会稽镇的研究主要有〔日〕土肥义和：《归义军（唐后期·五代·宋初）时代》，第244—246页（李永宁汉译文：《归义军时期〔晚唐、五代、宋初〕的敦煌〔一〕》，第82—91页）；黄盛璋：《沙州曹氏二州六镇与八镇考》，第269—281页；黄盛璋：《于阗文〈使河西记〉的历史地理研究》，第10—14页；陈国灿：《唐五代瓜沙归义军军镇的演变》，第555—580页；李并成：《归义军会稽镇考》，第223—228页；冯培红：《归义军镇制考》，第245—294页；等等。

2　李并成：《归义军会稽镇考》，第226—227页。

3　有关《藏卷》相关地名的研究，最早的是1929年由英国人托马斯和挪威柯诺夫共同发表的《敦煌发现的两件中古时代文书》（F. W. Thomas and S. Know, "Two Medieval Documents from Tun-huang", *Oslo Ethnografiske Museums*, Skrifter, Vol.3, Hefte3, 1929, pp.1-40.）一文（附有图版）。此后长达近半个世纪主要是欧美及日本学者的研究，多有舛误。他们的相关著述可参考黄盛璋先生所撰《〈钢和泰藏卷〉与西北史地研究》文末所附《有关和田文书〈使河西记〉摘要论者》（《新疆社会科学》1984年第2期，第71—72页）。

1958年在《通报》上发表的《钢和泰藏卷考释》一文，对于阗文地名进行了无遗漏的逐个探讨，虽有个别失误，但大体不差。[1] 80年代以来，我国学者黄盛璋、黄茂琳等先生又有更进一步的考释研究。[2]《藏卷》中的kviyi-kye城，哈密顿比定为会稽[3]，黄盛璋等先生认同其说。值得注意的是，此《藏卷》对探讨会稽镇地理位置有一定价值，可惜尚未有学者就此加以利用。兹将《藏卷》于阗文部分楼兰12（1）至玉门14（2）段的地名在黄盛璋先生转写[4]基础上订正如下：

raurata kamtha（楼兰城）/sucanä kamtha/sacū kamtha/sālahä kamtha/hvinä-tcvinä kamtha/kuacū kamtha/sīnäse kantha/tcī-dyaimä kamtha/ūnäkū kamtha/kviyi-kye kamtha/gākämanä kamtha

kamtha即城、镇之意。以上于阗文地名与汉译地名对应关系如表2。

从释读出来的写卷第十二至十四行来看，当是记载了从于阗进入敦煌界再到玉门的北道和南道两条路线：

北道：寿昌→沙州→常乐→悬泉→瓜州→新城→

### 表2 《钢和泰藏卷》背面于阗文与汉译地名对应表

| 行数 | 于阗文地名 | 汉译地名 | 建置（曹氏） | 今地 |
| --- | --- | --- | --- | --- |
| 12（2） | sucanä | 寿昌 | 县、镇 | 沙州城西南120里处寿昌城 |
| 12（3） | sacū | 沙州 | 州 | 敦煌市 |
| 13（1） | sālahä | 常乐 | 县、镇 | 瓜州县南岔乡六工破城 |
| 13（2） | hvinä-tcvinä | 悬泉 | 镇 | 瓜州县踏实乡西北破城子 |
| 13（3） | kuacū | 瓜州 | 州 | 瓜州县锁阳城遗址 |
| 13（4） | sīnäse | 新城 | 镇 | 瓜州县布隆吉乡旱湖脑古城 |
| 13（6） | tcī-dyaimä | 紫亭 | 县、镇 | 肃北蒙古自治县城东南4里的党城遗址 |
| 13（7） | ūnäkū | 雍归 | 镇 | 榆林窟南面70里处石包城 |
| 14（1） | kviyi-kye | 会稽 | 镇 | 石包城与赤金堡之间（笔者判定） |
| 14（2） | gākämanä | 玉门 | 镇、军（县） | 玉门市赤金堡 |

---

1　〔法〕哈密顿：《钢和泰藏卷杂考（述要）》，第416—434页。

2　国内对《藏卷》的研究，主要包括黄盛璋：《于阗文〈使河西记〉的历史地理研究》，第1—18页；黄盛璋：《于阗文〈使河西记〉的历史地理研究（续完）》，《敦煌学辑刊》1987年第1期，第1—13页；黄茂琳：《哈密顿〈钢和泰藏卷考释〉辨正》，黄盛璋主编：《亚洲文明》第1集，安徽教育出版社，1992年，第196—205页。相关介绍和述评亦可参考季羡林主编：《敦煌学大辞典》，第503—504页；荣新江、朱丽双：《于阗与敦煌》，甘肃教育出版社，2013年，第364—365页；牛汝辰：《〈钢和泰藏卷〉地名研究述评》，《喀什师范学院学报》1996年第1期，收入氏著：《名实新学：地名学理论思辨》，中国社会出版社，2015年，第195—200页。

3　〔法〕哈密顿：《钢和泰藏卷杂考（述要）》，第421页。

4　黄盛璋：《〈钢和泰藏卷〉与西北史地研究》，第62页。

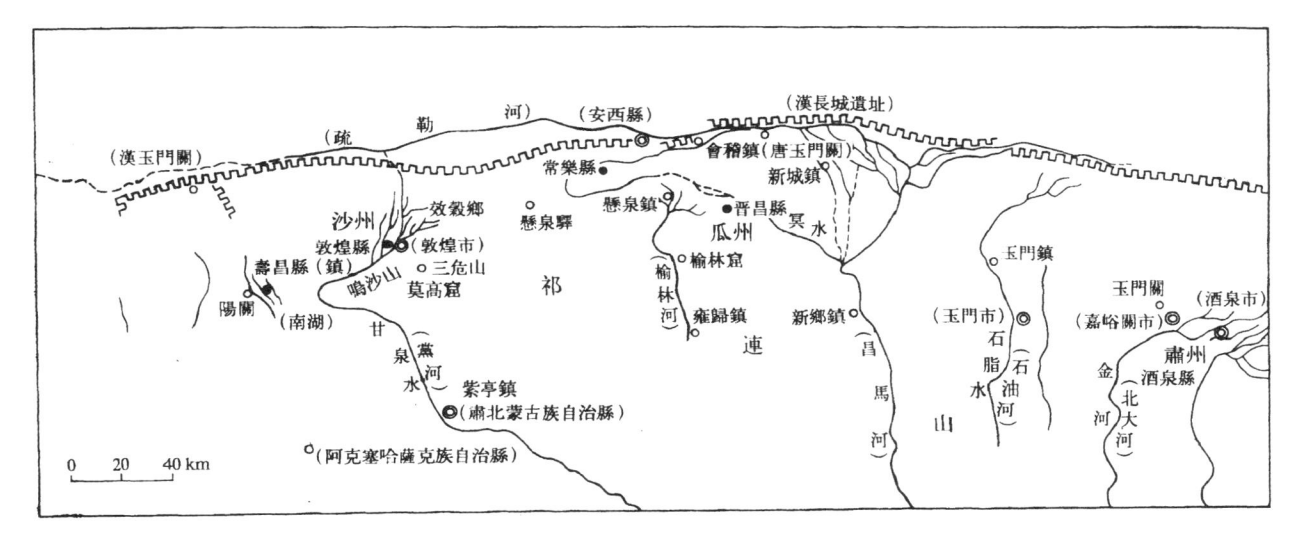

图 5　李并成先生所绘"曹氏归义军二州八镇示意图"（采自李并成《归义军镇制考》，第 228 页）

玉门

南道：紫亭→雍归→会稽→玉门

紫亭在敦煌城南。雍归，向达先生认为是榆林窟南 70 里的石包城，并言："紫亭、雍归当南山之冲要，为瓜沙之屏障，故曹氏于此置重兵以资防守也。"[1] 当在瓜州县城南约 200 里，与《重修敦煌县志》"石包城"条所载相合。[2] 因此，会稽城当位于南道雍归和玉门之间，是为紫亭、雍归二镇南面防线之延续，雍归、会稽又构成东南防守之重镇，跟在今瓜州县附近的宜禾故城曾作为郡县的会稽不同。以下以敦煌文书为中心，对会稽镇的地理位置进行再探讨。

## （二）瓜沙曹氏所置会稽镇地理位置蠡测

就敦煌文书反映的情况来看，会稽镇当时警备的更多是东部。敦煌文书 P.2155v《某年六月弟归义军节度使致兄甘州回鹘奉化可汗仁美状》（图6）记载：

> 又去五月十五日，被肃州家一鸡悉冽作引道人，领达怛贼壹伯已来，于瓜州、会稽两处，同日下打将人口及牛马。

冯培红先生对此解读道："肃州家与达怛联合西侵归义军，从东向西沿着瓜州、会稽镇一线前进，表明会稽镇位于瓜州之西，实际上就是唐瓜州城西北的宜禾故城。"[3]

首先，李并成先生所主张并为冯先生所认同的会稽镇的位置，实际上是在瓜州北面稍稍偏西的位置（图5），并不是所谓的"从东向西"。其次，状文中的"鸡悉冽"具有明显的吐蕃移民特征，又见于 S.5824、P.2856v、Дх.06036、P.3145 等文书，他们引领达怛侵犯归义军领地，那么这区区百人进犯

---

[1] 向达：《唐代长安与西域文明》，第 435 页。
[2] 吕钟修纂，敦煌市人民政府文献领导小组整理：《重修敦煌县志》，甘肃人民出版社，2002 年，第 65 页。
[3] 冯培红：《河西走廊上的会稽和建康》，第 268 页。

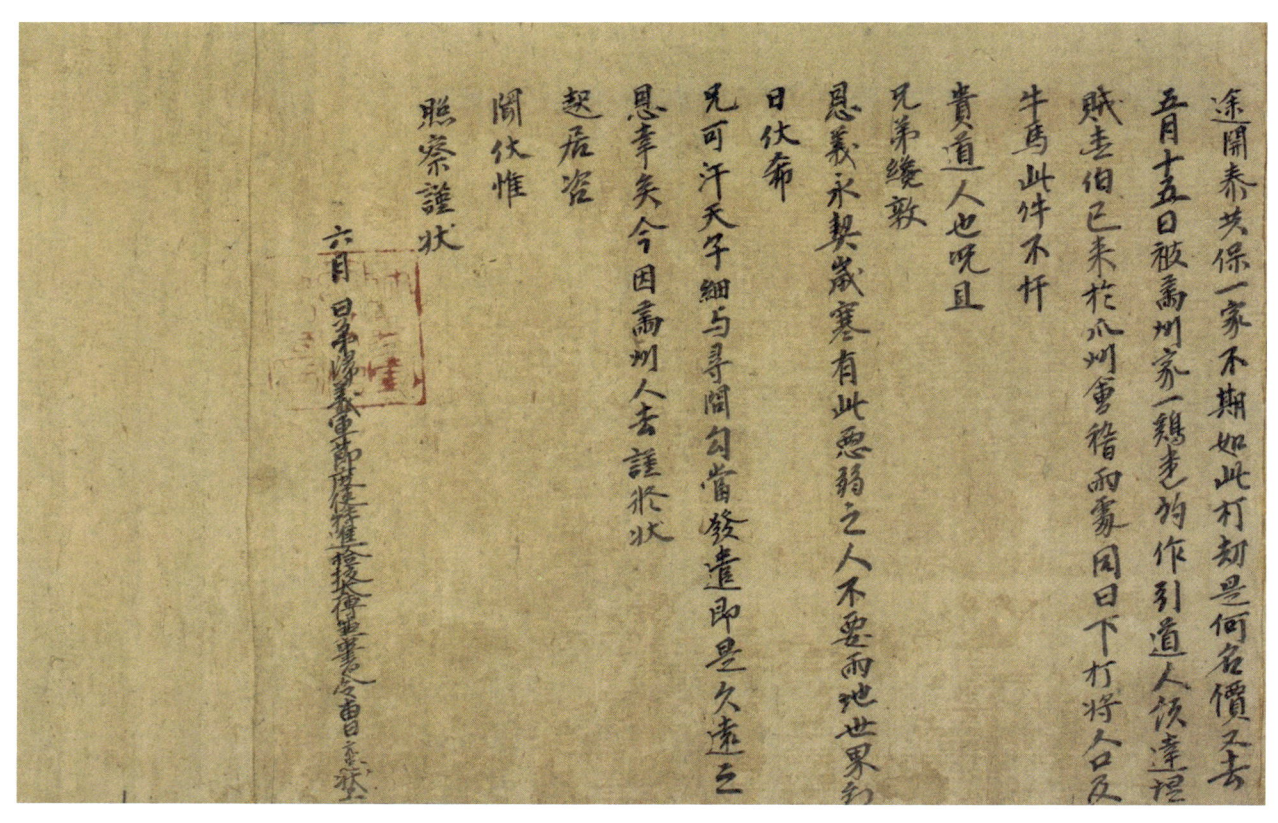

图6　P.2155v

瓜州再向西进犯的可能性有多大呢？如果按照冯氏观点，归义军守备实在脆弱到了难以想象的地步，而李先生所说的三足鼎立相互策应岂非虚设？东面号称"东锤大镇"、"要关"、"雄镇"的新城镇（今瓜州县布隆吉乡旱湖脑古城）又岂能"固守"？[1] 而且状文仅言"于瓜州、会稽两处"，而未言冯先生所说的"一线"。第三，即便是沿线进犯，据李、冯二先生判定的会稽镇在距离今瓜州县城36里处的小宛破城，小宛破城距离唐代瓜州城70多里，那么从唐代瓜州城到其所判定的会稽镇起码还需一天路程，与状文所说"同日"不符。

再者，酒泉、玉门一带，亦即肃州地区（图7），曾是归义军和甘州回鹘激烈厮杀的战场。S.5448《浑子盈邈真赞并序》言浑子盈"玉门破敌，血满平田""肃州城下，擐甲冲先"[2]。P.2970《阴善雄邈真赞并序》有"达怛犯塞，拔拒交锋""酒泉郡下，直截横冲"之语，郑炳林先生称达怛是指居住甘州的回鹘[3]，与上P.2155v比对并结合，可以肯定其与回鹘关系密切。据岑仲勉、张久和以及白玉冬等先生的研究，河西甘、肃二州的达怛部落虽不是回鹘人，但他们在唐末五代附属于甘州回鹘政权则是可以确定的，而且在840年以后达怛已占据肃州一

---

1　郑炳林：《敦煌碑铭赞辑释》，甘肃教育出版社，1992年，第506—507页。
2　郑炳林：《敦煌碑铭赞辑释》，第343页。
3　郑炳林：《敦煌碑铭赞辑释》，第475—476、478页。

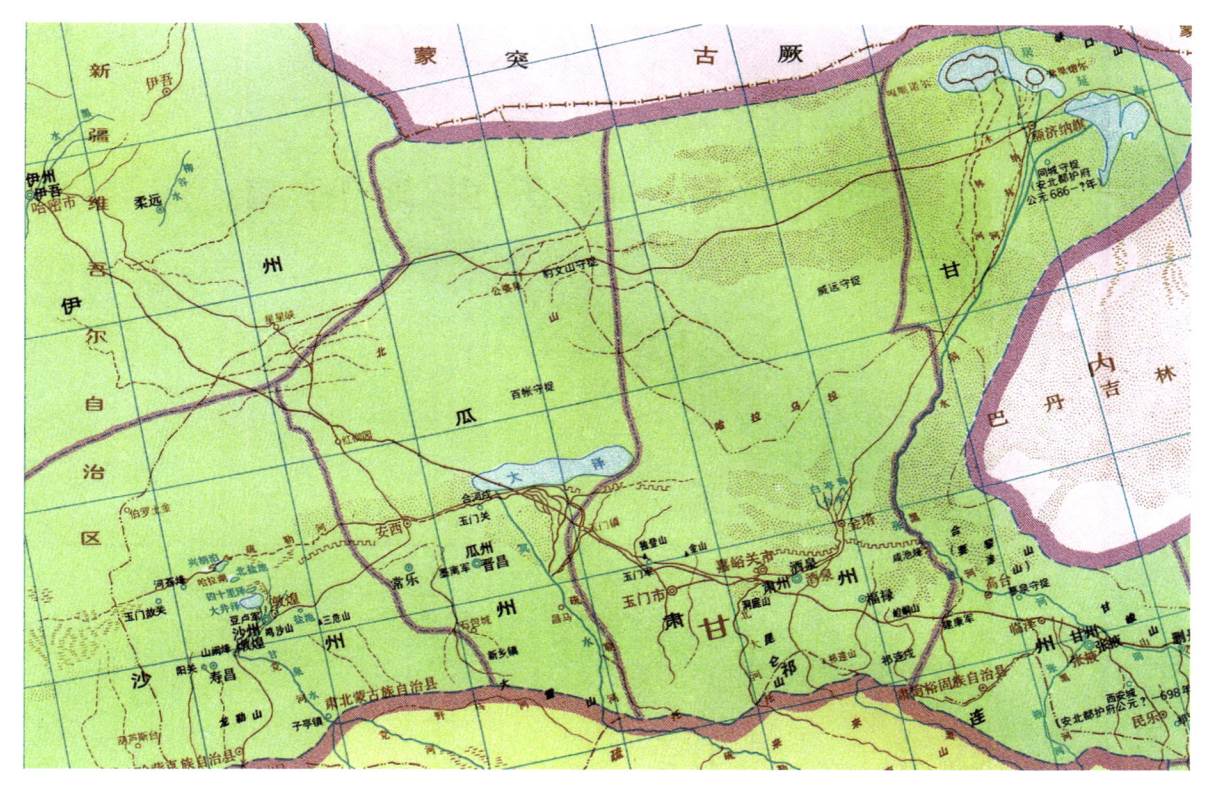

图7 唐代肃州及其周边地区（采自谭其骧主编《中国历史地图集》第5册（唐时期），第39—40页）

带[1]，到张淮深统治末期，在龙家等族的冲击下，归义军对肃州的掌控已然力不从心[2]，甚至一度占据瓜州[3]。这也从侧面说明了会稽大致在归义军东边靠近肃州的地方。曹氏中后期，归义军疆域基本维持在"二州八镇"的规模，肃州在甘州回鹘的地盘上，"肃州家"即是甘州回鹘继吐蕃、龙家之后进入肃州而形成的多民族部落群体。荣新江、郑炳林等先生认为归义军失去肃州是在金山国时期。[4]曹氏时期肃州的情况，郑先生指出曹议金时期"仍保持在玉门军到肃州之间"，曹元深、曹元忠时期亦"只到瓜、肃之间"，同时指出曹元忠时期"归义军东部辖区维持在新城、新乡、雍归、会稽及玉门军一带"，肃州

---

1 参见岑仲勉：《达怛问题》，氏著：《岑仲勉史学论文续选》，中华书局，2004年，第56—97页；张久和：《河西地区的达怛》，《西北史地》1997年第2期，第21—22页；白玉冬：《十至十一世纪漠北游牧政权的出现——叶尼塞碑铭记录的九姓达怛王国》，《民族研究》2013年第1期，第176—177页。另外，关于归义军时期的河西达怛问题还可参考白玉冬：《九姓达怛游牧王国史研究（8—11世纪）》第三章"戈壁通途：10世纪时期的草原丝路、九姓达怛与河西地区"，中国社会科学出版社，2017年，第96—160页。

2 参见唐长孺：《关于归义军节度的几种资料跋》，氏著：《唐长孺文集·山居存稿》，中华书局，2011年，第467页；李军：《晚唐五代肃州相关史实考述》，《敦煌学辑刊》2005年第3期，第93—94页。

3 参见邓文宽：《张淮深平定甘州回鹘史事钩沉》，《北京大学学报（哲学社会科学版）》1986年第5期，第87页；荣新江：《甘州回鹘成立史论》，《历史研究》1993年第5期，第34页；冯培红：《敦煌的归义军时代》，甘肃教育出版社，2013年，第136—142页；李军：《晚唐归义军节度使张淮深再收瓜州史事钩沉》，《陕西师范大学学报（哲学社会科学版）》2015年第2期，第64—71页。

4 荣新江：《归义军史研究——唐宋时代敦煌历史考察》，上海古籍出版社，1996年，第227页；郑炳林：《晚唐五代敦煌归义军行政区划制度研究（之一）》，《敦煌研究》2002年第2期，第15页。

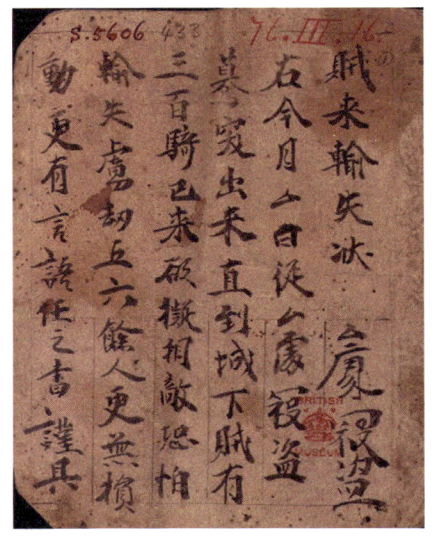

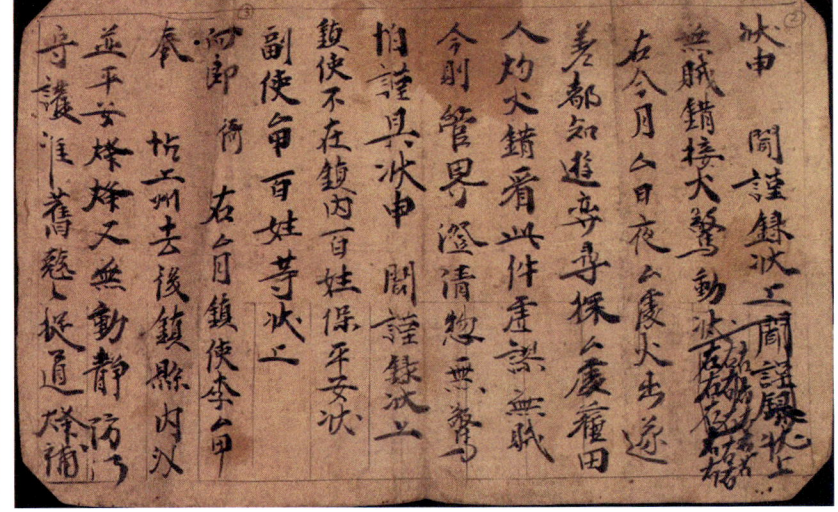

图 8-1　S.5606（局部）　　　　图 8-2　S.5606（局部）

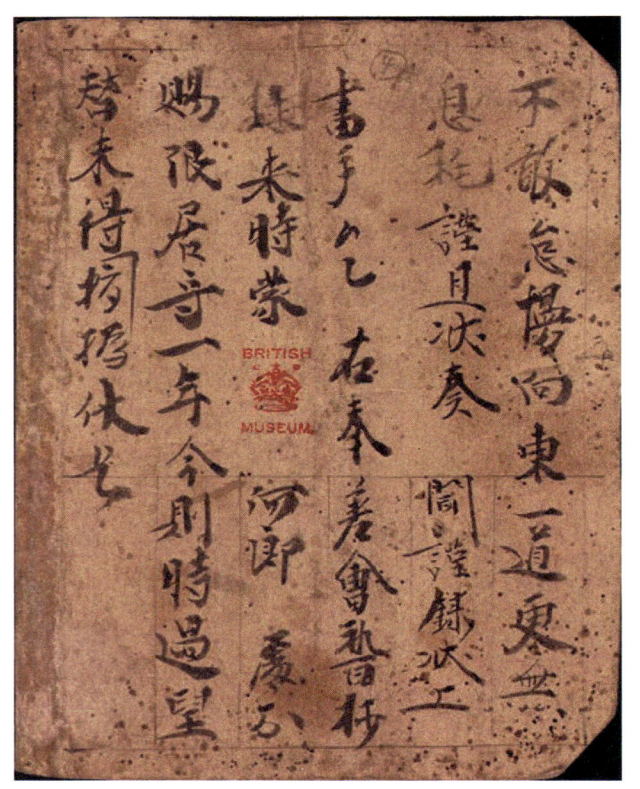

图 8-3　S.5606（局部）

"在甘州回鹘的控制之下，瓜州、会稽、雍归皆属临边军镇"。[1] 后来，郑先生认为会稽镇在今布隆吉到玉门镇一带。[2] 但布隆吉与玉门镇之间已有新城镇，玉门一带则有玉门军，故会稽当在玉门军与今昌马乡一带的新乡镇之间，即赤金堡西南一带。

S.5606《曹氏归义军时期书手某乙抄录会稽镇状》（图8）中的几件状文颇值得深思。其中《贼来输失状》言：

从某处寇盗，蓦突出来，直到城下。

《无贼错接火惊动状》言：

种田人灼火错看……今则管界澄清，总无经怕。

---

1　郑炳林：《晚唐五代归义军疆域演变研究》，《历史地理》第15辑，上海人民出版社，1999年，第71—73页；郑炳林、李军：《敦煌历史地理》，第409页。
2　郑炳林、曹红：《晚唐五代瓜州都河水道变迁与环境演变》，《敦煌学辑刊》2009年第4期，第6页。

《镇使不在镇内百姓保平安状》言：

（镇使不在时，镇内）防门守护，准旧兢兢；捉道、烽燧，不敢怠慢。向东一道，更无息耗。

透过这三则状文，我们可以得到以下信息：一是会稽镇守备异常警惕；二是会稽镇及以东，盗贼经常出没，且事发突然。在此情况下，我们得出的结论是会稽应当处在归义军与甘州回鹘或者说处在东来侵犯时首当其冲的位置。如果如李先生所说的那样，则会稽镇东部尚有新城镇，东部自肃州而来的敌人不仅要长途跋涉，还要翻越新城大河等沟壑阻碍。显然，瓜州西北的宜禾不至于如此。

又据S.8516B《后周广顺二年（952）某月五日归义军节度使曹元忠帖》有"贬流会稽"[1]之语，也说明会稽在归义军地盘的边缘地带，冯先生也曾据此阐发道"会稽镇地处归义军东境，故有些犯罪者往往被流放到那里去戍边"[2]，而瓜州西北方向的小宛破城实际却是在归义军的北境。另P.3727v《后周广顺五年正月都知兵马使吕留延、阴义进等上太保衙状》（图9）言：

右今月某日某时，于向东甚处，递到消息，言道有马踪多少骑，数来入会稽、新乡、雍归、新城管界。

太保即为曹元忠，都知兵马使为归义军节度使府军将。这件状文说在归义军东部前线传来消息，

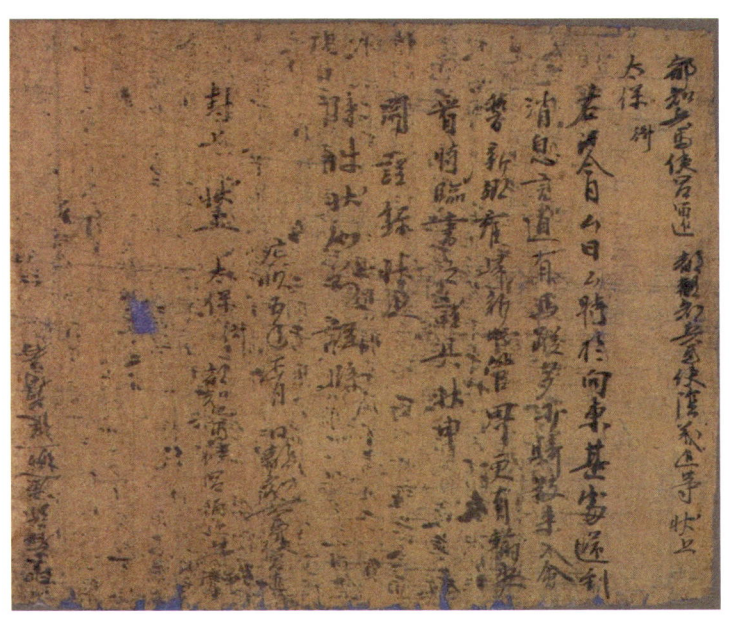

图9　P.3727v（局部）

有敌人侵犯，出入会稽、新乡（今玉门市昌马乡）、雍归、新城管界。元人胡三省在其《通鉴注》中说："凡注地理，须博考史籍，仍参考其地之四旁地名以为证据，何可轻易着笔乎！"此亦为陈垣先生所认同："此条所论，乃注地理者之通则也。"[3]因此，如上四城连在一起所构成的"管界"是颇值得考量的，它们与《藏卷》所载相近，显然是曹氏归义军地盘东面的要冲，会稽、新乡为曹元忠时期新置二镇，文书言东面有马踪屡次侵犯会稽、新乡、雍归、新城管界，则会稽、新乡当在雍归以及号称"东垂大镇"的新城镇更逼近肃州的第一道防线，会稽尤为管界重镇。冯先生亦曾据此状文认为"会稽镇近临甘州，是归义军东部边防的重要军镇，抵御甘州回鹘的侵劫"[4]，甚是。但他后来又说"雍归镇与会稽、

---

1 中国社会科学院历史研究所等编：《英藏敦煌文献（汉文佛经以外部分）》第12卷，四川人民出版社，1995年，第149页。
2 冯培红：《归义军镇制考》，第280页。
3 陈垣：《通鉴胡注表微》，商务印书馆，2011年，第105页。
4 冯培红：《晚唐五代宋初归义军武职军将研究》，郑炳林主编：《敦煌归义军史专题研究》，兰州大学出版社，1997年，第155页。

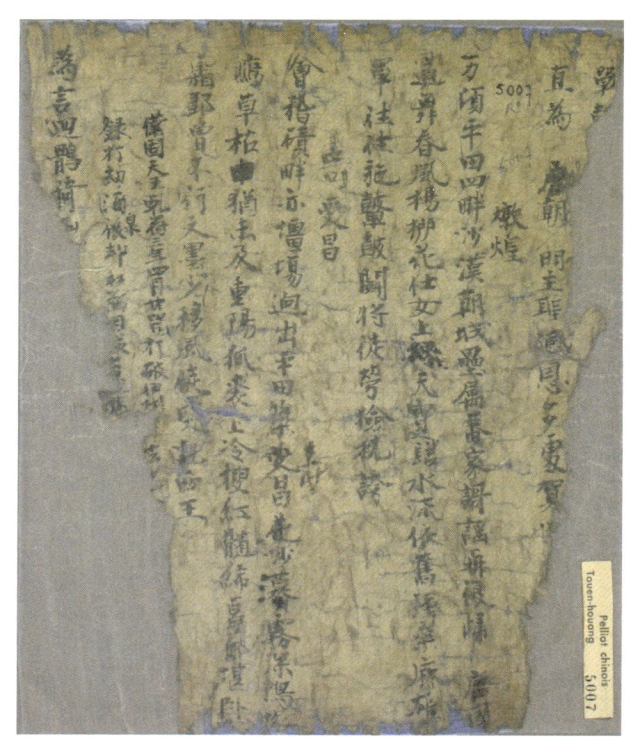

图10  P.5007v

新乡、新城等镇临近，相去不远"[1]，而将会稽镇判定在瓜州西北的宜禾故城，非但与雍归、新乡等镇不相临近，反而是相去甚远。正月正值严冬，此时仅"马踪多少骑"孤军深入到瓜州西北一日里程之地应是不太可能的。

而据笔者以《藏卷》判定的会稽城位置呢？无论是P.2155v反映的事件还是S.5606记载的警情，都是更为现实的。此也符合P.5007v诗集《寿昌》（图10）首句"会稽碛畔亦疆场"的背景。该句后一句为"迥出平田筑寿昌"，后一首题目中有"打破伊州""打劫酒泉"之言，疑会稽碛畔即为酒泉[2]，寿昌城外即伊州，"迥出"可能是会稽与寿昌东西呼应而言，则张氏归义军时期，或已筑有会稽城。荣新江先生以为"寿昌"之"寿"可能为"受"之误，继而又为"晋"之误，并言："如果不是这样，那就是作者把晋昌故地的会稽误安到寿昌头上了"[3]。笔者以为这样的可能性是比较小的。观P.5007v写卷诗集，先后为：《酒泉》、《燉煌》、《寿昌》、《仆固天王乾符三年四月廿四日打破伊州□去（中缺）录打劫酒泉后却□断因□□□（下缺）》，大致是自东往西的顺序，《寿昌》中的"会稽"非言其从属关系，而当是两地于归义军统治核心地带瓜沙二州的东西犄角对应关系。

当然，据王重民、徐俊、荣新江、冯培红等先生的研究，此诗集的抄写年代在876年或稍后[4]，荣新江先生据S.2589和S.389两件《肃州防戍都状》以及P.2937等文书揭示了中和四年（884）肃州至凉州一带的形势，即此时甘州已成为河西回鹘的中心，甘州回鹘业已形成，而肃州则尚在归义军政权手中[5]；又据上文所揭张久和等先生的研究，大概在840年以后，达怛部落已经占据肃州一带[6]。实际上，达怛势力在归义军初期对肃州已有渗透较为合理，占

---

[1] 冯培红：《归义军镇制考》，第273页。

[2] 据P.3451《张淮深变文》有"天使才过酒泉，回鹘王子，领兵西来，犯我疆场"之语，又据S.6234《诗十首》有诗云"建康碛外酒泉城，御史新收化甲兵"，疑归义军时期尤其是张淮深统治时期，酒泉在会稽、建康二城碛之间，是为所谓的归义军与回鹘等势力角逐的"疆场"。

[3] 荣新江：《唐人诗集的钞本形态与作者蠡测——敦煌写本S.6234+P.5007、P.2672综考》，第156页。

[4] 参见陈尚君辑校：《全唐诗补编》，中华书局，1992年，第85页；徐俊纂辑：《敦煌诗集残卷辑考》，中华书局，2000年，第651页；荣新江：《唐人诗集的钞本形态与作者蠡测——敦煌写本S.6234+P.5007、P.2672综考》，第141—158页；冯培红：《敦煌的归义军时代》，第141页。

[5] 荣新江：《归义军史研究——唐宋时代敦煌历史考索》，第303—307页。

[6] 张久和：《河西地区的达怛》，第21页。

据则有夸大之嫌。甘州回鹘在张承奉掌权之前尚与归义军保持良好关系，但包括其在内的外部势力已经由走廊东面向西的逐步渗透，或许也构成"会稽碛畔亦疆场"亦即张氏归义军置会稽城的原因之一，而肃州此时尚在归义军手中，故防戍状此时所记多为肃州的防戍情况。而至金山国时期，甘州回鹘西侵酒泉、敦煌，曹氏早期曹议金东征虽收复肃州，但曹元忠及以后最终仅保有瓜沙二州八镇，此时状文所记则多为会稽镇的守备情况。这也从侧面反映出从张氏到曹氏，归义军从肃州到会稽镇的退防以及会稽由城制到镇制的变化。因此，就这些文书所反映的情况分析，笔者更倾向于曹氏时期在东边失守且常被侵扰的情况下，在瓜州东南、玉门即今赤金堡以西的位置设置了会稽镇。李并成先生认为曹氏时期的玉门关"位于肃州城西20—100里之处，即一日行程的地方"[1]，上述所引S.5448《浑子盈邈真赞并序》中有浑子盈"玉门破敌，血满平田"、"肃州城下，擐甲冲先"之经历，可见他应当是先破玉门，后至肃州城下[2]，故李先生的这个判定无疑是正确的。从肃州城至玉门尚需一日，P.2155v《某年六月弟归义军节度使致兄甘州回鹘奉化可汗仁美状》所言"于瓜州、会稽两处，同日下打将人口及牛马"，则再由玉门往西，瓜州城和会稽镇应该在几乎相当里程的位置。

冯先生曾对陈国灿先生会稽镇赤金堡说（图11）质疑，言会稽镇与玉门军同治一地似乎不可能。那么此时玉门军的情况呢？《元和郡县图志》等云开元年间（713—741）玉门就曾被吐蕃攻陷而废县置军，虽多有反复，但在张氏归义军时期也曾置镇置军，P.3718《张明德邈真赞并序》载曹议金时张明德收复玉门故军并知玉门军事。[3]然如上所揭，玉门一带在金山国及曹氏时期成为交战地带，像P.3633《龙泉神剑歌》、《上回鹘天可汗状》等反映的金山国时期甘州回鹘甚至由酒泉的金河打到了敦煌城郊的便桥而最终签订城下之盟。[4]就金山国时期肃州一带的战事来看，肃州家、回鹘等侵入归义军领地，根本不必越过重重阻碍迁回至小宛破城附近，同样小宛破城也不会有有关会稽镇状文中的警情。曹氏中后期甘州回鹘能经常侵入到会稽以及其他归义军领地，肃州玉门或为回鹘及其他势力所占，起码不能为归义军所牢牢掌控。而陈先生其实也未言会稽镇与玉门同治一地。综合以上所论，笔者是信服陈先生对瓜沙六镇改为八镇背景的分析及所下的结论的。他说：

会稽镇设于酒泉西二百里的旧玉门县地，即今甘肃玉门市属的赤金县附近。此地扼酒泉西行咽喉，由此西北行是河西走廊大道，行百里左右为玉门镇所守。由会稽镇向西偏南，经山路百余里，又由新乡镇所控。这样，会稽、玉门、新乡三镇鼎足而据，防守着瓜沙地区的东大门。由此往西，又有瓜州、新城、

---

1 李并成：《瓜沙曹氏时期的玉门关小考》，甘肃省社会科学学会联合会等编：《史学论丛》，兰州大学出版社，1992年，第73页。
2 郑炳林：《敦煌碑铭赞辑释》，第343页。
3 郑炳林：《敦煌碑铭赞辑释》，第459页。
4 相关研究可参杨宝玉：《敦煌文书P.3633校注与相关金山国史探究》，中国社会科学院历史研究所学刊编委会编辑：《中国社会科学院历史研究所学刊》第9集，商务印书馆，2015年，第267—291页；杨宝玉：《金山国时期肃州地区的归属——以法藏敦煌文书P.3633为中心的考察》，沙武田主编：《丝绸之路研究集刊》第一辑，商务印书馆，2017年，第161—163页。

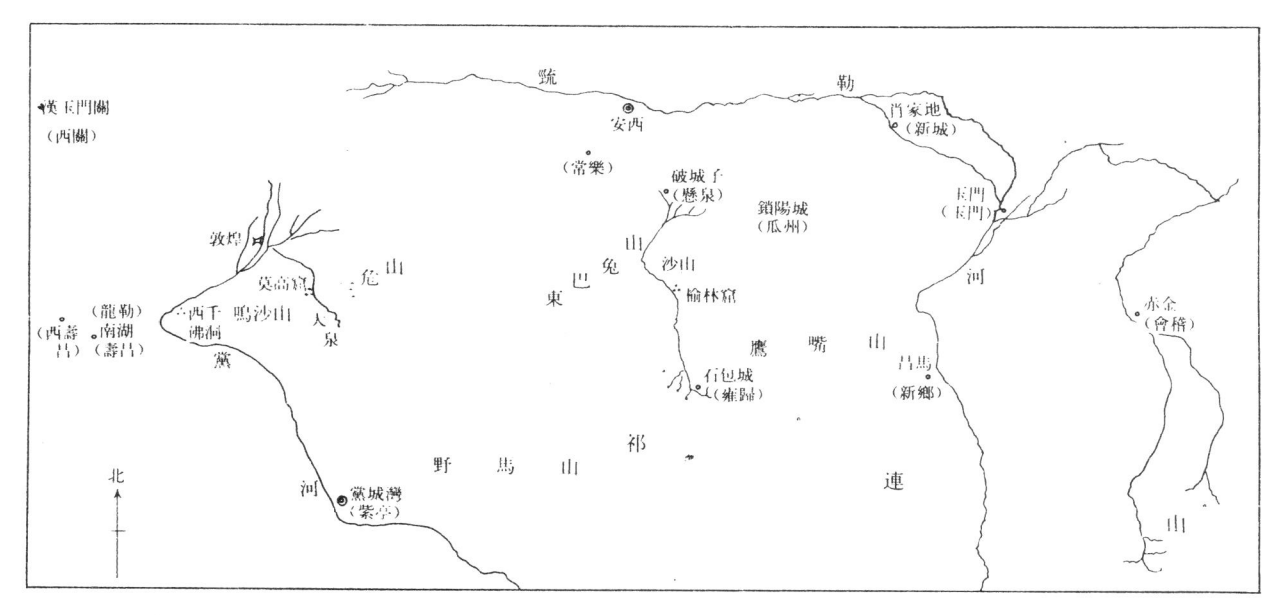

图11　陈国灿先生所绘"归义军军镇分布图"（采自武汉大学历史系魏晋南北朝隋唐史研究室编著《敦煌吐鲁番文书初探二编》）

悬泉、雍归诸镇连成第二道防线，这就是曹元忠执政以来，对东面防务的全面新部署。[1]

陈先生得出会稽镇地理位置为赤金县（当为赤金堡）附近。其所据唐人史料或许不合适，但结论相差是不大的。但相比于陈先生的两道防务说，笔者更倾向于认为曹氏后期瓜沙东面应当是从瓜州东北的新城镇往南，过三门军，再经会稽、新乡二镇而至瓜州南200里的雍归镇而构成一个弧形防线，亦即敦煌文书中所谓的"管界"。与防御南山势力的紫亭、雍归一线，及常乐、悬泉一线共同构筑了东、西、北三面防线。

除了地形以外，金山国及曹氏时期的敦煌、酒泉一带形势与西凉时期十分接近，因此在赤金堡附近发展农业不现实，战争守备却十分理想。这种推测也更符合夏鼐先生所说的此地军事价值胜于经济价值的论断。[2]这也正是归义军时期一反从前于此设城设镇的原因，会稽在与东面回鹘角逐中成为军事防守重镇。

自汉代开始，敦煌地区构筑北面长城及要塞抵御少数民族的寇掠，南面也有构筑要塞的传统，这不仅是西凉在敦煌南面设南紫亭等要塞，在紫亭以东也同样设置，如悬泉汉简（编号：Ⅱ0215③：46）所记：

建昭二年九月庚申朔壬戌，敦煌长史渊以私印行太守事，丞敢告部都尉卒人，谓南塞三候、县、郡仓，令曰：敦煌、酒泉地执（势）寒不雨，蚤（早）杀民田，贷种穧麦皮芒厚以廪当食者，小石……[3]

可见，汉代敦煌、酒泉二郡之间已有南塞。历史上防御东西南北四面的少数民族，这就是唐代敦

---

1　陈国灿：《唐五代瓜沙归义军军镇的演变》，第573页。
2　夏鼐：《敦煌考古漫记》，2002年，第36页。
3　胡平生、张德芳编撰：《敦煌悬泉汉简释粹》，第65页。

煌有南北两条驿道，以及晚唐五代瓜沙曹氏二州八镇环形分布和《藏卷》北面于阗文地名显示南北两道的原因之一。

《新唐书·兵制》言："兵之戍边者，大曰军，小曰守捉，曰城，曰镇。"[1]曹氏中后期的"二州八镇"，州下设县设镇，镇和县为平行设置。[2]镇在州内，州、县为行政系统，镇为军事（兼有民政）系统，镇保州境州民。因此，与晋隋之际作为郡县的会稽不同，归义军时期先后作为城和镇的会稽规模要小得多。《读史方舆纪要》有会稽城，顾祖禹据唐宋时人编修史籍记载判定其在玉门县附近。[3]笔者虽不同意它是晋隋之际作为郡县的会稽，但认为它是曹氏时期的会稽镇。会稽镇见于敦煌文书，清人既未得见，所做判断难免差之毫厘谬以千里。笔者认为，归义军张氏会稽城和曹氏会稽镇即清人志书中的"会稽城"。

综上所述，并结合前人研究，笔者对唐五代宋初归义军时期会稽的地理位置判定如下：

（一）张氏归义军时期，或已在赤金堡以西的地带筑有会稽城。

（二）曹氏归义军时期，在雍归即今石包城与赤金堡之间、瓜州东南方向张氏会稽城的基础上设有会稽镇。

## 结　语

总之，我们认为，晋隋之际的河西会稽虽取江南地名作为象征，但它并非围绕政治因素而置废迁移，终晋隋之际河西会稽存在的近三个世纪，大致位于疏勒河下游双塔堡以西，以小宛破城为中心，西至六工破城一带绿洲规模更大、水资源最充沛的地带（或宫宅洁所说的"截山子北的芦草沟、悬泉水下游地带"[4]）。广夏郡则在疏勒河中游绿洲为中心的冲积扇平原，即今瓜州县至玉门市以西疏勒河中游及踏实河流域的范围（或宫宅洁所称的"芦草沟及榆林河扇状地一带"[5]），也就是大约汉广至县一带[6]，会稽郡或有不大的迁移，但地形、地力等经济因素当是最主要因素。归义军时期所设会稽城、会稽镇则一反从前，从小宛破城迁至赤金堡附近，在与东面回鹘等少数民族角逐中成为军事防守重镇。

---

1 《新唐书》卷五〇《兵制》，第1328页。
2 郑炳林：《晚唐五代敦煌归义军行政区划制度研究（之二）》，《敦煌研究》2002年第3期，第73页；郑炳林、李军：《敦煌历史地理》，第47页。
3 《读史方舆纪要》卷六三《甘肃镇》，第2983页。
4 〔日〕宫宅洁著，李力译：《悬泉置及其周边——敦煌至安西间的历史地理》，第395页。
5 〔日〕宫宅洁著，李力译：《悬泉置及其周边——敦煌至安西间的历史地理》，第395页。
6 〔日〕宫宅洁著，李力译：《悬泉置及其周边——敦煌至安西间的历史地理》，第400—402、407页。

# 经丝绸之路河南道至建康僧人弘法事迹考

曹中俊　李顺庆

（西北师范大学历史文化学院）

我国陆上丝绸之路"以草原道、河西道和吐谷浑道（笔者按：亦称河南道）三条主线并驾齐驱，互相勾连"[1]，共同构成了我国陆上丝绸之路交通网。相较于河西道，早年河南道为大多数学者所忽视，随着近年丝绸之路研究新热潮的到来，较多学者开始从事丝绸之路河南道的宏观研究，包括道路的具体走向以及经河南道开展的政治、经济、文化交流等方面。但是学术界对丝绸之路河南道的微观研究还不够深入，基于此，本文选取了当前研究相对较少的河南道沿线佛教传播展开论述，并重点关注魏晋南北朝时期僧侣们经行这条通道的求法、弘法、译经等事迹，尤其是这一时期经河南道入建康后僧侣的弘法等相关事迹。以期加强对中西地域间佛教传播交流的相关研究，并进一步充实南京乃至中国佛教文化的内涵。

魏晋南北朝时期，存在一批由河西、中原或是西域等地经河南道到达益州地区，再沿岷江、嘉陵江或汉江入长江，之后顺江而下到达建康及周边地区，进行弘法、布道、译经、著述等活动的僧侣团体，对佛教文化传播和东西文化交流产生了极为重要的意义，然学界尚未曾对这一僧侣团体进行过集中考察和研究，鉴于此，笔者将重点对这一特殊群体经河南道至建康后的经过，以及他们到达建康后的译经、弘法、与文人士大夫等不同阶层之间的交流等事迹做一论述和探讨。

## 一　丝绸之路河南道历史溯流

学界一般认为河南道是指"公元4—6世纪南北朝时期，东晋南朝在陆路上与西域交通的一条路线，它从益州（今成都）经川北通过茂县、松潘至甘南的临潭、青海的同仁、贵德，抵青海湖伏俟城"[2]。还有部分学者对河南道的路线进行南北延伸，北至鄯善（今新疆若羌），南沿长江水道直至建康（今南京）及周边地区。早年唐长孺先生即对这条通道进行过论述，他这样评价当时与河西走廊并行的河南道："这条道路大概早就是今新疆、甘肃、四川的古代各族人民友好往来的道路，但到了南北朝才更加显得重要……在南北阻隔的局面下，这条道路为维护西域与内地特别是与江南的交通起了巨大作用。"[3]

历史上的丝绸之路河南道在不同时期有着不同

---

1　李朝：《吐谷浑：丝绸之路伟大的开拓者》，《中国土族》2010年第2期，第1—6页。
2　陈良伟：《丝绸之路河南道》，中国社会科学出版社，2002年，序。
3　唐长孺：《魏晋南北朝史论拾遗》，中华书局，1983年，第194—197页。

的功用，也因为被不同的族群绾毂，因此有着不同的称呼。已有不少前辈学者对丝绸之路河南道的命名做过论述，主要有丝绸之路青海道、吐谷浑道、河南道等叫法。还有部分学者认为："青海路（道）是以西周时期的穆王道、春秋两汉时期的羌中道为基础，经由吐谷浑在魏晋及其后的南北朝时期的经营逐步完成。"[1]

显然一条通道的畅通应是经过数代人的开辟和经营，才可实现。经玉石之路、羌中道在不同程度的发展、铺垫，至4世纪时河南道在吐谷浑人的经营下进入了一个新的发展时期。吐谷浑，"原属辽东慕容鲜卑，是迁入西北地区鲜卑的一支"[2]。《晋书》、《宋书》、《魏书》、《梁书》、《隋书》等大量史籍都有相关记载。魏晋南北朝时期，中国南北政治对立，国家众立，河西走廊通道因战争极不安全且时常被阻隔。由吐谷浑人绾毂的一条主要由益州到达鄯善之间，几乎与河西走廊平行的通道逐渐兴盛，因为吐谷浑所占领土处于黄河以南，南朝刘宋封吐谷浑国王慕利延为"河南王"，且这一封号为数位国王所承袭，所以由吐谷浑绾毂的这条通道被称为丝绸之路河南道。黄文弼后称此道"开于北魏，历隋、唐数百年间未有荒弃，与西域之文化、民族关系甚大"[3]。

20世纪90年代，陈良伟与中国社会科学院的同仁们对丝绸之路河南道的主要干道和沿线古城址进行了实地考察。并将河南道分成四条分道，分别为西蜀分道、河南分道、柴达木分道和祁连山分道。四个分道又可细分为九条支道，即岷江支道、白龙江支道、河源支道、隆务河支道、洮河支道、柴达木南支道、柴达木北支道、扁都口支道（图1、图2）和走廊南山支道。[4]还有一条穿越祁连山的姑臧南山支道[5]为陈良伟等学者所忽略。这些分道和支道常常需要与青海境内的其他路线互相串行、互为辅线才

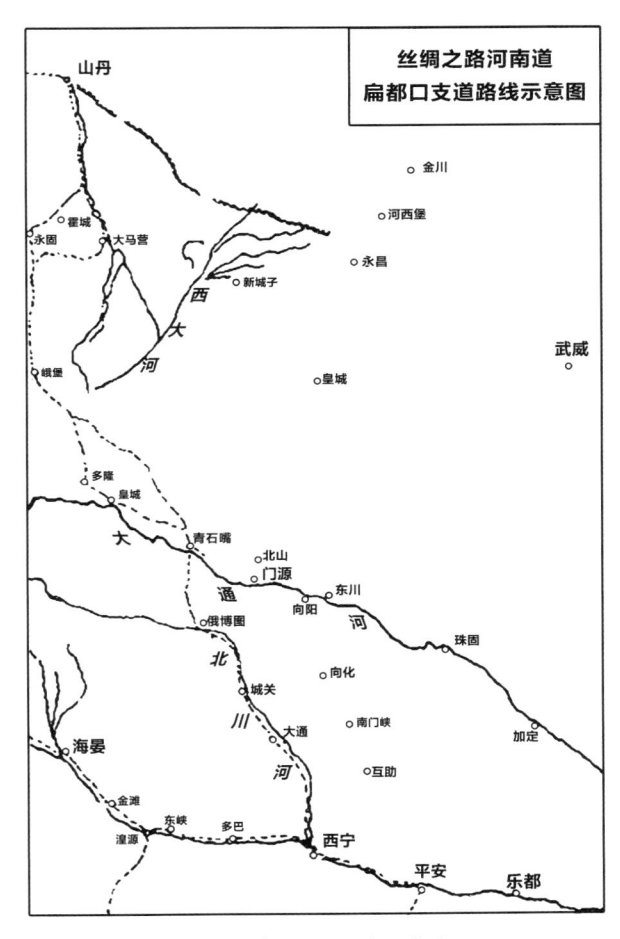

图1 丝绸之路河南道扁都口支道路线示意图

---

1  李朝：《柴达木历史与文化·丝路青海道及其文化》，青海人民出版社，2009年，第8页。
2  周伟洲：《吐谷浑史》，广西师范大学出版社，2006年，第1页。
3  黄文弼：《西北史地论丛》，上海人民出版社，1981年，第203页。
4  陈良伟：《丝绸之路河南道》，第13页。
5  姑臧南山支道指穿越祁连山东段通湟水流域的南北通道，见苏海洋：《河西南境的塞垣、古城与穿越祁连山宽谷的丝绸之路》，《天水师范学院学报》2016年第4期，第91—99页。

图2　丝绸之路河南道祁连山分道扁都口支道现状

能支撑河南道的畅通。时吐谷浑境内的多条通道共同构成了益州至鄯善等地间的庞大路网（图3）。

吐谷浑立国350余年，在此期间，吐谷浑人绾毂着丝绸之路河南道，竭尽全力使其畅通，促其繁荣，充当丝路使者。4—6世纪时"吐谷浑已充当了中西陆路交通的中继者和向导"[1]，为中西文化、政治及经济的交流做出了杰出贡献。但魏晋南北朝之后吐谷浑王国逐渐衰亡。从隋大业五年（609）起，隋炀帝开始以征战吐谷浑为目的"西巡"，由此吐谷浑王国的势力由盛转衰。到了唐贞观九年（635），李靖南北两路大军进击吐谷浑，加之吐蕃的兴起，此后吐谷浑王国灭亡。灭国之后，吐谷浑人以部族的身份融入到唐朝和吐蕃的统治之下。此后，丝绸之路河南道不再作为一条中西国际通道为人们所使用，但是在地域交通中仍发挥着重要的作用。

魏晋南北朝之后，吐蕃人占据了吐谷浑故地，在河南道的基础上形成了唐蕃古道。唐蕃古道是唐朝时期联系长安与逻些之间的重要通道。青唐道是宋代丝绸之路河南道的别名，当西夏控制了河西走廊后，对过往商人、贡使进行高额征税、盘剥，唃厮啰政权统治者借此机会，复兴旧时的河南道，保障其畅通无阻，为过往行人提供便利。

总的来看，以河南道为中点，在其之前的玉石之路、羌氐道、羌中道为河南道的畅通打下了基础，在其之后的唐蕃古道、青唐道是河南道繁荣的延续。尤其在吐谷浑立国绾毂河南道时此道最为繁荣、重要，具体表现在以佛教传播为代表的文化交流、以使团来往为代表的政治交流、以中西互通有无为代

---

1　周伟洲：《吐谷浑史》，第139页。

表的商贸交流在这一时期广泛进行。而魏晋南北朝时期经行河南道的中西僧侣正是佛教传播与文化交流的重要媒介与使者，尤其是当时经河南道入建康的高僧们，他们充实了东晋南朝时期整个中国的佛教理论，为后世中国佛教各宗派的形成和发展奠定了基础，同时也丰富了建康及周边地区的佛教文化，加快了佛教中国化的进程。

## 二 经行河南道的中西僧侣

魏晋南北朝时期，经行河南道的有各国使团、商团、僧团及民众。其中经行河南道的僧侣众多，以佛教传播为代表的中西交流是这一时期文化交流的突出特点。佛教文化交流是公元4—6世纪中外交通的重要内容之一。这一时期的中外佛教文化交流是双向的，即西域僧侣忍受各种苦难来中国布道，而中国也有大量僧侣前往西域取经求法。东晋南朝僧侣和西域僧侣经常取道丝绸之路河南道，为我们研究中西交通的路线和沿线所经地区提供了新的资料。据统计，就南朝僧侣西行求法游历而言，"经行河南道的僧侣约占两晋南北朝西行求法僧人数的五分之一左右"[1]。

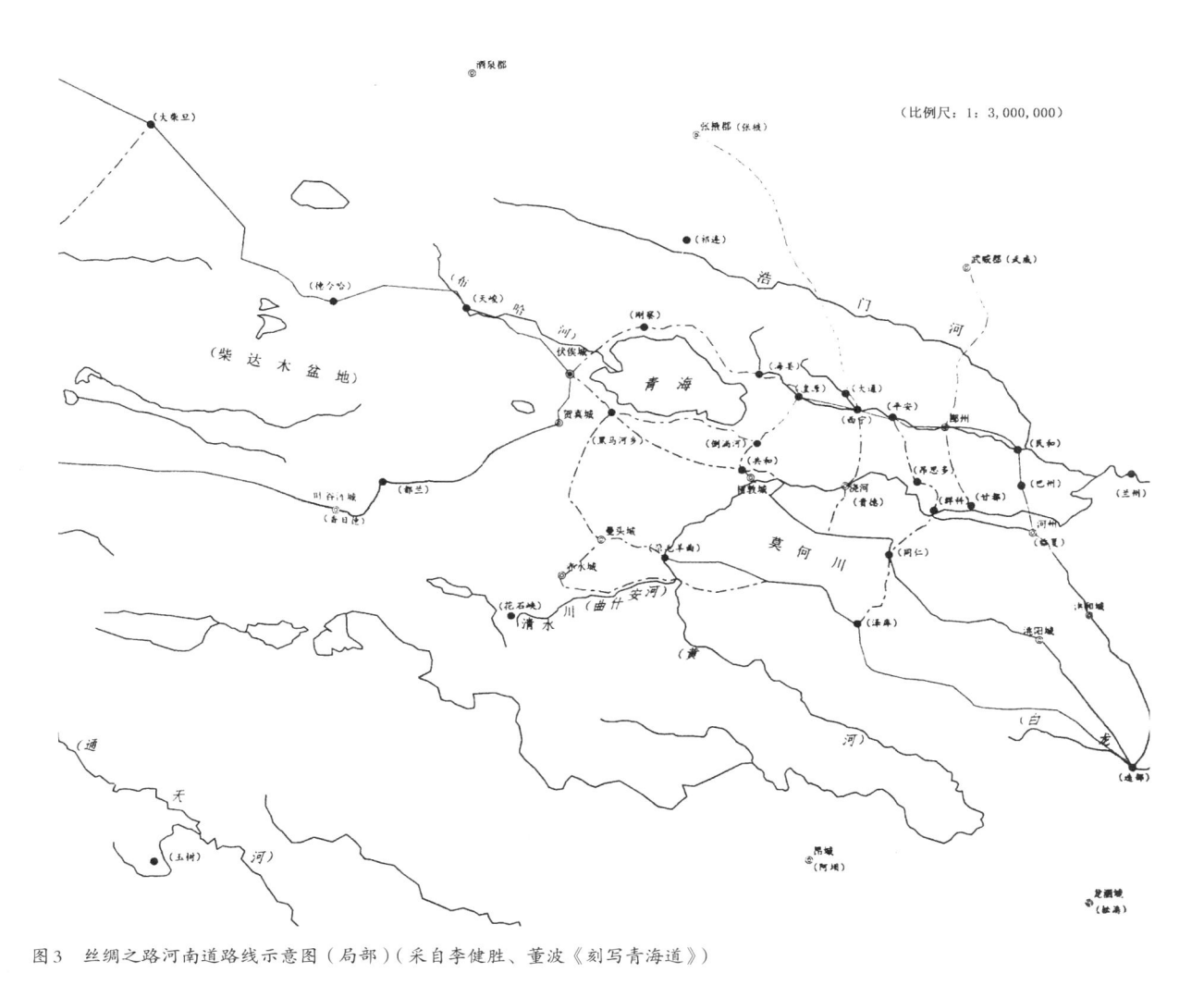

图3 丝绸之路河南道路线示意图（局部）（采自李健胜、董波《刻写青海道》）

---

1 汶江：《古代西南丝绸之路研究》，四川大学出版社，1990年，第45页。

笔者在下文将结合史籍记载、出土文献和前人考证等内容总结梳理出魏晋南北朝时期有哪些具体可考的僧人经行河南道来往于西域诸国与益州、建康等地之间，并对这批僧侣按照其籍贯进行分类论述（表1）。

### 表1 魏晋南北朝时期经行丝绸之路河南道僧人统计表

| 区域 | 序号 | 姓名 | 国家/地区 | 经行河南道时间 | 经行河南道路线 |
| --- | --- | --- | --- | --- | --- |
| 西域 | 1 | 耆域 | 天竺 | 西晋 | 推测耆域经行了丝绸之路河南道。 |
| | 2 | 僧伽跋摩 | 天竺 | 元嘉十年 | 推测僧伽跋摩经行了丝绸之路河南道。 |
| | 3 | 佛陀耶舍 | 罽宾 | 建元至弘始年间 | 佛陀耶舍由沙勒国至长安，后由长安至罽宾国，都经由丝绸之路河南道。 |
| | 4 | 佛驮什 | 罽宾 | 景平元年 | 佛驮什经行丝绸之路河南道到达南朝。 |
| | 5 | 昙摩密多 | 罽宾 | 元嘉初年 | 经行扁都口支道、隆务河支道、岷江支道。 |
| | 6 | 释法绪 | 高昌 | 东晋 | 经行河源支道或隆务河支道抵达吐谷浑河南国，后经岷江支道抵达益州。 |
| | 7 | 释明达 | 康居 | 天监初年 | 由西域入吐谷浑国，经河南道抵达益州。 |
| | 8 | 畺良耶舍 | 西域 | 元嘉元年及元嘉十九年 | 第一次，过吐谷浑经行河南道；第二次，通过长江水道由建康到达成都，而后借道岷江支道到达岷山。 |
| | 9 | 阇那崛多 | 犍陀罗 | 大统元年 | 经行瓦罕支道、塔里木南支道、柴达木北支道、洮河支道。 |
| 河西 | 1 | 单道开 | 敦煌 | 建武十二年 | 经行柴达木分道。 |
| | 2 | 惠生、宋云 | 敦煌 | 神龟元年 | 经行洮河支道、柴达木支道、塔里木南支道。 |
| | 3 | 沮渠安阳 | 河西 | 元嘉十六年前后 | 经行扁都口支道、隆务河支道、岷江支道。 |
| | 4 | 释僧隐 | 秦州 | 南朝初年 | 由西秦往成都，当时既可经行洮河支道和白龙江支道的组合，也可经行隆务河支道和岷江支道的组合。 |
| | 5 | 释慧览 | 酒泉 | 元嘉元年 | 经行瓦罕支道、塔里木南支道、河源支道或隆务河支道、岷江支道的组合。 |
| | 6 | 释法献 | 西海延水 | 第一次年代不详，第二次为元徽三年 | 第一次，经行走廊南山支道、隆务河支道、白龙江支道宕昌径；第二次，走岷江支道或白龙江支道、隆务河支道或河源支道、柴达木南支道、塔里木南支道的组合。 |
| | 7 | 释玄畅 | 金城 | 刘宋末年 | 经行岷江支道。 |
| 中原 | 1 | 法显 | 平阳武阳 | 隆安三年 | 经行扁都口支道。 |
| | 2 | 释昙弘 | 幽州 | 东晋末年 | 第一次，经行洮河支道和岷江支道；第二次，经行岷江支道和洮河支道。 |
| | 3 | 释道汪 | 长乐 | 东晋末年 | 经行白龙江支道宕昌径及岷江支道。 |
| | 4 | 昙无竭 | 幽州 | 永初元年 | 经行洮河支道西段、柴达木南支道、塔里木北支道。 |
| | 5 | 释慧睿 | 冀州 | 元嘉初年 | 经行岷江支道。 |
| | 6 | 释智猛 | 雍州 | 元嘉十六年 | 经行扁都口支道、隆务河支道和岷江支道。 |

资料来源：1.释慧皎《高僧传》；2.刘世珩《南朝寺考》；3.陈良伟《丝绸之路河南道》。

## （一）西域僧侣

魏晋南北朝时期，入华西域高僧主要来自天竺、罽宾、高昌和康居等地。史料记载的第一位经行河南道的高僧是西晋天竺人耆域。早年耆域泛海东来，其后返回西域，则是从洛阳出发，途中经过吐谷浑境内流沙地，行九千余里最终到达天竺。还有一位天竺高僧僧伽跋摩经行河南道到达建康，《高僧传》云："以宋元嘉十年，出自流沙至于京邑。"[1] 虽然据此我们无法得知当年僧伽跋摩来京的具体路线，但根据"流沙"二字三次出现于汉唐文献之中的地理位置[2]，并结合当时的政治及自然地理条件，即可推测出僧伽跋摩是经由丝绸之路河南道和长江水道最终到达京师建康的。

这一时期，罽宾国有诸多僧侣来华弘法、译经，而经由河南道往返于中西的罽宾僧人据文献考证应有佛陀耶舍、佛驮什和昙摩密多三人。其中佛陀耶舍是文献记载最早通过河南道的罽宾高僧[3]，据北凉与西秦二国之间的局势，我们可以推断建元至弘始年间，佛陀耶舍由沙勒国至长安，后由长安至罽宾国，当是经由丝绸之路河南道。与佛陀耶舍不同的是，佛驮什和昙摩密多都经行河南道到达了建康。其中佛驮什经行河南道和长江水道，于景平元年（423）七月到达扬州，后入建康龙光寺。该年恰是吐谷浑第九王阿豹在位的第七年，这一年"阿豹向刘宋遣使称臣，宋少帝以阿豹为安西将军，沙州刺史，封浇河公"[4]，在阿豹王的带领下此时吐谷浑与南朝的关系进入了一个新的发展时期，那么来自西域的佛驮什想要安全到达南朝，最佳路线是借道河南道，而由吐谷浑控制的河南道必定对其开放。

几年后，罽宾高僧昙摩密多也经河南道东行到达南朝京师建康，文献记载："周历诸国遂适龟兹，……遂度流沙进到敦煌，……顷之复适凉州，……以宋元嘉元年展转至蜀，俄而出峡止荆州，于长沙寺造立禅阁。……顷之，沿流东下，至于京师。"[5] 若将文献中密多经行的地名相连接，即可发现：昙摩密多到达龟兹国后，首先通过塔里木北道度过流沙来到敦煌，接着取道河西走廊到达凉州传授禅法，之后"经行扁都口支道、隆务河支道、岷江支道的组合"[6]，顺利到达蜀地。此后密多在荆州停留时日，并在长沙寺弘扬禅法。最后，密多通过长江水道，到达京师建康。

魏晋南北朝时期，除了天竺和罽宾两国僧人陆续经行河南道外，还有高昌国释法绪、康居国释明达等西域僧人。还有一位西域僧人置良耶舍先后两次经行河南道，第一次于元嘉（424—453）之初"远冒沙河，萃于京邑"[7]。关于远涉沙河，据推测，"这是指吐谷浑境内的流沙即吐谷浑树墩城至曼头城间的戈壁"[8]。那么置良耶舍必定要经行河南道。第二

---

1 （南朝梁）释慧皎撰，汤用彤校注：《高僧传》，中华书局，1992年，第118页。

2 陈良伟：《丝绸之路河南道》，第309页。

3 《高僧传》，第66—67页。

4 周伟洲：《吐谷浑史》，第139页。

5 《高僧传》，121页。

6 陈良伟：《丝绸之路河南道》，第308页。

7 《高僧传》，第128页。

8 陈良伟：《丝绸之路河南道》，第308页。

次于元嘉十九年"西游岷蜀……后还卒于江陵，春秋六十矣"[1]。其中"岷"指岷山，"蜀"指成都，畺良耶舍首先通过长江水道由建康到达成都，而后借道岷江支道到达岷山，之后圆寂于江陵。

犍陀罗高僧阇那崛多是文献记载中最后一位经行河南道的僧人。《续高僧传》[2]有载，他主要经迦臂施国（今印度西北）、厌怛国（今中亚两河流域）、于阗国、吐谷浑国等，于西魏大统元年（535）到达青海鄯州，并于周明帝武成年间到达长安。之后西魏和北周逐步占领了四川、青海等吐谷浑故地，由此切断了由吐谷浑至益州等地的路线，加之南朝梁后期国势衰弱，无力经营从益州至建康的水陆通道，此后史籍中再也没有经行河南道僧侣的相关记载。

西域诸国高僧在魏晋南北朝时期进行的佛教传播与交流中发挥了重要作用，尤其是天竺和罽宾的高僧们为这一时期中西佛教文化交流做出了突出贡献，他们充当了这一时期文化交流的使者。

## （二）河西僧侣

河西地区作为当时中国接受西域佛教思想与文化的第一阵地，在魏晋南北朝时期佛教的中国化和中西佛教文化交流的进程中发挥了独特作用。这一时期，有诸多河西籍高僧经行河南道往返于中西。

单道开是文献记载的第一位经行河南道的敦煌籍高僧。道开少年即有隐居修行之志，不久出家，在敦煌潜心修行。后来，道开东行，《高僧传》有载："阜陵太守遣马迎开，开辞能步行三百里路，……以石虎建武十二年（346）从西平来，一日行七百里，……其年冬十一月，秦州刺史上表送开，初止邺城西法綝祠中，后徙临漳昭德寺。"[3]据此推测，单道开从敦煌出发，当时因政治原因河西走廊通道被人为截断，他只好经当山口进入青海界内，后穿过柴达木盆地到达青海西平地区，经长途跋涉过秦州（今天水），终于河北邺城。则知，单道开去往邺城途中经行河南道的柴达木分道。至升平三年（359），道开南奔至建业（今南京），后隐居于罗浮山。

北魏神龟元年（518），胡太后遣惠生、宋云及法力前往西域取经，这是我国佛教史上的一件大事。《文献通考》载："初，熙平中，明帝遣王伏子统宋云、沙门法力等使西域，访求佛经，时有沙门慧生者亦与俱行。"[4]其中惠生和宋云都是敦煌人。他们西行则是"相继启用了洮河支道的部分线路、柴达木支道、塔里木南支道的组合"[5]。

除了河西敦煌的这几位高僧经行河南道外，还有河西王沮渠蒙逊之从弟沮渠安阳、西海延水释法献、秦州释僧隐、酒泉释慧览、金城释玄畅等僧人也都先后经行河南道。其中沮渠安阳、释慧览和释玄畅三人都经由河南道到达了京师建康。

沮渠安阳，又名沮渠京声。安阳博闻强识，素奉佛教，不遗余力。少时，安阳即于西域求得佛经，

---

1 《高僧传》，第128页。
2 （唐）道宣撰，郭绍林点校：《续高僧传》，中华书局，2014年，第38页。
3 《高僧传》，第361页。
4 （元）马端临：《文献通考》，中华书局，1986年，第2653页。
5 陈良伟：《丝绸之路河南道》，第312页。

后因昙无谶而入河西译经、弘法。元嘉十六年（439）前后，"及伪魏吞并西凉，乃南奔于宋"[1]，隐于市井，专心念佛。沮渠安阳由河西南奔至京师建康，"当是依次启用了扁都口支道、隆务河支道、岷江支道"[2]。

释慧览，少时和河间高僧玄高交往密切，成年后离开了酒泉，周游西域各国，前往北印度求学。罽宾达摩比丘授其禅要及戒法，学成返回，经由河南道，《高僧传》载："览曾游西域，……后乃归，路由河南，河南吐谷浑慕延世子琼等敬览德问，遣使并资财令于蜀立左军寺，览即居之。后移罗天宫寺。"[3] 若将慧览经过的罽宾国、于阗、河南国（吐谷浑国）、左军寺、成都罗天宫寺等联系起来，则知慧览东来的大致路线，"由西向东依次启用了瓦罕支道、塔里木南支道、河源支道或隆务河支道、岷江支道的组合"[4]。后慧览依长江水道到达京师建康。

释玄畅是文献记载的最后一位经行河南道的河西籍高僧。因遇北魏武帝下令灭佛，元嘉二十二年（445），玄畅逃跑被胡军追击，急中生智跳入黄河，之后冒死涉江抵达南朝扬州。逮宋之季年，顺江而上，到达成都，住锡于大石寺。升明三年（479），玄畅又"游西界观瞩岷岭，乃于岷山郡北部广阳县界，见齐后山"[5]。其中，"岷岭为岷山，岷山郡为汶山郡，广阳县在今茂汶县境内，是知其乃是在岷江支道沿线上行走"[6]。晚年，玄畅顺江抵达建康，不久圆寂。

除此之外，西海延水（今居延地区，当时仍属河西）高僧释法献也先后两次经行河南道，第一次是由西海前往汉中[7]，第二次是元徽三年（475）由建康到达于阗[8]。

### （三）中原僧侣

魏晋南北朝时期，中原地区有幽州、冀州和雍州等地高僧经行河南道往来于成都、建康及天竺等地进行求法、交流与学习。

文献记载的第一位经行河南道的幽州籍高僧是释昙弘[9]，曾两次经行河南道往来于蜀地和长安之间。后来长乐人释道汪听说西秦国的玄高法师精通禅学，道行高深，遂前往拜师学艺。不幸的是"中路值吐谷浑之难，遂不果行，于是旋于成都"[10]。据考证，道汪从梁州前往西秦"启用的是白龙江支道宕昌径，而后遇吐谷浑部队的骚扰，又启用岷江支道退回成都"[11]。

东晋隆安三年（399），平阳郡武阳（今山西襄垣）高僧法显也经河南道去往西域求取佛经。法显

---

1 《高僧传》，第80页。
2 陈良伟：《丝绸之路河南道》，第310页。
3 《高僧传》，第418页。
4 陈良伟：《丝绸之路河南道》，第310页。
5 《高僧传》，第315页。
6 陈良伟：《丝绸之路河南道》，第311页。
7 陈良伟：《丝绸之路河南道》，第311页。
8 《高僧传》，第488页。
9 《高僧传》，第410页。
10 《高僧传》，第283页。
11 陈良伟：《丝绸之路河南道》，第306页。

作为中国第一位西行去往天竺成功求法归国的高僧，在中西佛教文化交流进程中具有划时代意义。法显西行求法后，有越来越多的中国僧侣踏上了漫漫西行取经之路，由此佛教传播至中国从被动接受向主动求取阶段转变。

而昙无竭是幽州籍第一位前往天竺等地求取佛经的高僧。他自幼出家，在黄龙（今辽宁朝阳）修行，颇羡慕法显西行，于是召集同门二十五人由黄龙出发，经河南国、西海郡、流沙，最后抵达高昌；稍后又自高昌出发，"依次经行了洮河支道的西段，柴达木南支道的全程、塔里木北支道的全程"[1]，而后经龟兹、沙勒、疏勒诸国，越葱岭而往中亚两河流域，游历罽宾、月氏、天竺、舍卫等国后泛海抵达广州。

除此之外，中原地区冀州释慧睿和雍州释智猛也先后经行河南道前往西域诸国进行游历、取经和参观佛迹。释慧睿少年出家，后来他"游历诸国，乃至南天竺界，音译诂训，殊方异义，无不必晓。后还憩庐山。俄又入关从什公谘禀。后适京师，止乌衣寺"[2]。而"僧人释慧睿欲西行求法恰值河陇驿道断绝，只亍谋求由益州经吐谷浑出西域之一径"[3]。后经陈良伟考证得知，释慧睿是经由河南道岷江支道到达西域的，即由成都出发经行灌县、汶川至松潘，最后抵达西域。想必后来释慧睿也是经由河南道先至益州，而后顺江直下返回南朝，憩居于庐山，最后到达建康乌衣寺。

释智猛小时即出家修行，诵经念佛之声夜以继日，不绝于耳。每当听说天竺等国有众多佛祖留下的遗迹及经书，智猛就心驰神往，立志远游。姚秦弘始六年（404），智猛与昙纂等同门十五人一起从长安出发，沿渭河至天水，再渡黄河、过兰州至武威，此后出阳关，穿过伊吾至高昌之间的南湖沙漠，经鄯善、龟兹及于阗等国一路西行，翻山越岭到达罽宾国。之后，智猛到达阿育王旧都华氏城，遇大智婆罗门罗阅，得大泥洹梵本和僧祇律各一部。并于元嘉元年（424）自天竺返回，"同行三伴于路无常，唯猛与昙纂俱还于凉州出泥洹本，得二十卷。以元嘉十四年入蜀，十六年七月造传记所游历"[4]。其东来的路线，"因为相继提及凉州、入蜀，则知其相继启用了扁都口支道、隆务河支道和岷江支道的组合"[5]。智猛到达成都后，元嘉十六年（439）经行长江水道入南朝京师建康。

以上即为魏晋南北朝时期经行丝绸之路河南道的数十位高僧及其所行"河南道"的具体路线。这些高僧中的一部分是中原、河西等地高僧经行河南道去往西域诸国求法，他们归国后往往与外国高僧一样经行河南道至益州，之后顺江而下到达建康，受到皇室优待，主要从事译经、宣传佛教思想、招收门徒等。另一部分是经行河南道到达荆州、庐山、广州等地游历、译经及布道，还有少数西域高僧后经河南道返回故土。

## 三 经河南道入建康僧侣事迹

经行河南道的高僧中有十位曾到达京师建康（表2）。他们由河西、中原或是西域等地经河南道

---

1　陈良伟：《丝绸之路河南道》，第308页。
2　《高僧传》，第259页。
3　郭盛：《青海"河南道"佛教传播源流考释》，《青海师范大学学报（哲学社会科学版）》2010年第1期，第91—99页。
4　《高僧传》，第126页。
5　陈良伟：《丝绸之路河南道》，第309页。

## 表2 魏晋南北朝时期经河南道至建康僧人统计表

| 地区 | 序号 | 姓名 | 到达建康时间 | 住锡寺庙 | 在建康弘法等事迹 |
|---|---|---|---|---|---|
| 西域 | 1 | 僧伽跋摩 | 元嘉十年（433） | 长干寺 | 翻译《杂阿毗昙心》、《分别业报略》、《劝发诸王要偈》、《请圣僧浴文》、《摩得勒伽经》等经；首次成功地为来自天竺的众多比丘尼举行二部僧受戒仪式。 |
| 西域 | 2 | 佛驮什 | 景平初年 | 龙光寺 | 译出《五分律》三十四卷；五分律的戒本对后世僧尼影响深远，尤其规范了僧尼们的经济活动；罽宾寺得名恰与佛驮什为罽宾国人有很大的关系。 |
| 西域 | 3 | 昙摩密多 | 元嘉初年 | 中兴寺、祇洹寺、钟山定林上寺及定林下寺 | 翻译《五门禅经要用法》、《禅秘要法经》、《观普贤菩萨行法经》、《观虚空藏菩萨经》等经；热于传授禅法，译出的多种禅经对江南乃至全国佛教禅学的发展产生了极大的影响；于元嘉间营建钟山定林上寺，为建康佛教文化交流提供了场所；广收门徒，授律学等佛教义理，高足弟子法达在建康继续弘扬佛法。 |
| 西域 | 4 | 畺良耶舍 | 元嘉元年（424） | 钟山道林寺 | 翻译《观无量寿佛经》及《观药王药上二菩萨经》二经；三藏兼明而尤专禅学。译出的《观无量寿佛经》和《观药王药上二菩萨经》为净土宗在江南及全国的传播提供了理论基础。 |
| 河西 | 1 | 沮渠安阳 | 元嘉十六年（439）前后 | 竹园寺、钟山定林寺 | 翻译《弥勒》、《观世音》、《禅要》、《佛母般泥洹经》、《弥勒上生经》等经；译出的《禅要》为当时建康及全国初修禅者在参禅过程中出现的病症提供了解决办法。 |
| 河西 | 2 | 释慧览 | 元嘉元年（424） | 道场寺、定林下寺、中兴寺 | 将平陆寺改名为奉诚寺；建康后，受到南朝宋文帝和孝武帝的礼遇善待。 |
| 河西 | 3 | 释玄畅 | 刘宋末年 | 灵根寺 | 对经律、禅要、三论等都有深入探究，开创性地阐释华严大部，对当时建康佛教的发展产生了积极影响；在南朝名声大振，德高望重，多位帝王和太子都邀请其至建康；齐武帝时，担任僧正，管理僧尼事务。 |
| 河西 | 4 | 释法献 | 刘宋年间 | 瓦官寺 | 译出《观世音忏悔除罪咒经》及《妙法莲华经提婆达多品》二经；圆寂后，弟子僧佑为其立碑撰文，二人师徒感情深厚。 |
| 中原 | 1 | 释慧睿 | 元嘉初年 | 乌衣寺 | 于乌衣寺讲经布道，且与彭城王刘义康及陈郡谢灵运等人有所接触和来往。 |
| 中原 | 2 | 释智猛 | 元嘉十六年（439） | 定林下寺 | 撰写《外国传》四卷。 |

资料来源：1.释慧皎《高僧传》；2.刘世珩《南朝寺考》；3.陈良伟《丝绸之路河南道》。

到达益州地区，再沿岷江、嘉陵江或汉江入长江，之后顺江而下到达建康及周边地区，进行弘法、布道、译经、著述等活动，对南朝佛教和社会的发展产生了极其重要和深远的影响，故这一部分笔者着重对他们在建康地区的弘法及社会活动进行系统梳理和考察。

## （一）参与翻译佛经

魏晋南北朝时期的译经数量和译经规模在中国佛教史上有了空前发展，尤其东晋南朝时期的译经活动在中国佛教译经史上占据了重要的地位。经行河南道至建康的高僧们到达建康后的首要事宜即是译经。

佛驮什是最早经行河南道至南朝的高僧，到达南朝后，先在扬州游历。由于法显未将从师子国带回的弥沙塞律梵本翻译成功即离开建康到达荆州并在不久后圆寂，而"京邑诸僧闻什既善此学，于是请令出焉。以景平元年冬十一月集于龙光寺，译为三十四卷，称为五分律。什执梵文，于阗沙门智胜为译，龙光道生东安慧严共执笔参正，宋侍中琅琊王练为檀越，至明年四月方竟"[1]。由此可知景平元年（423）十一月至二年四月，佛驮什受京师众僧邀请与智胜、道生及慧严等人在宋侍中王练的支持下于龙光寺译出《五分律》三十四卷。

元嘉初年畺良耶舍到达建康后，《高僧传》载："太祖文皇深加叹异。初止钟山道林精舍，沙门宝志崇其禅法，沙门僧含请译药王药上观及无量寿观，含即笔受。"[2]可见，畺良耶舍对禅法深有见地，尤为高僧宝志推崇，且受邀于钟山道林寺译出《观无量寿佛经》和《观药王药上二菩萨经》。

昙摩密多经过多年辗转跋涉，最终到达建康，并先后住锡于中兴寺、祇洹寺、钟山定林上寺及定林下寺。密多在中兴寺居住不久后就到达凤凰楼之西的祇洹寺，"即于祇洹寺译出禅经禅法要普贤观虚空藏观等，常以禅道教授，或千里谘受四辈，远近皆号大禅师焉"[3]。著名的《五门禅经要用法》、《禅秘要法经》、《观普贤菩萨行法经》、《观虚空藏菩萨经》等都是此时昙摩密多于祇洹寺译出。

僧伽跋摩到达建康后也参与了重要的译经工作。《高僧传》载："慧观等以跋摩妙解杂心讽诵通利，先三藏虽译未及缮写。即以其年九月，……宝云译语，观自笔受，……续出摩得勒伽、分别业报略、劝发诸王要偈及请圣僧浴文等。"[4]因此元嘉十年（433）九月，僧伽跋摩于建康长干寺译出《杂阿毗昙心》、《分别业报略》、《劝发诸王要偈》及《请圣僧浴文》等经。《出三藏记集》又云："《摩得勒伽经》十卷于宋元嘉十二年乙亥岁正月在秣陵平乐寺译出，至九月二十二日讫。"[5]《摩得勒伽经》又称《杂心论摩得勒伽》。

沮渠安阳为北凉王沮渠蒙逊的从弟，当北魏拓跋焘攻灭凉州等地后，沮渠安阳南奔至南朝建康，"晦志卑身，不交人世，常游塔寺，以居士身毕世，初出弥勒，观音二观经"[6]。即此时沮渠安阳在建康译出《弥勒》、《观世音》二经。此后"竹园寺慧浚

---

1 《高僧传》，第96页。
2 《高僧传》，第128页。
3 《高僧传》，第121页。
4 《高僧传》，第119页。
5 （南朝梁）僧佑撰，苏晋仁、萧鍊子点校：《出三藏记集》，中华书局，1995年，第419页。
6 《高僧传》，第80页。

尼复请出禅经，安阳既通习积，以临笔无滞，旬有七日，出为五卷。顷之，又于钟山定林寺，出佛父般泥洹经一卷"[1]。由此可知，安阳之前在河西译出的《禅要》（即《治禅病秘要法》）受竹园寺比丘尼慧浚多次请求，复而面世。经僧佑考证，《出三藏记集》载："《禅要秘密治病经》二卷于宋孝建二年（455）于竹园寺译出。"[2]后隋唐时期的费长房及智升皆同意此说法。此外安阳又于钟山定林寺译出《佛母般泥洹经》、《弥勒上生经》等二十八部。

永明八年（490），释法献于瓦官寺与法意先译出《观世音忏悔除罪咒经》，后又译出《妙法莲华经提婆达多品》。[3]

除译经外，高僧们还著书立说，如释智猛居于定林下寺时撰写了西行游记，是为《外国传》四卷，也称《西行外国传》。可惜的是，智猛于凉州译出的《大般泥洹经》及在建康撰写的《外国传》四卷，今皆不得所踪。

## （二）弘传佛教义理

东晋南朝时期建康佛教的发展主要体现在戒律和禅学等学派的发展上。而这一时期的戒律与禅学的发展是相辅相成的一个过程。其中经河南道至建康的畺良耶舍、昙摩密多、沮渠安阳、释玄畅四人为当时的禅学大师，是东晋南朝时期建康禅学发展的主要推动者。

畺良耶舍性格刚直、清心寡欲，善于念诵论藏阿毗昙论，广博涉猎律部经典，对其他佛教经典也都有所涉猎。但是，畺良耶舍尤专禅学。《高僧传》云："性刚直寡嗜欲，善诵阿毗昙博涉律部，其余诸经多所该综，虽三藏兼明而以禅门专业。"[4]

而"昙摩密多作为定林上寺的开山之祖，曾译出禅经多种，是刘宋时与西凉沮渠京声齐名的精于禅学的译师与经师"[5]。其一生衷于佛教事业，热于传授禅法，译出的多种禅经对江南乃至全国佛教禅学的发展产生了极大的影响。此后密多的高足法达禅师"弘其风教，声震道俗，故能净化久而莫渝，胜业崇而弗替，盖密多之遗烈也，爰自西域，至于南土，凡所游履，靡不兴造檀会，敷陈教法"[6]。可见，受密多影响，其弟子法达在建康弘扬佛法，建禅阁寺院以传播禅法、兴盛佛教。另一位禅师沮渠安阳译出的《禅要》为当时建康及全国初修禅者在参禅过程中出现的病症提供了解决办法。

还有一位高僧释玄畅，文献记载其"洞晓经律，深入禅要，……初华严大部，文旨浩博，终古以来，未有宣释。畅乃竭思研寻，提章比句。传讲迄今，畅其始也。又善于三论，为学者之宗"[7]。可见，玄畅对经律、禅要、三论等都有深入探究，并勤于钻研，开创性地对华严大部进行阐释，对当时建康佛教的发展产生了积极影响。值得一提的是，东晋南朝时期设立以僧正为代表的僧官制度为戒律进一步

---

1 《高僧传》，第80页。
2 《出三藏记集》，第61页。
3 《出三藏记集》，第63—64页。
4 《高僧传》，第128页。
5 冯国栋：《刘勰的"虚静"说与佛家的禅学》，《文艺理论研究》2002年第6期，第52—57页。
6 《高僧传》，第122页。
7 《高僧传》，第314页。

实施提供了保障，并加强了国家对僧侣们的有效管理和统治。如《高僧传》云："献以永明之中，被敕与长干玄畅同为僧主，分任南北两岸。"[1]可知，在永明年间，皇帝敕令师法献与释玄畅两人分管南北两岸的僧尼事务。

在禅学发展的同时，戒律也随之有了长足发展。如佛驮什译出的《五分律》此后"于大部抄出戒心及羯磨文等，并行于世"[2]。因此后世流传的"五分律的戒本和羯磨文，是从译为华文的大本中另行抄出，而非译自梵本"[3]。且《五分律》的戒本对后世僧尼影响深远，尤其规范了僧尼们的经济活动。而受戒仪式的完善也是戒律发展的具体表现。当时求那跋摩未为慧果等比丘尼受戒就提前圆寂。而僧伽跋摩擅长三藏，德行很高，尤其对杂阿毗昙心论精通，于是"众乃共请跋摩为师继轨三藏"[4]，为他们授具足戒。但是祇洹寺慧义却不赞同，与跋摩争论不休，跋摩以理服人，标宗显法，最终慧义甘拜下风。僧伽跋摩成功地为来自天竺的众多比丘尼举行二部僧受戒仪式。这次受戒仪式永远记录于中国与师子国（今斯里兰卡）的佛教文化交流史册中。

除了戒律与禅学的快速发展，其他宗派的发展也不可忽视，如当时建康众僧将畺良耶舍译出的《观无量寿佛经》和《观药王药上二菩萨经》二经视为修行身心的不二法门，之后广泛地在南朝流通盛行，为净土宗在江南及全国的传播提供了理论基础，创造了有利条件。

### （三）开展佛教文化交流

经行河南道至建康的高僧们积极地与上至统治者下至文人志士、当地僧侣等进行交流，为建康佛教文化注入了新的内容，也为中西佛教文化交流的正常进行提供保障。根据文献记载，笔者主要从参与寺庙建设、与帝王、文人志士及当地僧侣进行交流等方面论述他们当时在建康开展的佛教文化交流活动。

首先，高僧们参与寺庙建设，为建康佛教寺院的发展与变革添砖加瓦。最为突出的是昙摩密多。密多于元嘉十年从浙江游历结束返回建康，来到钟山定林下寺。文献记载："密多天性凝靖雅爱山水，以为钟山镇岳峰美嵩华，常叹下寺基构临涧低侧。于是乘高相地揆卜山势，以元嘉十二年斩石刊木营建上寺。"[5]可见昙摩密多于元嘉十二年在定林下寺不远处建立定林上寺。另一说为昙摩密多于元嘉十六年建立定林上寺，见于《建康实录》："置上定林寺，西南去县十八里。案，寺记：元嘉十六年，禅师竺法秀造，在下定林寺之后，法秀初止祇洹寺，移居于此也。"[6]总之，钟山定林上寺为昙摩密多于元嘉年间营建为确凿事实，并且定林上寺为之后的佛教文化交流提供了场所。后来释智猛到达建康，即住锡于钟山定林寺。我国第一部文学理论和评论专著——《文心雕龙》，即由刘勰于定林上寺创作完成。

---

1  《高僧传》，第489页。

2  《高僧传》，第96页。

3  曹仕邦：《僧祇律在华的译出、弘扬潜在影响——兼论五分律的译出与流传》，《华冈佛学学报》1984年第7期，第217—233页。

4  《高僧传》，第118页。

5  《高僧传》，第122页。

6  （唐）许嵩撰，张忱石点校：《建康实录》，中华书局，1986年，第432—433页。

除了新建寺庙，当时建康寺庙的命名也与高僧们有关。据《南朝寺考》记载，建康罽宾寺得名恰与佛驮什为罽宾国人有很大的关系。[1]而建康奉诚寺原名叫平陆寺，元嘉十年，跋摩受慧观邀请入住参观平陆寺后，将其改名为奉诚寺，《南朝寺考》有载："平陆寺不知其所在，……逮文帝元嘉十年，天竺僧伽跋摩至京。道场寺僧慧览以其道行纯备，请住是寺。跋摩共观加塔三层，后改名奉诚寺。"[2]

其次，高僧们与帝王、文人志士之间也有诸多交流。释慧睿经由河南道、顺江而下到达南朝后，先在庐山隐居，后栖身于京师乌衣寺讲经布道，"讲说皆思彻言表，理契环中"[3]。释慧睿到达南朝后，与彭城王刘义康及陈郡谢灵运等人有所接触和来往。"宋彭城王义康请入第受戒。睿曰，礼闻来学。义康大惭，乃入寺虔礼以奉戒法。后以貂、裘奉睿，睿不服，常坐之。王密令左右买以三十万钱。睿曰，虽非所服，大王所施，聊为从用耳。谢灵运笃好佛理，殊俗之音多所达解。乃以经中诸字并众音证于睿。着十四音训，叙条例。梵汉昭然可了，使文字有据。"[4]可见慧睿修行很高，有自己的处事原则，不为金钱和权贵所折；慧睿对佛理、音韵和梵语也多有造诣，尤其慧睿对谢灵运关于"经中诸字及其音"等疑问的解答也很全面、可靠。当时僧伽跋摩与彭城王刘义康也有交流，文献载："宋彭城王义康，崇其戒范，广设斋供，四众殷盛倾于京邑。"[5]

释慧览由长江顺流而下到达建康后，文献记载其事迹尤为简略。今可见《高僧传》载："宋文请下都止钟山定林寺，孝武起中兴寺，复敕令移住，京邑禅僧皆随踵受业。吴兴沈演、平昌孟𫖮，并钦慕道德，为造禅室于寺。"[6]释慧览来到建康后，受到南朝宋文帝和孝武帝的礼遇善待，宋文帝邀请其住锡钟山定林下寺，后孝武帝发布谕令使其移住至京师中兴寺。吴兴武康（今德青）人沈演之和会稽太守孟𫖮因崇尚慧览的品行及戒德，于中兴寺为其出资建造了修行静坐的禅室。

后来宋文帝想聘请高僧释玄畅为太子师，但因思想不同，释玄畅再三辞让，后转锡于荆州长沙寺。逮"齐武升位，司徒文宣王启自江陵，旋于京师。文惠太子又遣征迎，既敕令重叠，辞不获免。于是泛舟东下，中途动疾，带患至京，倾众阻望，止住灵根，少时而卒，春秋六十有九。是岁齐永明二年十一月十六日，即窆于钟阜独龙山前。临川献王立碑，汝南周颙制文"[7]。由此则知，玄畅在南朝名声大振，德高望重，多位帝王和太子都邀请其至建康。因齐武帝和太子都敕令邀请而不好辞让，玄畅才沿长江水道泛舟而下，永明初年终至建康。齐武帝立即敕令玄畅为僧正，一年后，即永明二年，玄畅圆寂于京师灵根寺，后葬于钟山。

---

1 （清）刘世珩撰：《南朝寺考》，台北明文书局，1980年，第42页。
2 （清）刘世珩撰：《南朝寺考》，第41—42页。
3 《高僧传》，第259—260页。
4 《高僧传》，第260页。
5 《高僧传》，第119页。
6 《高僧传》，第418页。
7 《高僧传》，第316页。

最后，来到建康的高僧们与当地的僧侣也多有接触，并相互结下了深厚的情谊。如建武末年，法献圆寂，"其与畅同窆于钟山之阳。献弟子僧祐为造碑墓侧，……献于西域所得佛牙及像，皆在上定林寺"[1]。法献圆寂后，弟子僧祐为其立碑撰文，可见法献与弟子僧祐之间的关系非同一般。后来《出三藏记集》的撰写者僧祐法师即为定林上寺法达法师的弟子，而法达却是定林上寺开山之祖昙摩密多的弟子。可见，昙摩密多通过招收门徒，授其律学等佛教义理，而后其高足弟子法达在建康弘扬佛法，继续传承殊胜的佛教事业，声威震动数万信众。

此外，如前文提到的高僧们还常常受邀与当地僧侣一同译经、受邀参观佛寺及受邀住锡于寺庙之中。从这些方面可以看出，经河南道到达建康后的高僧们都主动地与帝王、当地僧侣及文人志士进行广泛的佛教文化交流，并积极参与翻译佛经，竭力传播佛教义理。他们为佛教事业呕心沥血，对魏晋南北朝时期佛教的发展做出了杰出贡献。

以上笔者从译经、弘传佛教义理及开展佛教文化交流三个层面，对东晋南北朝时期十位高僧经河南道至建康后的事迹做了简要论述和探讨。这些经河南道到达建康的僧侣们，在建康译经、著述、宣扬佛教思想，不仅促进了中外文化交流与融合，还极大丰富了中国的佛教思想，扩充了中国的佛教经典，这为后来唐代各宗派的形成奠定了思想和理论基础，对中国佛教的发展产生了深远影响。同时佛教的盛行也有利于当时封建统治者借助佛教思想巩固自己的政权并获得民心。

## 结　语

总之，魏晋南北朝时期正值北方政治局势混乱，政权更迭不断，致使河西走廊无法正常通行，才会有大批高僧选择较为艰难的河南道来往于中西。由吐谷浑缔毂的河南道是4—6世纪中西文化、经济、政治等多方面交流的重要通道，其中以佛教传播为代表的中西文化交流较为突出。不论是外籍高僧还是中国高僧，他们都不畏艰险，有着坚定的取经、弘法信念，为中西佛教等文化交流做出了突出贡献。

魏晋南北朝时期有数十位僧侣经行河南道往来于中西，其中有十位高僧是经行河南道和长江水道到达建康地区，他们充实了建康及整个东晋南北朝的佛教义理和经书规模。这些高僧所行具体路线也为研究河南道的走向及中西交通史提供了线索和史料。他们从西域等地带来的佛教思想、佛教经典、西域文化及他们不畏艰险、勇于开拓的精神等，都是南京佛教文化的重要组成部分，值得我们重视和弘扬。

---

[1] 《高僧传》，第489页。

# 元代汪古赵氏家族的文化认同*

李晓凤

（陕西师范大学历史文化学院）

汪古，元代史籍通常译作雍古、王孤、瓮古、旺古、汪古、汪骨等，是金元之际活动于今内蒙古大青山以北的一个部族。金朝皇帝为防御蒙古、克烈、乃蛮等部，构筑了一道城墙，交给该部守卫。汪古部有王族系统和非王族系统，其中前者包括镇国系和阿剌兀思剔吉忽里系；后者包括赵氏、马氏、汪氏、耶律氏[1]，是蒙元时期重要的色目人部族。

在元代多民族文化融合的背景之下，汪古赵氏家族的文化认同具有典型性，其宗教信仰和文化交融呈现出了一种复杂的状态。张星烺认为该家族人名都具有浓重的景教色彩，是当时的基督教徒，汪古赵氏一直沿袭景教信仰传统，因此该家族为景教世家。[2]陈垣也指出，该家族为景教世家，而赵世延华化至深。[3]然而，笔者在翻阅资料时发现，今存甘肃礼县诸通碑刻中反映了赵氏的宗教信仰与文化认同并不是单一的，而是一个集景教文化、汉文化及蒙古文化于一体的混合文化家族。总之，汪古赵氏家族的文化交融情况还有进一步探讨的空间，若不认真与其他文献比对，只能确定该家族为景教世家或者是某个成员的"华化"，无法认识到该家族在发展的过程中，兼有蒙古文化认同的倾向。这些碑刻材料跨度时间三十余年，它们不仅提供了元代赵氏一族的仕宦履历与军功政绩，也为我们展示了赵氏作为景教世家与蒙古文化及汉文化的认同、交流与融合。笔者不揣简陋，即以赵氏一族的碑刻材料反映的景教信仰、蒙古化和汉化之间的互动为中心，对此家族的文化变迁做一专题性的探讨。

## 一 汪古赵氏家族的概况

根据笔者查阅，现存汪古赵氏一族的碑刻材料有五通，有待于进一步探讨和研究，现将该家族的碑刻材料以及从中所反映出来的家族概况做一简要的介绍。

### （一）汪古赵氏诸碑以及相关问题

有元一代，赵氏一族一直活跃在元代政坛当中。第一代按竺迩随成吉思汗东征西讨，建功立业，在礼县建立家族根据地，世守此地；第三代赵世延仕

---

\* 基金项目：本项目为陕西师范大学中央高校基本科研业务费专项资金资助（Supported by the Fundamental Research Funds For the Central Universities）"多民族文化视域下的西夏凉州历史构建"（2018TS047）阶段性研究成果。

1 邱树森：《元代基督教在蒙古克烈、乃蛮、汪古地区的传播》，《内蒙古社会科学》2002年第2期，第46—49页。
2 张星烺编注，朱杰勤校订：《中西交通史料汇编》（第二册），中华书局，2003年，第292页。
3 陈垣：《元西域人华化考》，上海古籍出版社，2000年，第128页。

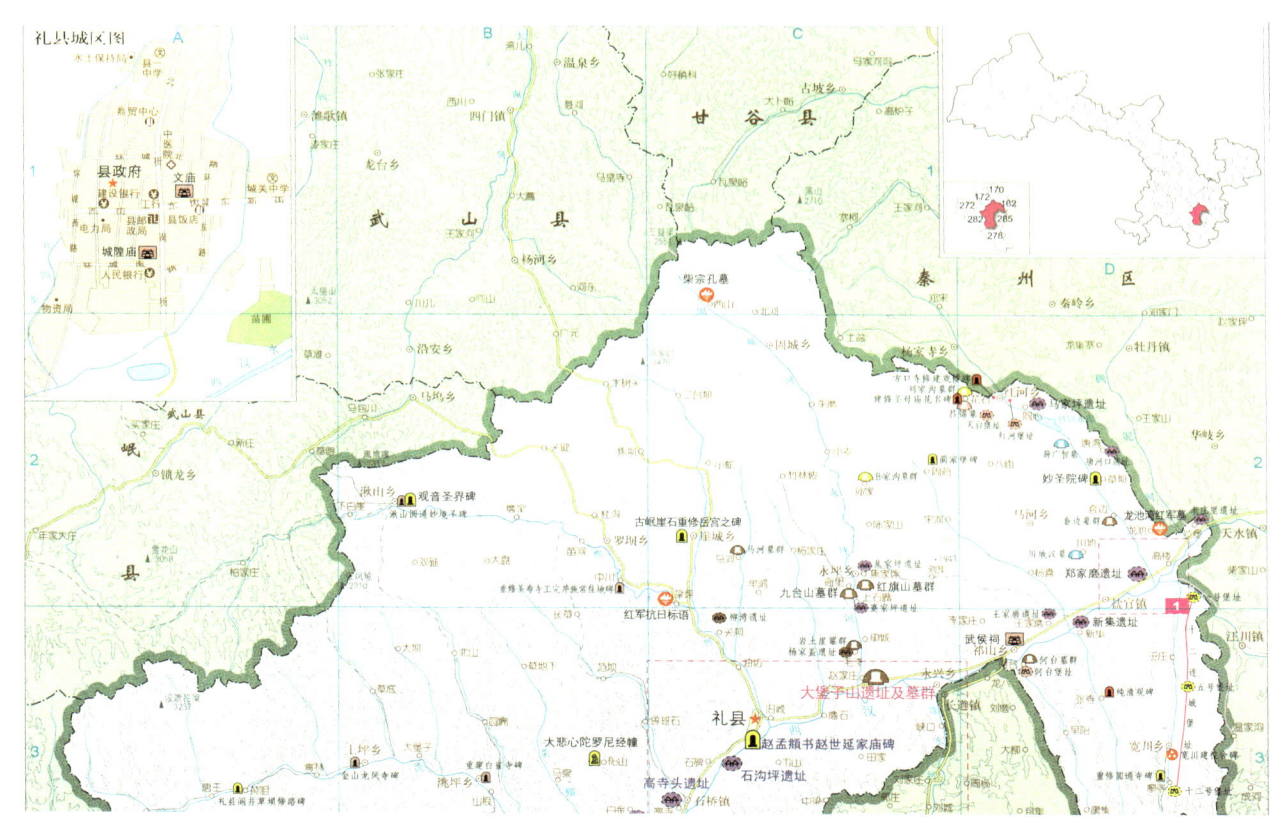

图1　礼县文物遗址分布图局部（采自《中国文物地图集·甘肃分册·下》）

宦九朝，在川陕地区大兴儒学，推行仁政，政绩颇丰，深受百姓爱戴。因此，该家族自按竺迩起，在蒙古国之初，战功累累，至少有六代人，历经百余年，占据礼县这一西陲重镇（图1）。关于该家族的

### 表1　汪古赵氏家族诸碑简况

| 碑名 | 立碑时间 | 状主 | 撰者 | 资料来源 | 备注 |
| --- | --- | --- | --- | --- | --- |
| 《雍古公神道碑铭》 |  | 按竺迩 | 元明善 | （元）元明善：《雍古公神道碑》，《全元文》卷七六二，第24册，第393页。 | 该碑应撰写于皇庆二年（1313）。现已佚。 |
| 《敕赐雍古氏家庙碑》 | 后至元丁丑年（1337） | 按竺迩、赵国宝 | 程钜夫 | （民国）张维《陇右金石录》卷五，《石刻史料新编》第1辑第21册，台北新文丰出版公司，1979年，第16113—16114页。 | 今存甘肃礼县城关镇南关村。程钜夫《雪楼集》亦有《赵氏先庙碑》，二文不尽相同。 |
| 《大元崖石镇东岳庙之记》 | 后至元五年（1339） |  | 周夔 | 礼县老年书画协会、礼县博物馆编：《礼县金石集锦》，2000年，第122页。 | 今存甘肃礼县崖城乡街道村。 |
| 《湫山观音圣境之碑》 |  | 按竺迩、赵世延 | 牟守中 | 礼县老年书画协会、礼县博物馆编：《礼县金石集锦》，第146页。 | 今存甘肃礼县湫山乡上坪村。 |
| 《赵氏寿考墓碑》 | 明弘治七年（1494） | 赵玹 |  | 礼县老年书画协会、礼县博物馆编：《礼县金石集锦》，第271—272页。 | 今存甘肃礼县石桥镇石碑村西100米。 |

说明：以上诸碑，均从原始出处录出，后文不再一一注明出处。

碑刻材料，笔者辑录如表1。

在上述碑刻当中，按竺迩（1194—1263）、子赵国宝（？—1267）、孙赵世延（1260—1336）的墓碑（分别是《雍古公神道碑铭有序》，简称《神道碑》；《敕赐雍古氏家庙碑》[图2]，简称《家庙碑》）是记述该家族世系以及功绩的重要材料。上述诸碑皆位于今礼县，其中《家庙碑》所在的位置即该家族的"先茔"所在地，也即汪古赵氏一族的族葬墓地。

## （二）汪古赵氏家族的世系

据《神道碑》，"秦国公讳按竺迩，雍古族人"。雍古，又作汪古，关于这一名称的来历，拉施特《史集》中记载："金朝皇帝为了防御蒙古、克烈、乃蛮等部，修筑了一道大墙，蒙古语叫unkuh，交给该部族守卫，因此得名汪古。"[1] 周清澍认为，汪古部"属于突厥语族的汪古人，是由回鹘败亡漠南时被唐朝驱散后留在阴山一带的余部、唐末由雁北北上的沙陀人、金初释放的回鹘俘虏等所组成，可能还加入了其他各种民族成分。但应以回鹘可汗统治下操突厥语的部落的遗裔占主要地位"[2]。

汪古赵氏家族自归附察合台以来，扈从成吉思汗东征西讨，军功卓著，世代袭爵，其中以第三代赵世延成就最为丰硕，仕宦九朝，官至中书平章政事，政绩显赫，为地方政治、经济与文化的发展做出了很大的贡献。[3] 根据按竺迩的《神道碑》及《家庙碑》，其家族成员的世系可见图3。

## （三）"蒙古汉军征行大元帅"在赵氏一族中的流转

有元一代，赵氏一族仕宦活动频繁，世代袭祖爵，担任军职，遍及已知的大多数家族成员。而礼店文州元帅府与蒙古汉军征行大元帅一职为该家族世代戍守与承袭的军职。陈启生对元代礼店文州元帅府的机构、职能、军队成分以及镇戍范围的演变过程做了考述，他认为该元帅府经历了"礼店元帅府—礼店文州蒙古汉军元帅府—文州吐蕃万户府、文扶州万户府、汉阳军民元帅府—礼店文州蒙古汉军西番军民元帅府"的演变，与之相对应的元帅一职也发生了改变，即"礼店元帅—礼店文州蒙古汉军元帅、文州吐蕃万户府达鲁花赤—蒙古汉军元帅兼文州万户府达鲁花赤—礼店文州蒙古汉军西番军民元帅"。[4] 这一职位的演变与前文所述该家族的任职情况是相吻合的，那么该家族的具体任职情况是怎么样的呢？需要做进

图2 《敕赐雍古氏家庙碑》（局部）（采自《礼县金石集锦》）

---

1 〔波斯〕拉施特主编，余大钧、周建奇译：《史集》，商务印书馆，1983年，第230页。
2 周清澍：《汪古部的族源——汪古部事辑之二》，《文史》第十辑，中华书局，1980年，第116页。
3 王红梅：《九朝良臣：元代雍古名臣赵世延丛考》，《新疆大学学报》2014年第4期，第51页。
4 陈启生：《礼店文州元帅府考述》，《西北师大学报》1994年第3期，第102—105页。

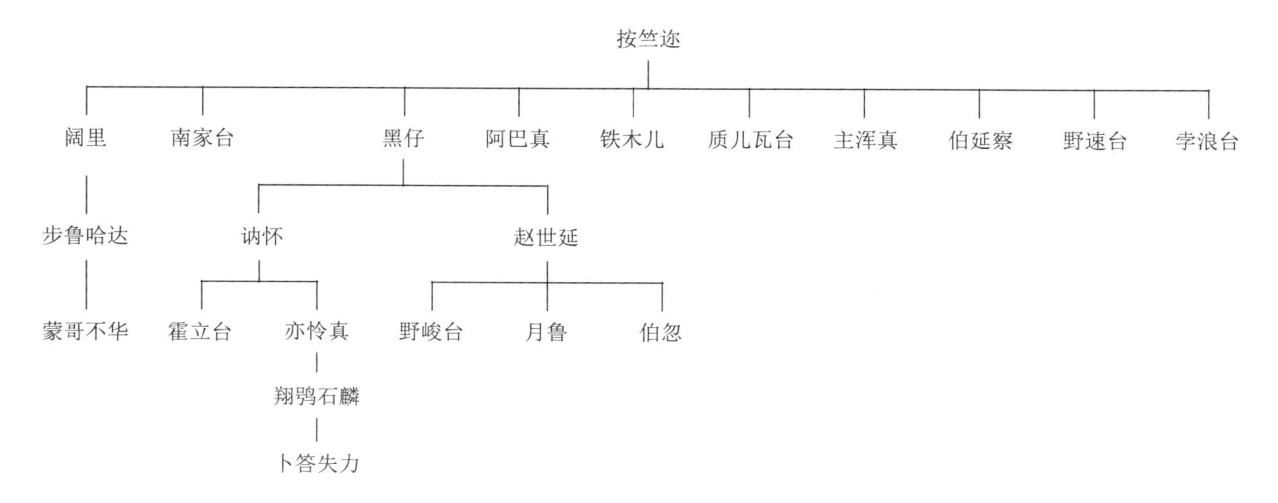

图3　元代汪古赵氏家族世系图（笔者制）

说明：1. 上述家族成员的姓名以《神道碑》中书写为准，在其他史料中还存在异写。其中，阔里又作徹里、车里、彻理；黑仔又作黑子、黑梓，又名国宝；铁木儿又作帖木儿，又名国安；讷怀又作世荣、那怀，又名石允；蒙哥不华又作忙古不花。亦怜真又作亦辇真、石吉连；翔鹗石麟又作石麟；真不花又作真卜花。

2. 除了上述成员，《神道碑》还指出，按竺迩孙男若干人，有达察儿、鲁木力结、土满答、真不花、阿思南不华、塔不带等，由于史料缺乏，与上一代皆无法对应，故在世系表中无法列出他们对应的先辈。

一步的考察。

在蒙元时期，除了嫡长子继承制以外，还允许色目人家族的军职在同辈兄弟之间流转，至元十一年（1274），元世祖诏："色目镇抚已殁，其子有能，依例用之。子幼，则取其兄弟之子有能用者用之，俟其子长，即以其职还之。"[1] 但在这之前，元帅一职就已经在同辈兄弟之间流转了。中统元年（1260），"按竺迩以老，委军其子"。长子阔里袭职为元帅，后以病废。是年，黑仔说降吐蕃有功，"授国宝（即黑仔）三品印，为蒙古汉军元帅，兼文州万户府达鲁花赤，赐金符"。至元四年（1267）卒，其长子讷怀幼，命其弟铁木儿袭其职。至元十五年（1278），铁木儿请解职授世荣，讷怀系怀远大将军、蒙古汉军元帅，兼文州吐蕃万户府达鲁花赤，后以功进安远大将军、吐

---

[1]（明）宋濂：《元史》卷三二《铨法上》，中华书局，1976年，第2040页。

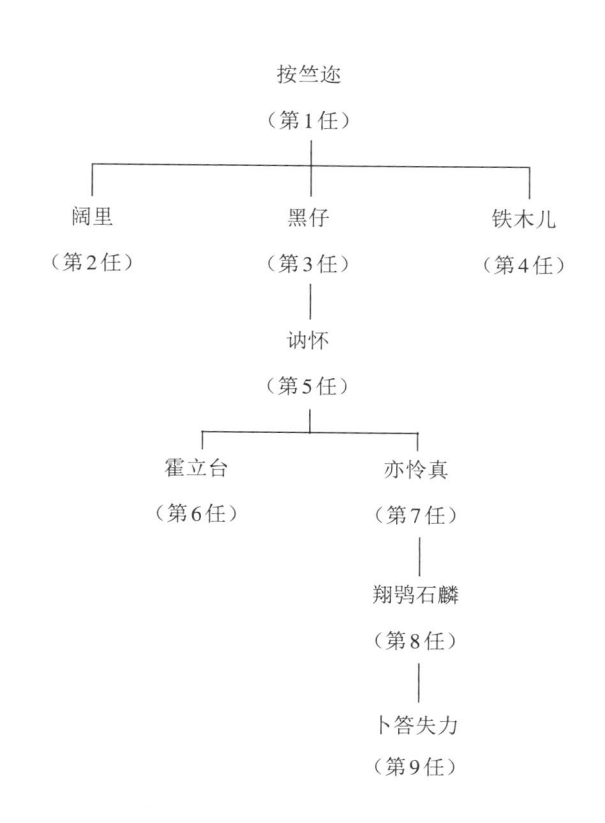

图4　蒙古汉军征行大元帅流转图（笔者制）

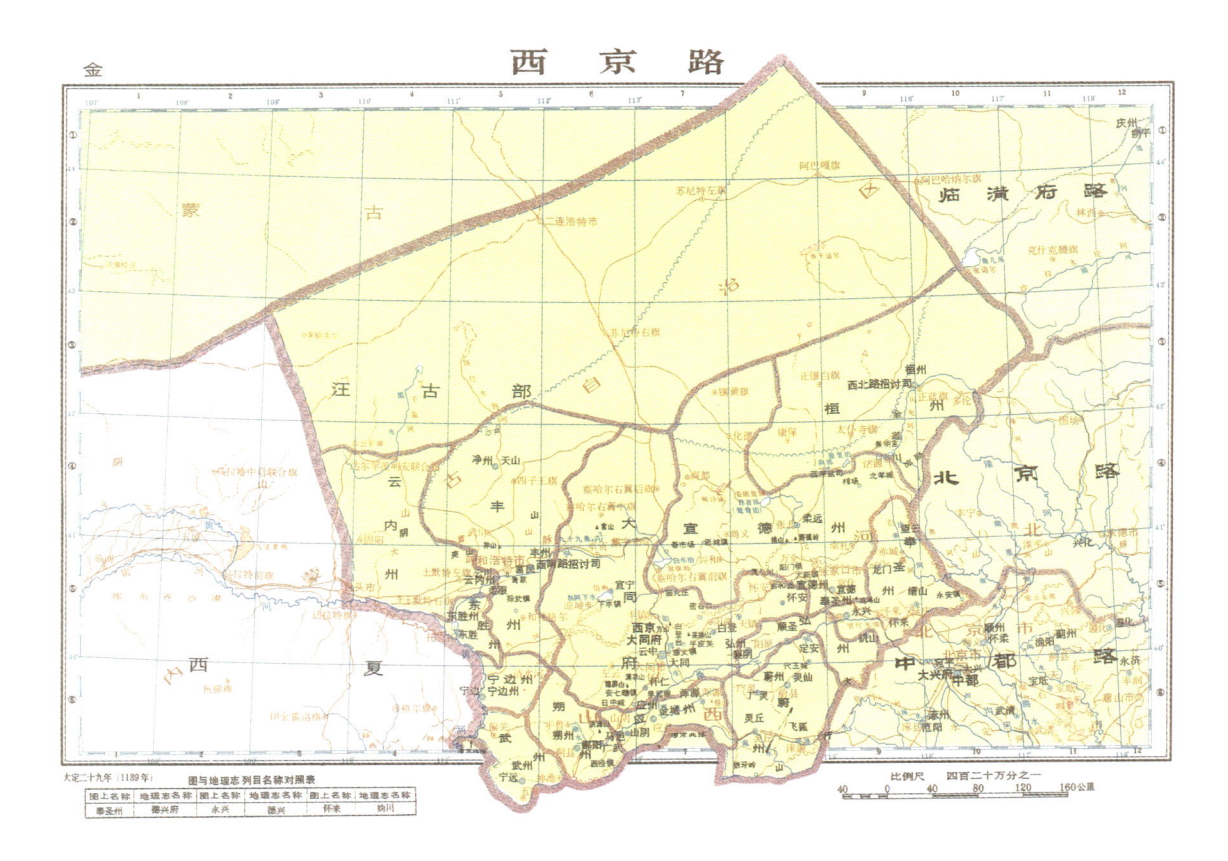

图5 金西京路地图（采自谭其骧主编《中国历史地图集》）

蕃宣慰使议事都元帅。其后代一直世袭祖爵，世守祖地。讷怀后代，依旧按照元世祖诏，让家族各支轮流出任世袭军职，其子霍立台、亦怜真，其孙翔鸦石麟、曾孙卜答失力皆袭祖爵，以便使各支家族成员在仕途中都有一个较高的起点，具体如图4所示。

从图4可知，汪古赵氏家族军职的承袭方式符合蒙古同辈兄弟之间的继承模式，世袭爵位在兄弟、叔伯之间进行流转，共历经"六代九任"，从而使得家族每一代基本都能有两人以上进入官场。因此，元世祖允许色目人军职在兄弟间流转的诏书，有助于汪古赵氏军功世家维持家族在元代政坛上的地位。

## 二 汪古赵氏家族的景教信仰

赵氏一族出于景教世家，具有浓厚的景教文化背景，这与该家族祖先生活于景教流行的云中地区息息相关，还主要表现在该家族的取名与婚俗观念上。

### （一）祖居地——云中地区

赵氏一族为云中世族，云中即今山西大同一带，位于金代西京路（图5）。汪古地区，因民族成分较为复杂，蒙元之前曾是基督教聂思脱里派[1]流行之地[2]，大多数人皆为基督教信徒。邱树森也认为，景教自遭到中原地区的破灭之后，逐渐转向中亚地区，

---

[1] 也里可温是元代景教与天主教的总称，"也里可温"意思是"有福缘的人"，元朝时一般把景教徒和天主教徒称为"也里可温"。元代对基督教统称为也里可温教，还指称欧洲的基督教国。也里可温，字源出自阿拉伯语。蒙古人起初仅以此指基督教聂思脱里派，即景教徒，后来也指希腊正教和罗马天主教。

[2] 陈垣：《元西域人华化考》，第51页。

尤其是漠北的蒙古地区，其中克烈、乃蛮及汪古地区最为流行。[1]

成吉思汗伐金之时，汪古部族首领阿剌兀思剔吉忽里率先归附，成为蒙古帝国的驸马部族，在之后的征服乃蛮、克烈等部以及伐金征战中起到了先锋作用。当时，汪古赵氏正居于云中塞上，即今山西大同，先祖按竺迩扈从太祖成吉思汗东征西讨，效力疆场，战绩显赫，官至蒙古征行大元帅。汪古赵氏"其先居云中塞上"，"为云中世族"。云中之称，《宋史·地理志》称："云中府，唐云州，大同军节度使。石晋以赂契丹，契丹号为西京。宣和三年，始得云中府、武、应、朔、蔚、奉、圣、归、化、儒、妫州，所谓山后九州也。"[2]云中在辽代属于西京道，被云中所辖，即今山西大同市。会同元年（938）后晋石敬瑭献云、新、武朔、寰等九州，辽朝袭用石敬瑭旧制，云州辖云中县，俱治今山西大同市。金兵攻占辽西京大同府后，于天会四年（1126）分立燕京枢密院与云中枢密院，云中枢密院即设于西京大同府。金元更替之际，云中地区由汪古部驻守。成吉思汗大举伐金之时，就是从汪古部开始的。当时，汪古赵氏按竺迩外祖父黡公为金群牧使，其牧马尽归成吉思汗所有，死其官。后按竺迩随太祖出征，结束了该家族在云中地区的居地，逐渐迁入汉地。可见，赵氏一族在汪古地区，信仰景教，深受景教文化习染，这是必然的。

## （二）取名与婚俗

和元代大多数的景教徒一样，汪古赵氏家族成员的取名也表现出浓厚的宗教色彩。前文所述的世系表，在已知的六代近三十名成员姓名中，至少有六例可以确定是景教徒常用的。其中，按竺迩外大夫黡公，又名达工，似即Takoah之译音；按竺迩，又作按主奴，似即Anthony之译音；其长子彻里，似Charles之译音；子黑梓，似即Hosea之译音，赵世延子"伊鲁"似即Julius之译音，"野峻台"似即Hyacinthus之译音。这些都是当时基督教徒常用的名字。[3]除了上述名字以外，笔者发现，还有一些，如阿巴真、质儿瓦台、主浑真、伯延察、野速台、孛朗台、达察儿、鲁木力结、土满答、真不花、阿思哥不花、塔不带、霍立台、伯忽、卜答失力[4]，这些名字虽然不知其确定的民族类别，应也有景教名。

陈垣先生曾说，"也里可温不应有二妻"[5]，通过考察程钜夫《赵氏先庙碑》[6]与陈旅《故鲁郡夫人赵氏墓志铭》[7]，析出该家族5例联姻记录，从第一代到第五代，皆为一夫一妻，即黡公配阿剌浑氏[8]，

---

1 邱树森：《元代基督教在蒙古克烈、乃蛮、汪古地区的传播》，第46页。
2 （元）脱脱等撰：《宋史》卷九〇《地理志》，中华书局，1985年，第1439页。
3 张星烺编注，朱杰勤校订：《中西交通史料汇编》第一册，中华书局，1977年，第292页。
4 （元）元明善：《雍古公神道碑铭有序》，李修生主编：《全元文》24，江苏古籍出版社，2001年，第390—394页。
5 陈垣：《元也里可温考》，商务印书馆，1923年，第11页。
6 （元）程钜夫：《雪楼集》卷五《赵氏先庙碑》，影印洪武刊本，中国书店，2011年。
7 （元）陈旅：《安雅堂集》卷一一，文渊阁《四库全书》第1213册，台湾商务印书馆，1986年，第143页。
8 阿剌浑，即阿儿浑，突厥语，又译为阿鲁浑等，钱大昕《元史氏族表》称其为"本西域部族族"。伯希和在《马可·波罗游记诠释》一书中考证，"阿儿浑又为部族名"，察合台汗国境内有阿儿浑部，原居地怛罗斯至八剌沙衮一带，自10世纪后半期即为喀喇汗王朝的王廷所在地。自东迁后，阿儿浑人早在喀喇汗王朝推行伊斯兰教的过程中信奉伊斯兰教了。至元末，有文献径称阿儿浑为回回者，可见阿儿浑人和回回皆为信仰伊斯兰教的穆斯林。

按竺迩配白氏，赵国宝配云氏，赵世延配刘氏，赵世延之女赵鸾嫁汉儒许有壬，是符合景教一夫一妻制传统的。

赵氏生活于景教流行的汪古地区，从具有浓厚景教色彩的姓名及坚持传统景教文化的婚俗观念，我们更加清晰地认识到该家族的宗教传统。

## 三 汪古赵氏家族对汉文化的认同

陈垣先生早就指出，赵世延虽出为基督教世家，但自幼学儒，晚年又学道于金陵茅山，被视为"基督教世家由儒入道"的色目人代表。[1] 有此汉化表现的并非赵世延一人，该家族其他人也表现出了积极学习汉文化的举动，主要表现在以下几个方面。

### （一）改姓与取名

姓名改易一向被认为是民族融合的一个重要内容。在姓氏、取名方面，汪古赵氏家族亦有一个复杂的过程。在取姓上，赵世延之前并无确切材料表明该家族已用"赵"姓。按竺迩的《神道碑》记载，其因"早孤，金群牧使，姓术要甲氏，名达工者，为公外大父，养公其家。术要甲讹为赵家，因为赵家，而公子孙亦或氏赵"[2]。对此内容，《家庙碑》所记略同。两份材料的具体内容皆由赵世延提供，分别由元明善、程钜夫撰写，且《神道碑》中所记人名，除赵世延外，再无一人有汉名。又据《鲁郡夫人赵氏墓志铭》可知，"鲁公本雍古部人，由公业儒，始氏赵氏"[3]。术要甲，又作术甲、诸甲，金女真部落姓氏。[4] 因此，从赵世延开始，该家族才取汉姓"赵"，亦有汉名，如黑梓又名赵国宝，帖木儿又名赵国安，讷怀即赵世荣等。此外，据陈启生考述，该家族在元中后期还曾使用"石"姓，其中亦怜真又名石吉连，翔鸮石麟即石麟。[5]

直至明代，赵氏后裔大都使用汉名，这在《寿考墓碑》[6]中亦有记载："明年（洪武二年）归附巩昌郭金部督下，降任秦卫礼店前千户所正千户。粤洪武二十年，调任山西蜀州卫正千户，相传迨孙赵俊现袭厥任，惟胜（赵胜）遗流在兹，出民籍入白阳里，图主守祖茔。"白阳里，即今礼县石桥镇一带。该碑记载了赵胜一支家族成员，笔者辑录世系图6。

我们知道，通过上述姓名的考察，赵氏的姓名改易经过了一个长期而又复杂的过程，这也从一个侧面反映出该家族汉化的曲折性。

### （二）提倡儒学与推行仁政

汉化先自学儒。汪古赵氏勇猛善战，按竺迩身先士卒，"耀兵西陲，大功既集"，虽"积苦兵间，而敬礼儒生，恒戒军中无毁书籍"。赵国宝"自幼学问"，"倜傥有义，有谋略，军务多以委之，故所至

---

1　陈垣：《元西域人华化考》，第128页。
2　（元）元明善：《雍古公神道碑铭有序》，第390页。
3　（元）陈旅：《安雅堂集》卷一一，第143页。
4　中国历史大辞典辽夏金元史卷编纂委员会编：《中国历史大辞典 辽夏金元史1986》，上海辞书出版社，1986年，第95页。
5　陈启生：《礼店文州元帅府考述》，第103页。
6　《寿考墓碑》记载："公（按竺迩）娶白氏封夫人，生十子，曰：国瑶、国英、国宝、国材、国富、国安、国良、国能、国智、国显，各有子，职现政，题易□举。国瑶授父爵，生三子：长曰世荣，仲曰世延，季曰世美。"其中记述的人名皆为汉名，无民族名，并且与元代史料中的记载有异，应当是后代在追溯祖先时，对其家族成员的排行、姓名遗忘而造成的。

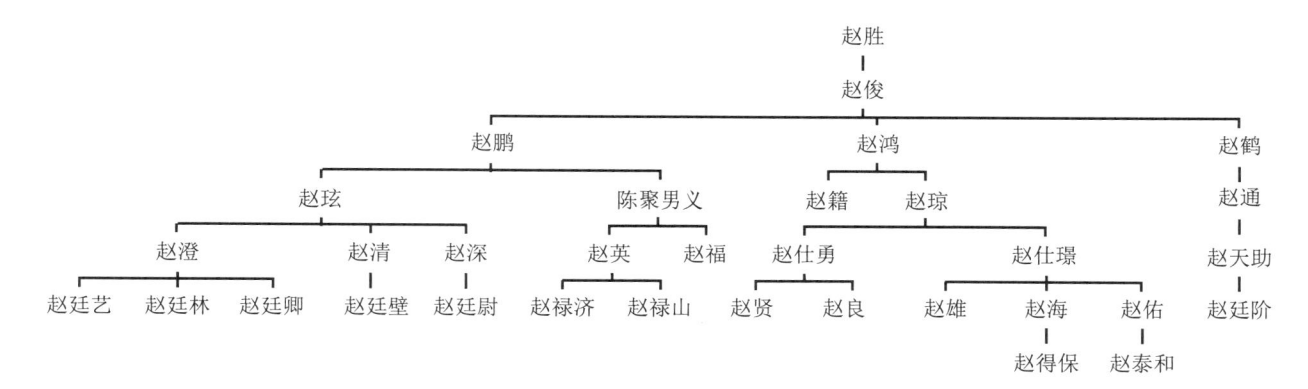

图6　明代赵氏家族世系图（笔者制）

多捷"。可见，自赵氏先辈入住中原时就注重学习汉文化，这是毋庸置疑的。

第一代按竺迩在伐金平宋的过程中并不主张大肆杀虐，全活陇右诸州。在攻打凤翔时，收养金将郭斌之子，以怀柔之策招徕吐蕃酋长堪陁孟迦等。无论初衷如何，这些措施符合儒家的从政理念，客观上有利于对当地的征服与统治，也表明了按竺迩受生活及仕宦环境的变化，或多或少地接受和施行了某些儒家的政治理念。

第二代赵国宝幼年喜读书，常随父出征，多处理军中事务，善于谋略，曾以计破阿蓝答儿叛将火都，说降吐蕃酋长，袭父职，治理文州有善政，赠推诚佐理功臣、光禄大夫、平章政事、柱国，封梁国公，谥忠定。这也是对他仁政的一个肯定。

第三代孙赵世荣也是治理文州有方，延祐二年（1315），由陕西平章政事擢为中书平章政事，可见政绩卓越；赵世延更是"喜读书，究心儒者体用之学，"历仕九朝，扬历省台达五十年之久，体恤民艰，通达政务，心系百姓，在陕西、四川等地政绩尤佳，深受当地百姓的爱戴，世延更是崇奉儒学，举荐贤哲，推进儒治，汉化更深[1]；布鲁合答父子更是戍守云南，为保家卫国做出巨大的贡献。

第四代野峻台，元中后期时多地内叛，农民起义运动此起彼伏，野峻台多次参与平叛，为国壮烈牺牲，死后谥忠壮；伯忽则因内叛死于难，死后谥忠愍。这种誓死保卫家国的忠君爱国精神又何尝不是儒家忠义理念的体现呢？

## （三）丧礼儒化和汉族联姻

在丧葬祭祀方面，并未有确切的史料记载赵氏在汪古地区的丧葬活动情况。自赵氏第一代按竺迩入居汉地以来，世代镇守陇蜀要地，建立礼店文州元帅府，在礼县修建祖茔，为其丧葬之所。第一代按竺迩因疾"薨于西汉阳私第，某年某月某甲葬鸾停山"[1]。据蔡副全先生考证，鸾停山，即鸾亭山，"形如鸾翔。上有小泉，每雾即雨，若此泉无雾，雨亦不多"，是秦人早期的祭天圣地，位于今甘肃省陇南市礼县城关镇后牌村北侧。第三代赵世延于至元

---

1　参见王红梅：《九朝良臣：元代汪古名臣赵世延丛考》，第51页。
2　（元）元明善：《汪古公神道碑铭有序》，第393页。

二年（1336）十一月卒于成都，虽无史料明确记载是否归葬于礼县祖茔，但赵世延死后一年，其子野峻台代父立碑，于礼县修建家庙，位于今礼县城关镇南关村。[1] 张仲舒《新建西江灵济庙记》亦载："今翰林学士承旨赵公世延，秦人也。人物杰立，与西江王公仁裕相望三百间。"[2] 可见，祖茔与家庙碑皆位于城关镇，世延死后也很有可能归葬于祖茔。[3]

赵氏虽出为景教世家，在丧葬礼仪上，还是接受了汉族的文化传统，履行丁忧之制。元贞元年（1295），成宗即位，赵世延由江南湖北道肃政廉访司事转任江南行御史台都事，因为母云氏丁忧，不赴任，直到大德元年（1297）又复任前官。皇庆二年（1313），仁宗因"世延效官三十年"，嘉奖其祖父按竺迩。赵世延时任陕西省侍御史，"使其子典瑞丞某持监察御史李源道所为状"[4]，请元明善为其祖父按竺迩作《神道碑》序，以此彰显他的丰功硕德。赵世延在晚年曾想营建家庙，祠祭先祖先父，后因病而逝，未能如愿，其子野峻台代父立碑，以承先制，世守祖茔。在按竺迩的十个儿子当中，次子赵国宝一支仕宦最显。其长子赵世荣及后代世袭祖爵，驻守陇蜀要冲；次子赵世延"服膺诗书"，官至中书平章政事，有碑有记，其目的就在于"报本、返始、教孝、移忠"，"以似以续，续古之人"。

赵氏成员力行孝道，孝敬双亲，为父祖经办丧事，树碑立传。世延父子在这方面不遗余力，深受汉文化之影响。该家族亦有归葬祖茔、祭祀祖先、建立家庙等礼俗传统，这也是学习汉文化的集中表现。需要指出，该家族的汉化主要表现在赵国宝及子赵世延这一支上，究其原因，是赵世延为官数十载，儒学观念对其影响至深，又常与汉人官僚交往，潜移默化，深受影响。

关于赵氏一族的联姻情况，前文已有论述，可考联姻记录共有5条，其第三代赵世延所娶刘氏，应为汉族，其女赵鸾嫁于元代著名大儒许有壬，这正是世延与许有壬交往关系密切与崇尚汉文化的体现。

## （四）其他

在文学艺术方面，赵国宝子赵世延为元代中后期的文学家、书法家，在元代文坛上有重要地位。虽大多作品不流传，现存诗文总共17篇，但其文章"波澜浩瀚，一垠无理"，足见其汉文学功底深厚。[5] 赵世延还是著名篆书家，为元人儒士撰写碑额者居多。[6] 其子野峻台也善于书法，能作文，文学素养很高。其中《大元崖石镇东岳庙之记》（图7）和《湫山观音圣境之碑》（图8）皆为野峻台所书并撰额，这正是秉承家学的表现。其女赵鸾通阴阳之术，善卜，世延实则杂孔、老、阴阳、术数为一体。[7]

除此之外，赵氏一族还扶持道教与佛教文化的发展，正如陈垣所说，赵世延即为儒、道杂糅。而在赵氏其他家族成员的活动中也能够看出该家族对

---

1 国家文物局主编：《中国文物地图集·甘肃分册·下》，测绘出版社，2011年，第728页。
2 （元）张仲舒：《新建西江灵济庙记》，罗卫东编著：《陇南古代碑铭》，中国文史出版社，2013年，第152页。
3 蔡副全、李怡：《元〈雍古氏家庙碑〉释考》，《元史及民族与边疆研究集刊》2014年第2期，第161页。
4 （元）元明善：《雍古公神道碑铭有序》第394页。
5 秦琰：《也里可温与元代文学》，山西大学博士学位论文，2015年，第113—115页。
6 王连起：《元代少数民族书法家及其书法艺术》，《故宫博物院院刊》1989年第2期，第69页。
7 陈垣：《元西域人华化考》，第128页。

图7 《大元涯石镇东岳庙之记》（局部）（采自《礼县金石集锦》）

图8 湫山观音圣境之碑（局部）（采自《礼县金石集锦》）

佛、道文化的尊重。《大元崖石镇东岳庙之记》所记，即是按竺迩及其子孙后代经营川蜀时，让蜀道士毋混先末礼主持崖石镇东岳庙，经师徒两代人的努力，岳宫得以重修，建成较大规模宫观的经过。而《湫山观音圣境之碑》碑文叙述了湫山观音圣境由唐至元的历史，介绍了礼店首任元帅按竺迩及其孙赵世延重修此庙的经过。从上述两通碑文中，我们可以看出赵氏对礼县佛、道文化也给予了大力支持。

## 四　汪古赵氏家族对蒙古文化的认同

值得注意的是，赵氏祖先曾为金主守护城墙，尚武善战，这恰与蒙元统治者重视武勇军功的文化传统吻合，即为该家族建立军功创造了优越的条件。按竺迩曾在入元时就已经隶属于皇子察合台部下，并且在建元征伐中多与蒙古将领共同出征，因此汪古赵氏在军政活动与日常礼俗方面必然与蒙古人有较多接触，或多或少会受到蒙古文化的习染，因此基于仕宦活动之需而出现蒙古化也是很自然的。

## （一）赵氏与蒙古军将的交往

汪古赵氏家族本就以军功起家，世代为将，征战南北，在蒙古征伐、平定叛乱以及建立元朝等过程中立下赫赫战功，尤其与蒙古将领接触频繁。

在按竺迩扈从成吉思汗西征时，就与蒙古王室宗亲有往来。按竺迩"年十四，隶皇子察合台部。尝从大猎，射获数麋，有二虎突出，射之皆死。由是以善射名，皇子深器爱之"[1]。孛儿只斤察合台（？—1241），蒙古族，成吉思汗的次子，察合台汗国的创建者，窝阔台尊其为"皇兄"，世祖忽必烈追谥为"元圣宗忠武皇帝"。辛未年（1211），察合台随成吉思汗伐金，与术赤、窝阔台等人攻掠云内、东胜、武、朔诸州。后又随从成吉思汗伐夏、西征，在这个过程中，按竺迩也参与了其中的战争。甲午年（1234），金亡。世代金将汪世显守巩州，皇子阔端围之，久攻不下。按竺迩前去招降，皇兄察合台"嘉其材勇，赏赉深厚，赐名拔都，官拜征行大元帅"。所以，按竺迩在归附蒙元之后，处处得到察合台的恩荫，可见与其交往甚密。

丙申年（1236），阔端兵分两路再入宋境。穆直与按竺迩分军下阶、文、龙、茂、威诸州，遂于大散军合，进克成都。师还，成都又叛。穆直，蒙古族，生卒年不详，察合台子，时为宗王。按竺迩上言穆直，应派良将以守陇州西汉阳，穆直答应了按竺迩的请求，并分蒙古千户五人，并命按竺迩镇守西汉阳，"隶麾下以往"。

按竺迩曾与也速迭儿共为探马赤官，统帅探马赤军，相互交往频繁。探马赤军，主要由蒙古军士和其他被征服的诸部族军士组成。也速带儿，也作也速答儿，蒙古珊竹带氏。祖父太答儿辅佐蒙哥西征有功，拜都元帅。父纽璘随太答儿入蜀作战，将兵万人，升都元帅。也速带儿初为六翼达鲁花赤，攻克重庆有功，升四川西道宣慰使，加都元帅，历任陕西四川行省签省、西川行院官、四川行省平章。[2]此外，按竺迩子帖木儿、孙布鲁合答皆担任过探马赤官，统帅探马赤军，多与蒙古军士有所接触。至元十五年（1278），世祖授帖木儿随路拔都万户，后移镇重庆。又至元二十一年（1284），布鲁合答统蒙古探马赤军千人从征金齿蛮，平之。布鲁合答军功卓著，赐金虎符，授怀远大将军、云南万户府达鲁花赤。在建立军功的过程中，与蒙古将领、军士接触的相对较多，蒙古文化、习俗应该也对其有重要的影响。

## （二）取名

正是因为赵氏一族多与蒙古将领、军士相接触，多有习染蒙古习俗，抑或是因为军政活动的需要，除了使用该家族传统的取名方式以外，还有一些蒙古名散见于史料当中，如南家台、帖木儿（又译作铁木儿）、蒙哥不华等，都是在蒙古部族中常见的名。如前所述布鲁合答，《元史·布鲁合答》将其列为"蒙古宏吉剌氏"，钱大昕考其为雍古氏，非蒙古氏。[3]这或许是由于他的仕宦经历、名字与大多蒙古将领相似而被误认为是蒙古族人，可见蒙古文化对他的影响较深。

据陈启生考证，"翔鸮石麟"应当为亦怜真之子，

---

1　（明）宋濂：《元史》卷一二一《按竺迩传》，第2982页。
2　李治安：《元陕西四川蒙古军都万户府考》，《历史研究》2010年第1期，第67页。
3　（清）钱大昕：《廿二史考异》，凤凰出版社，2008年，第1060页。

该名为蒙古名。[1] 翔鸮石麟一名见于《湫山观音圣境之碑》的背面释文，其官职为"怀远大将军礼店文州蒙古汉军西番军民元帅府元帅"，与其共事的亦有许多蒙古军官，如昭信校尉礼店文州蒙古汉军西番军民千户所千户寿延奴，脱思麻巩昌成都汉阳等处民匠达鲁花赤长官所长官万家奴，蒙古奥鲁官哈三，等等，或多或少会对他产生影响。

赵氏一族在建立军功的同时，为了融入蒙古统治者的上层社会，或是与蒙古将领交好，或是取蒙古名，这都是深受蒙古文化浸染的表现。

## 余 论

笔者以为，赵氏一族的文化认同变迁经历了一个漫长而又复杂的过程，主要原因包括以下几点：首先，该家族在蒙元之前，生活在景教盛行的汪古地区，其家族一直都有景教的色彩，从赵氏家族成员的基督名和婚俗观念就可以看出。其次，该家族的官僚身份和世代袭爵蒙古汉军征行大元帅一职是该家族主动认同蒙古文化的重要原因。作为官僚家族，为了立足于官场，赵氏家族必然会积极接受蒙元统治者民族政策和文化习俗。不管是混迹官场，还是出征从战，日常接触自然少不了蒙古同僚，难免会接受蒙古人的文化习俗，并受其影响。第一代按竺迩十四岁就隶属察合台部下，扈从成吉思汗西征，参与灭金、平宋之战，与他一起作战的大多为蒙元宗王、统军将领，日常生活难免受他们的影响。其后代世袭元帅一职，戍守西北、西南地区，多与蒙古军士生活，其礼俗被蒙古化也是再正常不过的了。此外，该家族仕宦领域也对其文化认同有一定的影响。赵氏成员仕宦职务集中在甘肃礼县、四川、陕西、云南这一西北、西南地区，主要管理地方军政事务。[2] 在这些任职领域，他们日常接触的都是蒙古、色目官僚及统军将帅，这显然有利于该家族对蒙古文化的吸收和自身原有尚武风俗的保持。第三，赵氏自定居礼县，其中也有倾心儒学之人，在为官之际，施行仁政，关心百姓。尤其表现在赵世延这一支，就连"赵"这一汉姓也始于世延，其子不仅擅长诗文、还擅长书法，且多与汉人儒士交流，可见对汉文化的接受程度，实为至深。

综上可知，在元代民族大融合的浪潮当中，汪古赵氏也表现出了认同多元文化的主动性，逐渐融入到民族融合的潮流当中。赵氏家族的碑刻材料，为我们揭示了一个主动接受蒙古文化和汉文化的景教世家，甚至与之发生融合，积极互动，通过在生活过程中广泛地接触和了解，来迎合当时多民族的文化传统，在思想意识和情感上逐渐倾慕蒙古文化和汉文化，表现出了该家族文化的多元性，这也正体现了中华文化强大的凝聚力和包容性。

---

1　陈启生：《礼店文州元帅府考述》，第105页。
2　李晓凤：《汪古赵氏家族研究》，宁夏大学硕士学位论文，2018年，第13页。

# 巴米扬佛教美术研究

## ——以年代论为中心的研究史和现状

宫治昭 著　　　　　　　　　顾虹 译
（龙谷大学）　　　　　　　　（敦煌研究院）

## 引 言

2001年3月，巴米扬二尊巨型佛像被伊斯兰原教旨主义活动组织塔利班彻底炸毁，使世界蒙受了巨大的损失。阿富汗是记录东西文化交流的古遗迹宝库，尤其是以规模宏大的佛教遗迹著称的巴米扬佛教遗迹（图1），因大佛被炸毁而人尽皆知。

2002年10月初，我作为联合国教科文组织考察团的一员，来到实地进行考察，在现场考察了遭到破坏后的实际情况，可以说被炸毁的大佛和描绘在佛龛内的壁画荡然无存，现场状况令人失望，二尊大佛全身被安装了炸药，在炸药炮轰声中化为灰烬。在炸毁的大佛脚下散乱堆积着一堆碎石、土块，描绘在佛龛内天井上的精美壁画也没留下一点痕迹。在这些数量高达750个左右的石窟中，有十分之一的石窟拥有建筑装饰和壁画装饰，其中一半以上也遭到了破坏。正因为当初领略了巴米扬规模宏大的山崖石窟，面对眼前发生的一切心情更加沉重。

图1　巴米扬石窟外景（马强摄）

图2　巴米扬西大佛（已毁）（马强摄）

从表面看，摧毁大佛是由伊斯兰"否定偶像崇拜"之教义所致，可是，当地的伊斯兰教徒们守护大佛已有千年以上，习惯把55米高的西大佛称为"塞尔萨尔"（图2），38米高的东大佛称为"沙玛玛"。我想塔利班执意炸毁大佛，多半带有政治色彩。确实令人感到遗憾。现在，日本政府计划给予资金援助，作为联合国教科文组织的事业，来自日本、德国、意大利团队分别承担了巴米扬石窟的保护修复工程。日本承担石窟壁画的修复工程，德国承担二尊被毁大佛的碎石修复工程，意大利承担有倒塌危险的东大佛佛龛的修复工程。

自古以来，阿富汗就吸收并融合了中亚游牧民族、伊朗、希腊、罗马、印度等地的多种文化，由此孕育产生了更加丰富多彩的文化，其中大半的文化遗迹沉睡于地下。1922年之后的30年间，由法国组成的考古队进行了考古调查。其后，除法国外，意大利、日本、苏联以及阿富汗考古局也加入到考古调查中，先后考古发掘出了大量的珍贵遗迹。主要的遗迹有：希腊的巴克科里亚都市遗迹阿伊·哈努姆遗址，游牧民族的王侯墓址蒂亚·捷佩，贵霜王朝迦腻色伽王创建的神殿遗址苏尔夫·科特儿寺，贵霜王朝的宫殿遗址贝格拉姆城址，哈达还有许多佛教寺院遗址等。阿富汗考古局在哈达佛教寺院遗址捷佩·绍托拉克佛教寺院发掘出土了像海格力斯型的执金刚神像，还发现了描绘佛教弟子观想白骨像的壁画，这些都是很有意思的实物作品。意大利队在伽兹腻塔巴·撒尔达尔遗址发掘出土了大型的窣堵坡和大涅槃造像，与佛倚像和装饰佛陀像并存的还有印度教供奉的女神像。另外，京都大学队在喀布尔北部苏科达·捷佩的印度教都城遗址中，发掘出土了精美的湿婆·大自在天（摩醯首罗）大理石雕像。

阿富汗的佛教遗迹分布在兴都库什山脉之南北道路两旁的村镇地区，应该还有大量的遗迹尚未发掘出来。目前，虽然卡尔扎伊政权稳固，国家复兴建设得到发展，可是许多事情操作起来仍然困难重重。就是在这样的状况下，巴米扬不仅开展了保护修复工作，同时也开展了考古学调查活动。龙谷大学以入泽崇先生为代表，同意考虑对巴米扬西部的Kerigah佛教寺院做更进一步的调查研究。

8—9世纪伊斯兰势力侵占了阿富汗，并在这个地区定居下来，而在此之前，佛教传入到这个地方也有上千年的历史。这里属于中亚干燥地区，明显受到季风气候的影响，和高温湿润的印度风土相差甚远。这里是一个多民族的聚集地，有着丰富的多民族语言，东西南北的文化汇合到此相互交流、碰撞、融合。佛教正是汇合了这些多种不同的文化风格又巧妙地吸收融合，产生了和印度极其不同的佛教文化。我认为佛教是具有不可思议的力量的宗教，佛教思想和原教旨主义思想截然不同，核心思想有"无我"、"空"和"缘起"。所以这个区域的佛教，是接受了其他拥有"佛教化"灵活思想体系的宗教，这也是我研究巴米扬佛教美术所得的感想。

## 一 巴米扬概况

巴米扬石窟位于斜贯阿富汗中央地带的兴都库什山脉山谷中，海拔2500米。巴米扬石窟群以摩崖雕凿的石窟群知名，共有三个石窟群。通常所说的巴米扬石窟，是指沿着巴米扬河川溪谷南约1.3公里处发掘的主崖窟群（二尊大佛和750个左右的石窟）。除此之外，还有附近的卡克拉克河谷和弗拉底河谷分别有30到80个左右的石窟群，这些石窟中也绘有壁画，壁画绘制年代大致属于同一时期，从这些壁画中可窥见巴米扬往昔的繁荣景象（图3、图4）。

可是，因为没有足够的历史证据，以二尊大佛为首的规模宏大的佛教石窟究竟是在什么时候、出于什么原因而建造起来的，还不得而知。中国唐代有名的高僧玄奘在公元629年[1]访问了梵衍那国城，这在他著述的《大唐西域记》[2]中有记载。还有，自玄奘访问大概百年后的727年，朝鲜新罗僧人慧超也访问了巴米扬（犯引国），在他著述的《往五天竺国传》[3]中，也有对这个地方的描述，玄奘、慧超全都记录了这个地方当时的佛教盛况。这两位高僧的珍贵撰述，几乎是记录这个地区佛教繁荣时期的唯一历史史料。

图3 巴米扬第164窟壁画（马强摄）

---

1 〔日〕桑山正進：《インドへの道—玄奘とブラバーカラミトラ—》，《東方學報》，第55册，第189—193页。
2 《大正藏》第51册，第873页b。
3 《大正藏》第51册，第978页a。

尤其是玄奘概括了巴米扬地区的状况、气候、风俗习惯、语言等，记述了有关"文字风教货币之用，同覩货逻国，语言少异"，描述了当地人们"上自三宝，下至百神，莫不宗教"的笃厚信仰，"伽蓝数十所，僧徒数千人，宗学小乘法说出世部"。还对二尊大佛的姿态样式，先王建造的伽蓝，大涅槃像等做了详细的描述。其中对55米高，俗称西大佛的描述是："王城东北山阿有立像石佛，高百四五十尺，金色晃耀，宝饰焕烂"，而对位于西大佛东面高38米，俗称东大佛"伽蓝东有鍮石释迦佛立像，高百余尺，分身别铸，总和成立"的描述与实物相吻合，总之，东大佛是鍮石铸造而成的立像，鍮石其实是和真鍮接近的自然铜，我考虑应该是在立像上贴了金箔，可能是玄奘看错了。

更不可理解的是，书中还记录在城东两三里的伽蓝中，有长千余尺的大涅槃像。又说伽蓝中也有长达300米的大涅槃像，实在令人难以置信。对此学者们有不同说法，即玄奘的看错说和撰述时的误记说等，事实上虽然其措辞有很大的夸大，但足以想见当时佛像被埋没的状况。在阿富汗伽兹腻的塔巴·撒尔达尔、塔吉克斯坦的阿吉纳·捷佩也发掘出土了长达10多米的大涅槃像。还有，巴米扬石窟壁画中也绘制了大量的涅槃图像，这些图像实例都为涅槃信仰提供了大量的形象依据。可是，这些大涅槃像是否确实是在巴米扬制作的，也还是未解之谜。

慧超的记录没有玄奘详细，也没有对二尊大佛的描述，但是他记述了这里的王及豪族、庶民等非常敬仰三宝，有众多的寺庙和僧人，大乘与小乘教共同发展。由此可知，在8世纪前半期，巴米扬佛教持续繁荣发展。另外，他还记述了"此王是胡，不属余国，兵马强多，诸国不敢来侵"。大概巴米扬王者属于伊朗系王者，因此可以推测巴米扬是在兴都库什山脉中建立的独立王国。

玄奘与慧超的撰述表明巴米扬佛教在7—8世纪曾经繁荣过。那么，二尊大佛像分别是在何时建造的，还有诸多的石窟群以及壁画又是如何编年的，这些问题几乎没有明确的历史记载。因此，只有从考古学与美术史学的角度以具体的实物及几例作品来论证说明。

## 二 巴米扬调查研究（一）——以战前调查为基础

在此，我想重新回顾迄今为止的巴米扬研究。对巴米扬进行正式的考古学、美术史的调查活动始于1920年，法国处于领先地位。第一次世界大战后的1919年，阿曼努拉汗即位，他积极推行了现代化政策改革，聘任犍陀罗美术研究专家、巴黎大学教授A. 富歇为教育、文化顾问。富歇认为阿富汗是在希腊文化东渐、印度佛教文化西渐以及融合两种文化的佛教美术向中国传播的过程中不可缺失的一环，由此可见其重要性。由于法国自1922年开始的三十年间的文化援助活动，法国获得了在阿富汗境内进行考古学调查的专营权，并在首都喀布尔设立了DAFA（在阿富汗的法国考古学派遣团）研究所，从此以后，DAFA开始了惊人的调查活动。虽然陆续取得了系列调查发掘成果，但是，调查活动仍处于初级阶段。

1922年A. 富歇的调查[1]延续至1923—1924年，1930年在J. 哈金队长带领下的法国考古学派遣团开

---

1　A. Foucher, "Notice archeologique de la vallee de Bamiyan," *Journal Asiatique*, t.CCII, n. 2, avril-juin.1923.

图4 巴米扬第530窟壁画（马强摄）

始对巴米扬进行真正的考古调查活动，出版发行了二册调查报告书，书中介绍了二尊大佛、主要石窟的建筑构造，壁画、造型装饰及图版[1]（将众多石窟中在石窟构造、壁画、造型装饰方面具有代表性的石窟编号为A—K、I—VII等）。现在来看，这些资料成果虽然概括比较简略，但作为关于巴米扬石窟调查概况的基本信息资料，在后来长时间内都是研究巴米扬石窟的权威资料。

富歇认为巴米扬佛教始于贵霜王朝时期的迦腻色伽王，并持续到玄奘时期，2—7世纪前后繁荣昌盛。二尊大佛比中国云冈石窟大佛要早，和新疆和田拉瓦克佛寺遗址造像的制作年代相同，属于3世纪前后。东大佛建造稍早，二尊大佛的制作年代相差不大，哈金沿袭了富歇的观点，并尝试对整个巴米扬石窟进行编年。对于二尊大佛，哈金认为，东大佛无论是佛龛还是佛像形态都很原始，西大佛佛龛已经形成了整齐的三叶形，大佛的体态也很优美谐调，并强调了二尊大佛的差别（西大佛也比笈多佛早，并对后者产生了影响，哈金虽然没有明确指出大佛的制作年代，但认为东大佛是2—3世纪，西大佛是4世纪前后制作的）。

关于石窟，阿康认为，位于东大佛周边的系列石窟的绘画装饰主体大多原始古朴，而西大佛周围的系列石窟多已发展到采用雕塑装饰，所以推定石窟大体上是按照由东向西的顺序在崖壁上开凿的。他还观察了穹隆式天井和叠涩式天井（三角隅撑）的石窟构造，认为石窟在发展过程中具有近似于野外建筑的内部构造之构筑性的石窟建筑特征，此前的石窟没有达到构筑性建筑特征，石窟构造部分仍然属于初期阶段，较为原始。还有，对于壁画和雕

---

1 A. & Y. Godard et J. Hakin, Les Anitquites Bouddhiques de Bamiyan, MDAFA, Tome II, Paris et Bruxelles, 1928. J. Hackin et J. Carl, Nouvelles Recherches Archeologiques a Bamiyan, MDAFA, Tome III, Paris, 1933.

塑装饰，阿康考虑是受到希腊、萨珊波斯、印度等美术风格影响，对石窟做了尝试性编年。虽然省略了详细过程，但他提出，2—7世纪的巴米扬美术持续繁荣，受萨珊波斯美术影响最为显著，4—7世纪前后是巴米扬美术发展的鼎盛期。

在现在看来，这种年代观比较概略，但是作为最早的巴米扬年代研究，法国考古队的这种观点具有很大的影响力。

1936年美国哈佛大学教授B.罗兰到实地考察。罗兰是著名的印度美术史研究专家，发表了多篇有关巴米扬美术具有启迪意味的论文。[1] 以东大佛佛龛天井壁画为例，阿康通过图像观察，认为不是月神，但罗兰认为是太阳神，是印度的苏利耶和伊朗的密特拉图像融合起来的图像表现，并受到萨珊王朝美术的极大影响。还有，从东大佛（释迦佛）佛龛天井绘制太阳神的意思来看，显然单方面反映了佛教思想史，确定为太阳神说。关于壁画年代，指出描绘在天井下方的"装饰佛陀"像的冠饰和胡斯洛的钱币图像相类似，其年代应是6世纪末—7世纪初前后。

位于二尊大佛中间位置的E窟、Ï窟以及K窟的壁画，是融合了伊朗、印度、犍陀罗的诸多元素发展起来的，应该说还有中亚的风格样式，广泛影响了中国从克孜尔到敦煌的绘画样式。与此相对的西大佛壁画，不仅有以阿旃陀壁画风格为代表的印度古典时期的笈多样式，还有后笈多时代形式化的具夸张变形特征的矫饰主义风格样式，以及和裸体女性形象有关的印度宗教中的密教性原理融合的风格特征，推定其制作年代是6世纪末—7世纪初前后。

罗兰认为，东大佛和西大佛二佛龛内天井壁画的制作年代是6世纪末—7世纪初前后，这个时期也是巴米扬美术发展的鼎盛期。还认为伊朗的萨珊系和印度的笈多系在同一时期传入这个地区，虽然罗兰没有介入对大佛本身的建造年代的考察，但认为东大佛的建造年代是3—4世纪前后，西大佛是5—6世纪前后，各自的佛龛天井壁画分别是在之后绘制上去的。

日本最早到访巴米扬是在1932年，是美术研究所（现东京文化财研究所）的青年研究员尾高鲜之助。他是第三代日佛会馆的馆长，1930年因聆听阿康的演讲而意欲前行。尾高在巴米扬停留了三天，归国后骤亡，令人惋惜，他的考察日记和图片资料于1939年出版发行[2]。

日本正式开始研究巴米扬的是从事西洋中世美术史的研究者吉川逸治教授（东京大学名誉教授，原名古屋大学教授）。吉川逸治先生在1939年与阿康一行共同访问了巴米扬，实地考察后，发表了自己独立的研究成果。[3] 吉川教授一方面以法国考古队的调查研究为基础，另一方面是在视野更为广阔的美术史的角度下，来理解巴米扬美术的要素，在观察研究壁画样式的同时，系统地考察那些壁画的特征，还修正了阿康的几处研究观点等，是值得关注

---

1　B. Rowland and A. K. Coomaraswamy, The Wall-paintings of India, *Central Asia and Ceylon*, Boston, 1938. B. Rowland, "Buddha and the Sun God," *Zalmoxis*, I, 1938. do., "The Dating of the Sasanian Paintings at Bamiyan and Dukhatar-i-Nushirvan," *Bulletin of the Iranian Institute*, VI - VII 1946. do., "The Colossal Buddhas at Bamiyan," *Journal of the Indian Society of the Oriental Art*, Vol. XV, 1947.

2　〔日〕尾高鲜之助：《印度及南部アジア美術資料》，東京，1939年。

3　〔日〕吉川逸治：《バーミヤーンの壁畫》（上、下），《國華》607、609号，1941年；《バーミヤーンの芸術》，《中國及び西域の美術》，白鳳書院，1948年。

的研究。

他以巴米扬石窟具有八角堂、圆堂型特征的石窟构造为实例，认为这种石窟构造和地中海世界的基督教建筑有深厚的渊源关系，指出穹隆式天井是受萨珊王朝波斯风格的影响，叠涩式天井是受中亚民居建筑风格的影响。断定在巴米扬的建筑形制中没有吸收印度的建筑样式，而是渗透了中亚和西部伊朗以及和地中海世界交流融合后的建筑样式。另外，他对绘制在天井中心位置的以佛像为中心呈放射状的漂亮的几何学形状的网状图形样式格外关注，并给予高度评价，认为是伊斯兰时代发挥到极致的西亚几何学装饰构想的先驱之作。

他对壁画样式的考察也提出了耐人寻味的看法。特别是对二尊大佛的壁画做了详细的考察，认为东大佛壁画具有萨珊样式，而西大佛壁画表现出融合了中印度样式的东方希腊、罗马系的美术样式。还对阿康以往的研究观点提出了自己的看法，认为G、A、C、J窟的壁画年代是7世纪以后绘制完成的，因研究巴米扬壁画方面的资料比较少，所以难以定论壁画研究资料的权威性，但从壁画样式角度进行研究可以说是吉川教授提出的。

## 三 巴米扬调查研究（二）——以战后到1979年的调查为基础

阿富汗考古调查始于法国专营权中断的第二次世界大战后的1952年，除法国之外，还有意大利、日本、美国、德国、英国等各国的调查队竞相参加。尤其要举例说明的，是意大利的罗马中远东研究所（队长G.Toututi教授）和日本京都大学调查队（队长水野清一教授）共同组织的在巴基斯坦和阿富汗的考古学发掘调查活动，并取得了丰硕成果。京都大学调查队持续了1959年以来的实地调查，出版发行了在阿富汗艾巴克石窟、恰克拉克·捷佩、Douruman·捷佩、拉尔玛、哈扎尔·萨姆、费尔哈纳、白沙瓦等地区的调查报告。法国队也发表了有关巴米扬概述性的调查报告，但因遗迹庞大，可以说当时的弗拉底石窟还停留在比较简单的考古调查中。

受名古屋大学吉川逸治教授启发，日本在1964年和1969年在巴米扬石窟进行了两次现场考察。1964年，以从事美术史研究的柏濑清一郎为领队，组成了有前田耕作、藤井知昭、安田英胤参加的考古调查队，他们除了石窟调查外，还进行了包括民族音乐的调查、玄奘游历道路的勘察。1969年从事建筑史的小寺武久教授担任队长，他从美术史及建筑史的角度实施石窟调查，通过这次调查活动，小寺武久、前田耕作、宫治昭发表了有关调查活动的报告书[1]。名古屋大学队首次发现了绘制在N窟的精美壁画，重新考察了巴米扬系列石窟。对于石窟名称，在法国考察队的编号基础上，增加了L—Z、XIII—XVI、东Ⅰ—东Ⅶ等新的编号。法国队发表的报告书仅限于石窟的实测图，因此现在关于巴米扬主崖石窟的实测图，还是以名古屋大学队发表的报告书最为详尽。

之后，1970年改组为京都大学调查队，以樋口隆康教授为队长的京都大学调查队，同时组织发掘了苏科达·捷佩的印度教都城遗址，特别是在1974年、1976年、1978年调查小组竭尽全力开展了巴米扬考古调查，进行了包括巴米扬石窟的图片摄影、

---

[1] 〔日〕小寺武久、前田耕作、宫治昭：《パーミヤン—一九六九年度の调查》，名古屋大学，1971年。

整个摩崖及二尊大佛的摄影测量、对石窟的总编号、卡克拉克和弗拉底石窟的实测图，等等。其调查研究集大成《巴米扬——京都大学中亚学术调查报告》共4卷，在1983—1984年出版发行[1]，自大佛与壁画被彻底毁坏后至今，京都大学队发表的调查报告书可以说是最有价值的研究资料。书中内容除了丰富的图版和实测图外，还有樋口隆康有关石窟构造研究的《石窟构造及年代观》、宫治昭有关壁画研究的《壁画以及有关造型美术装饰的比较考察》、西川幸治有关石窟构造的《卡克拉克和弗拉底石窟》、桑山正进的《与巴米扬有关的中国以及伊斯兰资料》、山田明尔的《巴米扬佛教》、牛川喜幸的《巴米扬遗迹的摄影测量》等研究成果。

樋口教授关于巴米扬石窟的年代问题，直述由于缺少石窟开凿、壁画制作资料的历史证据，所以很难推定出具体的年代范围，对于二尊大佛和诸多石窟的编年问题期望慎重对待。对于全部的年代看法，他认为在《北史·西域传》中出现的范阳国就是巴米扬，说明中国在4世纪时就知道了巴米扬，之后，玄奘访问时期是巴米扬的鼎盛期，《新唐书》也记载了贞观初年有遣使入朝，还有在显庆三年（658）巴米扬罗烂地区设置写凤都督府，以及慧超访问时期看到的佛教繁荣景象，等等，由此推定4世纪到8世纪期间，大佛和石窟已建造完成。

桑山正进教授作为京都调查队的主要成员之一，尤其是对中国文献中记载的游历僧的记录格外关注，并进行了仔细研究，找到了6世纪中叶连接印度与中国贸易大道的边界线，发现从越过喀喇昆仑山脉的道路开始，通过巴米扬穿越兴都库什山的道路发生了巨大变化，由此发表了引人注目的研究文章[2]。他认为，二尊巨型大佛及系列石窟的建造毫无疑问是因巴米扬峡谷位于连接印度和中亚、中国的交通要道而繁荣起来，证明在6世纪中叶之前的历史中并没有出现过巴米扬的身影，而是在6世纪以后才出现在历史舞台上，由此推定巴米扬当时是在突厥的统治下。

我在1969年有幸参加了名古屋大学调查队，1974年、1976年、1978年又有机会参加了京都调查队，这些调查活动都和早期的巴米扬美术研究紧密关联。我从美术史学的角度对装饰主题进行比较研究及对壁画样式进行分类比较等，尝试做了概况性编年研究。[3] 通过对装饰主题中的壁画和塑像的观察，确认前者有花网纹样、花纹样、虎皮纹样和豹皮纹样、建筑装饰、连珠纹样等。后者有人面、鬼面、蔓草纹样、背光纹样等。又对这些装饰纹样和印度及中亚地区的诸多作品实例进行比较，得知在巴米扬美术中存在二大系美术流派，从而得出了其年代为6—8世纪的结论。一种流派是受萨珊王朝波斯的美术影响发展而来的吐火罗斯坦和粟特的美术形式，另一种流派受取代犍陀罗美术及在中印度迅速发展起来的笈多美术的影响，这二种流派都是从阿富汗

---

1 〔日〕樋口隆康编：《バーミヤーン—京都大學中央アジア學術調査報告》（全四卷），同朋舎，1984—1985年（再刊，同朋舎メディアプラン，2001年）。
2 〔日〕桑山正進：《バーミヤーン大仏成立にかかわるふたつの道》，《東方學報》，第57册，1985年。
3 〔日〕宫治昭：《壁畫および塑造の装飾美術に関する比較考察》，〔日〕樋口隆康编：《バーミヤーン—京都大學中央アジア學術調査報告》（全四卷），第III卷。同《バーミヤン壁畫の展開》（上、下），《仏教芸術》113、118号，1977—1978年。

图5　阿富汗国家博物馆藏太阳神壁画（马强摄）

图6　阿富汗国家博物馆藏太阳神壁画（马强摄）

越过兴都库什山脉传入到中亚地区，并在6—8世纪期间汇流壮大，然后流传到巴米扬。吸收融合这二大美术流派的巴米扬美术，可以说不光是丰都基斯坦和塔巴·撒尔达尔，或者是阿吉纳·捷佩，都和7—8世纪的佛教美术密切关联，而且影响到西北印度的斯瓦特和克什米尔之后的美术风格。

通过对装饰主题的比较研究，我产生了以上的看法，虽然已发表了对壁画样式分类以及变迁有关的论述，但是有关年代论问题仍然难以解决，以后，我将关注点转移到图像学方面。我初次到现场调查二尊大佛佛龛天井壁画、有残留壁画的石窟时，尽可能地做了一些草稿图，并按照巴米扬的图像特征，来考察讨论其图像构成。[1] 巴米扬石窟天井中央绘有弥勒菩萨像，其周围有千佛环绕，在侧壁上部明显绘制了诸多"装饰佛陀"像以及涅槃图组成的图像，我依据文献经典，探讨这些图像构成的特征和意义。现在虽然放弃了有关方面的研究，但是，我认为，根据图像学的研究方法进行考察，能够更具体地掌握巴米扬佛教的概况。

我是在20世纪60年代末至70年代参加的现场调查，当时阿富汗局面稳定，相处和谐。1969—1977年在联合国教科文组织的援助下，印度考古局在R.圣笈多（Seenguputa）队长的带领下，考察小组对巴米扬二尊大佛以及周边石窟进行修复保护工程。70年代，巴米扬的调查研究除京都大学外，还

---

1　〔日〕宫治昭：《中央アジア涅槃図の図像学的考察—哀悼の身振りと摩耶夫人の出現をめぐって》，《仏教芸術》147号，1983年。同《バーミヤーン石窟の天井壁畫の図像構成—弥勒菩薩·千仏·飾られた仏陀·涅槃図》，《仏教芸術》191号，1990年。いずれも拙著：《涅槃と弥勒の図像学—インドから中央アジアへ》，吉川弘文館，1992年。

有当时担任阿富汗考古局局长的Z.塔鲁兹[1]（现任斯特拉斯堡大学教授），以及B.罗兰的弟子克林伯·萨特[2]（现任维也纳大学教授）全身心投入了这次考古调查，分别发表了各自的研究成果，总之，重新审视了历来的年代观。

塔鲁兹和克林伯·萨特对于具体的编年研究观点与法国队的研究大有不同，二者都是把法国队历来研究的年代观往后推移了不少，提出的年代观是6—9世纪。虽然省略了研究细节，但是，塔鲁兹认为"装饰佛陀"像和菩萨戴的冠饰，和嚈哒以及在突厥钱币上看到的王者的冠饰相类似，这就是其年代观的根据之一。还有，克林伯·萨特也注意到6世纪后半期—9世纪的阿富汗历史，即6世纪中叶前后嚈哒被萨珊王朝和突厥灭亡，一方面接受了在阿富汗东部突厥名目上的统治，另一方面仍然作为地方领主继续存在下去，嚈哒继承了贵霜王朝，深受伊朗系文化的影响。克林伯·萨特认为巴米扬在6世纪末—8世纪时期正处在突厥的统治下，因依靠中亚地区的东西贸易大道而取得了繁荣盛世，巴米扬美术已占据中心位置。

## 四 二大佛摧毁后的放射性碳素（$C^{14}$）测定

以上大致概述了19世纪70—80年代的巴米扬研究状况，这些研究有力地证明了巴米扬石窟的建造年代是以6—8世纪为中心的。但是有关以二尊大佛为首的诸多石窟究竟是在哪个年代建造起来的，塔鲁兹和克林伯·萨特分别有不同的看法，编年研究的实际状况还是缺乏确凿的证据，所以很难论定。

2003年联合国教科文组织开始了巴米扬遗迹的保护修复工程，德国和日本调查队对大佛和石窟壁画涂饰层的碎片进行采样，利用$C^{14}$测试年代。现在测试工作仍在进行中，这项测试工作不断为巴米扬年代论提供了新的信息。负责整理、保护、修复被破坏的二尊大佛像的德国小组，虽然发表了暂定的年代测定报告书，但是利用$C^{14}$测试年代的方法，测定认为东大佛是在6世纪中期至后半，西大佛是在7世纪初前后建造起来的。[3]还有负责石窟残留壁画保护、修复工程的日本东京文化财研究小组，对巴米扬的主崖石窟进行碎片采样33件，弗拉底石窟碎片采样6件，卡克拉克石窟碎片采样2件，由名古屋大学年代测定综合研究中心测定，测定结果是5世纪中叶前后—9世纪中叶前后。[4]遗憾的是，巴米扬二尊大佛佛龛内天井壁画和坐佛石窟E、H、I等的重要石窟几乎没有包含在内，还有这些年代是否代表所有壁画的制作年代呢？对于每个具体问题很有必要再研究。特别是利用$C^{14}$测试得出的最古老的年代

---

1　Zemaryalai Tarzi, L'Architecture et le Décor Rupestre des Grottes de Bamiyan, 2 vols, Paris, 1977.

2　D. Klimburg-Salter, The Kingdom of Bamiyan: Buddhist Art and Culture of Hindu Kush, Rome-Naples, 1989.

3　M. Petzet, "The Bamiyan Buddhas Dated for the First Time," ICOMOS nouvelles/news, 15-2, 2005. 此报告认为东大佛建造于507年±15年，西大佛建造于551±12年。后来发现测定结果有错，其建造年代分别往后推了五十年左右。梅尔齐和比采特在最新发表的文章里认为东大佛建造于535—600年，西大佛建造于602—640年。（E. Melzl and M. Petzet, "Small Samples from Giant Buddhas," Proceedings of the Eu-ARTECH Seminar in May 2007.）

4　〔日〕中村俊夫：《バーミヤーン遺跡の仏教壁画に関連するスサおよび木材のAMSによる放射性炭素年代測定》，《バーミヤーン仏教壁画の編年》（アフガニスタン文化遺産調査資料集第2巻），明石書店，2006年。

是5世纪中叶—6世纪中叶的M窟和J窟，在之前的研究中没有学者提出这样的结论。恐怕有很多学者持相反意见，认为巴米扬是后期建造起来的。虽然这些研究为以后留下了许多研究课题，但是利用$C^{14}$测试来确定巴米扬整个编年问题的研究方法，应该是可取的。[1]

考虑到以上的看法，我想针对巴米扬佛教美术样式，特别是以二尊大佛以及佛龛内天井壁画发表一点对目前研究的看法及想法（二尊大佛和诸多壁画已被彻底毁坏，在此所谈的是毁坏前的记录状况）。

总之，在巴米扬石窟中最引人注目的是二尊巨型大佛。南面摩崖由东崖、中崖、西崖三个崖面组成，东大佛位于靠近东崖的中央位置，而西大佛位于西崖西侧的位置。二尊大佛中究竟是哪一尊先被建造的呢？如果先建造西大佛的话，从整个崖面观察，所处位置过分偏向西方。崖面状态也是东崖的断崖最为平坦，适合开凿石窟，实际上主要的石窟大多开凿在东崖上（有A、B、C、D、E、F、G等窟）。还有，虽然西崖是一条长长的断崖，而且崖面凹凸不平，但是作为主要石窟，不单有坐佛窟H、Ì石窟，还有J、N石窟，以及西大佛周边的其他石窟（I—XVI窟）。中崖规模最小，主要石窟只有K窟，从这些崖面状况和主要石窟来看，可以认为是先建造的东大佛，其后才建造的西大佛。

从大佛本身的造型看，东大佛头大，整体比例不协调。佛龛左右也不规整，这是利用摩崖岩石先开凿出大佛的大致形状，然后再在上面抹上厚厚的粗灰泥及涂饰层塑造成型，衣褶纹样呈沟状，反复刻画的线条细长呆板，这是沿袭了犍陀罗后期造像的衣饰纹样表现形式，但是更加程式化。另一方面，西大佛佛龛显示了整齐的三叶形，大佛本身神情威严，身体比例协调平衡。衣褶纹样表现是在大佛的身躯上钻孔，然后将木钉钉入孔中，在木钉外绕上绳子，最后在绳子和木钉上涂上灰泥涂饰层开始造型。从西大佛具有量感的身躯和呈波状纹样的衣褶来看，能够感到是受到中印度马图拉笈多佛像的影响。正如以上所述，德国调查队$C^{14}$测定的年代观点，虽然暂时还没有得出整体的年代观，但是提出了东大佛是在6世纪中叶前后至后半叶，西大佛是在7世纪初前后建造的观点。尽管测定认为某年代观最有可能性，但我认为还是有必要进行更进一步的查证。

关于这二尊大佛的尊格，玄奘明确记载东大佛是释迦佛，而对西大佛则只有"金色耀眼，宝饰灿烂"的描述。我认为西大佛就是从兜率天下生的弥勒佛。在中亚及中国就有大量的弥勒大佛的作品实例，敦煌壁画中描绘的头戴冠饰、从兜率天下生的弥勒佛的表现形式，就是证据之一。虽然不清楚当初开始建造二尊大佛时是否就有建造成一组佛像的意图，但是，我认为至少是东大佛建造以后，才有意识地建造了西大佛。

二尊大佛佛龛内天井壁画、大佛的尊格，二者关系密不可分，我推测无论是东大佛还是西大佛，都分别在各自的石窟内绘制了一系列的佛龛天井壁画。

---

1　（日）宫治昭：《バーミヤーンの美术史研究と放射性炭素年代》，《バーミヤーン仏教壁画の编年》（アフガニスタン文化遗产调査资料集第2卷）。

## 五　东大佛的天井壁画与周围石窟

在东大佛佛龛天井，大画面描绘了像太阳神乘着带有翅膀的白马拉动的四匹马车在天空奔驰的场景。整个画面是在一个平面上用明亮的色调绘制而成，没有表现人物及对象的立体感与量感，主要用色块对比来严守平面的统一，完全看不到轮廓与晕染的痕迹。画面只采用了一种线描形式来勾勒事物的轮廓及人物五官等，趋于程式化地表现人物与对象的形态。因为这种绘画形式大致和萨珊王朝的波斯绘画传统有关，所以和兴都库什山脉北麓的吐火罗斯坦的绘画形式紧密关联。

关于这幅太阳神图像，虽有研究认为描绘的是印度的太阳神苏利耶，但正如前田耕作教授和费·格勒纳尔（F.Grenet）所言，与《阿维斯陀》中的"密特罗·亚斯特"的描述以及萨珊王朝波斯印章图像进行比较，认为表现的是伊朗的太阳神密斯拉的想法更为妥当。还有在大画面上描绘的各种图像中，也积极吸收了希腊、罗马以及印度的绘画风格。

即便如此，为什么在释迦大佛的天井上大画面描绘异教的太阳神呢？其理由如下：在佛教传入巴米扬地区之前，这里已有崇拜密斯拉神的信仰，这种信仰又和佛教信仰相融合；释迦佛和太阳神信仰之间紧密关联（释迦被称为太阳的种子），这种说法和被神格化了的释迦大佛的说法是相称的，站在高度38米的巨型大佛的脚下向上仰望时，能够感觉到大佛恰如连接天地的宇宙轴心一样，让人联想到描绘在佛龛天井上的太阳神担负着引导信徒们死后灵魂至天界彼岸世界的职责。总之从印度传来的佛教，巧妙地吸收所谓的伊朗系文化圈的地方信仰并加以发展。

可是，在连接这幅大画面太阳神的两边又划分了带状形画格。在这些画格里分别表现了佛陀与诸多供养者像，佛龛位置正好处于天井向两侧壁的转弯处。在东西二列的中央都有一身坐佛像，左右各描绘了二身特别的"装饰佛陀"像，其他供养者像除一身为僧侣外，都是在栏杆后面只露出上半身的王侯贵族们。位于东壁内侧附近的这位僧侣是王侯贵族们的向导，其左手持似窣堵坡型的舍利容器，右手指向旁边的"装饰佛陀"像。我推断描绘在僧侣后方的这个人物才是巴米扬王者。这位王者头戴椭圆形+月牙形+城堡形混合组成的萨珊族王者的头冠，留有胡须，披着似萨珊王者样式的锄状型肩带，这些特征使之区别于其他供养人像。还有，"装饰佛陀"像也头戴圆环形（实际是椭圆形）+月牙形+一对鸟翼形混合组成的萨珊族王者的头冠。

在《大唐西域记》中也有这样的记载：该王崇信佛教，在无遮大会上即便用光国库，也要布施与僧团。我们知道巴米扬王国地处兴都库什山脉的狭小河谷，以农耕、牧畜业为生，生产能力十分低下，建造如此规模的大佛与石窟寺院，其背景不正是借助东西贸易大道商贸繁荣的结果吗？巴米扬国王皈依佛教后，在无遮大会上把如此富裕的积蓄全部布施给僧团，靠这些雄厚的财力，才能建造起如此规模的大佛及石窟。我认为出现在东大佛壁画中的供养人群像，表现的是使大佛得以建造及大型壁画绘制得以实现的无遮大会。

说到东大佛以及佛龛天井壁画是在6世纪中叶前后制作完成的，当时正是突厥和萨珊王朝灭亡嚈哒时期。而且从出现在壁画中的伊朗系太阳神密斯拉和萨珊系王侯形象来看，可以推测这时萨珊王朝已统治并占据了巴米扬。但是，在东大佛天井壁画中发现的萨珊系美术元素，在以后的巴米扬石窟中并没有出现。西大佛的佛龛壁画和N窟、Ee窟的"装饰佛陀"像、卡克拉克壁画的"狩猎图"、K窟的弥勒菩萨等的冠饰，都是由圆形+月牙形等正面与两侧面的三面组成的冠饰，这种冠饰也是当时在巴米扬广泛流传的样式。可是这种冠饰不见于萨珊波斯，却出现在嚈哒的"aruhon"钱币以及受其影响的"napuki"钱币上。巴米扬恐怕首先是在萨珊系王权统治后，又接受了嚈哒系的王者统治，其根本是在突厥的统治下繁荣起来的。虽然这样的推测应该不为过，但巴米扬究竟是在怎样的王权统治下繁荣昌盛的，这个问题将是今后的主要课题研究。

如前所述，东大佛建造后，在其周围开凿了A、B、C、D1窟，因为这些石窟的$C^{14}$测定得出的年代是6世纪后半至7世纪初期，在东大佛周围石窟崖壁的内部还凿有隧道及台阶，隧道的入口设置在大佛龛的东侧，从入口可拾级而上，直达佛顶，西侧也设置了相同的台阶，沿着这些台阶又能返回到原来的地面上。在石窟内部的隧道台阶处又有岔道分布，可以到达东大佛周围的系列石窟。总之，佛龛东侧的A、B、B1以及西侧的C、D、D1系列石窟内部隧道及台阶相互连接为一体。从这些石窟隧道及台阶构造来看，东大佛最先建造，之后以东大佛为中心，在其周围开凿了一系列石窟的推定符合逻辑，也和$C^{14}$测定的年代论相吻合，东大佛及周围石窟被认为是巴米扬真正最早建造的石窟。但是，我以前推定巴米扬壁画样式变迁时，曾认为那些石窟（A、C窟）内的壁画是后期绘制的，壁画也有可能是后来加绘上去的，我想把这些问题作为今后的研究课题加以探讨。

## 六　西大佛的天井壁画和弥勒信仰

在东大佛周围开凿系列石窟的6世纪末至7世纪初，也建造了西大佛，并绘制了西大佛佛龛天井壁画。正如之前所述，西大佛造型体现了强大的量感与协调感，受到中印度笈多佛像的影响。西大佛佛龛显示了整齐的三叶形，其天井壁画以几何学构造为基础，绘制了一幅宏大的佛教世界。虽然绘制在天井大构图中央部分的壁画已经剥落，但是，我推定在壁画剥落的地方，曾描绘了一尊大型的弥勒菩萨坐像。以这尊大弥勒菩萨像为中心，众多菩萨呈凹字形状环绕在弥勒菩萨的周围。在拱门龛和梯形龛搭配组成的列龛下，菩萨们呈现出不同姿势。支撑列龛的柱子，在科林斯式柱头最上部的方形顶板中表现的男女天人、天女只露出上半身，赞叹诸位菩萨。透过列龛上方的堞口、城壁、栏楯等建筑主题，可看到窣堵坡和各种树木的表现。

试以最早期的西大佛绘画样式来叙述。从这幅壁画当中出现的肉感丰美的天女、呈极度夸张姿势的伎乐表现形式来看，受到中印度绘画风格的强烈影响。还有，描绘在列龛下的菩萨们，采用了头侧倾、扭腰即所谓的三曲法姿势，而面部、身躯等采用绘画的明暗手法，明显受到阿旃陀壁画中笈多样式的深厚影响。但从细部来看，又和印度笈多样式有很大的区别。这幅画的特征，尤其是采用铁线描技法，表现出了具有弹性的流畅线条。明快的线条把菩萨的五官、身躯、手足生动地刻画出来，形成了自成一体的线描风格。侧面表现的菩萨的五官，包括细长舒展的眉毛、挺直的鼻梁、杏仁形的大眼睛、弧形的深眼窝描绘等，极具特征性，显然已经掌握了娴熟的线描技法。

虽然这种线描技法在吐火罗斯坦的法雅兹·捷佩和阿吉纳·捷佩都可看到，但是巴米扬西大佛壁画样式与中国新疆和田的绘画样式密切关联。如和田出土的"鬼子母神"壁画，其线描技法、五官表现都和巴米扬的绘画样式极为相似。有意思的是，这种线描技法与五官表现能和日本法隆寺金堂壁画相媲美。巴米扬西大佛天井壁画的菩萨五官表现，如果与被火烧毁前的法隆寺金堂壁画中的菩萨五官相比较，二者之间有着不可思议的相似点。虽然法隆寺金堂壁画吸收了阿旃陀壁画风格，但是从采用铁线描技法和侧面描绘的五官表现来看，也可以说巴米扬西大佛壁画才是法隆寺壁画的原型。

从西大佛佛龛天井壁画的绘画样式来看，一方面受到印度笈多样式的强烈影响，另一方面中亚样式已经确立，这点从图像方面也足以证明。正如之前所述，西大佛佛龛天井壁画，在中心位置大画面描绘了弥勒菩萨坐像（已损坏），其周围有众多的菩萨环绕，还有表现天人、天女赞叹情景的整齐的几何学大构图。这种表现形式也有别于印度美术所喜好的神话传说的表现形式。

在这幅大构图的两端边缘，绘有花岗纹样与垂幔纹样做边饰。其纹样带的部分以大圆弧状将壁画环绕起来，一直连接到大佛头部的佛龛侧壁。总之，垂幔纹样起到了装饰天井大构图中的华盖边饰的作用，大构图或许真正表现了天界净土的佛教世界。我推定这幅天井壁画就是代表弥勒菩萨所在的兜率天宫。

成书于中亚地区的《观弥勒菩萨上生兜率天经》佛教经典，记述了弥勒菩萨居住的兜率天宫的情况。根据经典记载，兜率天宫具有三个特征：第一，兜率天光辉灿烂，在光辉照耀下涌现出了宫殿、栅栏、并排的树木、天子、天女。第二，兜率天有四十九重宫殿与栏盾，充满了想象中的高层建筑。第三，兜率天有无数的天人、天女，特别是有无数的美丽天女演奏美妙的音乐，与西方阿弥陀净土中不表现女性相比，有很大的不同。有关经典中的详细内容在此暂不赘言。总之，西大佛天井壁画的表现形式与佛教经典中记载的兜率天宫的特征相同。

据此可以推定，西大佛的佛龛天井壁画，表现的就是弥勒菩萨居住的兜率天世界。事实上，作为佛教天上的彼岸世界，虽然在印度没有看到崇信弥勒兜率天信仰的痕迹，但是弥勒信仰在中亚地区、中国南北朝时期得到了极大发展。人们祈愿死后转生到兜率天，拜会弥勒菩萨，在金碧辉煌的宫殿里在无数的天人、天女围绕下，聆听弥勒菩萨说法。

如前所述，在天井大构图两端绘制的带状纹样边饰，起到了装饰华盖边饰的作用。但在其正下方佛龛的两侧壁上分别凿有约2米间隔的大洞口。这些大洞口是当初钉入木材的卯眼，有研究认为这些洞口是因当时在大佛头顶建造一个大平台而开凿的。在东大佛佛龛侧壁也开凿了有一定间隔的大洞口。总之，虽然安装了木制平台，但是西大佛的建造更加井然有序。在大佛顶上的大平台上围坐的僧人、国王、贵族、奏乐师们，可能正在举行盛大的法会。

关于西大佛的尊格，玄奘明确记载东大佛是释迦佛，相对于西大佛只是简单的描述"金色耀眼，宝饰灿烂"。如果考虑到佛龛天井中描绘的是从兜率天下生的弥勒菩萨的话，那么大佛本身的姿态表现的就是从兜率天下生的弥勒佛。总之，我认为在此表现的就是在遥远的将来的理想世界，弥勒从兜率天下生为佛的样子，即弥勒大佛像。

弥勒信仰有上生信仰和下生信仰，以前述《观弥勒菩萨上生兜率天经》为基础，祈愿死后再转世的信仰就是上生信仰。与此相对，弥勒下生信仰，就是在遥远的将来，出现一个理想的宇宙统治者或转轮圣王，在和平及五谷丰登时，弥勒从兜率天下生成佛，那时人们的寿命与身长都会增加和变长，弥勒的姿态表现就比释迦牟尼的身躯更高大威严、光辉耀眼，指导错过释迦牟尼说法的无数信仰者得到解脱。下生信仰的代表性佛教经典，是鸠摩罗什译的《弥勒大成佛经》和《弥勒下生成佛经》，前者记述弥勒的身长是三十二丈，后者记述的是千尺。

可以认为巴米扬西大佛在佛龛天井内描绘的是弥勒菩萨的兜率天世界，以大佛本身来表现弥勒降生的姿态，是上生信仰与下生信仰相结合的弥勒信仰。

在西大佛佛龛天井壁画下方侧壁处绘制有坐佛群像，其中可见"装饰佛陀"像。大佛肩部的三叶形佛龛的突出部位还描绘了众多美丽的飞天像。飞天群像中还有源于印度教的湿婆神以及伊朗系的丰饶神等守护神。西大佛佛龛天井壁画吸收了中印度的笈多样式，同时其样式和图像，作为中亚地区的一种美术流派，确立了巴米扬美术中的经典造型。

# 结　语

位于东大佛与西大佛之间位置的E窟、H窟、İ窟都是坐佛窟，当初在这些石窟内就建造了5—10米的坐佛像，并在佛龛内绘制了精美壁画。可惜这些都被毁坏了，现在的İ石窟中残存不到一半。H石窟的佛龛壁画是在天井顶部描绘了弥勒菩萨像，侧壁有千佛构图，在佛龛突出部分绘有飞天像，为西大佛佛龛壁画构图的简化形式。绘画样式也是西大佛壁画中常见的更加娴熟的自成一体的线描技法，这种精湛的线描技法在飞天姿势中展现出来。在E石窟的佛龛壁画的顶部也绘有弥勒菩萨像，侧壁绘有千佛，已经没有飞天出现。这幅图像最显著的特点是弥勒菩萨呈正面像，表情威严，采用明快的明暗手法，细部描写缜密，也可说是中亚美术样式。H、E窟，虽然没有采用$C^{14}$测定年代，但可以考虑是7世纪的。利用$C^{14}$测定的D、S、N、F、东Ⅲ窟等给出的年代都是7世纪的。

目前对巴米扬美术的年代观研究，认为在6世纪中叶前后开始建造了东大佛，接着在东大佛周围继续开凿了系列石窟，6世纪末叶前后建造了西大佛，直到7世纪，石窟开凿仍然很活跃，并创造出了丰富多彩的壁画。到了8世纪石窟继续建造，利用$C^{14}$测定的İ、K、Ee窟，卡克拉克祠堂窟等的壁画年代为8世纪。事实上，虽然这些石窟壁画的共同特征，是具有曼陀罗风格的千佛构图，但在绘画样式上最引人注目的还是富有个性的五官和人体表现，绘画中显著体现了个人惯用风格表现倾向。到了9世纪，仍有部分石窟在营建，但可以看出美术活动正在迅速衰退。伊斯兰势力在巴米扬占优势地位大概是9世纪的事情了。

以上，以近年来利用$C^{14}$测定的结果为基础，对巴米扬的年代以及美术样式进行了论述。关于巴米扬的年代论问题，今后随着年代测定资料的增加以及测定精度的提高，一方面要和巴米扬石窟研究相关的各领域携手合作，另一方面要利用$C^{14}$测定的结果进行交叉研究。

附记：本稿是2006年11月10日在龙谷大学史学会上的讲演稿，是在"バーミヤーンの佛教美术研究"一文的基础上，重新修改后的文章。其间又收录了拙著《バーミヤーン、遥かなり—失われた仏教美術の世界》NHKブックス、2002年所收的部分记述。

追记：利用放射性碳素（$C^{14}$）测定巴米扬二大佛的年代后，由名古屋大学年代测定综合研究中心测定结果，其测定结果发表在"犍陀罗美术和巴米扬遗迹展"（静冈县立美术馆，2007年12月28日—2008年3月30日）。据此测定东大佛年代是430—560年，西大佛年代是600—650年。关于东大佛，因年代跨度大，实物采样少，所以状况不乐观。参中村俊夫《巴米扬石窟壁画和二大佛的放射性碳素（$C^{14}$）年代测定研究》，载《犍陀罗美术与巴米扬遗迹展》展览会图录，第176—178页。

译自"龙谷史坛"第128号

# 印度早期佛教出家僧人与舍利崇拜关系考辨

郑燕燕

（中山大学）

根据佛经记载，佛祖释迦牟尼在拘尸城入涅槃，佛教徒将佛尸以转轮王葬法殓葬，火化后所得遗骸称之为舍利，被八国王平分而各自建塔安奉。后来，孔雀王朝时期的阿育王重新收集这些舍利，并分为八万四千份，送往各地立塔供养，从此佛舍利广为流布。舍利在佛教发展和传播史上曾占有重要地位，佛教经典及历史文献中保存有大量信息，在南亚、东亚、东南亚等佛教流传之地，均发现过相关的遗迹和遗物。鉴于舍利的重要性、信息的丰富性，学界很早就对其进行多方面的讨论，其中一个重要话题即出家僧人与舍利的关系，或认为早期佛教禁止出家僧人崇拜舍利，或强调出家僧人很早就加入了舍利供养的行列，甚至由此而牵涉出对大乘佛教起源的讨论。本文试图在前人研究基础上，从释迦牟尼的临终遗训及对舍利崇拜的态度入手，通过对佛典及考古资料的仔细分析，对二者关系进行更为辩证的考察。

## 一　释迦遗训的对象

关于出家僧人与舍利崇拜的关系，平川彰在《初期大乘佛教之研究》中提出，佛教最初禁止出家僧人供养舍利和佛塔，所以佛塔主要由非僧非俗的在家教徒运营管理，并由此形成了一个依止于佛塔的信仰共同体，这一团体即早期大乘教团，大乘佛教起源与佛塔信仰有密切关系。[1] 而他认为佛教禁止出家僧人供养舍利的一个重要论据，是南传巴利文《长部经典》中的《大般涅槃经》所记，释迦涅槃前与阿难的一段问答：

世尊！我等应如何处理如来之舍利？

阿难！汝等不必为供养如来之舍利而烦虑。阿难！汝等当为自己努力，致力于自身，为了自己坚持不放逸、不懈怠、精进奋发。阿难！对如来怀有信仰心之刹帝利、婆罗门、居士之智慧者，彼等当供养如来之舍利。

然，世尊！应如何处理如来之舍利耶？

阿难！如处理转轮王之舍利，应如是处理如来之舍利。

然，世尊！如何处理转轮王之舍利耶？

阿难！他们以新布包缠转轮王之遗体。新布包已，再用细氎包。细氎包已，再用新布包之，如此一重一重包至五百重为止。然后他们把尸体置于一个铁制油容器中，并用另一个铁制油容器盖好。他们以诸名香聚为香薪，火化转轮王之遗体。然后于四衢道，

---

[1]〔日〕平川彰：《初期大乘佛教の研究》，春秋社，1968年，第604—657、778—811页。

为转轮王起塔。阿难！如是处理转轮王遗体之法。[1]

引文中阿难所问"处理舍利"、释迦所答"供养舍利"分别是巴利文"sarīre paṭipajjāmāti"和"sarīra-pujāyā"的翻译，其中"sarīre"或"sarīra"被平川彰理解为舍利，即尸体火化后的遗留物。因此，阿难所关心的主要是舍利供养问题，而释迦的回答表明他不提倡出家僧人崇拜舍利，认为那主要是在家信徒的行为。[2]

平川彰的观点一度在学界颇为流行，大乘佛教之佛塔崇拜起源说几成定论，但后来遭到很多学者的质疑。比如叔本（Gregory Schopen）认为：一方面，"sarīra-pujāyā"中的"sarīra"是单数形式，所以应该是指尸体，如果指火化后的舍利子，则应该使用复数形式。因此，阿难的问题实际是如何处理佛尸，而释迦的回答恰恰证明了这一点，他具体描述了转轮王遗体的殓葬方法。另一方面，释迦入涅槃后，迦叶自外地赶来，亲自棺殓佛尸，这表明释迦的训诫针对的只是阿难一人，而非所有出家僧人，参与殓葬实际是某些像迦叶一样的高级僧人的特权。[3]

下田正弘和斯尔克（Jonathan A. Silk）等都赞同叔本的观点，并指出平川彰产生误解的根源在于特重巴利文佛典，而没有比照保存更为丰富的汉译佛典。[4] 比如西晋白法祖译《佛般泥洹经》卷下记载，阿难的问题是："佛灭度后，吾等葬佛身体，法当云何？"释迦的回答是："汝默无忧。当有逝心理家，共忧吾身。"[5] 东晋法显译《大般涅槃经》卷中，释迦的回答是："诸天自当供养我身。又婆罗门及以诸王、长者居士，此等自当供养我身。"[6] 白法祖与法显在翻译时，都使用"身"，而不是"舍利"，因此释迦与阿难所讨论的是如何处理佛的尸体，而不是如何供养尸体火化后所得舍利。如何处理尸体，即葬法的问题，故后秦佛陀耶舍、竺佛念所译《长阿含经·游行经》记载，阿难问："佛灭度后，葬法云何？"[7] 东晋失译《般泥洹经》卷下记载，阿难问："佛灭度后，当作何葬？"[8]

由此看来，叔本的观点无疑更合理，在与阿难的对话中，释迦确实没有禁止出家僧人崇拜舍利的意思，由此平川彰的大乘佛教起源说失去了一个有力的论据。不过，叔本认为释迦临终训诫只针对阿

---

1 参见 T. W. and C. A. F. Rhys Davids tr., *Dialogues of the Buddha, Translated from the Pali of the Dīgha Nikāya*, Part II, Oxford: The Pali Text Society, 1995, pp. 154-156；元亨寺汉译南传大藏经编译委员会：《汉译南传大藏经》第7册，元亨寺妙林出版社，1995年，第95—96页；段晴等译：《汉译巴利三藏·经藏·长部》，中西书局，2012年，第258页。
2 〔日〕平川彰：《初期大乘佛教の研究》，第618—620页。
3 Gregory Schopen, "Monks and the Relic Cult in the Mahāparinibbāna-sutta: An Old Misunderstanding in Regard to Monastic Buddhism", in Author, *Bones, Stones, and Buddhist: Collected Papers on the Archaeology, Epigraphy, and Texts of Monastic Buddhism in India*, Honolulu: University of Hawaii Press, 2004, pp. 99-113.
4 〔日〕下田正弘：《涅槃经の研究——大乘经典の研究方法试论》，春秋社，1997年，第96—100页；Jonathan A. Silk, *Body Language: Indic Sarira and Chinese Sheli in the Mahaparinirvana-Sutra and Saddharmapundarika*, Tokyo: The International Institute for Buddhist Studies of the International College for Postgraduate Buddhist Studies, 2006, pp. 8-21.
5 《大正藏》第1册，第169页。
6 《大正藏》第1册，第199页。
7 《大正藏》第1册，第20页。
8 《大正藏》第1册，第186页。

难一人，这种看法却是值得商榷的——阿难作为释迦的堂弟，出家后成为常随弟子，后又被选为贴身侍者，在释迦涅槃之际陪伴左右，所以关于释迦的身后事，由阿难来提出是很自然的。但关心这个问题的显然不会只有阿难一人，而且葬礼也不可能完全由他一人承办（图1），所以对话虽然发生于释迦和阿难之间，但实际上阿难应该是代表佛教徒大众提出问题，而释迦的回答自然也应该包括阿难以外的其他出家弟子。

这一点从葬礼的实际执行情况也可以得到证实，《佛般泥洹经》卷下记载，释迦涅槃后，佛弟子阿那律让阿难入拘尸城，劝城内居民（逝心理家，又名末罗人）前来殡葬佛尸："佛不使吾等棺殓，尔赴往告逝心理家，吾等自能殡殓，世尊有命，令逝心理家棺殓殡葬，无令有恨。"[1]之后，末罗人依言操办释迦葬礼，而释迦涅槃之际守在身边的阿难、阿难律等诸弟子似乎只是起到指导顾问作用，并未负责具体工作（图2）。

唯一的例外是大迦叶，释迦涅槃之时他并不在身边，末罗人将佛尸遍缠布帛、浸入麻油、藏入棺椁，然后准备焚化，但是三次点火均未成功，阿那律称此乃诸天之意，欲等身在外地的大迦叶前来礼佛。其中，梵文本《大般涅槃经》、汉译东晋卑摩罗叉译《十诵律》、唐义净所译《根本说一切有部毗奈耶杂事》等明确提到，迦叶赶来后，打开佛棺、解除缠尸布、礼拜佛尸，

图1　佛陀葬礼上的诸弟子（采自栗田功《ガンダーラ美術》I，二玄社，1990年，图P4-IV）

图2　末罗人火化佛陀（采自《ガンダーラ美術》I，图P4-V）

然后重新殡葬佛尸：

> 时有无量百千大众，随从尊者诣世尊所，除去香木，启大金棺，千叠及絮并开解已，瞻仰尊容，头面礼足。于此时中，唯有四大耆宿声闻，谓具寿阿若

---

[1] 《大正藏》第1册，第173页。

图3 迦叶礼拜佛足（采自 *Gandharan Buddhist Reliquaries*, p.16, fig. 2.6）

憍陈如、具寿难陀、具寿十力迦摄波、具寿摩诃迦摄波。然摩诃迦摄波有大福德，多获利养，衣钵药直，触事有余。尊者作念："我今自办，供养世尊。"即办白叠千张及白叠絮，先以絮裹，后用叠缠，置金棺中，倾油使满，覆以金盖，积诸香木，退住一面。[1]

但是，南传巴利文《大般涅槃经》却称，迦叶仅仅解除了缠绕在佛尸脚部的布帛，并未使佛尸完全暴露，更未重新殓葬佛尸：

尔时，尊者摩诃迦叶诣往拘夷那竭之天冠寺末罗族庙。诣已，褊袒右肩，合掌三匝右绕香𧂐，取去足盖，顶礼世尊足。又五百比丘众亦褊袒右肩，合掌三匝右绕香𧂐，顶礼世尊足。如是尊者摩诃迦叶与五百比丘众俱，顶礼已毕，世尊之香𧂐不点自燃。[2]

同样，西晋白法祖译《佛般泥洹经》、后秦佛陀耶舍译《长阿含经·游行经》、东晋失译《般泥洹经》及东晋法显译《大般涅槃经》中，迦叶礼拜的也是佛足，甚至佛足是自己伸出棺椁的（图3），待迦叶礼拜后，又自己还入棺中，根本无须重殓佛尸：

迦叶熟视佛黄金棺，意自念曰："吾来晚矣，不及吾师，不知世尊头足所在。"佛便应声双出两足。迦叶即以头面著佛足，陈佛功德……迦叶赞毕，天神鬼龙，帝王黎民，皆礼佛足，众礼讫毕，足还入棺。[3]

唐若那跋陀罗译《大般涅槃经后分》则似乎将上述两种不同的记载糅合在一起，经文提到迦叶解除佛尸布帛，礼拜佛身，并重新殓葬佛尸；之后佛足又自己伸出棺椁，再次供迦叶及众人顶礼，礼毕，双足自入棺。[4]

总之，诸经虽然都提到了迦叶最后礼佛一事，但礼佛过程中究竟有无重殓佛尸的情节，则存在明显的差异，因此不排除此情节为后期增改的可能。

---

1 《大正藏》第24册，第401页。
2 T. W. and C. A. F. Rhys Davids tr., *Dialogues of the Buddha*, pp. 185-186；元亨寺汉译南传大藏经编译委员会：《汉译南传大藏经》第7册，第120页。
3 《大正藏》第1册，第174页。
4 《大正藏》第12册，第908—909页。

至于增改的原因，大概是利用当时的印度葬俗，来突出大迦叶在佛教教团中的特殊地位，以及其作为释迦继承者的合法性。在印度传统葬礼中，死者的儿子，一般是长子，起着重要作用，死者的火化堆多由其点燃，主持死者的葬礼，往往意味着继承权的获得。如约公元前4或前3世纪开始成书的印度史诗《罗摩衍那》（Rāmāyaṇa）提到，阿逾陀城的十车王欲立长子罗摩为太子，以继承王位，十车王的第二王后吉迦伊为使自己的儿子婆罗多即位，要求十车王流放罗摩。罗摩流放期间，十车王去世，但"那些洞晓一切的大臣，没有国王的儿子在场，不愿意把国王去装殓，他们把国王尸体保藏。那些大臣们把国王，放在盛满油的盆里"。此时，正在外祖父家的婆罗多被急召回阿逾陀，其母后吉迦伊唆使他为国王举行葬礼，并继承王位："儿啊！你赶快去，请来那些婆罗门，以婆私吒为首，精通仪节懂条文。为国王举行葬礼，你要排除忧虑，给你灌顶为王，统治这个大地。"[1]

释迦与十车王的丧葬明显很相似：释迦原为太子，虽舍弃王位出家为僧，却仍使用与十车王相似的世俗国王（转轮王）的葬法；十车王去世后，尸体被保存在油盆中，以等待他的继承者前来装殓，而释迦的尸体同样被置入油棺中，等待迦叶前来火化。某种程度上，释迦被塑造为"王"，而迦叶则相当于释迦的长子、继承者，那么他按照世俗习惯亲自为佛殓尸，也就不难理解了。关于这一点，《摩诃僧祇律》卷三二有更为明确的表述，释迦涅槃后，"诸比丘各议言：'谁应阇维？'时尊者大迦叶言：'我是世尊长子，我应阇维。'是时大众皆言：'善哉！'"[2]

因此，以迦叶重殓佛尸的事件，来证明释迦的遗训只针对阿难而非全部出家僧人，恐怕难以成立。事实上，释迦不让出家僧人操办其丧礼，应该是有现实考虑的：根据佛经记载，葬礼需要用到大量布帛、油脂、棺椁和柴薪等物品，僧人不蓄财物，一时恐无法置办周齐。迦叶以头陀行著称，应当也不例外，佛经插入迦叶重殓佛尸的情节后，必然要解决这一问题，所以《根本说一切有部毗奈耶杂事》中特意提到"摩诃迦摄波有大福德，多获利养，衣钵药直，触事有余"，即其有财力重殓佛尸。但即便这样，迦叶自外地匆匆赶来，不可能随身携带这些物品；若是自火化现场赶回城内重新募集，恐怕要费时不少，难道要前来参加葬礼的信徒都原地等待？

## 二　释迦对舍利崇拜的态度

唐若那跋陀罗译《大般涅槃经后分》卷上提到，释迦涅槃之际赞叹供养舍利之功德，并称"若见如来舍利即是见佛"[3]，这也是学界目前关于舍利的常见看法：在无佛时代，舍利是佛的代表或延续，舍利有灵，见舍利即见佛[4]。不过，这种观点应该是后出的，它并不见于早期的小乘涅槃经中，事实上，后者涉及舍利之处很少，仅在叙述转轮王葬法时提到：火化佛尸，"讫收舍利，于四衢道起立塔庙，表刹悬缯，使

---

1　季羡林译：《罗摩衍那》（二），收入《季羡林文集》第十八卷，江西教育出版社，1995年，第377、412页。
2　《大正藏》第22册，第490页。
3　《大正藏》第12册，第902页。
4　Gregory Schopen, "Burial 'Ad Sanctos' and the Physical Presence of the Buddha in Early Indian Buddhism: A Study in the Archaeology of Religions", in Author, *Bones, Stones, and Buddhist*, pp. 114-147.

图4　八王分舍利（采自《ガンダーラ美术》I，图P4-VIII）

诸行人皆见佛塔，思慕如来法王道化，生获福利，死得上天"[1]。正如学者指出的那样，生获福利、死得上天虽是很大的福果，但对出家求法、志在解脱的僧人来说却非终极目标。[2]由此可以看出，早期经典中释迦对舍利及舍利崇拜并没有给予很高的评价。

舍利崇拜与处理佛尸，两者之间关系密切，释迦禁止弟子殓葬，遗言将尸体交于在家信徒火化，那么火化后的舍利自然也主要是由后者处理。火化结束后，舍利被末罗人带至拘尸城，之后被八位国王平分，建塔供养，这似乎都是由在家信徒完成的，出家僧人并没有过多的参与（图4）。而且，根据释迦最初的设想，火化结束后，收取舍利，在交通繁忙的四衢道建塔安置，这与后来立塔于寺的做法明显不同，而与现代在交通要道立碑或铜像相似[3]，它更像是一种纪念性建筑，而非佛教的信仰崇拜圣地，其主要针对的应该是过往行人，即世俗人员或在家信徒，而非在寺院或山林中修行的出家僧人。上述种种，无疑都不利于僧人与舍利建立密切联系，这表明释迦对出家僧人崇拜舍利虽未明确禁止，却也未积极提倡。

相反，释迦反复要求比丘专注于求法修行，东晋法显译《大般涅槃经》卷中提到，阿难问释迦葬法，释迦让阿难不要操心此事，并告诫他"但自思惟，于我灭后护持正法，以昔所闻，乐为人说"[4]。该经卷下，释迦又再次告诫阿难：

> 汝勿见我入般涅槃，便谓正法于此永绝。何以故？我昔为诸比丘，制戒波罗提木叉，及余所说种种妙法，此即便是汝等大师。如我在世，无有异也。[5]

类似的记载也见于巴利文《大般涅槃经》。[6]根据这些记载来看，释迦希望出家僧人在其涅槃后以佛法和戒律为师，佛法和戒律才是佛的代表和延续，见法、律即见佛。

---

1　《长阿含经·游行经》，《大正藏》第1册，第20页。
2　〔日〕平川彰：《初期大乘佛教の研究》，第625页。
3　释印顺：《初期大乘佛教起源与开展》上，中华书局，2011年，第48页。
4　《大正藏》第1册，第199页。
5　《大正藏》第1册，第204页。
6　元亨寺汉译南传大藏经编译委员会：《汉译南传大藏经》第7册，第109页。

公元前2世纪的弥兰陀王与比丘那先讨论舍利供养的问题时,也曾提到这一点。当时舍利崇拜已经比较盛行,包括弥兰陀王本身也参与其中(图5),但是供养舍利的做法显然与佛经中所记载的释迦的本意有冲突,由此引发了弥兰陀的疑问。据《弥兰王问经》卷一二记载,弥兰陀王认为释迦入涅槃之际遗言"阿难!汝等勿费神于供养如来之舍利(遗体)",表明世尊不提倡舍利供养,而"供养如来之舍利,如是作者由此往天上"则是提倡舍利供养,二者自相矛盾。对此,那先比丘解释称:

图5 记载弥兰陀王供奉舍利的舍利盒残片(采自 *Gandharan Buddhist Reliquaries*, p. 203, fig. 6.1)

> 大王!上述二者皆为世尊所言。然,言"阿难!汝等勿费神于供养如来舍利(遗体)"者,非对一切人而言,对胜者之子而言。大王!盖胜者子之本务非礼拜,知诸行之性相、如理作意、念处随观、把握所缘之精髓、调伏烦恼、求真实义,此是胜者子所应作。供养是余他之人天所应作。……是故,大王!如来言:"阿难!汝等勿费神于供养如来之舍利(遗体)",意指"勿专心于非尔等之本务,专心于尔等之本务"。大王!若如来不如是说,诸比丘将忙于供养佛之衣钵,凭此礼拜世尊。[1]

所谓"胜者子"(jinaputtānum),即佛弟子或说出家僧人。那先比丘认为出家僧人的主要任务是求法解脱,因此释迦不让弟子操心遗体供养,以防止他们舍本逐末,不安心于修行而沉迷于供养。

为了进一步探讨释迦对舍利的态度,我们将考察范围扩大至阿含经及律典。在长阿含、中阿含和杂阿含中,提到释迦与舍利崇拜的记载很少,且往往可以看出后期插入的痕迹,至于明确提到出家僧人供养舍利的内容,更是基本见不到。比如《杂阿含经》卷二三记载,释迦预言其涅槃百年后,有阿育王广布佛舍利,兴建四万八千塔。阿育王生活在公元前3世纪,曾尊崇佛教、天下分舍利,因此释迦牟尼的预言,显然是公元前3世纪以后才插入《杂阿含经》。相较而言,《增一阿含经》中关于舍利的记载要多些,甚至出现了释迦或僧人供养舍利的情况,但其中的后期因素更为明显,如卷四四《十不善品》记载弥勒说偈:"释种善能化,供养诸舍利,承事法供养,今来至我所。若有书写经,恭宣于素上,其有供养经,皆来至我所。"[2]这里与供养舍利同时出现的是写经,一般认为早期佛经采用的是口传心授的传播模式,并无书写传统,直到公元前1世纪左右才开始有系统地书写佛经,所以《增一阿含经》中这段供养舍利的记载,显然要晚至佛经书写盛行的时代。

同样,关于舍利或舍利塔的规定虽然可见于

---

[1] T. W. Rhys Davids tr., *The Questions of King Milinda, Translated from the Pāli*, Oxford at the Clarendon Press, 1890, pp. 246-248;元亨寺汉译南传大藏经编译委员会:《汉译南传大藏经》第63册,第274—277页。

[2] 《大正藏》第2册,第789页。

《四分律》、《五分律》、《十诵律》和《根本说一切有部律》中，但在南传巴利文律典中却无踪迹。因此，平川彰认为巴利文律典可能更古老，《四分律》等部派律典中与佛塔相关的内容，大概是在佛灭两百年后，受佛塔崇拜盛行之风的影响才引入的。[1] 反对平川彰的学者力图说明舍利塔崇拜很早就已开始了，比如叔本通过碑铭等考古资料证明，至少在公元前2世纪时僧人就已经成为佛塔建造的重要施舍者，且很多是高级学问僧或传法师。[2] 下田正弘则认为，戒律的特点是随犯随制，因此与佛塔相关的规定出现在律典中的时间，并不一定是佛塔崇拜开始的时间，而只是佛塔崇拜被制度化的时间。[3] 但无论如何，对舍利塔崇拜的追溯恐怕很难上推到释迦时代或更早，因为佛舍利是释迦涅槃以后才有的，舍利塔的盛行自然应该在佛涅槃以后。对此，萧齐僧伽跋陀罗译《善见律毗婆沙》卷一六说得很明白："佛塔中止宿及藏物，此二戒梵本无有。所以无者，如来在世未有塔。此戒世尊在世制，是故无著革屣入佛塔，手捉革屣入佛塔……向佛塔舒脚，安佛置下房。此上二十戒，梵本无有，如来在世，塔无佛故。"[4]

目前考古资料所见舍利埋藏或舍利塔，最早也只能追溯到佛涅槃后八国分舍利时，而且还往往有争议或不能确定。比如印度北方邦比普拉瓦（Piprāwā）大塔曾出土一组舍利容器，内装一些小骨片及大量供养物，有学者据容器上的铭文认为，器内所盛骨块乃佛舍利，是八王分舍利时释迦族所分得的那一份，年代为公元前5—前4世纪[5]，但也有学者对铭文的释读、舍利的性质及年代等提出不同看法，甚至怀疑相关考古发掘的可信度[6]。比哈尔邦吠舍厘（Vaisali）的一座窣堵波中出土过一件滑石盒，盒内装有一些"灰土"，发掘者根据《大唐西域记》的记载，推测该窣堵波可能是八王分舍利时吠舍厘王所建（图6），阿育王时取走盒内部分舍利（灰土）并扩建佛塔。[7] 不过，那些"灰土"的性质尚有可疑，过去印度考古发掘出的早期佛舍利大多是骨块，且据佛经记载，八王分舍利后，所余灰、炭又单独建塔供养，所以推测吠舍厘国王所得舍利应该与其他七国一致，为骨块而非灰土。

除此之外，南亚已发现的绝大多数佛塔都是公元前3世纪以后的，包括著名的印度桑奇大塔（Sānchī）、

---

1 〔日〕平川彰：《初期大乘佛教の研究》，第652页。
2 Gregory Schopen, "Two Problems in the History of Indian Buddhism: The Layman Monk Distinction and the Doctrines of the Transference of Merit", in Author, *Bones, Stones, and Buddhist Monks*, pp. 23-55.
3 下田正弘：《涅槃经の研究——大乘经典の研究方法试论》，第127—128页。
4 《大正藏》第24册，第787页。
5 W. C. Peppé and V. A. Smith, "The Piprāhwā Stūpa, Containing Relics of Buddha", *Journal of the Royal Asiatic Society*, 30(3), 1898, pp. 573-588; J. F. Fleet, "The Inscription on the Piprahwa Vase", *Journal of the Royal Asiatic Society*, 39(1), 1907, pp. 105-130; M. N. Deshpande (ed.), *Indian Archaeology 1970-71: A Review*. New Delhi: Archaeological Survey of India, 1974, p. 37; K. M. Srivastava, *Buddha's Relics from Kapilavastu*, Delhi: Agam Kala Prakashan, 1986, pp. 32-39.
6 T. A. Phelps, "Lumbini On Trial: The Untold Story", http://www.lumkap.org.uk/; "The Piprahwa Deceptions: Set-ups and Showdown", http://www.piprahwa.org.uk/.
7 A. Ghosh (ed.), *Indian Archaeology 1957-58: A Review*, New Delhi: Archaeological Survey of India, 1993, pp. 10-11；（唐）玄奘、辩机著，季羡林等校注：《大唐西域记校注》，中华书局，2000年，第589—591页。

阿玛拉瓦蒂大塔（Amaravathi）、达摩拉吉卡大塔（Dharmarajika）等，最早也只能追溯到阿育王时期。据佛经的记载，阿育王之前只有八座舍利塔，阿育王曾将八塔中的舍利取出，分成八万四千份，广建佛塔安置。将考古资料与佛经记载结合来看，可以看出佛塔崇拜的盛行，是公元前3世纪以后的事情，即佛塔及舍利崇拜盛行是释迦生前所未能预料到的，自然也不可能对此提出过多的看法和要求。

图6 吠舍厘佛塔塔基（采自 Indian Archaeology 1957-58：A Review, Plate VIII, B）

佛教文献中还常常提到过去佛塔、舍利弗塔、佛爪发塔等，我们并不排除释迦在世时已经有塔或与塔相似的建筑，只不过这些塔与后来的舍利塔性质有别，且相关记载存在很多虚构或模糊的情节，因此用来证明早期舍利崇拜，似乎有失严谨。以过去佛迦叶佛的舍利塔为例，《五分律》、《四分律》、《僧祇律》和《根本说一切有部毗奈耶药事》均有记载，但不见于《十诵律》和巴利文律，且各律所叙颇有差异：释迦游行至拘萨罗国的都夷婆罗门村时，称此处地下有迦叶佛塔（或全身舍利），并通过神力出示佛塔（或舍利）。之后，佛塔隐没，释迦与诸比丘为之重建大塔，并赞叹起塔、礼塔的功德。[1] 一般认为所谓过去佛原本是释迦以前的修行者，后来才被纳入佛教系统，而且迦叶佛塔是隐没于地下的，里面安奉的似乎是他的尸体（全身舍利），因此它更像是先贤的坟墓，而不是舍利塔。

释迦为迦叶佛重建塔，《四分律》称使用的是泥团，这似乎是在表现塔的古朴，但也可能是因为释迦不蓄财物，且正在游行，不得不就地取材。事实上，佛塔年代的区别更多体现在造型与装饰上，《僧祇律》提到释迦所建迦叶佛塔，"下基四方，周匝栏楯，圆起二重，方牙四出，上施盘盖，长表轮相"，其造型大体可参考巴基斯坦出土的一件公元2—3世纪的铜制窣堵波（图7）。如果与印度北方邦博杰普尔（Bhojpur）2号塔出土的公元前1世纪的水晶窣堵波（图8）相比较，迦叶佛塔的造型显然复杂，即它应该属于相对晚期的佛塔，这从侧面反映出《僧祇律》的这段记载可能是后出的。而整个故事更像是舍利及舍利塔流行后，佛教徒为使自己崇拜佛塔的行为合法化、制度化而"追溯"，所以故事特地强调释迦亲自造塔，并树立了塔的标准，《五分律》总结称"是时于阎浮提地上最初起塔"，《僧祇律》总结称"作塔法应如是"。

相似的情况也见于舍利弗塔，《增一阿含经》卷一九记载，舍利弗涅槃后，弟子纯陀持其舍利至释

---

1 《大正藏》第22册，第172—173、497—498、958页；第24册，第53页。

图7 铜窣堵波（采自大英博物馆网站，馆藏号：1887,0717.23）

图8 水晶窣堵波（采自维多利亚与阿尔伯特博物馆网页，馆藏号：IM.223-1921）

迦跟前，释迦对诸比丘说："汝等今日可供养舍利弗、目揵连比丘舍利"，阿难问如何供养，释迦回答于四衢道起塔。[1] 但《四分律》卷五二记载，舍利弗涅槃后，有檀越请求为之起塔，世尊允许并具体指示了塔的做法和供养法，称塔可以建成圆形、方形或八角形等。[2]《根本说一切有部毗奈耶杂事》卷一八则称，舍利弗的舍利起初由阿难供养，然后被孤独长者请回家，最后为方便大众礼拜才造塔，世尊指示了塔的具体做法，称先建两层砖基，次安塔身，再安覆钵，上置平头、轮竿、相轮和宝瓶。[3] 很明显，各经记载颇有差异，且塔的造型也已远非最原始的形制。另外，印度桑奇3号塔中曾发现过舍利弗与目犍连的舍利[4]，而桑奇1号大塔被认为原安奉有佛舍利，即舍利弗和目犍连的舍利塔被安奉在佛舍利塔旁边，正如他们生前跟随佛祖左右。这样看来，舍利弗涅槃后可能并未立即建塔，只是后来随着佛舍利信仰的流行，才开始崇拜他的舍利。[5]

综上所述，释迦对自己的舍利并不是很重视，

---

1 《大正藏》第2册，第642页。
2 《大正藏》第22册，第956页。
3 《大正藏》第24册，第291页。
4 A. Cunningham, *The Bhilsa Topes*, New Delhi: Munshiram Manoharlal Publishers Pvt. Ltd, 1997, pp. 295-308.
5 〔日〕杉本卓洲：《インド仏塔の研究：仏塔崇拝の生成と基盤》，平乐寺书店，1984年，第280—297页。

图9 礼拜舍利的出家僧人与在家信徒（采自 *Gandharan Buddhist Reliquaries*, p. 34, fig. 2.18）

遗嘱其尸体由在家信徒处理，并强调其涅槃后出家僧人要以佛法戒律为师，而弟子也基本遵循了这些遗训，一边通知末罗人殓葬佛尸，一边积极结集法藏。虽然没有明确的材料证明他禁止舍利崇拜，但是同样也找不到他积极肯定或大力推崇舍利的证据。因为舍利信仰及舍利塔崇拜是在释迦涅槃后，特别是公元前3世纪以后才盛行的。

## 三　僧人与舍利

据涅槃经的记载来看，舍利最早的供养者应是以末罗人为代表的在家信徒，但是由于佛陀并未明确禁止，部分出家僧人可能很早就加入了供养佛塔和舍利的行列。特别是考虑到，释迦悟道以后，凭借说法吸引了大批信徒，同时可能也有人是因为佛陀本身的风采和魅力而追随他。当释迦在世时，这些弟子以佛为师、为依托；佛入灭后，虽然留下以佛法戒律为师的遗训，但对他们而言仍不免空虚悲哀，舍利作为佛身体的一部分，反而更加真实亲切。因此，舍利成为供养礼拜的对象，是顺应一般宗教情感的需要而发展起来的[1]。从这一点上来说，凡是对释迦怀有深深的敬慕和依恋的教徒，无论出家或在家，在释迦涅槃后都有可能将这种感情转移到佛舍利上（图9）。

僧人出家所追求的是脱离生死的终极解脱，供养佛塔只能"生获福利、死得上天"，然而解脱的目标并不容易实现，在没有达到这一目标前，通过礼

---

1　释印顺：《初期大乘佛教起源与开展》上，第42页。

图10 康僧会感获舍利（采自敦煌研究院主编《敦煌石窟全集》第12册，香港商务印书馆，1999年，第136页，图114）

拜舍利和佛塔而获得福德，也是不错的选择。[1]更何况，根据一些石刻资料显示，即便僧人自己并不看重这些福德，也可以将之回向给其他人[2]，比如日本平川郁夫丝路博物馆藏有一件公元前2或1世纪的舍利室石板，石板上有铭文称，圣僧、诵法者瞿密多（Gomitra）为众生之利乐，安奉世尊释迦的舍利；美国旧金山亚洲艺术博物馆藏有一件公元100年左右的石制小舍利塔，塔上刻有铭文称，比丘尼乌塔拉雅（Utaraya）为敬礼父母，安奉佛舍利[3]。

此外，舍利在僧人发展和传播佛教过程中发挥着重要作用。北齐那连提耶舍译《大悲经》卷三曾提到，"如来怜愍一切众生，以本愿故碎此舍利令如芥子，为令佛法增广流布"[4]。早期僧人与寺院不事生产，要靠施舍才能生存，通过掌握舍利、操控佛塔崇拜，僧人和寺院将自己塑造成在家信徒与佛陀之间的中间人，不仅可以借此向在家信徒宣示自己的权威，还可以从中获得大量物质供养。[5]

在佛教向外传播过程中，舍利常常充当传播媒介，展示舍利的神奇成为一种重要传播手段。比如《魏书》卷一一四《释老志》记载，魏明帝欲坏佛图，外国沙门以佛舍利投之于水，乃有五色光起，明帝叹服[6]；相似的，梁慧皎《高僧传》称，吴赤乌十年（247）僧人康僧会至建邺弘法，通过感应获得舍利（图10），舍利大显神通，吴主孙权由此信服佛法，并为之造塔寺[7]。由此不难理解，为何佛塔在早期寺院建筑中往往占有重要地位，而很多供养舍利和佛塔的图像中，僧人常居于中心或领导地位（参看图9）。

不过，释迦对供养舍利的不积极态度以及对佛法的赞扬，肯定会影响另外一部分僧人，特别是那些注重修行，希望通过求法而获得解脱的比丘，他们对舍利崇拜并没有太多的热情。佛弟子大迦叶似乎就属于这类比丘，据《摩诃僧祇律》卷三二记载，释迦遗体被火化后，迦叶对诸比丘言："世尊舍

---

1 〔日〕平川彰：《初期大乘佛教の研究》，第626页。
2 Gregory Schopen, "Two Problems in the History of Indian Buddhism: The Layman Monk Distinction and the Doctrines of the Transference of Merit", pp. 34-38.
3 David Jongeward et al., Gandharan Buddhist Reliquaries, Seattle: University of Washington Press, 2012, pp. 204, 239.
4 《大正藏》第12册，第960页。
5 Lars Fogelin, "Ritual and Presentation in Early Buddhist Religious Architecture", Asian Perspectives, Vol. 42, No. 1, 2003, pp. 129-154.
6 （北齐）魏收：《魏书》，中华书局，1974年，第3029页。
7 （梁）释慧皎撰，汤用彤校注：《高僧传》卷一，中华书局，1992年，第15—16页。

图11 释迦涅槃时诸弟子的表现（采自大英博物馆网页，馆藏号：1913,1108.17）

利非我等事，国王、长者、婆罗门、居士众求福之人自当供养。我等事者宜应先结集法藏，勿令佛法速灭。"[1]

有趣的是，同书提到阿难因供养舍利，并未立即前往结集。与坚持苦行的大迦叶形成鲜明对比，阿难往往被描述为温和有情的。在释迦涅槃之际，诸弟子有得道者、不得道者之分（图11），不得道者"宛转于地"、懊恼啼哭云："三界眼灭，何其疾乎！自今之后，世为长衰。"得道者则深思："无生不死，啼哭为身，何益明法哉？"[2]迦叶与阿难无疑分别是其代表。

而且，迦叶与阿难的身后事也各自不同：关于迦叶的葬礼及舍利，真实情况并不是很清楚，唯传说其持佛衣钵，于鸡足山入定，等待弥勒的下生，而阿难的遗体可能经过了火化，且舍利被信徒起塔供养。[3]

或许可以推测，佛教教团在舍利问题上很早就出现了分歧：以阿难为代表的部分僧人自始至终都十分关心释迦的身后事，不仅曾再三询问如何处理佛尸，还将对佛陀的感情转移到了舍利供养上，但以迦叶为代表的另一些僧人则重佛法戒律，认为舍利无益于修行解脱。这种分歧的实质大概就是，释迦涅槃后舍利

---

[1] 《大正藏》第22册，第489—490页。
[2] （西晋）白法祖译：《佛般泥洹经》卷下，《大正藏》第1册，第172页下；（东晋）法显译：《大般涅槃经》卷下，《大正藏》第1册，第205页下。
[3] （东晋）法显撰，章巽校注：《法显传校注》，中华书局，2008年，第100页。

与教法在佛教中的地位与关系问题，二者谁才是佛的代表和继续，是今后教徒的依托和信奉对象。

随着舍利崇拜日益流行，这种分歧得以延续，并愈加明白地表现出来。据北魏瞿昙般若流支《正法念处经》卷三三称，教团内出现了持舍利游行的比丘及能演说正法的比丘：

> 复次，诸天子！云何沙门知第十一法？若有比丘持佛舍利，从城至城，从村至村，从邑至邑，从乡至乡，以实神力示于世间。如是舍利是大福田，当设供养。如是比丘少闻无智，称美赞叹少欲比丘，言此比丘多闻智慧，能为汝等演说正法。施主闻已，敬重舍利及多闻比丘，广设供养。若此比丘受此供养，非少欲法。少欲比丘不应与此游行比丘共行共住。何以故？诸施主等见此比丘不持禁戒，谓少欲者亦破禁戒。是故不应与破戒者行住坐卧，恐阎罗使狱卒缚故，恐放逸故。是名沙门第十一法也。[1]

学者注意到，早期大乘佛教经典往往会将供养和书写佛经的功德与供养舍利及舍利塔的功德进行对比，或抬高经卷的地位，或贬低舍利的价值[2]，比如后汉支娄迦谶译《道行般若经》卷二提到，释提桓因问佛，书写并供养经卷者与持有并供养佛舍利者，谁获福德更多，佛回答说，书写般若波罗蜜并供养经卷者，得功德无比[3]。写经可以视为佛法的文字化，所以归根结底还是舍利与教法的对比。像《正法念处经》与《道行般若经》这样赞扬教法或写经的观点，应该是出于那些能演说正法的比丘。

另一方面，那些持舍利的比丘也会提出自己的观点，据世友著、玄奘译《异部宗轮论》卷一记载，印度佛教制多山部、西山住部、北山住部认为"于窣堵波兴供养业，不得大果"，化地部认为"于窣堵波兴供养业，所获果少"，但法藏部的观点恰恰相反，认为"于窣堵波兴供养业，获广大果"[4]。所谓"不得大果"、"所获果少"，应该是指供养舍利塔"生获福利，死得上天"，而"广大果"应即《四分律》卷三一提到的"学菩萨道能供养爪发者必成无上道，以佛眼观天下，无不入无余涅槃界而般涅槃"[5]。获福升天应该主要针对在家信徒，对他们而言这已是很大的福果，但却无法令志求解脱的出家比丘感到满意，因此供养舍利的功德被进一步提高到涅槃大果。

这里提到持舍利比丘与说正法比丘，并不是要将整个教团划分为崇拜舍利与崇拜教法两个完全对立的部分，事实上，也有些佛教徒既是博学多闻的法师，又会崇拜舍利。比如著名的三藏法师玄奘，自印度求法归来时，所带回的不仅仅有记载佛法的经卷，还请得"佛肉舍利一百五十粒，并骨舍利等一函"[6]；而玄奘的老师、摩揭陀的胜军论师，学该内外，同样崇拜舍利，二人曾一同礼拜该国菩提寺

---

1 《大正藏》第17册，第196页。

2 Gregory Schopen, "The Phrase 'sa pṛthivīpradeśaś caityabhūto bhavet' in the Vajracchedikā: Notes on the Cult of the Book in Mahāyāna", *Indo-Iranian Journal*, Vol. 17, 1975, p. 169.

3 《大正藏》第8册，第432页。

4 《大正藏》第49册，第16—17页。

5 《大正藏》第22册，第785页。

6 （唐）慧立、彦悰著，孙毓棠、谢方点校：《大慈恩寺三藏法师传》，中华书局，2000年，第234页。

的佛舍利[1]。而且，这位胜军论师还曾大量制作和安奉法舍利，据《大唐西域记》卷九记载：

> 印度之法，香末为泥，作小窣堵波，高五六寸，书写经文，以置其中，谓之法舍利也。数渐盈积，建大窣堵波，总聚于内，常修供养。故胜军之为业也，口则宣说妙法，导诱学人；手乃作窣堵波，式崇胜福；夜又经行礼诵，宴坐思惟。寝食不遑，昼夜无怠。年百岁矣，志业不衰。三十年间，凡作七拘胝（唐言亿）法舍利窣堵波。每满一拘胝，建大窣堵波，而总置中，盛修供养，请诸僧众，法会称庆。其时神光烛曜，灵异昭彰。自兹厥后，时放光明。[2]

法舍利，又称法身舍利，指佛所说教法及佛教经卷。佛经强调，佛之所以成为佛，是因为他悟道，发现了法，所以佛的真身存在于法中，而书写法的经卷被视为佛的法身舍利，南宋法云《翻译名义集》卷五谓："碎骨是生身舍利，经卷是法身舍利。"[3] 法的精华之一即缘起的道理，后被浓缩为缘起法颂偈，称为法颂舍利，据义净《南海寄归内法传》记载，当时印度"又复凡造形像及以制底，金、银、铜、铁、泥、漆、砖、石，或聚沙雪。当作之时，中安二种舍利，一谓大师身骨，二谓缘起法颂。其颂曰：'诸法从缘起，如来说是因，彼法因缘尽，是大沙门说。'要安此二，福乃弘多"[4]。

显然，法舍利是经卷的舍利化，所以它们可以像身骨舍利那样进入佛塔，并使佛塔神圣化。后秦鸠摩罗什译《妙法莲华经》卷四称："若经卷所住处，皆应起七宝塔，极令高广严饰，不须复安舍利。所以者何？此中已有如来全身。"[5] 从考古资料来看，大约1世纪时一些佛塔出土的舍利容器或相关遗物上就已经零星刻有佛法经句，2世纪时巴基斯坦白沙瓦库拉姆河谷（Kurram Valley）出土的舍利容器上出现了完整的十二因缘[6]，而一些年代稍晚的佛塔中更是经常发现附有佛教经文的器物。大约6世纪以后，南亚开始流行玄奘、义净提到的那种小窣堵波、小佛像、小印章等，大多为泥制，自然晒干或焙烧成陶，佛像和印章用模子压出图案，上面常印有缘起偈，小窣堵波内也多藏有写着缘起偈的经卷或印章等，它们往往被集中安放在大佛塔中，印度考古中发现过大量实物（图12）。

图12 藏有法身舍利的泥质奉献塔（采自大英博物馆网页，馆藏号：1887,0717.90）

---

1 （唐）慧立、彦悰著，孙毓棠、谢方点校：《大慈恩寺三藏法师传》，第96—97页。
2 （唐）玄奘、辩机著，季羡林等校注：《大唐西域记校注》，第712页。
3 《大正藏》第54册，第1138页。
4 （唐）义净著，王邦维校注：《南海寄归内法传》卷四，中华书局，2009年，第174页。
5 《大正藏》第9册，第31页。
6 David Jongeward et al., *Gandharan Buddhist Reliquaries*, p. 99, fig. 3.46, pp. 241-242.

认为佛存在于法中，崇拜法身和法身舍利，大概是从上面提到的能演说正法的比丘以及胜军一类的学问僧中发展出来的。只是，法舍利的出现不仅增加了舍利的种类，而且改变了以前由寺院指导控制的造塔供舍利活动，个人也可以轻易且大量地制作舍利和小塔，显然这就容易出现泛滥的情况，一些信徒可能并不理解法舍利的内涵，这样，法舍利也就渐渐成为纯粹的信仰了，不一定非要精通正法的学问僧不可。[1] 可以说，法舍利的兴起是佛教的两个潮流，即"佛存在于舍利"和"佛存在于法"，或者说崇拜舍利和崇拜教法，相互影响融合的结果。[2]

## 结　论

本文从释迦入涅槃之际关于自己葬礼的谈话入手，指出谈话的对象虽然是阿难，但实际针对的是整个僧团，释迦希望僧人们不要费神于自己的葬礼。这里，他并没有禁止舍利崇拜，但是舍利与葬礼密切相关，不让僧人们操心葬礼，实际也就疏远了他们与舍利的关系。而且，释迦生前一直强调求法修行，对舍利崇拜虽然没有明确反对，却也并没有过多交代。可以认为，舍利在释迦时代并没有成为教团的重点关注对象，也未成为教义的重要组成部分。舍利崇拜是在释迦涅槃以后才兴盛起来的，至于其兴盛的原因，除了佛教内部宗教感情和教法义理的原因外，是否曾受过佛教之外其他宗教信仰或社会习俗的影响，这是值得以后继续探讨的问题。

由于释迦本人提倡求法修行，对崇拜舍利没有详细指示，这既为将来出家僧人崇拜舍利留下了可能，又为僧人内部因舍利崇拜而产生分歧埋下了隐患。释迦涅槃后，由于宗教感情与现实利益等各种原因，教团中可能很快出现了持舍利比丘，因此是否舍利崇拜并非是在家信徒与出家信徒的区别；同时，还出现了与持舍利比丘相比较的说正法比丘，形成了所谓舍利与教法两大支流。不过，我并不认为这两类比丘是完全对立的、涵盖了整个佛教教团，也不赞同将之与过去佛教研究中存在的各种两分法，比如林住型和僧院型、智慧型和信仰型、精英型与世俗型等，作一一对应。我们已经举例说明，一些博学的说法比丘可能也会崇拜舍利，事实上，越是有智慧、有名望的精英僧人越容易获得佛舍利和施舍物，因而他们也更有能力和财力供养舍利。

也正是基于这种考虑，我认为不能轻易将大乘佛教的兴起归属于某类比丘或信徒，比如说法比丘。诚然在大乘经典中，有不少赞扬佛法和经卷，贬低舍利崇拜的内容，但这只能说明制作经典的人，相对于舍利更重视教法，他们对舍利崇拜却未必完全持否定态度。而且，不少大乘经典似乎前后矛盾，既有贬低也会提倡舍利崇拜，对于这种情况，一种解释是时代的差异，即经典不是一次性完成的，可能最初反对舍利而后来逐渐接受；另一种解释是作者的差异，即经典并不是由一个人独立完成的，可能有些作者赞成舍利崇拜而有些反对[3]。后一种解释，显然可以跟我们提到崇拜舍利的持法比丘相呼应。

---

1　〔日〕岛田明：《仏塔から仏像へ》，桂绍隆等编：《大乘仏教の实践》，春秋社，2011年，第153—155页；释印顺：《初期大乘佛教起源与开展》上，第70页。
2　Daniel Boucher, "The Pratītyasamutpādagāthā and Its Role in the Medieval Cult of the Relics", *Journal of the International Association of Buddhist Studies*, Vol. 14, 1991, p. 11.
3　〔日〕下田正弘：《涅槃経の研究——大乘経典の研究方法试论》，第27—30页。

# 敦煌西夏水月观音变"僧人与猴行者"身份新释*

汪正一

（敦煌研究院）

## 一 问题的提出

敦煌水月观音变中出现的僧人与猴行者组合，以往据小说《西游记》逆推，联系玄奘《大唐西域记》、宋话本《大唐三藏取经诗话》故事以及元杂剧等，认为是玄奘西行求法经行瓜州时胡人石磐陀协助其偷渡玉门关的"玄奘取经图"[1]，并已成为学界普遍接受的观点。然而，对此类图像的辨识及其出现的原因一直未找到直接的证据，仍存有不少疑问。首先，拜玄奘为师的石磐陀仅为西行路上的过客，并未一直伴随而行。其次，传为唐周昉创画水月观音的文献依据，《大唐西域记》书中描述的布呾落迦山，季羡林先生等《〈大唐西域记〉校注》认为玄奘对秣罗矩吒国的记载是据传闻所录，玄奘及一行并未巡礼过秣罗矩吒国的布呾落迦山[2]。第三，《大唐西域记》、《大慈恩寺三藏法师传》记录玄奘取经路上得观音菩萨庇佑，仅是当时观音避难信仰的一部分，不能成为玄奘出现在观音图中的直接依据。最为重要的是，《大唐三藏取经诗话》中猴行者自称花果山紫云洞猕猴王，但却是以"白衣秀才"[3]的形象出现，而整篇《诗话》中只言大梵天王赐宝救难脱险，没有观音救难事迹。虽宋欧阳修《于役志》记载宋时扬州寿宁寺经藏院有"玄奘取经一壁独在"[4]，但"现已不存，有无猴行者形象未得而知"[5]。因此，

---

* 基金项目：国家社科基金重大招标项目"敦煌西夏石窟研究"（16ZDA116）；2016年度教育部人文社会科学重点研究基地重大项目"敦煌西夏时期的洞窟分期与研究"（项目号：16JJD780009）。

1 相关敦煌"玄奘取经图"研究主要可参见王静如：《敦煌莫高窟和安西榆林窟的西夏壁画》，《文物》1980年第9期，第49—53页；段文杰：《玄奘取经图研究》，敦煌研究院编：《敦煌学国际研讨会文集·石窟艺术编》，辽宁美术出版社，1995年，第1—19页；谢生保：《敦煌壁画与〈西游记〉创作》，《敦煌学辑刊》1994年第1期，第77—83页；李安纲：《从唐僧取经壁画看〈西游记〉故事的演变》，《河东学刊》1999年第5期，第6—7页；杨国学：《安西东千佛洞取经壁画新探》，《南亚研究》2002年第2期，第56—59页；蔡铁鹰：《敦煌发现的唐僧取经故事壁画》，《〈西游记〉的诞生》，中华书局，2007年，第69—76页；郑怡楠：《瓜州石窟群唐玄奘取经图研究》，《敦煌学辑刊》2009年第4期，第93—111页；于硕：《唐僧取经图像研究——以寺窟图像为中心》，首都师范大学博士学位论文，2011年；沙武田：《水月观音图像样式的创新与意图——瓜州西夏石窟唐僧取经图出现原因再考察》，《民族艺林》2019年第1期，第5—26页。

2 参见季羡林等《〈大唐西域记〉校注》卷十"秣罗矩吒国"注释："玄奘一行抵达罗毗荼后，即因故改海行赴僧伽罗国的原定计划，折向西北赴建那补罗国巡礼，并未亲临秣罗矩吒国。《慈恩传》卷四：自此国（指达罗毗荼国）界三千余里闻有秣罗矩吒国。本书上文自此南行三千余里，至秣罗矩吒国虽然是把秣罗矩吒国作为玄奘亲践之地，但三千余里与实际情况相差太远，若非传闻之误，不至于如此。"（中华书局，1985年，第857—858页）

3 （宋）《大唐三藏取经诗话》（上中下），商务印书馆，1935年。

4 （宋）欧阳修：《欧阳修全集》卷一二五《于役志》，中华书局，2001年，第1901页。

5 张宝玺：《东千佛洞西夏石窟艺术》，敦煌研究院编：《榆林窟研究论文集》（下），上海辞书出版社，2011年，第638—652页。

图1-1 西夏榆林第2窟西壁北侧水月观音变

图1-2 西夏榆林第2窟西壁北侧水月观音变僧人与猴行者

图2-1 西夏东千佛洞水月观音图之僧人、猴行者组合

图2-2 西夏东千佛洞水月观音图之僧人、猴行者组合

在《西游记》形成以前，唐僧玄奘和猴行者孙悟空很难与主体图像水月观音直接联系起来。所以，西夏时期水月观音图中的僧人、猴行者的组合是否为"玄奘取经图"有待商榷。

出现在敦煌西夏时期水月观音变中的僧人与猴行者，作为局部图像，他们身份认定须与主体水月观音相联系进行探讨。唐宋之际随着观音信仰的日渐中国化，观音有了新的形象和新的称呼，水月观音即是其中一例。此时的观音崇拜，出现了新的礼拜和颂扬形式，与观音或观音化身神僧有关的神奇感应事迹和神异化现故事,被加入到观音的信仰和图像当中,观音与化身神僧的对接,也实现了观音信仰从虚幻向真实的转换。[1] 考虑到唐宋以来观音信仰与泗州大圣僧伽之间的密切关系,笔者尝试将敦煌西夏水月观音变中出现的僧人和猴行者图像放入这一背景中进行考察。

## 二 僧人与猴行者图像组合

敦煌西夏水月观音变中有3铺图绘有僧人和猴行者,分别位于榆林窟第2窟(图1)和东千佛洞第2窟(图2)。水月观音变中僧人、猴行者图像人物构成大同小异,均为一穿袈裟的光头僧人(东千佛洞的两铺中僧人具有明显的头光),身后跟一猴行者或执杖或牵马。实际上,敦煌的多数水月观音变下部都有各类参拜者,但僧人与猴行者形成了一组较为明确的参拜者组合,因此引起了学界的普遍关注。由于猴行者的形象十分突出,很容易联想到唐僧取经故事,但联系两宋时期的社会背景与信仰潮流,应更有助于对画面的解读。

敦煌水月观音变最为成熟的西夏时期,正是中原宋金僧伽作为观音化身最为流行的时代。泗州僧伽具体形象如何,宋洪迈《夷坚志》记载"梦一僧紫衣煖帽,宛若大圣之像",又"黄冠环睨大像"[2],如敦煌莫高窟晚唐第72窟圣者泗州和尚像即是披帽僧形象。除了披风帽的僧伽形象外,也存在不戴风帽的僧伽形象,学界通常称这种光头僧伽像为"小僧状","按《僧伽传》和《僧伽和尚经》的说法,僧伽原为观世音化形,现沙门像,缘依不同的对象而现不同身,所现'小僧状'实有佛典为依据"[3]。《宋高僧传·唐泗州普光王寺僧伽传》(简称《僧伽传》)云:"帝以仰慕不忘,因问万回师曰:'彼僧伽者,何人也。'对曰:'观音菩萨化身也,经可不云乎,应以比丘身得度者,故现之沙门相也。'"[4] 这类小僧状僧伽可见北宋庆历三年(1043)浙江瑞安慧光寺木雕泗州僧伽像,其座上明确刻有"泗州大圣普照明觉大师"[5](图3);金代早期的富县石泓寺第2窟西壁前部观音救八难中有小僧状"僧伽飞雨"[6];罗世平先生认为大足北山177窟僧伽窟,窟门左右两侧各有一身年轻沙门塑像,是小僧状僧伽。

那么,泗州僧伽与猴行者之间有什么关系?在流传的僧伽神异故事中,特别是在僧伽大圣信仰的中心淮泗地区,一直有"僧伽锁水母"[7]的传说,其"水母"即是淮泗水神巫支祁,鲁迅最早提出巫支祁是小说《西游记》孙悟空的原型。这则传说最早为

---

1 姚崇新:《观音与神僧——观音化身问题再考察》,《艺术史研究》第十五辑,中山大学出版社,2013年,第135—160页。
2 (宋)洪迈:《夷坚志》,中华书局,1981年,第3册,第1359、1369页。
3 罗世平:《敦煌泗州僧伽经像与泗州和尚信仰》,《美术研究》1993年第1期,第66页。
4 (宋)赞宁:《宋高僧传》卷一八,中华书局,1987年,第449页。
5 浙江省博物馆:《浙江瑞安北宋慧光塔出土文物》,《文物》1973年第1期,第51页。
6 石建刚、高秀军、贾延财:《延安地区宋金石窟僧伽造像考察》,《敦煌研究》2015年第6期,第33页。
7 参见刘怀玉:《淮河水神与〈西游记〉》,《明清小说研究》1990年Z1期,第346—359页;刘荫柏:《僧伽大师与无支祁的传说》,《淮海工学院学报(社会科学版)》2007年第4期,第20—24页;齐慧源:《〈西游记〉与淮泗神话及其传播》,《淮海工学院学报(社会科学版)》2009年第3期,第24—27页;刘康乐、刘康凯:《巫支祁神话与泗州水母信仰》,《宗教学研究》2012年第3期,第274—279页;朱家席:《孙悟空形象溯源与淮河文化》,《明清小说研究》2013年第3期,第93—105页等。

图3 宋庆历三年浙江瑞安慧光寺木雕泗州僧伽像

"禹伏巫支祁",后来演变成"僧伽锁水母"故事。南宋初罗泌《无支祁》记载"禹治淮水……乃获淮涡水神,名无支祁……而释氏乃以为泗州僧伽之所降水母者,惟僧伽以观音大士,应化于过去阿僧祇劫,值如来三慧门入道以音声而为佛事,现化此土,如李邕之三碑,将之奇所传三十六化近是,而水母之事非也"[1],南宋初朱熹《楚辞辨证·天问》也云"今世俗僧伽降无之祈,许逊斩蛟、蜃精之类,本无依据,而好事者遂假托撰造以实之,明理之士皆可以一笑而挥之,政不必深与辩也"[2],二者均称有好事者将大禹降伏水神巫支祁神话,附会到了泗州大圣僧伽身上,对此不必当真。直到元代陶宗仪《南村辍耕录》亦辨析云:"[淮涡神]泗州塔下,相传泗州大圣锁水母处,谬也。"[3]但是以泗州僧伽降伏水神巫支祁为蓝本的故事,还是出现在了杂剧、小说和绘画中。钟嗣成《录鬼簿》[4]中记录元代高文秀著《木叉行者锁水母》等杂剧;明代朱曰藩言见到了姚氏所藏,传为宋李公麟画《大圣降水母图》,并为此画作了篇跋文《跋姚氏所藏大圣降水母图》[5],在跋中说之前还读过元代小说《大圣降水母》。由此可见"僧伽降水母故事,在宋代已经流传不绝,广被民间,因而致劳了朱熹、罗泌等人弹纠"[6]。那么僧伽降伏的淮水神巫支祁是什么形象呢?唐李肇《唐国史补》记载:"楚州有渔人忽于淮中钓得古铁锁,挽之不绝,以告官,刺史李阳大集人力引之,锁穷有青猕猴跃出水,复没而逝。后有验《山海经》云:'水兽好为害,禹锁于军山之下,其名曰无支奇。'"[7]两宋文献也多记载为"状有如猿……蹲踞之状若猿猴"[8]、"形若猨狖"[9]等,可见淮泗水神巫支祁为青猕猴、猨狖和猿猴等形象。"唐人传奇所载的巫支祁,是为容貌丑陋、怪异骇人的大力猿猴,尚

---

1 (南宋)罗泌:《路史》余论九《无支祁》,中华书局,上海中华书局据原刻本校刊,第219页。
2 (南宋)朱熹:《楚辞辨证》卷三,清光绪十年遵义黎氏刻本,第45页。
3 (元)陶宗仪:《南村辍耕录》,《元明史料笔记丛刊》,中华书局,1958年,第368页。
4 (元)钟嗣成:《录鬼簿》,中国戏剧出版社,1982年,第106页。
5 (明)朱曰藩:《山带阁集》卷三三《跋姚氏所藏大圣降水母图》,北京大学图书馆藏书,清光绪十五年宜禄堂刻本。
6 刘怀玉:《淮河水神与〈西游记〉》,第346—359页。
7 (唐)李肇:《唐国史补》(卷上),上海古籍出版社,1979年,第23页。
8 (宋)李昉等编:《太平广记》卷四六七,中华书局,1986年,第3845页。
9 (南宋)罗泌:《路史》余论九《无支祁》,第219页。

未摆脱六朝志怪的神魔形象，以怪为奇，世人引为奇谈而已。"[1] 总之，水妖巫支祁是猴子样貌。这样看来，僧人与猴子的组合并不一定是玄奘和猴行者，更可能是泗州僧伽和水妖巫支祁。

在宋元时期民间还流行"僧伽降巫支祁"花钱[2]，蔡胜吉、刘源《驮经图花钱》[3]一文中考证此钱AB两面图案（图4），认为B面图案右边主体人物是戴风帽的僧伽，僧伽左手指左下方波浪中的猴形人物，为淮泗流传的僧伽降巫支祁故事。A面图案为白马驮经占据画面大部，马头部有猴子，马臀部跟着一僧人，蔡、刘两位先生认为是"玄奘取经图"。笔者赞同B面图案的考证，但对A面的考证笔者有不同的观点。如果花钱B面确为僧伽降巫支祁故事的话，那A面的僧人与猴行者也可能是僧伽和巫支祁，也就是我们在敦煌水月观音变中所见到的同类图像。

除了水月观音变和花钱上的僧伽和巫支祁外，同样的图像还见于瓜州榆林窟西夏第3窟普贤变中（图5）。此普贤变位于洞窟主室西壁门南，与门北文殊变对应。其中，文殊变中的山水无疑为敦煌流行的文殊道场五台山，普贤变中的山水虽有学者推

第一版A面　　　　　　　第一版B面
图4　宋元时期僧伽降巫支祁花钱（采自《驮经图花钱》）

测是峨眉山，然亦无直接证据。赵声良先生对敦煌石窟中的五台山图调查后认为，此普贤变中的山水是五台山图，"峨眉山附会为普贤菩萨的道场大约在明朝以后，所以敦煌石窟中所绘的普贤变中的背景与峨眉山无关。在唐代第159窟的普贤变下部画出的山水中，有题记显示是五台山的一部分。联系起第61窟五台山图中也绘出普贤菩萨形象，可知普贤变的背景与文殊变同样应是五台山图"[4]，赵晓星调查亦认为敦煌石窟普贤变背景山水是五台山图，"从莫高窟普贤圣迹山水的情况来看，即使是在峨眉山图已经流行的宋代，莫高窟普贤圣迹仍是五台山，如莫高窟第25窟的普贤变……普贤赴会图的背景与文殊的背景一样，大多是五台山，峨眉山至今在莫高窟尚未找到相关图像"[5]。据此，敦煌地区西夏时

---

1　刘康乐、刘康凯：《巫支祈神话与泗州水母信仰》，第276页。
2　"僧伽降巫支祁"花钱，参见余榴梁等编：《中国花钱》，上海古籍出版社，1993年，第7页，花钱编号32，称为"驮经故事钱"，未定时代；郑轶伟主编：《中国花钱图典》，上海文化出版社，2004年，第404页，称此种花钱为"取经钱"，时代统一为元明；蔡胜吉、刘源《驮经图花钱》一文中统计有3种，图像基本一致，只略微差别，据图像和花钱质地分为一版、二版和三版，认为其中的一版与宋代花钱的铜质相同，时代为宋，并考证A面内容为"驮经故事钱"，B面内容为"僧伽降巫支祁"。
3　蔡胜吉、刘源：《驮经图花钱》，中国民俗钱币学会编：《第三届中国民俗花钱论文集》，2009年，第161—170页。
4　赵声良：《敦煌壁画风景研究》，中华书局，2005年，第182页。
5　赵晓星：《莫高窟第361窟的普贤显现与圣迹图》，中央文史研究馆等编：《庆贺饶宗颐先生九十五华诞敦煌学国际学术研讨会论文集》，中华书局，2012年，第168—180页。

图 5-1　西夏榆林第 3 窟西壁南侧普贤变

期的榆林窟第3窟普贤变中的山水背景，可能仍是五台山图。那么出现在榆林窟第3窟普贤变背景山水中的僧人、猴行者以及马驮放光宝贝的画面，应与五台山相关，与此图像相似的亦见山西稷山县青龙寺后殿孔眼壁画（图6），此壁画只比普贤变中的多了一僧人。据《清凉山志·异众感通》的"僧伽神异"记载：

> 唐梵僧僧伽，师南天竺人。持文殊五字咒，多神异。唐天宝间来游清凉，不入人舍，夜坐林野，携舍利瓶，夜则放光。尝入定于中台之野，天花拥膝，七日乃起。经夏，还天竺，过长安，李太白作歌赠之。歌曰：高僧法号号僧伽，有时为我论三车。问云诵咒几千遍，口道恒河沙复沙。吾师本住南天竺，为法头陀来此国。戒若长天秋月明，身如世上青莲色。心清净，貌棱棱，亦不减，亦不增。瓶里千年舍利骨，手中万岁胡孙藤。嗟予落魄天涯久，罕遇真僧说空有。一言忏尽波罗夷，再礼浑然犯轻垢。（注：此系另一僧伽，非泗州僧伽，乃泗州僧伽入灭三十多年后方来此者。）[1]

图5-2 西夏榆林第3窟西壁南侧普贤变（局部）

从此条记载看，天宝年间有南天竺僧伽巡礼五台山，在中台停留七日，他携有舍利瓶，到了夜里则放光，经过长安得遇李白论道，李白赠歌与他。而此条中的赠歌从内容看与《李太白全集》等所录《僧伽歌》只文字略有出入。明代时就有学者胡震亨认为李白赠歌的僧伽是另一个同名的天竺僧人，《清凉山志》也小字注解说明此僧伽非泗州僧伽。宋董逌《广川书跋·僧伽传》中对泗州僧伽坐化之年与太白生卒年比对，认为"其谓李太白尝以诗与师论三车者，此则误也"[2]。但是，宋代时已有人认为巡礼五台山的僧伽为泗州僧伽，蒋之奇《泗州大圣明觉普照国师传》（简称《国师传》）开篇直言"余读李白诗云：真僧法号曰僧伽，有时与我论三车，于

---

1 （明）镇澄法师修：《清凉山志》，文明书局印行，1980年，第272页。
2 （宋）董逌：《广川书跋·僧伽传》，浙江人民美术出版社，2016年，第193页。

图6 元代山西稷山县青龙寺僧人、猴行者组合

是知所谓僧伽者，李白盖尝见之矣。又读韩愈诗云："僧伽晚（后）出淮泗上，势到众佛尤恢奇；又韩愈斥佛，至老不变，若僧伽之神异，虽愈亦不敢巫也。"[1]认为李白论道僧伽为泗州僧伽，邵博《邵氏闻见后录》中引用李白《僧伽歌》诗句感叹："李太白僧伽歌云：'此僧本住南天竺，为法头陀来此国。'又云：'嗟予落泊江淮久，罕遇真僧说空有。'时僧伽已显于淮泗之上矣。豪杰中识郭子仪，隐逸中识司马子微，浮屠中识僧伽，则太白亦异人也哉！"[2]认为李白赠歌论道的僧伽为泗州大圣僧伽；董逌《广川书跋》中先入为主地认为《僧伽歌》中的僧伽为泗州僧伽，进而推论《僧伽歌》非李白所作[3]。因此，可见宋代时已将巡礼五台山并得李白赠歌的僧伽与泗州僧伽相混淆。

混淆两者可能与泗州僧伽信仰的流行有很大关系，或者说与本土化观音信仰流行有关，就如同前文所述"禹伏巫支祁"变为"僧伽锁水母"故事，像敦煌文献《僧伽和尚欲入涅槃说六度经》一样，由其门人僧徒编造、杜撰，以此加强泗州僧伽神异僧的特点，以及作为观音化身感应故事的可信度。于君方先生认为："有关观音的感应故事……对观音的转变和本土化而言，感应故事是极具影响力的媒介，因为故事描述真实人物在确切的时空中面对危难，而得遇观音菩萨救度的经历，所以观音不再是佛经中提到的神秘人物，而是康若柏所谓的'真实存在的体'。"[4]泗州僧伽即是当时人们认为观音菩萨化身在泗州地区真实存在的人物，因而高僧赞宁曾举例"僧伽师身现泗滨"[5]来说明得道证果是真实存在的。在人物图像上梅林先生注意到榆林窟第3窟普贤变中的僧人形象有"深目高鼻"[6]这一特征，无论是李白赠歌的南天竺僧伽，还是西域何国驻锡普光王寺的泗州僧伽，均是来自西域的高僧，在形象上更符合图像所

---

1 （宋）蒋之奇：《泗州大圣明觉普照国师传不分卷》（明万历十九年李元嗣刻本），全国图书馆文献缩微复印中心编：《天津图书馆孤本秘笈丛刊》（九），1999年，第827页。
2 （宋）邵博：《邵氏闻见后录》，中华书局，1983年，第148—149页。
3 参见刘友竹：《〈僧伽歌〉非伪作辨》，《天府新论》1987年第5期，第60—63页；林晓君：《泗州佛信仰研究·李白〈僧伽歌〉辨误》，福建师范大学硕士学位论文，2007年，第34—36页。
4 于君方：《观音——菩萨中国化的演变》，商务印书馆，2012年，第200页。
5 （宋）赞宁著，富世平校注：《大宋僧史略校注》，中华书局，2015年，第210页。
6 梅林：《工匠文居礼、胡僧取经像及其他——四川泸县延福寺北宋石刻造像考察简记》，《艺术史研究》第十二辑，中山大学出版社，2010年，第184页。

图7 法门寺地宫出土唐代舍利八重宝函

画的深目高鼻。因此,榆林窟西夏第3窟普贤变的僧人、行者和马驮放光宝物,也正是将巡礼五台山的僧伽入定中台之野、持宝舍利瓶放光灵异故事,混淆成为泗州大圣僧伽巡礼五台山神异故事。

但是,文献中明确说南天竺僧伽所持为舍利瓶,画中并未出现又如何解释?从榆林窟第3窟普贤变中的马驮放光宝物的图像看,所驮宝物为方形包袱,且包袱被置于莲花台之上,花钱和山西青龙寺壁画中均为盝顶方形宝匣,山西青龙寺壁画亦有莲台,盒上方似乎还有火焰纽(宝珠)。结合冉万里先生《中国古代舍利瘗埋制度研究》[1]书中列出中国历代瘗埋承装舍利的石函、组函以及敦煌壁画中的纳骨器图来看,古代将舍利或舍利瓶放入其形制多如大云寺、法门寺出土舍利套函等盝顶方形宝匣的情况比较普遍(图7)。而普贤变中马所驮的方形包袱,其内所裹可能为存放舍利的宝匣并无不妥。如果说,唐僧携孙悟空拜水月观音尚有西游故事作为依据的话,那么其拜普贤或五台山似乎找不到出处,而将其解释为僧伽巡礼五台山就更符合情理。那么,为什么僧伽和巫支祁的形象多见于此时的水月观音变呢?这应与当时流行的泗州大圣作为观音化身的信仰潮流密切相关。

## 三 观音与泗州僧伽信仰

随着佛教中国化进程的推进,作为四大菩萨之一的观音菩萨,其具有的普世救难思想备受信众推崇,观音也发展出不同特色的新观音形象——化身或应身形象。如南宋周季常所画《五百罗汉——应身观音图》,即是表现南朝梁武帝请张僧繇画高僧宝志像时显现的十二面观音应身像。宝志以及后来的泗州僧伽[2]被传为观音化身,对泗州僧伽的崇拜,自唐代流行后,历经宋、元、明各朝未尝浸衰。最早记录僧伽生平事迹的可见唐李邕撰写的普光王寺的碑文《大唐泗州临淮县普光王寺碑》[3],称泗州大圣僧伽姓何,来至中亚何国,约于661年抵达泗州临淮,慈悲济世、悲悯民众疾苦,建寺供奉普照王佛度化众生。唐中宗时延请其入宫说法,并御赐寺院

---

1 冉万里:《中国古代舍利瘗埋制度研究》,文物出版社,2013年。
2 相关泗州僧伽信仰研究主要可参见〔日〕牧田谛亮著,索文林译:《中国民俗佛教成立之过程》,《中国近世佛教史研究》第一章,台北华宇出版社,1984年,第1—89页;黄启江:《泗州大圣僧伽传奇新论——宋代佛教居士与僧伽崇拜》,《泗州大圣与松雪道人——宋元社会精英的佛教信仰与佛教文化》第一章,台湾学生书局,2009年,第13—79页;李玉昆:《泗州佛信仰》,《闽台文化》1999年第3期,第141—149页;刘晓燕:《僧伽信仰背后的社会风情画》,兰州大学硕士学位论文,2007年;林晓君:《泗州佛信仰研究》,福建师范大学硕士学位论文,2007年;王虎:《宋代僧伽信仰研究》,上海师范大学硕士学位论文,2014年。
3 (宋)李昉等编:《文苑英华》卷八五八,中华书局,1982年,第4529—4530页。

匾额"普光王寺",后坐化于长安荐福寺,唐中宗执弟子礼,以漆布包裹大师遗体,赐绢起塔回葬泗州普光王寺。泗州僧伽是观音菩萨化身文献记载大约始于北宋初年,借名僧万回之口道出僧伽为观音的化身,同样后来万回也被认定成观音的化身。《太平广记·僧伽大师》载:"后中宗问万回师曰:'僧伽大师何人耶？'万回曰:'是观音化身也,如法华经普门品云:应以比丘、比丘尼等身得度者,即皆见之而为说法,此即是也。'"[1]《僧伽传》、《泗州大圣明觉普照国师传》(简称《国师传》)等亦有相似记载。

僧伽为观音化身在两宋时期极为流行,传世文献记载颇为丰富,南宋李纲《书僧伽事》中记述:"世传僧伽为观音大士化身,其神变示现之迹,载于传说,著于耳目,不可胜纪。"[2]《僧伽传》、《国师传》等记录僧伽不仅被视为观音的化身,还通过故事强调是十一（十二）面观音的化身。《宋高僧传》载:"(僧伽)尝卧贺跋氏家,身忽长其床榻各三尺许,莫不惊怪。次现十一面观音形,其家举族欣庆,倍加信重,遂舍宅焉。"[3]《国师传》亦表僧伽如同观音一样执有杨柳和净瓶"遂南游江淮,手执杨柳枝,携瓶水,混稠众中"[4]。延安花石崖1号龛僧伽三圣像,其北宋题记"……夫如三圣者,各容各易,一身分形是观音之现身……"[5]强调了三圣观音化身属性。后来的"泗州虹桥"戏曲中伏水母者变为观音,正是对"僧伽伏水母"故事的进一步演进。于君方先生总结:"公元八世纪以前,宝志、僧伽两位僧人被认为是十一面观音的化身,受人顶礼膜拜。"[6]各种僧伽感通神异故事也层出不穷,北宋蒋之奇不仅写传,并整理僧伽三十六化故事附于传后,惜蒋本存传而三十六化不存[7],川渝等地亦遗存有多处僧伽和尚三十二化变相[8],可见宋代僧伽作为观音化身度化众生故事影响广泛。敦煌文献P.2217、S.2556、S.2754和散1563均为《僧伽和尚欲入涅槃说六度经》,其内容称僧伽和尚是度大众脱离六种苦难的圣者,敦煌文献S.1624对僧伽和万回事迹亦有记录,说明其信仰也较早地传到了敦煌地区。

榆林窟第3窟的十一面观音变中也出现了僧人与猴行者。段文杰先生《玄奘取经图研究》记:"同窟东壁北侧十一面千手观音变下部画青年玄奘立像,头后有圆光,右袒褊衫,双手合十,虔诚默念。南侧画悟空,猴相,长发披肩,头束彩带,着袴衣,小口裤,脚蹬毡靴,腰间斜挎经包,右手握金环锡杖,紧靠右肩,挑起一叠经盒。左手高举额前,两眼圆睁,

---

1 （宋）李昉等编：《太平广记》卷九六，第639页。
2 （宋）李纲：《书僧伽事》，《全宋文》卷三七六〇，上海辞书出版社，2006年，第194页。
3 （宋）赞宁：《宋高僧传》卷一八，第449页。
4 （宋）蒋之奇：《泗州大圣明觉普照国师传》（明万历十九年李元嗣刻本），第827页。
5 《陕西石窟内容总录》编撰委员会编：《陕西石窟内容总录·延安卷》（上），陕西人民出版社，2017年，第109页。
6 于君方：《观音——菩萨中国化的演变》，第202页。
7 遗存明万历十九年李元嗣刻本《泗州大圣明觉普照国师传》后附三十六化故事，系据南宋僧无余、李祥本泗州僧伽"生存应化"和"灭后应化"故事各十八种之补录，《天津图书馆孤本秘笈丛刊》（九），第829页。
8 参见马世长：《大足北山佛湾176与177窟——一个奇特题材组合的案例》，重庆大足石刻博物馆编：《2005年重庆大足石刻国际学术研讨会论文集》，文物出版社，2007年，第1—22页；马世长：《泗州和尚、三圣像与僧伽三十二化变相图》，《艺术史研究》第十一辑，中山大学出版社，2009年，第273—327页；刘青莉、姚崇新：《四川安岳西禅寺石窟僧伽三十二化变相及相关问题》，《艺术史研究》第十三辑，中山大学出版社，2011年，第251—285页；高秀军、李向东：《新发现资中月仙洞两龛僧伽变相初考》，《敦煌研究》2016年第2期，第46—54页。

图 8　榆林窟第 3 窟十一面观音变之猴行者　　　　图 9　北宋清凉山万佛洞十一面观音与僧伽组合

探视前方，精神抖擞。"¹ 笔者认为此僧人、猴行者（图 8）出现在十一面千手观音变中，就与上述僧伽是十一面观音化身的记载有关。延安清凉山万佛洞石窟左壁（图 9）、黄陵双龙千佛洞石窟前壁门洞上方均有十一面千手观音与僧伽组合造像，只这两组造像中的僧伽较为明显，泗州僧伽均为披帽僧，其中万佛洞中的僧伽身后还跟有随从，随从头部被毁，但是可见这组随从第一身也手执禅杖。而榆林窟第 3 窟十一面千手观音中的僧人为光头，与前文所论僧伽降巫支祁图中的僧人一致。僧伽在宋代被传为十一面观音的化身，榆林窟第 3 窟十一面千手观音图中的僧人、猴行者也为泗州僧伽与水妖巫支祁的组合。

观音化身或应身图像中，包括彰显观音灵验之功能、加入的观音应化故事人物图像，观音化身泗州僧伽也同样加入其组合，甚至直接进入到观音变中。现存正观音与僧伽组合像、十一面千手观音与僧伽组合像和水月观音与僧伽组合像。李静杰先生注意到安塞石寺河第 3 窟后壁中央有宋宣和元年（1119）至五年（1123）的水月观音与泗州僧伽并列图像，"示意二者尊格对等，同时内涵僧伽为观音化身的用意，可能被赋予相应的救世功能"²。富县柳园石窟中心塔柱西面向有居中头戴风帽者僧伽、宝志和万回三高僧雕像³，笔者认为是其上部水月观音雕像附属组合图像（图 10），为一组水月观音与三

---

1　段文杰：《玄奘取经图研究》，第 2—5 页。
2　李静杰：《陕北宋金石窟佛教图像的类型与组合分析》，《故宫学刊》2014 年第 1 期，第 110 页。
3　石建刚、高秀军、贾延财：《延安地区宋金石窟僧伽造像考察》，第 30—40 页。

图10 北宋柳园石窟水月观音与三圣组合

圣组合图像；如前所述富县石泓寺第2窟观音救八难有僧伽飞雨故事；四川安岳县西禅寺西寨门1号龛为唐元和十三年（818）开凿的僧伽和尚三十二化变相故事，变相图中表现主尊僧伽和宝志，万回相伴组成三圣，并突出僧伽身光顶端升起一缕毫光

云头托起结跏趺坐菩萨（图11），对此马世长先生敏锐地指出这里的云上菩萨为观音，这种将僧伽和尚与观音菩萨直接联系起来的构图"意在指明僧伽和尚系观音菩萨的化身"[1]。南宋时期的南诏大理国《张胜温画梵像卷》[2]榜题为"普门品观世音（菩萨）"的观音图像（图12），居中上部为结跏趺坐正观音像，下部描绘泗州僧伽神异故事。戴风帽僧人面前有另一僧人用绳索牵三位羽人，其中一羽人为女性，这三位羽人，笔者认为是雷公、雨师和电母，坐于石台上的风帽僧人为泗州大圣僧伽。此图，所表现可能是《僧伽传》中记录僧伽祈雨除旱、治水救民显灵神迹的内容。《太平广记》和《国师传》均载唐中宗请僧伽大师祈雨之事[3]，另《铁围山丛谈》、《书僧伽事》、《佛祖统纪》等亦记录泗州僧伽退京城洪水显灵故事，著名文豪苏轼任淮南东路兵马钤辖时，也曾因淮南旱灾，祈雨于泗州僧伽塔下，"至今水旱灾疫必求于此"[4]。因此，笔者认为"普门品观世音（菩萨）"图中的僧伽及束缚的羽人组合图像，所描绘的正是表现僧伽具有祈雨之能的神异，并作为观音化身（应身）故事内容绘在了同一幅图像之中。图像的榜题"普门品观世音菩萨"也印证如万回答中宗所说，僧伽是观音化身，如同法华经普门品观音化身僧伽的救度之像。

段文杰先生《玄奘取经图研究》中，已注意到

---

[1] 马世长：《泗州和尚、三圣像与僧伽三十二化变相图》，第317页。
[2] 台湾学者李霖灿先生对此图进行了编号考证研究，其中"（87）普门品观世音（菩萨）这标题当属（88）—（90），本幅神名待考，左下角有一西方带翅天女像，值得注意"。参见李霖灿：《南诏大理国新资料的综合研究》，"国立故宫博物院"印，1982年，第42页。李先生认为此"普门品观世音（菩萨）"榜题应为后图编号88—90的榜题，88—90以水月观音形菩萨为主尊，配以观音救三灾八难内容及榜题，与相邻91图上部有榜题"南无寻声救苦观世音（菩萨）"。从88—90图中的救难内容来看，其表示为"南无寻声救苦观世音（菩萨）"也未尝不可，更何况与91图相邻的92可见一脱落文字的榜题框存在，92图亦有榜题"南无白水精观音"。笔者认为87图下部图像为泗州僧伽故事图，因此，榜题"普门品观世音（菩萨）"为87本图榜题亦无误。
[3] （宋）蒋之奇：《泗州大圣明觉普照国师传不分卷》（明万历十九年李元嗣刻本），第831页。
[4] （宋）楼钥：《攻媿集》卷五七《魏塘大圣塔记》，《景印文渊阁四库全书》第1153册，集部92，台湾商务印书馆，第39页。

图11 西禅寺西寨门1号龛僧伽和尚变线描图

小说《西游记》孙悟空原型有本土说巫支祁、外来说哈奴曼和中外混合说的相关争论，综合认为是以淮水神猿为主体的混血猴。虽然因当时泗州僧伽图像调查研究不够深入，未能将鲁迅等学者提出孙悟空的原型淮涡水神巫支祁与泗州僧伽联系起来，但其详细的调查、绘图和细节描述为我们对这一图像的研究奠定了基础。敦煌所见水月观音变中僧人和猴行者组合中，马并未驮物品，据此段先生认为此是表现玄奘去西天取经的路上，但新调查陕北、四川等地水月观音变中有僧人和牵马人物组合，与敦煌地区僧人猴行者组合相似，其中个别出现马驮有物品。敦煌之外牵马者或僧或俗，人物面部大多被毁掉，如陕西宜川贺家沟佛爷洞石窟北壁水月观音变左下部有浮雕三人一马，牵马者俗装抬手仰望观音，面部毁损，不知是否如敦煌壁画中为猴面人物，他所牵马鞍上置有莲台，台上有方形经箱，亦放光芒，单就此图看，称为"取经图"亦可（图13）。纵观各地水月观音变，可见部分水月观音变中有在石台上或观音身边置经书的情况，如安西东千佛洞中的水月观音变，石台上置有经书，观音手中亦执书，结合佛爷洞马驮莲台置经箱情况来看，这样的"取经图"可能是表现取《水月观音经》，而非诗话、小说等所述的西天取经。从敦煌经变画图像构成来看，一般经变细节内容均为主体图像服务并有直接关系，水月观音图本是中国本土化的图像，没有佛经依据的支撑，所见敦煌本津4532号"佛说水月光观音菩萨经"也是因图像的流行，才从"千手千眼观音菩萨广大圆满无碍大悲心陀罗尼经"中抽取出来，这地藏信仰中有"道明还魂记",道明苏醒"绘列丹青,图写真容,流传于世",在五代宋时地藏十王图中出现了道明和尚,为地藏十王信仰增加了传奇色彩、神秘性和可信度。因此水月观音图出现的"取经人物"可能也是这样,为《水月观音经》的信仰传播服务,如前所述,泗州僧伽是观音的化身,又是真实存在过的高僧,笔者认为观音化身泗州僧伽能够增加《水月观音经》是真经的可信度,泗州僧伽唐时有三十二化灵验故事,后宋蒋之奇收录为三十六化故事。这一点同地藏信仰一样,宋代常谨撰有《地藏菩萨灵验记》一书,收录梁代至宋代有关地藏菩萨之三十二种灵验故事,均是五代宋时期佛教中国化的重要表现。

敦煌水月观音变中的局部图像除了僧人、猴行者外,还有动物马。马作为古代的交通工具,远行西去东来之僧人更离不开马,佛教史上也就有了"白马驮经"故事。"白马驮经"只是象征符号名称,所驮不只是佛经,而是佛教文化,代表佛教文化的经书和佛舍利均为这一符号的重要内容。"白马驮经"也包含驮运佛像与舍利,可以说马在佛教东传过程中是非常重要的助力。另外,泗州僧伽传说故事中也有关于乞马免祸显灵故事,僧无余《大士生存应化灵异事一十八种》有四条僧伽乞马免祸的灵验故事。其中"化衡阳张太守子(马)使徒步脱劫贼之害"[1]条载僧伽乞走张君马,使盗贼抢马不得,故事说明马也是强盗抢夺的重点对象,川渝僧伽和尚三十二化变相亦有表现此化马免祸僧伽故事图[2]。

图12 南诏大理国《张胜温画梵像卷》之普门品观世音菩萨

一点也被大多学者认可。《水月观音经》是本土信仰创造的疑伪经,这与地藏信仰颇为相似。我们知道

---

1 (南宋)僧无余:《大士生存应化灵异事一十八种》(明万历十九年李元嗣刻本),全国图书馆文献缩微复印中心编:《天津图书馆孤本秘笈丛刊》(九),1999年,第830页。
2 刘青莉:《晚唐至宋川渝地区的圣僧造像及圣僧信仰——以僧伽、宝志、万回造像为例》,中山大学硕士学位论文,2010年,第29—44页。

图13　北宋陕西宜川贺家沟佛爷洞石窟取经图

当然马出现于僧伽图像组合中除了作为出行的脚力，但同样可能有彰显泗州僧伽内道场"国师"身份。《大宋僧史略·内道场》记载："唐则天令大德僧法、处一、慧严、行、感、宣政等在内道场念诵，以薛怀义参杂其间。则天又于洛京大内置内道场。中宗、睿宗此制无改。……（代宗）常令僧百余人于宫中陈佛像经教念诵，谓之内道场，供养甚贵，出入乘厩马，度之具廪给。"[1] 唐中宗继承了则天皇帝时期内道场制度，中宗延请泗州僧伽进内道场诵法，虽没有直接乘厩马礼遇的记载，但《旧唐书》记载则天皇帝时，僧薛怀义掺杂内道场念诵出入乘厩马，"自是与洛阳大德僧法明、处一、惠严、秉行、感德、感知、静轨、宣政等在内道场念诵。怀义出入乘厩马，中官侍从，诸武朝贵，匍匐礼谒，人间呼为薛师"[2]。而到唐代宗时明确了内道场高僧出入乘厩马礼遇。因此，作为两宋极盛的泗州僧伽信仰，此时僧伽组合图像中出现马，或许有抬高和作为进内道场讲经"国师"礼遇的用意。所以敦煌水月观音图中的僧人、猴行者及马组合图像，可能为泗州僧伽故事，是作为水月观音变中观音化身灵验故事出现的。

---

1 （宋）赞宁著，富世平校注：《大宋僧史略校注》，第145页。
2 （后晋）刘昫：《旧唐书》卷一八三，中华书局，1975年，第4741页。

## 四　僧伽降巫支祈故事流行的时间与原因

北宋蒋之奇元丰年间任江淮荆浙发运副使、发运使等职，收集记录泗州僧伽传说故事三十六则[1]，罗泌《无支祁》"如李邕之三碑，将之奇所传三十六化近是，而水母之事非也"[2]。说明"僧伽伏巫支祁"故事没有收入到蒋本僧伽三十六化故事中。而南宋初朱熹、罗泌均撰文弹纠"僧伽伏巫支祁"系杜撰，确定"僧伽伏巫支祁"传说最晚南宋初已出现。比较蒋之奇（1031—1104）与朱熹（1130—1200）和罗泌（1131—1189）的生卒年，可以看到"僧伽伏巫支祁"传说在北宋徽宗时期特别流行。出现于水月观音图中的僧人、猴行者组合，参考石建刚《延安宋金石窟玄奘取经图像考察》文中对此类图像进行的排年时间看，也基本符合最早出现于宋徽宗时期这一历史时间。再从榆林窟第3窟山水画绘画风格，表现出的南宋院体新风特征来看[3]，敦煌地区的僧人、猴行者组合此类图像，时代均大约为西夏晚期12世纪末到13世纪初，此时西夏、南宋两国被金国统治地域所隔绝，西夏和南宋关系得以缓和，在西夏仁宗（仁孝）时期倡导学习宋朝政治文化背景下，可能使得这一中原流行的新僧伽信仰，流传到了西夏统治的最西端敦煌地区。

北宋徽宗时期尊道贬佛，佛教再次迎来了如唐武宗会昌灭法一样的危机，徽宗自称教主道君皇帝，崇信道士，并赐号"通真达灵先生"于道士林灵素，授以金牌。宣和元年林灵素纵言"改佛"，徽宗正月即下诏改佛为道，易服饰，其中"泗州大圣封巨济大士"[4]。文献多载林灵素与太子争道和退京城大水不力而失宠，南宋杨仲良《皇宋通鉴长编纪事本末》记载：

至是京城大水，上遣灵素禳之，不验。灵素又尝冲太子节不避，太子系之，诉于上，上遂厌之，逐去。蔡絛云：都城大水，冒城将入。灵素与诸道士为法事，巡行徜徉于城上。役夫数千，争举梃欲击杀之，灵素走而得免。上闻，始不乐。[5]

另南宋志磐《佛祖统纪》有近似记载：

三月京师大水，鼋鼍出于院舍，宫庙危甚。诏灵素率道士治水，屡日无验，役夫数千争举梃欲击杀之，灵素走而免，上闻之不乐。俄而泗州大圣见于大内凝立空中，旁侍慧岸木叉。上焚香拜祷，大圣振锡登城诵密语，顷之一白衣裹巾跪于前，若受戒谕者，万众咸睹，疑龙神之化人也，既而水退，诏加僧伽大圣六字师号。[6]

对比较晚《佛祖统纪》的记录可以看到，二者前段记录相近，林灵素因退水不力而失宠，而《佛

---

[1] 黄启江先生依据蒋之奇任官情况分析，认为蒋之奇所录撰写的《泗州大圣明觉普照国师传》当作于元祐元年（1086）以前。参见黄启江：《泗州大圣与松雪道人——宋元社会精英的佛教信仰与佛教文化》第一章，台湾学生书局，2009年，第25页。
[2] （南宋）罗泌：《路史》余论九《无支祁》，第219页。
[3] 赵声良：《榆林窟第三窟山水画初探》，《艺术史研究》第一辑，中山大学出版社，1999年，第363—380页。
[4] （南宋）杨仲良：《皇宋通鉴长编纪事本末》，《续修四库全书》（史部），上海古籍出版社，2013年，第354页。
[5] （南宋）杨仲良：《皇宋通鉴长编纪事本末》，《续修四库全书》（史部），第358页。
[6] （南宋）志磐：《佛祖统纪》，《大正藏》第49册，第421页。

祖统纪》则最后冠以泗州僧伽显灵退京城大水危机，当然有以此标榜佛教泗州僧伽神异之能的因素，却又说明佛教对于宣和年灵素"改佛"事件的极力反对。最终林灵素失势，佛教得以喘息，有了重新自行发展的时机。冠以泗州僧伽显灵京城水难，是宋元佛道斗争的一种体现。泗州僧伽所创建普光王寺地处泗州，唐中宗、代宗推崇泗州僧伽信仰遂全国流行，到唐武宗灭佛时亦如五台山一样同为诏令禁止巡礼的寺院。北宋时泗州为汴京咽喉，水陆交通要道，黄、淮水难频发，普光王寺僧伽信仰因其有关乎治水而备受推崇。在徽宗时统治阶层"尊道贬佛"这一历史背景下，普光王寺可能首当其冲地作为"改佛"事件的焦点寺院，"宣和元年巳亥，泗州僧伽像将加以冠。忽风雨晦冥，裂其冠堕门外。太守闻之大惊，遂诣像前谢曰：僧伽有灵，安敢再读"[1]。京城汴水为淮泗水系支流，对僧伽伏巫支祁传说的大力宣传可能正是佛教徒针对法难的一种积极措施。

## 小　结

综上所述，通过对两宋时期观音信仰、僧伽信仰以及两者密切关系的梳理，笔者认为：1.敦煌西夏时期壁画水月观音变、普贤变以及十一面观音变中的僧人、猴行者组合，应为泗州大圣僧伽和水妖巫支祁。之所以经常将此类题材绘入水月观音变，是因为泗州僧伽作为观音的化身之一，其信仰在宋代非常流行，并影响到了同时期的西夏地区。2.僧伽降伏巫支祁故事盛行于北宋徽宗时期，与徽宗"尊道改佛"有关，是佛道斗争的间接结果。3.带有僧人和猴行者图像的水月观音变实际上反映了水月观音与泗州大圣信仰在敦煌地区结合流行的历史状况，这与当时北方地区开始流行僧伽信仰的历史背景密不可分，可能是西夏仁宗倡导学习宋朝政治文化时引入的新泗州僧伽信仰图像。

---

1　（南宋）李祥：《大士灭度应化灵异事件一十八种》，全国图书馆文献缩微复印中心编：《天津图书馆孤本秘笈丛刊》（九），1999年，第834页。

# 莫高窟回鹘时期比丘形象初探[*]

殷 博

(敦煌研究院)

有关回鹘学的研究多围绕回鹘史、回鹘的宗教信仰、回鹘文书翻译释读等主题进行讨论，各国学者在这一领域提出了很多极有价值的看法[1]，对认识敦煌石窟回鹘时期佛教艺术提供了宝贵的资料。1987年，刘玉权先生在"敦煌石窟研究国际讨论会"上发表了《关于沙州回鹘洞窟的划分》[2]一文，结合敦煌部分洞窟的内容布局、绘画风格、装饰图案、供养人等多方面信息，提出了对沙州回鹘窟分期及相对年代的看法，认为莫高窟现存回鹘时期洞窟共16座，其艺术特色反映出"敦煌北宋式"和"高昌回鹘式"两种风格。从这批回鹘窟的题材内容及其布局来看，主要是继承了敦煌唐、宋时期的风格，同新疆高昌回鹘艺术关系密切，又具有敦煌地方特点，是自成一体的石窟艺术。1996年，刘玉权先生在《民族艺术的奇葩——论敦煌西夏元时期的壁画》中总结到，敦煌沙州回鹘窟的思想背景是"显、密两宗兼有，大乘、小乘共存，大乘显宗居主导地位"[3]。由于目前对莫高窟回鹘时期佛教艺术的研究较少，本文仅在刘先生的研究基础上试做探讨，尚存诸多不足与有待深化之处，祈请方家指正。

作为佛教三宝之一的出家声闻众比丘，其形象是佛教美术中的常见内容之一。由于比丘专职修行人的身份，历代佛教美术中的比丘形象往往保留了当时当地的佛教实践、修行等方面的信息，相比于佛陀、菩萨等偶像化色彩较重的形象，比丘形象更具有现实性。本文探讨的对象主要是莫高窟回鹘时

---

[*] 基金项目：国家社科基金重点项目"唐宋回鹘史研究"（14AZD064）、教育部人文社会科学重点研究基地重大项目"敦煌民族史研究"（14JJD770006）阶段性研究成果。

[1] 研究回鹘史的成果非常丰富，本文在此简单列举几篇。高自厚：《敦煌文献中的河西回鹘——兼论甘州回鹘与沙州的关系》，《西北民族大学学报（哲学社会科学版）》1983年第4期，第25—34页。耿世民：《回鹘文〈阿毗达摩俱舍论〉残卷研究》（1—2），《民族语文》1987年第1期，第56—61页。钱伯泉：《回鹘在敦煌的历史》，《敦煌学辑刊》1989年第1期，第63—78页；《沙州回鹘研究》，《甘肃社会科学》1989年第6期，第101—105页。高自厚：《甘州回鹘汗国的创建者》，《敦煌研究》1991年第2期，第13—18页。荣新江：《甘州回鹘成立史论》，《历史研究》1993年第5期，第32—39页；《归义军史研究——唐宋时代敦煌历史考察》，上海古籍出版社，1996年。〔日〕藤枝晃著，金伟、张虎生、李波译：《沙州归义军节度使始末》，《国外藏学研究文集》第14辑，西藏人民出版社，1998年，第38—172页。〔日〕森安孝夫著，梁晓鹏译：《沙州回鹘与西回鹘国》，《敦煌学辑刊》2000年第2期，第136—146页。耿世民：《回鹘文哈密本〈弥勒会见记研究〉》，中央民族大学出版社，2008年。杨富学：《甘州回鹘宗教信仰考》，《敦煌研究》2011年第3期，第106—113页；《回鹘与敦煌》，甘肃教育出版社，2013年。

[2] 刘玉权：《关于沙州回鹘洞窟的划分》，《1987年敦煌石窟研究国际讨论会文集·石窟考古篇》，辽宁美术出版社，1990年，第1—29页。

[3] 刘玉权：《民族艺术的奇葩——论敦煌西夏元时期的壁画》，《中国敦煌壁画全集·敦煌西夏元》，天津美术出版社，1996年，第3页。

期壁画中的比丘形象。通过对回鹘比丘形象分类进行造型特征和艺术风格方面的观察，可以发现这些比丘图像具有鲜明的时代特色。从这些图像特色出发，参考敦煌其他石窟及新疆石窟美术的同时期相关内容，结合出土的回鹘佛教文献所反映出的信息，笔者尝试探讨部派佛教思想对莫高窟回鹘时期比丘形象的影响。

## 一　莫高窟回鹘时期比丘形象概况

本文所探讨的比丘形象广义上包括一般而言的弟子像、供养比丘像、禅僧像、邈真像等。这些比丘形象在莫高窟历代石窟的塑像和壁画中多有表现。

对回鹘佛教艺术影响颇深的唐代石窟中，主室龛内经常以绘、塑结合的形式表现十大弟子，塑像中多以老年迦叶和少年阿难为代表，出现了配以姓名榜题，并与真人等大的作品。这时期的经变画、佛教史迹画、感通故事画等题材里也常出现比丘形象。中唐至宋出现了根据真实人物形象而来的邈真像，现存塑像石窟有第357、17等窟。此外，大泉河两岸佛塔中也见邈真比丘像，如东岸第12塔。五代、宋时期的经变画中常绘有众多听法众，比丘形象在画面中并不显著。总体来说，莫高窟唐代至宋代的石窟中比丘形象多存在于十大弟子群像、经变画、供养僧行列等题材中。[1]

与前代壁画相比，莫高窟回鹘时期洞窟题材种类明显减少，虽然保留了一些类似于唐宋时期的净土经变画，但前代常见的宏伟规模和丰富内容几乎不见。回鹘窟中的说法图、药师尊像画、罗汉图占比较突出的位置。值得注意的是，这时的壁画内容出现了前期少见的十六罗汉、行脚僧和儒童布发本生图。从艺术风格来看，此时期的特点是简率粗放、松散舒朗、热烈明快，装饰趣味浓厚。[2] 根据比丘图像绘制的题材与在洞窟中的位置，可将其分为三类进行梳理与分析。

### （一）经变画和说法图中的比丘形象

此时期不少经变画因图像内容不明确，导致释读困难，无法对其定名。这种未定名的画面依然是以佛陀说法的形式绘制的，本文以说法图称之。

第306、307、308（图1）、363、399、418等窟多以西方净土变、弥勒净土变、药师尊像图或说法图为壁画的主要内容。画面构图简单，多使用蓝、绿、白等冷色。无论是通壁单幅还是一壁多幅内容，通常每幅画面的听法众中至少绘两身比丘像。

这几座洞窟中的壁画内容和风格整体具有五代、宋时期经变画程式化的特征，属于前代至回鹘时期的过渡阶段。因此，其中的比丘形象尚未形成回鹘独有的艺术风格。

莫高窟回鹘时期一些面积不大的石窟中，还出现了南、北壁通壁绘制的另一种说法图。已知现存有5座回鹘窟绘此样式的说法图，分别是第207、245、309、310（图2）和330窟。窟中皆为南北壁各绘1铺说法图，共计10铺。图中主尊佛或跏趺或倚坐于莲花座上，两边听法众分为二或三排，画面

---

[1] 莫高窟唐宋时期比丘形象的相关内容，请参考《敦煌学大辞典》中"禅僧像"、"邈真像"、"十大弟子像"等词条，上海辞书出版社，1998年。

[2] 参见刘玉权：《民族艺术的奇葩——论敦煌西夏元时期的壁画》，第3—6页。

图1 说法图中的比丘，莫高窟第308窟东壁，回鹘

上端绘飞天。图中既无大型建筑物、莲花池，也不见歌舞伎乐等形象。画面整体布局简单，人物数量少，体型大，有松弛舒朗、简率粗放之感。其中，第245窟现存壁画的色彩饱和度高，装饰图案较丰富，整个洞窟的壁画绘工细腻。

这5座石窟均见两种造型不同的比丘，大部分有"S"形发际线（图3）[1]。一种呈年轻样貌，脸型长圆丰满，双眉修长，鼻梁高挺稍显拱形，眼角向上斜吊的眼睛和小嘴赋予面部温和的表情，通常穿着汉式"半披"和"敷搭双肩下垂"融合样式施钩纽的袈裟，跏趺坐于圆毯上。此外，第97窟以十六罗汉图为主，无说法图，也可见青年形象的比丘形象三身，在这里一并讨论。第97窟北壁紧靠盝顶帐形龛处绘持花比丘供养像（图4）。皮肤白皙的年轻比丘为半侧面站立姿势，人物体型匀称，这种完全汉化的袈裟样式，还可在新疆柏孜克里克回鹘高昌前期（9世纪中叶至12世纪初）壁画中见到。[2] 比丘仪态庄严持重，手持顶端饰八朵花

---

[1] 此种发际线在龟兹早期石窟的比丘像中较为普遍，后期汉风和回鹘风窟中比丘的发际线也保存了这一样式。在莫高窟北朝壁画中，该样式发际线也见于第263、257、285等窟中。这种表现发际线的绘画方式可能有一定的传承性，并影响了高昌与敦煌回鹘时期的佛教艺术。

[2] 本文关于僧衣样式的内容参见费泳：《中国佛教艺术中的佛衣样式研究》，中华书局，2012年，第387—392页。

头的花树，其中一花头系幡。此幅壁画的正对面是南壁相同位置绘制的另一身比丘，二位的姿态与穿着完全相同，身旁均墨书"持花比丘供养时"。南壁西侧上层第九罗汉图中有一身形象特征与持花比丘相同的僧人像，仰望身后的罗汉。第97窟三身比丘像，脸部线条匀称柔和，额头、眼窝、鼻子旁和颈部的晕染简淡，这种成熟的晕染技法和线、色搭配协调的表现手法也见于第207、309等5座回鹘窟中。

另一种样式是棱鼻厚唇，神情严肃，多为年龄较长的比丘形象。柏孜克里克高昌回鹘时期的大型誓愿画中也见与此样式相近的比丘造型，他们和丰圆脸型的比丘们一同出现在佛陀身边，但更具"胡貌梵相"的特点。上述第309等窟说法图中均见这种样式的比丘图像，他们皱纹深刻，穿着"半披式"施钩纽僧衣，消瘦的颈部、锁骨和胸骨部分清晰地展现出来。第309和310两窟的说法图相似度较高，南、北壁分别在西侧下部绘制了这类饱经风霜、跣足而坐的年老僧人。第309窟南壁比丘的眼角皱纹和鹰钩鼻刻画得更明显，坚毅的下颌和紧闭的双唇透出睿智感。第310窟北壁比丘则是双目下垂，厚唇微启，双手在胸前结印，面部呈现威严的表情。第207窟北壁说法图西侧存一位年龄较长的比丘，双手合十胸前，赤膊袒胸。其肩部与头顶绘有火焰状纹样，应为焰肩比丘（图5）。在面相刻画上，眉弓高大，眉头

图2 比丘，莫高窟第310窟南壁，回鹘

1. 第207窟北壁焰肩比丘局部 线描   2. 第207窟外南侧禅修比丘局部 线描   3. 第97窟北壁东侧持花比丘局部 线描

图3 莫高窟回鹘洞窟所见"S"形发际线

莫高窟回鹘时期比丘形象初探 | 303

图4 持花比丘，莫高窟第97窟北壁，回鹘

图5 焰肩比丘，莫高窟第207窟北壁，回鹘

微蹙，眼神下视，紧闭双唇，下颌突出，表情威严内敛又显庄严肃穆之感，是一幅画艺精湛、写实性强的人物肖像。

莫高窟北周至隋的弟子像已有老年迦叶与少年阿难的作品，隋以后的塑像与壁画中皆沿用了这种比丘形象。无论主尊是否为释迦佛，通常可见以这种一老一少的形象代表主尊身边的出家弟子。柏孜克里克回鹘时期的誓愿画中也见类似情况。莫高窟回鹘比丘形象中常见的老少搭配，可能也是表示迦叶与阿难的组合，他们明显呈现出时代与民族的形态特征，并由于体型增大，使其在内容较为单一的画面中形象更为突出。

## (二) 罗汉图中的比丘形象

有学者认为《历代名画记》卷五《曹不兴传》著录的《天竺二胡僧像》，《贞观公私画史》所载东晋画家史道硕的《梵僧图》及《宣和画谱》所载张僧繇的《十高僧图》等作品可能是早期罗汉图。[1] 一般来说，十六罗汉图流行的时代当在玄奘译出《大阿罗汉难提蜜多罗所说法住记》（简称《法住记》）之后。《宣和画谱》、《益州名画录》等文献也记载了盛唐画家卢楞伽，唐末画家左礼、李昇、赵德齐，唐末五代画家张玄、贯休等人均曾画罗汉像的情况。盛唐时，十六罗汉图已成为中原佛教美术中的一种流行题材。但在敦煌现存石窟中，十六罗汉题材的壁画要迟至回鹘时期方始出现，以莫高窟第97窟为代表。

回鹘时期重修的第97窟内绘十六罗汉图，这是此时期才出现的壁画新题材。该窟十六罗汉图绘满北、东、南三壁，皆有榜题。每个榜题的前半部分为各罗汉的简介，完全出自玄奘所译《法住记》，后半部分为七言赞颂，共八句。[2] 此窟采用以东壁门道为中轴线、两边对称顺序排列的布局形式。各壁均用格子划分成上下两排，南、北壁绘6身，东壁绘4身。其顺序是由北壁开始，由上而下，自左至右；第6身之后，转到东壁门北侧，绘制第8身，然后又转到南壁，由西而东，自上而下，第14身后，转到东壁门南侧结束。

画面中现存的罗汉大多坐于岩石上，岩石周围绘波涛或植物。有的罗汉身边放置光芒四射的宝物，有的罗汉身边绘出弟子、侍者或供养人像等。他们的形象多呈现出西域胡风，头发或微卷，或梳起发髻，身着短裤，手捧供养品。

这十六身罗汉像均绘头光，其中有"庞眉大目者，朵颐隆鼻者，倚松石者，坐山水者"[3]。画中人物形神兼备，有的罗汉头颅结构和面部表情略有夸张，眉毛浓密，注重用眼睛上下的线条加强眼部神态，以达高颧深目的效果。该窟中也见形似中原汉僧的罗汉像，刻画面部的线条不再强调高鼻深目之态，却呈现慈眉善目之感。因此，第97窟现存罗汉像至少有两种造型，即汉僧和"胡貌梵相"的异域比丘。

与莫高窟联系紧密的榆林窟和西千佛洞中也见数量较多的罗汉像，这些洞窟或为回鹘时期（主要为改建和重绘），或为距此极近的时代。例如回鹘重修的榆林第39窟中存罗汉像6身，其中主室北壁东侧罗汉图漫漶不清，但从壁画布局情况和人体大小比例上看，其形体为超等身，视觉效果壮观。其中一身罗汉与莫高窟97窟第九罗汉图的布局和罗汉身姿相似，但罗汉头部未完工，显得较为潦草（图6）。他手握木杖，身后也有形似山石的背景。下方有一手捧宝瓶的青年男子，该男子头部见"S"形发际线。图中描绘形体结构的线条脱落，凸显出色彩渲染的效果，罗汉裸露在外的肌体结构、皮肤纹理及袈裟的绘制呈现快意潇洒之感。尤其是以深色渲染的腿部衣纹，以写意的方式绘出旋涡状图形，表现了衣

---

1 王霖：《早期画史文献中的罗汉图样式》，《新美术》2014年第9期，第24页。
2 有关该窟榜题的释读和其他内容，参见王惠民：《十六罗汉图与十六罗汉图榜题底稿》，《敦煌佛教图像研究》，浙江大学出版社，2016年，第116—138页。
3 （宋）黄休复：《益州名画录》卷下，叶35B—36A。

图 6-1　罗汉像，榆林第 39 窟北壁东侧，回鹘　　图 6-2　罗汉像，莫高窟第 97 窟南壁西侧，回鹘

物包裹住膝盖的形态，富有特色。

西千佛洞第 19 窟（图 7）目前定为五代营建、宋代重修，也称为罗汉堂，是敦煌石窟中唯一有罗汉彩塑的石窟。窟中东、西两侧壁下方共存 13 身罗汉塑像，可惜大部分已毁。现存的部分塑像虽残破不全，但罗汉像整体的结构比例塑造得很准确，富有写实性。东、西壁还绘出各种禅坐、无头光的比丘（也有学者称之为罗汉像）。靠近顶部的墙壁上绘起伏的山岳，山中绘禅修像数身。山岳下边是大部分坐于拱形小龛中的禅修比丘。所有比丘像微微颔首，袈裟或裹于头部，或以常见的偏袒右肩、通肩等方式穿着，手、脚多裹于袈裟中，极具写实意味。此种形象特征与莫高窟早期第 272 窟南北两侧耳室、第 285 等窟及第 207 窟外南侧浅龛中绘、塑的禅修像具有相似性。并且，西千佛洞第 19 窟禅僧脸部有较精细的晕染，袈裟衣纹虽稍显程式化，但用笔简率潇洒，极具个性的画面与莫高窟、榆林窟所见的回鹘比丘图像的画法相类似。

五代、宋前后，归义军时期敦煌地区的历史较为复杂，政权更迭频繁，目前对此时期石窟的时代划分还存在争议。虽然《敦煌石窟内容总录》[1]记西千佛洞第 19 窟为五代营建、宋代重修，但从洞窟的内容和风格来看确有回鹘时期佛教艺术的特点。

除上述洞窟外，莫高窟九层楼南侧的二层崖面上，还有一处主体部分已残毁不见的露天壁画，应是一幅坐在山间草庐中修行的比丘像。壁画绘制于依自然崖体而建的浅龛之中，位于第 206 和 207 窟之间，《敦煌石窟内容总录》将其位置记在第 206 窟前

---

[1] 敦煌研究院编：《敦煌石窟内容总录》，文物出版社，1996 年。

图7　罗汉与禅修像，西千佛洞第19窟西壁，五代

室西壁门北，绘画时代为五代。不过，现在的第206窟前室已不存。依据1948年的彩色照片[1]可以看到（图8），浅龛中绘一位长者形象的禅僧身披田相袈裟静坐于草庐中。他双目微启，视线微垂，双臂和双腿均包裹在袈裟中，身姿放松、自然，神态祥和。脸部刻画写实、生动，额头和鼻翼两旁深刻的皱纹以寥寥数笔展现比丘的沧桑。高耸的颧骨、挺直的鼻梁和突出的下颌凸显了人物面部的立体感。禅僧身体部分的绘制显得简率、粗犷，但对人物面部细节的描绘十分精准，在快速潇洒的写实笔意中表现出一位中老年禅僧沧桑、淡然的气度。

由于没有任何文字记载，浅龛中的比丘像与其紧邻的北侧洞窟第207窟的绘画风格相似，又更为写实。我们在此仅从画面风格上初步判断这幅禅僧像应绘制于回鹘时期。

### （三）行脚僧图中的比丘形象

回鹘第363、306、308窟，均在甬道两侧壁绘左右对称的行脚僧像。盛唐第45窟五代时重绘的甬道南、北两壁也见相同的行脚僧图，其图像特征、艺术风格与回鹘时期同题材的特征几乎一致，笔者认为这种情况与上文所述的西千佛洞第19窟时代划分情况相类似，故本文将第45窟行脚僧图与回鹘时期的同题材壁画一起讨论。敦煌藏经洞出土的纸本、绢本《伴虎行脚僧图》大约有12幅。我国其他地区也有以绘画、雕刻等不同的艺术表现手法塑造的行脚僧。此外，日

---

[1] 国际敦煌项目（IDP）新近公布的莫高窟历史照片，作者是来自美国的文森特夫妇。这批图片包含168幅黑白底片和164幅彩色底片，照片的拍摄质量很高，保存状况良好。其中包含目前可见的有关莫高窟的最早一批彩色照片。

图8 比丘像，莫高窟第207窟外南侧浅龛，1948年摄

本也保存依据中国请来样而绘制的行脚僧图。这些作品制作的时间通常在唐末以后，因此从时间来看，行脚僧像在10世纪开始成为一种流行题材，是图像史上具有典型意义的一个类型。行脚僧者，旅行之比丘也，也称游方僧，即云游四方之僧人；或称云水，取行云流水之意。这些比丘以"行者"的身份而绘，强调了他们"传播佛法"或"求证佛法"的职责。

近年来，随着更多材料的发现，有关行脚僧题材的论述颇多，探讨莫高窟行脚僧图的成果也很丰富。[1] 可以明确的是，莫高窟洞窟中的这8幅行脚僧图中人物均为胡、梵之貌的比丘形象，这种描绘应与唐宋以后大量由西而至的传法胡僧、梵僧进入中土的社会背景有关；或因回鹘本为异域民族，多见此种样貌的僧人。

上述几幅行脚僧图描绘的内容乃至细节颇为相似。画面都为一比丘身着交领襦衫或井田袈裟，头戴斗笠，脚穿短靴或草履。在保存较好的画面中可辨别出该比丘左右手持扇、念珠、拂尘、禅杖不一，身背放满经卷的竹笈，有圆形的伞盖，旁边有一只老虎伴随。第45、363窟的图像前上方云气纹上有化佛。这些行脚比丘的脸部通常刻画得比较写实，如第307窟门东的比丘像。画工细致地勾勒出了他的五官与毛发，高挺骨感的鼻子和厚唇表明他可能不是汉僧。眼角的皱纹和鼻翼旁的法令纹暗示了他为中老年，这种苍老的面容或许与他云游四方的身份有关。虽画面漫漶，但其身上的衣服、装饰品与身旁相伴的老虎皆有回鹘窟壁画简率之特点。

## 二 莫高窟回鹘时期比丘形象的特点

莫高窟回鹘时期经变画和说法图、罗汉图、行脚僧图中绘制的比丘形象在继承了北宋初期汉民族系统佛教绘画的传统后，又融入了更多回鹘民族的造型特点，从体量小、形象特征趋同化的造型延伸和发展成为本民族相貌特征更为清晰的样式。具体来说，有以下几方面。

第一，莫高窟回鹘时期比丘形象所占比例较高。目前已知的回鹘窟并不多，其中，大部分都出现了引人注目的比丘形象。前代罕见的罗汉与行脚僧题材也在这一时期集中出现。并且，有约一半壁画中的比丘像形体增大，刻画笔墨增多。

第二，此时期比丘形象体现出了胡、汉风格兼

---

[1] 此类研究较为丰富，现举几例近年发表的相关文章，如谢继胜：《伏虎罗汉、行脚僧、宝胜如来与达摩多罗——11至13世纪中国多民族美术关系史个案分析》，《故宫博物院院刊》2009年第1期，第76—159页；李翎：《"玄奘画像"解读——特别关注其密教图像元素》，《故宫博物院院刊》2012年第4期，第40—53页；孙晓岗：《敦煌"伴虎行脚僧图"的渊源探讨》，《敦煌学辑刊》2012年第4期，第102—108页；王惠民：《行脚僧图》，《敦煌佛教图像研究》，浙江大学出版社，2016年，第93—115页。

具的杂糅性特点。作为游牧民族的回鹘在多民族文化氛围中生活的同时，也汲取了艺术创作的灵感，将具有中亚、印度、中原各地不同人种的形象特征和回鹘本民族外貌特点的人物常融合在同一件作品中。如据《法住记》记载的十六罗汉，都为胡、梵僧，相貌特征与中原汉人完全不同。但第97窟十六位罗汉图中现存的比丘像，人物外貌比较多样，除了高鼻深目的胡、梵僧外，还有形似汉僧的罗汉。此时期，其他说法图中也将具有回鹘相貌特点的比丘与"胡貌梵相"的其他民族比丘安排在一个画面中。

第三，具有时代特征的回鹘风格在比丘形象中体现出来。莫高窟回鹘比丘形象在造型和刻画方面，与龟兹、高昌回鹘时期的比丘形象很接近，大体遵循着共同的模式。这种模式的形成主要以当时生活在瓜、沙地区及河西走廊，乃至新疆地区的回鹘人作为创作对象。经过审美化和理想化的艺术加工，沙州回鹘时期壁画的人物造型，既蕴含了唐代石窟中人物造型的丰满圆润，又融入了回鹘民族相貌气质的特征和河西本地居民的形象，具有了敦煌本地的风格特征。

第四，回鹘时期比丘形象的写实性普遍较强。通过对此时期比丘图像的分析，可看到石窟中展现了多民族和不同年龄段的回鹘比丘形象。例如同是表现具有"胡貌梵相"的比丘，在刻画时也注意区分了神情肃穆的中年比丘和面露慈悲的老年僧人。为了表现比丘年事已高，画工用笔持劲，着重以线描突出他们深刻的皱纹、松弛的肌肉。壁面上呈现的飞动线条曲绕方折，把禅修比丘的精神气质表现得很生动。有的表现了比丘高鼻、深目、厚唇的面部特征，使其呈祥和之态，写实中趋向潇洒大胆的用笔塑造了沧桑消瘦、精神睿智的高僧形象。还有的画面展现出了画师以寥寥数笔勾勒的面部肌肉走势，深色线条不仅强调了眉肌、唇肌等部分，还增加了颈部及胸骨的表现力。另外，如第207窟外浅龛内的禅修像、西千佛洞第19窟中具有回鹘风格的罗汉像，不仅描绘出了禅坐时微微颔首的姿态，还绘制了静坐时为防风御寒而裹住身体的袈裟和禅修的草庐。

第五，回鹘比丘形象体现出此时期对禅修实践的重视。这里所指的禅修是静坐时专心地如实观察实相的状态。这种印度古已有之的修行方法，也是佛教最根本、最核心的修行方式。以第207窟初说法图[1]中现存的8身禅修比丘形象为例，均为双肩和头顶有火焰纹的焰肩造型，即达到了深入的禅定状态。莫高窟第97窟、榆林窟第39窟、西千佛洞第19窟等窟中所绘、塑的多位比丘形象也注重对禅修实践的表现。此外，还有第207窟南侧浅龛中的露天壁画也是一位正在禅修的比丘形象。这些比丘形象无论是否有表现神通力的图像符号，其造型对禅修的表现都较明显，可反映出回鹘时期重视禅修实践的情况。

第六，回鹘时期比丘形象反映出僧人的现实地位较高。回鹘比丘的形象通常有刻画精细、力求其写实的特点，因此在比丘像的体量上也出现了形体如真人大小，甚至超过真人大小的比丘形象。前文提及的榆林窟第39窟的罗汉像，应是敦煌石窟中目前已知体型最大的比丘像。此外，柏孜克里克回鹘时期第9窟（勒科克编号）甬道口的都僧统像，据勒科克的描述，这些比丘的"画像有真人那么大"[2]。

---

1 殷博：《莫高窟第207窟初说法图考》，提交敦煌研究院主办"回鹘·西夏·元代敦煌石窟与民族文化学术研讨会"，甘肃敦煌，2017年10月13—17日，第730页。
2 〔德〕勒科克著，赵崇民译：《高昌——吐鲁番古代艺术珍品》，新疆人民出版社，1998年，第75页。

绘制这些占据更多画面空间的比丘形象很可能是为了突显他们在现实中的地位。同时，这种大体型的比丘形象在高昌回鹘时期出现，或许也可以说明回鹘佛教中的某些信仰特征是不分地域的。

更有说服力的例证是来自西千佛洞第13窟。该窟主室南壁门西侧回鹘时期所画比丘一身、回鹘王子供养人一身；其对面东侧为一药师佛。画面中的引导僧形象不仅比他身后的回鹘王子高大了不少，更重要的是此身比丘与对面的药师佛体型同大。由于画师着重描绘的供养比丘更能反映出僧团的现实情况，因此比丘在当时受重视的程度于此可见一斑。

## 三　敦煌回鹘比丘形象反映的部派思想

义净《南海寄归内法传》中把"部派"称为"尼柯耶"或"尼迦耶"（nikaya，sde-pa），中国古代译经僧翻译其为"部"，也就是部派。部派佛教时期，一般泛指佛灭一百年后至大乘佛教兴起之前的佛教史时期。此处所说的部派思想，指大乘佛教菩萨道思想兴起之前，以修行解脱道为主的佛教思想。在古代佛教史表述中，经常在大乘的立场上将部派思想与实践称为"小乘"，含有贬义。现代佛教史研究者已指出"小乘"与"部派"在内涵上并不等同，在不同时间、视角和立场下，应按具体语境加以区分。更值得注意的是，大乘佛教并非迅速、全面地代替了部派佛教，在大乘出现后的古代印度、中亚和中国的广大地域中，部派与大乘思想实际上相互并行长达数个世纪。已有学者认为回鹘佛教中兼备了显、密两宗，大乘与小乘佛教思想同时存在[1]，本文建议使用"部派思想"来思考回鹘时期的佛教信仰状况，因为此一时期很难说还有纯然"小乘"的信仰与实践存在，但传统部派思想的延续性影响却是很可理解的[2]。由于这种影响，回鹘佛教中大乘与部派佛教思想相互融合，其美术作品也体现了多样化的部派思想，比丘形象正是其中之一。

### （一）回鹘佛教美术中部派因素的体现

莫高窟第207窟十分引人注目。该窟保存了敦煌石窟中画幅最大的两铺初说法图，也是目前敦煌回鹘艺术中仅见的初说法图。保存较好的南壁初说法图（图9）中心绘跏趺坐主尊佛，听法众共计18身。其中菩萨10身，相貌特征近似柏孜克里克回鹘时期《佛本行经变》中的菩萨像样式。有多身菩萨的头发呈红或蓝色披肩卷发，体现出了明显的异域风情。中间一排绘2身身着铠甲，威严可畏的天王像。下排共5身年轻比丘跏趺坐于各自的圆垫上。他们的僧祇支与袈裟均为袒右样，袈裟裹住腿部，

---

1　刘玉权：《民族艺术的奇葩——论敦煌西夏元时期的壁画》，第3页。
2　平川彰先生认为部派佛教（Nikaya-Buddhism），是指原始教团分裂为上座、大众二部后的传统教团的佛教。参见〔日〕平川彰著，显如法师、李凤媚、庄坤木译：《印度佛教史》，贵州大学出版社，2013年，第107页。国外有的学者在研究早期佛教史时，把部派分为三种既有区别又有联系的类型，即律的部派、教义的部派、哲学的部派。王邦维先生从佛教律的角度考虑，认为："所谓部派，主要是指共同使用与遵守同一种戒律，按照这种戒律的规定而举行出家、受戒等宗教活动，过共同的宗教生活，因而互相承认其僧人身份的某一特定的僧团组织。因此，使用不同的律就成为区别不同部派的主要标志。"同一文中还提到，不同部派所持戒律有差别。部派与大乘佛教并行的数百年间，许多人因所受戒律相同属同一部，但因主张不同的理论，他们在各自的僧团中又分为持有小乘观点和大乘观点的僧众。参见王邦维：《略论古代印度佛教的部派和大小乘问题》，《华梵问学集——佛教与中印文化关系研究》，兰州大学出版社，2014年，第7页正文与注1。

图9　初说法图，莫高窟第207窟南壁，回鹘

露出脚的前半部，跣足。北壁画面与上述内容几乎一致，但靠近东侧的部分壁画脱落。

该窟现存8身闭目或目光下视的焰肩比丘像，均无头光，两肩与头顶绘制火焰状纹样，熊熊燃烧之势形似背光。他们在前贤的研究中似乎并未被提及。这种焰肩禅修比丘的形象在莫高窟实为罕见，更早表现相同题材的有北魏第257窟。此窟主室北壁绘敦煌石窟唯一的须摩提女因缘图，其中各显神通的10身弟子像皆绘焰肩。另西魏第285窟覆斗形窟顶下缘绘有34身禅修比丘，他们均有头光，两肩有鸟翼状火焰，显示出对比丘山中修行的格外重视。

此外，盛行部派佛教时间较长的新疆地区多见以神通形象绘制的禅修比丘。例如龟兹克孜尔石窟壁画中有将比丘绘于券顶菱格画中，他们多为虚空飞行或禅坐之态，身体两侧冒出火焰或水，为僧人神变之态。吐峪沟和柏孜克里克石窟中也见在身上绘火焰和流水的禅修僧。还有龟兹回鹘时代和同期库木吐喇石窟都绘制了禅修比丘。

佛陀的觉悟来自洞察实相的禅修实践。佛经中将神通描述为在深入的禅定状态中所开发出来的特殊能力。与禅修有关的神通力在早期佛教思想中占有重要的地位。自早期《阿含经》以来的各种部派、大乘经典中记载了众多的与神通有关的内容。《别译杂阿含经》指出修定与慧能开发神通。[1]《增一阿含经》更记载了证得三明六通的大阿罗汉们临入涅槃前，通常都会出入九次第定[2]，并在此期间展现神通力，其中就有火光三昧的神通展演[3]，最后在四禅中入涅槃[4]。

一般来说，焰肩元素出现在早期制作的佛陀造像中，具有代表性的是犍陀罗的"帝释窟禅定"，或犍陀罗、迦毕试表现火光三昧、双神变的佛像。焰肩比丘的图像是继承了这种焰肩佛像的传统。但是，象征性地表现僧人在禅定中达到了很高的修行境界，拥有了神通力，的确可以说是禅定的僧人自身的表现。除了图像系统以外，早期典籍中也有体现。太康五年（284），竺法护在敦煌所译的《修行道地经》卷五中就有：

其修行者，习行如是便得成就……入地无间出而无孔，游于空中坐卧行住，身上出火身下出水，身上出水身下出火……[5]

这是以部派佛教的禅观修道历程为中心所说的部派经典，也是教导修行者实践禅观的典籍。[6]

以此看来，早期部派佛教典籍中明确指出了两点：一是深入的禅定是比丘有神通力的必要条件；二是火光三昧的出现有时也会用来表现高超的修行境界。第207窟中不仅绘制了早期佛教美术更热衷的初说法题材，更体现了部派佛教思想中对佛陀与声闻比丘传承关系的重视。8身焰肩比丘全部双眼微闭或眼神下视，神态安详，他们均无头光，更贴近现实中禅修的佛弟子，表现出具有现实意义的"实修"氛围。种种细节表明第207窟的焰肩比丘像很有可能是受到部派思想影响的作品。

还有，藏经洞出土的五代绢画《救苦观音菩萨坐像与眷属》[7]（图10）中也见两位焰肩比丘，他们分别双手合十跪在观音的两侧下方。头顶和肩膀的火焰颜色艳丽，有喷薄而出之感。画面正中的观音结禅定印端坐在莲花座上，其头光上也绘一圈火焰。这幅绢画展现了部派典籍中获神通力的禅修比丘与大乘经典中菩萨展现神通[8]的内容。

另外，1906年斯坦因从新疆库尔勒与焉耆之间的七格星遗址带走的壁画《阿阇梨受经图》[9]（图11），目前被认为是焉耆回鹘时期的作品，年代最迟不过

---

[1] 《别译杂阿含经》卷十载："如是比丘，应修二法，定及智慧，乃至四禅，慈悲喜舍，空处、识处、不用处、非想非非想处，亦复如是。犊子！欲得须陀洹、斯陀含、阿那含者，悉皆应学如是二法。欲学身通，欲知他心智，欲知宿命，欲得天眼耳，欲得漏尽智，应修二法，增广二法。"（《大正藏》第2册，第447页a）

[2] 佛教的"九次第定"是将外道原有的四禅八定加上灭尽定。

[3] 请参见丁敏：《佛教神通：汉译佛典神通故事叙事研究》，法鼓文化，2007年，第133页。

[4] 以上有关神通的详细内容请参见〔日〕柳田圣山著，毛丹青译：《禅与中国》，桂冠图书公司，1992年；丁敏：《佛教神通：汉译佛典神通故事叙事研究》。

[5] 《修行道地经》，《大正藏》第15册，第212页c。

[6] 以上有关吐峪沟石窟和犍陀罗佛像的相关内容，请分别参见〔日〕宫治昭著，贺小萍译：《吐峪沟石窟壁画与禅观》，上海古籍出版社，2009年。

[7] 五代绢画EO.1175，参见〔法〕伯希和：《西域美术》卷1，讲谈社，图目B61—1。

[8] 大乘经典《般若经》与《大智度论》中对神通的综合整理与论述，其类型主要是依《阿含经》中"五神通"、"六神通"而加以扩充，并以突显菩萨的神通为主。参见丁敏：《佛教神通：汉译佛典神通故事叙事研究》，第161—195页。

[9] 这组壁画现藏于大英博物馆。

图10 救苦观音菩萨坐像与眷属，藏经洞出土绢画，五代

图11 阿阇梨受经图（局部），新疆焉耆七格星遗址8—9世纪之前

8—9世纪。这组以部派佛教信仰为背景绘制的大型连环壁画描绘的正是僧团修行生活的片段。其中出现了许多与莫高窟回鹘比丘形象相关的图像内容。例如比丘们"S"形的发际线、具有神足通"身能飞行"和现火光三昧的比丘像、画面中多次出现的草庐，等等。这组壁画以部派比丘僧为主角，从多方面展现了他们在僧团的学习与生活。

除焰肩比丘外，回鹘时期的罗汉图与其他禅修比丘形象的图像都隐含了比丘、禅修、阿罗汉果这些部派佛教更为重视的元素。

## （二）周边地区的部派思想对回鹘佛教的影响

佛教进入中国新疆后，这里首先成为北传部派佛教的中心。至魏晋南北朝时期，塔里木盆地北道诸国如龟兹、焉耆及南道的鄯善、疏勒等地部派佛教比较发达，尤其是龟兹地区，处于部派佛教阿毗达摩即毗昙学覆盖范围内，成了当时部派佛教的中心；南道诸国中的于阗及北道上的高昌，则逐渐发展为大乘佛教的中心。[1] 直到8世纪上半叶，慧超《往五天竺国传》记载到达龟兹时，见到这里的佛教情

---

1 魏长洪等：《西域佛教史》，新疆美术摄影出版社，1998年，第112页。霍旭初：《论古代新疆"说一切有部思想文化带"》，沙武田主编：《丝绸之路研究集刊》第一辑，商务印书馆，2017年，第173—190页。

况仍然是"足寺足僧，行小乘法，食肉及葱韭。汉僧行大乘法"[1]，可见当时的龟兹地区佛教主流思想还是部派佛教，但与大乘佛教并存。在胜金口第一寺院遗址大殿（克林凯特编号），以及部派佛教流行的焉耆地区的七格星第十三寺院遗址（斯坦因编号）中都有部派因素的反映。[2]

据霍旭初先生的研究，约3世纪至9世纪左右，古代新疆"说一切有部思想文化带"的最后一站是车师国[3]，长期受到龟兹佛教思想的影响。虽然公元5世纪中叶后，此地基本上是中原大乘的覆盖区，但至少到7世纪中叶，高昌还有"小乘僧"和"小乘寺院"。[4]再者，"有部思想文化带"上的其他地区依然属于说一切有部势力范围，部派佛教思想对回鹘佛教的影响应不能忽视。这一现象在当地的佛教艺术中亦有体现。柏孜克里克石窟总量超过70幅的誓愿画[5]上，有不少用婆罗米文书写的梵文题记。有学者认为这些题记与《根本说一切有部毗奈耶药事》相应，提出了誓愿画属于部派佛教的内容[6]；也有学者撰文主张誓愿画是依据《佛本行集经》而绘制的，从而强调要将"誓愿画"名称改为"佛本行集经变画"[7]。

隋代阇那崛多翻译的六十卷《佛本行集经》是目前汉译佛传中篇幅最大、内容最杂，且描绘最为细致的文本。此经文末载：

……或问曰："当何名此经？"答曰："……昙无德师，名为释迦牟尼佛本行。尼沙塞师，名为毗尼藏根本。"[8]

也就是说，"昙无德师"的"释迦牟尼本行"就是这部《佛本行集经》。[9]"昙无德师"即为法藏部。按照《异部宗轮论》记载的部派分裂内容，法藏部为说一切有部的分支之一。[10]可见，柏孜克里克回鹘时期的这些大壁画应都属表现部派佛教思想的作品。

9世纪中叶，向西奔逃"投安西"的这支回鹘遗部收复龟兹以东各城，建立了西回鹘国，建都于曾信

---

1 慧超：《往五天竺国传》，《大正藏》第51册，第979页a。
2 魏长洪等：《西域佛教史》，第156页。
3 "其源头是印度北部的犍陀罗和迦湿弥罗（克什米尔）地区，在佛教向东方传播中，越过葱岭就是中国的西域。说一切有部思想首及揭盘陀（今塔什库尔干），经过乌铩（今莎车），怯沙（今疏勒）、尉头（今图木舒克）、跋禄迦（今阿克苏）、温宿（今乌什）、龟兹、焉耆、车师（今吐鲁番），绵延千余公里，覆盖着天山南麓和塔克拉玛干沙漠以北广大地域，时间上限约3世纪，下限约达9世纪。文化带中除了车师因部族的变异，较早受到中原佛教的影响，改变了佛教派属。其他各地基本上保持说一切有部思想达600余年。这条文化带以龟兹为中心，其东西两翼诸国的佛教状况，据揭盘陀国《法显传》载：'有千余僧，尽小乘学。'"（霍旭初：《论古代新疆"说一切有部思想文化带"》）
4 关于高昌国佛教思想中包含小乘内容的研究，参见姚崇新：《试论高昌国的佛教与佛教教团》，《中国佛学学术论典49》，佛光山文教基金会印行，2001年，第416—419页。
5 贾应逸：《伯孜克里克石窟初探》，《新疆石窟·吐鲁番伯孜克里克石窟》，新疆人民出版社，上海人民美术出版社，1989年。
6 参见〔日〕平野真完：《べぜくりく第九号窟寺铭文による誓愿画の考察》，《美术研究》1961年第218号，第109—127页。
7 贾应逸：《伯孜克里克石窟初探》。
8 《大正藏》第3册，第932页a。
9 黄宝生译注：《梵汉对勘神通游戏》，中国社会科学出版社，2012年，第2页；还可参见〔日〕平川彰著，显如法师、李凤媚、庄坤木译：《印度佛教史》，第252页。
10 〔日〕平川彰著，显如法师、李凤媚、庄坤木译：《印度佛教史》，第115页。

仰部派佛教的焉耆地区。又据11世纪70年代喀喇汗王朝的喀什噶里所著百科全书式的突厥语辞典，曾经的部派佛教中心龟兹为西回鹘国的领地。另，断代于11世纪上半叶的一件木杵铭文也提到西回鹘王"继位，其辖域东至敦煌……"，并有学者认为从11世纪开始，西回鹘国曾对敦煌直接统治了140年左右。[1]

依据以上所述，回鹘佛教虽主要受汉传佛教的影响，但龟兹地区毕竟长期以部派佛教思想为主，后又与大乘佛教并行，加之焉耆、鄯善两地的信仰辐射，居于这个地区的回鹘人在汉传佛教中夹杂部派佛教信仰是极有可能的。

### （三）回鹘文献中的部派典籍

约在19世纪末20世纪初，新疆、敦煌等地考古工作的展开和大批回鹘古文献的出土、刊布，使得回鹘佛教文献走进了人们的视野。日后随着回鹘部派佛教经典的发现、解读和研究，一再证实了回鹘佛教中有丰富的部派佛教因素，为我们认识敦煌回鹘佛教艺术提供了更多的可能性。

其中于20世纪50年代末在新疆哈密地区发现的《弥勒会见记》（以下简称《会见记》）是现存篇幅较长的回鹘佛教文献之一。它和20世纪初德国考古队在吐鲁番地区发现的此书残卷相同，内容都是关于未来佛弥勒的事迹。经耿世民等学者研究，这本由回鹘文写就的佛教故事虽然受到了北传佛教的影响，但它在性质上基本为部派佛教的作品。不仅在巴利文《长部》第二十六章中见与哈密本《会见记》相似的内容[2]，又据几位欧洲学者所言，他们在《大譬喻经》有关弥勒的譬喻故事中，看到某些情节在回鹘文《会见记》中也有相关的内容。

此外，新疆和敦煌地区还出土了其他回鹘文体的部派佛教经典，其中就包括四部《阿含经》。《阿含经》为早期佛教基本经典的汇集，一译"阿岌摩"，意为"传承的教法"或"结集教法的经典"。一般认为，此经基本内容在佛教第一次结集时就已被确定，至部派佛教形成的前后被系统整理。根据汉文所译的回鹘文《阿含经》存《长阿含经》、《中阿含经》、《杂阿含经》和《增一阿含经》，此外还有似属《杂阿含经》缩略版的《别译杂阿含经》。这些回鹘文译本有多种译本和版本存世，且数量较多，说明《阿含经》曾在回鹘人中广为流传，备受崇尚。另外，回鹘文译本中还有与部派思想关系密切的佛传、本生、本事和譬喻故事。并且，近年也出土了不少回鹘文论疏，这些论疏多有部派佛教内容，如《阿毗达摩俱舍论》、《俱舍论实义疏》、《顺正理论》等。

收藏于世界各地的回鹘文部派佛教文献刊布与翻译工作从20世纪初就已开始。有学者认为回鹘佛教在赞美菩萨的美德与神力时，重视成就阿罗汉果的善因也是其佛教思想之一。例如在《会见记》中当释迦佛问弥勒"你认为以什么样的面貌、什么样的仪礼能为别人带来利益"时，弥勒答道："我想以僧人的面貌（为众生谋利益）。"[3]

就目前所了解的文献信息，已说明了回鹘佛教与部派思想的联系。新疆、敦煌等地的回鹘佛教遗

---

1 以上有关回鹘历史的问题，参见〔日〕森安孝夫：《回鹘摩尼教的衰落与佛教的兴起》，杨富学编著：《回鹘学译文集新编》，甘肃教育出版社，2015年。
2 耿世民：《回鹘文哈密本〈弥勒会见记研究〉》，中央民族大学出版社，2008年，第3—7页。
3 耿世民：《回鹘文哈密本〈弥勒会见记研究〉》。

址更是以生动的艺术形式呼应了回鹘文献中所记述的部派思想。本文初步提出探讨的是，第一，虽然莫高窟的回鹘佛教美术创作迟至约11世纪，敦煌又地处大乘佛教文化圈，但如前所述，部派与大乘思想并行的阶段不可忽视，在探讨佛教艺术时或可尝试多一个角度思考其隐含的思想含义。第二，目前已知的回鹘佛教艺术品和文献都反映了回鹘文化对佛教思想的包容性，部派与大乘佛教思想在回鹘佛教中应是互相融合发展。敦煌石窟中的比丘形象将部派思想对回鹘佛教的影响视觉化，对理解这一影响提供了形象的例证。

## 结　语

莫高窟后期艺术中具有写实风格的比丘形象并不多，洞窟内的壁画主要内容通常是以佛、菩萨为主体的经变画，世俗人物画像一般以供养人像为主。回鹘时期的比丘形象普遍体量大，绘制比重高，人物造型写实性强，具有回鹘风格和胡、汉风格杂糅的特点。除了常见的比丘形象外，此时期还集中出现了其他时期罕见的罗汉像、行脚僧像和焰肩比丘等具有部派因素的比丘形象。

本文认为此时期的比丘形象体现了回鹘佛教对部派佛教思想的重视，并用艺术形式表现了对现实僧人的崇拜和禅修实践的重视。莫高窟回鹘时期以前出现的大部分比丘像仍属于其他佛教题材的陪衬，回鹘时期以罗汉像与行脚僧像为主的比丘形象则渐渐独立出来，在图像中不仅与菩萨有相同信仰功能的地位，还成为独立题材被单独描绘。回鹘佛教文献反映的部派与大乘佛教兼备的回鹘佛教信仰特点，在敦煌石窟艺术中得到了印证。

附记：敦煌研究院刘玉权先生在本文修改过程中提出了宝贵意见，特致谢忱！

# 莫高窟行脚僧壁画主题思想与绘制原因探析*

袁颉

(陕西师范大学丝绸之路历史文化研究中心)

## 前 言

关于行脚僧图的研究，前辈学者从不同方面、角度进行探讨，已有较为丰硕的成果：王惠民认为行脚僧形象源自于长者李通玄的传说，而行脚僧图则是吸纳了宝胜如来信仰的佛教史迹画[1]；孙晓岗将北宋开封繁塔佛砖上的伴虎行僧石刻与敦煌行脚僧壁画做对比，认为行脚僧这一图样是由中原传入敦煌的美术，粉本其后由于藏经洞封闭等原因，未能大规模绘制于洞窟当中[2]；谢继胜由宁夏山嘴沟伏虎罗汉图像切入，指出"达摩多罗"名号和图像的构成与吐蕃禅宗、行脚僧及宝胜如来信仰有着密切关系，认为是佛陀波利、达摩多罗、行脚僧等元素共同构成了藏传佛教中的"达摩多罗"图像[3]。从图样上来看，行脚僧图作为壁画题材在莫高窟绘制不多，而且均出现于宋初至西夏这一时段。此图具有怎样的宗教内涵？与洞窟整体壁画内容相结合又有何种意味？本文从图样本身出发，探寻其体现的主要思想并分析该题材在洞窟之中的重要作用。同时由宗教与现实社会两方面入手，讨论行脚僧壁画出现于丝路敦煌的原因。不当之处，敬希方家校正。

## 一 莫高窟行脚僧壁画概况

在莫高窟中，行脚僧图作为壁画仅绘制于4个洞窟，且均是洞窟重修时的作品。现存最早的行脚僧图壁画位于第45窟，时代为曹氏归义军晚期。该窟初建于唐，曹氏归义军时重绘洞窟前室与甬道，西壁门上中央处绘有毗沙门天王赴会，在其两侧各残存一幅行脚僧图，图像漫漶较为严重，但榜题仍可辨认：南面一幅榜题内容为"南无宝胜如来伏虎游历救度众生"、北面一幅榜题较残，内容为"……胜如来……游历世界"。[4]

第363窟属于沙州回鹘时期重绘的洞窟[5]，甬道南北绘制对称的行脚僧图。南壁一幅漫漶较严重，

---

\* 基金项目：本文系2016年度国家社科基金重大项目"敦煌西夏石窟研究"（项目编号：16ZDA116）阶段性成果高等学校学科创新引智基地"长安与丝路文化传播学科创新引智基地"（编号：B1803）。

1 王惠民：《敦煌画中的行脚僧图新探》，香港《九州学刊》，1995年，总第6卷4期，第43—55页。
2 孙晓岗：《敦煌"伴虎行脚僧图"的渊源探讨》，《敦煌学辑刊》2012年第4期，第102—108页。
3 谢继胜：《伏虎罗汉、行脚僧、宝胜如来与达摩多罗：11至13世纪中国多民族美术关系史个案分析》，《故宫博物院院刊》2009年第1期，第76—97页。
4 王惠民：《敦煌佛教图像研究》，浙江大学出版社，2016年，第97页。
5 刘玉权：《关于沙州回鹘洞窟的划分》，《敦煌研究》1988年第2期，第4页。

图1 莫高窟第363窟甬道北行脚僧图

榜题可见"南无宝胜如来"字样；北壁的一幅则较为完好（图1），头顶没有斗笠，却有伞盖遮住，脚下出现有白色祥云，头部斜上方出现了化佛，榜题框中字迹已经漫漶不清，应与南壁图中一致。两幅行脚僧图中均有老虎陪伴于僧人身旁，虎头朝前，虎口张开，富有动感。

宋初、西夏时莫高窟许多洞窟都经历过重修，第306、307、308三窟便在其中。第306、308两窟为第307窟的左右耳室，在这两窟的甬道中，也绘有对称的伴虎行脚僧图（图2、图3）。第306窟甬道西的行脚僧图样保存较好，画面生动：一名旅途中行进的僧人，上身穿田相袈裟，头戴圆檐尖顶斗笠，腿缠便于长途跋涉的绑腿，足上的穿着类似于草鞋，手中执一柄小扇，右上方原有题记，现已漫漶不清。继续观察人物面部：行脚僧人面容沧桑，脸型比较丰满，颧骨较高，深目高鼻，长眉垂至脸侧，嘴唇四周胡须浓密。身旁老虎回头张望，目光似看向僧人。第308窟甬道西的行脚僧同样栩栩如生：图中的僧人衣着与第306窟甬道西图样相差无几，田相袈裟，圆檐斗笠，腿缠绑腿，脚穿草履，右手部分漫漶不清，身后背竹篓，右上方悬挂一葫芦，相伴的老虎扬首望向前方。

## 二 弘法与救度——行脚僧壁画的主题思想

行脚僧图中的两大关键元素即为背携经书行脚的僧人与云中跌坐的宝胜如来佛，两者共同绘制必然有特定思想蕴含其中。从中国古代僧侣的活动以及佛教经典中对宝胜如来的描述，可以清晰地体会到行脚僧图所传递的主题：弘扬佛法，救度众生。

### （一）行脚僧形象所体现的弘法思想

首先，行脚僧壁画中的僧人皆面色坚毅，服饰简朴，奋力前行。由于古代佛教僧侣求法、传法的活动较为频繁，且对民间宗教信仰产生深刻影响，所以行脚僧像成为人们非常熟悉的图样。有学者认为公元10世纪左右的"胡相行脚僧像"即是日本镰仓时代玄奘画像的图像基础。[1] 莫高窟藏经洞中曾

---

1 Dorothy C. Wong, "The Making of A Saint: images of Xuanzang in East Asia", *Early Medieval China* 8(2002), p. 44.

图2　莫高窟第306窟甬道东行脚僧图

图3　莫高窟第308窟甬道西行脚僧图

留存有伴虎行脚僧纸、绢画，现分别藏于大英博物馆（图4）、法国吉美博物馆、韩国中央博物馆等处。通过这些画稿，我们可以更清晰直观地观察到行脚僧人背后的卷卷经书。总体来看，行脚僧图为我们呈现出古代高僧行脚游历以求取真经，不畏艰难弘扬佛法的可敬形象。而僧人行脚游方、取经传法这一现象源远流长：佛祖释迦牟尼成道之后，怜悯世间万物，四处游方，救度一切众生。当佛在耆阇崛山时，佛祖的堂弟提婆达多心怀妒恨，以石砸佛头，这便是著名的"提婆达多以石砸佛缘"。[1] 由此可看出，行脚四方的活动自佛教诞生时便有所记载，并且带有弘扬佛法、救度世人的思想。

随着佛教在我国广泛传播，越来越多的僧侣加入到这一行列当中。隋唐时期，行脚之风日盛。至晚唐五代，行脚蔚然成风，并成为古代僧人习学、传道的重要方式之一。[2]《宋高僧传》编纂者赞宁在《此土僧游西域》文中描述：

---

1　《中国新疆壁画艺术》编辑委员会编：《中国新疆壁画艺术》第五卷《森木塞姆石窟、克孜尔尕哈石窟壁画》，新疆美术摄影出版社，2009年，第64页。
2　赵娜、杨富学：《晚唐五代禅僧行脚问题考析》，《中南民族大学学报》2011年第3期，第171页。

图4 大英博物馆藏行脚僧绢画

魏洛阳朱士行誓往西天，寻求般若，僧佑以为东僧西往之始焉……晋法显募同志数十人，游于印度，登灵鹫山，此乃到中天之始也……唯奘三藏究两土之音训，瞻诸学之川源……次则义净躬游彼刹，妙达毗尼，改律范之妄迷，注密言之引合，遂得受持有验流布无疑矣……之后百六十载寂尔无闻。宋太祖尝遣百余僧，往西方求法。大宋太平兴国七年，有诏立译经院于东京太平兴国寺之西偏，聚三藏天息灾等梵僧数员，及选两街明义学僧，同译新经，译经之务，大宋中兴也。[1]

通过图像来展现佛法远播四方有着悠久传统，莫高窟隋代第292窟、第427窟，有历代传法祖师图像的绘制。佛涅槃后，后继弟子将广传佛法，代代相承，记载佛教祖师的文献早在南北朝时期就已受到重视[2]，隋唐时期为了纪念众位祖师更是将其绘于壁画之上，以彰显信众心中尊崇之意。有类于此，法显、玄奘、义净、法贤等著名僧侣奔走华夏乃至活动在中印之间，翻译佛经、弘扬正法以度化众生，所以，作为描绘取经高僧容姿的图样，行脚僧图无疑也体现出浓厚的弘法思想。

## （二）宝胜如来蕴含的救度意味

除却行脚僧人本身，行脚僧图中的云中宝胜如来佛亦是释读图像内涵的关键。关于宝胜如来，《佛说佛名经》、《佛说大成大方广佛冠经》、《地藏菩萨本愿经》等佛教经典中均有相关内容。如唐代菩提流支译《佛说佛名经》记载："东方有世界，名宝集。彼世界有佛，名宝胜阿罗诃三藐三佛陀，现在说法。南无宝胜佛。"[3] 北宋法护译《佛说大成大方广佛冠经》记载："复次迦叶，东方去此佛刹，过阿僧祇世界，有世界名宝耀，彼土有佛，号曰宝胜如来、应供、正等正觉，今现住彼说法教化……又若有人闻彼宝胜如来、应供、正等正觉名号，能称念受持者，前之布施无量功德，比是功德百分不及一，千分不及一，百千分不及一，阿僧祇分不及一，算分喻分皆不及一。"[4] 在民间影响极大的《金光明经》对宝胜如来亦有记载，经书中为信众所熟知的《流水长者子

---

1 （宋）赞宁编撰：《大宋僧史略》，《大正藏》第54册，第24页。
2 王惠民：《敦煌佛教图像研究》，第80页。
3 （唐）菩提流支译：《佛说佛名经》，《大正藏》第14册，第159页。
4 （宋）法护译：《佛说大成大方广佛冠经》，《大正藏》第14册，第112页。

品》有对宝胜如来佛的描述，并且直观体现了宝胜如来在人们心中的地位与作用：

> 尔时二子，收取家中可食之物，载象背上疾还父所至空泽池……曾闻过去空闲之处有一比丘，读诵大乘方等经典，其经中说，若有众生临命终时，得闻宝胜如来名号即生天上，我今当为是十千鱼解说甚深十二因缘，亦当称说宝胜佛名……时长者子作是思惟："我今当入池水之中，为是诸鱼说深妙法。"思惟是已，即便入水作如是言："南无过去宝胜如来、应供、正遍知、明行足、善逝、世间解、无上士、调御丈夫、天人师、佛、世尊。宝胜如来本往昔时，行菩萨道作是誓愿：'若有众生，于十方界临命终时闻我名者，当令是辈即命终已，寻得上生三十三天。'"[1]

《流水长者子品》讲述了流水长者以象驮水、投食救鱼的事迹，长者与其子为池中万鱼解说因缘，并称颂宝胜如来名号，使万鱼得升忉利天化作天人。由此我们可以清晰地看到宝胜如来有着接引升天的功能。而随着佛教发展，密教五如来其中之一便是宝胜如来，可以施饿鬼、消苦难，《瑜伽集要·救阿难陀罗尼焰口轨仪经》中描述"南无宝胜如来（若有大众一时为称），诸佛子等，若闻宝胜如来名号，能令汝等尘劳业火悉皆消灭"[2]。借助于《金光明经》以及密教相关经典，我们可以清楚地感知在信众心中，宝胜如来这一形象蕴含着消灾解难、普度众生的意味。而莫高窟第45窟行脚僧图中的榜题"南无宝胜如来伏虎游历救度众生"更是直观地印证了宝胜如来"救度众生"的神通。

## （三）小结

在莫高窟行脚僧壁画当中，宝胜如来与行脚僧人均是展现图像内涵的关键元素。僧人行脚、取经的活动历史悠久，众多高僧奔走四方、远赴万里求取真经，广传正法以帮助众生；同样，礼敬宝胜如来亦能够"即生天上"，摆脱世间疾苦，两者都体现出救度的意味。因此，弘扬佛法、救度世人便成为行脚僧图的主题思想。而关于行脚僧人和宝胜如来之间的关系，尚未发现有经典依据。在藏经洞出土的行脚僧绢画中，大多数图样均为伴虎行僧与云中趺坐宝胜如来的组合，行脚僧与宝胜如来脚下也都有云气出现。结合莫高窟第45窟行脚僧图壁画中的榜题"南无宝胜如来伏虎游历救度众生"、"……胜如来……游历世界"综合来看，宝胜如来似乎化现成为一身行脚僧人，因而可以"伏虎"、"游历世界"以救度世间信众。

## 三 行脚僧图与洞窟壁画配置

敦煌石窟壁画的绘制往往带有整体性，主室内容与前室、甬道等相呼应，构成一座座佛国殿堂。在莫高窟中，行脚僧图均绘制于石窟的窟门周围或者甬道，即洞窟的入口之处。因行脚僧图带有接引度人的含义，又在洞窟中以较为固定的位置出现，所以行脚僧图的绘制对于洞窟整体壁画配置而言有其独特的作用。

在出现行脚僧图的几座洞窟当中，除第45窟主室仍为唐代壁画之外，另外三座洞窟中的壁画均经后代重绘，且以净土相关内容为主（图5）。纵观宋

---

[1] （北凉）昙无谶译：《金光明经》，《大正藏》第16册，第353页。
[2] （唐）不空译：《瑜伽集要·救阿难陀罗尼焰口轨仪经》，《大正藏》第21册，第471页。

图5 莫高窟第307窟内净土变

初至回鹘、西夏早期这一时段重修的洞窟壁画，净土变是其中一个重要且数量巨大的题材，其最流行的是典型特征不明显的净土变，这类净土变虽包含有亭台楼阁、佛及圣众、水池等，但是缺少西方三圣、化生童子、音乐舞蹈等典型的西方净土变元素。[1] 相比于前代构图宏大、细节完备的净土变壁画，宋初、西夏时大部分净土图像呈现出简单化、程式化的特点，但其所表达的依旧是信众对佛国净土世界的憧憬与渴望得到救度的期盼。另外，还有一个值得注意的问题是，绘制行脚僧图的几处洞窟中均有药师佛形象的出现（图6、图7）：第363窟甬道对称绘制行脚僧图，东壁门两侧则绘有单尊药师像；第306、307、308窟是三连窟，可以视作一个整体，两耳室第306、308窟甬道出现行脚僧，作为主窟的第307窟甬道处则绘有行道药师。药师佛与行脚僧同时出现，这是一种独特的图像组合。玄奘译《药师经》中有言：

> 复次，曼殊室利，彼世尊药师琉璃光如来，行菩萨道时，所发大愿，及彼佛土。功德庄严，我若一劫，若一劫余，说不能尽，然彼佛土……亦如西方极乐世界。功德庄严，等无差别……是故，曼殊室利，诸有信心善男子善女人等，应当愿生彼佛世界。[2]

从经文中可以看出，《药师经》通过"亦如西方

---

[1] 公维章：《西夏时期敦煌的净土信仰》，《泰山学院学报》2008年第5期，第82页。
[2] （唐）玄奘译：《药师琉璃光如来本愿功德经》，《大正藏》第14册，第413页。

图6 莫高窟第307窟甬道药师佛

图7 莫高窟第363窟东壁药师佛

极乐世界。功德庄严,等无差别"、"诸有信心善男子善女人等。应当愿生彼佛世界"等描述,倡导信众往生药师净土。虽然在书中将药师净土与阿弥陀净土等佛国世界并列来显示其重要性,但药师净土并非《药师经》强调的重点,经书凸显的是药师信仰帮助信众往生的功能,以及消灾、延寿、祈福等现实作用。[1]在第363窟东壁门南绘制的药师单尊像中,有墨书题记"南无消灾延寿药师佛弟子韩军一(家)诚(颂)礼为母祈福……",这处题记直接展现了信众通过礼拜药师佛为家人祈福的活动。而关于宝胜如来的经典里,亦有"得闻宝胜如来名号即生天上"、"于十方界临命终时,闻我名者……寻得上生三十三天"等字样,这与念"阿弥陀佛"入西方极乐净土极为相似。[2]药师形象本身所具有的接引、救度意义,与行脚僧图的主题思想十分契合,并且从洞窟布局来看,第306、308、307窟与第363窟中绘制的行脚僧、药师佛形象全部朝向窟内,而窟内则是由净土壁画所构成的美好世界。如上文分析,行脚僧图与药师信仰都包含有接引、救难、往生等共同内容,行脚僧与药师佛的绘制与朝向均从侧面

---

1 王中旭:《阴嘉政窟:敦煌吐蕃时期的家窟艺术与望族信仰》,民族出版社,2014年,第336页。
2 王惠民:《敦煌佛教图像研究》,第99页。

莫高窟行脚僧壁画主题思想与绘制原因探析 | 323

彰显出人们期望通过各方神佛的帮助来摆脱现实苦难，能够得到救度并早日往生，是宋初、西夏时期无数信众内心的真实写照。

## 四 行脚僧壁画绘制于莫高窟的原因

行脚僧图在洞窟中出现的时段比较集中，约为10世纪末至11世纪初。莫高窟藏经洞中留存的伴虎行脚僧纸、绢画，应是10世纪左右由中原地区传到敦煌的画稿粉本，并在稍晚的宋初至西夏时期绘制于莫高窟中。[1] 行脚僧图本身带有弘法、救度的思想，并且绘在洞窟入口引导着信众进入净土世界，是洞窟整体壁画中的重要部分。敦煌石窟壁画的绘制有其悠久的传统并与沙州社会息息相关，行脚僧图的出现不会是偶然之作，应与这一时期的佛教信仰与社会现实双方面相关，是宗教和世俗因素共同作用下的结果。

### （一）宗教因素的内在反映

从佛教信仰方面看，宝胜如来佛作为构成图像的关键要素，与行脚僧图的出现关系紧密。民间对于宝胜如来的信仰十分悠久，东魏武定年间的碑刻上便出现宝胜佛之名，如《杜英俊等十四人造像记》中有碑文记载：

《佛说观世音经》一卷。读诵千遍，济彼苦难，拔除生死难……六佛名号，东方宝光□□妙尊音王□、□方树根花王佛、西方皂王神通艳花王佛、北方月壁清□佛、上方无数□□宝胜佛、下方善治月音王佛。释迦牟尼佛、弥勒佛……[2]

随着《金光明经》等经典的广泛传播，加之名僧不空、无漏等人的推动，宝胜如来信仰不断发展，至唐肃宗时期流行于朝野上下。[3] 而许多僧侣的名号中也与"宝胜"相关，如《景德传灯录》中有"婺州齐云宝胜禅师"[4]；敦煌文书中留有《天寿二年五月日宝胜状奏》，是人名或僧名为宝胜的于阗僧人所撰写，其名应是寄托了在宝胜如来护佑下得以"不堕恶道"、"受胜妙乐"的美好祝愿，这些材料都反映了宝胜如来在信众心中的崇高地位。[5]

而带有宝胜如来佛榜题的行脚僧图出现于佛教圣地敦煌，也一定是受到宝胜如来信仰的深刻影响。相对于地广宜耕的中原，敦煌地区较为干旱，其生产生活都受到极大限制。在曹氏归义军衰落之后，回鹘与西夏的战争、西夏统治河西后对北宋的征伐更是给敦煌人民的艰辛生活雪上加霜，"瓜沙州民十人发九，齐赴兴州议大举"[6]，瓜沙地区财政、人力大量支援前线，而连年战争带来的只有家破人亡、流离失所的痛苦。"贫穷之人，底极斯下，衣不蔽形，食趣支命，饥寒困苦，人理殆尽"[7]，佛经中的话语可以说是对穷苦百姓生活状况的真实描述。除

---

1 孙晓岗：《敦煌"伴虎行脚僧图"的渊源探讨》，第104页。
2 颜娟英主编：《北朝佛教石刻拓片百品》，《大正藏》新编部类第1册，第138页。
3 王惠民：《敦煌佛教图像研究》，第105页。
4 （宋）道原：《景德传灯录》，《大正藏》第51册，第138页。
5 王惠民：《敦煌佛教图像研究》，第102页。
6 戴锡章编撰，罗矛昆点校：《西夏纪》，宁夏人民出版社，1988年，第387页。
7 （曹魏）康僧铠译：《佛说无量寿经》，《大正藏》第12册，第271页。

此之外，晚唐五代宋和回鹘、西夏时期末法思潮便已在敦煌流传开来，后更是从辽朝传入末法将至的思潮。[1]面对着"末世法难"的威胁，民众极其渴望摆脱现实痛苦，得到救度，因而宝胜如来信仰在敦煌具有扎根、流行的土壤。敦煌藏经洞出土石室遗书、绢画中，也留下许多关于宝胜如来信仰流行的明证：现藏于法国吉美博物馆、馆藏号为EO.1141的行脚僧图绢画是庆赞为逝去弟弟知球的三七祭祀所绘，有榜题"宝胜如来一躯。意为亡弟知球三七斋画造。庆赞供养"；天津艺术博物馆藏敦煌遗书津4532号是检校尚书、工部员外郎翟奉达追悼亡妻的写经，其中第一部《无常经》尾题当中有"敬画宝髻如来佛（即宝胜如来佛）一铺"、"愿阿娘拖影神游，往生好处"等字样[2]，表达了翟奉达期望妻子能够得到宝胜如来佛护持，顺利往生的心愿。作为敦煌世家大族子弟、曹氏归义军重要官员，翟奉达地位显赫，从他的供奉行为来看，宝胜如来信仰在敦煌地区深入人心，对信众有较大的影响。因此在宋初时期，带有"宝胜如来佛"榜题的行脚僧图绘制于洞窟当中也就不难理解了。

## （二）丝路求法热潮的现实影响

另外，探析行脚僧壁画出现于莫高窟，除却宗教信仰因素之外，客观历史背景在其中的作用亦是极其重要的。值得注意的是，莫高窟行脚僧图的绘制，正处于宋初僧人大规模西行求法的热潮之下。敦煌壁画是形象的历史，壁画绘制必然和石窟所处现实环境息息相关，自隋唐至西夏皆有出现的壁画"商人遇盗图"（图8）生动反映了漫长丝路上的商业活动[3]；莫高窟中唐第384窟中的乘马日神、乘天鹅月神等希腊元素展现了希腊艺术对欧亚大陆不同文明的持久影响，是丝路文化相互影响的明证[4]；敦煌洞窟保存下的大量于阗瑞像，如八大守护神、牛头山瑞像等图样，将两地友好往来以壁画的方式记录下来[5]，类似实例在敦煌石窟当中较为丰富。前文已提及行脚僧图展现出传法僧侣的容姿，与高僧取经传法、度化世人等活动有紧密关联，因此宋初丝路求法僧的大规模活动对莫高窟行脚僧壁画的出现无疑有深刻影响。

经历五代乱世之后，通过弘扬佛教安抚民众，稳定局势的政策于宋初再一次登上历史舞台，加之宋太祖由取经僧人道圆口中得知"秦、凉已通"，因此北宋僧人在政府支持下，沿丝路大规模西行，前往印度求法。曾在四川为官的范成大在《吴船录》中记载了僧人继业的西行："乾德二年，诏沙门三百人入天竺，求舍利及贝多叶书，业预遣中……业自阶州出塞。西行灵武、西凉、甘、肃、瓜、沙等州。入伊吾、高昌、焉耆、于阗、疏勒、大石诸国。"[6]另据《佛祖统纪》卷四三《法运通塞志》载："（乾德）四年，僧行勤一百五十七人诣阙上书，愿至西域求

---

1 沙武田：《敦煌藏经洞封闭原因再探》，《中国史研究》2006年第3期，第62页。
2 国家图书馆编：《鸣沙遗墨——国家图书馆藏敦煌写本精品图录》，国家图书馆出版社，2014年，第130页。
3 沙武田：《丝绸之路交通贸易图像——以敦煌画商人遇盗图为中心》，沙武田主编：《丝绸之路研究集刊》第一辑，商务印书馆，2017年，第155页。
4 张元林：《跨越洲际的旅程——敦煌壁画中日神、月神和风神图像上的希腊艺术元素》，第55页。
5 荣新江、朱丽双：《于阗与敦煌》，甘肃教育出版社，2013年，第268页。
6 （宋）范成大撰，孔凡礼点校：《范成大笔记六种》（《历代史料笔记丛刊·唐宋史料笔记》），中华书局，2002年，第204页。

图8　莫高窟第45窟胡商遇盗图

佛书。许之。以其所历甘、沙、伊、肃等州，焉耆、龟兹、于阗、割禄等国，又历布路沙、加湿弥罗等国。并诏喻其国令人引导之。"[1] 由史料可清晰地了解到宋初继业、行勤等僧侣在官方大力支持下经由丝路西行求法，并且均途经佛教圣地敦煌。

在敦煌文书当中，则更明确记载了继从、道献、志坚等宋僧在敦煌的活动：《敦煌劫余录续编》0002号《妙法莲华经》第二卷卷尾有朱笔写下："西天取经僧继从，乾德二年六月拜记"[2]；北京图书馆收藏004v《宋至道元年僧道献往西天取经牒》，其中有"奉宣往西天取经僧道献等"[3]、"至道元年十一月二十四日"[4]等字样，清楚地反映了僧人道献西行路上，经由敦煌并居住于灵图寺；敦煌文书S.3424v《端拱二年（989）往西天取菩萨戒兼传授菩萨戒僧志坚状（尾部）》当中，"往西天取菩萨戒兼传授菩萨戒僧志坚"[5]、"端拱二年九月十六日往西天取菩萨戒兼菩萨戒僧志坚状"[6]，记录了僧人志坚曾将从印度取来的经书抄本留于敦煌。

---

1　（宋）志磐：《佛祖统纪》，《大正藏》第49册，第395页。
2　姜伯勤：《敦煌吐鲁番文书与丝绸之路》，文物出版社，1994年，第148页。
3　敦煌研究院编：《敦煌遗书总目索引新编》，中华书局，2000年，第397页。
4　敦煌研究院编：《敦煌遗书总目索引新编》，第397页。
5　中国社会科学院历史研究所等编：《英藏敦煌文献（汉文佛经以外部分）》（第5卷），四川人民出版社，1992年，第84页。
6　中国社会科学院历史研究所等编：《英藏敦煌文献（汉文佛经以外部分）》（第5卷），第84页。

而在北宋僧人西行的引领下，许多印度僧侣也跟随他们前往中原。开宝四年（971），沙门建盛"自西域还。诣进贝叶梵经，同梵僧曼殊室利偕来。室利者，中天竺王子也"[1]。自北宋初开宝、太平兴国年间至西夏逐渐占据河西这一时段内，史书明确记载的来华印度僧人数量就有数十名，形成了佛教传播史上又一个互通的高峰。更为重要的是，印度僧人从事译经、传法等活动，其携带的贝叶经书含有大量插图，为佛教石窟壁画的绘制带来了焕然一新的风格。例如莫高窟第76窟门两侧出现宋初绘制的八塔变，其经典依据来源于印度僧人法贤所译《八大灵塔名号经》，在绘画艺术上八塔变也极具特色，佛塔外侧的狮羊、佛与菩萨的衣着、人物姿态动作等均体现的是东印度波罗艺术风格。八塔变于莫高窟的绘制反映了印度僧侣往来敦煌对于石窟营建的影响。

敦煌地区自古与佛教息息相关，对传法、求法高僧的尊敬早已扎根于信众脑海中，随着宋初西行求法热潮的兴起，敦煌这一佛教重镇再次繁盛起来，见证着中印僧侣往返在丝路之上。于是人们通过石窟壁画，用图像纪念高僧们弘扬正法、救苦救难的辛劳与贡献。因图像本身即展现出传法的高僧形象，又与蕴含救度意味的宝胜如来佛紧密相连，符合广大信众一心敬佛、度过末世的愿望。在时代背景下，行脚僧图应时而绘，留存在莫高窟中，成为人们崇尚正法、渴求救度的映照。

## 结　语

由行脚僧图这一壁画题材的出现，分析其图像蕴含的救度思想，进而结合丝路求法僧侣在敦煌的活动，我们深切体会到石窟艺术是对宗教信仰与现实世界的反映。鉴于当时动荡的社会环境以及贫困生活，大幅净土变壁画寄托了下层百姓希冀脱离苦海的心愿，而通过洞窟入口处出现的行脚僧图、药师尊像，可以感受到民众渴望借助各方神佛护佑、往生净土的真切意图。宝胜如来信仰在敦煌的流传为行脚僧壁画进入洞窟打下了宗教上的基础，同时，敦煌民众笃信佛教，对传法、求法高僧的敬仰之情极为厚重，因此宋初经由丝路的中西佛教文化交流应是行脚僧图绘制在莫高窟的客观历史原因。活动于丝路上的中外僧侣弘扬正法、传播经典以救度众生，其形象复刻成壁画永久地留存在石窟内，这也见证了丝路敦煌作为国际间的"文化枢纽"，在中西交流这一庞大工程中发挥着不可替代的积极作用。

---

[1] （宋）志磐：《佛祖统纪》，《大正藏》第49册，第396页。

# 从长安到敦煌：唐代濮州铁弥勒瑞像探析

杨冰华

（内蒙古师范大学民族学人类学学院）

宋若谷

（兰州大学敦煌学研究所）

## 引 言

1994年11月27日西安碑林区西何家村陕西省水文总站（今陕西省水文水资源勘测局）家属院基建施工时，从一口古井中清理出一尊大型铁芯夹纻坐佛像（图1）。[1] 同时出土的还有铁佛铜质右手、石井栏构件、汉白玉槽形构件、白瓷碗和兽面纹瓦当等隋唐时期遗物。佛像通高187厘米，身高153厘米，底座高17厘米。造像螺发髻，面相方圆，长眉细目，鼻梁高挺，着袒右肩袈裟，内着僧祇子，下着长裙，腰间系带，腹前打花结，胸前有涂漆和贴金的痕迹。右手半举，掌心朝外，无名指与小指弯曲，其余三指伸直施说法印，左手伸掌抚在左膝上，倚坐在方形金刚宝座之上，双脚下各踩一朵盛开的莲花。头部后有长方形榫，用于固定头光。身后背光高约1米，舟形，铜质。头光部位分为内外两圈，外层为锯齿状火焰纹，内层中心为圆孔，装饰茂盛的莲花。

据陕西省考古研究院李恭先生研究，铁佛出土地点并非原王长启、高曼认为的安化坊西南隅空观寺遗址[2]，而更可能是延康坊东南隅的静法寺遗址。铁佛

图1 西安博物院藏唐代铁芯夹纻坐佛像

---

1　呼延思正：《古城南郊发现一唐代文物——铁铸大佛出土露面》，《西安晚报》1994年11月30日。
2　王长启、高曼：《唐代夹纻大铁佛》，《考古与文物》2002年增刊（汉唐考古专刊）。

出土于废井之中，可能与唐武宗会昌灭佛有关。[1] 除铁佛出土地点的讨论外，关于该身佛像的尊格尚未有人讨论，一些出版画册中也只是笼统地称为"坐佛"。[2] 通常而言，佛像的铸造对材料有严格要求，一般都是金银铜、玉石等材料，甚少用铁质材料。该身造像体量巨大，造型精美，加之熔铸佛像并非一人之力，而是由社团组织的集体行为，似乎也并非因经费及技术原因才弃金铜而以铁代替。那么，此特殊的铁质佛像是否具有特殊的文化含义呢？

## 一　敦煌濮州铁弥勒瑞像

敦煌是一座艺术的殿堂，在莫高窟中幸运地保存了一些铁弥勒材料，为西安出土铁质弥勒像的解读提供了借鉴。据张小刚先生对莫高窟及藏经洞出土CH.xxii.0023等相关材料研究，唐代敦煌流行濮州铁弥勒瑞像信仰，其甚至还流传到了于阗地区。[3] 莫高窟第72窟主室西壁龛内北披绘制一身瑞像（图2），佛像身披袈裟低首下视，榜题为"濮州铁弥勒瑞像，今改为濮阳郡是"；莫高窟第76窟西壁另有一身佛像，榜题为"濮州铁弥勒瑞像，今改濮阳郡是□"；另外，莫高窟第220窟主室南壁未剥离之前的表层壁画也有相关图像，其榜题为"濮州铁（？）□□□□□至于阗国时"[4]。此榜题从藏经洞出土文书P.3352-c、S.5659、S.2113V-a所书题记大同小异，前两件文书录文为"濮州铁弥勒瑞像，今改为濮阳郡"；第三件文书为"濮州铁弥勒瑞像，今改为濮阳郡是"。另外，藏经洞出土盛唐

图2　莫高窟第72窟西壁濮州铁弥勒瑞像图（晚唐）

晚期绢画CH.xxii.0023图像内容丰富，其中也有一身为濮州铁弥勒瑞像（图3）。该身像为倚坐像，上半身残损严重，头顶伞状华盖，顶上装饰一颗放光摩尼宝珠。佛像有圆形头光，只残存墨色轮廓线，

---

1　李恭：《关于唐代夹纻大铁佛出土时间和地点的商榷》，《考古与文物》2003年第6期，第56—60页。
2　西安市文物保护考古所编著：《西安文物精华·佛教造像》，世界图书出版西安公司，2010年，第128页。
3　张小刚先生认为濮州铁弥勒瑞像与于阗的关系尚待考证。详见氏著：《敦煌佛教感通画研究》，甘肃教育出版社，2015年，第241页。
4　〔法〕伯希和著，耿昇、唐健宾译：《伯希和敦煌石窟笔记》，甘肃人民出版社，1993年，第120—121页。

图3 莫高窟藏经洞出土盛唐晚期绢画CH.xxii.0023（局部）

似着通肩袈裟，跣足踏于覆莲花座上，左右各有一位胁侍弟子，左侧者保存完好，右侧者残失。榜题较为模糊，内容为"濮州铁□□□像……/远人□□……"。

学界对濮州铁弥勒瑞像已有较多研究成果。据香港敦煌学前辈饶宗颐先生研究，濮州铁弥勒瑞像与唐神龙二年开封安业寺僧慧云往濮州报成寺摹写弥勒像有关。[1] 据宋赞宁《宋高僧传》卷二六《唐今东京相国寺慧云传》载：

释慧云，姓姚氏，湖湘人也，性识精明，气貌疏朗。……长安元年，来观梁苑，夜宿繁台，企望随河北岸，有异气属天。质明，入城寻睹，乃歙州司马宅。西北园中池沼，云徒步临岸，见澜漪中有天宫影，参差楼阁，合沓珠璎，门牖彩绘，而九重仪像逶迤而千状，直谓兜率之宫院矣。云睹兹异事，喜贯心膺，吾闻《智严经》说，琉璃地上现宫殿之影，此不思议之境界也。今决拟建梵宫，答其征瑞，乃挂锡于安业寺。神龙二年丙午，往濮州属县报成寺，发愿为国摹写弥勒像，举高一丈八尺，募人出赤金。于时施者委输，逡巡若丘阜矣。遂振橐籥，程巧工，一铸克成，相好奇特。……太极元年五月十三日改元延和，是岁刑部尚书王志愔为采访使，至浚郊宣敕，应凡寺院无名额者，并令毁撤，所有铜铁佛像收入近寺。云移所铸像，及造殿宇门廊，犹亏彩缋。遇新敕，乃辍工，云于弥勒像前，泣泪焚香，重礼重告曰："若与此有缘，当现奇瑞，策悟群心。"少顷，像首上放金色光，照曜天地，满城士庶皆叹希有。是时，生谤毁者随丧两目，又有舌肿一尺许者。远近传闻，争来瞻礼，舍施如山，乃全胜概。像坐垂跃，人观稽颡。涉恶报者，云望像为其悔过，斯须失明者重视，舌卷者能言，皆愿为寺之奴，持钟扫地也。采访使王志愔、贺兰务同录祥瑞奏闻，睿宗潜符梦想，有敕改建国之牓为相国，盖取诸帝由相王龙飞故也。[2]

由此条材料可知，相国寺慧云法师所铸铁弥勒瑞像建成于唐神龙二年，因与相王龙飞的唐睿宗事迹对应，故而由睿宗书敕寺额相国寺。"相国寺的兴建是宗教愿望与世俗权力妥协的产物"，"整个过程

---

[1] 饶宗颐：《刘萨诃事迹与瑞像图》（摘要），《敦煌研究》1988年第2期，第42—43页；全文见氏著：《饶宗颐东方学论集》，汕头大学出版社，1999年，第260—278页。

[2] （宋）赞宁著，范祥雍点校：《宋高僧传》，中华书局，1987年，第658—659页。

中扮演主角的是慧云"[1]。开封大相国寺由睿宗赐额，其崇义坊旧宅建招福寺，还建有专门供奉睿宗画像的圣容院，门外装饰鬼神图像，俨然模仿佛寺布局。"正觉寺，国初毁之，以其地立第赐诸王，睿宗在藩居之，乾封二年，移长宁公主锦堂重建此寺。长安二年，内出等身金铜像一铺并九部乐。南北门额上题，岐、薛二王亲送至寺，彩乘象舆，羽卫四合，街中余香，数日不散。景龙二年，诏寺中别建圣容院，是睿宗在青宫真容也。先天二年，敕出内库钱二千万，巧匠一千人重修之。"[2]可知，圣容院属于招福寺的附属建筑，里面供奉睿宗画像，这也与文献记载唐代长安佛寺多院落的形制相符。[3]睿宗将自己画像供养于寺院中，寓意帝位神异化，前述慧云在东京营建相国寺的背景也与此有关。唐玄宗天宝十载（751）敕令于睿宗忌日"命女工绣释迦牟尼佛像，亲题绣额，稽首祈福"[4]。可知，天宝初年，由长安宫廷绣制的佛教艺术品通过诸州官寺制度的渠道流散到各地（图4）。[5]因而，濮州铁弥勒瑞像作为睿宗相王龙飞的标志，也不能排除玄宗敕令在睿宗忌日时由宫廷绘制铁弥勒瑞像的可能，其在天宝初至乾元（758—760）初内有过大批量绘制并通过诸州官寺制度流散到各地。敦煌莫高窟藏经洞出土绢画CH.xxii.0023是目前所知唯一的留存，其与慧云在濮州报成寺所铸弥勒像均为垂跌坐像，张小刚先生将此种样式称为A型；另外，晚唐莫高窟第72窟等窟内所绘立姿像为B型，这种样式已与文献所记瑞像模样不太一致，表明最迟在9世纪中叶敦煌地区已经对濮州铁弥勒瑞像的具体形象不甚清楚。[6]

## 二 山西交城石壁寺铁弥勒像

山西交城石壁寺位于山西省吕梁市交城县西北十公里的石壁山中，又称永宁寺、玄中寺，始建于北魏延兴二年（472），著名的昙鸾、道绰等净土宗法师先后在此修行，使其成为闻名中外的净土寺院。唐代时石壁寺已经荒废，相传唐太宗及长孙皇后巡幸太原时曾敕建寺院。石壁寺中现存一块唐开元二十九年（741）石壁寺铁弥勒像颂并序碑（图5），碑文由濮州鄄城尉林谔撰写，著名女书法家房璘妻高氏书，行楷书法，字体挺秀，被誉为书法珍品广为摹写。该碑碑文收录于《全唐文》卷三六三、《金石萃编》卷八四，为行文方便今移录于此：

维佛曰觉，是法曰空。……粤邑宰敦煌张公令孙，清信香缘，台铉英胄，隐若敌国，知无不为。行春之余，瞻星开制。琢拓岩突，所以面双峰；筑基林间，所以立前殿。飞廊右转，高门南豁。化槛灿烂

---

1 段玉明：《从空间到寺院——以开封相国寺的兴建为例》，《世界宗教研究》2004年第3期，第34页。
2 （宋）宋敏求：《长安志》卷七，成文出版社，1970年，第166页。
3 龚国强：《隋唐长安城佛寺研究》，文物出版社，2006年，第139页。
4 （宋）王钦若等编：《册府元龟》卷五一《帝王部·崇释氏》，中华书局，1960年，第575页。
5 据日本佛教大学大西磨希子教授研究，日本奈良当麻寺、京都劝修寺（现藏奈良博物馆）还收藏唐武周时期缀织当麻曼荼罗、释迦如来说法图等佛教艺术品，其由宫廷作坊尚功局制作完成。武则天在大明宫麟德殿举行宴会时将其作为外交礼物赏赐给日本遣唐使粟田真人，庆云元年（704）七月被其带回日本敬献给文武天皇。参看〔日〕大西磨希子：《奈良国立博物馆所藏刺绣释迦如来说法图の主题》，《唐代佛教美术史論攷——仏教文化の传播と日唐交流》，法藏馆，2017年，第343—383页。在此对大西磨希子教授于2017年8月在敦煌向笔者惠赐大作致以衷心谢意。
6 张小刚：《敦煌佛教感通画研究》，甘肃教育出版社，2015年，第241页。

图4 日本奈良博物馆藏京都劝修寺奈良时期刺绣释迦说法图

于虹涧，潋渠杳蔼于龙鳞，附丽张皇公之教也。复次，寺大众、县诸吏、乡三老等，端念断结回向，增修属廊殿，功闲，请鼓铸像设。信施山积，稽恳云奔，弦朔再移，公难久抑。爰咨上座普公，曰："和上万亿之中，已经付嘱一方之内。金谓导师，此处山泉，人间卓绝，常叹庭宇浅狭，形像卑古。既众心同欲，敢仰屈专知。先舍俸钱，次添净亲想望耆阇之德，思摹兜率之留。宝台系念于仪形，华林正观于神卫。俾开元廿六年十月十五日，铸铁弥勒像一座，良冶攻橐，神物助铜，回禄蒸云而喷铄，飞廉噫风而沸液。焰漏钧外，乃彻金光。非普公之总众蟨心，调御之慈悲冥应，则何以仿佛相好，成是福润？十二月八日，设大斋而出之，都人严护以礼。供掌事丛，掀而改座。铲剃设色，醉湛起容，顷者，都师思九，先患两足，绵历数年，医巫竭精，寒壁生念，忍苦强步，有加无瘳。当监理之夜，忽觉轻举，及成像之日，曳焉如初。此则指魔易容，如鸟出谷之摄也。此寺幽深，远邈林壑，猛兽不育，濡草罗生。列郡旱亢，祈之则霖雨阗境；岁俭，念之则丰饶。感触加敬，警俗整僧，此则轩台不敢西射，庐山长存东首也。然结构大厦，兼写圣容，工不召而来，役不言而应。始谓陶唐之俗，家尽归依；追悟巧妙之徒，人皆饬力。殿像云毕，居处自空，此则梵帝输灵匠，育王献神兵也。……"[1]

由这条材料可知，石壁寺铁弥勒像的铸造与寺院营建同时进行，由交城县宰敦煌张氏令孙和上座普敬法师主导，"寺大众、县诸吏、乡三老等，端

---

[1] （清）董诰等编：《全唐文》卷三六三"林谔条"，中华书局，1983年；（清）王昶：《金石萃编》，清嘉庆十年经训堂刻本，国家图书馆善本金石组编：《历代石刻史料汇编·隋唐五代卷》（第5卷），北京图书馆出版社，2000年，第431—433页。

念断结回向,增修属廊殿,功闲,请鼓铸像设"。铁弥勒像从开元二十六年十月十五日铸造,完成于十二月八日。铸造大像时还发生了一系列瑞应之事,虽有附会之嫌,但也可知此像非寻常之像,而是一尊奇异的瑞像。由于碑文缺载,其具体形象不明,只知"弥勒宴坐"、"佛影下来"、"白毫"等只言片语描述的特征,可知该像为倚坐姿势的弥勒像。另外,书写石壁寺铁弥勒像颂并序碑碑文的是濮州鄄城尉林谔,其开元二十九年(741)书写碑文时已离职。由于林氏曾在濮州任职,可知其对神龙二年(706)濮州报成寺慧云所铸铁弥勒瑞像的故事应该有所了解,或许也正是由于此缘故他才会受邀撰写石壁寺铁弥勒碑文。此外需要注意的是,主持营建石壁寺及铸造铁弥勒瑞像的交城县宰乃敦煌籍人士张令孙,可知,敦煌张氏名望已经远播中原,以至于作为基层官员的濮州鄄城县尉林谔识记于心。以常理揣测,县宰张令孙铸造濮州铁弥勒瑞像之事在与敦煌家人的书信往来等日常活动中会有所透露,甚至还会提供瑞像铸造的图样等图像材料。这或许也是敦煌濮州铁弥勒瑞像形成来源渠道之一。

不过,山西并州原有僧人澄空历经隋唐两代铸造的大型铁弥勒像,其铸造过程颇为曲折。据《太平广记》卷一一四《报应十三·僧澄空》载:

隋开皇中,僧澄空,年甫二十,誓愿于晋阳汾西铸铁像,高七十尺焉。鸠集金炭,经求用度,周二十年,物力乃办。于是造报遐迩,大集贤愚,然后选日而写像焉。及烟焰灭息,启炉之后,其像无成。澄空即深自咎责,稽首忏悔,复坚前约,再谋铸造。精勤艰苦,又三十年,事费复备,则又复写像焉。及启铸,其像又复无成,澄空于是呼天求哀,叩头请罪,大加贬挫,深自勤励。又二十年,功力复集,然后选日,复写像焉。及期,澄空乃身登炉巅,百尺悬绝,扬声谓观者曰:"吾少发誓愿,铸写大佛,今虚费积年,如或踬前,吾亦无面见大众也。吾今俟其启炉,欲于金液而舍命焉,一以谢怨于诸佛,一以表诚于众善。倘大像圆满,后五十年,吾当为建重阁耳。"时观者万众,号泣谏止,而澄空殊不听览。俄而金液注射,赫耀踊跃,澄空于是挥手辞谢,投身如飞鸟而入焉。及开炉,铁像庄严端妙,毫发皆备。自是并州之人,因起阁以覆之,而佛身洪大,功用极广,自非殊力,无由而致。唐开元初,李暠为太原军节度使,

图5 山西交城石壁寺唐开元二十九年铁弥勒像颂并序碑

出游，因仰像叹曰："如此好相，而为风日所侵，痛哉！"即施钱百万缗，周岁之内，而重阁成就，至今北都谓之平等阁者是也。计僧死像成日至晏，正五十年矣。以佛法推之，则晏也得非澄空之后身欤。[1]

此处将北宋时期称作平等阁的铁弥勒像铸造过程描述得栩栩如生，尤其是僧人澄空历经七十年之久，三次铸造才最终成功的坎坷经历仿佛小说家语。由于铁弥勒像铸造成功后并未另建弥勒阁等建筑遮蔽风雨，开元年间太原军节度使李晏不忍见佛像风吹雨淋，捐资百万缗钱为之修造重阁。李晏史书有传，是盛唐开元年间著名官员，曾出使吐蕃，为唐蕃勘分边界树立赤岭碑做了准备工作。《旧唐书·李晏传》：

李晏，淮安王神通玄孙，清河王孝杰孙也。晏少孤，事母甚谨。睿宗时，累转卫尉少卿。丁忧去职，在丧柴毁。家人密亲未尝窥其言笑。开元初，授汝州刺史，为政严简，州境肃然。与兄昇弟晕，尤相笃睦，昇等每月自东都省晏，往来微行，州人不之觉，其清慎如此。俄入授太常少卿，三迁黄门侍郎，兼太原尹，仍充太原已北诸军节度使。太原旧俗，有僧徒以习禅为业，及死不殓，但以尸送近郊以伺鸟兽。如是积年，土人号其地为"黄坑"[2]。侧有饿狗千数，食死人肉，因侵害幼弱，远近患之，前后官吏不能禁止。晏到官，申明礼宪，期不再犯，发兵捕杀群狗，其风遂革。[3]

可知，李晏在太原任上确实在宗教上有所建设。不过，笔者怀疑李晏所建重阁并非单独一栋建筑，而是顺应开元年间天下诸州建造开元寺观的机会，依托神异的铁弥勒大像建造成了开元寺。其在唐玄宗时期属于诸州官寺——开元寺的一部分。日本入唐求法僧圆仁巡礼五台山时曾入阁礼拜，"（七月）十六日，入开元寺，上阁观望。阁内有弥勒佛像，以铁铸造，上金色。佛身三丈余，坐宝座上"[4]。

除山西交城石壁寺铁弥勒瑞像外，河北易县唐开元二十七年刺史卢晖也铸造大铁佛，延请五台沙门大端主持具体铸造工作，并将铸造佛像之事刻碑流传。此碑原在易县土地庙中，1984年易县县政府修建办公楼时出土，现收藏在易县文管所（图6）。碑通高2.9米，宽1.17米，厚0.29米，碑额为半圆形，内有一佛二弟子浅浮雕像。今将碑文移录如下：

大唐易州铁像碑颂并序
崇文馆校书郎王端撰
登仕郎前行易州录事苏灵芝书
自我大师坚林示化，不有像设，人何以依？小大之功，盖存乎愿。瞻彼朔易，有大像焉，厥高羌而不可乎弥度，则我前太守卢君之所立。卢君讳晖，字子

---

1　（宋）李昉等编：《太平广记》卷一一四《报应十三·僧澄空》，中华书局，1961年，第794页。
2　有关太原"黄坑"的宗教属性学界争议颇大，大体有佛教尸陀林和祆教墓地二说。参看蔡鸿生：《唐代"黄坑"辨》，《欧亚学刊》第3辑，中华书局，2001年，第244—250页；崔岩：《也谈唐代太原"黄坑"葬俗的宗教属性》，《洛阳大学学报》2003年第3期，第22—24页。
3　（后晋）刘昫等：《旧唐书》卷一一二《列传第六十二·李晏传》，中华书局，1975年，第3335页。
4　〔日〕圆仁著，〔日〕小野胜年校注：《〈入唐求法巡礼行记〉校注》，花山文艺出版社，1992年，第320页。

晃，自尚书郎保釐我郡……君曰善，且俾五台沙门大端虑事。乐施之力一惟百，精诚之心百惟一，炭岭属炉，谷呀人云，屯纛雷动，黄白之气竭，青气生焉。于是化天下之至刚为天下之至柔，以至柔入无间，亦既成像，复归于刚，众奔走而观之，则三十二相备矣。……大唐开元廿七年岁次己卯五月壬辰朔三日甲午建。[1]

图6 河北易县文管所藏开元二十七年易州铁像碑

由碑文知，佛像"厥高羌而不可乎弥度"，"亦既成像，复归于刚，众奔走而观之，则三十二相备矣"。碑文对此身像的尊格无明确记载，只是具备三十二相的特征。考虑到主持易县铁佛具体铸造工作的是五台山沙门大端，作为山西当地佛教大德，不能排除其对一年前邻县交城佛教界的轰动事件——石壁寺铸造铁弥勒瑞像事迹有所耳闻的可能性，那么其也在易县铸造濮州铁弥勒瑞像不是没有可能。退一步讲，即便易县铁佛尊格并不明确，此段时间内各地流行铸造体量巨大的铁佛似乎是不争的事实。

## 三 铁弥勒瑞像与诸州官寺制度

神龙元年（705）正月，以张柬之、崔玄暐为首的拥护李唐势力以张易之兄弟谋反为由发动宫廷政变，将武则天幽禁于上阳宫，拥立太子李显继位，史称"神龙革命"。此后，清除武氏家族在朝廷的势力及重塑李氏的正统性成为中宗亟待解决的问题。佛教作为统治国家的重要手段，武则天登基时就曾授意白马寺薛怀义等人伪造《大云经疏》，宣称"则天是弥勒下生，作阎浮提主，唐氏合微"[2]，为武周革命做舆论宣传。神龙元年二月，为庆贺李唐复辟成功，在天下诸州以中兴为名建寺观各一所。[3] 自神龙二年慧云在濮州报成寺铸造铁弥勒瑞像开始，至唐玄宗开元二十七年河北易县刺史卢晖铸造铁佛达到顶峰，这一现象并非偶然，而是与天下诸州官寺制度有关。

---

1 侯璐主编：《保定名碑》，河北美术出版社，2002年；张艺薇：《〈大唐易州铁像碑颂并序〉碑补正》，《文物春秋》2011年第6期，第63页。

2 （后晋）刘昫等：《旧唐书》卷一八三《薛怀义传》，第4742页。另外，《旧唐书》卷六《则天皇后本纪》"载初元年秋七月"条："有沙门十人伪撰《大云经》，表上之，盛言神皇受命之事。制颁于天下，令诸州各置大云寺，总度僧千人。"（第121页）

3 （后晋）刘昫等：《旧唐书》卷七《中宗本纪》，第137、143页。

诸州官寺制度始自隋文帝天下四十五州同时起建大兴国寺。[1] 此外，他还于仁寿年间分三次在全国建立舍利塔。隋唐鼎革后，高宗于乾封元年（666）封禅泰山时在兖州设置道观三所（紫云观、仙鹤观、万岁观）以及佛寺三所（封峦寺、非烟寺、重轮寺），度僧道各十四人，后来又敕令天下诸州建景星寺观各一所。[2] 虽然此时名称未必统一，至武周时期诸州官寺被冠以统一名号。载初元年（689）七月，武则天授意法明将《大云经疏》颁布天下，天授元年（690）十月又在诸州起建大云寺（也称大云经寺）。[3] 神龙革命后，中宗于神龙元年（705）在诸州建大唐中兴寺观[4]（神龙三年二月改名龙兴寺观[5]），玄宗也在开元二十六年（738）起建开元寺、开元观。[6] 李唐追认老子为始祖，诸帝除武则天外都对道教尊崇有加。唐玄宗登基之后，佛道并重，开元年间玄宗巡幸东都，命菩提流志、善无畏、道氤、良秀、法修等人随驾，天宝以后更是亲近善无畏、不空、金刚智等密教高僧大德。开元二十六年（738）令天下诸州各建一座开元寺、开元观。据敦煌莫高窟藏经洞出土文书S.3728V-1《大唐玄宗皇帝问胜光法师而造开元寺》（图7）载：

大唐玄宗皇帝问胜光法师而造开元寺

帝问："佛有何恩得（德），致使人臣舍父舍君而师侍之？说若无凭，朕当除灭。"法师奏曰："我佛之恩，恩越天地，明过日月，亲过父母，义极君臣。"帝乃责之："天地日月，有造化之功，父母君臣，兆民之本，何得将佛言其圣哉？再具分宣，不宜诡谬。"法师又奏曰："天但能盖而不能载，地但能载而不能盖；日则昼明而夜不能朗，月则夜朗而昼不能明；父只能训诲，母只能慈育；君王若圣，臣下尽忠，君若不圣，臣当矫佞。以此而推，各具其一。我佛之恩，即不然矣。覆则四生普覆，载即（则）六道俱般（搬）；明则照耀乾坤，朗则光辉三友（有）；慈则牢宠苦海，悲则济及幽冥；圣则众圣中尊，神则六通自在。存亡皆普，贵贱同遵。伏望天恩，回心敬仰。"

---

[1] （唐）法琳《辩正论》卷三《十代奉佛上篇第二·隋高祖文皇帝》中，记载有"始龙潜之日，所经行处四十五州，皆造大兴国寺"。

[2] 《旧唐书》卷五《高宗本纪下》中"乾封元年正月"条："兖州界置紫云、仙鹤、万岁观，封峦、非烟、重轮三寺。天下诸州置观寺一所。"相关研究参见聂顺新：《唐代佛教官寺制度研究》，复旦大学博士学位论文，2012年，第21—29页。

[3] 《旧唐书》卷六《则天皇后本纪》中"载初元年七月"条："有沙门十人伪撰大云经，表上之，盛言神皇受命之事。制颁于天下，令诸州各置大云寺，总度僧千人。"不过在《唐会要》卷四八"寺"条记为："天授元年十月二十九日，两京及天下诸州各置大云寺一所。开元二十六年六月一日，并改为开元寺。"《资治通鉴》卷二〇四"天授元年十月"条："壬申，敕两京诸州各置大云寺一区，藏大云经，使僧升高座讲解，其撰疏僧云宣等九人，皆赐爵县公，仍赐紫袈裟银龟袋。"可知起建大云寺的年份为天授元年十月。

[4] 《旧唐书》卷七《中宗本纪》中"神龙元年二月"条："诸州各置寺、观一所，以中兴为名。"《册府元龟》卷五一"崇释氏一"条："中宗神龙元年二月制，天下诸州各置寺观一所，咸以大唐中兴为名。"

[5] 《唐会要》卷四八"寺"条："至神龙元年二月，改为中兴寺。右补阙张景源上疏曰：'伏见天下诸州各置一大唐中兴寺观。……况唐运自崇，周亲抚政，母子成业，周替唐兴，虽绍三朝，而化侔一统，况承顾复，非谓中兴。夫言中兴者，中有阻间，不承统历。既奉成周之业，实扬先圣之资，君亲临之厚莫之重，中兴立号，未益前规。以臣愚见，所置大唐中兴寺观及图史，并出制造，咸请除中兴之字，直以唐龙兴为名。庶望前后君亲俱承正统，周唐实历，共叶神聪。'上纳之，因降敕曰：文叔之起春陵，少康之因陶正，中兴之号，理异于兹，思革前非，以归事实。自今已后，不得言中兴之号。其天下大唐中兴寺观，宜改为龙兴寺观，诸如此例，并即令改。"

[6] 《唐会要》卷五〇"杂记"条："（开元）二十六年六月一日，敕每州各以郭下定形胜观寺，改以开元为额。"

图7　英藏敦煌文书 S.3728V-1《大唐玄宗皇帝问胜光法师而造开元寺》

帝乃虔恭，谓法师曰："佛德实大，非师莫宣。朕今发愿，永为佛之弟子。"敕下：诸州府每州造寺一所，额号开元，一任有力人造寺，以表朕之敬仰。[1]

马德研究员认为该件文书抄写于五代，因而原件的时间可能更早。[2] 该文书所记唐玄宗听从胜光法师劝告后才在天下诸州兴建开元寺的故事应该是佛教徒对历史的附会，"只是佛教徒一厢情愿的想象"[3]，以此提高佛教的地位。此后，至迟始于开元十五年（727）举行国祭行香制度的地方也相应地从龙兴寺观调整到了开元寺观。[4] 据《唐会要》卷五〇载：

（开元）二十七年五月二十八日敕：祠部奏，诸州县行道散斋观寺，进式，以同、华等八十一州郭下僧尼道士女冠等国忌日各就龙兴寺观行道散斋，复请改就开元观寺。敕旨：京兆、河南府，宜依旧观寺为定；唯千秋节及三元行道设斋，移就开元观寺，余依。至贞元五年八月十三日，处州刺史齐黄奏，当州不在行香之数，岂伏同衢、婺等州行香。敕旨依，其天下

---

1　《英藏敦煌文献》（第5卷），四川人民出版社，1992年，第153页。
2　马德：《从一件敦煌遗书看唐玄宗与佛教的关系》，《敦煌学辑刊》1982年第3期，第73页。
3　聂顺新：《唐代佛教官寺制度研究》，复旦大学博士学位论文，2012年，第147页。
4　聂顺新：《河北正定广惠寺唐代玉石佛座铭文考释读》，《陕西师范大学学报》2015年第2期，第75页。

诸上州未有行香处，并宜准此，仍为恒式。[1]

由此材料可知，开元寺观建成后，举行国祭行香的地点从此前的龙兴寺观改为开元寺观。天宝三载（744）敕"两京天下州郡取官物以金铜铸帝身及天尊各一躯，送开元观及开元寺"[2]；天宝十载（751）又敕令在睿宗忌日"命女工绣释迦牟尼佛像，亲题绣额'稽首祈福'"[3]，分送天下诸州。诸州官寺制度带有很强的政治含义，尤其是龙兴寺建造时，"唐虽旧邦，其命维新。龙兴返政，灭二暴臣"，明显表现出武周势灭，李唐重兴的政治寓意。

## 结　语

神龙二年东京相国寺慧云法师一手创作了濮州报成寺铁弥勒佛教感应故事，因其与唐睿宗由相王登基，金仙入梦的记载吻合，濮州铁弥勒遂成为唐睿宗由相王龙飞的标志，逐渐发展成佛教感应的瑞像。唐玄宗开元二十六年令天下诸州起建开元寺、开元观，每处供奉玄宗等身佛像、天尊像各一躯。此时，山西交城石壁寺、河北易县借诸州营建开元寺观的时机营建濮州铁弥勒瑞像。另外，天宝十载玄宗敕令在睿宗忌日宫廷绘制释迦牟尼、铁弥勒瑞像等佛教艺术品分送全国诸州，莫高窟藏经洞出土绢画CH.xxii.0023可能是目前所知唯一遗留的唐宫廷佛教艺术品。西安博物院藏西安碑林西何家村出土铁芯夹纻坐佛与莫高窟藏经洞绢画形象一致，可能也是一尊濮州铁弥勒瑞像。

附记：本文提交2017年7月13日—15日由中国敦煌吐鲁番学会、陕西师范大学历史文化学院、陕西历史博物馆主办的"丝绸之路上的敦煌与长安国际学术研讨会——暨中国敦煌吐鲁番学会2017年理事会"，会议报告时得到北京大学荣新江教授、西安市文物保护考古研究院张全民研究员、澳门大学历史系朱天舒教授等人的批评与指正，特致谢忱。

---

1 《唐会要》卷五〇"杂记"条。
2 《旧唐书·玄宗本纪》："（天宝三载夏四月）敕两京、天下州郡取官物铸金铜天尊及佛各一躯，送开元观、开元寺。"（第218页）不过，另外据《唐会要》卷五〇载："天宝三载三月，两京及天下诸郡，于开元观、开元寺以金铜铸玄宗等身天尊、佛各一躯。"（第1030页）如此二者所记就存在矛盾，综合而言，天宝三载分送开元寺、开元观的应该是玄宗等身的金铜佛像及天尊像各一躯。
3 《册府元龟》卷五一《帝王部·崇释氏》，第575页。

# 陕西耀州太子寺石窟的壁画与岩画

陈晓捷  任筱虎

（铜川市考古研究所）

太子寺石窟位于陕西省铜川市耀州区庙湾镇三政村北4千米处的山坳内。共有龛窟14处，隔沟分布在山坳南北两侧。主体部分位于北区，有9龛。其中造像窟（2号窟）一座。壁画三铺。石窟和壁画周围分布着大量各时期的题记。南区5窟，其中除14号窟外，余皆难以登临。岩画位于北区崖壁上。现就主要部分介绍如下，并做初步分析，不妥之处尚祈方家正之。

## 一 窟龛形制与图像内容调查

### （一）窟龛形制与壁画

北区遗迹东西长约80米，高约9米（图1）。共有石窟及壁画龛9处。由左至右依次编为1—9号（图2）。石窟所在的崖面烟熏严重，有局部风化剥落。

1号窟

1号窟拱顶，平面横长方形，顶部内侧略低于口。高0.7—1.1米、宽1.15米、进深0.87米。窟内未见造像遗迹。石窟左侧有31、32号题记。

2号窟

2号窟平顶，窟口外大内小。平面纵长方形，窟壁较平整。高3.7—4米、宽4.6—4.7米、进深15.9米。窟后端凿有素面基坛，基坛高0.8米、深3.5米。基坛上造像已不存，石窟内散落有泥塑残块。窟口外右壁有1—3号题记。窟口外壁左侧有4—8号题记。

3号窟

3号窟口顶部右侧及其底部有圆形小洞。石窟平顶，窟口外大内小。口外侧高1.3米、宽1.2米。进

图1 太子寺石窟北区全景

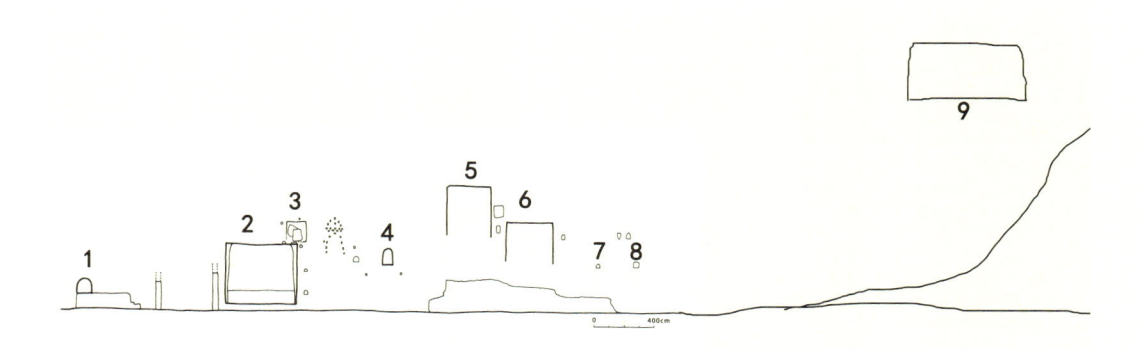

图2 太子寺石窟北区窟龛编号分布示意图

深约0.1米。窟内口高约0.8米、宽0.6米，进深不明。因石窟位置偏高，窟内情况不详。

**4号窟**

4号窟拱顶，窟壁有收分，底部平整。高1.30米、底宽0.8、进深1米。窟内未见造像遗迹。窟顶有9、10、11、12号题记，窟左侧有13号题记。窟口左侧有纵向凹槽一道。

4号窟顶部左上侧有线刻一组。中间为结跏趺坐佛像，头方形，有三道阴刻同心圆组成的头光，面相不清，宽肩，手印不明。尺寸不明。左侧残存马蹄形阴刻线及壁画残迹。壁画表面有草泥涂抹，内容不详，可见有青绿色痕迹。右侧为凿刻马蹄形凹面。

**5号龛**

5号龛为壁画龛（图3）。平顶。两壁平直，无龛底。高3.5米、宽2.8米、深0.7米。龛内壁画可见有两层。

表层绘在草泥地仗上（图4）。正中为结跏趺坐佛像，为墨线勾勒轮廓平涂彩绘。佛像有圆形头光及身光。头顶有扁圆形肉髻，发际线正中偏上有土红色宝珠。方脸，细眉，眼鼻局部残损，朱唇，唇上有卷曲形胡须。大耳下垂与颔部齐。下颔较圆。颈部较粗，有墨线绘蚕节纹。宽斜肩，肩端浑圆，袒胸。身外披暗红色袒右肩袈裟，袈裟有土灰色边缘。内着青绿色僧祇支。双手置于腹下，结中品上生印，结跏趺坐于红色仰莲座上。左足外露。莲座底部残缺。

主尊左侧为菩萨像，面向主尊。有土红色头光。菩萨头有高髻，簪花，青灰色卷曲头发。长圆脸。细眉、细目、高鼻，朱唇紧闭。两耳下垂至肩，戴耳珰。颈较粗，有蚕节纹。肩部残存青绿色衣饰。肩以下不存。右肩处残存右手，拇指与食指相捏。

图3 太子寺石窟5、6号龛全景

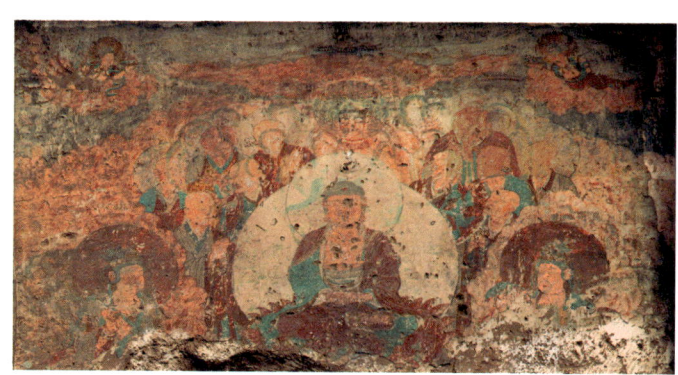

图4 太子寺石窟5号龛壁画

图5　太子寺石窟5号龛底层早期壁画

主尊头左侧绘比丘5人。比丘或面向主尊，或作扭头张口交谈状，或低头沉思。面相或老或年轻，可见二人戴耳环。侧面像的头部后脑勺较突出。衣饰不同，分别披青绿底土红格袈裟、红色袈裟，亦有仅着土灰色宽袖僧袍。比丘均有圆形头光。

主尊右侧菩萨像，面向主尊。有土红色圆形头光。高发髻正中有桃形宝珠，两侧插步摇。步摇顶花蕾形，底部穗状，中间有串珠相连。弯眉、细目。高鼻，鼻下两侧有卷曲形胡须。朱唇紧闭。宽斜肩。袒胸，戴璎珞，残存青绿色衣纹。左臂残缺。右手上举至右胸部，执折枝莲花。手腕戴钏。胸部以下残缺。

主尊头右侧绘5尊比丘像，形态与左侧基本相同。

主尊头顶有浅土红色流云，云朵中间厚两端细，近似梭形。流云两端各有一飞天。

左侧飞天有黄褐色头光。脸扭向中间。头发青灰。面卵圆形，眉目已残缺。朱唇紧闭，大耳，戴耳珰。颈较粗，戴璎珞。圆肩，袒胸，上身着褐色半臂，肩搭青绿色帔帛。腰系青绿色衣带，下着枣红色羊肠裙。左手捏衣带，戴腕钏。右手戴腕钏，斜上举，与肩同高，手内托盘。盘内有珊瑚等珍宝。左腿直，右腿屈膝，跣足外露。身下为浅土红色流云。

右侧飞天有土黄褐色头光。头发青灰。卵圆脸，弯眉细目，高鼻朱唇紧闭。大耳，戴耳珰，耳珰下缀有青绿色双股带。带上端有结，绕两臂下垂。颈戴璎珞。袒胸，着暗红色半臂。左手戴土黄褐色腕钏，手上举与颈同高，手内托撇口浅腹平底盘。盘外壁土黄褐色，内壁青绿色。盘内盛土红色物，形制漫漶。右臂戴土黄褐色腕钏，手上举与头同高。手内执青绿色丸状物。腰系带。下着土灰色羊肠裙，墨色裙褶。跣足外露。身下为浅土红色流云。

底层壁画仅龛上端有残留（图5）。正中为一佛头。有圆形头光，头光内绘流云形。青绿色发髻，方圆脸，眉间有白毫相。脸部颜色已氧化为黑色，眼眶、鼻梁及脸颊白。面相漫漶。粗颈，有三道蚕节纹。宽平肩，残存下垂衣缘。肩下被晚期壁画覆盖。可见身着通肩大衣。右臂上举，手印不详。左臂下垂。佛头顶部有尖顶华盖残迹，璎珞流苏下垂至佛头两侧。华盖两侧似有飞天，均漫漶，仅见飘拂的衣带。

佛头两侧有胁侍残迹，仅余圆形青绿色头光，

图6 太子寺石窟6号龛壁画

左右两侧残存约四个，均漫漶。

佛头两侧另有立柱二，柱顶结构不明，中间缀有垂幔。

**6号龛**

6号龛为壁画龛（图6）。平顶，上小下大，左壁平直，右壁略外斜，无龛底。高2.9米、宽3—3.1米、深0.6米。龛外右侧有平顶纵长方形小龛1个。龛内浮雕站姿人像1尊。人物头顶有平顶高髻，头型卵圆，面相漫漶。两耳较明显。细长颈，平肩。双手合十置于胸前。两腿微向左曲。体表衣纹未见雕刻。此龛顶部有圆角方形小龛1个。龛内浮雕站姿人像1尊。头方形，面部正向，眉目漫漶，嘴角上翘，作微笑状。细颈，平肩。左手向左伸出，手与肩同高，手执长颈瓶。右手叉腰，腹部略鼓。两膝向左微曲。身上衣纹未雕刻。

龛右有15、16号题记，龛顶有17、18、19号题记，龛左有20、21号题记。龛内壁画可见有三层。壁画中间有两道晚期形成侧纵向凹槽，打破表层及中层壁画。

表层壁画直接绘在中层壁画上，无地仗。可辨有5尊造像（图7）。造像均漫漶。

主尊髡首，头长圆，面相漫漶。宽斜肩，肩端浑圆。上身外披枣红色披肩，内着浅土红色袈裟。赤膊。左手置于腹下，右手置于右胸部，手印均不明。下着暗红色衣，结跏趺坐。其下不存。造像头后有高背座椅靠背，靠背顶弧形，有土红色织物外罩。

左胁侍左侧有结跏趺坐造像，仅余身体左侧局部残迹。手印不明。造像后有弧形顶宽背靠座。座背边缘由外至内依次绘有枣红、青绿、橙色宽带。

图7　太子寺石窟6号龛表层壁画

主尊右侧胁侍比丘形象，面部及衣纹漫漶。宽斜肩，外着黄褐色袈裟，内着暗红色缘交领衣，手印不明。胸部以下残缺。身后有弧形顶高背座椅，座椅背有浅红褐色外罩。

右胁侍右侧有土红色平顶靠座顶部残迹。

中层壁画绘在草泥地仗上。表面漫漶严重。两侧有宽带形青绿叶白花缠枝莲边栏，边栏每组缠枝莲之间有4道横向平行短线间隔，最上一组边栏纹饰较完整，间隔线之下仅存局部零星纹样。正中可辨结跏趺坐佛像二尊。

左侧主尊（图8）头外有青绿色圆形头光，头光外侧放射状白地条块间隔。头顶有黑褐色发，脸部上大下小尖圆形。面相漫漶。宽肩，肩端浑圆，肩披黑褐色披肩，白色僧衣。胸以下漫漶。左侧分别有两尊戴黑色翘脚幞头，着白色、青色圆领宽袖袍、双手执笏的供养人。供养人下可见站姿人像两尊。左侧戴黑褐色风帽，卵圆脸，面相漫漶，着青色交领衣。胸部以下残缺。右侧面部漫漶，着黑褐色衣。主尊头右侧有着黑色圆领衣站像一尊，头顶有青色冠，头发乌黑，面部漫漶，面向左侧。右侧主尊（图9）有黑褐色发。面相漫漶，披黑褐色披肩。胸部以下漫漶。右侧残存戴黑色东坡巾、黑色翘脚幞头供养人二。戴幞头者着红褐色衣。供养人下残存着青色衣站姿人像一尊。主尊头左侧有着灰黑色衣站像一尊，面向右侧，面相漫漶。

底层壁画仅下半段可见（图10），上半段被中层壁画地仗覆盖。壁画两边有墨线勾勒青绿平涂的缠枝西番莲宽带形边栏。

壁画正中有方形台座。台座顶面有黑褐色虎皮纹宽边栏。台面中间似为缠枝花。台座正面纹饰共

陕西耀州太子寺石窟的壁画与岩画 ｜ 343

图 8　太子寺石窟 6 号龛中层左侧壁画

图 9　太子寺石窟 6 号龛中层右侧壁画

图10　太子寺石窟6号龛底层壁画

两层，每组纹饰横长方形，内浅墨地白花流云飞凤纹。上层可辨有六组。下层残损严重，纹饰数量不明。纹饰外均有青绿地白花缠枝纹边栏。台座上显露两组深红褐色衣纹，应为两尊造像所着袈裟边缘。台座前面有两个小台阶。其中上层台阶保存较完整。上层小台阶呈横长方形，高、宽仅有台座约三分之一。顶面有墨绘素面宽缘，中间残缺不存。台座正面中间有横长方形区域，区内纹饰不存。两端纹饰共三层，上下为浅灰色宽带，中间为墨绘覆莲，莲瓣宽厚，瓣尖较尖。莲瓣间有青绿色小莲瓣。上层台阶两侧各有方形机凳，左侧保存较完好，右侧残损严重。机凳侧面及腿外侧墨色，四足底部平档相连。足尖空档倭角壶门式。顶面正中淡灰褐色，边缘宽素。机凳上绘有浅褐色履一双，履尖微上翘。下层小台阶仅存台面后半部。两侧及后面有墨绘素面宽边缘。台面正中有一堆墨线勾勒浅灰色及黑褐色斑块状物（袈裟？）。两侧各有一个纵向宽条状物，其上有三道横向绳状编织迹，上端有窄条形素缘。其结构似竹编物。

台座左侧残存站姿人像8尊（图11）。上下三层站立。底层3尊。偏右侧者为男性，头戴黑色翘脚幞头，面向正中，面部细节残损。身着枣红色圆领袍，手势不明。腰部以下残缺。中间一尊面部残缺，双手合十于胸前。身外着褐色衣，饰有圆形青绿相间的大团花。胸部略袒，可见内衣领局部。左侧仅可辨衣缘及腰间所系之青色围腰。中层2尊。右侧为髡首男子形象，方脸，颧骨略高，高鼻，双目平视，嘴紧闭，下颌较圆，耳朵较大，左侧鬓角处一细绺头发下垂。身外着浅灰黑色圆领宽袖袍，内着黑褐色窄袖衫，内衣衣领衣袖局部露出。双手合十置于胸前。腰系带，可见右侧下垂带脚。左侧头部漫漶，外着白色圆领宽袖袍，袍上有羽状细纹，或为毛褐类织物，内着黑褐色窄袖衫，叉手置于胸前。顶层3尊中的右侧及中间者头部均被覆盖。左侧一

图11 太子寺石窟6号龛底层左侧壁画

图12 太子寺石窟6号龛底层右侧壁画

尊仅见白色长袍下摆及下垂的黑色衣带,带端缀有葫芦形穗状装饰。居中者仅见浅灰色宽袖置于胸前,腰系带。左侧鼻子以上被覆盖,可见朱唇紧闭,下颏较平。身着黄褐色圆领宽袖袍,叉手置于胸前。

台座右侧残存站姿人像9尊(图12),分下三层站立。底层2尊。右侧为女性。头梳元宝髻,圆脸,细平眉,眼残缺,高鼻,小口。窄斜肩,双手合十置于胸前。着白色裯子,裯子带在胸前相结。左侧男性。头戴黑色幞头,面部残缺。叉手于胸前。外着浅灰色宽袖圆领长袍,腰系带。内着深褐色窄袖衫。衣领衣袖局部外露。中层3尊。右侧头戴黑色低平小帽,方脸,平眉细目,鼻梁高挺,鼻尖及嘴部残缺。斜肩,双手合十置于胸前。上身外着红褐色圆领宽袖长袍,颈部有白色内衣领外露。腰系带,袍裾在腰部开衩,外露浅土红色裤局部。居中者髡首,方脸,八字形粗眉,高鼻,下颏较平,大耳,面相苍老,斜圆肩。叉手于胸前,上身外着白色圆领宽袖长袍。左侧头戴软巾,面部残缺。圆肩,袒

胸,身形宽厚。上身外着外浅灰、内浅青色窄袖长袍,长袍顶部缀有衣领,袍表面满饰青色小团菊纹。腰系黑褐色衣带,衣带在腹部打结并垂至腹下,带端有葫芦形穗。双手手指平伸,置于腹部两侧衣带下。上层4尊。头均被覆盖。最右侧仅见腰间有青色围腰、白色长裙及青绿色帔帛局部。其右身着黑色宽袖长袍,双手置于胸前。剩余两人身着白色圆领窄袖长袍。一人可见颈部局部,腰系黑色衣带,衣带在腹部打8字形结,带端结有球形穗头。双手捧一卷织物,卷中心有方形轴。另一人手内捧物不明。

(二)题记

太子寺石窟崖面上目前发现各代题记共计33则。这些题记中北朝有15号题记,为北魏正光三年(522);另20号题记从字体可初步认定属于北朝。唐代有17号题记为上元二年(675或761);10号题记为大和五年(831);16号题记为咸通三年(862);22号题记从内容分析亦为唐代[1]。五代有32号题记

为后唐清泰三年（936）。北宋有13号题记为大中祥符三年（1010）。元代有22号题记为至正十六年（1356）。明代有3号题记为景泰六年（1455）；2号题记为万历三十六年（1608）；7号题记为万历四十六年（1618）。各条题记内容详见下表1。

表1

| 编号 | 位置 | 尺寸 | 字体 | 内容 | 时代 |
|---|---|---|---|---|---|
| 1 | 2号窟口外右壁 | 高0.2米、宽0.18米 | 楷书 | 工价」金钱艮」四两五钱」 | 明（？） |
| 2 | 2号窟口外右壁 | 残高0.3米、宽0.3米 | 楷书 | □历三十六年」□月初十日」□官县同川里」□□时重」修佛洞」 | 明 |
| 3 | 2号窟口外右壁 | 高0.4米、宽0.6米 | 楷书 | 景泰六年 | 明 |
| 4 | 2号窟口外左壁 | 高0.12米、宽0.2米 | 楷书 | □（官？） | ? |
| 5 | 2号窟口外左壁 | 高0.4米、宽0.25米 | 楷书 | 十世十五□诸佛」三十五诸佛锦」工世□」 | ? |
| 6 | 2号窟口外左壁 | 高0.85米、宽0.6米 | 楷书 | 水泠泠以北还」山靡靡以滂□」欲穷源而不得」徒□□□归」 | ? |
| 7 | 2号窟口外左壁 | 高0.75米、宽0.1米 | 楷书 | 万历四十六年安完」 | 明 |
| 8 | 2号窟口外左壁 | 残高0.25米、宽0.08米 | 楷书 | 三十五佛……」 | ? |
| 9 | 4号窟顶 | ? | 楷书 | 太子院」 | ? |
| 10 | 4号窟顶 | ? | 楷书 | 大和五年四月」廿三日……」 | 唐 |
| 11 | 4号窟顶 | ? | 楷书 | 高陵县宋□□」 | ? |
| 12 | 4号窟顶 | ? | 楷书 | 杨雨□」 | ? |
| 13 | 4号窟左侧 | ? | 楷书 | 大中祥符三年正月」……□行一□四」……□」 | 北宋 |
| 14 | 4号窟顶左侧 | ? | 楷书 | 马」 | ? |
| 15 | 6号龛右侧 | ? | 魏体楷书 | 正光三年岁次□□」□月十三日□□□□」□□世□□□造石像」一区上皇帝下父母」……礼……」兄赵□」兄赵世」兄□□」长兄赵干」兄□□」兄道恒」弟□□道生」 | 北魏 |

1 （宋）郑樵：《通志·职官略第五·武官第八上·左右威卫》："隋初有领军府，炀帝改为左、右屯卫。唐因之。贞观十二年，左、右屯卫始置飞骑，出游幸，即衣五色袍，乘六闲马，赐猛兽衣韉而从焉。龙朔二年，改左、右屯卫为左、右威卫，而别置左、右屯营，亦有大将军等官。（寻改左、右屯营为羽林。）光宅元年，改威卫为豹韬卫；神龙元年，复旧。"郑樵撰，王树民点校：《通志二十略》，中华书局，1995年，第1138页。

续表

| 编号 | 位置 | 尺寸 | 字体 | 内容 | 时代 |
| --- | --- | --- | --- | --- | --- |
| 16 | 6号龛右侧 | ? | 楷书 | 咸通三年」三月」 | 唐 |
| 17 | 6号龛顶 | ? | 楷书 | 上元二年八月」 | 唐 |
| 18 | 6号龛顶 | ? | 楷书 | □咸（？）二年」 | ? |
| 19 | 6号龛顶 | ? | 楷书 | 宋□感、张□养、□□□」……从此□□」□视（？）元年□月十四日□□□□」造□□□□□□□合」家大小□□□□」 | 唐（？） |
| 20 | 6号龛左侧 | 高0.4米、残宽0.5米 | 魏体楷书 | ……□足」□□经」兴中有」法花一有」像一区」□……」 | 北魏 |
| 21 | 6号龛左侧 | ? | 楷书 | 田」 | ? |
| 22 | 7号龛外右侧 | 高0.8米、宽0.1米 | 楷书 | 至正十六年正月廿八日」 | 元 |
| 23 | 8号窟上部 | 高0.55米、宽0.3米 | 楷书 | 阴晴」□原」 | ? |
| 24 | 8号窟上部 | 高0.18米、宽0.05米 | 楷书 | 王□□」 | ? |
| 25 | 8号窟上部 | 高0.4米、宽0.15米 | 楷书 | 王钦贤」 | ? |
| 26 | 8号窟上部 | 高0.4米、宽0.3米 | 楷书 | □□人」 | ? |
| 27 | 8号窟上部 | 高0.8米、宽0.2米 | 楷书 | 右威卫将军」 | 唐 |
| 28 | 8号窟上部 | 高0.35米、宽0.22米 | 楷书 | 杨子云」德文」 | ? |
| 29 | 8号窟上部 | 高0.07米、宽0.05米 | 楷书 | 天太 | ? |
| 30 | 6号窟左侧 | 高0.55米、宽0.35米 | 楷书 | ……十」年二月……」李有□之」李有念」□□」 | ? |
| 31 | 6号窟左侧 | 高0.25米、宽0.1米 | 楷书 | 胡志□」 | ? |
| 32 | 5号窟右侧偏下 | ? | 楷书 | 清泰三」年□□月日大会」 | 五代后唐 |
| 33 | 14号窟后壁 | 高0.5米、宽1.7米 | 楷书 | 可辨有"王"、"不"、"木"等 | ? |

## （三）岩画

在太子寺石窟北区的崖面上，分布着大量的细线刻图形。因无从在这些细线刻中辨析到有佛教内涵，故将其归之为岩画。

这些图形集中分布在4号龛至8号龛周围，位置处最高与5号龛顶部基本持平。线刻主要有5种结构，第一种是"人"字形（图13），数量极少，仅在5号龛右侧有少量分布。第二种是"丫"字形树枝状（图14），这种数量最多，遍布整个区域。第三种近似田字格，数量也较少。第四种是手掌形（图15），目前发现3处，大小如成年人左手掌。有些手掌五指分开，有些则五指并拢。第五种是动物形。目前仅发现一处，位于5号龛右侧，类似一匹马的侧面像，头部略微下勾，颈部上扬，身躯较瘦长，缺少腿部痕迹。

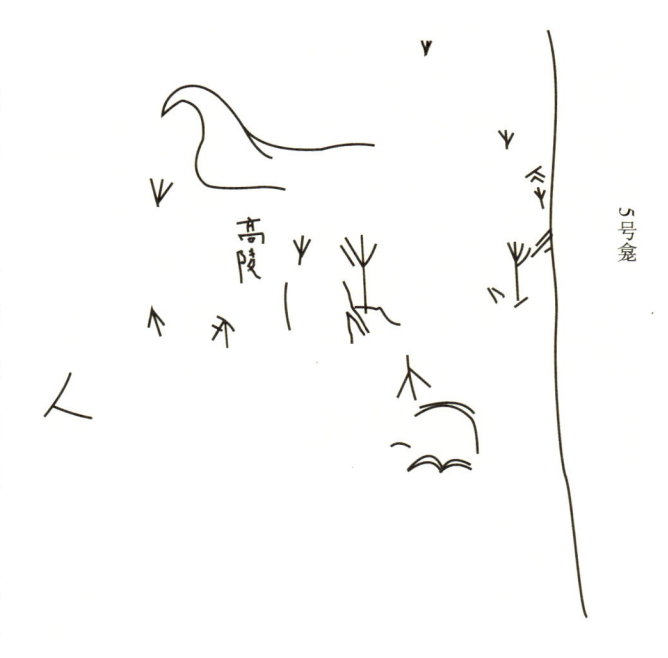

图13　太子寺石窟岩画摹本

图14　太子寺石窟岩画摹本

陕西耀州太子寺石窟的壁画与岩画 | 349

图15 太子寺石窟手掌形岩画

图16 太子院摩崖石刻

的，只不过在存世的文献中并未有丝毫记载。从崖面上的9号题记可知（图16），这里在早期曾称作太子院。太子寺和太子院两者虽微有差异，但区别并不大。为何会有此名，应该和该处奉祀的主尊有关，即该处奉祀的是某位太子。在佛经中，有关太子的记载不少。如世尊在成佛前为迦毗罗卫国的太子，后来出家在舍卫国等地修道成佛。还有波叶国王子须大拏，因为好施，被父亲贬出在檀特山，与妻儿结草为庵，进行修行。[1]

对于太子寺的始建年代，历代文献中均未记载。嘉靖乔世宁《耀州志·地理志》"诸山川"条载：天活堡"又北十里为桃儿堡……东即绣女房沟，有石洞，人言后周明帝采女于此，明帝尝为宜州刺史云。又东为箭穿崖，崖有孔，相传明帝与诸将校射

## 二 有关太子寺石窟营建年代和内容的几点认识

### （一）太子寺石窟的创建年代

太子寺是今人所名，这个名字应该是有所本

---

[1] （五代）义楚：《释氏六帖》卷十三《储君臣佐部第二十六·太子一》"大拏好施"条，浙江古籍出版社，1990年，第294页。

中孔中，后因名其崖曰'箭穿'。……又北为长条岭，延亘三十余里，率仄径，仅容人行。又北为横岭……又东为小三石山，三峰屹立如塔形。又东为摩天岭，其高计二十里。又东为鸿鹄岭。又东为太子石，有石洞在悬崖中。以东入宜君境。"又秦王殿"东北为箭干山……又北为魏王楼，楼即苌之兄姚襄建者，今故址存。……楼东为锥子山，其尖耸如箭干山。又东为太子堡，堡与太子石皆后周明帝游猎地也。"[1]此处所记之太子石，应即太子寺石窟所在地。依此所述，太子寺之得名当与北周明帝有关。《周书·明帝纪》："世宗明皇帝讳毓，小名统万突，太祖长子也。母曰姚夫人。永熙三年，太祖临夏州，生帝于统万城，因以名焉。大统十四年，封宁都郡公。十六年，行华州事。寻拜开府仪同三司、宜州诸军事、宜州刺史。魏恭帝三年，授大将军，镇陇右。孝闵帝践阼，进位柱国，转岐州诸军事、岐州刺史。治有美政，黎民怀之。"[2]依此所述，周明帝任宜州刺史是在西魏文帝大统十六年（550）之后，魏恭帝三年（556）之前。而此地现存最早的与佛教有关的题刻时代，则明显要早于这一时期。这处题刻即15号题记。另外，同属这一时期的20号题刻首尾虽均残缺，但残存部分有"经"、"法花"、"有像一区"的记载，说明在刻此题记之前，这里就已经有经像。有经像在此，必有佛事活动。这就让人联想到文献中有关檀台山和檀台川的记载。

太子寺石窟地处耀州西北，山大沟深，林木苍翠，溪流潺潺，风景秀丽。这里分布着大小不同的多条溪流，众多的溪流南流最终汇于一处，总名为沮水，因此这里便是沮水的源头。漆、沮二水作为古代著名的河流，在陕西多地都有。南宋程大昌曾对此有辨析："雍境漆沮，在其后世地书，名凡四出，而实三派：雍州富平县石川河，一也；邠州新平县漆水，二也；凤翔府普润县漆水，三也；郑白渠亦名漆沮，四也。四水之中，惟石川河当为《禹贡》漆沮，而《緜》诗之谓'自土沮漆'者，盖在岐不在邠也。若郑白亦分漆沮之名，则误矣。"[3]《水经注·沮水》记载："沮水出北地直路县，东过冯翊祋祤县北，东入于洛。《地理志》曰：沮出直路县西，东入洛。今水自直路县东南，迳燋石山东南流，历檀台川，俗谓之檀台水。屈而夹山西流，又西南迳宜君川，世又谓之宜君水。又得黄嵚水口，水西北出云阳县石门山黄嵚谷，东南流注宜君水。又东南流迳祋祤县故城西，县以汉景帝二年置，其水南合铜官水。水出县东北，西南迳铜官川，谓之铜官水，又西南流迳祋祤县东，西南流迳其城南原下，而西南注宜君水。宜君水又南出土门山西，又谓之沮水。"[4]笔者以为，《地理志》记载的出北地直路县沮水，实际上是今富县的葫芦河（也有可能是今黄陵县的沮河），此水流向正是朝东方，而后汇入洛水。至于郦道元的注文实际上是另一条沮水，也就是石川河的上游。此沮水发源于铜川市耀州区西北，东南流经今耀州区庙湾镇一带，这里属于丹霞地貌，大面积裸露的山崖呈黑褐色，近似于被火烧过。而燋石山之燋字，正有火烧之意。在一些版本的《水经注》中对

---

1 （明）李廷宝修，乔世宁纂：《耀州志》卷二《地理志》，成文出版社，据清乾隆二十七年（1762）刻本影印，1976年，第46—50页。
2 （唐）令狐德棻等撰：《周书》卷四《明帝纪》，中华书局，1971年，第53页。
3 （宋）程大昌撰，黄永年点校：《雍录》卷六《雍地四漆水》，中华书局，2002年，第118页。
4 （北魏）郦道元撰，陈桥驿校证：《水经注校证》卷十六《沮水》，中华书局，2007年，第406页。

于燋石山则作"烧石山"[1]，这完全符合沮水上游周围的地貌特征。那么檀台川又在何处？《北史·卢光传》载："光性崇佛道，至诚信敬。常从周文狩于檀台山，时猎围既合，帝遥指山上谓群公曰：'公等有所见不？'咸曰：'无所见。'光独曰：'见一桑门。'帝曰：'是也。'即解围而还。令光于桑门立处造浮图。掘基一丈，得瓦钵锡杖各一，帝称叹，因立寺焉。"[2]《法苑珠林·敬佛篇第六之三·观佛部之余》载："今玉华宫南檀台山上有砖塔，面别四十步，下层极壮，四面石龛。傍有碎砖。又有三十余窑砖。古老莫知何代，然每闻钟声。答曰：此穆王寺也，名曰灵山。至育王时，敕山神于此造塔。西晋末乱五胡控权，刘曜京都长安数梦，此山佛现在砖塔中，坐语曜曰：汝少饮酒，莫耽色欲，黜去邪佞，进用忠良。曜不能从。后于洛阳酒醉落马，为石勒所擒。初，曜因梦所悟令人寻山访之，遂见此像坐小塔，与梦符同，便毁小塔更造大者，高一十九级，并造寺宇极存壮丽。寺名法灯，度三百僧住之。曜没赵后，寺有四十三人修得三果。山神于今塔后，又造一寺供三果僧。神往太白采取芝草，供养圣僧皆获延龄。寺今现在，凡人不见，所闻钟声即是寺钟也。其塔本基虽因刘曜，仍是穆王立寺之处也，又是迦叶如来之古寺也。至贞观年中，于玉华北慈乌川山上，常见群鹿来集其所，逐去还来。有人异之，于鹿集处，掘深一丈获一石像，长一丈许。"[3]由此可知檀台山在唐玉华宫之南，则檀台川亦应在玉华宫之南，川因山而得名。嘉靖乔世宁《耀州志》第二卷《地理志·诸山川》："沮水自宜君县东北界来，一出银儿坪，一出太子石，俱西南至杨秀川，合名为宜君水。"[4]综合各方面记载，可知檀台山、檀台川均在太子石一带，即今铜川市耀州区庙湾镇之太子寺石窟所在地。而太子寺的佛事活动，最晚在十六国后赵时期已经很兴盛了。

檀台山之名本非中土所有。佛经中有《太子须大拏经》，记载须大拏太子在檀特山修道事，此经系西秦沙门圣坚奉诏所译。笔者以为，此檀台山当系檀特山的另外一种译法。之所以有此名，是为了附会须大拏太子的故事。而太子寺奉祀的主尊应该是须大拏太子。

在太子寺石窟现存的早期遗迹，主要有两则题记，即15号题记为北魏正光三年（522）；另20号题记从字体可初步认定属于北朝。15号题记有正光三年纪年，其时代无可辩驳。20号题记因首尾均缺，目前也只能从题记的字体特征来判定。但将其定为北朝乃至北魏时期也无大误。这两则题记均属于造像功德发愿文之类，从中也可以看到当时太子寺的香火还是比较旺盛的，否则不会经常有人在此造像供养。由于时间久远，加之后世兵燹及变乱，北魏时期的造像在太子寺并无存留。在5号龛右下角的崖壁上，目前还残存有两组细线刻的图案。从现存的残迹分析，这两处线刻应该是人物膝部以下的部分（图17、图18）。可以辨析出来的为袍衫类的下摆，并且均有水波形的衣缘。从所掌握的资料来看，衣缘作水波形的弯曲，只在北朝时期石窟造像中存在，如宜君县北魏花石崖石

---

1 （北魏）郦道元著，陈桥驿校证：《水经注校证》，第422页。
2 （唐）李延寿撰：《北史》卷三十，中华书局，1974年，第1105页。
3 （唐）释道世撰：《法苑珠林》卷二十二，文渊阁四库全书电子版，上海人民出版社，1999年。
4 （明）李廷宝修，乔世宁纂：《耀州志》卷二《地理志》，第59页。

图17　太子寺石窟5号龛右下角线刻现状

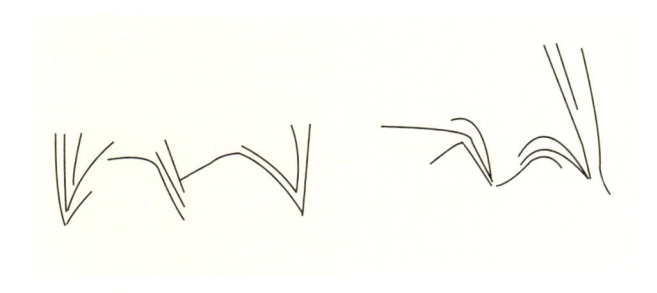

图18　太子寺石窟5号龛右下角线刻摹本

图19　宜君县花石崖石窟2号窟西壁局部

窟（图19）。那么5号龛右下角的这两组人物衣纹残迹，应该是太子寺石窟现存最早的造像遗存。

## （二）太子寺壁画的时代

太子寺石窟现存的两个壁画龛中内容，并不是一次性绘制，而是存在多次绘制的现象。有些壁画在重绘时打有地仗，而有些则直接在早期壁画的画面上绘制。

### 5号龛

底层壁画仅存主尊头部，有圆形头光，颈部以下及两侧胁侍因被顶层壁画覆盖，具体状况基本不清。从现存的残迹来看，尚有晚唐五代特征，因此将其定为这一时期当无大误。16号题记有咸通三年（862）纪年，32号题记有五代后唐清泰三年（936）纪年，或与壁画有关。

表层壁画主尊扁平状肉髻，肉髻下有圆形髻珠，方中带圆的面相以及宽厚双肩的特点，加之其身下仰莲花瓣较细密，这些特点在明代佛教造像和壁画中较为常见，因此太子寺石窟5号龛表层壁画应该绘于明代。另外，在主尊周围的胁侍弟子像中，除过正面像之外，侧面像的后脑突出比较明显，这种画法，在明代嘉靖至万历时期瓷器纹饰中比较流行。综合这几方面的因素，我们可以初步认定5号龛壁画当绘制于明代嘉靖至万历时期。在太子寺石窟2号窟外保存有2号题记为万历三十六年（1608）；7号题记为万历四十六年（1618），这或与绘制壁画有关联。

陕西耀州太子寺石窟的壁画与岩画 | 353

**6号龛**

底层壁画中显露最多的是主尊左右两侧的供养人。从相关服饰初步判断，在这些供养人中，有僧有俗。其中主尊左下方的是一位身着红袍，头戴黑色幞头的男子。幞头起源于北周，盛行于唐宋元明时期，是男子的常用头巾。幞头使用时间长，形制多样，各代特征明显，是判断时代的一个非常重要的参考。北周时期的幞头用软帛垂脚。隋代以桐木为骨，带脚依然下垂。这种状况一直延续到盛唐。中晚唐时期，出现硬脚幞头，两脚逐渐上翘。五代时期帝王多裹朝天幞头，二脚上翘。当时也有不同的创新样式。北宋时期的幞头有直脚、局脚、交脚、朝天、顺风等样式，但一般以直脚为主。宋代中期以后，两脚越深越长。明代逐渐演化成乌纱帽。[1]底层壁画幞头两脚较短，基本属于直脚样式，幞头脚两端比较浑圆，根据幞头的演化规律，我们可以认定这种幞头应该是五代至北宋早期的样式。同样，该供养人穿着的红袍为窄袖、圆领，也是晚唐五代时期常见的样式。[2]《宋史·舆服五·诸臣服下》："公服。凡朝服谓之具服，公服从省，今谓之常服。宋因唐制，三品以上服紫，五品以上服朱，七品以上服绿，九品以上服青。其制，曲领大袖，下施横襕，束以革带，幞头，乌皮靴。自王公至一命之士，通服之。"[3]根据这个记载，壁画中的这名男性供养人官职应该是在五品以上。同样，在壁画中的器物特征中我们也能看出这一时期的特点。如基座正面的建筑形式，和宋画《折槛图》中栏杆的做法基本一致。[4]其周围装饰的绿地白花卷草纹，在河南禹县白沙宋墓14号墓南壁壁画中也有类似的纹样[5]。还有，在幞头男子的右侧，放置有一件方形机凳，其结构也和宋画《小庭婴戏图》[6]中的方凳近似。同样，壁画中的边栏纹饰是缠枝西番莲，其特征也在宋代建筑装饰中有相同的样式。[7]综合这几个方面，我们可以初步认定，太子寺石窟6号龛底层的壁画应该绘于北宋时期，下限不晚于北宋中期。13号题记中有"大中祥符三年正月"纪年，其与壁画绘制有无关联，待考。

中层壁画总体保存较差，画面漫漶严重，但其中供养人的服饰依然可以大致辨析。主尊两侧供养人中有多位戴幞头。幞头两脚平直，其形制要晚于底层壁画的幞头。另外，在主尊左侧的青色袍为方领，这种形制在金元时期常见。综合这两方面，我们可初步认定中层壁画大致为金代绘制。

表层壁画画面也漫漶严重，细节辨析比较困难。但从现存的状况看，似有元代藏传佛教的特点，若是，表层壁画当绘制于元代。这和元代22号题记的"至正十六年正月廿八日"或有关系。

## （三）岩画时代

太子寺石窟岩画数量虽较多，面积也较大，但是缺乏断代的直接依据。我们仅就岩画与壁画及题

---

1　周汛、高春明编著：《中国衣冠服饰大辞典》，上海辞书出版社，1996年，第122—123页。
2　周汛、高春明编著：《中国衣冠服饰大辞典》，第244页。
3　（元）脱脱等撰：《宋史》卷一五三《志》第一〇六《舆服五》，中华书局，1977年，第3561页。
4　刘敦桢主编：《中国古代建筑史》，中国建筑工业出版社，1984年，第256页。
5　宿白：《白沙宋墓》，文物出版社，2002年，图版贰捌、贰玖。
6　刘敦桢主编：《中国古代建筑史》，第191页。
7　刘敦桢主编：《中国古代建筑史》，第191页，图141。

刻之间的打破关系做一初步判断。

太子寺岩画有打破关系的主要有如下几处。

其一，5号壁画龛右壁打破"人"字形岩画。根据上文对5号龛壁画的判定，该龛的开凿年代不晚于晚唐五代。

其二，6号龛顶部的17号上元二年（675或761）纪年题记，打破"丫"字形岩画。

其三，5号龛与6号龛之间的15号正光三年（522）题记打破"丫"字岩画。

根据历代地志记载，耀州区西北在北朝时期为宜君郡所辖，魏晋时期为北地郡辖区。魏晋时期随着北方各部族的南下，部族交往日渐频繁，出现了中国历史上一次延续时间长、范围广的民族融合阶段。从现存的资料来看，这些部族基本都接受了佛教或道教信仰，并由此留下了大量的佛道信仰遗存。因此类似太子寺石窟岩画的这种遗迹当不会产生在这一时期。由此推测，太子寺岩画的年代或许不会晚于两汉时期。至于这批岩画究竟能早到何时，性质怎样，还需进一步探索。

要之，太子寺石窟壁画，作为陕西现存最早的寺观壁画，不仅面积较大，而且保存较好、延续时间长，是研究陕西唐至明代宗教绘画艺术重要的实物资料。而类型多样的岩画，同样也具有重要的研究价值。

# 宋金两朝沿边德靖寨汉蕃军民的精神家园（一）*
## ——陕西志丹城台第 2 窟造像与碑刻题记内容调查

石建刚

（西北工业大学文化遗产研究院）

范建国

（延安市文物研究所）

城台石窟，位于陕西省志丹县旦八镇城台村西100米处崖壁上，南邻洛河（图1、图2）。共由4窟2龛组成，均坐北面南，自西向东依次编为1—6号窟（龛）。第1窟为僧房窟，窟内有火炕、灶台等遗迹；第4窟是瘗窟，窟内原有僧人包骨肉身像；第6窟为禅窟，位置较高；第3、5龛位于第4窟左右两侧，或为其副龛。而第2窟为大型殿堂窟，是整个石窟寺的主窟，该窟造像精美，题刻内容丰富，是陕北地区宋金石窟的代表性洞窟之一，具有极高的学术研究价值。

20世纪70年代末80年代初，延安地区文化局组织相关单位对延安境内的石窟寺进行了一次重点普查。根据普查内容姬乃军先生首次对城台石窟第2窟做了简要介绍。[1] 之后，李淞先生对该窟再次做了介绍，补充了部分资料，并将该窟造像年代大致确定在北宋晚期和金代早期。[2] 何立群先生通过分期排年，确认了该窟主室造像为北宋晚期造像的结论。[3] 李静杰先生根据题记内容，对该窟的功德主、造像工匠和寺院僧人情况做了简要分析。[4] 刘振刚博士则对该窟题记进行了较为详细的录文和分析，具有非常重要的学术价值，但也存在诸多讹误之处。[5] 最新出版的《陕西石窟内容总录·延安卷》对城台石窟的基本造像内容进行了较为详细和系统的介绍。[6] 到目前为止，尚无对该窟形制、造像、碑刻题记等内容进行全面、系统报告的论文。鉴于该窟的重要学术价值，我们在实地调查的基础上，对其窟龛形制、造像和题记内容等进行详细介绍，不当之处敬请方家指正。

## 一　洞窟形制与造像内容

城台石窟第2窟由前廊和主室组成（图3）。前廊，宽24.40米、进深7.40米、高4.35米，廊下有4

---

\* 基金项目：本文为陕西省社科基金一般项目"陕北宋金石窟与党项/西夏佛教艺术关系研究"（2018H05）、中国博士后科学基金面上资助项目"陕北宋金石窟碑刻题记整理与研究"（2017M623102）和陕西省博士后科研资助项目"考古学与民族学视域下的陕北宋金石窟研究"（2018BSHEDZZ76）的阶段性成果。

1　姬乃军：《延安地区的石窟寺》，《文物》1982年第10期，第22页。
2　李淞：《陕西古代佛教美术》，陕西人民教育出版社，2000年，第198—200页。
3　何立群：《延安地区宋金石窟分期研究》，北京大学硕士学位论文，2002年，第18页。
4　李静杰：《陕北宋金石窟题记内容分析》，《敦煌研究》2013年第3期，第108、112、114页。
5　刘振刚：《志丹城台寺石窟历代题记的释读与分析》，《敦煌研究》2015年第5期；又见刘振刚：《陕北与陇东金代佛教造像研究》，兰州大学博士学位论文，2016年，第17—23页。
6　《陕西石窟内容总录》编辑委员会编：《陕西石窟内容总录·延安卷》（中），陕西人民出版社，2017年，第552—567页。

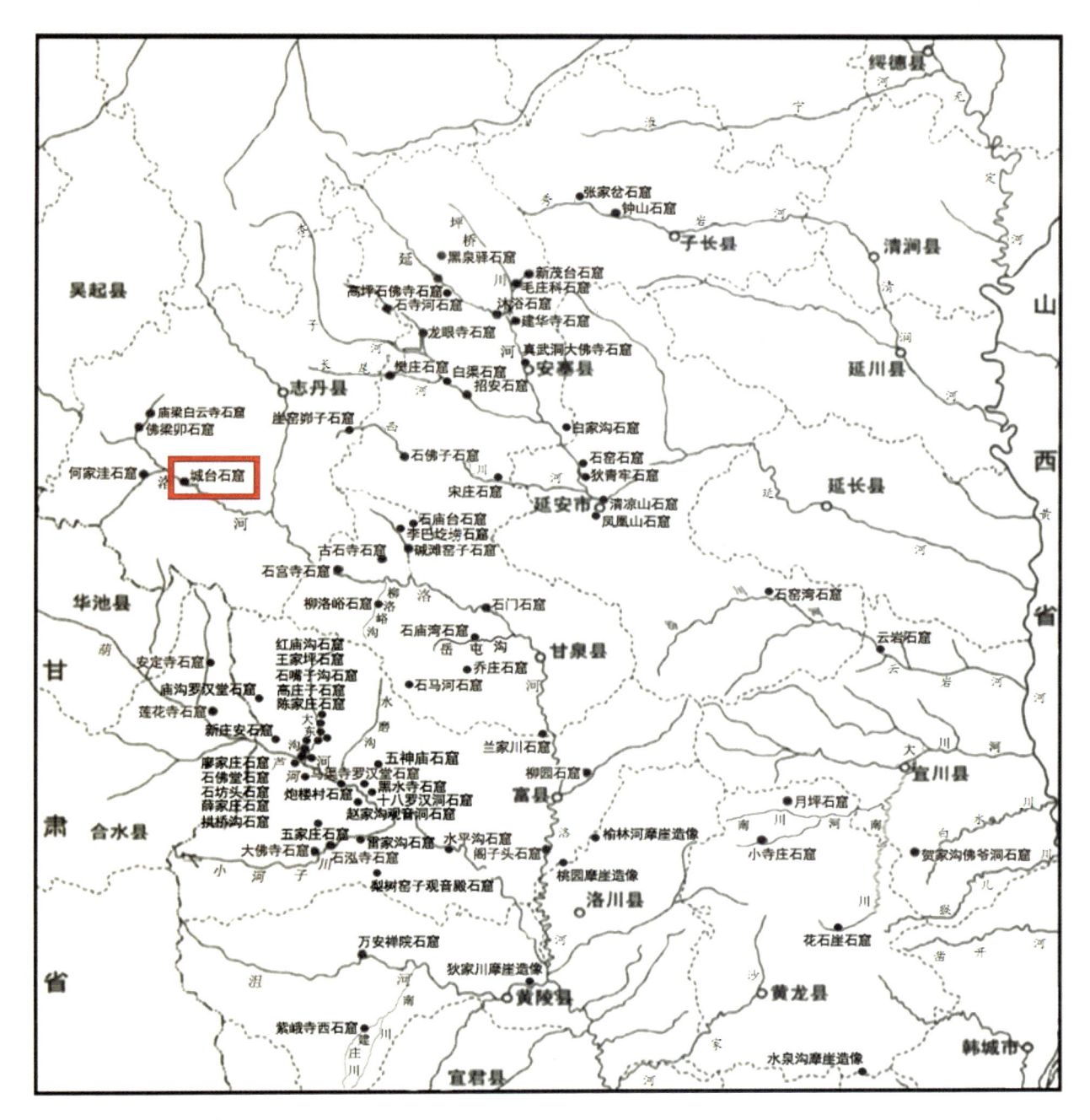

图1 城台石窟位置示意图

根方形通顶石柱。主室为中央佛坛窟，平面呈横长方形，宽10.10米、进深6.60米、高4.40米。中央佛坛呈横长方形，南北宽2.72米、东西宽4.05米、高1.00米。平顶，佛坛主尊上方有一圆形藻井。主室前壁共三个窟口，均为方形。

**主室**

中央佛坛（图4），原有三佛二弟子圆雕像，现已毁，仅存台座，均为六边形束腰须弥座承托的仰莲座，弟子像均为圆形台座。佛坛前有石供桌，为明代重修时所设。

北壁，并列开凿3个圆拱形大龛，龛内均高浮雕一佛二弟子像，造像风化残损严重。中间龛，主尊佛像（图5），高肉髻，着敷搭双肩下垂式佛衣，结智拳印，跏趺坐于"工"字形须弥座承托的三层

宋金两朝沿边德靖寨汉蕃军民的精神家园（一） | 357

图2 城台石窟外景

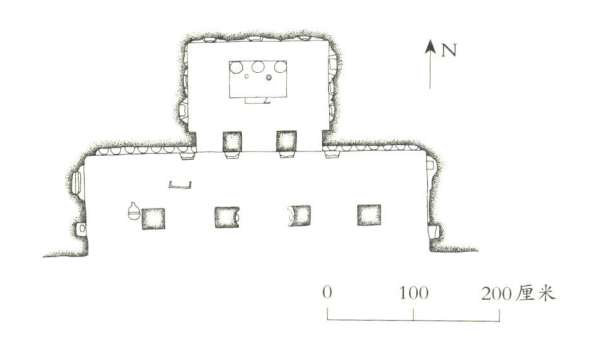

图3-1 第2窟平面图

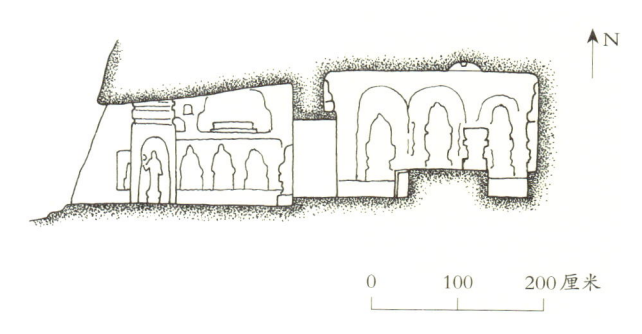

图3-2 第2窟剖面图

仰莲座上，须弥座束腰部有蹲踞状力士1尊，造像通高3.15米。两侧弟子，均头残失，着右衽袈裟，立于方形台承托的双层仰莲座上，左侧弟子双手抱拳，右侧弟子双手持竖长方形物（持物残）。左侧龛，主尊佛像，高肉髻，着敷搭双肩下垂式佛衣，左手降魔印，右手禅定印，结跏趺坐于"工"字形须弥座承托的三层仰莲座上，须弥座束腰部有托举力士1尊，造像通高2.94米。两侧弟子，均头残失，着右衽袈裟，双手抱拳站立于方形台承托的仰莲座上。右侧龛，主尊佛像，高肉髻，着敷搭双肩下垂式佛衣，左手禅定印，右臂前举，手残失，结跏趺坐于"工"字形须弥座承托的三层仰莲座上，须弥座束腰部托举力士1尊，造像通高3.00米。两侧弟子，均头残失，着右衽袈裟，双手抱拳站立于方形

图4 主室内景

台承托的仰莲座上。

东壁，并列开凿3个圆拱形大龛（图6）。中间龛雕一佛二弟子。主尊佛像，头残失，着敷搭双肩下垂式佛衣，双手于胸前持摩尼宝珠，结跏趺坐于"工"字形须弥座承托的三层仰莲座上，须弥座束腰处有托座力士1尊，造像通高2.70米。左侧弟子双手抱拳，右侧弟子双手合十。左侧龛雕文殊菩萨，菩萨头及双手残失，胸饰璎珞，着天衣，有羽袖，左臂屈肘置于腹前，右臂屈肘向前手残失，结跏趺坐于"工"字形方座承托的三层仰莲座上，束腰部雕刻卧狮前半身，造像通高2.16米。右侧龛雕刻一尊菩萨像，头上半部残失，长发披肩，着敷搭双肩下垂式佛衣，自在坐于山石座上，左手拄座面，右手抚膝，通高2.74米。

西壁，并列开凿3个圆拱形大龛。中间龛雕一佛二弟子。主尊佛像，头部残失，着敷搭双肩下垂

图5 主室后壁中央佛像

宋金两朝沿边德靖寨汉蕃军民的精神家园（一） | 359

图6 主室东壁造像

式佛衣，双手结禅定印，跏趺坐于"工"字形须弥座承托的三层仰莲座上，须弥座束腰部有托座力士1尊，造像通高2.75米。左侧弟子双手抱拳，右侧弟子双手合十。右侧龛为普贤菩萨造像，头部残失，着敷搭双肩下垂式佛衣，左手抚膝，右手屈肘向前手残失，结跏趺坐于"工"字形方座承托的三层仰莲座上，束腰部雕刻卧象前半身，造像通高2.40米。左侧龛雕自在坐观音一尊。观音两侧各有一身侍从，均着右衽长袍，双手捧物置于胸前，风化严重。

南壁，窟口上方开一横长方形大龛，龛宽7.80米、高1.40米、深0.50米。龛内原有7尊圆雕佛像，现仅存1尊，高肉髻，左手抚膝，右手结禅定印，跏趺坐。其余仅存佛座，均为三层仰莲座。

**前廊**

洞窟前廊造像、题记内容众多，为便于介绍，现按照自右向左的顺序依次编号，详见图7和图8。

西壁造像。K1龛，位于壁面上层前部，圆拱形龛，龛宽1.74米、高1.00米、深0.10米，内雕布袋和尚造像。造像头部风化严重，身着袈裟，袒胸露乳，左手握袋，右手置于右腿上，舒坐于金刚座上，通高0.70米。布袋和尚两侧各浮雕2身小菩萨像。K2龛，位于壁面上层后部，略呈"凸"字形龛，龛宽2.50米、高1.30米、深0.90米。龛中央有一横长方形台座，造像无存，疑原为涅槃像。K3龛，位于壁面下层前端，方形龛，龛宽1.00米、高1.40米、深0.80米。龛内高浮雕坐像一尊，头毁，身着长袍，腰系绦带，左膝上卧有神兽一只。K4龛，位于壁面下层，长方形大龛，宽4.60米、高1.73米、深0.50米。龛内高浮雕4尊罗汉像（图9），头均毁，高约1.58米。4-1号罗汉，左手抚膝，右臂依于山石状案几上，半跏倚坐。4-2号罗汉，双手抚膝，倚坐于方形座上。4-3号罗汉，身

图7　前廊东、西壁造像、题记编号示意图

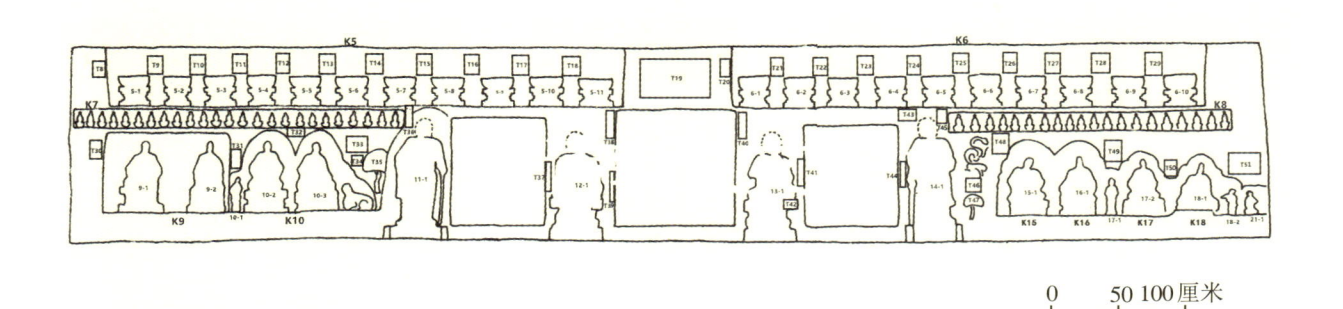

图8　前廊北壁造像、题记编号示意图

图9　前廊西壁下层罗汉造像

图 10　前廊北壁西侧宋代罗汉造像

体略向左侧，跏趺坐，双手抚左侧衣襟。4-4 号罗汉，双臂举于胸前，双手残失，倚坐，左侧有侍从小像一身。

北壁造像。K5 龛，位于壁面西侧上部，横长方形龛，龛宽 10.60 米、高 1.43 米、深 0.50 米。龛内原有可移动的圆雕菩萨像 11 尊，现均无存，仅见石壁上一体凿成的台座，共 11 个，均为方形须弥座承托的三层仰莲座。K6 龛，位于壁面东侧上部，横长方形大龛，龛宽 9.85 米、高 1.46 米、深 0.50 米。龛内原有可移动的十方佛圆雕像，现均无存，仅见石壁上一体凿成的台座 10 个，均为方形须弥座承托的仰莲座。K7 龛，位于壁面西侧中层，雕刻小坐佛 1 排 25 尊。小佛像以通肩式和敷搭双肩下垂式袈裟为主，袖手或禅定，结跏趺坐于双层仰莲座上，高约 0.35 米。K8 龛，位于壁面东侧中层，雕刻小坐佛 1 排 20 尊，造像样式与 K7 龛大体一致。K9 龛，位于壁面下层西端，方形龛，宽 2.60 米、高 1.76 米、深 0.40 米。龛内高浮雕两尊罗汉像，头部均残失。9-1 号罗汉，左手抚膝，右臂举于胸前，手残失，坐于金刚座上，左腿下垂，右腿盘曲于座面上，通高 1.58 米。9-2 号罗汉，左手前举托物（托物残），右手抚膝，倚坐于方形座上。K10 龛，位于壁面西侧下部，K9 龛东侧，为双圆拱形龛，龛内高浮雕罗汉 2 尊（图 10）。10-2 号罗汉，头部残失，着左衽覆头衣，双手结禅定印，结跏趺坐于山石座上。罗汉右侧有一身侍从立像，头残失，着圆领宽袖长袍，双手举于胸前。10-3 号为伏虎罗汉，头部残失，左手抚膝，右手举于胸前，左腿自然下垂，右腿盘曲于座面上，坐于山石座上。罗汉左侧浮雕卧虎，头部残失。龛左浮雕蘑菇形菩提树。11-1 号天王造像（图 11），位于西窟口外侧，头残失，身着战袍、甲胄，左手挂长柄斧，右手叉

图11 前廊北壁11-1号天王立像

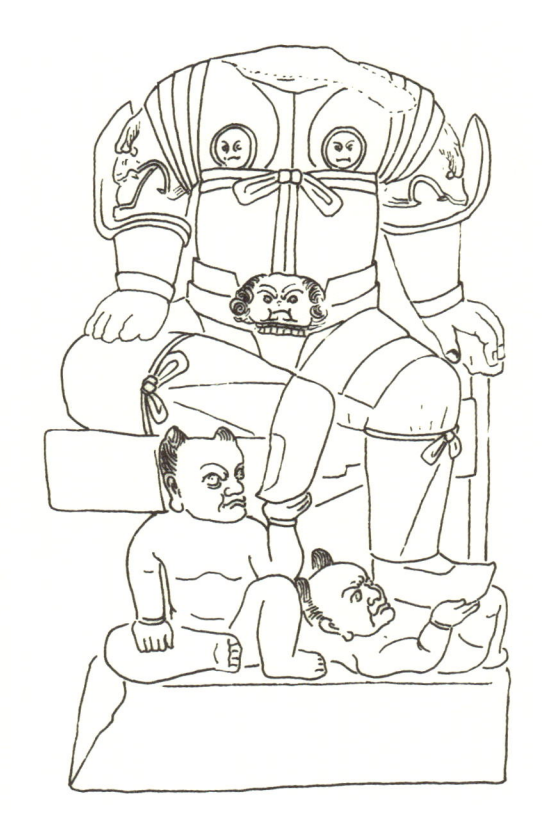

图12 前廊北壁12-1号天王立像

腰，立于方形台上，通高2.75米。12-1号天王造像（图12），位于西窟口与中窟口间，头残失，身着甲胄，左手挂长柄斧，右手抚膝，坐于方形座上，通高2.70米。天王双足下各有托足力士一尊。13-1号天王（图13），位于中窟口与东窟口间，头残失，身着甲胄，左手抚膝，右手持长柄斧，坐于方形座上，天王双足下各有托足力士一尊，通高2.64米。14-1号天王造像（图14），头毁，身着甲胄，左手于胸前握拳，右手挂铜，立于方形台上，通高2.63米。K15龛，位于壁面东侧下部，14-1号天王左侧，

圆拱形山石龛，浮雕降龙罗汉（图15）。罗汉头部残失，左手握拳挂于左腿上，右手持法铃，左腿盘曲于座面上，右腿自然下垂，坐于山石座上。龛右上侧浮雕飞龙，以火焰纹为背景。飞龙下方浮雕蘑菇形树。K16龛，位于壁面东侧下部，与K15龛相连，圆拱形山石龛，龛内浮雕罗汉像1尊。罗汉头部残失，左手抚膝，右手握拳抚搭于右腿上，左腿盘曲于座面上，右足踩座面，台座为"工"字形山石座。K17龛，位于壁面东侧下部，与K16龛相邻，龛内浮雕罗汉像。罗汉头部残失，双手持方柱形物，结跏趺坐于山石座上。罗汉右侧有一身男性侍从，着圆领窄袖长袍，腰间系带，双手拱于胸前。K18龛，位于壁面东侧下部，与K17龛相邻，浮雕罗汉像。罗汉头部残失，左手挂座面，右手持念珠

宋金两朝沿边德靖寨汉蕃军民的精神家园（一） | 363

图13 前廊北壁13-1号天王坐像

抚搭于右腿上，左腿自然下垂，右足踩座面，坐于山石座上。罗汉左侧有一身女性侍从，面向罗汉，双手持物呈于罗汉。龛左上侧山石间浮雕净瓶。

东壁造像。K19龛，位于壁面上层北侧，略呈"凸"字形的不规则形龛，宽2.50米、高1.77米、深0.67米。龛内造像应为佛塔，仅存下部。该龛左上侧有3个不规则形小龛，现无造像。K20龛，位于壁面上层南侧，不规则形龛。主尊为布袋和尚（图16），

图14 前廊北壁14-1号天王立像

光头，面部残损，着袈裟，袒胸露乳，左手握袋口，右手抚膝，舒坐于"工"字形台座上。主尊右侧有小佛像1尊，左侧有小佛像2排7尊。K21龛，位于壁面下层北端，为圆拱形龛，龛内浮雕罗汉像1尊（图17）。罗汉头部残失，双手于胸前托珊瑚石，左腿盘曲于座面上，右腿自然下垂，坐于山石座上。坐下浮雕一只小鹿。龛右侧（即北壁下层东端）有男性侍从，面向罗汉，跪姿，双手合十。K22龛，位于壁面下层中部，与K21龛相邻，横长方形大龛，宽3.50米、高1.80米、深0.44米，内雕3尊罗汉，头均毁。22-1号罗汉，左手抚膝，右臂侧依于山石案几上，倚坐于方形座上。22-2号罗汉，袖手，结

图15　前廊北壁降龙罗汉造像

跏趺。22-3号罗汉，左手抚膝，右手持物（持物残）抚搭于右腿上，倚坐。K23龛，位于壁面下层南端，为方形龛，宽0.97米、高1.55米、深0.77米，内有方形台座1个，造像无存。

　　立柱造像。K24龛，位于东2柱西向面下方，圆拱形龛，龛内原有月（或日）光菩萨造像，现被盗。K25龛，位于西2柱东向面下方，圆拱形龛，龛宽1.08米、高2.35米、深0.20米。龛内高浮雕日（或月）光菩萨立像（图18），头及右臂残，长发披肩，项佩璎珞，下着羊肠大裙，左手屈肘向上托举圆日（或月），跣足站立于方形座承托的双层仰莲座上。其余柱面无造像。

图16　前廊东壁布袋和尚造像

## 二　洞窟题记与碑刻

　　该窟共发现各类题记64条，石碑2通。刘振刚、段双印等学者对该窟题记均有部分释读[1]，但均不够全面，且有部分错讹之处，故我们再次释读如下[2]。

　　T1（图19）：刘氏编号为题记1（简称为"刘1"，下同）[3]，位于前廊西壁K1龛下方，横长方形字幅，宽0.37米、高0.32米，楷书阴刻竖排，内容为：

---

1　刘振刚《志丹城台寺石窟历代题记的识读与分析》（第64—71页）一文对该窟题记进行了较为详细的释读。段双印、白宝荣《宋金保安军小胡等族碑碣资料综合考察与研究》（《宁夏社会科学》2014年第5期，第94—96页）和李静杰《陕北宋金石窟题记内容分析》（第103—115页）仅就部分题记做了释读。

2　符号"/"表示分行；"□"表示单字无法释读；"……"表示多字无法释读，字数无法确定；"（）"内文字为笔者根据相关内容推测或校改的文字；"[ ]"内文字为笔者根据文意增补的文字。

3　见刘振刚《志丹城台寺石窟历代题记的识读与分析》一文的题记编号。

图17　前廊东壁宋代罗汉造像

图18　西2柱东向面日（月）光菩萨立像

进义校尉下[1]移族巡检[2]俄□[3]成谨启虔心打造□[4]尽罗汉[5]一尊，集斯善利，/□生身[6]父母之恩，巡检/禄[7]位愿乞高迁，满宅/家眷各保吉庆。/天德二[8]年九月初五日，/僧善果上石。/

T2：位于前廊西壁上层K2龛北缘，竖长方形字幅，宽0.50米、高0.66米。题记风化严重，字迹无法辨识。

T3：刘2，位于前廊西壁下层K4龛南缘，方形字幅，现仅残存2行，楷书阴刻竖排，内容为：

---

1　下：刘氏未释读。
2　检：刘氏录作"捡"，当误。
3　俄□：刘氏录作"□"，当误。下同。
4　此处有一字风化严重，刘氏漏录。
5　尽罗汉：刘氏未录。
6　□生身：刘氏录作"善上□"，当误。
7　禄：刘氏录作"得"，当误。
8　二：刘氏录作"一"，当误。

图19 天德二年造□罗汉像题记

图20 皇统九年造第四尊罗汉像题记

□□校尉下移族巡检[1]俄□成[2]，谨启虔心打造/……。

T4（图20）：刘3，位于前廊西壁下层4-1、4-2号造像间，竖长方形字幅，宽0.23米、高0.30米，共6行，楷书阴刻竖排，内容为：

田首领乙遇、羊遇、羊[3]奴、乙奴、山移、勒□[4]、遇唛[5]、/僧德美大夫、行[6]者/僧住[7]，打造第四

位罗汉，/伏愿各人父母利益存亡[8]，皇/统九年五月十六日，善果[9]上石。/

T5：刘4，位于前廊西壁下层4-2、4-3号造像间，方形字幅，宽0.28米、高0.27米，共7行，楷书阴刻竖排，内容为：

首领闹[10]香、/首领移/伤[11]等[12]，发心打造第/六罗汉一尊，已（以）此/功德，各人父母利益/存

---

1 □□校尉下移族巡检：刘氏仅录出"尉"字。
2 成：刘氏未释读。
3 羊：刘氏认为此字下方还有一字，当误。
4 □：段氏录作"尾"（段双印、白宝荣：《宋金保安军小胡等族碑碣资料综合考察与研究》，第94—96页，下同）。
5 唛：刘氏未释读。
6 行：刘氏认为此字之前还有一字，当误。
7 住：段氏漏此字。
8 存亡：段氏录作"有情"，当误。
9 果：段氏录作"然"，当误。
10 闹：刘氏录作"闻？"，当误。
11 伤：段氏录作"僧"，当误。
12 等：刘氏录作"日？"，当误。

亡，见保[1]家眷增/福长寿者。岁次皇/统己巳[2]五月十六日，善果□[3]。/

T6：位于前廊西壁下层K4龛北侧，竖长方形字幅，宽0.36米、高0.43米，共约7行，风化严重，内容为：

皇统□（九）□（年）五月□□日……/伏愿各人□□……/……。

T7：位于西壁K4龛北侧下方，T5号题记下方，竖长方形字幅，宽0.17米、高0.53米，题记风化剥落严重，字迹无存。

T8：位于前廊北壁上层K5龛西缘，方形字幅，宽0.30米、高0.30米，共6行，楷书阴刻竖排，内容为：

□□□□□怡□/□□吃伤、虬□、屈/怡、轻逋、遇逋、汉至/唛、讹遇，伏□各人父/母超生天界，见存者/各保平安。/

T9：刘8[4]，位于前廊北壁西侧5-1、5-2号造像间，方形字幅，宽0.28米、高0.27米，共6行，楷书阴刻竖排，内容为：

本寨女弟子王□并/□氏、女铁姑□□/□□发

愿心敬造□/菩萨一尊，以□合家/平安，僧善□者。/天德二年□[5]月十二日。/

T10：位于前廊北壁西侧5-2、5-3号造像间，竖长方形字幅，宽0.36米、高0.40米，共8行，楷书阴刻竖排，内容为：

今具众□……/曹首领□……忠、男/胡九□……昌、子胡/屈讹□……氏、梁氏、/场汉……萌儿危娘/福□……汉至移、吃/多□……人，愿家眷平/安，□（天）□（德）二□（年）九月十一日，僧善妙。/

T11（图21）：刘10，位于前廊北壁西侧5-3、5-4号造像间，竖长方形字幅，宽0.35米、高0.37米，共5行，楷书阴刻竖排，内容为：

专知官李瑞、将司[6]王/珍、康穆[7]、李挺，共舍/净财，造菩萨一尊，/上答生身/父母。/

T12：位于前廊北壁西侧5-4、5-5号造像间，方形字幅，题记风化严重，不可辨识。

T13：位于前廊北壁西侧5-5、5-6号造像间，竖长方形字幅，宽0.24米、高0.30米，题记风化严重，仅可辨2字，内容为：

---

1 保：刘氏漏录。
2 己巳：刘氏录作"九？年"，当误。
3 □：刘氏录作"白"。
4 该题记刘氏仅录出"家"、"僧善果上石"、"天德二年七月十二日"等字，其中"僧善果上石"当是"僧善□者"。
5 □：刘氏录作"七"。
6 司：刘氏录作"同"，当误。
7 穆：刘氏未释读。

……尊……安……。

T14：位于前廊北壁西侧5-6、5-7号造像间，竖长方形字幅，宽0.25米、高0.30米，题记风化严重，仅可辨2字，内容为：

……者久……。

T15：刘13[1]，位于前廊北壁西侧5-7、5-8号造像间，竖长方形字幅，宽0.24米、高0.31米，共5行，楷书阴刻竖排，内容为：

□□移复妻□□娘□/多乞岁启□见□□移/成移，各舍□（净）财，造菩/萨一尊，各保合家平/安，僧善妙上石。/

T16：刘14，位于前廊北壁西侧5-8、5-9号造像间，竖长方形字幅，宽0.25米、高0.31米，共5行，楷书阴刻竖排，内容为：

屈[2]香、讹唛[3]、成怡、遇[4]唛、讹仗，各舍净财，

图21 李瑞造菩萨像题记

造/菩萨一尊，各愿合[5]/家平安，/上石僧善妙[6]。/

T17：刘15，位于前廊北壁西侧5-9、5-10号造像间，竖长方形字幅，宽0.35米、高0.37米，共5行，楷书阴刻竖排，内容为：

---

1 刘氏仅录出"移□妻"、"成移各"、"（菩）萨一尊"等字。
2 屈：刘氏录作"届"，当误。
3 唛：刘氏未释读，下同。
4 怡、遇：刘氏录作"作昌"，当误。
5 合：刘氏未释读。
6 上石僧善妙：刘氏未释读。

第十九首领讹唛、乙¹/遇,首领乙讹、丑儿²、讹得/勒、成怡、三留、丁唛³、勒/成、萌汉二,各发心造/菩萨一尊,各愿平安。/

T18:刘16,位于前廊北壁西侧5-10、5-11号造像间,竖长方形字幅,宽0.41米、高0.46米,共8行,楷书阴刻竖排,内容为:

保义校尉德靖寨兵马都/监兼酒税徐兴并妻窦氏,/谨启⁴虔诚,舍净财打造妆/鋄石空寺/慈氏菩萨壹⁵尊,伏愿亡过/父母超生/天界,见存家眷各保平安,岁/次庚午中秋十五日聊记。/

T19(图22):刘50,位于前廊北壁中央窟口上方,横长方形字幅,宽1.56米、高0.85米,共11行,阴刻楷书竖排,内容为:

武功郎榷(权)⁶廊延路兵马/铃辖,兼第柒将统制西/路军马杨仲,谨发虔诚,/自办妆鋄石空寺/大佛三尊,伏愿/父总管安抚团练、/母恭人米氏增延福寿⁷,/然⁸祈阖境生珉⁹咸受/嘉祉,岁次辛酉(1141)上¹⁰巳日¹¹,/谨记。/门僧善妙、惠记上石¹²。/

T20:刘51¹³,位于前廊北壁中央窟口上方,T19号题记东侧,竖长方形字幅,宽0.20米、高0.54米,共5行,楷书阴刻竖排,内容为:

本寨田德、权□、□全、□二,各发□/造第一位十方佛一尊,并□/亡过父母超生天界,见存家眷各/保安宁者,/天德二年九月十日,化主僧善宝上石。/

T21:刘24,位于前廊北壁东侧6-1、6-2号造像间,竖长方形字幅,宽0.32米、高0.34米,共7行,楷书阴刻竖排,内容为:

本寨田德、刘冲、孙女婿/驴子¹⁴同发虔心,打造/第二位十方佛一尊,/唯丐¹⁵亡过父母早生/天界,见存各保安宁,/天德二年九月十¹⁶日,化主/僧善宝上石。/

---

1 乙:刘氏未释读。
2 丑儿:刘氏未释读。
3 丁唛:刘氏未释读。
4 启:李氏录作"发",当误。
5 壹:李氏录作"意",刘氏录作"一",当误。
6 榷:李氏、刘氏均直接录作"权"。
7 寿:李氏未释读。
8 然:刘氏录作"(伏)",当误。
9 珉:李氏录作"泯",当误。
10 上:刘氏录作"(己)",当误。
11 上巳日:李氏未释读。
12 门僧善妙惠记上石:刘氏漏录。
13 刘氏仅录出"亡过父母"、"见存"、"天眷三年"、"化主僧善果上石"等字,其中"天眷三年"当是"天德二年","善果"当是"善宝"。
14 驴子:刘氏未释读。
15 丐:刘氏未释读。
16 十:刘氏录作"七",当误。

图22 辛酉年杨仲妆鋈大佛题记

T22：刘25，位于前廊北壁东侧6-2、6-3号造像间，竖长方形字幅，宽0.28米、高0.35米，共6行，楷书阴刻竖排，内容为：

本寨女[1]弟子高氏自[2]发虔心打造第三位/十方佛一[3]尊，伏愿亡过/父、家翁[4]早生天界，/见存[5]各保安宁，/天德[6]二年九月十日，化主僧善宝上石[7]。/

T23：位于前廊北壁东侧6-3、6-4号造像之间，竖长方形字幅，宽0.32米、高0.34米，共5行，楷书阴刻竖排，内容为：

/……□元青、俄羊圈、赵/……□、王淑、张文发虔/□造佛一尊，各愿亡/父母早生天界，见存家/眷各保平安。/

T24：位于前廊北壁东侧6-4、6-5号造像间，方形题记，宽0.33米、高0.45米。题记风化严重，仅可辨4字，内容为：

---

1 本寨女：刘氏未释读。
2 氏自：刘氏未释读。
3 三位十方佛一：刘氏未释读。
4 伏愿亡过父家翁：刘氏未释读。
5 天界见存：刘氏未释读。
6 天德：刘氏未释读。
7 上石：刘氏未释读。

……福……天德二……。

T25：刘28，位于前廊北壁东侧6-5、6-6号造像间，竖长方形字幅，宽0.28米、高0.41米，共5行，楷书阴刻竖排，内容为：

□卞移族巡检俄洪，同发虔[1]心打造十方[2]佛一尊，愿[3]亡过父母超[4]生天界，见存家/眷永保平安，/天德二年九月初[5]六日。/

T26：位于前廊北壁东侧6-6、6-7号造像间，竖长方形字幅，宽0.26米、高0.39米。题记风化严重，仅可辨数字，内容为：

……军……一佛……早生天界……。

T27：位于前廊北壁东侧6-7、6-8号造像间，方形字幅，风化严重，字迹无存。

T28：位于前廊北壁东侧6-8、6-9号造像间，方形字幅，风化严重，字迹无存。

T29：位于前廊北壁东侧6-9、6-10号造像间，方形字幅，风化严重，字迹无存。

T30：位于前廊北壁K9龛西缘，方形字幅，宽0.23米、高0.23米。题记风化严重，仅可辨数字，内容为：

……娘乞山……上石。

T31：位于前廊北壁K9与K10龛之间，竖长方形字幅，宽0.22米、高0.25米，共6行，楷书阴刻竖排，内容为：

俄首领并妻屈麻、/怡二娘、小二娘、□遇、男/永忠、永诚，共打罗汉/第十二位尊者，各人/父母利益存亡，皇统/九年五月十二日，僧善果上石。/

T32：位于前廊北壁K10龛上方，横长方形字幅，宽0.36米、高0.19米，题记风化严重，仅可辨2字，内容为：

……申……成……。

T33：位于前廊北壁K10龛东侧，横长方形字幅，宽0.36米、高0.19米，共8行，楷书阴刻竖排，内容为：

本寨主□女弟子张氏等，造钏/□□□（罗）汉一尊，/□县君□氏、高氏、李氏、郭氏、杨氏、/赵氏、高氏、王氏、李氏、乔氏、李氏、王氏、/张氏、赵氏、□氏、刘氏、赵氏、刘氏、处氏，/右伏愿/皇帝万岁，

---

1　□卞移族巡检俄洪同发虔：刘氏未释读。
2　十方：刘氏未释读。
3　愿：刘氏未释读。
4　超：刘氏录作"早"，当误。
5　初：刘氏录作"十"，当误。

重臣千秋，/政和二年八月□日，女弟子高氏等。/

T34：刘19，位于前廊北壁K10龛东侧，T33下方。方形字幅，宽0.22米、高0.22米，共7行，楷书阴刻竖排，内容为：

延安府保安县静边/里居住画工张润许[1]、男张五[2]十三/妆罗汉一尊，□□/祈[3]合家大小人口平/安，吉祥[4]如意，/嘉靖辛酉[5]年五月妆/完[6]。/

T35：位于前廊北壁K10龛东侧树冠内，方形字幅，宽0.29米、高0.29米，共6行，楷书阴刻竖排，内容为：

本寨小胡族弟（第）二十/二指挥讹遇，并男讹/伏□家德、永德、永见，并/妻一娘等，共发心打造/妆画/□（善）神一尊，愿合家平安，/天德二年九月一日僧善果。/

T36（图23）：刘21，位于前廊北壁K7龛东缘，竖长方形字幅，宽0.21米、高0.40米，共4行，楷书阴刻竖排，内容为：

保安[7]军都巡王显[8]、武管[9]/打造佛像三尊，意者/祈求见存家眷平安，/亡[10]者超升佛土，今月日化主[11]。/

T37：位于前廊北壁12-1号造像西侧，竖长方形字幅，宽0.16米、高0.85米，共3行，楷书阴刻竖排，内容为：

图23 王显、武管造佛像题记

---

1 刘氏将"里居住画工张润许"与"男张五十三"顺序颠倒。
2 五：刘氏录作"丑"。
3 祈：刘氏录作"（张丑）"，当误。
4 吉祥：刘氏未释读。
5 辛酉：刘氏未释读。
6 完：刘氏录作"（毕？）"，当误。
7 安：李氏未释读。
8 显：李氏未释读。
9 管：刘氏认为此字下方还有一字。
10 亡：李氏未释读。
11 日化主：李氏未释读。

同瞻佛像，大观庚寅十月，/郭次公、刘子正、史致元、/郭时中、贺机远、高及中、子冠□□同瞻。/

T38：刘59，位于前廊北壁中央窟口西缘，横长方形字幅，宽0.92米、高0.58米，共3行，内容为：

图24 大观戊子年题记

□□苦难观世音菩萨/……佛吉日……/文山同道。/

T39：位于前廊北壁中央窟口西缘，竖长方形字幅，宽0.11米、高0.55米，共2行，字迹随意，内容为：

丹州住人胡一因生辰五月十三日夏至，/崇庆元年五月十七日。/

T40：刘33，位于前廊北壁中央窟口东缘，竖长方形字幅，宽0.10米、高0.32米，单行，内容为：

□（大）慈大悲阿弥陀佛。

T41（图24）：刘35，位于前廊北壁东窟口西缘。碑形题记，下部为阴线刻如意云头承托的双层仰莲座，题记宽0.15米、通高0.45米，共3行，楷书阴刻竖排，内容为：

大观戊子仲春十六日，/张乐潜同行部/张左臣[1]、赵真，□人介用[2]。/

T42：刘34，位于前廊北壁13-1号天王须弥座正面，竖长方形字幅，宽0.10米、高0.12米，单行，内容为：

滏[3]阳张子[4]进过。

---

1 臣：李氏录作"目"，当误。
2 □人介用：李氏录作"□"，刘氏录作"叟"，当误。
3 滏：刘氏录作"涂"，当误。
4 子：刘氏录作"寻"，当误。

T43：刘57，位于前廊北壁14-1号天王头部西侧，题记大部被K6龛打破，现残存8行，内容为：

……西城／……都杨／……戚张／……寺／……造德／……也雄／……兴亡／……念亡。／

T44：位于前廊北壁东窟口东缘，竖长方形字幅，宽0.10米、高0.32米。题记字迹较随意，内容为：

正隆六年三月。

T45：刘58，位于前廊北壁14-1号造像头部东侧，方形字幅，题记大部分被6号龛打破，现残存5行8字，内容为：

……促……泊……驰……此凉……十八日……。

T46：刘37，位于前廊北壁14-1号天王像东侧，方形字幅，宽0.24米、高0.24米，共8行，楷书阴刻竖排，内容为：

延安府保安县静边／里居住画工张礼同、／男张守贤、张／守能，启许／妆鋈／罗汉一尊，专祈合／家大小人口平安，／嘉靖辛酉年五月妆。／

T47（图25）：刘38，位于前廊北壁K15龛西侧树冠内，方形字幅，宽0.26米、高0.26米，共4行，楷书阴刻竖排，内容为：

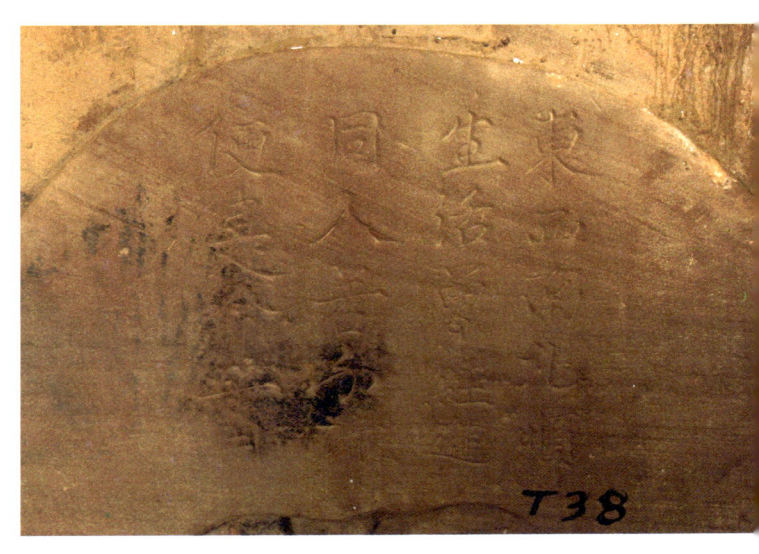

图25　介子用题记

东南西北顺，／生活曾经进。／同人若不识，／便是介子用。／

T48：刘61，位于前廊北壁K15龛上方西侧，竖长方形字幅，宽0.11米、高0.20米，共3行，楷书阴刻竖排，内容为：

华州保捷第□[1]／十一指挥都头／冯鋈[2]共力施造。／

T49：位于前廊K16与K17龛之间，碑形题记，下部为阴线刻如意云头承托的双层仰莲座，题记宽0.30米、通高0.56米，共5行，楷书阴刻竖排，内容为：

本寨善□里冯青，自办／□父母造到／弟（第）三罗汉一尊，伏愿／皇帝万岁，／政和二年八月十五日，清信弟子冯青。／

---

1　□：李氏、刘氏录作"三"。
2　冯鋈：李氏未释读。

T50：位于前廊北壁东部K17与K18龛之间，方形字幅，对应造像疑为17-2号罗汉。题记漫漶，仅辨数字，内容为：

……信男弟……。

T51：刘41[1]，位于前廊北壁K18龛东侧，横长方形字幅，宽0.50米、高0.42米，共10行，楷书阴刻竖排，内容为：

清信男弟子周宸等，……/今舍净财造□……/宾头卢[2]罗汉一□（尊），/右伏愿，/皇帝万岁，重臣千□（秋），/政和二年九月，男□……/……/鄜州作人介……/……。/

T52：刘42，位于前廊东壁下层K21龛北侧，竖长方形字幅，宽0.33米、高0.36米，共7行，楷书阴刻竖排，内容为：

□□女□□张氏等一十/□□造到……尊[3]……刘氏、吴氏、/……欙[4]氏、段氏、胡氏、/陈[5]氏、□氏、董[6]氏、程氏、王[7]氏[8]，/皇帝[9]万岁，重臣千秋，/政和二年[10]八月初三日。/

T53（图26）：刘43，位于前廊东壁K19龛下方，竖长方形字幅，宽0.50米、高0.55米，共13行，楷书阴刻竖排，内容为：

□田[11]首领、麦麻、□嗽[12]移、妻大娘[13]□□□/胡和尚、移良、埋讹、常和尚、怡□嗽[14]、移德儿、□/屈[15]、勒沙、曹十一、奴儿、五哥、俄和尚、屈逋[16]、□/逋[17]、讹乞、乙讹、屈成、多至[18]革、李小

---

1 刘氏仅录出"清信士弟子"、"财"、"宾头颅罗汉"、"岁"、"鄜州作人介"等字。
2 卢：刘氏录作"颅"，当误。
3 题记第1、2行：刘氏未释读。
4 欙：刘氏录作"林"，当误。
5 陈：刘氏录作"阴"，当误。
6 董：刘氏录作"李"。
7 王：刘氏未释读。
8 氏：刘氏认为此字下方还有二字"□氏"，当误。
9 皇帝万：刘氏未释读。
10 重臣千秋政和二年：刘氏未释读。
11 □田：段氏录作"维那"，刘氏录作"□山"，当误。
12 □嗽：段氏录作"散"，当误。
13 娘：刘氏录作"女"，当误。
14 □嗽：刘氏录作"散"，当误。
15 移德儿□屈：刘氏未释读。
16 屈逋：刘氏录作"(屑？)逍"，当误。
17 逋：刘氏未释读。
18 至：段氏录作"主"，当误。

图26　贞元三年造佛涅槃像题记

和尚、/七哥[1]、六娘、田和尚、永德、讹遇、乙讹阿[2]丹怡、/六斤[3]、讹山、讹遇、七斤、讹昌、僧住[4]、李六郎[5]、/行者吃多儿、遇逋[6]、讹德、韦和尚、唛逋[7]、/□□、五斤、午[8]和尚、讹唛、五斤、陈奴卧、夋怡[9]、/□斤、漠[10]至怡、讹名[11]娘，/□虔[12]心打[13]造佛入涅槃一会，施者共祈[14]⋯⋯/□皇帝万[15]岁，臣宰千秋[16]，各人见[17]□□□/□寿亡过者生天见佛，/□（贞）元三年[18]三月十七日施造毕功[19]。/

T54：刘44，位于前廊东壁下层22-2、22-3号造像之间，方形字幅，宽0.30米、高0.31米，共10行，楷书阴刻竖排，内容为：

铁匠□□[20]、刘德、王[21]□[22]各[23]发/心愿打造罗汉□[24]尊，□各[25]/报各人父母育养之恩/□[26]，见存慈母冯氏[27]□千长[28]/寿，各人见保家眷增添[29]/福寿。本院僧惠讹、云[30]怡□□，/本命星官每常护佑，岁/

---

1 七哥：刘氏录作"□"，当误。
2 阿：段氏录作"何"。
3 六斤：刘氏录作"□"，当误。
4 住：段氏录作"侄"，刘氏录作"保"，当误。
5 郎：刘氏录作"节"，当误。
6 行者吃多儿遇逋：刘氏录作"□乞德儿（遇？通？屑？）"，当误。
7 逋：刘氏录作"通"，当误。
8 斤午：刘氏录作"□"，当误。
9 夋怡：刘氏录作"□"，当误。
10 漠：段氏录作"满"，刘氏未释读。
11 名：刘氏录作"多"，当误。
12 □虔：刘氏录作"□"，当误。
13 打：刘氏漏录。
14 共祈：刘氏未释读。
15 皇帝万：刘氏未释读。
16 千秋：刘氏录作"□利"，当误。
17 见：刘氏录作"□"，当误。
18 □元三年：段氏录作"□□（嘉祐）二年"，刘氏录作"贞元三年"，刘氏为确。
19 造毕功：刘氏未释读。
20 □□：段氏录作"首领"。
21 王：刘氏录作"玉"，当误。
22 □：段氏录作"氏"。
23 各：刘氏录作"如"，当误。
24 □：刘氏认为是两个字，当误。
25 各：段氏录作"上"，刘氏未释读。
26 育养之恩□：段氏录作"眷属□□（平安）"，当误。
27 氏：刘氏录作"百"，当误。
28 长：刘氏录作"追"，当误。
29 添：段氏录作"生"。
30 云：段氏录作"卞"，当误。

次皇统九年五月十六日／修造。化主僧善果上石，／同化缘僧善恩[1]、善集[2]。／

T55：位于前廊东壁下层K22龛南侧，方形字幅，宽0.24米、高0.25米，共6行，题记风化严重，内容为：

□首领屈怡、僧善宗／□□□氏、屈□□□□／□□□□共□（造）第一位／□□□□打□□□者／……／……／。

T56：位于前廊西2柱南向面上方，方形题刻，镶嵌于方形龛内，题刻宽0.80米、高0.70米。题刻断为三块，一块遗失。阴刻楷书竖排，共25行，内容为：

正将李公重修石空寺记。／夫建精蓝者，布金易地，依山采木，运□□□高栋层檐[3]，飞梁跳拱／□为堂。枝木为骨，抟泥为肤，……焉。缮□以宝涂岩，以／□□以为像，常虑乎水火焚溺……随[4]裂焰而成灰，／炉[5]为水所溺，则逐洪波而倒……之务，而一旦泯绝／焉。粤我[6]寨之西北，山之阿石……代无□记□□，依／岩凿石室[7]，高二丈，深倍而加……三……像／龛之上三佛、二菩萨、阿难[8]、迦叶、……十六大阿……护／法[9]神泊诸部□仅二者……雷／雨，洛河泛涨……／惟诸石像一无所……避风雨承安五祀春……／李公怀远下车之始……／侵犯，政平讼简，晏……／所容脚四顾尊像……何荒践如此，即……／合[10]工□□未……／慕□□□风，施以……／矮窗陋□□而□之……／役巡检胡公、忠勇校□……／公既能成此胜像[11]……抑且知经大水……／亦善乎仆喜胡公……／成[12]重五日进士张……。／忠勇校尉世袭第七……。／

T57：刘47[13]，位于前廊西2柱东向面K25龛上方，横长方形字幅，宽0.62米、高0.38米，共9行，楷书阴刻竖排，内容为：

……妆銮／……一尊已以／……／……□翁父母超／□（生）□（天）□（界），伏愿，上报／……四恩三有，法／□□□□成……／……辛酉伍／□（月）三日

---

1 恩：段氏录作"惠"，刘氏录作"思"。
2 集：刘氏录作"隽"。
3 檐：段氏录作"庐"，当误。
4 随：段氏录作"顶"，当误。
5 炉：段氏录作"烧"。
6 我：段氏录作"戎"，当误。
7 岩凿石室：段氏录作"石窟"，当误。
8 难：段氏录作"南"，当误。
9 法：段氏录作"诸"，当误。
10 合：段氏录作"会"。
11 像：段氏录作"迹"，当误。
12 戌：段氏录作"戍"，当误。
13 刘氏仅录"介成"、"辛酉"、"化"等字。

图27 丁未仲春题刻

僧□□上石。/

T58：刘48，位于前廊西2柱东向面日（月）光菩萨左肩部壁面上，竖长方形字幅，宽0.30米、高0.33米，共5行，楷书阴刻竖排，内容为：

杨仲侍/亲同来瞻礼/佛像[1]，男仲纬、仲经及婿赵彦正侍行，/岁次辛酉夏四月廿/有七日上□[2]。/

T59：刘46[3]，位于前廊东2柱西向面上方，横长方形字幅，宽0.78米、高0.37米，共14行，楷书阴刻竖排，内容为：

……保安军德靖寨/……等廿人各/……到日□□/……工，施主下项/……雷□、王昭/……王雄、杨成/……王义、郭青、/王宗、□□骆立□□□/张安、韩□、刘进、王□、/□□□……皇帝万岁，重臣千秋，及/……民安乐□记，/□□□□五月廿五日□景书/……作人介子用刊。/

T60：位于前廊西1柱南向面上方，有方形碑龛一个，龛内碑刻无存。

T61（图27）：刘52，位于中央窟口甬道东壁上方，横长方形字幅，宽0.92米、高0.58米，共9行，

---

1 像：刘氏录作"（保？）"，当误。
2 上□：刘氏认为是一个字。
3 刘氏仅录出"德靖寨"、"惕成"、"寿"等字。

图28 前廊明代石供桌

楷书阴刻竖排，内容为：

冯康弼岁首/选兵事毕，还/城以[1]知砦，雷子/发宴劳于此。/预者赵彦正、/刘彦远、高吉/甫。丁未仲春七/日，外婿刘惟清、甥/王寔、男序侍行。/

T62：刘55，位于主室中央佛坛上东侧须弥座束腰部，横长方形字幅，宽0.20米、高0.10米，共7行，楷书阴刻竖排，内容为：

折仲强、/訾邦直、/范子发，/建炎己/酉仲[2]秋/

十六日/同来。/

T63：位于主室东壁中央佛像须弥座下部正面，楷书阴刻"洪武"二字，较随意。

T64：刘62，位于前廊西部石供桌（图28）西侧立石（刘氏将其误作石碑）外侧面上。竖长方形字幅，宽0.45米、高0.74米，共7行，楷书阴刻竖排，内容为：

维大明国陕西同州白水县务本里人氏，现住保安县德化里/狄[3]青城□[4]住□□□皆□，同发[5]心人张□同□人[6]王氏等[7]，/息□自诚发心共□/石空寺献上

---

1 以：刘氏录作"川"，当误。
2 仲：刘氏录作"中"，当误。
3 狄：刘氏未释读。
4 □：刘氏录作"居"。
5 发：刘氏未释读。
6 人：刘氏录作"氏"，当误。
7 等：刘氏未释读。

图29 前廊明弘治戊申年重修碑

石供桌[1]二张合[2]献佛[3]□保祐人口平安吉祥[4]，□忠者□。/□缘功德主发人樊□。/□□：张智、张□、张青、张□、张□，胡永仓、胡永福、张愿。/天顺五年四月初一日献上□碑。/

B1：弘治戊申年重修碑（图29）。石碑立于窟廊西部西梢间内，圆首碑，碑座为圆雕赑屃座，碑通高1.72米，碑身高1.07米、宽0.76米、厚0.15米。碑身四角杀边，饰有卷云边栏。碑阳题刻共15行，楷书阴刻竖排，内容为：

……□（狄）青始创也。傍有□……/……因天气炕阳，民□……/……时甘霖大降，……/……满尉□……/……溢于□……/……洞……同交近信士郭……/……剥落，于是鸠工命匠□……/……岩洞妆颜焕然一……/……成□，仰惟/□……保皇图于永久，昌……/……异净，顺祈一雨笠蓑……/……弘治戊申（1488）夏四月吉旦……/……延安卫千户兄……/……。/

碑阴题刻"十方施财"姓名。

碑阴右侧杀角部另有题刻1行，字体随意，内容为：

鄜州直罗县□人都里长都得□一等九人，□北民□柽曹得盖□先田□盖小。/

B2：嘉靖四十年碑刻残件，现置于前廊，残长0.58米、残宽0.24米、厚0.07米，内容为：

……应谨发虔/……□□修完/……嘉靖四十年立。/……阔泛涨充满石□/……寨尽行推毁奈/……等谨凿碑/……进孝、刘宗儒、任养正/……毕从臣、谢孟政、谢□□/……张友公、谢大□、谢□□/……胡坤、王要、谢□□/……王□、王世□、王□□/……仕政、韩廷花、田□□/……□政、许大臣、许山/……王买□、任希文/……田景得、许东/

---

1 桌：刘氏录作"障"。
2 二张合：刘氏录作"一□分"，当误。
3 献佛：刘氏未释读。
4 吉祥：刘氏未释读。

……润撰/……住/……仝立。/

另，窟内现存砖铭一组（图30）（刘氏编号为题记64）[1]，由两块红砂石质砖组成，现1号砖断为两截，2号砖略有残损。两块砖均长0.32米、宽0.15米、厚0.08米。需要特别说明的是，这组砖铭发现于第4窟内，后被移至第2窟前廊。砖铭共10行，楷书阴刻竖排，内容为：

大明国陕西白水县务本里善/友樊普名、胡普荣，/保安县德□里善友展彪，/众社善人，发心重补修/石空寺诸佛、菩萨、护法伽蓝。/

苗□谦、张永恭、谢□、/张氏、呼氏、谢□、谢□、谢胜、/□□、谢广、谢□、/□春、谢□、□氏、/□文政、阴永仓、谢永。/

## 结　语

城台石窟第2窟，是由北宋晚期德靖寨军民共同出资兴建，金早期德靖寨汉蕃军民又出资续刻，使石窟造像得以最终完成。该窟不仅保存了大量宋、金时期造像，还保存有64方题记和2通碑刻，对研究陕北地区宋金时期的佛教史、战争史、民族史等都有重要价值。

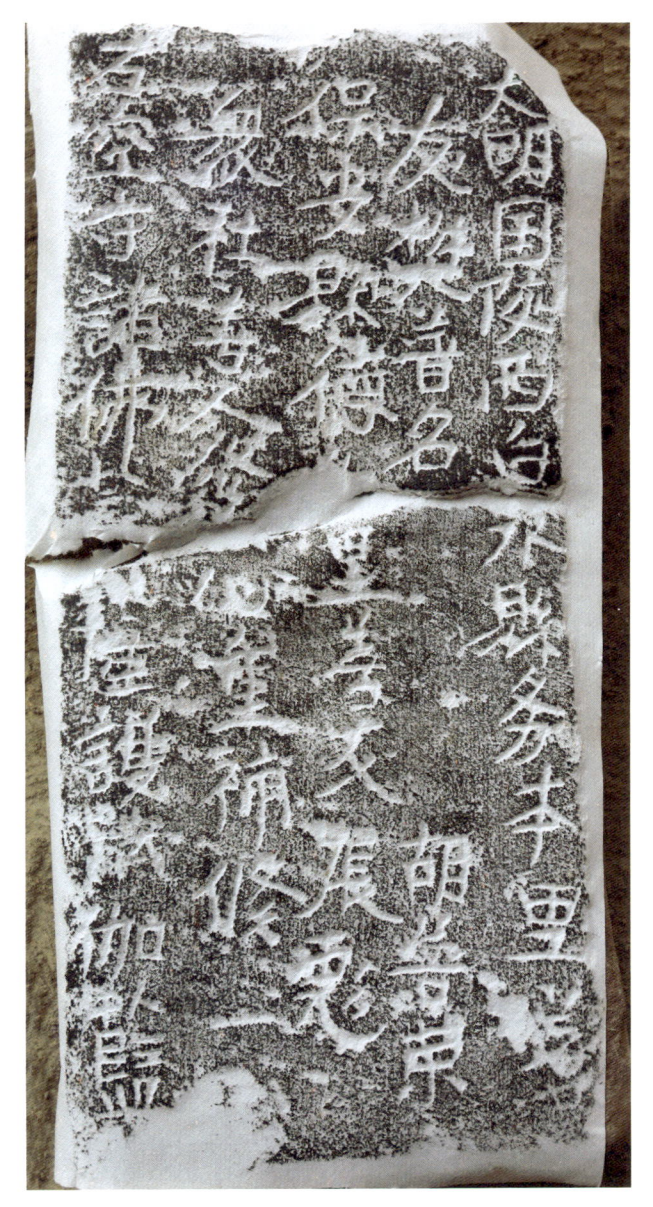

图30　城台第4窟砖铭拓片（局部）

---

1　刘氏将两块砖铭进行组合时发生错乱，致使其录文意思不通。

# 英文摘要

**A New Research on Kunlun Mountain**

**Song Yixiao**（The School of History and Culture of Central China Normal University）

**Abstract:** Kunlun Mountain which contains extraterritorial culture factors is holy mountain in Kunlun mythology. "Kunlun" which contains the meaning of sublimity and sacred heaven is a loanword. The diffusion of Kunlun mythology had been in different routes in the Shanxi-Gansu border region and Shandong area in ancient China at the earliest time. As Kunlun mythology being diffused, there were at least more than ten geographical holy mountains-Kunlun Mountain within the territory of China. It also appeared more all kinds of altars which was originated from extraterritorial Ziggurat as well, such as "Zu", "She", "Zhi", "Tai", "Jing", "Gao", "Tan", "Shan" and so on. Kunlun hill and Kunlun Xu which were translated or originated from "Ziggurat" of western Asia were also included in those altars.

**Keywords:** Kunlun Mountain; Qiu Xu; Feng Shan; Ming Tang; Queen Mother of the West

**The Collation and Analysis of *Xiyu Bian Guochao Zhi Jindi Youcong***

**Wang Maohua**（The Research Center for Song History & College of History, Hebei University）

**Abstract:** *Xiyu Bian Guochao Zhi Jindi Youcong*, written and made private copies by Shanxi Merchants during Qing Dynasty, maybe written in the prosperous period when Shanxi Merchants were specialized in tea trade in Xingjiang. The book recorded the routes of Shanxi Merchants from Xinzhou to Taiyuan, crossing the Yellow River in Yongning state, walking along the southern side of Great Wall, entering Xinjiang from Jiayuguan. The geographical range in Xingjiang was south to Kashgar and north to Yili. And the book was the first record of some parts of section from Akesu to Kashi and nine cities of Yili. The article mainly recorded the tea trafficking. It was about the tax interest on the numbers, silks, cloths, teas, metals and money, and the comparison between Chinese and Echo at the head of volume and appendix. The book proved that the Shanxi Merchants did business at home and abroad in Qing Dynasty and it was the testimony of the Silk Road unofficially and directly. This book reflected the changes along the roads, especially in northwest commercial roads, the history and geography of Xinjiang and traffic in Qing. So, *Xiyu Bian Gochao Zhi Jindi Youcong* has great documentary value.

**Keywords:** Shanxi Merchants; Xinjiang; the tea sold by Shanxi Merchants; the book on route; the Silk Road

**Research on the Jiyue Images of the Newly Discovered Zheng Yanchang's Epitaph**

Sha Wutian (School of History and Culture, Shaanxi Normal University)

**Abstract:** ZhengYanchang's epitaph is the new collection of Luoyang longmen museum. The epitaph's four sides shows the line-engraved images of kun-men and Hu people, totally eight performer figures, with the foreign appearance. After careful investigation, the line-engraved images reveal the Huteng Dance scene.Actually, the music and dance images is not common patterns on the epitaph. Also,the images of Hu people's music and dance on the epitaph is unprecedented. Hence, the epitaph is very precious, with high academic value. Based on the inscriptions on the epitaph, we discover that ZhengYanchang's epitaph should come from the southeast of Shanxi Province (Luzhou in Tang Dynasty), which is one of the areas inhabited by Hu people in the middle ancient times. The Zheng clan belongs to Hu clan whose surname was changed from Hu to Han after Anshi Rebellion. The Hu people performers images of ZhengYanchang's epitaph, unconventionally, is due to the fact that Hu people demonstrate culture identity by mixing the elements of Hu people's cultural customs in the completely funeral culture of the Han. The interpretation of the images on ZhengYanchang's epitaph, not only reveals the interesting phenomena in the funeral culture of Hu people who entered China in the middle ancient times, but also adds important images for Hu teng Dance of the middle ancient times.

**Keywords:** ZhengYanchang's epitaph; decorative patterns of epitaph; Huteng Dance

**Two Recently Unexcavated Sino-Sogdian Monuments Found in China: The National Museum of China Sarcophagus and An Bei Funerary Couch**

Matteo Compareti (School of History and Civilization, Shaanxi Normal University)

**Abstract:** Some tombs that belonged to powerful Sogdian immigrants who settled down in sixth century China have been excavated over the last decades in Ningxia, Xinjiang, Gansu, Shanxi and Shaanxi. The term "Sino-Sogdian" art started to be adopted to describe those funerary monuments that included both sarcophagi and funerary couches. The images and subjects of Sino-Sogdian art reflect Central Asian funerary habits rooted in "Xian" religion as described in Chinese written sources. One sarcophagus that was illegally excavated somewhere in China has been donated to the National Museum of China in Beijing by a Japanese collector in 2012. This house shaped sarcophagus is typical of sixth century Chinese funerary art embellished with unusual elements to be associated to Sogdians living in China. Four panels and a pedestal that were part of the sixth century An Bei funerary couch have appeared on the antiquary market and immediately called the attention of scholars. In this case, the identity of the owner of the funerary monument as a Sogdian is confirmed by the epitaph since An is definitely a Sogdian name that points at Bukhara as his original motherland.

**Keywords:** sarcophagus; funerary couch; Sino-Sogdian funerary art; Sogdiana

**Discussion on "Long Grape Belt" in Tang Poetry and Religion and Related Issues**

**Chen Xigang（Institute of History and Archaeology, Henan Academy of Social Sciences）**

**Abstract:** Seen in the poet Li Duan's "Hu Teng Er" poems in the poems of the Tang Dynasty, "the grape long belt" has already appeared in the works of poets in the early Tang Dynasty. Through the analysis of the four viewpoints of the grape grower, it is believed that the long strip of the grape in the "Full Tang Poetry" is a long strip of grape pattern; the long strip of the flame of the martyrdom is regarded or described as the long strip of the grape, which is actually a misunderstanding; The flame-shaped long belts in the martyrdom rituals are embodied in Hu Dance, Hu Xuan, Litchi and other Hu dancers, and even the latter are the main executors and users. The grape long belt is more popular in women and dancers, because the grape long belt is not a prominent feature of the Huteng dancers. When the people are sculpting, sculpting and drawing the Hu Teng dance image, they do not deliberately depict the grape pattern. Although there is no Huteng dance image of the grape belt in the existing Huteng Dance image data, the image of the Huteng dancers with the grape grain belt or shackles outside the martyrdom culture features certainly exists. The lychee dancer may also have a snail strap with a solid pattern of grape leaves. The grape grows with silk, cotton, wool, hemp and other textures. Women, girls and the dance belts of the dancers and lychee dancers are mostly silk fabrics; the clothes belts of the Huteng dancers are cotton, wool and hemp.

The appearance and use of the grape long belt may be closely related to the martyrdom. It is the use of the long-belt of the flame-shaped shape of the martyrdom to transform into a long strip with a grape pattern, which may be due to the shackles of the Hu people. The preservation and influence of the beliefs is also a reflection of the localization direction of the martyrdom. The "Grape", which is closely related to Huteng Dance, the grape long belt and the wine, first appeared in the poem of Liu Yanshi in the middle Tang Dynasty, "Wang Zhongyu Night Watch Dance Huteng", including the wine cellar for drinking wine. And the wine cellar with grape pattern, ceramic, gold, silver and other textures. From the Tang and Song Dynasties to the Ming Dynasty, the grape vines associated with Hu Tengwu continued to exist, and the real vines were unearthed in the Ming Dynasty. The use of wine and the use of grape vines are used in the singing and dancing occasions such as Hu Xuan, Litchi, and "Luntai".

**Keywords:** "Full Tang Poetry"; grape long belt; martyrdom; Hu Teng dance; grape cup

**Some Western Art Motifs from Tang Dynasty Archeological Sites in the Luoyang Area**

**Zhang Naizhu（Institute of the Longmen Grottoes）**

**Abstract:** During the Tang, along with the expansion of the Silk Road, the cultural and social exchanges between China and the West reached a period of great development. Thanks to her strategic position at the Chinese end of the Silk Road, the Luoyang area functioned as a great cultural stage for the social exchanges between East and West, hence formed a social network which was extremely rich in Western civilization elements. Through the discussion of historical remains possessing the typical features of Western culture such as the presence of the griffin in Tang dynasty unearthed artifacts, the present article aims at presenting the social and cultural scenery which at that time existed in such an international city as Luoyang, thus providing our knowledge of the brilliant history of Sino-western interactions with the analysis of a series of marvelous material objects. More importantly, the present paper exposes the scientific principles that pertain to the spiritual implications underlying such artifacts.

**Keywords:** Griffin; Hercules; Hvarenah; Makara; Flask; Nestorian pillar

**Tamed by Religion: Centaurs in Gandhara**

**Ulf Jäger（Gronau-Epe/Westfalen, Germany）**

**Abstract:** There was a wide range of beliefs about centaurs from the Hellenic into the Roman period, where on the one hand they were emblematic of the wild and uncivilized, but on the other they might exhibit charm, convey wisdom and be found in peaceful contexts. A unique sculpted necklace of a Gandharan schist Bodhisattva Maitreya in the Asian Art Museum, San Francisco, most likely dating to the 2nd to 3rd century CE, which posed the question about the place of centaurs and their meaning in the art of Gandhara and in the pre-Islamic arts of Central Asia. The necklace on the superb statue of Maitreya in the San Francisco museum has led us over a winding path across Asia, inviting a good many hypotheses regarding transmission and transformation of centaur images as they were incorporated into the belief systems of cultures far from where they had come.

**Keywords:** Gandhara; centaurs; necklace

**About the Spread of the Chinese Porcelain in the Safawid State**

**Akhundova Nargiz（Institute of History of the National Academy of Sciences of Azerbaijan）**

**Abstract:** The development of the Chinese-Azerbaijan relations at the safavid period is one of the insufficiently explored themes. So the question of the spread of the Chinese porcelain in Azerbaijan is very interesting; generally the first large quantities of the blue-and-white porcelains reached Azerbaijan most probably in the period of the Ming naval expeditions of Chjen He（1400-1430）, under the Qaraqoyunlu dynasty（1410-1468）. In addition later there were founded the facts of the manufactures of the local imitations of these porcelain wares, even in 1611 Abbas I presented the large quantity of Chinese porcelain to his family shrine at Ardabil. In 17th c. the Dutch desired to include the Safavid porcelain under the name of the Chinese into the European markets&... Also there are some versions and facts testified that the relations of the Safavids with China in the sphere of the porcelain were not unilateral.

**Keywords:** Safavid state; seladon; Abbas I; The Shirvanshahs' Palace; Chinese wares; Ardebil shrine

**A Brief Analysis of the White Stone in Tombs Phenomenon of Qijia Culture**

**Meng Qingxu（Jilin Provincial Institute of Cultural Relics and Archaeology）**

**Abstract:** This paper sorts out the tomb materials of the burial white stone blocks in the Qijia culture tombs. Through comparative analysis, it is concluded that the people buried in the white stone blocks tombs are the producers of jade, with a high social status and more social wealth. The burial white stone tombs of Huangniangniangtai are common and different in the Qinweijia and Dahezhuang. The emergence of jade producers stems from the division of life within the settlement. The jade producers pass through the family to inherit the jade stone making technology, and the jade articles produced by them are widely distributed as traded goods.

**Keywords:** white stone block; tomb; QiJia culture


## Xiao'erjin Script's Two Transcription Systems
### —Shown at the Example of Imam Li Dianjun's *Chinese-Arabic Dictionary*

**Takata Yuki**（**Osaka University, Graduate School of Language and Culture**）

**Abstract:** Xiao'erjin script is a phonetic transcription of Chinese based on Perso-Arabic script. Used by Chinese Muslims, it is mainly popular in the north-western part of China. Research on Xiao'erjin is helpful in rebuilding modern Chinese dialects, as well as in elucidating relationships of Chinese Islamic communities. The author analyses the Xiao'erjin in Imam Li Dianjun's Chinese-Arabic dictionary and shows that the two Xiao'erjin transcription systems are being used. The dictionary's first half and latter half present three main differences, which rely in（1）the kind of letters,（2）the structure of transcription and（3）the reading of Arabic or Persian vocabulary in Chinese.

**Keywords:** Chinese-Arabic dictionary; Xiao'erjin script; Reading Arabic or Persian vocabulary in Chinese


## 汉代汉语外来词研究

**黎明清，陈张黄黎（胡志明市人文社会科学大学中国语言文学系）**

**摘要：** 确立于汉朝的丝绸之路，是古代著名的商贸路线之一。约公元前114年，在张骞这样一位肩负使命的帝国使节的探索下，汉朝拓展了丝绸之路的中亚部分。丝绸之路沿途经过许多国家，因此人们在丝路上的交往贸易中，使用着多种语言。在汉语和其他语言的交流中，一些汉语词汇借用了其他语言的词汇或语音，促进了汉语词汇的丰富和发展。这篇文章研究了汉代（约公元前202年至公元220年）的外来词。

**关键词：** 丝绸之路；汉朝；外来词；语言交流；音借词


## Memoir on Chinese Tartary and Khoten

**W. H. Wathen**（**Persian Secretary to the Bombay Government**）

**Nie Hongping**（**School of History and Culture, Lanzhou University**）

**Zhao Li**（**Organization Department of Jingchuan County, Gansu Province**）

**Abstract:** This paper describes the general situation of Xinjiang in the 1830s. Specifically, the geographical features, population, nationality, crops and livestock types of the districts such as Yurkand, Kashgar, Auksu, Kouche, Eela and Khoten etc.; The trade routes and traded goods category between Yurkand and other Xinjiang cities, Beijing, Tibet, Kashmir, Kokan, Badakshan, Russian; Muslim Ai Khojeh and Jehangir Khojeh's activities during the rule of Eleuths and Qing Dynasty; the Tax policy, military and rule of governance of Qing Dynasty in Southern Xinjiang.

All of these information is helpful for researching the Southern Xinjiang society in the 1930s.

**Keywords:** Qing Dynasty; Chinese Tartary; Southern Xinjiang; Yurkand; Khoten

## Research on the Post Station and the Road Traffic of Dunhuang County in Han Dynasty

Jia Xiaojun (Hexi University)

**Abstract:** As the gateway to the western regions in Han Dynasty, Dunhuang county was one of the most important transportation hubs along the east-west transportation line, and the Han government set special post institution to govern it. It was recorded in Han bamboo book that Dunhuang County was the only way to the western regions, setting up nine post stations. But according to the current materials, it was certain that there ever existed Yuanquan post station, Minan post station, Guangzhi post station, Longle post station, Yuli post station, Xuanquan post station, Zheyao post station under Dunhuang County in Han dynasty. Whether there existed the Dunhuang post station, Xiaogu post station and Yumen post station was not sure. The Dunhuang county government was located in Dunhuang old county on the west bank of the Dang River in Han and Tang dynasty. If there existed Dunhuang post station, it should be located at somewhere in Dunhuang County. It was proved by archaeological findings that Minan county in Han was set at Minan county ruin (old city), 8 km to the southeast of Nanbai village in present Suoyang town, and Xuanquan post station 90km to the west of Minan. Xiaogu county in Han dynasty was situated in the area of Zhuanqukou and Guojiabao in present Dunhuang city. The old Yuanquan county or Qianqi county was situated on the north of Sidaogou village, in Hedong township, Guazhou county. The site of Hanhunao in Guazhou county might be the location of Yuanquan county of Dunhuang in Han dynasty judging by the distance between post stations and building rules of the county. The Pochengzi ruin in the village of Pochengzi, in Suoyang town, Guazhou county was Guangzhi county in Han dynasty in which Guangzhi post station should be located. The ruin of Shouchang city in Han and Tang dynasty, located east of Beigong village in Yangguan town, in the southwest of Dunhuang city should be the Longle county in Han dynasty and the Shouchang county in Tang dynasty. If there existed nine post stations in Dunhuang county in Han dynasty, they were successively Yuanquan post station, Minan post station, Guangzhi post staion, Yuli post station, Xuanquan post station, Zheyao post station, Dunhuang post station, Yumen post station from the east to the west. It was divided into south way and north way from Dunhuang. One way went southwest to Longle post station, out of Yangguan pass, and then got western south way. Another way went northwest to Yumen post station, which connected with western north way after getting out of Yumenguan pass.

**Keywords:** Han Dynasty; Dunhuang County; post station; road traffic

## Re-explorer on the Geographical Position of Hexi Kuaiji in Historical Period

Fan Yingjie, Wang Jingbo (Institute of the Dunhuang Studies, Lanzhou University)

**Abstract:** Historical records compiled in Tang and Song Dynasties recorded the information that Hexi Kuaiji was established in the fifth year of Yuankang (295) in the Western Jin Dynasty till abolished in the tenth year of

Kaihuang (590) in the Sui Dynasty. In the Five Dynasties and the early Song Dynasty, the Gui-yi-jun Regime also had the establishment of the Kuaiji town. Based on these historical records compiled in Tang and Song Dynasties, the records of geography compiled in Qing Dynasty made a judgment on the geographical position of the Hexi Kuaiji during the Jin and Sui Dynasties, which was used by later scholars. However, the studies on the geographical position of the Hexi Kuaiji in the whole historical period mainly concentrated in the past forty years, and there were many new ideas and disputes. On the basis of reviewing the previous studies and combining the handed-down Historical records and the Dunhuang manuscripts, this article consider that the Hexi Kuaiji, as a county during the Jin and Sui Dynasties, should be located near the Yihe Old Town (宜禾故城), which is now Xiaowan Ruined Town (小宛破城). The Kuaiji town in the middle and later the Gui-yi-jun of Cao family is distinguish from the Kuaiji county, it should be located near the Chijin castle (赤金堡), that is, the "Kuaiji city" in the Records of Geography compiled in Qing Dynasty.

**Keywords:** Historical Period; Kuaiji; Geographical Position; "The Staël-Holstein roll"; Dunhuang manuscripts

**A Study on the Monks Through the Silk Road "He Nan Road" Expand Buddhism in Jiankang**

**Cao Zhongjun, Li Shunqing**（**College History and Culture of Northwest Normal University**）

**Abstract:** There are basically three main lines of China's land-based Silk Road, namely "Prairie Road", "Hexi Road" and "He Nan Road". Some scholars also referred to the "He Nan Road" as "Qinghai Road" and "Tu Yu Hun Road". In the period of the Wei, Jin, Northern and Southern Dynasties, the "Hexi Road" was blocked by the political situation, and the "He Nan Road" was gradually flourishing, which became an important channel for the 4-6 century to replace the "Hexi Road". This article will classify the monks of the "He Nan Road" in the period of the Wei, Jin and Northern and Southern Dynasties, and make a textual research on the concrete route of the "He Nan Road", and provide clues for the study of the direction of the "He Nan Road" and the history of the Chinese and western traffic, and emphatically discuss the 10 of monks through the "He Nan Road" to expand buddhism, preach, translate and so on in Jiankang. In order to enrich the contents of Buddhist culture in Nanjing and China, we have jointly promoted the study of the silk road "He Nan Road" and its Buddhist dissemination.

**Keywords:** The Silk Road; He Nan Road; The Wei, Jin, Northern and Southern Dynasties; Jiankang Buddhism; Expand Buddhism

**The Culture Identification about Wanggu Tribe Zhao Clan**

**Li Xiaofeng**（**The School of History and Civilization, Shaanxi Normal University**）

**Abstract:** In the Yuan Dynasty, Zhao clan was one of the important family of Semu people in the ancient Department of Wanggu Tribe. They defended the shackles, sang the dynasties, and smashed the princes, and took over politics. The blending and interaction of their cultures is very typical in the Semu people. From these materials, we find the clan's lineages and ethnic groups. In this paper, we can observe the Zhao clan's to identify for the Chinese culture and Mongolian culture on the basis of adhering to the traditional religion.

**Keywords:** The Yuan Dynasty; Semu People; Wanggu Tribe; Zhao Clan; Culture Identification

**Studies of Bamiyan Buddhist Art**
**—The Chronology-centered Research on History and Present Situation**
**Miyaji Akira（Nagoya University）**
**Trans., Gu Hong（Dunhuang Academy）**

**Abstract:** Bamiyan Grottoes is a word-renowned Buddhist site in Afghanistan and its Buddhist art style is also fully embodies the characteristics of multicultural blending in this area. Due to man-made destruction and the lack of necessary historical data, the architectural era and chronicle of the Bamiyan Grottoes have always been regarded as an academic problem. In response to the situation after the destruction of giant Buddha statues in Bamiyan in 2001, since the 1920s, scholars from France, Japan and India have conducted a series of geological filed trips with archaeology and art history perspective, in order to unravel the mysteries of the construction time of the Bamiyan Grottoes, especially the East and West Giant Buddha statues and the nearby major grottoes. Depending on the Carbon-14 based determination results in recent years, the construction dates of east and west giant Buddha statues and nearby major grottoes is considered to be around the middle of the fifth century until the mid-nineteenth century. On the basis of investigation and previous research and the records of ancient literature, I think that the giant Buddha statue was built in the second half of the sixth century to the beginning of the seventh century which was earlier than the Western Buddha statue. Meanwhile, the east giant Buddha statue and grottoes murals were influenced by the art of Sassanian and Hephthalites and prospered under the rule of the Turks. However, the west giant Buddha statue and grottoes murals were built in the late sixth century to the early seventh century influenced by Gupta art and exhibited the proficiency of line drawing technique. At the same time, the Central Asian style has been established and the contents of grottoes patio murals are similar with Buddhism Tusita. This is the reason for which west giant Buddha is considered as Buddha Maitreya.

**Keywords:** Bamiyan Caves; Buddhist Art; Eastern and Western Buddha; Patio murals; Research History

**On the Relationship between Early Buddhism Monks and Sarīras in Ancient India**
**Zheng Yanyan（Sun Yat-sen University）**

**Abstract:** Sarīras have played an important role in the development and spread of Buddhism. However, they were not paid much attention by Buddha himself, and worshipping sarīras became popular only after Buddha's nirvana. The early worshippers included not only laymen but also some monks, while other monks looked down on sarīras and devoted themselves to Buddhist dharma. Sarīras-carrying monks and dharma-teaching monks occurred in some sutras, but it didn't mean Buddhists split into opponent factions, since we can also find some elite dharma-bhanakas made offerings to sarīras, which as well as the arising of dharmakāya śarīra reflected sarīras and dharma merged.

**Keywords:** Nirvana; Sarīras; Buddhist dharma; Monk

## On Their Identities of the Monk and Monkey in "Water-Moon Avalokitesvara" in Dunhuang

**Wang Zhengyi（Dunhuang Academy）**

**Abstract:** There are many murels of "Water-Moon Avalokitesvara" in Dunhuang grottoes, and there are three images of "a monk and a monkey" among them in XiXia dynasty. In the past, the team of the monk and the monkey was considered to be the painting of Xuan Zang's Pilgrimage for Buddhist Scriptures, which was often interpreted as Xuan Zang went through Guazhou, a Hunni named Shi Pantuo helped him passed the YuMen Gate. And this view was accepted by many scholars. But the figure of "a monk and a monkey" is only a details of the painting of "Water-Moon Avalokitesvara", the direct relation between this picture and the Xuan Zang didn't be found. Before the novel Journey to the west was written, the monk Xuan Zang was difficultly connected with the Water-Moon Avalokitesvara. Then who is the monk and the monkey in the images? The Avalokitesvara was Sinicized in Tang and Song Dynasties, the Water-Moon Avalokitesvara was a typical example. The stories that Avalokitesvara changed into God monk were added in the Avalokitesvara's belief. So considering the relation between Avalokitesvara and Sizhou Buddha, the article thought the figure is the image of Sizhou Sangha in that period. It showed that Sizhou Sangha was an embodiment of Avalokitesvara, and he subdued the water sprite named Wu Zhiqi.

**Keywords:** Water-Moon Avalokitesvara; the image of Xuan Zang's Pilgrimage for Buddhist Scriptures; the monk Sizhou Sangha; the monkey Wu Zhiqi

## Preliminary Study on the Images of Bhikkhu in the Uyghur Period of Mogao Grottoes

**Yin Bo（Dunhuang Academy）**

**Abstract:** Bhikkhu is one of the three treasures of Buddhism, and the images of Bhikkhu were a common content in Buddhist art. In this paper, I classified the modeling features and artistic styles of the Bhikkhu images of the Mogao grottoes in the Uyghur period, and held that the images of Bhikkhu in the Uyghur period are characterized by high proportion, strong realism and distinctive features of the times, which also reflected the fact that the Buddhism in Uyghur attached great importance to meditation and the status of Bhikkhu were generally high. Through the comparative analysis of the Bhikkhu's image in Mogao grottoes and Uyghur period Xinjiang, and combining the Uyghur documents, we hold the opinion that the Uyghur period images of Bhikkhu in Mogao grottoes reflected the importance attached by the Buddhism in Uyghur to the Early Buddhist school's thoughts and practice of meditation. The characteristics of the Buddhist belief in Uyghur reflected in the Buddhist documents of Uyghur are both the Early and the Mahayana Buddhism, which is also proved in Dunhuang Grottoes art.

**Keywords:** Dunhuang; Uyghur period; Bhikkhu images; Early Buddhist schools

## Analysis on the Theme and Drawing Reasons of Mogao Grottoes Walking Foot Monk Murals

**Yuan Di（Shaanxi Normal University）**

**Abstract:** Walking monk murals are relatively rare in Mogao Grottoes, which mainly appeared in the early Song

Dynasty and the Western Xia period. Through the analysis of image elements, it can be seen that the pictures emphatically express the theme of promoting Buddhism and saving the common people, and the pictures are all drawn at the cave gate or the tunnel, combined with the image of Pharmacist Buddha, playing a unique role in the arrangement of the whole cave frescoes, such as saving the sentient beings. At the same time, considering the background of the Silk Road Buddhist monks' frequent activity in the early Song Dynasty, we can conclude that the existence of Walking monk murals in Mogao Grottoes was influenced by religious beliefs and silk road exchanges, which confirms that Dunhuang, as a key node of communication between China and the West, has an irreplaceable position.

**Keywords:** Walking monk mural; the Baosheng Tathagata; the thought of salvation; the reason for drawing

**From Chang'an to Dunhuang: Study on the Iron Maitreya Statue's Auspicious Signs in Tang Dynasty**
**Yang Binghua（Inner Mongolia Normal University）**
**Song Ruogu （Instiute of the Dunhuang Studies, LanZhou Unirersity）**
**Abstract:** There is a great iron Maitreya statue collected in Xi'an Museum, Shaanxi, while the studies on it was little. This work based on the Buddhist fine art found in Dunhuang Library cave and the wall paintting of the Mogao Caves, what's more, the Shibi Temple in Jiaocheng, Shanxi and Lu Hui, the Cishi of Yizhou made the iron Maitreya statues in the Kaiyuan years of Tang dynasty. On the statues, i think it were Iron Maitreya statue's auspicious signs in Kaiyuan reign of Tang dynasty. Which was related to the story of Hui Yun, a monk of Xiangguo Temple. Who made the Iron Maitreya statue's auspicious signs of Baocheng Temple of Puzhou in Shenlong Two year, Tang Dynasty. This statue style became a fashion as the Zhuzhou Guansi system.

**Keywords:** Puzhou Iron Maitreya statue's auspicious signs; Mogao Cave; Zhuzhou Guansi system

**Frescoes and Rock Paintings in the Grottoes of Taizi Temple in Yaozhou, Shaanxi Province**
**Chen Xiaojie（Tongchuan Institute of Archaeology）**
**Ren Xiaohu（Tongchuan Institute of Archaeology）**
**Abstract:** There are two murals in the grottoes of the Prince Temple in Yaozhou, Shaanxi Province, which are important materials for studying Buddhist beliefs since the Northern Dynasty in Shaanxi Province. There are two layers in the frescoes of niche No. 5, which were painted in the late Tang, Five Dynasties and Ming Dynasty respectively, and three layers in the frescoes of niche No. 6, which were painted in the Song, Jin and Yuan Dynasties respectively. There are a lot of fine-line rock carvings on the cliff surface of the grottoes, which were no later than the Han Dynasty. In addition, 33 inscriptions were found from the Northern Dynasty to the Ming Dynasty.

**Keywords:** Yaozhou; The Grottoes of Taizi Temple; Murals; Rock Paintings

**The Spiritual Home of The Army and The People of Han and Minority Nationalities in Dejing Stockaded Village at the Song and Jin Dynasty Border(One)—The Survey of Statues and Inscriptions about The Second Cave of Chengtai Grottoes in Zhidan County, Shaanxi**

**Shi Jiangang**(Northwestern Polytechnical University)

**Fan Jianguo**(Yan'an Municipal Institute of Cultural Relics)

**Abstract:** The Second Cave of Chengtai Grottoes in Zhidan county, a Buddhism grotto, was built from the late Northern Song Dynasty to the Jin Dynasty, which created by the people of Dejing stockaded village. The cave not only saves a lot of Song and Jin Dynasty stone statues, but also the preservation of the 64 inscriptions and the 2 stone inscriptions. It is of great value to study the history of Buddhism, the history of war and the history of nationality in the period of the Song and Jin Dynasties in Northern Shaanxi.

**Keywords:** Song and Jin Dynasties Grottoes; Chengtai Grottoes; Dejing stockaded village; The Tangut

# 英文目录

A New Research on Kunlun Mountain     1
Song Yixiao

The Collation and Analysis of *Xiyu Bian Guochao Zhi Jindi Youcong*     20
Wang Maohua

Research on the Jiyue Images of the Newly Discovered Zheng Yanchang's Epitaph     33
Sha Wutian

Two Recently Unexcavated Sino-Sogdian Monuments Found in China:
The National Museum of China Sarcophagus and An Bei Funerary Couch     67
Matteo Compareti

Discussion on "Long Grape Belt" in Tang Poetry and Religion and Related Issues     79
Chen Xigang

Some Western Art Motifs from Tang Dynasty Archeological Sites in the Luoyang Area     104
Zhang Naizhu

Tamed by Religion: Centaurs in Gandhara     136
Ulf Jäger

About the Spread of the Chinese Porcelain in the Safawid State     145
Akhundova Nargiz

A Brief Analysis of the White Stone in Tombs Phenomenon of Qijia Culture     155
Meng Qingxu

Xiao'erjin Script's Two Transcription Systems
—Shown at the Example of Imam Li Dianjun's *Chinese-Arabic Dictionary*     162
Takata Yuki

汉代汉语外来词研究     170
黎明清 陈张黄黎

Memoir on Chinese Tartary and Khoten     175
W. H. Wathen

Research on the Post Station and the Road Traffic of Dunhuang County in Han Dynasty     184
Jia Xiaojun

Re-explorer on the Geographical Position of Hexi Kuaiji in Historical Period　　　　　　　　　　200

　　　　　　　　　　　　　　　　　　　　　　　　　　　　　　　　　　Fan Yingjie　Wang Jingbo

A Study on the Monks Through the Silk Road "He Nan Road" Expand Buddhism in Jiankang　　　224

　　　　　　　　　　　　　　　　　　　　　　　　　　　　　　　　　　Cao Zhongjun　Li Shunqing

The Culture Identification about Wanggu Tribe Zhao Clan　　　　　　　　　　　　　　　　　239

　　　　　　　　　　　　　　　　　　　　　　　　　　　　　　　　　　　　　　　Li Xiaofeng

Studies of Bamiyan Buddhist Art

　—The Chronology-centered Research on History and Present Situation　　　　　　　　　　251

　　　　　　　　　　　　　　　　　　　　　　　　　　　　　　　　　　　　　　　Miyaji Akira

On the Relationship between Early Buddhism Monks and Sarīras in Ancient India　　　　　　267

　　　　　　　　　　　　　　　　　　　　　　　　　　　　　　　　　　　　　　Zheng Yanyan

On Their Identities of the Monk and Monkey in "Water-Moon Avalokitesvara" in Dunhuang　　283

　　　　　　　　　　　　　　　　　　　　　　　　　　　　　　　　　　　　　　Wang Zhengyi

Preliminary Study on the Images of Bhikkhu in the Uyghur Period of Mogao Grottoes　　　　300

　　　　　　　　　　　　　　　　　　　　　　　　　　　　　　　　　　　　　　　　　Yin Bo

Analysis on the Theme and Drawing Reasons of Mogao Grottoes Walking Foot Monk Murals　317

　　　　　　　　　　　　　　　　　　　　　　　　　　　　　　　　　　　　　　　　　Yuan Di

From Chang'an to Dunhuang: Study on the Iron Maitreya Statue's Auspicious Signs in Tang Dynasty　328

　　　　　　　　　　　　　　　　　　　　　　　　　　　　　　　　　　Yang Binghua　Song Ruogu

Frescoes and Rock Paintings in the Grottoes of Taizi Temple in Yaozhou, Shaanxi Province　　339

　　　　　　　　　　　　　　　　　　　　　　　　　　　　　　　　　　Chen Xiaojie　Ren Xiaohu

The Spiritual Home of The Army and The People of Han and Minority Nationalities in Dejing Stockaded Village at the Song and Jin Dynasty Border (One)

　—The Survey of Statues and Inscriptions about The Second Cave of Chengtai Grottoes in Zhidan County, Shaanxi　356

　　　　　　　　　　　　　　　　　　　　　　　　　　　　　　　　　　Shi Jiangang　Fan Jianguo

# 《丝绸之路研究集刊》征稿启事

  为促进丝绸路之路历史文化的学术交流，不断提高本刊办刊质量，《丝绸之路研究集刊》热忱欢迎学术界同行的支持。本刊由陕西师范大学历史文化学院、陕西历史博物馆、陕西师范大学人文社会科学高等研究院联合主办，任务是借同道之力，深入挖掘丝路历史、地理、民族、宗教、语言、文字、考古、艺术等问题的新材料，尤其关注与丝绸之路有关的美术考古、艺术考古等图像的相关研究，倡导"图像证史"的研究方法，试图透过历史文物，探索丝路上"人"的历史。

  稿件请采用电子文本投稿；若以打印稿投稿，请同时提供电子文本。稿件字数一般不超过2万字（优秀稿件不限制字数）。作者单位及联系方式请置于文末。本刊编辑部有权对稿件进行修改，如不同意请在投稿时注明。本刊审稿期为三个月，实行匿名双审制度，如逾三个月未收到用稿通知，作者可自行处理稿件。因本刊人手有限，来稿恕不退还，请作者自留底稿。来稿文档或信封请注明"稿件"二字。本刊出版后，即致稿酬、出版刊物（2本）及作者文章抽印本（20份）。

  本刊已加入"中国学术期刊全文数据库"（CNKI）及CNKI系列数据库，凡在我刊发表论文者（特别声明者除外），均视为同意授权编入相关数据库，我刊所付稿酬已包括此项费用。

  凡转载、引用本刊文章及信息者，敬请注明出处。

来稿地址：陕西省西安市长安区西长安街620号，陕西师范大学历史文化学院

邮　编：710119

收件人：沙武田　先生

电　话：18292870965

投稿邮箱：shawutian@163.com

敬祈　惠赐大作以为本刊增色，不胜感激。

《丝绸之路研究集刊》编辑部

2019年5月1日

# 《丝绸之路研究集刊》稿件格式规范

## 一、稿件格式

（一）文稿内容

1.标题（宋体，小二号，加粗）；

2.作者（宋体，小四号）及作者单位（楷体，五号）；

3.正文（宋体，五号）；

4.题目、作者、单位的英文翻译和英文摘要（Times New Roman，200—300字）。

文本采用WPS或WORD编辑，1.25倍行距，页边距普通格式（上下25.4mm，左右31.75mm）。

（二）正文注释采用每页脚下注，正文中的注释序号和脚注序号均用1、2、3……按序标识，每页单独排序。正文中的注释序号统一置于包含引文的句子（有时候也可能是词或词组）之后，标点符号之前左上角。如需大段引用典籍文献原文，请单独另起一段落，楷体（字号不变），引用符号置于标点符号之后右上角。

（三）文中采用新式标点符号，破折号（——）、省略号（……）占两格，其余符号占一格。古代朝代名称用圆括号（　）；国籍用六角括号〔　〕。另外，正文也可采用少量夹注。涉及古代帝王的年号应标注公元纪年（公元前可省略为"前"，公元后可省略"公元"），如唐贞观元年（627）。国外的地名、人名首次出现时标注外文名字，如尼罗河（Nile）、阿尔卑斯山（Alps）、斯坦因（M. Aurel Stein）。

## 二、文内数字使用

（一）使用汉字情况

1.古籍文献中的数字和卷数

（1）《晋书》卷一一《天文志上》："古旧浑象以二分为一度，凡周七尺三寸半分。"

2.中国朝代的年号及干支纪年使用的数字

（1）元鼎七年，雍正十一年

3.数字的惯用语

（1）十之八九，四分五裂

4.带有"几"字的数字

（1）几千年来

（二）使用阿拉伯数字情况

1.公历世纪、年代、年、月、日；

2.公制的度量衡单位计数与计量，包括正负数、分数、小数、约数和百分比，各种物理量值；

3.表的顺序号、数据及计量单位均用阿拉伯数字；

4.引用敦煌写本，用 S.、P.、Ф、Дx、千字文、大谷等缩略语加阿拉伯数字形式。

## 三、脚注标注格式

（一）书籍

作者姓名+责任方式：书名，出版者，出版时间，起止页码。（责任方式为著时，"著"可省略，其他责任方式不可省略。引用翻译书籍时，将译者作为第二责任者置于文献题名之后；如果引用点校过的古籍，点校或校注者放在书名前面；外国国籍和朝代，请分别用〔　〕和（　）在作者姓名前注明。）第二次及以上引用同一古籍文献时，只需注明书名、卷数、篇名、页码；专著只注明作者、书名、页码。

1.陈垣：《元也里可温考》，商务印书馆，1923年。

2.〔法〕戴密微著，耿昇译：《吐蕃僧净记》，甘肃人民出版社，1984年，第20页。

3.（唐）玄奘、辩机撰，季羡林校注：《大唐西域记校注》，中华书局，1985年，第200页。

4.（汉）司马迁：《史记》卷七《项羽本纪》，中华书局，1982年，第10页。

（二）期刊

作者姓名：篇名，刊名并发表年份及卷（期），起止页码。

1.姜伯勤：《唐敦煌"书仪"写本中所见的沙州玉关驿户起义》，《中华文史论丛》第1辑，中华书局，1981年，第157页。

2.王尧、陈践：《敦煌藏文写本PT1083、1085号研究》，《历史研究》1984年第5期，第45页。

（三）论文集

析出文献作者姓名：析出文献篇名，原文献题名，出版者，出版年，析出文献起止页码。

1.荣新江：《萨保与萨薄：北朝隋唐胡人聚落首领问题的争论与辨析》，氏著：《粟特人在中国——历史、考古、语言的新探索》，中华书局，2005年，第49—71页。

2.施萍婷、贺世哲：《敦煌壁画中的法华经变初探》，敦煌文物研究所编：《中国石窟·敦煌莫高窟》（三），文物出版社、平凡社，1987年，第177—191页。

（四）电子文献

作者姓名：电子文献名，电子文献的出处或可获得地址，发表或更新日期。

1.张俊民：《〈敦煌悬泉汉简释粹〉校读》，简帛网http://www.jianbo.org/admin3/2007zhangjunmin001.htm。

（五）未出版文献

1.学位或会议论文：作者姓名：文献篇名，获取学位学校及类型，文献形成时间，起止页码。

（1）张元林：《北朝——隋时期敦煌法华艺术》，兰州大学博士学位论文，2009年，第1—5页。

（2）〔日〕京户慈光：《关于尊胜陀罗尼经变》，敦煌研究院石窟研究国际学术会论文，2004年，第88—90页。

2.手稿、档案文献：文献标题，文献形成时间，卷宗号或其他编号，藏所。

《傅良佐致国务院电》，1917年9月15日，北洋档案1011—5961，中国第二历史档案馆藏。

（六）外文论著（书刊名用斜体，论文不用斜体）

1.Wu Hung, *The Double Screen: Medium and Representation in Chinese Painting*, University of Chicago Press, 1997, p.1.

2.Lawrence Stone, "The Revival of Narrative: Reflections on a New old History", *Past and Present*, Vol.3, 1979, pp.22-32.

## 四、关于图版

本刊欢迎作者随文配附相应的能够说明文字内容的各类图版，在文中标示清楚图版序号（图1、图2、图3），图版标题为叙述式，简洁明了，图版质量在300dpi以上，并要求注明图版无版权问题。图版须与文本内容保持一致，需单独发送。

如：图1 陕西历史博物馆藏唐韩休墓出土《乐舞图》（采自程旭《唐韩休墓〈乐舞团〉属性及相关问题研究》）；

图2 敦煌莫高窟西魏第285窟主室南壁五百强盗成佛图（敦煌研究院版权所有）。

## 五、课题基金项目标注

若是课题研究项目，请在文中标明：课题来源、课题名称、课题编号等。题名右上角加注星号（*），内容标注在脚注1前面。